바다의 왕국들

바다의 왕국들
『제번지』 역주
초판발행 2019년 6월 10일
지은이 조여괄(趙汝适)
옮긴이 박세욱 역주
디자인 정재완
펴낸이 서길수
펴낸곳 영남대학교출판부
출판등록 1975년 9월 5일 경산 제16-1호
주소 경북 경산시 대학로 280
전화 053-810-1801~3
팩스 053-810-4722
홈페이지 book.yu.ac.kr
ISBN 978-89-7581-596-6 93910

이 도서의 국립중앙도서관 출판예정도서목록(CIP)은
서지정보유통지원시스템 홈페이지(http://seoji.nl.go.kr)와
국가자료종합목록시스템(http://www.nl.go.kr/kolisnet)에서 이용하실 수 있습니다.
(CIP제어번호 : CIP2019009647)

바다의 왕국들

『제번지』 역주

조여괄(趙汝适) 지음
박세욱 역주

영남대학교출판부

일러두기

○ 본 역주서는 풍승균(馮承鈞)의 교주본(校注本), 『제번지교주(諸蕃志校注)』(대만: 상무인서관, 1940 제1판)을 저본으로 하였고, 1956년 중화서국의 중간본에서 교정한 내용을 반영하였다.

○ 조여괄과 이조원의 원주는 "【】"로 구분하여 표기하였다.

○ 다양한 언어에 보이는 특수기호들은 대체로 저자의 표기를 따랐고, 추가된 고유명사에 대해서는 영어표기로 통일했다.

○ 풍승균의 주석은 원문에 그대로 살려 번역하였고 역자의 보충 설명은 각주로 분리시켰다. 간혹 "*"로 표기한 곳도 있다.

○ 원문의 표점은 우리식으로 바꾸었고, 교정한 곳도 더러 있다.

○ 번역문은 편의상 내용에 따라 임의로 단락을 나누었다.

○ 자주 보이는 자료는 다음과 같이 한글과 약칭으로 표기했다.

『영애승람』	馮承鈞, 『瀛涯勝覽校注』, 中華書局, 1955.
『성사승람』	『星槎勝覽校注』, 中華書局, 1954.
『마르코 폴로 여행기』	『馬可波羅行紀』, 商務印書館, 1962.
『인도로 가는 두 여정』	『交廣印度兩道考』, 臺灣商務印書館, 1966.
『수마트라인의 제국』	『蘇門答剌古國考』, 中華書局, 1955.
『서역남해사지고증역총』	『西域南海史地考證譯叢』, 商務印書館, 1962. 『西域南海史地考證譯叢續編』, 商務印書館, 1934.
양무천, 『영외대답교주』	楊武泉, 『嶺外代答校注』, 中華書局, 1999.
양박문, 『제번지교석』	楊博文, 『諸蕃志校釋』, 中華書局, 2000.
소계경, 『도이지략교석』	蘇繼廎, 『島夷志略校釋』, 中華書局, 1981.
『동서양고』	謝方, 『東西洋考』, 中華書局, 2000.
『서양조공전록』	『西洋朝貢典錄校注』, 中華書局, 2000.
『대당서역기』	季羨林 等校注, 『大唐西域記校注』, 中華書局, 2000.
『대당서역구법고승전』	王邦維 校注, 『大唐西域求法高僧傳校注』, 中華書局, 1988.
『남해기귀내법전』	『南海寄歸內法傳』, 中華書局, 1995.

『유양잡조』	方南生点校, 『酉陽雜俎』, 中華書局, 1981.
『계해우형지』	『桂海虞衡志輯佚校注』, 四川民族出版社, 1986.
『진랍풍토기』	夏鼐 等校注, 『眞臘風土記校注』, 中華書局, 2000.
『무비지』	茅元儀, 『武備志』, 天啓元年(1621)刻本, 清初蓮溪草堂수정보완본.
『통전』	『通典』, 中華書局, 1988.
『문헌통고』	『文獻通考』(点校本), 中華書局, 2011.
『본초강목』	『本草綱目』(上中下), 華夏出版社, 2007.
『남방초목상』	『南方草木狀』, 上海古籍出版社, 1983.
『사기』	『史記』, 中華書局, 1959.
『전한서』	『前漢書』, 中華書局, 1962.
『후한서』	『後漢書』, 中華書局, 1965.
『진서』	『晉書』, 中華書局, 1974.
『삼국지』	『三國志』, 中華書局, 1964.
『양서』	『梁書』, 中華書局, 1973.
『수서』	『隋書』, 中華書局, 1973.
『신당서』	『新唐書』, 中華書局, 1975.
『구당서』	『舊唐書』, 中華書局, 1975.
『송사』	『宋史』, 中華書局, 1977.
『원사』	『元史』, 中華書局, 1976.
『명사』	『明史』, 中華書局, 1974.

『JNChBrRAS』:	Journal of the North China Branch of the Royal Asiatic Society
『BEFEO』:	Bulletin de l'École Française d'Extrême-Orient
『JRAS』	The Journal of the Royal Asiatic Society
『JA』:	Journal Asiatique
『Chau Ju-kua』:	Friedrich Hirth and William Woodville Rockhill, CHAU JU-KUA: His Work on the Chinese and Arab Trade in the Twelfth and Thirteenth Centuries, entitled Chi-fan-chi, St. Peterbourg, Printing Office of Imperial Academy of Sciences, 1911.

차례

상권 지국(志國)

하권 지물(志物)

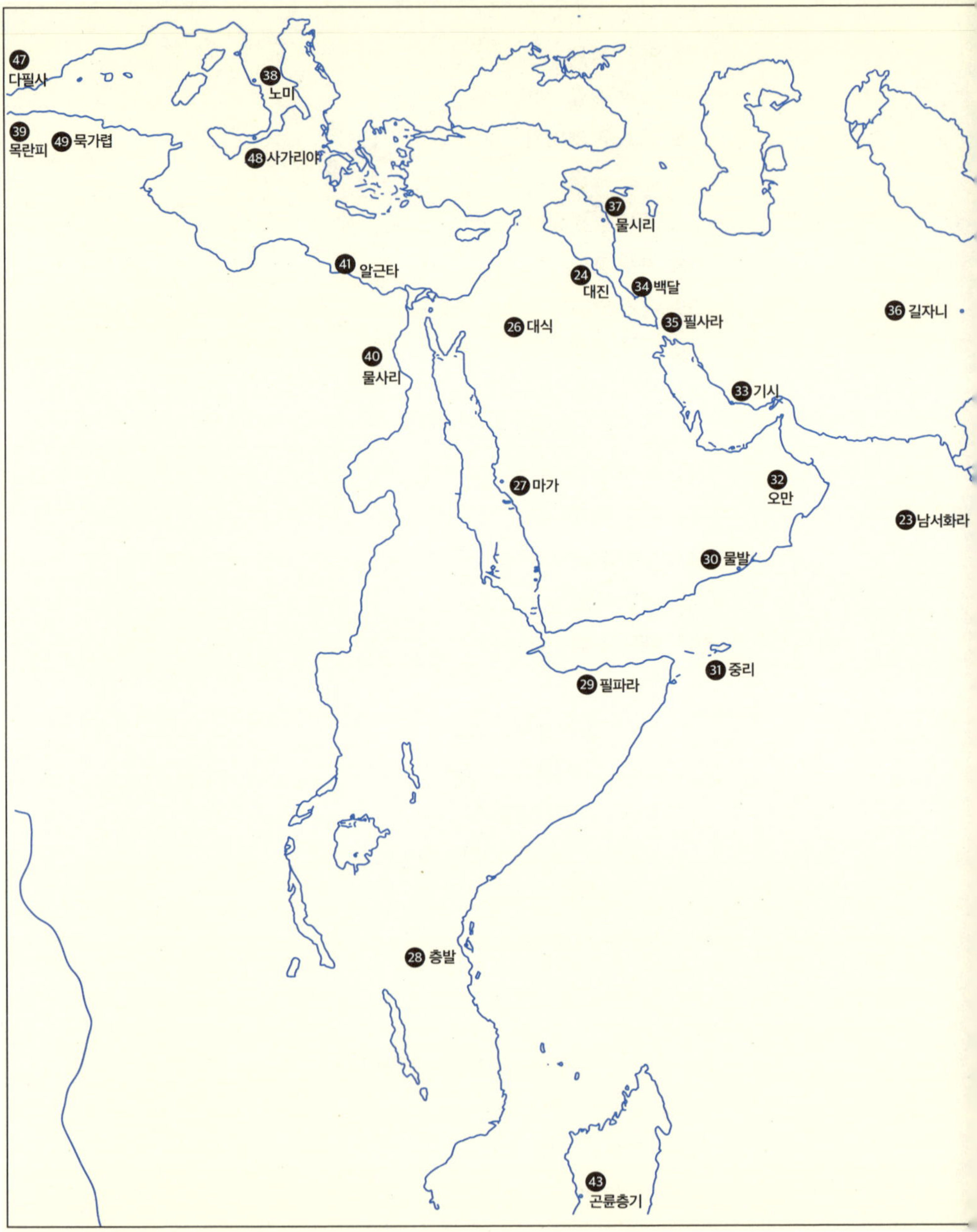

47 다필사
38 노미
39 목란피
49 묵가렵
48 사가리야
37 물시리
41 알근타
24 대진
34 백달
35 필사라
36 길자니
26 대식
40 물사리
33 기시
27 마가
32 오만
23 남서화라
30 물발
31 중리
29 필파라
28 층발
43 곤륜층기

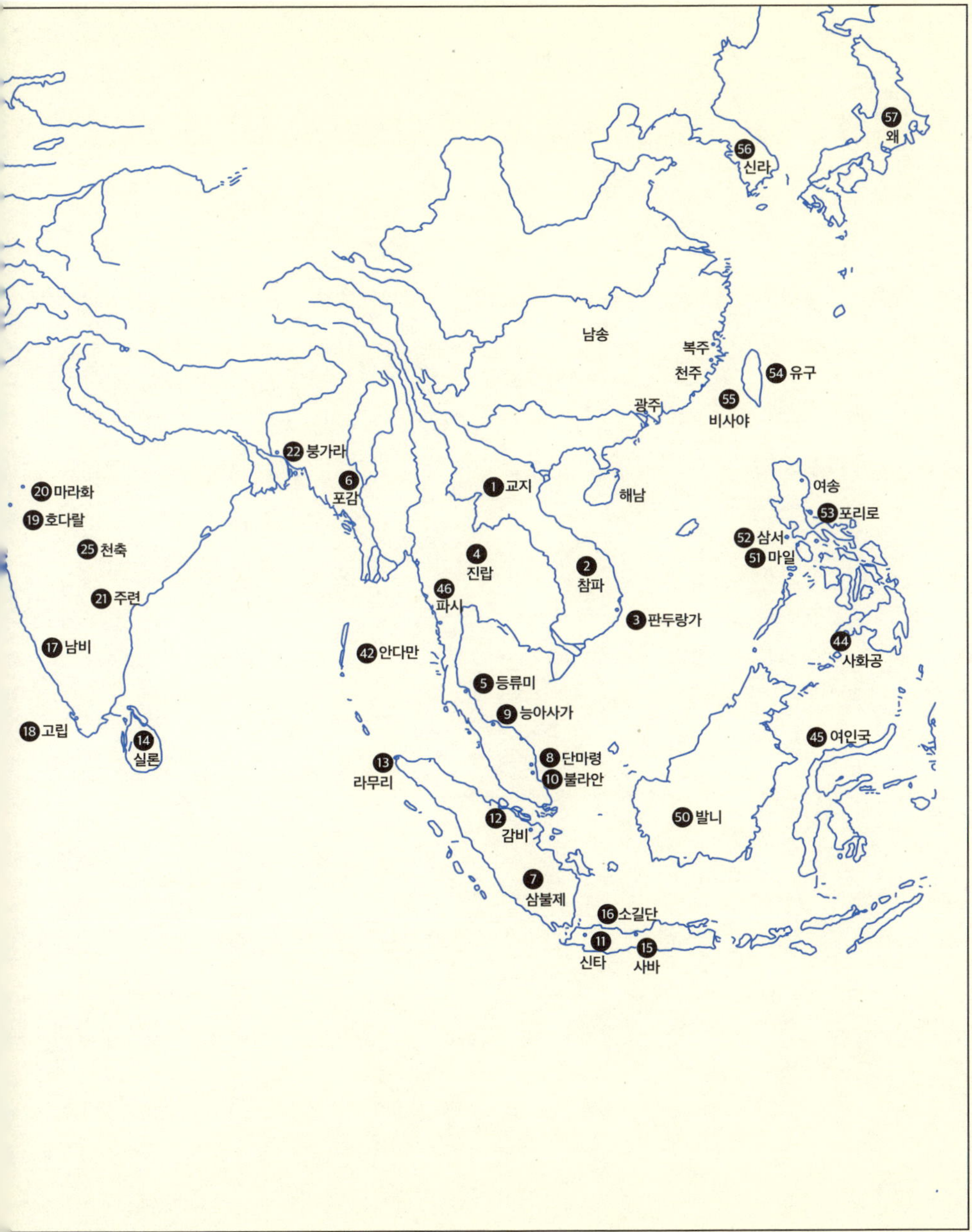
57 왜
56 신라
남송
복주
천주
54 유구
광주
55 비사야
22 붕가라
20 마라화
6 포감
1 교지
해남
여송
53 포리로
19 호다랄
25 천축
4 진랍
2 참파
52 삼서
51 마일
46 파사
21 주련
3 판두랑가
17 남비
42 안다만
44 사화공
5 등류미
9 능아사가
45 여인국
18 고립
14 실론
13 라무리
8 단마령
10 불라안
50 발니
12 감비
7 삼불제
16 소길단
11 신타
15 사바

『사고전서(四庫全書)』 제요(提要)

『제번지(諸蕃志)』[1] 2권은 송나라 조여괄(趙汝适)이 지은 책이다. 조여괄에 대해서, 그 시작과 끝을 참고할 만한 것이 없다. 다만 『송사』의 「종실세계표(宗室世系表)」에 의거하여 볼 때, 기왕(岐王) 중홀(仲忽)의 원손(元孫)이고, 안강군왕(安康郡王) 사열(士說)의 증손이자 은청광록대부(銀青光祿大夫) 비유(不柔)의 손자요, 선대(善待)의 아들이다. 간왕(簡王) 조원빈(趙元份)의 방계에서 태어났고, 위로는 태종(太宗) 8세까지 올라간다.

이 책은 그가 제거복건로시박(提擧福建路市舶)[2]으로 있을 때 지은 것이다. 당시

---

1) 서명에서 '번(蕃)'자의 사전적 의미는 고대 외국 또는 변경의 소수민족을 부르는 말로 '번(番)'자와 통용되었다. 본서 본문에서 보이는 "외국 선박[番舶]", "여러 외국[諸番]" "외국 베[番布]" "외국 상인[番商]"등으로 증명할 수 있을 것이다. 따라서 "제번지"란 여러 외국에 대한 기록 정도의 의미이다. 한편 '번(蕃)'자는 중국의 울타리란 뜻으로 '번(藩)'자와도 통용하는데 이 경우는 중화중심주의적 사고가 내포되어 있으므로 고려하지 않기로 한다.

2) 제거복건로시박(提擧福建路市舶): 『송사』, 권167, 관직7, 「제거시박사」조목에 따르면 "외국 상품과 선박에 대한 세금징수와 전매, 무역의 일을 관장하고 먼 곳에서 온 사람들과 먼 곳의 물건들을 통하게 한다(掌蕃貨海舶征榷貿易之事, 以來遠人, 通遠物.)"고 하였다.[『송사』, 권162, 중화서국, 3971쪽.] 대체로 조공하러 오는 사신들을 접대하고 외국 상인들을 불러들이는 일, 외국 선박들이 항구에 들어올 때 검사하는 일, 화물을 거두고 하역하는 일, 상품의 판촉관리, 자국의 무역하는 선박 관리, 외국인 거류지의 감독과 관리, 왕래하는 선박들을 위해 바람신에 기도하는 일, 어려움을 당한 선박

송나라는 이미 남쪽으로 내려와 있었다. 제번(諸蕃)들은 시박사(市舶司)를 통해서 만 통상할 수 있었기 때문에 언급한 것들은 모두 해국(海國)의 일들로, 『송사』의 외국열전은 실제로 이 책을 인용하고 있다. 서술한 순서와 연월을 조사해보면 모두 딱 맞아 떨어지지만, 단지 『송사』에서는 사적이 상세하고 풍토와 산물에 있어서는 소략한 반면, 이 책에서는 풍토와 산물은 상세하나 사적에 있어서는 소략하다. 대체로 하나는 사전(史傳)이고 하나는 잡지(雜志)이기 때문일 것이다. 체제는 제각기 타당하나 두루 갖추지 못한 병통이 있다.

열거한 나라 중에 빈동룡(賓曈龍)은 "빈동롱(賓同隴)"으로 되어 있고, 등류미(登流眉)는 "단류미(丹流眉)"로, 아바라발(阿婆羅拔)은 "아포라발(阿蒲羅拔)"로, 마일(麻逸)은 "마일(摩逸)"로 되어 있다. 모두 음역한 것으로 본래 정해진 글자가 없었다. '용(龍)'과 '농(隴)'은 삼성(三聲)으로 통용하고, '등(登)'과 '단(丹)', '포(蒲)'와 '파(婆)', '마(麻)'와 '마(摩)'는 쌍성(雙聲)으로 변화된 것으로, 숨에 경중이 있으므로 글자에 다름이 있는 것이다. 그 옳고 그름을 고찰할 수 없어 지금도 각자가 그대로 구습을 따르고 있다. 다만 남송(南宋) 시기 편벽된 곳이었던, 임안(臨安)은 바닷길이 통하고 동남아시아에 가까워 지(志)에는 대진(大秦), 인도[天竺] 등의 나라들이 실려 있는데, "서역(西域)"에서도 멀리 떨어져 있어 분명히 그 사람들을 직접 목격하지는 못한 것 같다. 하지만 『책부원구(冊府元龜)』[3)]를 살펴보면, 당나라 시기의 현교(祆教)를 기록하면서 "대진사(大秦寺)"라고 한 것과 『정사

들을 구제하는 일 등을 관장했다. 『중화총서(中華叢書)·송사연구집(宋史研究集)』, 제7집, 「宋代市舶司的職權」을 참고하시오.

3) 『책부원구(冊府元龜)』: 원래 명칭은 『역대군신사적(歷代君臣事迹)』으로, 왕흠약(王欽若, 962~1025), 양억(楊億, 974~1020) 등이 칙명으로 완성한 유서(類書: 일종의 백과사전)이다. 1000권, 목록과 음의(音義) 각 10권씩으로 구성되어 있고, 31부(部) 1,104문(門)으로 분류되어 있다. 대체로 경(經), 사(史), 자(子)의 내용에 집중되어 있지만, 『태평어람(太平御覽)』 보다 훨씬 많은 내용을 수록하고 있고 다른 유서에서 볼 수 없는 내용들이 수록되어 있어 연구자들의 주요 자료 중 하나이다.

(桯史)』[4]에 기록된 "광주(廣州)의 바다 오랑캐[廣州海獠]"가 바로 이러한 부류이다. 법현(法顯)의 『불국기(佛國記)』에는 육로로 천축에 가서 장사배를 타고 진(晉)나라로 돌아왔다고 하는 것으로 보아, 두 나라가 모두 바다를 돌아 통할 수 있었음을 알 수 있다. 그러므로 조여괄이 복주(福州)[5]에서 이러한 교역들을 볼 수 있었을 것이다. 그렇다면 이 책에서 기록한 것은 모두 그의 견문(見聞)이고 직접 물어 조사한 것이니 마땅히 그의 상세하고 정확한 기술은 사가(史家)들이 근거할 만한 것이다.

4) 『정사(桯史)』: 악비(岳飛)의 손자인 악가(岳珂, 1183~1234)가 지은 송대 조야(朝野)의 견문 기록으로, 15권, 140개 항목으로 구성되어 있다. 송나라의 인물들, 정치, 과거의 흥미로운 이야기들을 자신이 직접 채록하여 쓴 것으로 상당한 신뢰성을 갖추고 있다는 평가가 일반적이다. 여기서 말하는 "광주해료"는 권 11, 「번우해료(番禺海獠)」조목에 실려 있는데, 광주 무슬림 사회의 정황(상인, 종교, 생활상, 건축 등등)을 서술하고 있어 송대 해상 교통과 무역 그리고 이슬람 종교사에 있어 중요한 의미가 있는 책이다. 오민하(吳敏霞) 교주, 『정사(桯史)』, 삼진출판사(三秦出版社), 2004를 참고하시오.

5) 복주(福州): 복건성의 북동부 해안에 위치해 있고 타이완 섬 북부와 마주보고 있다.

『이조원(李調元)의 서문』

송나라 조여괄이 복건제거시박(福建提擧市舶)이 되었을 때, 『제번지(諸蕃志)』 1권을 지었다. 번국(蕃國)의 명물들을 잡다하게 기록한 책으로, 주석과 풀이가 매우 상세하다. 오늘날 견문한 것과 조금도 다를 것이 없다. 대저 목도한 것에 따랐기 때문에 그 명성을 얻을 수 있었던 것이지, 그저 종이 상의 이야기에 불과한 것이 아니다. 나는 영해(嶺海)를 조사할 때, 일찍이 이 책을 휴대하고 다니면서 교감과 교정을 가하여, 분명하지 않은 것들을 낱낱이 밝히고자 했다. 이 책에서 족히 옛사람 저술의 정수를 볼 수 있고, 훗날 이 책의 행간을 둘러보는 사람들 또한 박학다식에 도움 되지 않음이 없을 것이다.

동산(童山)에 사는 우촌(雨村) 이조원(李調元)[1)]이 서문을 짓다.

---

1) 이조원(李調元, 1734~1803): 자는 미당(美堂) 또는 찬암(贊庵)이고 호는 우촌(雨村), 묵장(墨莊), 동산준옹(童山蠢翁)이다. 청나라의 저명한 인문학자로, 희곡에도 상당한 조예가 있었다. 1763년 진사에 오른 이후로 이부(吏部) 고공사(考功司) 원외랑을 거쳐, 광동의 제독학정(提督學政), 직예통영도(直隸通永道)에 이르렀다. 통영도를 관장하고 있을 때 조여괄의 이 책을 교감한 것으로 보인다. 저서로는 『만선당고(萬善堂稿)』, 『석정시집(石亭詩集)』, 『석정문집(石亭文集)』, 『성원식보(醒園食譜)』 등이 있다.

조여괄의 서문

「우공(禹貢)」[1]에는 "섬 오랑캐들은 풀 옷을 입고, 광주리 폐백은 직물과 조개이다."라고 하였으니 만이(蠻夷)들이 중국과 재물을 교역한 것은 오래되었다. 한나라 이후로 진귀한 물품을 바치는 것이 끊이지 않았다. 당나라에 이르러 시박사(市舶司)에는 사신들을 초빙하여 교역하게 하는 일이 있었는데, 이로부터 더욱 확대된 것이다. 우리 왕조의 대대의 임금들은 이러한 예를 서로 전하며, 인(仁)과 검(儉)을 보배로 삼으니 천자의 위엄과 명망 그리고 교화가 이르는 곳에서는 연이어 그 말을 전하며 진귀한 물품을 바쳤다. 이에 천주(泉州)[2]와 광주(廣州)[3]에 관리를 배치하고 호시(互市)를 관장하게 한 것은, 대저 백성들의 물자를 확충하여 나라를 돕고자 함이니, 기이한 물건을 귀하게 여기고 사치스러운 마음을 추구하는 사람과 어찌 함께 나란히 말할 수 있겠는가. 나는 이러한 명을 받고 와서 시간이 날 때마다 제번(諸蕃)의 지도를 펼쳐보니, "석상(石牀)", "장사(長沙)"라는 험한 곳과 "교양(交洋)", "축서(竺嶼)"라는 극한도 있었다. 그에 관해 기록된 것이 있는

1) 「우공(禹貢)」: 『서경(書經)』, 「하서(夏書)」의 편명으로, 산천 지리의 원근과 산물에 대해 기록하고 있다.

2) 천주(泉州): 복건성 동남쪽에 위치한다. 원래는 진강현(晉江縣)의 중심지역으로, 송원(宋元) 시기에는 대외무역의 중심지였으나 명대 이후 해금(海禁) 정책으로 쇠퇴하였다. 마르코 폴로의 책에서도 이 도시의 번성한 모습을 읽을 수 있다.

3) 광주(廣州): 광동성의 성도이다. 개보(開寶) 4년(971)에 북송의 태조 조광윤(趙匡胤)이 남한(南漢)을 정벌하고, 영남도(嶺南道)에 귀속시키고 광주에 시박사(市舶司)를 설치했다. 이로써 동서양 교역의 중심지로 부상했으나, 남송 이후 천주(泉州)에 그 자리를 내어주었다.

지 물으니 있는 것이 없었다. 이에 여러 장사치와 호인(胡人)[4]들에게 자문하여 그 나라 이름들을 배열하게 하고, 나라들의 풍토, 도리(道里)의 연속, 산택(山澤)의 산물들을 말하게 하여, 중화의 말로 풀었다. 더럽고 산만한 것을 삭제하고 그 사실만을 남겨 『제번지』라 명명했다. 해외 바다로 둘러싸인 나라들과 금, 상(象), 서(犀), 주(珠), 향(香), 대모(瑇瑁) 등 수많은 진귀한 남방의 산물들을 중국에서 파는 자들을 대저 여기에서 볼 수 있을 것이다. 아! 산해(山海)에는 "경(經)"이 있고 박물(博物)에는 "지(志)"가 있는데, 하나의 물건이라도 알지 못하면 군자의 부끄러운 바이니 이러한 지(志)를 짓는 것은 참으로 그 이유가 있는 것이다.

보경(寶慶) 원년(1225) 9월 모일에 조산대부(朝散大夫) 제거복건로시박(提擧福建路市舶) 조여괄 서문을 짓다.[5]

---

4) 호(胡): 원래 중국 북방의 이민족 또는 '서역(西域)' 민족을 지칭하는 말이지만, 시기별로 가리키는 민족이 달랐다. 여기서 호인(胡人)은 번인(番人)과 같은 말로, 주로 바다를 통해 중국으로 온 외국인들을 통칭하고 있는 것으로 보인다.

5) 禹貢載島夷卉服, 厥篚織貝. 蠻夷通財於中國古矣, 繇漢而後, 貢珍不絕. 至唐市舶有使招徠, 懋遷之道自是益廣. 國朝列聖相傳, 以仁儉爲寶, 聲教所暨, 累譯奉琛, 於是置官於泉廣, 以司互市, 蓋欲寬民力而助國朝, 其與貴異物窮侈心者烏可同日而語. 汝适被命此來, 暇日閱諸蕃圖, 有所謂石牀·長沙之險, 交洋·竺嶼之限, 問其志則無有焉. 迺詢諸賈胡, 俾列其國名, 道其風土, 與夫道里之聯屬, 山澤之蓄產, 譯以華言, 刪其穢渫, 存其事實, 名曰諸蕃志. 海外環水而國者以萬數, 南金象犀珠香瑇瑁珍異之產, 市於中國者, 大略見於此矣. 噫!山海有經, 博物有志, 一物不知, 君子所恥, 是志之作, 良有以夫. 寶慶元年九月日, 朝散大夫提舉福建路市舶趙汝适序.

풍승균(馮承鈞)은 1956년 『제번지교주』 중간본을 내면서 다음과 같은 부연설명을 덧붙였다.
[이 서문은 『예풍장서기(藝風藏書記)』, 권3에 보인다. 그 기(記)에 이르기를 "이 책은 『영락대전(永樂大典)』, 권4262, 번자운(蕃子韻)

에서 편집한 것으로, 1차로 『함해(函海)』에서 판각되었고, 『학진토원(學津討原)』에서 두 번째로 판각되었는데, 모두 이 자서(自序)를 갖추고 있다. 또 상권에서는 나라들을 기술했고, 하권에서는 사물들을 기술했다. 장본(張本: 학진토원본)에는 "'지국(志國)'이란 두 글자가 빠져있다."라고 하였다.]

『제번지교주(諸蕃志校注)』 서

송나라 사람이 해국(海國)을 기록한 책은 단지 본서뿐으로, 『영락대전(永樂大典)』[1)]에 의거하여 전해지고 있다. 지금 보는 초본(鈔本: 필사본)과 각본(刻本)은 직간접적으로 『영락대전』에서 나온 것이다. 옛 각본에는 2종이 있다. 함해본(函海本)[2)]은 간행과 판각이 한차례에 그치지 않았는데, 건륭(乾隆, 1736~1795) 시

---

1) 『영락대전(永樂大典)』: 원래 서명은 『문헌대성(文獻大成)』(영락 원년, 1403년 완성)으로, 명나라 해진(解縉, 1369~1415) 등이 칙령으로 편찬한 유서(類書)이다. 원래는 22877권, 범례와 목록의 60권으로, 『홍무정운(洪武正韻)』의 운자 배열 순서에 따라 경사자집(經史子集)의 도서들을 수록하고 있다. 영락(永樂) 6년(1408)에 『영락대전』으로 완성되었다. 이후 정본(正本)과 사본(寫本)이 제작되었으나 왕조의 변천과 혼란으로 많은 부분이 유실되었고, 아편전쟁, 의화단사건을 거치면서 겨우 64책만 남을 정도로 소실되었다. 이후 기증과 수집을 통해 720권을 편집하여 1959년 중화서국에서 영인 출판되었다.

2) 이조원(李調元, 1734~1803): "성격이 기이하고 박물을 좋아하여", "유난히 책을 좋아하는 성벽"이 있었기 때문에 그의 부친인 이화남(李化楠)과 더불어 사방의 책을 수집하여 소장하고 있었다. 집에는 "만권루(萬卷樓)"가 있었는데 장서가 만여 권에 달해 사람들이 "사천의 제일가는 장서가(西川第一藏書家)"라 했다. 이후 이조원이 경기통영도(京畿通永道) 관찰사를 맡았을 때, 청나라 조정에서는 『영락대전(永樂大典)』을 중수하고 사고(四庫)를 열었는데, 이조원의 벗인 소진함(邵晉涵, 1743~1796), 정진방(程晉芳, 1718~1784) 등이 『사고전서(四庫全書)』의 편수관이었기 때문에, "천부(天府)의 장서 부본(副本)을 빌릴 수 있었다." 또 서리들을 고

기 초각본이 비교적 우수하다. 학진토원본(學津討原本)[3]은 늦게 나오기는 했지만, 함해본을 교정한 것이 한두 곳에 그치지 않는다. 최근 국학문고본(國學文庫本)은 도광(道光, 1821~1850)년간의 함해본에 의거하여 인쇄한 것으로 자세하게 교감하지 않은 것 같다. 원본과 비교해보면 10개의 글자가 잘못되거나 빠져있다.

용하여 이런 책들을 손이 닿지 않는 곳에 봉인하고 베껴 쓰게 하여, "신축년 가을에서 임인년 겨울까지" 2년간 많은 이전 사람들의 저술을 수집했다. 마침내 임인년(1782년) 겨울, 그는 새로 베껴낸 서적과 이전에 수집한 송원(宋元)의 선본들을 합쳐 책으로 만들었는데 그것이 바로 『함해(函海)』이고, 임인년의 초본을 "함해임인본"이라 부른다. 대표적으로 언급할 만한 판본들은 다음과 같다. ○함해임인본은 미국국회도서관 소장본이 유일하다. ○임인본 출판 당시에 이조원은 투옥되어 있었고, 1784년(갑진년) 봄에 출옥하여 재판을 냈는데, 수록한 책은 늘었고 자신의 저작도 포함시켰다. 이를 "함해갑진춘본"이라 한다. ○이조원이 죽은 뒤에 아우인 이정원(李鼎元)이 1809년(가경 14년)에 약간의 산정(刪定)을 거처 재판했는데 이전 판본들과 큰 차이가 없다. ○1825년(도광 25년) 이조원의 아들 이조기(李朝夔)가 163종의 책으로 증보한 판본이 가장 널리 유포된 판본으로 알려져 있다.

3) 학진토원본(學津討原本): 청대의 저명한 장서가이자 서각가인 장해붕(張海鵬, 1755~1816)이 편집하여 간행한 책으로, 모진(毛晉)의 『진체비서(津逮秘書)』를 근거로 보태고 삭제하여 177권을 얻었는데 모두 사고전서에 수록된 명대 이전의 경사실학(經史實學), 조장전고(朝章典故), 유문일사(遺聞佚事), 서화보록(書畫譜錄)들을 고증할 수 있는 책들로, 광범위하게 선본을 찾아 상세한 교감을 했다고 한다. 유협(劉勰)의 『신론(新論)』에서 "도상(道象)의 오묘함은 말하지 않으면 전해지지 않고, 말을 전하는 오묘함은 선명하지 않으면 전해지지 않는다.(道象之妙, 非言不津, 津言之妙, 非翠不傳.)"는 뜻을 취하여 "학진토원(學津討原)"이란 이름을 붙였다. 가정(嘉靖) 10년(1805) 장씨조광각(張氏照曠閣) 간본, 1922년 상해 상무인서관의 장씨조광각본 영인본이 있다.

현재 볼 수 있는 초본(鈔本)은 『사고전서』본을 제외하고 두 판본이 있다. 하나는 함해본을 따라 베껴낸 것으로, 의거한 판본은 광서(光緖) 7년의 각본(刻本)으로 보인다. 또 하나는 학진토원본을 따라 베껴낸 것으로 위에는 심증식(沈曾植[4])의 미주(眉注)가 있지만 대체로 우수하게 보이지는 않는다. 이제 여러 판본을 서로 교감하고, 『통전』[5], 『영외대답(嶺外代答)』[6], 『문헌통고』[7], 『송사』[8] 등의 책에 의거하여 그 오류들을 교감한다. 아마도 이러한 문헌들은 이 책이 정보를 수집하거나 그로부터 문장을 인용한 것이어서 상호의 문장들을 확인할 수 있다.

---

4) 심증식(沈曾植, 1850~1922): 자는 자배(子培), 호는 손재(巽齋)로 원나라의 역사와 지리학자이자 서법가로 활동했으며 동광체(同光體) 시인이기도 하다. 1880년 진사에 올랐고 이후 강유위, 양계초 등과 함께 유신변법을 주장하고 강학회(強學會)를 세운 정치적 경력도 있다. 유학(儒學)에 능통했고, 서법에 뛰어났으며 요(遼), 금(金), 원(元)나라 역사에 조예가 깊었다. 저서로는 『원비사전주(元秘史箋註)』, 『해일루문집(海日樓文集)』 등이 있다.

5) 『통전』: 당나라 두우(杜佑, 735~812)가 지은 전례(典禮)와 법제(法制)에 관한 전문서로, 30년간에 걸쳐 정원(貞元) 17년(801) 200권으로 완성한 책이다. 전제(典制)에 관한 이 서적은 유질(柳秩: 유지기의 아들)의 『정전(政典)』을 기초하여, 식화(食貨), 선거(選擧), 직관(職官), 예(禮), 악(樂), 형(刑: 병(兵)을 포함하고 있음), 주군(州郡), 변방(邊防) 등 8개의 전(典)으로 나누고 그 아래에는 1500여 개의 세부 조목을 안배하여, 2백여 종의 책을 인용하여 기술했다. 사실을 중심으로 시간의 순서대로 배열했고, 각 전(典)에는 총론(總論)을 안배했으며, 소주(小注)를 넣어 사실에 대한 자신의 생각을 넣고 자료를 보정했다. 특히 당나라 시기의 식화, 직관, 주군, 변방에는 가장 정밀한 모습을 보여주고 있다. 역대 사지(史志)를 꿰뚫어 전제(典制)를 전문적으로 다룬 독보적인 서적으로 평가된다. 게다가 의식주를 우선시하는 문화사적 탁견을 보여주고 있다. 정초(鄭樵)의 『통지(通志)』, 마단림(馬端臨)의 『문헌통고』와 더불어 "삼통(三通)"으로 일컬어진다. 1980년 일본 급고서원(汲古書院)에서 궁

여러 판본에는 주(注)가 있는데 이조원(李調元)의 주(注)로 확실시되는 것과 이씨의 주로 밝혀진 것 이외의 나머지 주석들은 누구의 것인지 알 수 없다. 대개 원주(原註) 두 글자로 구분하고 있지만 조여괄 자신의 말인지 확신할 수는 없다.

내청(宮内庁) 서릉부(書陵部)에 소장된 북송(北宋)의 각본을 영인한 것이 가장 오래된 판본이다. 중국에는 명간본이 주류를 이루고 있다. 우리나라에서는 국사편찬위원회에서 데이터베이스화하여 서비스하고 있다.

6) 『영외대답(嶺外代答)』: 『제번지』가 가장 많이 인용하고 있는 자료 중의 하나로, 남송(南宋) 주거비(周去非, 1134/5~1189)가 지은 잡기(雜記) 10권이다. 순희(淳熙) 연간에 계림(桂林) 통판(通判)을 지낼 때, 일에 따라 견문 4백여 조목을 기록했다가, 돌아온 이후 남송 범성대(范成大, 1126~1193)의 『계해우형지』를 참조하여 1178년에 만든 책이다. 영남(嶺南: 광서와 광동일대)의 일을 묻는 사람들에게 답하기 위해 만들어졌기 때문에 붙여진 서명이라고 한다. 원본은 오래전에 유실되었고, 현재 판본은 『영락대전』에서 편집한 것이다. 지리(地理), 변수(邊帥), 외국(外國), 풍토(風土), 법제(法制), 재계(財計), 기용(器用), 복용(服用), 식용(食用), 향(香), 악기(樂器), 보화(寶貨), 금석(金石), 화본(花本), 금수(禽獸), 충어(蟲魚), 고적(古迹), 만속(蠻俗), 지이(志異) 등 20개 문(門, 하나는 이름이 없음)으로 구성되어 있고 아래에는 294조목으로 나뉘어 있다. 남해의 여러 나라와 대진(大秦), 목란피국(木蘭皮國)과 같은 먼 서역에 관련된 것도 있어, 범성대의 『계해우형지』와 조여괄의 『제번지』의 특장점을 두루 갖추고 있다. 양광(兩廣) 및 동서양 교류에 있어 중요한 자료임에 틀림없다. 판본으로는 『지부족재총서(知不足齋叢書)』본과 『필기소설대관(筆記小說大觀)』본이 있다. 양무천이 교주(校注)한 『영외대답교주』(중화서국, 1999)가 가장 접근하기 쉽다.

7) 『문헌통고』: 역대 전장(典章), 제도를 설치한 연혁에 관한 사료 집성으로 남송 마단림(馬端臨, 1254~1323)이 상고시대로부터 남송 가정(嘉定) 연간까지를 기술하고 있으며, 내용상으로는 두우(杜

독일 출신 한학자 프리드리히 히어트(Friedrich Hirth, 1845~1927)[9]와 미국학자 록힐(W. W. Rockhill, 1854~1914)[10]은 일찍이 이 책을 번역하고 주석을 달아 『조여괄의 제번지: 12~13세기 중국과 아랍의 교역에 관하여(Chau Ju-kua: His Work on the Chinese and Arab Trade in the Twelfth and Thirteenth Centuries, entitled Chi-fan-chi)』로 서명을 붙였다. 서방의 여러 저술들을 인용한 것이 상당히 풍부하지만 오류들이 적지 않다. 이제 그들의 가장 정채로운 부분들을 취하여 오류를 바로잡고 빠진 것들을 보충하였다. "역주"라고 밝힌 것은 전체 문장을 인용했거나 혹은 그들의 설을 취한 것이기 때문이다. 간간이 그 설에 독창적이고 독자적인 역주가 있었으나, 본서에서 말을 바꾸고 보충한 것에는 "역주"라고 표시하지 않았다. 감히 다른 사람의 우수한 점을 훔치는 것은 아닐지라도 오류가 있을지 걱정이다. 타인에게 나의 잘못을 전가하고 싶지는 않다. 가져온 역주의 문장을 헤아려 보면 5~60퍼센트 정도이다. 나머지는 최근 20여 년간 여러 학자들이 고증한 성과들을 채택했다. 사이사이 내가 새로운 설을 낸 것도 있지만 많지는 않다.

佑)의 『통전』의 증보판 또는 후속작이라 볼 수 있다. 20여 년이 걸려 원나라 대덕(大德) 11년(1307) 완성되었고 지치(至治) 2년(1322)에 초간본이 나왔다. 마단림은 자서(自序)에서처럼 "두우의 『통전』을 이어 천보(天寶) 이후의 사적을 보충하고, 한편으로는 사마광(司馬光)의 『자치통감』을 보완하고자"하였다. 전체 348권으로 24부문으로 나뉘어 있고, 경적(經籍), 물이(物異) 등처럼 『통전』에는 없는 5문(門)을 추가했다. 두우(杜佑)는 식화(食貨)를 첫머리에 두고 경제를 중시했고, 정초는 선거(選擧)와 형법(刑法) 뒤로 옮겼으나 마단림은 다시 식화를 맨 앞에 위치시키며 경제를 우선시하고 있다. 통행되는 각본은 청나라 건륭 연간 무영전(武英殿)에서 교간한 삼통합각(三通合刻)본에 근거하고 있다. 1986년 중화서국에서 영인본이 출간되었다. 『통전』이 정밀하다면 『문헌통고』는 박통(博通)이라는 것이 사가들의 평가이다.

8) 『송사』: 원나라 탈탈(脫脫, 1314~1355)을 도총재(都總裁)로, 게혜사(揭傒斯, 1274~1344), 장기암(張起岩, 1285~1353), 구양현(歐陽玄, 1283~1357) 등을 총재(總裁)로 하여 만든 기전제 사서이다.

이전에 교감한 여러 본들은 『사고전서(四庫全書)』의 제요(提要)를 넣지 않았다. 여기에서 그 제요를 첫머리에 수록한 것은 조여괄의 사적을 고증할 수 있는 장점이 있기 때문이다. 그러나 이 제요에도 여전히 오류가 남아있다. 상왕(商王) 원빈(元份)은 『송사』, 권231 「종실세계표(宗室世系表)」에 보이고 권245 「종실열전(宗室列傳)」에도 보이는데, 제요에는 간왕(簡王)으로 되어있다. 무엇을 근거했는지 알 수 없다. 『송사』, 권489의 단미류(丹眉流)가 제요에는 "단류미(丹流眉)"로 되어있는데, 그 근거한 바를 알 수 없다. 또한 당나라 때의 현교(祆教), 광주(廣州)의 해료(海獠)를 끌어들여 대진(大秦)을 고증했는데 견강부회의 틀을 벗어나지 못했다.

모두 496권으로 지(志) 162권, 표(表) 32권, 열전(列傳) 250권으로 구성되어 있고, 지정(至正) 5년(1345)에 완성되었다. 건륭(建隆) 원년(960)에서 상흥(祥興) 2년(1279)까지, 양송(兩宋) 319년의 역사를 기술하고 있다. 그러나 대부분 북송(北宋)에 초점이 맞추어져 있고, 원나라의 입장에서 서술되어 시비(是非)와 포폄(褒貶)의 평가가 온당치 못한 점이 있다고 한다. 1977년 중화서국 점교(点校) 본이 많이 활용되고 있다.

9) 히어트(Friedrich Hirth, 1845~1927): 베를린 라이프지그(Leipzig) 대학에서 그라이프스발드 박사(Greifswald, 1869년 박사학위를 받음)에게 수학하고, 1870~1897년까지, 하문(廈門), 상해, 진강(鎭江), 중경 등지에서 세관 업무를 담당했다. 이 기간 경험을 토대로 중국의 대외 교류사와 고대사에 주목하여, 『중국과 동로마(China and the Roman Orient)』(1885), 『중국 예술에 있어서 외국의 영향(Ueber fremde Einflüsse in der chinesischen Kunst)』(1896), 『Chau Ju-kua』(1890) 등은 이 시기의 중요한 연구 업적이다. 특히 황실 아시아학회 중국분회(China Branch of the Royal Asiatic Society)[이하 ChBrRAS로 약칭함]의 회장으로 유럽학자들의 중국 연구를 이끌었다. 1902년 컬럼비아 대학 교수에 임명되어 한학(漢學) 강좌를 처음으로 개설했다. 이 시기는 『중국 고대사(The Ancient History of China)』(1908)가 대표적인 업적으로 손꼽힌다. 이후 1917년 미국을

이 책은 송나라 시기 서남쪽 여러 번국(蕃國)들을 고증한 유일한 문헌이고, 『문헌통고』와 『송사』에서 이를 인용하고 있지만, 또한 오류를 피해가지는 못했다.

떠나 독일로 돌아갈 때, 호적(胡適)의 박사학위 논문 발표에 참가하기도 했다. 2차 대전 이전 그가 간행한 책들과 중국 필사본들은 베를린의 황실 도서관에, 역사적으로 가치가 있는 도자기들은 고타(Gotha) 박물관에 소장되어 있다. 베를린 주립도서관(Staatsbibliothek)에 있던 히어트의 컬렉션 대부분은 현재 크라쿠프(Kraków)에 있다.

10) 윌리엄 우드빌 록힐(William Woodville Rockhill, 1854~1914): 1854년 필라델피아에서 태어난 록힐은 13세에 부친을 여의고 모친과 함께 프랑스로 이주하였다. 1844~46년 라싸를 여행한 아베 윅(Évariste Régis Huc, 1813~1580)의 여행기를 읽고 티베트에 관심을 보였다. 이후 국립도서관의 동양학자 레옹 페어(Léon Feer, 1830~1902)에게 극동에 관한 지식을 배우고, 생 시르 사관학교(École spéciale militaire de Saint-Cyr)에 입학하여 티베트어를 배웠다. 졸업 후 외인부대에 배속되어 알제리에서 장교로 복무한 그는 1876년 미국으로 돌아가 뉴멕시코에 목장을 사서 경영하다가 1881년 다시 팔고 스위스 몽트뢰(Montreux)로 이사하여 티베트어, 산스크리트어, 중국어를 익혔다. 이때 난조 분유(南条文雄, 1849~1927), 리우만(Ernst Leumann, 1859~1931)과 함께 부처의 삶에 관한 책을 저술했고, 바라제목차 경(Prātimokṣa sūtra)을 불어로 옮겨 1884년 출간했다.

1883년 록힐의 아내는 7만불의 상속자가 되었지만 록힐은 북경 미국 대표부의 무보수 직책을 맡았다(이후 유급으로 승진함). 1886~1887년에는 조선 참사관으로 근무했으며, 이후 록힐은 중국 서부, 몽골, 티베트에 두 차례 탐사를 하고 그 기록은 스미스소니언 협회(Smithsonian Institution)에 보내었다. 이 기록은 1891년 『The Land of the Lamas』란 책으로 출판되었으며, 1893년에는 왕립지리학회의 금메달을 받았다. 그가 탐험에서 가져온 예술품들은 스미스

아마도 조여괄이 직접 목격한 말이 아니라 문장들을 인용했거나 아니면 서역에서 온 상인들의 말을 탐문한 것이기 때문일 것이다. 조여괄의 시대보다 3백 년 전, 페르시아의 이븐 코르다드베(Ibn Khordadbeh, 820?~912)[11]가 『길과 왕국의

소니언 협회, 국립 자연사박물관 고고학 분야의 컬렉션으로 소장되어 있다. 이후 그로버 클리블랜드(Stephen Grover Cleveland, 1837~1908) 정부의 국무차관보를 지낸 다음 1897년부터 그리스, 세르비아, 루마니아 대사를 역임했다. 이후 의화단 사건이 일어나자 국무장관 존헤이(John Hay)는 록힐에게 자문했고, 록힐은 문호개방정책(Open Door Policy)의 제안서 초안을 작성했다. 이로써 의화단 사건을 종결짓는 대사 회의에 미국특사로 파견되었고, 전쟁 배상금 분할을 주장하여 이른바 "Boxer Indemnity Scholarship Program(庚子賠款獎學金)"이 조성되게 되었다.

13대 달라이 라마를 고립시킨 영국의 티베트 원정(1903~1905)에 대한 갈등을 중재하기 위해 1905년 루즈벨트 대통령이 록힐을 중국 공사(公使)로 임명하자(1905~1909) 1908년 록힐은 5일 동안 오대산을 걸어 달라이 라마를 만나 중국, 영국과 평화를 모색할 것을 설득했다(록힐은 달라이 라마와 죽을 때까지 편지를 주고받은 것으로 알려져 있다). 1909년 하워드 태프트(William Howard Taft)는 록힐을 러시아 대사로(1909~1911), 1911년에는 터키 대사로(1911~1913) 임명했다. 이후 원세개의 고문을 지내다가 1914년 샌프란시스코로 돌아와 심한 감기로 인한 흉막염으로, 향년 60세로 죽었다. 록힐은 외교관이자 티베트 전문가였지만, 1894년 『Diary of a Journey through Mongolia and Tibet in 1891 and 1892』라는 책에서 살라르어에 관한 주석을 쓰기도 했다. 1911년 조여괄의 『제번지』를 히어트와 함께 역주했고, 1914년 왕대연(汪大淵)의 『도이지략』을 부분 역주하여 중국과 남해 교류사에 의미 있는 학문적 족적을 남겼다. 마지막으로 주목할 만한 것은 15세기 이래 한중관계사에 관한 저술도 있다는 점이다.

11) 이븐 코르다드베(Ibn Khordadbeh/Ibn Khurradadhbih): 9세기 페르시아 지리학자겸 관리로, 그의 『길과 왕국의 책(Kitāb al Masālik

책(Kitāb al Masālik w'al Mamālik)』의 상황과 같다. 확실한 근거도 없이 소문에만 의거했고 거기에 억측을 보태 부회하여 혼란을 면하기 어려웠을 것이다. 본서에 대진(大秦), 인도[天竺], 대식(大食) 등의 여러 조목이 있는데 그 글을 읽지 않고도 짐작할 수 있다. 대진은 분명 옛날의 로마이거나 그에 예속된 땅이고, 천축은 인도 또는 인도 경내의 한 나라이며, 대식은 바로 흑의대식(黑衣大食) 왕조의 수도인 바그다드이다. 그러나 사실은 그렇지 않다. 대진 조목 첫머리는 『영외대답』의 문장을 채록하고, 다시 여러 사적의 문장들을 섞어 보탰으며 게다가 서역 상인들의 말을 덧붙였다. 역사 기록 속의 대진은 대개 로마제국 경내의 한 지역을 가리키고, 서역 상인들이 말하는 것은 대식국의 수도인 바그다드이다. 본서의 대진은 시리아지만 바그다드라고 해도 안 될 것은 없다. 본서 천축 조목에 이미 말라바르[南毗], 구제랏[胡茶辣], 말와[麻囉華], 촐라[注輦] 등의 여러 나라가 있기 때문에 천축을 따로 떼어낼 필요는 없었지만, 다시 사서(史書)에서 전하는 문장들을 가져와 한 조목으로 만들었다. 뱀 그림을 그리면서 다리를 붙인 격이다. 성수(聖水) 이야기는 맥저납(驀底納)에 속하는데, 『영외대답』에서는 대진 조목의 끝에 이어 붙여 이미 잘못된 것이지만, 본서에서는 다시 천축 조목 속에 옮겨 두었으니 장씨의 관을 이씨가 쓰고 있는 꼴이 되었다. 대식은 본서에서 거의 이슬람의 여러 나라들을 통틀어 일컫고 있어서 본서의 대진 조목 또한 여러 문장이 뒤섞여 있다. 말한 대식 수도는 바그다드, 다마스쿠스, 미스르(카이로), 말라바르 등의 여러 곳을 말하고 있기 때문에 정확히 어느 나라인지 지정할 수 없다. 이러한 것들이 모

w'al Mamālik)』(846~847경 씀)은 남아있는 아랍어 지리서 중에서 가장 오래된 것으로 알려져 있다. 압바스 왕조(750~1258)의 지방과 다양한 민족을 기술하고 있으며, 나아가 벵골만, 안다만 섬, 말레이반도와 자바의 지리, 문화, 민족을 포괄하고, 더 멀리 중국, 신라 그리고 일본에 관한 언급까지 들어있다. 이 책은 프톨레마이오스와 같은 그리스 지리서의 영향을 받지 않고 이슬람의 세계관과 우주관을 보여주고 있다. 무엇보다도 신라를 언급한 최초의 책이자, 중국 동쪽의 와끄와끄(Waqwaq)섬, 라다니트(Radhanites)라는 유대 상인들을 기술한 중요한 자료로 알려져 있다. 1865년 메이나르(Charles Barbier de Meynard)가 『Journal Asiatique』, 5책에서 불어로 처음 번역되어 소개 되었다.

두 본서의 약점이다. 그러나 이러한 약점은 옛날 번국(蕃國)의 일을 기술한 문헌에서 대부분 나타나는 현상이고, 사서에서도 이를 면치 못했다. 그러므로 하나를 들어서 책 전체를 가릴 수는 없다.

본서는 역사 문헌과 『영외대답』의 문장을 채록한 것 이외에도 이전의 기록에서 볼 수 없는 문장들이 상당히 있다. 기록한 해국(海國)들의 범위는 동쪽 일본에서부터 시칠리아에 이르며, 연해의 여러 나라들이 거의 빠짐없이 열거되어 있다. 현존하는 해외를 기록한 지리서들 중에서 이처럼 상세하게 갖춘 것은 없었다. 삼불제(三佛齊) 조목을 통해 실리불서국(室利佛逝國)의 역사를 충분히 보완할 수 있다는 점은 『대당서역기』를 통해 인도사를 보완 할 수 있는 것과 그 성과는 같을 것이다. 이러한 점에서 이 책은 아마도 서남해의 역사를 다룬 책 중에서 가작이 될 수 있을 것이다.

1936년 6월 24일 풍승균(馮承鈞)[12] 씀.

---

12) 풍승균(馮承鈞, 1887~1946): 자는 자형(子衡)이고 호북성 한구(漢口)출신으로 저명한 역사지리학자이다. 일찍이 벨기에에 유학하였고, 이후 프랑스 파리 소르본느 대학에서 1911년 학사학위를 받았다. 그 해 펠리오(P. Pelliot)가 콜레주 드 프랑스(Collège de France)에 교수로 부임하여, 풍승균은 바로 펠리오의 지도를 받았다. 이후 북경대학교, 북경사범대학교 역사과에서 교수로 재직했다. 불어, 영어, 산스크리트어, 몽골어, 토하라어에 정통하여, 중국 변방의 역사와, 동서양 교류사에 많은 업적을 남겼다. 대표적 학술서로는 『영애승람교주(瀛涯勝覽校注)』, 『성사승람교주(星槎勝覽校注)』, 『중국남양교통사(中国南洋交通史)』, 『서역사지석명(西域史地释名)』 등이 있고, 역서로는 『마르코 폴로 여행기(馬可波羅遊記)』, 『무라지아 도손의 몽골역사(多桑蒙古史)』, 『송운기행전주(宋雲行記箋注)』(원저, 에두아르 샤반느), 『15세기 초 중국인의 위대한 항해(十五世紀初年中國人的偉大航海上旅行)』(원저, 폴 펠리오) 등이 있으며 이외에도 수많은 논문을 남겼다. 중풍을 앓으면서도 아들에게 구술하며 학술연구에 전념하던 끝에 향년 61세로 생을 마감했다.

1621년 명나라 모원의(茅元儀)가 완성한 『무비지(武備志)』, 권224에 수록된 교지(交趾, 통킹)와 점성(占城, 참파)으로 가는 항해도.

상권 지국(志國)

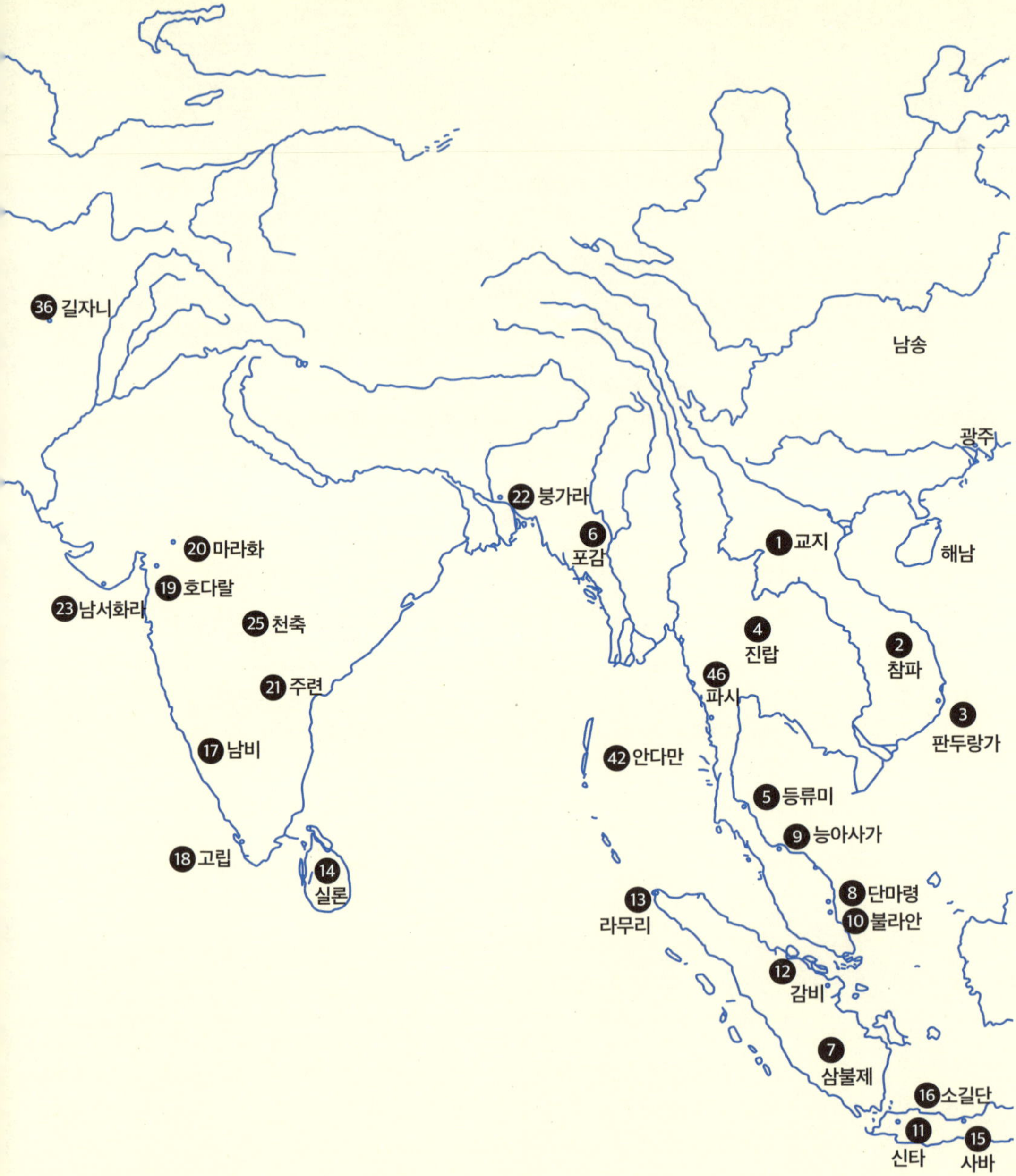
36 길자니
남송
광주
22 붕가라
6 포감
1 교지
해남
20 마라화
19 호다랄
23 남서화라
25 천축
4 진랍
2 참파
46 파시
3 판두랑가
21 주련
17 남비
42 안다만
5 등류미
9 능아사가
18 고립
14 실론
13 라무리
8 단마령
10 불라안
12 감비
7 삼불제
16 소길단
11 신타
15 사바

1. 통킹 Tongking 交趾國

교지(交趾)[1]는 옛 교주(交州)다. 동남쪽 근해에 있으며 참파[占城][2]에 접해있다. 서로는 백의만(白衣蠻)[3]과 통하고 북으로는 흠주(欽州)에 이른다.

1 교지(交趾)는 한나라 초기 남월(南越)의 땅이다. 한무제(漢武帝)가 남월을 평정하고 그 땅을 9군(郡)으로 나누었다. 남쪽 3군은 교지, 일남(日南), 구진(九眞)이라 했고, 교주자사(交州刺史)를 두어 다스리게 했다. 후한(後漢)시대에는 교주를 설치했는데, 진(晉), 송(宋), 제(齊), 진(陳), 수(隋)나라 때에는 이를 따랐고 간혹 주(州)를 군(郡)으로 고치기도 했다. 당나라 무덕(武德, 618~626) 연간에 교주총독부로 고쳤고, 지덕(至德, 756~758) 연간에는 안남도호부(安南都護府)로 고쳤으며, 송(宋) 건덕(乾德, 963~968) 초에는 교지 관내의 12주에 대란이 일어나 정 부령(丁部領)이 스스로 선 뒤로, 여씨(黎氏), 이씨(李氏), 진씨(陳氏)를 거치면서 대대로 그 땅에서 왕노릇을 하였다. 보경(寶慶) 원년(1225)은 베트남 쩐 왕조의 태종 건중(建中) 원년(1225)인데, 바로 이 해에 진씨가 이씨를 대체했다.

2 점성(占城): 본서의 아래 조목을 보라.

3 역주: 백의만(白衣蠻)은 당나라 시기의 백찬(白爨), 또는 서찬백만(西爨白蠻)을 가리키는 듯하며, 지금 운남(雲南) 나라(羅羅)족이 이들의 후예이다.1)

1) 이 설은 에르베이 생드니(Hervey de Saint Denys, 1822~1892)의 『마단림(馬端臨)의 8세기 중국의 외래 민족(Ethnographie des peuples étrangers à la Chine: ouvrage composé au XIII siècle de notre ère, par Ma-touan-lin)』, 2책, 271~286쪽을 참고한 것이지만 견강부회(牽强附會)를 면치 못했다. 통킹[交趾] 서쪽의 백의만은 운남의 백

○백만(白蠻)은 『신당서』, 권 222하, 「양찬만전(兩爨蠻傳)」에 보인다.

역대로 관리를 두지 않은 적이 없었으나 세수가 지극히 작아 유지하고 방어하는 데 매우 힘들었다. 황조(皇朝)께서는 무(武)를 중시하고 사람을 사랑하여 무용(無用)의 땅을 지키기 위해, 장려(瘴癘)[2]의 지역에 군대를 주둔시키려 하지 않았다. 그러한 관대함을 보였기 때문에 마침내 복속되어 왕들은 중국의 성(姓)[3]을 가지

찬과 아무런 관계가 없다. 백의만은 '백이(白夷)', '백이(百夷)', '파이(擺夷)', '파의(擺衣)', '북이(僰夷)'로도 불리며 타이라오스(Tai-laos)계 민족인 백태(白泰, Thai Khao) 같은 종족을 말하는 것으로 보인다. 그곳 부녀들은 위에 짧은 셔츠를 입고 긴치마로 두르는데, 모두 흰색이므로 그 부족을 부르는 명칭으로 사용하였다. 대체로 라오스 동북부, 베트남 서북부, 중국 운남성 남부 변경지역에 분포하고 있으며 그 언어는 노과(老撾, 라오스)와 매우 가깝다. 자세한 것은 경진국(景振國) 주편, 『중국고적중유관노과자료회편(中國古籍中有關老撾資料滙編)』, 하남인민출판사, 1985, 311~313쪽을 참고하시오.

2) 장려(瘴癘)란 장기(瘴氣)에 감염되어 생기는 병증인데, 주로 남방의 덥고 습한 지역에서 많이 발생한다. 범성대(范成大)의 『계해우형지』, 「잡지(雜志)」에는 "'장(瘴)'이란 산의 람(嵐), 물의 독, 풀더미의 바이러스가 무더위에 창궐하여 생기는 것으로 이에 걸린 사람은 학질 같은 모습을 띠니……(瘴者，山嵐水毒與草莽沴氣，郁勃蒸薰之所爲也。其中人如瘧狀……)"라고 하였다.

3) "왕들은 중국의 성(姓)을 가지게 되었다[王係唐姓]": 『문헌통고』, 권 330에 "민(閩)사람들 중, 바다에서 배를 타고 왕래하는 자들은 반드시 후한 대접을 받았다. 명을 받은 관리는 그들에게 자문을 받아 일을 처리한다. 글이 다르고 공문이 난잡하다고 하는데, 대부분 돌아다니는 사람들에게서 나온 것이다. 전하는 바에 따르면 그들의 조상인 공온 또한 원래 민(閩)사람이다.(閩人附海舶往者, 必厚遇之. 因命之官, 咨以決事. 凡文移詭亂, 多自遊客出. 相傳其祖公

게 되었다[4].

4 『사지총고속편(史地叢考續編)』의 「남월 역대 왕조 세계」[4)]를 참고 하시오.

복식(服飾)과 음식은 중국과 같지만 단 남녀 모두 맨발인 것이 다를 뿐이다.

매년 정월 4일에는 소를 잡아 그 친속들과 잔치를 연다. 7월 15일[5]은 큰 절기로 집집마다 서로 음식을 보내고 관료들은 생물을 그 상관에게 바쳤다. 16일에는 잔치를 열어 그들에게 보답한다.[5)] 세시(歲時)에는 부처에게 공양을 올리지만 조상

蘊亦本閩人.)"라고 하였다. 공온은 이공온(李公蘊)으로 자는 조연(兆衍), 박닌성 뜨선 현 (Từ Sơn)의 출신이나 조상은 중국의 복건성에서 이주해 간 사람으로 전해진다. 전 레 왕조(前黎朝)의 무장이자, 리 왕조를 건국한 황제(1010~1028년 재위)이다.

4) 이 글은 까디에르(Léopold Michel Cadière, 1869~1955), 「통킹 왕의 궁궐에 있는 경전과 정령의 조상(Un ancêtre des Canons-Génies au palais du roi du Tonkin)」, 『Bulletin des Amis du Vieux Hué』(1915)를 풍승군이 번역한 것이다. 해당부분은 342~343쪽에 언급되어 있다.

5) 『해국광기(海國廣記)·안남풍속(安南風俗)』(『현람당총서속집(玄覽堂叢書續集)』): "국왕은 정월 초하루 이틀 전에 수레를 타는데, 예복을 입은 수행 관리들이 앞에서 인도하여 제석전(帝釋殿)에 예배하고, 섣달그믐에 왕이 단공문(端拱門)에 앉고 신료들이 예를 마치면 예인(藝人)이 올리는 백희(百戲)를 관람한다. ……정월 초하루 5경에 왕이 영수전(永壽殿)에 앉으면 종실사람들과 가까이 모시는 관리들이 먼저 하례를 한 다음 입궁하여 선조의 능침에 배알한다. 새벽에 탑전에 앉으면 비빈들이 줄지어 앉고 내관들이 빽빽이 늘어서서 음악을 연주하도록 하여 대전에 올린다. ……이튿날은 신료들이 각자 가례를 행하고, 3일에는 왕이 대흥각(大興閣)에 앉아 종친, 내관, 시관들이 수놓은 둥근 공을 던지고 받는 놀이를 관람한다. ……5일에는 조용히 지내며 연회를 끝내고, 관리와 백성들로 하여

을 제사하지는 않는다.

5 『계해우형지』에 "정월 4일에 추장은 소를 잡아 신하들에게 베푼다. 7월 5일은 큰 절기로 사람들이 서로 축하 인사를 보내고, 관료들은 산 짐승을 추장에게 바친다. 다음날 추장은 연회를 열어 대접한다.(正月四日, 酋椎牛饗其臣. 七月五日爲大節, 人相慶遺, 官僚以生口獻其酋. 翌日, 酋開宴酬之.)"고 했고, 『영외대답』, 권2에는 "정월 4일에 국왕은 관료들에게 연회를 베푼다. 7월 5일은 대절이라 부르고 사람들은 서로 축하를 한다. 관료들은 산 짐승을 왕에게 바치고, 왕은 다음날 연회를 열어 대접한다.(正月四日, 國王宴官僚. 七月五日號大節, 人民相慶. 官僚以生口獻王, 王次日宴酬之.)"고 하였다. 본 조목에서 두 '십(十)'자는 부연된 것 같다.

병이 들어도 약을 복용하지 않고 밤에는 등불을 켜지 않는다. 비단뱀 가죽으로 악기를 만들고, 앞으로 열을 짓는다.【이 문장은 명확하지 않다. 오자가 있는 것 같다.】[6] 종이와 붓을 만들지 못해 성지(省地)[7]에서 구한다. 토산품으로는 침향(沉香)[6)], 봉래향(蓬萊香)[8], 생금(生金)[7)], 은(銀), 철(鐵), 주사(朱砂), 패(貝), 서(犀), 상(象), 취우(翠羽)[8)], 차거(車渠)[9)], 염(鹽), 칠(漆), 목면(木綿)[10)], 길패(吉貝)[9] 등이 있다.

금 사관에 참례하게 한다.(國王元日前二日乘輿, 從官章服導前, 禮帝釋殿. 除日, 王坐端拱門, 臣僚行禮畢, 觀伶人呈百戲. ……正旦五更, 王坐永壽殿, 宗子近侍官先賀, 次入宮拜祖陵. 晨坐殿上, 嬪妃列坐, 內官錯立, 設樂, 奏于大殿. ……二日, 臣僚各行家禮. 三日, 王坐大興閣上, 看宗子內侍官抛接綉團球. ……五日, 閑暇宴罷. 縱吏民參禮寺觀.)"고 하였고, 또 "중원절(음력 7월 15일)에는 우란분회를 만들어 죽은 사람들을 구원하는데, 비용을 아끼지 않는다.(中元, 結盂蘭盆會. 超荐亡者. 廣費無惜.)"고 하였다. 이에 근거하여 양박문은 "돈을 아낌없이 쓴다."고 하는 것이 본문에서 말하는 '대절(大節)'을 가리키는 것이라면 7월 15일이 맞다고 하였다(『제번지교석』, 중화서국, 2000, 3쪽을 참고).

6 이조원(李調元)은 이 구가 자세하지 않으며 오탈자가 있는 것 같다고 하였다.
○『계해우형지』에 "세시에는 조상을 모시지 않고, 병이 나도 약을 먹지 않으며 밤에는 등불을 피우지 않는다. 3월 3일에는 남녀가 줄을 맞춰 모여 오색 비단을 묶어 공을 만들어 노래하며 던지는데 이를 비타(飛䭾)라고 한다. 남녀가 줄지어 있을 때 여자가 타(䭾)를 받으면 남자는 혼인을 결정한다.(歲時不供先. 病不服藥. 夜不燃燈. 上巳日. 男女集會爲行列. 結五色綵爲毬. 歌而抛之. 謂之飛䭾. 男女自成列. 女受䭾. 男婚以定.)"고 하였다. 원문의 '열(列)'자 위에는 분명 빠진 문장이 있다. 남방 악기에는 요고(腰鼓)가 있는데 혹 비단뱀 가죽을 사용하여 씌운다. 아마도 베끼는 사람이 여기에 잘못 베껴 넣었거나 급하게 빨리 쓰면서 빠뜨린 것 같다.
7 이조원은 "성지 두 글자는 미상이다(省地二字句未詳)"고 하였다.
○『계해우형지』 또한 "종이와 붓을 만들 수 없어 성지(省地)[11)]에서

6) 침향(沉香): 본서 하권에 별도의 조목으로 기술되어 있다.

7) 생금(生金): 『정화증류본초(政和證類本草)』, 권4에는 도은거(陶隱居: 도홍경)의 말을 인용하고 있는데, "금이 나는 곳은 곳곳마다 있다. 양주(梁州), 익주(益州), 영주(寧州)에서 많이 있고, 물의 모래에서 나오는 것은 가루로 되어있는데, 이것을 생금(生金)이라 한다."라고 하였다. 소위 사금(沙金)이다.

8) 취우(翠羽): 비취새 깃털로 본서 하권에 별도의 조목으로 기술되어 있다.

9) 차거(車渠): 대왕조개(Tridacna gigas)로 본서 하권에 별도의 조목으로 기술되어 있다.

10) 목면(木綿): 본서 하권에 별도의 조목으로 기술되어 있다.

11) 성지(省地): 소계경의 『도이지략교석』(중화서국, 1981, 54쪽)에서 "『영외대답』, 권1에 '송대 황우(皇祐, 1049~1053)중에 계주(桂州)에 안무경략사를 두었는데 서도수부(西道帥府)는 여기에서 시작한다.(本朝皇祐中置安撫經略使于桂州, 西道帥府始於此.)'라고 하였는데 성(省)은 관공서를 칭하므로 수부(帥府)를 가리킨다. 따라

구한다(不能造紙筆, 求之省地)."[12)]라고 하였다.

8 본서 하권 침향(沉香) 조목에 이르기를 "해남에도 침향이 나는데, 그 향기가 맑고 오래가는 것을 일러 '봉래침(蓬萊沉)'이라 한다(海南亦産沉香, 其氣清而長謂之蓬萊沉)."라고 하였다.

9 본서 하권 길패(吉貝) 조목에 "가장 견고하고 두터운 것을 '두라면(兜羅綿)'이라 하고, 다음은 '번포(番布)', 그다음은 '목면포(木棉布)', 그다음 것을 '길포(吉布)'라고 한다(最堅厚者謂之兜羅綿, 次曰番布, 次曰木棉布, 又次曰吉布)."라고 하였다. 모두 면화(棉花)를 지칭한다. 산스크리트어로 면(綿)은 카르파사(karpasa) 또는 투라 카파스(tūla kapas)라고 하는데, 두라(兜羅), 길패(吉貝)라는 대역음은 모두 여기에서 근거한다. 문헌에서 길패는 또한 '고패(古貝)'로 잘못 되어 있다.

○역주(譯注): 말레이어로는 카파스(kapas)라고 한다[13)].

서 성지(省地)란 바로 수부(帥府)의 관할지역이다. 성지란 단어는 또한 송 주보(朱輔)의 『계만총소(溪蠻叢笑)』에도 보이는데, '흘노족 중에서 호궤를 받는 사람은 귀화한 요족처럼 이미 귀순하여 명령을 받고 있으므로 마음대로 성지와 주현을 출입할 수 있다.(犵狫之受犒者, 如熟户之猺, 既納款聽命, 縱其出入省地州縣.)'고 하였다." 이로써 여기서 말하는 성지는 수부(帥府)의 소재지로 정강부(靜江府)를 말하는 것으로 보인다. 한편 양박문에 따르면(『제번지교석』, 중화서국, 1999, 72쪽), '성지', '성민(省民)', '성계(省界)'는 송나라 사람들이 습관적으로 쓰는 말로, '성'자는 조정의 중서성(中書省), 문하성(門下省), 상서성(尚書省)의 '성'을 의미하여 조정을 대표한다. 그러므로 조정에서 직접 관할하는 지구, 백성, 변경을 말하는 것으로 설명하고 있다.

12) 『계해우형지』의 이 문장은 『문헌통고』, 권330에도 동일하게 보인다.

13) 히어트와 록힐의 고증에 대해 펠리오는 다음과 같이 바로잡았다. "히어트와 록힐은(『Chau Ju-kua』, 219쪽) 두라(兜羅)는 면을 뜻하는 산스크리트어 tūla(tūlā로 읽는 것이 나음)를 표현한 것이라고

매년 공물을 바쳤다. 이 나라는 통상하지 않는다. 이를 처음 제목으로 삼은 것은 가까운 나라에서부터 시작했기 때문이다. 배를 타고 약 10여 정(程)[14)]이면 참파[占城]에 도달한다.

하면서, 두라면이 조여괄의 책에서, 즉 1225년에 처음으로 보인다고 생각했다. 그러나 이러한 음역은 상당히 오래되었다. 사실 3세기 말 중국 불경에서 두라면을 찾아볼 수 있다. 프르지루스키(Jean Przyluski)의 『아쇼카 황제의 전설(La légende de l'Empereur Açoka)』, 250쪽과 메이지 『대장경(大藏經)』 10책, 5a, 또한 오다 토쿠노(織田得能)의 『佛教大辞典』, 1278쪽을 참고하시오." P. Pelliot, 「15세기 초 중국의 위대한 항해들(Les Grands voyages maritimes chinois au début du XVe siècle)」, 『通報』, Vol. 30, 1933. 430쪽.

14) 정(程): 당송(唐宋)시기 거리를 계산하는 단위로 육로이냐 물길이냐에 따라 다르다. 육로로 가는 경우에는 다시 말을 타고 가는지, 도보인지, 수레를 타고 가는 지에 따라 다른데, 말을 타고 가면 하루에 70리, 도보는 50리, 수레는 30리를 간다. 물길로 배를 타고 갈 경우 강인지, 호수인지, 바다인지를 따져야 하고, 또 거슬러 가는지 흐름을 따라가는 것인지에 따라 계산이 복잡하다. 『송회요(宋會要)』, 권198, 「번이(蕃夷)5」에 "[지도(至道) 원년(995)에] 황제는 그 나라 사신을 불러 보고, 그 나라 지리와 풍속을 물었다. 역관이 대답하여 이르기를 '의주(宜州)에서 육로로 45정(程)입니다. 정(程)에는 리(里)나 이정표가 없지만, 새벽에 출발하여 밤까지를 1정(程)이라고 합니다.'고 하였다.(帝召見其使, 詢其地理風俗, 譯對曰, 地去宜州陸待四十五程. 程無理堠, 但晨發至夜, 謂之一程.)"고 하였다. 또 『금병매(金瓶梅)』 제84회에 "가을이 깊어졌을 때 날씨는 춥고 해는 짧아 하루에 2정(程) 6~70리의 땅을 갔다(那秋深時分, 天寒日短, 一日行兩程六七十里之地)."라고 한 것을 보면 두 역참 사이의 거리를 1정이라 한 것임을 알 수 있다. 따라서 1정은 30리 남짓으로 계산하면 무리가 없을 것으로 보인다.

交趾, 古交州. 東南薄海, 接占城. 西通白衣蠻. 北抵欽州. 歷代置守不絕, 賦入至薄, 守禦甚勞. 皇朝重武愛人, 不欲宿兵瘴癘之區, 以守無用之土. 因其獻款, 從而羈縻之. 王係唐姓. 服色飮食略與中國同, 但男女皆跣足差異耳. 每歲正月四日, 椎牛饗其屬. 以七月十五日爲大節, 家相問遺, 官寮以生日獻其酋. 十六日開宴酬之. 歲時供佛, 不祭先. 病不服藥. 夜不燃燈. 樂以蚺蛇皮爲前列. 【此句未詳, 疑有誤字.】 不能造紙筆, 求之省地. 土產沉香·蓬萊香·生金·銀·鐵·朱砂·珠·貝·犀·象·翠羽·車渠·鹽·漆·木綿·吉貝之屬. 歲有進貢. 其國不通商. 以此首題, 言自近者始也. 舟行約十餘程抵占城國.

2. 참파 Chăm Pa, Champa 占城國

점성(占城)[1]은 동쪽 바닷길로 광주(廣州)로 통하고 서쪽으로는 운남(雲南)에 접해 있으며 남쪽으로는 캄보디아[眞臘][2]에 이르고 북쪽으로는 통킹[交趾]에 도달하여 옹주(邕州)[1)]와 통한다. 천주(泉州)에서 이 나라까지 순풍에 항해하면 20여 정(程)의 거리에 있다.

1 점성(占城)의 원래 명칭은 참파(Campa) 또는 참파푸라(Campapura)이다. 인도 앙가라는 옛 나라의 도읍 명을 나라 이름으로 삼은 것이다. 『대당서역기』에 마가첨파(摩訶瞻波)라고 했는데, 이는 '대(大) 첨파'를 의미한다. '항하(恒河)의 첨파'라는 의미는 아닌 것 같다. 『대당서역구법고승전』에는 '점파(占波)'로 되어 있고, 『신당서』, 「남만전(南蠻傳)」에는 '점파(占婆)' 또는 '점불로(占不勞)'로 되어 있다. 『원사』 본기(本紀)에는 '점팔(占八)' 또는 '잠팔(蘸八)'이라 했는데, 모두 참파에 대응하는 음들이다. 중국의 전적에 실려 있는 바에 따르면, 그 나라를 '임읍(林邑)'이라고도 불렀는데, 『삼국지·오지(吳志)』, 「여대전(呂岱傳)」에 처음으로 보인다. 『남해기귀내법전』[2)]

---

1) 옹주(邕州): 지금의 광서성 남녕시(南寧市)이다.

2) 의정(義淨, 635~713)이 671년 광주에서 배를 타고 인도의 나란타 사원에서 유학하고 685년 중국으로 돌아오면서 남해의 실리불서(室利佛逝, 오늘날 인도네시아 수마트라)에 머물면서, 설일체유부(說一切有部)에 의거하여 인도와 남해 여러 나라의 불교 의궤(儀軌) 40가지를 자세하게 기술한 책이다. 이와 더불어 당시 지은 『대당서역구법고승전』 2권과 새로 번역한 경론 10권을 본국으로 돌아가는 승려에게 부쳐 전해지고 있다. 이 40가지 불교 의궤에는 다방면의 견문이 기술되어 있어 동남아시아 역사, 지리와 불교사에 있어

에는 또한 임읍(臨邑)으로 되어 있고, 『신당서』, 「남만전(南蠻傳)」에는 또한 '환왕(環王)'이란 명칭도 있다. 이 두 명칭은 출처가 어디인지 알려지지 않았다. 당나라 시기 말엽에 이르러서야 비로소 그 나라를 점성이라 불렀고, 임읍, 환왕이란 명칭은 사용되지 않았다. 점성은 국세가 강했을 때에는 세 지역으로 나뉘어, 북부는 '아마라바티(Amaravati)'로 오늘날 안남(安南) 광남성(廣南省: Quảng Nam) 땅으로 도성은 인드라푸라(Indrapura), 즉 오늘날 짜끼에우[Tra kieu, 茶蕎]이다. 중부는 '비자야(Vijaya)'라고 하는데 오늘날 평정성(平定省: Tỉnh Bình Định) 땅으로 도읍 명칭도 같다. 예전에는 이를 번역하여 불서(佛逝), 사반(闍盤)라고 했는데, 오늘날 성정부 소재지이다. 남부는 '판두랑가(Panduranga)'라고 하는데, 바로 본 책에 들어 있는 판두랑가이다. 송나라 시기에 북부는 이미 안남에게 병탄되었다. 자세한 것은 『점파사(占婆史)』[3]를 보시오.

2 진랍(眞臘)은 캄보디아[柬埔寨], 길멸(吉蔑, Khmer) 종족이 건설한 나라로 이 책에 한 조목으로 기술되어 있다.

그 땅은 동서로 7백리이고 남북으로 3천리이다. 나라의 도읍은 신주(新州)[3]이고 현(縣)과 진(鎭)의 이름이 있다. 벽돌로 성을 쌓았고 석탑으로 보호되어 있다.

3 신주(新州)는 분명히 불서(佛逝)[4]를 가리킨다. 중부의 신도시이다. 이로써 북부의 구주(舊州)와 대비하여 말하고 있다. 이곳은 명나라 초기 처음으로 오랑캐가 안남(安南)의 군현으로 되었다.

중요한 자료이다. 쉽게 접할 수 있는 자료로는 왕방유(王邦維)가 교주한, 『남해기귀내법전교주』(중화서국, 2009)가 있고, 영역본으로는 타카쿠수(J. Takakusu), 『A record of the Buddhist religion as practised in India and the Malay Archipelago』(Clarendon, 1896년)가 있다.

3) 중국학자 앙리 마스페로(Henri Maspero, 1883~1945)의 이복형인 조지 마스페로(Georges Maspéro, 1872~1942)가 지은 『참파 왕국(Le Royaume de Champa)』(Paris et Bruxelles, G. Van Oest, 1928)을 풍승균이 『占婆史』(台灣商務印書館, 1973)로 번역하였다.

왕이 출입할 때는 코끼리를 타거나 연포두(軟布兜)[4]를 타기도 하는데 4명이 그것을 든다. 머리에는 금모(金帽)를 쓰고 몸에는 진주 목걸이를 걸친다. 왕이 조정에 나와 자리할 때마다 교대로 30명의 시녀들이 검, 방패를 들고 있기도 하고 빈랑(檳榔)을 받들어 따른다. 관속(官屬)들이 알현할 때는 이마에 두 손을 모아 절하는 것을[膜拜] 한 번 하고, 일을 다 아뢰고 모배(膜拜)를 한 번 하고 물러난다. 부인들이 인사하는 것은 남자들과 같다.

4 『영외대답』, 권10 저아(抵鴉) 조목에 "안남에서 점성, 진랍에 이르기까지 모두 견여(肩輿)가 있다. 베로 만드는데, 포대처럼 제작하여 긴 대나무로 그것을 든다. 위에는 긴 차양을 설치하여 나뭇잎으로 비늘 같이 장식을 하는데, 중주(中州: 하남의 옛 명칭)의 가마 윗부분 같다. 두 사람이 장대 하나를 들고 또 두 사람은 채찍을 들고 간다. 안남에서는 이를 '저아'라고 한다(自安南及占城眞臘, 皆有肩輿. 以布爲之, 製如布囊, 以一長竿擧之. 上施長篷, 以木葉鱗次飾之, 如中州轎頂也. 二人擧一長竿, 又二人策行, 安南名曰抵鴉)."라고 하였다. 이것이 바로 연포두(軟布兜)이다. 중국에도 담자(擔子)가 있었는데 비슷한 것이 아닌가 한다.
○역주: 슈레겔(Schlegel)의 설에 따르면 연포두는 승가라(僧伽羅, Simhaladvipa, 스리랑카)어의 한둘(handul)를 음역한 것이라고 추정했는데, 잘못인 것 같다.

남녀가 간통을 하면 모두 사형에 처해지고, 절도에는 손가락과 발을 자르는 형벌이 있다. 전투할 때는 5인이 갑(甲)을 짓는데, 달아나면 같은 갑에 있는 군사들은 모두 처형된다. 중국 사람이 토착민에게 살해당하면 추살(追殺)하여 죽음을 갚아 준다.

나라 사람들은 매우 청결하여 매일 3~5번 목욕을 하고 용뇌(龍腦)와 사향(麝香)

---

4) 불서(佛逝): 바로 실리불서국(室利佛逝國)을 줄여 부른 말로, 인도네시아 수마트라 섬에 있던 옛 왕국으로 삼불제국(三佛齊國)이라고도 한다. 본서에 별도의 조목이 있다.

이 섞인 향을 몸에 바르며[5], 또 여러 향을 태워 옷에 향이 베이게 한다.

사계절은 따뜻하고 추위나 더위의 기후는 없다. 매년 정월 초하루에는 코끼리를 끌고 거주하는 땅을 돌아다니며 성곽 밖으로 (나쁜 기운을) 몰아 쫓아 내는데 이를 일컬어 축사(逐邪, 사악함을 쫓아냄)라고 한다. 4월에는 배를 띄워 유람하는 놀이가 있는데 어구(漁具)를 늘어놓고 고기잡이를 구경한다.[6] 11월 15일을 동지(冬至)로 정해두고 있다. 주현(州縣)에서는 토산물인 비단을 왕에게 바친다.

민간에서는 밭을 갈고 씨를 뿌릴 때는 모두 소 두 마리를 사용한다. 오곡 중에 맥(麥)은 없으며, 벼, 조, 마(麻), 콩이 있다. 차는 생산되지 않고 술을 빚을 줄도 모르고 야자주(椰子酒)[7]를 마시는 것이 고작이다. 과실로는 연(蓮), 사탕수수[蔗], 바나나, 야자류가 있다.

땅에서 나는 산출물로는 상아(象牙), 전향(箋香)[5], 침향(沉香)[6], 연향(速香)[7], 황랍(黃蠟)[8], 오만목(烏樠木)[8], 백등(白藤)[9], 길패(吉貝)[10], 화포(花布)[11], 사문포(絲絞布)[12], 백첩점(白氎簟)[9], 공작(孔雀), 서각(犀角), 홍앵무(紅鸚鵡) 등이 있다.

5 전향(箋香)은 바로 침향(沉香)의 다음 가는 것이다. 본서 하권에 별도의 조목으로 기술되어 있다.
6 침향은 모양이 많이 다르고 이름 또한 하나가 아니다. 본서 하권의 침향 조목을 참고하시오.
7 연향(速香)은 생연(生速)이 상품이고 숙연(熟速)이 다음이며 잠향(暫香)이 그다음이다. 본 서 하권에 연잠향(速暫香) 조목을 참고하시오.

---

5) 뇌향은 바로 용뇌향(龍腦香, 본서 하권에 별도의 조목으로 기술)이고 사향(麝香)은 사향노루(moschus moschiferus)의 배꼽을 말한다. 본서 하권에서 기술하고 있는 것은 향나무이다. 여기서는 용뇌향과 사향을 섞어 사용한 것으로 보인다.
6) "어구(漁具)를 늘어놓고 고기잡이를 구경한다[陳魚而觀之].": 『좌전(左傳)·은공(隱公)』 5년 조목에 보인다.
7) 야자주(椰子酒): 코코넛 주스를 말하는 것으로 보인다.

8 오만목(烏樠木)은 바로 오목(烏木)이다. 본 서 하권 오만목 조목을 참고하시오.

9 역주에 백첩(白氎)은 바로 돌궐어 팍타(pakhta)에 대응하는 음이라고 했다. 생각하건대 『남사(南史)』「고창전(高昌傳)」에서 초면(草綿)을 백첩자(白疊子)라 했으니, 혹 역주의 설과 같을 수도 있다. 그러나 백첩은 일찍이 『광지(廣志)』에 보이는데, 직(織)은 '모욕(毛褥)'이라 했으니 분명 달리 근거한 바가 있다.[13)]

---

8) 황랍(黃蠟): 밀랍, 하권에 별도의 조목으로 기술되어 있다.

9) 백등(白藤): 과(葪) 또는 과등(葪藤: Calamus sp.)이라고 한다. 『제민요술(齊民要術)』, 권10에는 고징(顧徵)의 『광주기(廣州記)』를 인용하여 "과(葪)는 병려(栟櫚)와 같고, 잎은 성글고 외피는 청(青)이며 가시가 많고, 키가 5~6장(丈) 되는 것은 대여섯 마디의 대나무 같으며 작은 것은 필관죽(筆管竹) 같다. 푸른 외피를 벗겨낸 하얀 심이 바로 과등(葪藤)이며 종류는 10여 종에 달한다."고 하였다. 과등을 베어 며칠이 지나면 푸른 외피가 황백색으로 변하기 때문에 '백등'이라고 부른다고 한다. 소계경은 말레이어로 로탄(rotan)이라 하는데, '과(葪)'자는 중국어에 [r] 발음이 없으므로 잘못 읽은 것이라고 하였다(『도이지략교석』, 201쪽).

10) 길패(吉貝): 하권에 별도의 조목으로 설명하고 있다.

11) 화포(花布): 꽃문양이 들어간 면포(綿布)를 말한다.

12) 사문포(絲絞布): 동북아역사넷, 중국정사외국전에서는 사문포(絲絞布)가 "무늬를 넣어 짠 면포"라고 했는데, 비단실로 [문양을] 짜 넣은 베를 말하는 것으로 보인다.

13) 『구당서』, 권197, 「남만서남만전(南蠻西南蠻傳)」 바리국(婆利國) 조목에서 "고패초가 있는데 그 꽃을 짜서 베로 만든다. 거친 것은 고패라고 하고, 가는 것은 백첩이라고 한다(有古貝草, 緝其花以作布, 粗者名古貝, 細者名白氎.)"고 하였다. 여기의 '고패'는 길패(吉貝)의 다른 음역이다. 그러므로 여기의 백첩담은 백첩으로 만든 자리를 말하는 것으로 보인다.

관청에서는 백성들이 산에 들어가 향나무를 베어 관청에 바치는 것을 감독하는데, 그것을 일컬어 신정향(身丁香)[10]이라 한다. 중국에서 신정염세(身丁鹽稅)하는 것과 같아 수납한 것이 충족되면 그 백성에게 무역을 허락한다. 돈을 재화로 여기지 않고 다만 쌀, 술 그리고 여러 식료품으로 물물교환을 하며 그것으로서 1년 예산을 충당한다.

10 『영애승람』 점성(占城) 조목에 "산에는 오목, 가람향, 관음죽, 강진향이 난다. 오목은 매우 윤기가 나고 검으며 다른 나라에서 나는 것보다 훨씬 낫다. 가람향은 오로지 이 나라 제일 큰 산에서만 난다. 천하에 더 이상 나는 곳이 없어 그 값이 매우 비싸며 은으로 맞바꾼다.(山產烏木伽藍香觀音竹降眞香. 烏木甚潤黑, 絕勝他國出者. 伽籃香惟此國一大山出產, 天下再無出處, 其價甚貴, 以銀對換.)"라고 했다. 신정향(身丁香)은 분명 가람향(茄藍香)을 가리킨다.[14)] 가람은 바로 카람박(kalambak)에 대응하는 음으로, 말레이어는 침향의 다른 이름으로 불렀다.

만약 백성이 산에 들어가 호랑이에게 물리거나 혹 물에서 악어에게 화를 당하게 되면 그의 집에서는 왕에게 가서 그 사정을 호소한다. 왕은 국사(國師)에게 마법을 만들게 하고, 주문을 외우며 부적을 써서 백성이 죽은 곳에 던지면, 호랑이와 악어는 곧바로 스스로 몸을 맡기고 목숨을 구걸하지만 죽게 된다. 만약 사기를 당하거나 무고한 피해를 당한 자가 소송을 하였으나, 관청이 명백히 밝힐 수 없는 경우, 다투는 사람들로 하여금 함께 악어담(鱷魚潭)을 지나게 하는데, 그 이치를 저버린 사람이 지나가면, 곧바로 악어가 나와 먹어버리고, 이치가 곧은 자는 십여 차례를 지나가도 악어는 스스로 피해 간다.[11]

11 『영애승람』 점성(占城) 조목에 "바다로 통하는 큰 못이 있는데, 악어담(鱷魚潭)이라고 한다. 어떤 사람들이 소송으로 다투어 밝혀

---

14) 신정(身丁): 세금을 내야 하는 사람을 말한다. 여기의 '신정향'이란 향으로 세금을 내는 것을 말하고, 뒤의 '신정염세'란 소금으로 세금을 내는 것을 말한다.

내기 어려운 일이 있어서 관청에서 해결할 수 없으면, 소송하여 다투는 두 사람을 물소에 태워 그 못을 지나가게 한다. 이치가 어그러진 자는 악어가 나와 그를 먹어버리고, 이치가 곧은 자는 열 번이나 지나가도 먹히지 않는다.(有一通海大潭, 名鱷魚潭. 如人有爭訟難明之事, 官不能決者, 則令爭訟二人騎水牛赴過其潭. 理虧者鱷魚出而食之, 理直者雖過十次, 亦不被食.)"라고 하였다.

노예로 삼기 위해 사람을 사는데, 남자 1명 당 황금 3냥에 팔거나 그에 준하는 향이나 재화로 값을 치른다.

상선이 그 나라에 도착하면 관리를 보내 검은 가죽을 접어 책(策)[15]을 만들어 흰색으로 글자를 써서 물건의 숫자를 기입하여[12], 해안에 올리는 것을 감독하고 계산한다. 물품의 10의 2를 받은 다음 밖으로 교역하는 것이 허락되는데, 숨기거나 속임이 있는 경우에는 몰수하여 관청으로 들인다.

12 『영애승람』 점성(占城) 조목에 "글을 쓰는 것은 지필이 없어 양가죽을 두드려 얇게 하거나 혹은 나무껍질을 검게 그을려 백분으로 글자를 써서 기록한다.(其書寫無紙筆, 用羊皮搥薄, 或樹皮熏黑, 折成經折, 以白粉載字爲記.)"라고 하였다[16].

---

15) 책(策): 고대 대나무나 나무 조각으로 글을 쓸 수 있게 만든 것이다.

16) 『진랍풍토기』 문자 조목에 "일상 문자와 관공서의 문서는 모두 노루나 사슴 가죽 등을 검게 물들여 그 크고 작음 그리고 넓고 좁음에 따라 원하는 대로 자른다. 좋은 분(粉)을 사용하는데, 중국의 석회 같다. [그것을] 잘라 작은 가지모양으로 만드는데 사(梭)라 부른다. [그것을] 손에 쥐고 가죽에 대고 쓰면 글자가 되는데 영원이 탈락되지 않는다. 다 사용하면 귀에 꽂아둔다(尋常文字及官府文書, 皆以麂鹿皮等物染黑, 隨其大小闊狹, 以意裁之. 用一等粉, 如中國白堊之類, 搓爲小條子, 其名爲梭. 拈於手中, 就皮畫以成字, 永不脫落. 用畢則插於耳之上)."라고 하였다. 『성사승람』 점성 조목에는

외국 상인들은 흥판(興販)하면서, 장뇌(樟腦), 사향(麝香), 단향(檀香), 돗자리, 양산, 비단, 부채, 칠기, 자기, 납, 주석, 술, 설탕 등으로 널리 교역한다. 구주(舊州)[17], 오려(烏麗), 일려(日麗), 월리(越裏), 미예(微芮), 판두랑가[賓瞳龍], 오마발(烏馬拔), 농용(弄容), 포라감올(蒲羅甘兀), 양보(亮寶), 비제(毗齊)가 모두 그 속국(屬國)들이다[13].

13 구주(舊州)는 분명 지금의 인드라푸라(Indrapura)를 가리킨다. 오려(烏麗)는 『문헌통고』, 권332 점성(占城) 조목에 오리주(烏里州)로 되어 있는데, 오늘날 어디를 가리키는지 모르겠다.[18] 일려(日麗)는 안남(安南) 동해강(洞海江)가에 있는 것 같다. 『도이지략』에 일려

"이 나라에는 지필(紙筆)의 도구가 없지만 양가죽을 얇게 두드리고 검게 그을려, 가는 대나무를 잘라 필(筆)로 만들어 백회를 찍어 글자를 쓰는데, [그 글자가] 지렁이 같이 꾸불꾸불한 모습이다(其國無紙筆之具, 但將羊皮搥薄薰黑, 削細竹爲筆, 蘸白灰爲字, 若蚯蚓委曲之狀.)"고 한 것을 참고할 만하다.

17) 펠리오의 설명에 따르면, 구주는 『도이지략』에서 신주의 옆에 있다고 하였으므로 여기와는 상반된다고 하였다. 신주는 빈딘성의 꾸이년 항구이므로 구주는 빈딘성의 도읍에 선행했던 도읍의 항구를 가리킨다고 가정할 수 있다. 따라서 꽝남 강어귀로 위치시켜야 할 것이라고 보았다(『통보』, 13(1912), 465쪽).

18) 『문헌통고』, 권332와 『송사』, 「점성전(占城傳)」에는 "오리주(烏里州)"가 있다. 또 『진씨향보(陳氏香譜)』, 권1의 「오리향(烏里香)」 조목에서 섭정규(葉廷珪)의 『향보(香譜)』를 인용하여 "점성국에서 나기 때문에 그 곳을 오리라고 부른다. 토착민들은 그 나무를 베어, 찔러 향을 만들고 불에 쬐어 말린다. 향나무의 수지가 밖으로 드러나게 되면 세금과 부역을 진다(出占城國, 地名烏里. 土人伐其樹, 扎之以爲香, 以火焙乾, 令香脂見於外, 以輸租役)."라고 하였다. 이로써 여기의 오려(烏麗)는 오리(烏里)의 오기로 보인다(펠리오도 동일한 견해를 보이고 있는데, 『통보』, 13(1912), 465쪽을 참고하시오). 오리(烏里)는 오늘날 베트남 후에[順化] 부근에 있다.

조목이 있다[19]. 빈동룡(賓瞳龍)은 본서에 별도의 조목이 있다. 오마발(烏馬拔)은 아마라바티(Amaravati)에 대응하는 음으로 보인다. 농용(弄容)은 사용(思容)의 오기로 보인다.[20] 송원(宋元)시대 후에 만[順化灣] 남쪽 입구에 있는 항구의 이름이다. 포라감올(蒲羅甘兀)은 푸로 감비르(Poulo Gambir)섬으로 가정한다.[21] 비제(毗齊)는 비자야

19) 역시 펠리오의 설을 따르고 있다. 『통보』, 13(1912), 465쪽을 참고하시오.

20) 역시 펠리오의 설에 따르고 있는데, 펠리오는 사용(思容)이 후에(Hue) 라군의 남쪽 입구에 위치한 항구 이름으로, 송원시기에 알려져 있었다고 한다(『통보』, 13(1912), 465쪽). 또한 양박문의 설에 따르면, 꽝남에 있는 오마(烏馬)와 발농(拔弄)으로 추정한다. 이는 소계경의 『도이지략교석』(67쪽)을 따르고 있는데, "『제번지』의 '오마(烏馬)', 『운록만초(雲麓漫抄)』의 '호마(胡麻)', 『대덕남해지(大德南海志)』의 '고망(古望)', 『무비지·항해도(航海圖)』의 '관목산(棺木山)' 등은 모두 베트남 중부의 규몽(虬蒙, Ko-mung)에 있는 것 같다."라고 하였다. 또한 발농(拔弄)은 수화(綏和, Tuy-hoa) 부근의 파강(巴江, Song-ba)가에 있다고 하였다.

21) 펠리오는 히어트와 록힐이 푸로 콘도르(Poulo Condor)로 추정한 것을 일축하면서, 13세기 중국에서 감(甘)은 [kam]으로 발음되었다. 포라감올(蒲羅甘兀)의 발음에 만족할 만한 곳은, 항해가들이 이 섬을 기준으로 방향을 잡았던 푸로 감비르(Poulo Gambir)지만, 이 역시 하나의 가설에 불과하다고 하였다(『통보』, 13(1912), 465~6쪽). 조지 마스페로(Georges Maspero)의 『참파 왕국(Le royaume de Champa)』 (『통보』, Vol. XL, 1910, 196쪽)에 따르면, 코타라(Kauthāra)는 얀푸나가라(Yānpunagara)와 함께 가장 큰 네 개의 지역 중의 하나였다고 한다. 주에서 이 코타라는 오늘날 칸호아(Khanh-hoa) 지역에 해당하며, 중국어로는 우달(右笪)이라 보았다. 『원사』, 권12 「세조기(世祖紀)」에서는 '고답노(古答奴)'라고 하였는데, 바로 코타라의 음역으로 보인다. 한편, 얀푸나가라에 대해 풍승균은 양포나갈라(楊浦那竭羅)로 옮겼다. 이에 대해 후지타 토요

(Vijaya)로 보이는데[22], 다른 참고할 것이 없다. 『서역남해사지고증역총』, 119~120쪽을 참고하시오.[23]

이 나라(참파)는 이전에 중국과는 거의 통상하지 않았다. 주(周, 951~960)나라 현

하치(藤田豊八)는 『도이지략교주(島夷志略校注)』에서 국왕을 칭할 때 종종 얀푸(Yan Pu)라고 불렀다고 한다. 『신당서』, 권222하 「남만전(南蠻傳)」에 "왕을 양포포라 불렀다.(呼王爲陽蒲逋)"라고 하였으므로 양포나갈라는 왕이 사는 도시를 말하는 것으로 보인다고 하였다. 이로써 양박문은 "容蒲羅甘兀亮"을 얀푸나가라(Yānpunagara)의 음역으로 보았다(『제번지교석』, 중화서국, 2000, 15쪽).

22) 풍승균은 히어트와 록힐에 따라 양보(亮寶)와 비제(毗齊)로 끊어 읽었으나, 『도이지략』 빈동룡 조목을 보면 보비제(寶毗齊)라고 하고 끊어 읽지 않았다. 이를 언급하면서 펠리오는 『도이지략』에는 여기의 양(亮)자 대신에 개(犗)자로 되어있다고 했다. 따라서 펠리오는 『도이지략』의 것을 "犗寶毗齊"로 읽은 것이 된다(『통보』, 13(1912), 465쪽). 하지만 『도이지략』의 구두는 소계경에 따라 "沙犗·寶毗齊"로 읽어야 할 것으로 보인다. 그렇다면, 여기의 양(亮)자가 문제인데, 글자의 탈락이 있는 것은 아닌지 의심된다. 한편 『신당서』, 권222하 「환왕전(環王傳)」에 "왕이 사는 곳을 점성이라 하고, 다른 곳은 제국(齊國), 봉피세(蓬皮勢)라고 한다(王所居曰占城, 別居曰齊國, 曰蓬皮勢)."라고 하였다. 이로써 『제번지교석』(16쪽)에서는 비제(毗齊)라고 끊어 읽지 않고 보비제(寶毗齊)구두하여, 바로 봉피세의 다른 음역으로 보았다. 그 위치에 대해서는 『참파 왕국(Le royaume de Champa)』(196쪽)에 나오는 비자야(Vijaya, 佛誓) 즉, 오늘날 시나이(Thinai) 서북쪽의 사반(闍盤)으로 비정했다.

23) 원문은 조지 마스페로(Georges Maspero)의 『참파 왕국(Le Royaume de Champa)』에 대하여 아루쏘(Léonard Aurousseau)가 서평[compte-rendu] 형식으로 『BEFEO』, 1914, N.9(8~43쪽)에 기고한

덕(顯德, 954~960) 연간에 비로소 사신을 보내 조공을 들였다. 송나라 시기 건륭(乾隆, 960~963), 건덕(乾德, 963~968) 연간에 각각 방물을 바쳤다. 태평흥국(太平興國) 6년(981)에 교지(交趾)의 여환(黎桓)이 상소하여 그 나라의 포로 93인을 경사(京師)에 헌상하고자 했다. 태종(太宗)이 광주(廣州)에 그 포로들을 머물게 하고 보살펴주게 했다. 이로부터 헌납이 끊이지 않았고 곧바로 기물과 예폐를 도탑게 내린 것은 그들이 성스러운 교화를 흠모한 것을 가상히 여겼기 때문이다. 그 나라의 남쪽으로 5~7일정(日程)이면 캄보디아[眞臘國]에 이른다.[14]

14 『점파사(占婆史)』를 참고하시오.

글을 풍승균이 「점파사료보유(占城史料補遺)」란 제목으로 번역하여 『西域南海史地考證譯叢 二編』(120~149쪽)에 수록한 글이다. 따라서 『서역남해사지고증역총』은 『서역남해사지고증역총속편』으로 교정해야 하고, 1962년 상무인서관 중판본에는 120~149쪽에 수록되어 있다.

占城, 東海路通廣州, 西接雲南, 南至眞臘, 北抵交趾, 通邕州. 自泉州至本國順風舟行二十餘程. 其地東西七百里, 南北三千里. 國都號新州, 有縣鎭之名, 甃塼爲城, 護以石塔. 王出入乘象, 或乘軟布兜, 四人舁之. 頭戴金帽, 身披瓔珞. 王每出朝坐, 輪使女三十人持劍盾或捧檳榔從, 官屬謁見, 膜拜一而止, 白事畢, 膜拜一而退. 婦人拜揖與男子同. 男女犯姦皆殺, 盜有斬指斷趾之刑. 戰則五人結甲, 走則同甲皆坐以死. 唐人被土人殺害, 追殺償死. 國人好潔, 日三五浴, 以腦麝合香塗體, 又以諸香和焚薰衣. 四時融暖, 無寒暑候. 每歲元日, 牽象周行所居之地, 然後驅逐出郭, 謂之逐邪. 四月有遊船之戲, 陳魚而觀之. 定十一月望日爲冬至. 州縣以土產物帛獻于王. 民間耕種率用兩牛, 五穀無麥, 有秔粟麻豆. 不產茶, 亦不識醞釀之法, 止飮椰子酒. 菓實有蓮·蔗·蕉·椰之屬. 土地所出, 象牙·箋·沉·速香·黃蠟·烏樠木·白藤·吉貝·花布·絲絞布·白氎簟·孔雀·犀角·紅鸚鵡等物. 官監民入山斫香輸官, 謂之身丁香, 如中國身丁鹽稅之類, 納足聽民貿易. 不以錢爲貨, 惟博米酒及諸食物, 以此充歲計. 若民入山爲虎所噬, 或水行被鱷魚之厄, 其家指其狀詣王, 王命國師作法, 誦呪書符, 投民死所, 虎鱷卽自投赴請命, 殺之. 若有欺詐誣害之訟, 官不能明, 令競主同過鱷魚潭, 其負理者魚卽出食之. 理直者雖過十餘次, 鱷自避去. 買人爲奴婢, 每一男子鬻金三兩, 準香貨酬之. 商舶到其國, 卽差官摺黑皮爲策, 書白字, 抄物數, 監盤上岸, 十取其二, 外聽交易, 如有隱瞞, 籍沒入官. 番商興販, 用腦·麝·檀香·草席·涼傘·絹·扇·漆器·甆器·鉛·錫·酒·糖等博易. 舊州烏麗日麗越裏微芮賓瞳龍烏馬拔弄容蒲羅甘兀亮寶毗齊皆其屬國也. 其國前代罕與中國通. 周顯德中, 始遣使入貢. 皇朝建隆·乾德間, 各貢方物. 太平興國六年, 交趾黎桓上言, 欲以其國俘九十三人獻于京師, 太宗令廣州止其俘, 存撫之. 自是貢獻不絕, 輒以器幣優賜, 嘉其嚮慕聖化也. 國南五七日程至眞臘國.

3. 판두랑가 Panduranga 賓瞳龍國

빈동룡국(賓瞳龍國)[1]은 지주(地主)의 장신구와 의복이 참파[占城]와 같다. 해바라기로 지붕을 이고 나무로 울짱을 만들어 보호한다. 해마다 참파에 방물을 바친다.

1 참파 남부 판두랑가[1)]로, 이미 점성(占城) 조목 주1에서 보았다. 다르게 음역한 것으로는 『신구당서』에서 보이는 '분타랑(奔陀浪)', 『송사』에서는 '빈동룡(賓同龍)', '빈타라(賓陀羅)', '빈두낭(賓頭狼)'이 있고, 『명사』에는 '빈동룡(賓童龍)', 『영외대답』에는 '빈동룡(賓瞳龍)', '빈타릉(賓陁陵)', 『도이지략』에는 '빈동롱(賓童龍)', '민다랑(民多朗)'으로 되어 있다. 『서역남해사지고증역총』에서 중국 전적에 실린 빈동룡(賓童龍)이란 논문[2)]을 보시오.

나한(羅漢) 중에 빈두로(賓頭盧) 존자가 있는데, 이 땅을 가리켜 명명한 것이다. 빈동룡의 음이 와전되었다고도 하고,[2] 혹자는 목건련(目犍連)의 집터가 여전히 남아있다고 한다[3].

2 빈두로(賓頭盧) 나한은 원래 삔돌라 바라드바자(Piṇḍola Bhāradvāja)이다. 처음 그 음이 판두랑가[賓瞳龍]와 유사하여 사람들이 잘못 인명과 지명을 합쳐 부른 것이다.

---

1) 판두랑가(Panduranga): 오늘날 베트남 남부 닌투언 성(Tỉnh Ninh Thuận), 판랑탑짬(Phan Rang-Tháp Chàm) 지역에 위치하고 있다.

2) 풍승균이 번역한 논문은 폴 펠리오(Paul Pelliot), 「판두랑가의 중국 문헌들(Textes chinois sur Panduranga)」, 『BEFEO』, III, 4(1903), 649~654쪽에 실린 것이다. 『西域南海史地考證譯叢 二編』, 상무인서관(1962), 74쪽~78쪽에 번역되어 있다.

3 목련(目連)은 바로 마우드갈리야야나(Maudgalyāyana)의 음역한 이름이다. 『영외대답』, 권2, 점성 조목에는 "그 나라의 속국에는 판두랑가, 빈타릉국이 있는데, 목련의 집터가 빈타릉에 있어, 혹자는 바로 왕사성[3]이라고 한다(其屬有賓瞳朧國·賓陁陵國. 目連舍基在賓陁陵, 或云即王舍城)."라고 했다. 이 조목 때문에 잘못 근거로 삼게 된 것이다. 『명사』, 「빈동룡전(賓同龍傳)」 또한 와전되어 "여래께서 사위국에 들어가 걸식했는데 바로 이곳이다(如來入舍衛國乞食, 即其地)."라고 했는데 억지로 끌어다 붙인 설이다.

옹희(雍熙) 4년(978) 대식국(大食國)[4]과 함께 와서 방물을 바쳤다.

4 대식(大息)은 대저 압바스(Abbaside) 왕조 칼리파(khalīfa)가 건국한 나라이다. 본서에 별도의 조목으로 기술되어 있다.

賓瞳龍國, 地主手飾衣服與占城同. 以葵蓋屋, 木作柵護. 歲貢方物於占城. 今羅漢中有賓頭盧尊者, 蓋指此地言之, 賓瞳籠音訛也, 或云目連舍基尚存. 雍熙四年同大食國來貢方物.

3) 소계경에 따르면, 참파는 바라문교세가 가장 센 왕국인데 불교의 터가 자리할 수 없을 것이라고 추정한다. 그래서 여기 '왕사성'은 라사보라(羅闍普羅, Rajāpura)의 의역(意譯)으로 참파 왕의 왕성(王城)이라는 뜻이고, 목련(目連)은 참파어 무타린가(Mutha Linga)의 음역으로 판두랑가 부근의 포 클롱 가라이(Po Klong Garai) 사원의 비석을 가리키는 것으로 보았다(『도이지략교석』, 65~66쪽). 이러한 설명은 앙리 마스페로가 『참파 왕국(Le royaume de Champa)』에서 "참파인들도 불교를 신봉하나 보통은 힌두교와 혼재되어 있다."라고 하였고, 참파의 불교는 대승에 속하나 또한 소승불교도 신봉한다고 한 설과 배치된다. 게다가 『도이지략』 원문은 "불경에서 말하는 왕사성이다(佛書所謂王舍城是也)."라고 분명하게 말하고 있는 것을 참고해보면, 소계경의 설은 억지스럽다.

4. 캄보디아 Kamboja 眞臘國

진랍(眞臘)[1]은 참파[占城]의 남쪽에 닿아있고, 동쪽으로는 바다 서쪽으로는 미얀마 파간[蒲甘][2], 남쪽으로는 그라히[加羅希][3]에 이른다. 천주(泉州)에서 배를 타고 순풍이면 달포 만에 도착할 수 있다. 그 땅은 사방 7천 여리에 달하고 나라의 도읍은 앙코르[祿兀][4]이다. 날씨는 추위가 없다.

1 진랍국(眞臘國)은 무엇을 근거하여 음역한 것인지 불분명지만 크메르(Khmer)인이 건설한 캄보디아(Kamboja)라는 나라이다. 『신당서』, 「남만전(南蠻傳)」에 "진랍은 '길멸'이라고도 하는데, 원래 부남의 속국이다.……그 나라 왕은 살리이사나[Isanasena]인데, 정관 초에 부남을 병탄하고 그 땅을 차지했다(眞臘一曰吉蔑, 本扶南屬國.……其王剎利伊舍那, 貞觀初並扶南有其地.)"라고 하였는데 이것이 바로 진랍국이란 이름이 처음으로 중국 사서에 보이는 것이다. 캄보디아란 명칭은 『진랍풍토기』에 '감패지(甘孛智)'라고 했고, 『서번경(西番經)』을 인용했는데, 그곳에는 '감포지(澉浦只)'로 되어있으며, 『명사』, 「진랍전(眞臘傳)」에는 '감파자(甘破蔗)' 또는 '간포채(柬埔寨)'로 되어 있다.

2 포감(蒲甘)은 미얀마 파간으로 본서에 별도의 조목으로 기술되었다.

3 가라희(加羅希)는 바로 그라히(Grahi)로 오늘날 차이야(Chaiya) 땅이다.

4 당시 캄보디아[柬埔寨] 도성은 틀림없이 앙코르(Angkor)에 있었다. 펠리오의 설에 따르면[1)] 녹올(祿兀)은 산스크리트어로 나가라

---

1) 펠리오는 다음과 같이 음역상의 문제를 해결하고자 했다. "조여괄은 캄보디아의 수도를 녹올로 불렀다. 1898년 첫 번역에서 히어

(nagara)인데 로코르(lokor) 또는 로고르(logor)로 바뀌어 읽힌 것이고, 앙코르도 또한 가장 나중에 와전된 것이라고 한다. 『서역남해사지고증역총』, 121~122쪽[2)]을 참고하시오.

트는 녹올을 Lovek(Longvek)이라고 했다. 그로부터 나는 로벡은 15세기 이전의 수도가 아니며, 비슷한 같은 시기에 건설되었고, 조여괄의 시대에 수도는 확실히 앙코르였음을 밝혔다(『BEFEO』, II, 132, 141쪽, IV, 237쪽). 이에 이후 번역에서 히어트와 록힐은 조여괄이 말하고자 한 것은 앙코르였음에 동의했다. 이제 음성학적 대응을 확인하는 것이 남았다. 녹올을 로벡으로 생각한 것은 오늘날 룩웍(Luk-wok)으로 발음하는 복건 발음에 영향을 받았을 것이다. 그러나 사실 13세기의 복건 발음이 어떠했는지 모른다. 반면에 이 두 글자에 대한 일반적인 음역은 [luk+ṅut]인데 종종 아주 약한 비음 [ṅ]으로 표기되거나 후음(喉音)적 요소는 비음 요소에서 없어진다(『JA』, 1911, 525, 538쪽을 참고하시오). 광주사람의 발음은 이 두 글자의 음가를 간직하고 있다. 그렇지만 당나라 시기 북방 방언에서 거의 [r]로 간주되었던 마지막 [t]는 종성 [r]을 표기하는 음역으로 사용하기에 상당히 근접했음을 알 수 있다. [luk+ńut]에 대응하는 음을 해결하기 위해서는 [lukut] 또는 [lukur]라는 고유한 형태를 부여해야 한다. 그런데 앙코르는 오늘날 산스크리트어에서 도시를 뜻하는 나가라(nagara)로 귀결되는데, 캄보디아와 태국어로는 nokor, ligor, lakón으로 된다. 따라서 조여괄의 음역은 [lokor] 또는 [logor]라는 발음에서 출발했을 것이다. 8세기 초에 나가라(앙코르)라는 명칭을 위해 초성인 [l]에 대한 일반적인 발음을 보여주고 있다는 점에서 흥미롭다(『통보』, 13(1912), 467쪽).

2) 풍승균은 조지 코데스(George Cœdès)의 「캄보디아 연구 (Études cambodgiennes) VIII, 주달관에 관한 주석」(『BEFEO』, XVIII(1918), 4~9쪽)이라는 논문을 「진랍풍토기보주(眞臘風土記補註)」라고 번역하고 있는데, 『西域南海史地考證譯叢 二編』, 상무인서관(1962), 114~119쪽에 실려 있다. 따라서 여기의 『서역남해사지고증역총』은 『서역남해사지고증역총속편』을 가리킨다.

이 나라 왕의 장식은 대체로 참파[占城]와 같지만 출입할 때 수행하는 종들이 지나치게 많다. 간혹 수레를 타는데 두 말에 멍에를 지우거나 소를 사용하기도 한다. 그 현진(縣鎭)은 참파와 다름이 없다. 관민(官民)은 모두 대나무를 엮고 띠로 덮은 가옥에 살고, 국왕만 돌을 깎아서 거처를 만든다. 청석(靑石)과 연꽃이 있는 멋진 연못이 있고, 황금다리로 건너가는데 약 30여 장(丈)이 된다. 궁궐은 웅장하고 사치스럽고 화려함이 매우 심하다. 왕은 오향(五香)과 칠보(七寶)의 침상에 앉는데, 보석으로 된 장막이 드리워져 있고, 기둥은 문양을 새긴 나무로 만들었으며, 벽은 상아로 만들었다. 군신들이 조정에 들어오면 먼저 계단 아래에서 세 번 머리를 조아리고, 계단에 오르면 무릎을 꿇고 두 손으로 어깨를 안는다. 왕을 빙 둘러 앉는데, 정사 논의가 끝나면 기어 나간다.

서남쪽 구석 동대(銅臺) 위에는 청동으로 만든 탑 24개가 늘어서 있고 8개의 청동으로 만든 코끼리가 지키고 있는데 각각의 무게는 4천근에 달한다. 전투용 코끼리가 20만 마리에 달하며, 말은 많지만 작다.

부처를 근엄하게 신봉하여 매일 현지 여인 2백여 명이 춤을 추며 공양을 드린다. 그들을 '아남(阿南)'[3]이라고 부르는데 바로 기녀들이다.

이 나라 풍속에 간음은 불문에 붙이고, 도둑질은 손과 발을 자르며 가슴에 불로 지져 낙인을 찍는 형벌이 있다. 그 나라의 승려와 도사[5]들은 주법(呪法)의 영험함

3) 아남(阿南)에 대해 히어트와 록힐은 기쁨이나 행복을 의미하는 산스크리트어 아난다(ānanda)의 음역으로 보았는데, 펠리오는 이를 일축했다. 아난다는 언제나 아난(阿難)으로 표기되었으며, 13세기에 남(南)자는 여전히 [nam]으로 발음된 반면 아난의 난은 오늘날처럼 [nan]이었음을 근거로 들었다(『통보』, 13(1912), 467쪽). 『진랍풍토기』, 「정삭시서(正朔時序)」에 "팔월이면 애람(挨藍)을 추는데, 애람은 춤이다. 기악(妓樂)을 가려 뽑아, 매일 나라의 궁궐 안에서 애람을 춘다(八月則挨藍, 挨藍者舞也. 點差伎樂, 每日就國宮內挨藍)."라고 하였다. 아마도 아람(阿藍)은 바로 '애람'의 또 다른 음역으로 보인다.

이 심하다. 승려 중에 옷이 누런 자는 아내를 들일 수 있고, 옷이 붉은 사람은 사원에서 거주하며 계율이 정밀하고 엄격하다. 도사들은 나뭇잎으로 옷을 만들어 입고 신(神) 중에 바다리(婆多利)가 있으며 제사가 매우 성실하다. 오른손을 깨끗하게 하고 왼손을 더럽힌다. 고깃국과 밥을 잘 섞어 먹으며 오른손으로 집어 먹는다.

5 『진랍풍토기』에 "유자를 '반힐(Pandite)'이라 부르고, 승려를 '저고(chauku)'라고 부르며 도사들은 '팔사유'라고 부른다(爲儒者呼爲班詰, 爲僧者呼爲苧姑, 爲道者呼爲八思惟)."라고 하였다. 『사지총고속편』, 67~70쪽[4])을 참고하시오.

이 나라 땅은 비옥하나 밭에는 두렁과 경계가 없어 눈이 가는 대로 갈고 씨를 뿌린다. 쌀과 곡물들은 값이 싸서 두 오연(烏鉛)으로 쌀 2두(蚪)[5])와 바꿀 수 있다. 토산으로는 상아(象牙), 잠속세향(暫速細香), 조숙향(粗熟香)[6], 황랍(黃蠟), 취모(翠毛)【이 나라에 가장 많다】, 독누뇌(篤耨腦), 독누표(篤耨瓢)[7], 번유(番油), 강피(姜皮: 생강 외피), 금안향(金顏香)[8], 소목(蘇木)[9], 생사(生絲), 면포(綿布) 등의 물품이 있다. 외래 상인들은 흥판(興販)하며 금은(金銀), 자기(瓷器), 가금(假錦: 가짜 비단), 양산, 피고(皮鼓: 가죽으로 만든 북), 술, 설탕, 젓갈 등으로 널리 교역한다.

6 잠속세향(暫速細香)은 잠향(暫香)이 가는 것을 말하는 것 같고, 조숙향(粗熟香)은 황열(黃熱)이 거친 것을 말하는 것 같다. 상세한 설명은 본서 하권에 별도의 조목을 참고하시오.

7 독누뇌(篤耨腦)는 바로 백독누(白篤耨)이다. 독누표(篤耨瓢)는 흑

---

4) 풍승균이 『사지총고속편』에서 번역한 책은 폴 펠리오(Paul Pelliot)의 『주달관(周達觀)의 캄보디아 풍습에 관한 기록(Mémoires sur les coutumes du Cambodge de Tcheou Ta-Kouan)』(1951년 초판)이다. 풍승균의 주를 바로잡자면, 페이지는 68~70쪽으로, "chauku"는 "chau kou"로 고쳐야 한다. "팔사유(八思惟)"의 대응음은 "Path'i 또는 Pass'i"이다.

5) 두(蚪): 두(斗)의 속자로 10승(升)으로 약 7킬로그램의 무게이다.

독누(黑篤耨)이다. 본서 하권에 보이는 독누향(篤耨香) 조목을 보라.

8 금안향(金顔香)은 금은향(金銀香)이라고도 하는데. 말레이와 인도네시아어로 케멘얀(Kemenyan)에 상응하는 음이다. 자세한 설명은 본서 하권에 보이는 금은향조목을 참고하시오.

9 소목(蘇木)은 '소방(蘇枋)'으로 『남방초목상』에 보인다. 남해(南海)의 언어로 수팡(supang)의 대역음이다. 본서 하권에 별도의 조목이 있다.

그 나라들로는 등류미(登流眉), 파사란(波斯蘭), 나곡(羅斛), 삼락(三濼)[6], 진리부(眞里富), 마라문(麻羅問)[7], 녹양(綠洋)[8], 탐리부(呑里富)[9], 미얀마 파간[蒲甘], 와리(窊裏)[10], 서붕(西棚)[11], 두회(杜懷)[12], 심번(潯番)[13] 등이 모두 그 속국(屬國)들이다[10].

10 『영외대답』, 권2 진랍(眞臘)조목에 "그 나라 옆에는 와리국, 서붕국, 삼박국, 마란국, 등류미국, 제랄달국이 있는데 캄보디아는 이들 나라들의 중심이다(其旁有窊裏國·西棚國·三泊國·麻蘭國·登流眉國·第辣撻國, 眞臘爲之都會)."라고 하였다. 『진랍풍토기』에 "속한

---

6) 삼락(三濼): 『영외대답』, 진랍국 조목에는 "삼박국(三泊國)"으로 되어 있다. 또 『수서』, 「진랍전」에는 "그 나라는 삼반, 주강 두 나라와 화친을 맺었고, 여러 차례 임읍, 타환 두 나라와 전쟁을 했다(其國與參半朱江二國和親, 數與林邑陀桓二國戰爭)."라고 한다. 또한 『태평어람(太平御覽)』, 권786 삼반국 조목에 "『당서』에 이르기를 무덕 연간에 삼반국이 사신을 보내 조공하였다. 그 나라는 진랍에서 서남쪽으로 1천여 리 떨어져 있고, 성은 대해에 닿아 있으며 땅은 낮고 습하다. 풍속, 산물은 모두 임읍과 동일하다.(唐書曰, 武德中, 參半國遣使朝貢. 其國在眞臘西南千餘里, 城臨大海, 土地下濕, 風俗物產並與林邑國同.)"고 하였다. 삼락, 삼박, 삼반은 모두 같은 곳을 일컫는 음역들로 보인다. 태국의 찬타부리(Chantaburi), 라오스 메콩강이 태국의 창마이(Chang Mai)로 이르는 일대, 또는 캄보디아의 삼보르(Sambor) 등 세 곳으로 추정된다.

군(郡) 9~10개가 있는데, 진포, 사남, 파간, 막량, 포매, 치곤, 목진파, 뇌감갱, 팔시리라고 한다(屬郡九十餘, 曰眞蒲·曰查南·曰巴澗·曰莫良·曰蒲買·曰雉棍·曰木津波·曰賴敢坑·曰八廝里)."[14)]라고 하였다. 이 두 책에 실려 있는 나라이름인 '삼박(三泊)'과 '삼락(三濼)', '마란(麻蘭)'과 '막량(莫良)' 그리고 캄보디아[柬埔寨] 비문에 나오는 '말랸(Malyan)', '팔시리(八廝里)'와 '파사란(波斯蘭)'은 분명 같은 나라이지만 다르게 음역한 것이다. 등류미(登流眉)는 본서에 별도의 조목이 있는데, 진랍의 서쪽에 있다고 하였다. 역주는 아마도 말레이반도의 리고르(Ligor)인 것 같다는 펠리오의 설을 인용했다.

---

7) 마라문(麻羅問): 『도이지략』의 「침로(針路)」 조목의 마래분(麻來墳)으로 『도이지략교석』(128쪽)에 따르면, 원나라 이후 태국, 미얀마와 전쟁하는 과정에서 사라졌다고 하였다. 양박문은 말레이반도의 팍찬(Pakchan) 하류의 서안(西岸)으로 추정했다.

8) 녹양(綠洋): 『운록만초(雲麓漫抄)』에는 연양(緣洋)으로 되어 있다. 『진씨향보(陳氏香譜)』, 권1, 침향(沉香), 번향(蕃香) 조목에서 녹양(綠洋)을 캄보디아와 인접한 나라로 언급하고 있다. 더 이상 참고할 기록을 찾지 못했다.

9) 탐리부(呑里富): 본서에서만 보이는 것 같다. 양박문은 진리부(眞里富)의 오기로 보았다. 고증을 기다린다.

10) 와리(窊裏): 『영외대답』, 진랍국 조목에도 와리(窊裏)라는 명칭이 보인다. 히어트와 록힐은 라오스로 보았다. 장성랑(張星烺)의 『중국교통사료회편(中國交通史料滙編)』(2편, 261쪽)에서는 "민(閩)과 월(粤)사람들이 말레이를 읽는 음이다."라고 하였다. 장준령(張峻嶺)이 주를 낸 『이역지(異域志)』 포감국(蒲甘國) 조목에서는 "그곳은 오늘날 미얀마 남부의 단노(丹老) 일대이다."라고 하였고, 『중국고적에서 나오는 캄보디아 사료(中国古籍中的柬埔寨史料)』(하남인민출판사, 1985, 106쪽)에 따르면, 미얀마 동남쪽 해안의 메르귀(Mergui), 옛 이름은 므리트(Mrit)로 단배(丹老)라고도 불린다고 했다. 『중서교통사료회편(中西交通史料滙編)』 와리 조목을 참고하시오.

○『송사』, 권 489에는 단미류(丹眉流)라는 나라가 있는데, 동북쪽으로는 25일 여정이면 나곡(羅斛)에 이른다고 한다. 아마도 동일한 나라로 보인다. 파사란(波斯蘭)은 『송사』, 권 489 「진랍전(眞臘傳)」에 "그 나라의 속읍으로 진리부가 있는데 서남쪽 구석에 있으며, 동남쪽으로는 파사란과 접해 있고 서남쪽은 등류미와 이웃하고 있다(其屬邑有眞里富, 在西南隅, 東南接波斯蘭, 西南與登流眉爲鄰)."라고 하였다. 나곡(羅斛)은 옛날 라보(Lavo), 지금의 롭부리(Lopburi) 메남(Menam) 하류에 있다. 진리부(眞里富)는 캄보디아 서남쪽 모퉁이에 있는데, 앞서 인용한 『송사』를 참고하시오. 아마도 『진랍풍토기』에서 말하는 진포(眞蒲)인 것 같다.

---

11) 서붕(西棚): 『영외대답』, 진랍국 조목에도 보인다. 『중국교통사료회편(中國交通史料滙編)』, 서붕국 조목에서 "일설에 캄보디아[柬埔寨]에 있다고 하는데 그 나라 북부에 있는 세뭄(Se-mum)강의 음역이다."고 하였다. 이 설은 소계경의 『도이지략교석』, 107쪽에서도 따르고 있다.

12) 두회(杜懷): 『도이지략』에는 담막(淡邈) 조목이 실려 있는데, 후지타 토요하치(藤田豊八)는 이 담막이 『무비지·항해도(航海圖)』에서 말하는 타왜(打歪), 즉 오늘날의 토와(土瓦, Tavoy, Tavai)라고 추정했다. 소계경은 『도이지략교석』(134쪽)에서 『제번지』에서 말하는 두회(杜懷)는 바로 송나라 시기의 음역이고, 타회(打回)는 『명사』, 『환우통지(寰宇通志)』, 『명일통지(明一統志)』 등에서 보이는 음역이라고 하였다. 오늘날 말레이 반도 북부 서안이라고 비정했다.

13) 심번(潯番): 양박문에 따르면(『제번지교석』, 27쪽), 심번(潯番)은 타이 남부의 읍(테사반 므앙)인 춘봉(春蓬, 춤폰chumphon, chumpol, chumporn)으로 비정했으나 근거는 제시하지 않았다. 후지타 토요하치는 『도이지략』의 융(戎)이 말레이반도 크라지협(Isthmus of Kra) 부근의 춘봉(春蓬, Chumphorn)에 있으며, 줌바라(Jumbara)라고도 하므로 융(戎)은 Jum 또는 Chum의 음역이라고 하였다. 이에 대해 소계경은 전적으로 동의하고, 『제번지』의 심번(潯番)이 바로 첨분(尖噴, 춤폰)으로 가장 이른 기록이라고 하였다(『도이지

○『진랍풍토기』에 "참파에서 순풍이면 보름 만에 진포에 도착할 수 있는데, 바로 그 경계이다(自占城順風可半月到眞蒲, 乃其境也)." 라고 하였다. 펠리오는 그곳을 고증하여 지금의 바리아(Ba Ria) 또는 생작 만(Cap Saint-Jacques)일대라고 하였다. 포감(蒲甘)은 파간(Pagan)이다. 나머지 나라들에 대해서는 근거할 자료가 없다.

○풍승균은 1956년 중간본에서 이 주석을 다음과 같이 교정했다. 바리아(Ba Ria)는 베트남어로 바지(婆地)라고 하는데, 바리아 혹은 생작 만(Cap Saint- Jacques)일대이다. 당시 진랍국의 경계가 얼마나 넓었는지 관계없이 진랍국 동남쪽에 있어야 한다. 『송사』에서는 진리부(眞里富)가 진랍국 서남쪽에 있다는 것과 부합하지 않는다. 따라서 "『진랍풍토기』에 '참파에서 순풍이면 보름 만에 진포에 도착할 수 있는데, 바로 그 경계이다(自占城順風可半月到眞蒲, 乃其境也.)'고 하였다. 펠리오는 그곳을 고증하여 지금의 바리아(Ba Ria) 또는 생작 만(Cap Saint-Jacques)일대라고 하였다."라고 한 단락은 삭제하는 것이 좋겠다. 진리부의 위치로는 짠타부리(Chanthaburi)일 가능성이 있다. 그곳에는 짠타부리 강이 있는데 방향이 비교적 부합하고 음역 또한 서로 가깝다. 화교들은 이곳을 첨죽문(尖竹汶)이라 부른다.

이 나라는 옛날에 참파와 잘 지내면서 해마다 황금을 바쳤다. 순희(淳熙) 4년(1177) 5월 15일 참파 군주가 수군으로 그 나라 도읍을 습격했다. 화친을 청했으나 들어주지 않고 죽여 버리게 되어, 원수가 되었고 복수를 맹세하게 되었다. 경원(慶元) 을미년(1199)에 대거 참파로 들어가 그 군주를 사로잡고 신하들을 죽였는데, 그 살육에서 살아남은 사람이 거의 없었다. 또 진랍 사람을 군주로 삼으니 참파는 이제 진랍의 속국이 되었다[11].

11 비문(碑文)을 참고하면, 캄보디아가 참파를 병합한 것은 1203년~1220년 사이의 일이다. 점성의 군주를 포로로 잡은 것은 바로

략교석』, 107쪽).

14) 풍승균은 『진랍풍토기』를 인용하면서 "팔설(八薛)"을 빠트렸다.

1190년의 일로 소희(紹熙) 원년 경술(庚戌)에 있었다. 본서에는 “경원(慶元) 기미(己未, 1199)”로 되어 있다. 아마도 그 일을 들은 때가 9년 이후였을 것이다.

당나라 무덕(武德, 616~627) 연간에 비로소 중국과 통상했다. 송(宋) 선화(宣和) 2년(1120)에 사신을 보내 입공(入貢)했다[15]. 그 나라 남쪽으로는 슈리비자야[三佛齊]의 속국인 그라히[加羅希]와 연접해 있다[12].

12 이밖에 주달관(周達觀, 1266~1346)의 『진랍풍토기』를 참고할 수 있는데, 주달관이 기록한 것은 비록 이 책이 완성된 70여 년 뒤이지만 그래도 본서와 사서들의 누락된 부분들을 보완할 수 있을 것이다.

15) 『신당서』, 권202 하, 「진랍전」에 따르면, 8세기에 진랍은 둘로 나뉘어 있었는데, 북쪽을 차지한 것은 ‘육진랍(陸眞臘)’ 또는 ‘문단(文單)’이라 불렀고, 남쪽의 것은 ‘수진랍(水眞臘)’ 또는 ‘파루(婆鏤)’라고 했다. 히어트와 록힐은 제리니(Gerini)의 견해를 인용하고 있는데(『Researches on Ptolemy’s geography of Eastern Asia』, 824와 832쪽), 그에 따르면 “문단은 캄보디아 북부에 있고”, 반면에 “파루는 파항 북쪽에 있는 콸라 발로(Kwāla Baloh)일 수 있다.”라고 하였다. 펠리오에 따르면, 파루는 캄보디아 남쪽에 있는 것이 일반적인 견해인데 어떻게 말레이반도의 남쪽, 바로 파항이란 나라로 위치시킬 수 있는지 반문하고 있다. 나아가 제리니가 육진랍과 수진랍을 안남계열 모이족의 ‘불의 왕’과 ‘물의 왕’에 결부시켜, 불의 진랍이라든가 물의 진랍으로 보는 것은 문헌상 아무런 근거가 없음을 밝혔다(『통보』, 13(1912), 467쪽).

眞臘接占城之南, 東至海, 西至蒲甘, 南至加羅希. 自泉州舟行順風月餘日可到. 其地約方七千餘里, 國都號祿兀. 天氣無寒. 其王粧束大槩與占城同, 出入儀從則過之, 間乘輦, 駕以兩馬, 或用牛. 其縣鎮亦與占城無異. 官民悉編竹覆茅爲屋, 惟國王鐫石爲室. 有青石蓮花池沼之勝, 跨以金橋, 約三十餘丈. 殿宇雄壯, 侈麗特甚. 王坐五香七寶床, 施寶帳, 以紋木爲竿, 象牙爲壁. 群臣入朝, 先至階下三稽首, 陞階則跪, 以兩手抱膊, 遶王環坐, 議政事訖, 跪伏而退. 西南隅銅臺上列銅塔二十有四, 鎮以八銅象, 各重四千斤. 戰象幾二十萬, 馬多而小. 奉佛謹嚴, 一日用番女三百餘人舞獻佛飯, 謂之阿南, 卽妓弟也. 其俗淫姦則不問, 犯盜則有斬手·斷足·燒火印胸之刑. 其僧道呪法靈甚. 僧衣黃者有室家, 衣紅者寺居, 戒律精嚴. 道士以木葉爲衣, 有神曰婆多利, 祠祭甚謹. 以右手爲淨, 左手爲穢. 取雜肉羹與飯相和, 用右手掬而食之. 厥土沃壤, 田無畛域, 視力所及而耕種之. 米穀廉平, 每兩烏鉛可博米二斗. 土產象牙·暫速細香·粗熟香·黃蠟·翠毛【此國最多】·篤耨腦·篤耨瓢·番油·姜皮·金顏香·蘇木·生絲·綿布等物. 番商興販, 用金銀·甆器·假錦·凉傘·皮鼓·酒·糖·醯醢之屬博易. 登流眉·波斯蘭·羅斛·三濼·眞里富·麻羅問·綠洋·呑里富·蒲甘·窊裏·西棚·杜懷·潯番皆其屬國也. 本國舊與占城鄰好, 歲貢金兩, 因淳熙四年五月望日, 占城主以舟師襲其國都, 請和不許, 殺之, 遂爲大讐, 誓必復怨. 慶元己未, 大擧入占城, 俘其主, 戮其臣僕, 勦殺幾無噍類. 更立眞臘人爲主, 占城今亦爲眞臘屬國矣. 唐武德中始通中國. 國朝宣和二年, 遣使入貢. 其國南接三佛齊屬國之加羅希.

5. 등류미국 登流眉國

등류미(登流眉)[1]란 나라는 캄보디아의 서쪽에 있다. 군주는 상투를 하고 꽃을 꽂으며, 어깨에는 붉은 천으로 햇볕을 가린다. 정사(政事)가 있는 날에는 등장(登場)하는데, 당초 궁궐이 없었기 때문이었다.

1 등류미(登流眉)는 『영외대답』, 2권 진랍 조목에서 처음으로 보인다. 펠리오는 『송사』, 권489에서 보이는 단미류(丹眉流)라고 고증했다. 『문헌통고』, 권 332에는 주미류(州眉流)로 되어 있는데, 아마도 '단(丹)'자를 '주(舟)'자로 잘못보고 '주(州)'자로 와전된 것으로 보인다. 『송사』에서 일러주는 등류미국의 위치는 "동쪽으로 점랍까지 50정(程)이고, 남쪽으로 나월까지 물길로 15정이며, 서쪽으로 서천까지 25정이고, 북쪽으로 정량까지는 60정이다. 동북쪽으로 나곡까지는 60정이고, 동남쪽으로 자바까지 45정이며, 서남쪽으로 정약까지는 15정이고, 서북쪽으로 낙화까지는 25정이며, 동북쪽으로 광주까지는 135정이다(東至占臘五十程, 南至羅越水路十五程, 西至西天三十五程, 北至程良六十程. 東北至羅斛二十五程, 東南至闍婆四十五程, 西南至程若十五程, 西北至洛華二十五程, 東北至廣州一百三十五程)."라고 했다. 여기 열거된 지명들 가운데 점랍은 바로 캄보디아[柬埔寨]임을 알 수 있을 뿐이다.
○나월(羅越)은 『신당서』, 「지리지」에 처음으로 보이는데, 말레이 반도 남단에 위치하고 있다. 서천(西天)은 바로 인도를 가리키고, 자바[闍婆]는 조와(爪哇)이다. 때문에 펠리오는 이 등류미라는 나라를 옛날 스리 다르마라자(Sri Dharmaraja), 오늘날의 리고르(Ligor)[1)]

1) 리고르는 바로 태국, 나콘시탐마랏(Nakhon Si Thammarat)이다.

를 가리키는 것 같다고 했다(『교광인도양도고(交廣印度兩道考)』[2], 75~6쪽을 참고하시오). 다만 『송사』에 기록된 단미류(丹眉流)의 산물로 서(犀), 상(象), 유석(鍮石), 자초(紫草), 소목(蘇木)과 여러 약초들을 들고 있는데, 여기 등류미에서 산출되는 것과 다르다. 내가 생각하기에 『송사』의 단미류는 본서에서 말하는 단마령(單馬令)이 아닐까 한다. 그러나 그곳의 산출물 역시 서로 부합하지 않는다. 이 세 나라가 한 나라인지 아닌지 논의되지 않았다. 어쨌든 말레이 반도에 있는 것임에는 틀림없다.

음식은 야자수 잎을 그릇으로 삼아 수저를 사용하지 않고 손으로 집어서 먹는다.

무농(無弄)[3]이란 산이 있는데, 석가모니가 열반에 든 모습을 보여주는 동상이 거기에 있다고 한다.

백두구(白荳蔻)[4], 전침속향(箋沉速香)[2], 황랍(黃蠟), 자광(紫礦)[5] 등이 난다.

---

2) 이 책은 폴 펠리오(Paul Pelliot)의 「8세기 말 중국에서 인도로 가는 두 여정(Deux itinéraires de Chine en Inde à la fin du VIIIe siècle)」(『BEFEO』, 1904, 131~423쪽)을 번역한 것으로, 대만상무인서관에서 1970년 출간되었다.

3) 무농(無弄): 펠리오는 등류미(登流眉)를 『송사』에서 나오는 단미류(丹眉流)로 고증했는데, 이에 따라 풍승균(馮承鈞)은 단미류가 본서에서 나오는 단마령(單馬令)으로 추측했다. 이로써 양박문은 『도이지략』 단마령(丹馬令) 조목에 "사리(沙裏), 불래안(佛來安)과 이웃하고 있다(地與沙裏佛來安爲鄰國)."라는 기술을 근거로 태국의 루앙(Luang)산이라고 비정했지만, 등류미가 단미류일 것이라는 전제하에서 가능한 추정일 뿐이다.

4) 백두구(白荳蔻): 하권 18. 육두구(肉荳蔻) 조목을 참고하시오.

5) 자광(紫礦): 자비(紫錍), 자광(紫鑛)으로도 쓰는데, 나무의 수지가 응고된 것이 자줏빛 광석 같기 때문에 붙여진 이름이다. 『유양잡조』, 권18 "자비나무는 진랍국에서 나는데 그 나라 사람들은 '늑구'

2『영외대답』, 권2 진랍 조목에 "산출되는 최고의 명향은 등류미에서 나는 것이 가장 뛰어나고 기이하여 여러 번국들의 향이 미치지 못한다(最産名香, 登流眉所産爲絶奇, 諸蕃國香所不及也)."라고 하였다.

登流眉國在眞臘之西. 地主椎髻簪花, 肩紅蔽白. 朝日登場, 初無殿宇. 飮食以葵葉爲椀, 不施匕筯, 掬而食之. 有山曰無弄, 釋迦涅槃示化銅像在焉. 産白荳蔻·箋沉速香·黃蠟·紫礦之屬.

라고 부른다(紫鉚樹出眞臘國, 眞臘國呼爲勒佉.)"고 하였고 안개, 이슬, 비 같은 것들에 젖으면 자비의 수액이 나온다고 하며, 개미가 이 나무 아래 집을 짓는데 그 개미둑이 이슬을 맞아 응고되면 자비가 된다고 한다.

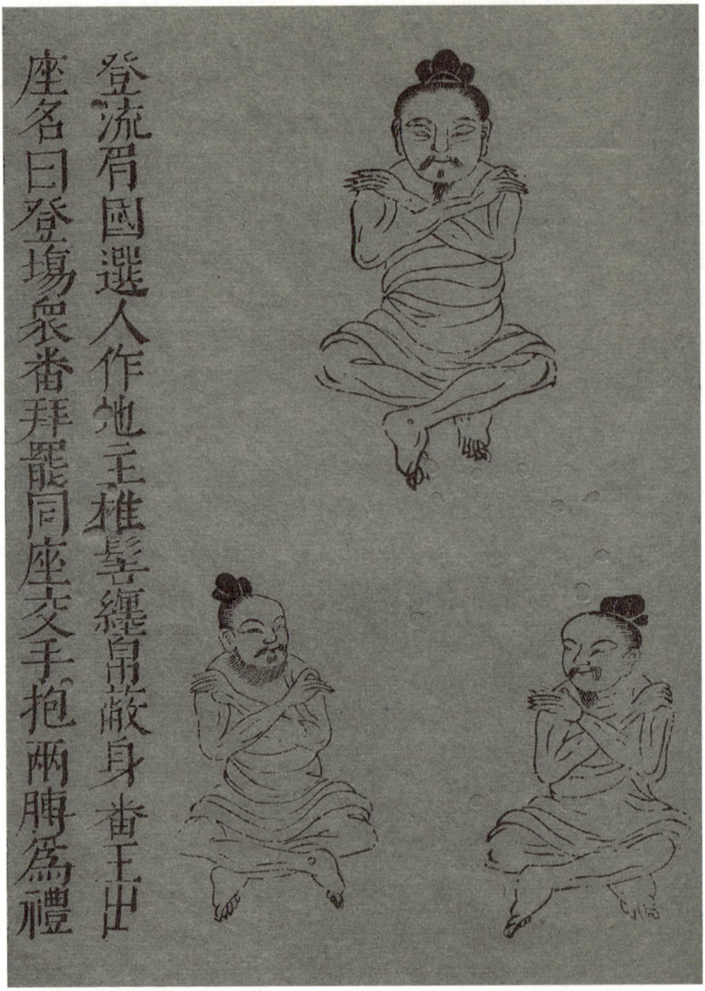

『삼재도회』, 인물 권12. “등류미국에서는 사람을 뽑아 지주(地主)로 삼는다. 상투를 하고 비단을 둘러 몸을 가린다. 그 나라 왕이 자리에 나오는 것을 ‘등장(登場)’이라 한다. 토착민들이 절을 마치고 함께 앉을 때 팔을 교차하여 양 어깨를 안는 것을 예로 여긴다.”라는 설명이 있다. 그림에서는 본서에서 말하는 것처럼 꽃을 꽂은 것은 보이지 않는다.

6. 미얀마 파간 Myanmar Pagan, 蒲甘國

포감(蒲甘)[1]이란 나라는 관리와 백성 모두 이마에 상투를 모으고 색깔이 있는 비단으로 그것을 맨다. 그러나 군주는 별도로 금관을 쓴다.

1 오늘날 면전(緬甸, 미얀마)으로 옛날에는 두 개의 나라 즉 북쪽은 면(緬), 남쪽은 백고(白古, Pegu)라고 하였다. 고대 전적에 실린 면전은 '표국(驃國)'이라 했다. 『태평어람(太平御覽)』, 권 177에서는 『서남이방지(西南異方志)』와 『남중팔군지(南中八郡志)』를 인용했는데, 신구 『당서(唐書)』에 기술된 이름과 같다. 아마도 '퓨(Pyu)'의 대역음 같다. 수도는 프로메(Prome)에 있다. 『대당서역기』에는 '실리차달라(室利差呾羅)'로 되어 있고 『구당서』에서는 '돌라성(突羅成)', 『신당서』에서는 '돌라주(突羅朱)'로 되어 있다(『인도로 가는 두 여정』 34~36쪽을 참고하시오). 9세기 초에 면전국은 포감(蒲甘, Pugan, Pagan)으로 도읍을 옮겼으므로, 송나라 시기에는 '포감'이라 불렀다. 1057년경 포감왕이 '백고(白古)'을 병탄하였고, 1289년이 되어서 원(元)나라가 '면(緬)'을 정벌하면서 백고가 독립했다.

이 나라에는 말이 많으며 안장을 얹지 않고 탄다. 그 나라 풍속은 부처를 매우 성실하게 모시며[2] 승려들의 옷은 모두 누렇다. 군주가 아침에 조회를 하면 관료들은 각기 꽃을 가지고 와서 바치고 승려들은 산스크리트어로 축수하고 꽃을 왕의 머리에 씌우고 남는 꽃은 절로 가져가 부처에게 공양한다.

2 당초 면(緬) 사람들은 대승불교를 신봉했고, 백고(白古) 사람들은 소승불교를 신봉했다. 면이 백고를 병탄한 뒤로 소승불교를 신봉하

고 스리랑카 상좌부(上座部)[1]를 종주로 삼았다.

이 나라에는 제갈무후(諸葛武侯, 제갈량, 181~234)의 사당이 있다. 송나라 경덕(景德) 원년(1004)에 슈리비자야[三佛齊], 대식국(大食國)과 더불어 사신을 파견하여 조공을 보내와서 상원절 관등(觀燈)을 즐길 수 있었다. 숭녕(崇寧) 5년(1106) 또 조공을 들였다[3].

3 『영외대답』, 권2 포감 조목에 "포감국은 대리국[2]에서 5정(程)을 가면 그 나라에 이르고, 와리국[3]에서는 60정이면 이른다. 흑수와 어니하를 사이에 두고 있어 서천의 여러 나라와 통할 수 없다. 포감국왕과 관원은 모두 금관을 머리에 쓰는데, 모양은 서각과 같다. 말이 있으나 안장을 얹지 않고 말을 탄다. 왕이 거처하는 곳은 주석으로 기와를 만들어 사용하고 금은으로 집과 벽을 장식한다. 십여 곳의 절이 있으며 승려들은 모두 누런 옷을 입는다. 국왕이 아침에 조회를 하면 신료들은 각각 꽃을 가지고와 왕에게 바치며, 승려들은 산스크리트어로 축수를 하고 꽃을 왕의 머리에 씌운다. 나머지 꽃

---

1) 상좌부(上座部): 테라바다(Theravada, 장로들의 길)로 부처의 계율을 그대로 고수하는 불교를 말한다.

2) 대리(大理): 오늘날 운남성의 대리(大理)이다.

3) 와리국(窊裏國): 역주에서는 노과(老撾, 라오스)로 보았다. 장성랑(張星烺)은 『중서교통사료회편(中西交通史料滙編)』(2책, 261쪽)에서 민월(閩粵) 사람들이 말레이를 부르는 음이라고 했으며, 육준령(陸峻嶺)은 『이역지(異域志)』 포감국(蒲甘國) 조목 주에서 이 지역은 오늘날 미얀마 남부의 단노(丹老) 일대라고 하였다. 한편 『중국 고적에 보이는 캄보디아 사료(中國古籍中的柬埔寨史料』(하남인민출판사, 1985, 160쪽)에서는 미얀마 동남쪽 해안의 메르귀(Mergui, 옛 이름은 Mrit)로 오늘날에는 '단배(丹荖)'라고 한다고 하였다. 본서와 『영외대답』에 따르면 와리와 포감국의 거리는 60정(程)이라 한 것으로 볼 때, 메르귀는 너무 가깝게 보이는 것은 틀림없다. 아직 정확한 위치가 확인된 것은 아니다.

은 절에 가져가 부처에게 공양한다. 휘종 숭녕 5년(1106)에 2월에 조공을 들였다(蒲甘國, 自大理國五程至其國, 自岔裏國六十程至之. 隔黑水·淤泥河, 則西天諸國不可通矣. 蒲甘國王·官員, 皆戴金冠, 狀如犀角. 有馬不鞍而騎. 王居以錫爲瓦, 以金銀裹飾屋壁. 有寺數十所, 僧皆黃. 國王早朝, 其官僚各持花獻王, 僧作梵語祝壽, 以花戴王首, 餘花歸寺供佛. 徽宗崇寧五年二月曾入貢).”라고 하였다. 본서의 포감 조목은 여기에서 따온 것인데, 다만 몇 군데의 말만 삭제하였고, 제갈무후의 사당과 경덕 원년(元年, 1004)에 조공을 들였다는 일을 추가하였을 뿐이다. 『송사』, 권489에는 단지 숭녕 5년(1106)에 조공을 들인 일만 기록하고 있다.

蒲甘國, 官民皆撮髻於額, 以色帛繫之, 但地主別以金冠. 其國多馬, 不鞍而騎. 其俗奉佛尤謹, 僧皆衣黃. 地主早朝, 官僚各持花來獻, 僧作梵語祝壽, 以花戴王首, 餘花歸寺供佛. 國有諸葛武侯廟. 皇朝景德元年, 遣使同三佛齊·大食國來貢, 獲預上元觀燈. 崇寧五年又入貢.

7. 슈리비자야 Srivijaya 三佛齊國

삼불제(三佛齊)[1]는 캄보디아, 자바[闍婆][2] 사이에 있으며 관할하는 주는 15개이다. 천주(泉州)의 정남쪽에 있어 겨울이라도 순풍이면 달포 만에 링가해협[凌牙門]에 이른다. 지나는 상인들 중 3분의 1이 이곳으로 그 나라에 들어간다[3].

1 삼불제(三佛齊)라는 나라는 송대의 문헌에서 처음으로 보이는데 슈리비자야(Śrivijaya)의 대역음으로 보인다. 당나라 시기에는 '실리불서(室利弗逝)', '시리불서(尸利佛逝)'라고 했고 '금주(金洲)'라고도 불렸다. 수마트라 섬의 큰 나라이다. 도읍은 팔렘방(Palembang)으로, 이 조목에서 말하고 있는 '파림풍(巴林馮)'이고, 『영애승람』에서는 '발림방(浡淋邦)'이라 했고, 『도이지략』에서는 처음으로 '구항(舊港)'이라 했는데 바로 원나라 말기에 이미 첨비(詹卑, Jambi)로 천도했기 때문이었다. 송나라시기의 사적을 통해 천도한 시기가 송나라 때임을 알 수 있다. 『영외대답』, 권2, 삼불제 조목에 원풍(元豐) 2년(1079) 7월 첨비에서 사신을 보내 조공을 바쳤다고 하였고, 『송사』, 권489 「삼불제전」에는 그 나라 왕을 첨비라고 불렀으며 원풍(1078~1085) 연간에 사신을 보내온 것이 두 차례라고 하였다. 본서에 실린 이 나라 조목에는 속국(屬國)이 15개라고 하는데, '파림풍(巴林馮)'은 있지만 '첨비'는 없다. 모두 송나라시기에 그 도읍이 파림풍(巴林馮)이 아니라 첨비에 있었음을 족히 증명할 수 있다. 『소문답랄고국고(蘇門答剌古國考)』[1)]를 참고할 만하다.

---

1) 가브리엘 페랑(Gabriel Ferrand)의 『슈리비자야의 수마트라인 제국(L'empire sumatranais de Çrivijaya)』(파리, P. Geuthner, 1922, 190쪽)을 풍승균이 번역한 책이다.(중화서국, 1955년, 127쪽). 이하는 『수마트라인의 제국』으로 명명한다.

2 고대의 사적에 기록된 '사바(闍婆)'는 조와(爪哇)를 가리키기도 하고 소문답랄(蘇門答剌, 수마트라)를 가리키기도 하는데 분명하게 밝혀지지 않았다. 그러나 본서 자바 조목에 따르면, '사바'는 또한 포가룡(莆家龍, Pekalong)이라고도 불렀다고 하는데, 여기의 자바[闍婆]는 분명 조와(爪哇)를 가리킨다.

3 여기에는 분명 착오가 있다. 능아문(凌牙門)은 지금의 링가(Linga) 해협이다. 『도이지략』에는 용아문(龍牙門)으로 되어 있고, 『동서양고』의 「서양침로(西洋針路)」에는 용아산(龍雅山)으로 되어 있다. 송나라 때 팔렘방[巴林馮]에 가는 배는 반드시 동서축(東西竺, Pulo Aor)과 용아문으로 가야 했다[2].

나라 사람들의 성(姓)은 대부분 포(蒲)[4] 씨이다. 벽돌을 쌓아 성을 만들었는데 둘레는 수십 리에 달한다. 국왕이 출입할 때는 배를 타고 다니고, 몸에는 만포(縵布: 거친 베) 걸친다. 비단 우산을 쓰고 황금 칼로 호위한다. 나라 사람들은 성 밖에 흩어져 살고, 혹 패(牌)를 만들어 물에서 살며,[3] 침대로 쓰는 판자는 띠로 덮는데 이

2) 소계경에 따르면(『도이지략교석』, 215쪽), 『사림광기(事林廣記)』의 삼불제 조목에도 능아문(凌牙門)이란 명칭이 보이는데, 네덜란드 학자 그로엔벨트(W. P. Groeneveldt)는 링가(Lingga)해협으로 추정했고(『말레이 반도와 말라카에 관한 주석(Notes on the Malay Archipelago and Malacca)』, 99쪽, 주2), 히어트와 록힐은 『Chau Ju-kua』(63쪽, 주2) 링가해협과 링가섬을 가리킨다고 하였다. 링가섬은 『동서양고』에 용아산(龍雅山)으로 되어 있는데, 능아(凌牙)가 더 음역에 부합한다. 따라서 용아문(龍牙門)과 능아문(凌牙門)은 전혀 다른 곳이라고 하였다. 하지만 명기한 그로엔벨트의 책에는 그러한 언급이 없다. 착오가 있는 것으로 보인다.

3) 패(牌): 영역에서 뗏목 같은 것으로 해석하였다. 엄종간(嚴從簡)의 『수성주자록(殊城周咨錄)』, 권8, 삼불제 조목에 "물이 많고, 땅이 적어 통솔하는 사람들은 모두 해안에 가옥을 짓고 살며 둘레에는 수행하는 사람들이 빙 둘러 산다. 나머지 사람들은 모두 나무 뗏목을 설치하여 지붕을 이어 산다. 야자수 잎으로 덮고 나무와 참죽으

들은 조세를 내지 않는다. 수륙(水陸) 전투를 연습하여 정벌할 곳이 있으면 수시로 징발하고 추장을 세워 통솔하게 하며, 모두 각자가 병기와 식량을 준비한다. 적을 마주하고서는 죽음을 무릅쓰며 싸워 여러 나라에 군림한다.

4 역주에서 '포(蒲)'자는 바로 아라비아어 아부(Abu)의 대역음이라 했다. 이것은 '부(父)'자로 말하는데, 착오 같다. 페랑(Ferrand)의 설에 따르면, 'Pu' 또는 'mPu'는 높은 관작을 부르는 명칭이라고 한다. '포'자는 분명 이에 근거한 것이다. 자세한 것은 『수마트라인의 제국』을 참고하시오.

꿰는 동전이 없고 다만 착백금(鑿白金)으로 무역한다. 사계절의 날씨는 더운 날이 많고 추운 날이 적다. 기르는 가축은 중국과 사뭇 비슷하다. 화주(花酒), 야자주(椰子酒), 빈랑밀주(檳榔蜜酒)가 있는데 모두 누룩으로 빚어낸 것이 아니지만 마시면 역시 취한다.

나라에서 문자는 번서(番書)[5]를 사용하고 왕은 반지를 도장으로 사용한다. 또한 중국 문자도 있으며 장표(章表)를 올릴 때 사용한다.

5 번서(番書)는 『송사』, 권489 「삼불제전」에는 '범서(梵書)'로 고쳐져 있다. 남해(南海)에서 출토된 비문에 따르면, 삼불제가 사용한 문자는 범문(梵文, 산스크리트어)을 쓰거나 범문을 활용하여 카위(Kawi)어로 썼다.

나라의 법은 엄격하여 남녀가 간음을 한 경우 두 사람 모두 극형에 처한다. 국왕

로 가리고 막아 혹 물이 불어나면 뗏목은 떠올라 빠지지 않는다. 혹 다른 곳에 살고 싶으면 참죽을 세워 떠나는데, 집 자체를 옮겨 다니므로 재력이 들지 않는다(水多地少, 部領者皆在岸造屋居之, 周匝皆僕從住宿. 其餘民庶皆於水架木筏, 蓋屋而居. 覆以椰葉, 以木椿拴闌, 或水長則筏浮起, 不能沒也. 或欲別居, 起椿去之, 連屋移徙, 不勞財力)."라고 하였다.

이 죽으면 나라 사람들은 머리를 깎고 상복을 입으며 모셨던 사람들은 각기 따라 죽기를 원한다. 장작에 불이 성해지면 그 속으로 뛰어 드는데 '동생사(同生死)'라고 한다.

불상에는 금은산(金銀山)이 있는데 황금으로 주조한다. 국왕이 즉위할 때마다 먼저 금으로 형상을 주조하여 그 몸체를 대신한다. 금으로 그것을 만들어 쓰며 모시는 것도 매우 엄격하다. 그 금으로 만든 상과 그릇은 각각 새겨서 기록한 다음 후세 사람들이 훼손하지 않게 한다. 나라 사람들이 만약 몹시 아프면 자신의 몸무게만큼 금을 궁핍한 사람에게 베풀어 생명을 연장할 수 있다. 세속에서는 그들의 왕을 '용정(龍精)'이라 부르는데 그는 곡식을 결코 먹지 않고 다만 사호(沙糊)[6]를 먹는다. 그렇지 않으면 그 해는 가뭄이 들어 곡식이 귀해진다. 목욕할 때는 장미 이슬로 하고 물을 사용하면 큰물이 침범하는 환란이 있다.

6『영애승람』, 만랄가(滿剌加, Malakka) 조목에서 "제일 좋은 나무가 있는데 사고 나무라고 한다. 마을 사람들은 이 나무의 껍질로 중국의 갈근처럼 그 나무를 찧어 맑게 걸러내어 환으로 만드는데, 큰 녹두콩 같다. 햇볕에 말려 파는데 '사고미'라 하고 밥으로 만들어 먹을 수 있다(有一等樹, 名沙孤樹, 鄉人以此物之皮, 如中國葛根擣浸澄濾其樹作丸, 如菉豆大, 曬幹而賣, 其名曰沙孤米, 可以作飯喫)."라고 하였다. 바로 이것이 사호(沙糊)이다. 모두 남해(南海)의 말로 사구(sagu)를 다르게 음역한 것이다. 오늘날 서미죽(西米粥)이 바로 이것이다.

온갖 보석으로 만든 금관은 매우 무거워 큰 조회가 있을 때마다 왕만 쓸 수 있고, 다른 사람은 (그 무게를) 견뎌낼 수 없다. 왕위를 전할 때는 여러 아들을 불러 모아 놓고 그 관을 쥐서 쓰고 버틸 수 있으면 후계자가 된다.

옛날 전설에 따르면, 그 나라의 땅이 갑자기 갈라지며 구멍이 생겼는데 수만 마리의 소들이 나와 무리를 지어 산으로 달려 들어가자 사람들이 다투어 잡아먹었다. 후에 대나무와 나무로 그 구멍을 막자 마침내 끊어졌다고 한다.[4)]

토산품으로는 대모(瑇瑁), 뇌자(腦子), 침속잠향(沉速暫香), 조숙향(粗熟香), 강진향(降眞香), 정향(丁香), 단향(檀香), 두구(荳蔻)가 있고, 그 나라 밖에 진주, 유향(乳香), 장미수(薔薇水), 치자화(梔子花), 올눌제(膃肭臍), 몰약(沒藥), 노회(蘆薈), 아위(阿魏), 목향(木香), 소합유(蘇合油), 상아, 산호수(珊瑚樹), 묘아정(猫兒睛), 호박(琥珀), 번포(番布), 번검(番劍) 등이 있는데 모두 대식(大食) 등 여러 외국에서 산출되는 것으로, 이 나라에 모인다.

외국 상인들은 흥판(興販)하며 금, 은, 자기, 금릉(錦綾), 힐견(纈絹), 당(糖), 철, 술, 쌀, 건양강(乾良薑), 대황(大荒), 장뇌(樟腦) 등의 물건으로 교역한다. 이 나라의 바다는 여러 외국의 선박들이 왕래하는 길목을 차지하고 있어, 옛날에는 쇠줄로 경계를 만들어 다른 나라의 도둑질에 대비했으며 제어하는 기계가 있어 상선이 도착하면 통제를 받는다. 예년에 비해 평온하면 철거하여 사용하지 않고 물가에 쌓아 두는데 토착민들은 부처처럼 공경하고 선박이 이르면 제사를 지낸다. 새것처럼 반짝반짝 기름으로 윤기를 내어 두면 악어가 감히 넘어올 위험이 없다. 만약 선박이 들어오지 않고 지나가면 곧장 배를 띄워 죽기를 각오하고 싸우니 외국의 배들이 몰려들었다.

파항[蓬豊][7], 트렝가누[登牙儂][8], 랑가수카[凌牙斯加][9], 캐란탄[吉蘭丹][10], 불라안(佛囉安)[11], 이루딘감[日羅亭][12], 크메르[潛邁][13], 바탁[拔沓][14], 탐브라링가[單馬令][15], 그라히[加羅希][16], 팔렘방[巴林馮][17], 순다[新拖][18], 캄파르[監篦][19], 라무리[藍無里][20], 실론[細蘭][21] 등이 모두 그 속국(屬國)들이다.

7 봉풍(逢豐)은 오늘날 파항(Pahang)이다. 『도이지략』에는 '팽갱(彭坑)'으로 되어 있고, 『명사』, 권325에서는 '팽형(彭亨)'으로 되어있다.

---

4) 『도이지략』에도 이 이야기가 기록되어있다. 『유양잡조』, 권18에 섬피국(贍披國, Campa)에 1천여 마리의 소를 치는 사람 이야기가 보인다.(『역주 유양잡조』1, 415쪽을 참고하시오). 수마트라섬 파당(Padang) 고원의 중심은 부킷 팅기(Bukit Tinggi)부근인데, 그곳에는 깊고 긴 암석의 나라이(Ngarai)라는 골짜기가 있다. 소의 동굴이라는 의미라고 한다.

8 등아농(登牙儂)은 지금의 트렝가누(Trengganu)이다. 『도이지략』에는 '정가로(丁家盧)'로 되어 있고, 『명사』, 권325에는 '정기의(丁機宜)'로 되어 있다.

9 능아사가(凌牙斯加)는 『양서』, 권54에 '낭아수(狼牙修)'로, 『속고승전(續高僧傳)』, 권1 「구나라타전(拘那羅陀傳)」에는 '능가수(棱伽修)'로, 『수서』, 권82, 「적토전(赤土傳)」에는 '낭아수(狼牙修)'로, 『대당서역구법고승전』에는 '낭가수(郎迦戍)'로, 『도이지략』에는 '용아서각(龍牙犀角)'으로 되어 있다. 말레이 반도의 옛 나라이다. 영토는 말레이반도 동서해안을 넘었던 것 같다. 서쪽으로는 길타(吉陀, Kedah), 동쪽으로는 송잡(宋卡, Songkla)에 이른다. 『수마트라인의 제국』, 32~33쪽에 탄조레(Tanjore) 비문을 보면, 일랑카쇼감(Ilangaçogam)과 자바[爪哇] 역사를 찬송한 『나가라크레타가마(Nagarakretagama)』를 기록한 것에는 만자백이(滿者伯夷, Manjapahit)에 속한 나라 이름들 가운데 렌가수카(Lengkasuka)가 있는데 모두 그 대역음이다. 명나라 시기의 전적으로는 『무비지·항해도(航海圖)』[5]에는 '낭서가(狼西加)'가 보일 뿐인데, '아(牙)'자가 빠진 것 같다. 영토는 손고나(孫姑那, Songkla)와 길란단(咭蘭丹, Kelantan) 사이

5) 1621년 명나라 모원의(茅元儀)가 15년 동안 고금의 병서(兵書) 2천여 권을 연구, 검토, 정리하여 만든 240권이라는 방대한 양의 병법서로, 무비전서로도 불린다. 「병결평(兵訣評)」 18권은 9가의 병법서들이 수록되어 있고, 「전략고(戰略考)」 33권은 춘추시대부터 원나라 시기까지 병법의 득실을 논집하고 있으며, 「진련제(陣練制)」 41권은 각종 진법과 훈련법, 병장기를 다루는 법이 집록되어 있고, 「군자승(軍資乘)」 55권은 병영, 행군, 깃발, 군사무기, 군함, 공성무기, 둔전, 수리, 운하, 해운, 전마, 의약 등에 관한 것을 집록하고 있으며, 「점도재(佔度載)」 93권은 점복, 방여(方輿), 바다 방어, 강 방어, 항해술 등을 다루고 있다. 특히 정화(鄭和)의 항해도(18도)가 실려 있어 남해 항해와 관련된 중요한 정보를 얻을 수 있다. 이 항해도에 관해서는 상달(向達), 『정화항해도(鄭和航海圖)』(중화서국, 1962년)를 참고할 만하다.

에 있는데, 비록 늦은 시대에 보이는 기록이지만 대략 옛날의 낭아수(狼牙修)가 지금의 대니(大泥, Patani)땅을 포괄하고 있었음을 추측할 수 있다. 『해록주(海錄注)』[6], 태니(太呢) 조목을 참고하시오. 본서에 별도로 기술되어있다.

10 길란단(吉蘭丹)은 『명사』에 '급란단(急蘭丹)'으로 되어 있다. 지금의 캐란탄(Kelantan)지역이다. 자세한 사항은 『해록주(海錄注)』, 길란단(咭𠺕丹) 조목을 참고하시오.

11 불라안(佛羅安)은 『도이지략』 단마령(丹馬令) 조목에 불래안(佛來安)으로 되어있다. 역주에서는 베라낭(Beranang)으로 고증되어 있다. 땅은 말레이반도 서쪽 해안에 있는 랑가트(Langat)강가에 있다. 본서에 별도의 조목이 있다.

---

6) 광동 출신 사청고(謝清高, 1765~1821)는 1782년 배를 타고 해남(海南)으로 가다가 폭풍을 만나 배가 뒤집혀 서양선박에 구조되어 뱃일을 하면서 14년을 바다 위에서 보냈다. 남태평양, 인도와 유럽을 두루 돌아다니다가 1796년 마카오로 돌아왔을 때에는 이미 실명을 한 상태였다. 그곳에서 통역과 번역을 하면서 생활했는데, 그의 이러한 경력을 광동의 학자 양병남(楊炳南)이 관심을 보이면서 마침내 그 탐방한 이야기를 정리하여 『해록(海錄)』 1책을 만들고 1820년 출판했다. 이는 중국의 『마르코 폴로 여행기』라는 영예를 차지했다. 흠차대신 임칙서(林則徐)가 일찍이 이 책의 각본(刻本)을 보고 "외국의 사실을 기록한 바가 사뭇 정밀하고 자세하다." 라고 하였다. 위원(魏源)의 『해국도지(海國圖志)』, 서계여(徐繼畬)의 『영환지략(瀛環志略)』에 상당한 정보를 제공하고 있다. 중국인이 직접 유럽을 견문한 기록일 뿐만 아니라 격동의 19세기 초의 유럽의 상황을 기술한 책 중에 손꼽을 만한 저술이다. 특히 당시 분열되어 있었던 탓에 다소 부정확한 기술들이 보이지만 중국과 독일의 문화교류에 이정표가 될 수 있는 책이라 할 수 있다. 오늘날 우리가 접근할 수 있는 책은 사청고가 구술하고, 양병남이 감수하고 풍승균이 주석하여 1939년 대만상무인서관에서 『해록주(海錄注)』 1책으로 출판되었다.

12 일라정(日羅亭)은 틀림없이 말레이반도 안에 있을 것이다. 『수마트라인의 제국』, 32~33쪽에 탄조레(Tanjore) 비문을 인용한 것에는 이루딘감(Yirudingam)이 있는데 이것의 대역음이다.
13 잠매(潛邁)는 이전에 고증한 것들이 모두 잘못되었다. 크메르의 음이 와전된 것 같다. 당나라 시기에는 '길멸(吉蔑)'로 음역했는데 바로 캄보디아이다. 『수마트라인의 제국』, 38~41쪽에서 인용한 『숼레이만 여행기(蘇萊曼行記)』를 참고하시오.
14 발답(拔沓)은 수마트라섬에 있는 바탁(Battak) 부락이다. 『도이지략』에는 '화면(花面)'으로 되어 있고 『영애승람』에는 '나고아(那孤兒)'로 되어 있다.
15 단마령(單馬令)은 『도이지략』에 단마령(丹馬令)으로 되어 있고 또한 『송사』, 권489에 보이는 '단미류(丹眉流)'이다. 산스크리트어로는 탐브라링가(Tambralinga)로 오늘날 리고르(Ligor)이다. 본서에 별도의 조목이 있다.
16 가라희(加羅希)는 그라히(Grahi)의 대역음으로 오늘날 차이야(Chaiya)이다.
17 파림풍(巴林馮)은 팔렘방(Palembang)이다. 『영애승람』에는 '발림방(浡淋邦)'으로, 『도이지략』에는 '구항(舊港)'으로 되어 있다.
18 신타(新拖)는 본서 소길단(蘇吉丹) 조목의 원주에는 '손타(孫他)'로 되어있다. 모두 순다(Sunda)의 대역음이다. 자바섬 서부를 가리킨다. 본서에 별도의 조목이 있다.
19 감비(監篦)는 수마트라 동쪽해안의 캄파르(Kampar)이다. 본서에 별도의 조목이 있다.
20 남무리(藍無里)는 『도이지략』에는 '남서리(喃噬哩)'로, 『영애승람』에는 '남발리(南浡里)'로 되어있고, 『명사』에는 '남발리(南渤利)', '남무리(南巫里)'로 되어있다. 아랍인의 여행기록에는 '라무리(Lamuri)'로 되어있다. 땅은 수마트라섬 서북쪽에 있다. 본서에는 세란(細蘭)과 함께 하나의 조목으로 기술되어 있다.
21 세란(細蘭)은 대식(大食)어로 시란(Silan)의 대역음이다. 명나라 시기에는 '석란산(錫蘭山)'으로 되어있고 옛날에는 '사자국(師子國)'으로 번역했다. 지금의 실론(Ceylon)이다. 남무리 조목의 언급을 보라.

이 나라는 당나라 천우(天佑, 904~907)부터 중국과 통상했다[22]. 송나라 건륭(乾隆, 960~963) 연간에 세 차례 조공을 보내왔다. 순화(淳化) 3년(992) 자바에게 침략당했음을 알리고 칙령을 내려 줄 것을 간청하여 따르게 했다. 함평(咸平) 원년(1003)에 황제에게 아뢰어 본국에서 절을 세워 황제의 만수를 축원하고, 절의 이름과 종을 내려 줄 것을 청하였다. 황제가 그 뜻을 가상히 여겨 '승천만수(承天萬壽)'라 하게 하고 아울러 종을 하사했다. 경덕(慶德), 상부(祥符), 천희(天禧), 원우(元祐), 원풍(元豐) 연간에 조공과 사신을 끊임없이 보냈고 그 때마다 두텁게 조서를 내려 장려하고 위로했다[23]. 이 나라는 동쪽으로 수라바야[戎牙路][24]와 접해 있다.【중가로(重迦盧)라고도 한다.】

22 실리불서(室利佛逝, 슈리비자야)라는 나라는 7세기 때 이미 중국과 통교했다. 자세한 것은 『신당서』, 권222하, 「실리불서전(室利佛逝傳)」을 참고하시오.

23 『영외대답』, 권2, 삼불제 조목에 "삼불제라는 나라는 남해 가운데 있는데, 외국인들이 오가는 바닷길의 요충지이다. 동쪽으로는 자바 등 여러 나라로부터, 서쪽으로는 대식(Baghdad), 퀼론 등 여러 나라로부터 이 나라 경계를 거치지 않고는 중국에 들어올 수 없다. 나라에서 산출되는 것은 없으나 사람들은 전투하는 것을 익히고 몸에 약을 발라 칼에도 상처를 입지 않는다. 수륙 양전에 뛰어난 공격력을 보여 인근 나라들이 모두 복종했다. 외국 선박이 경계를 지나면서 그 나라에 들어오지 않은 자들이 있으면 반드시 군사를 보내 모두 죽여 버렸기 때문에, 그 나라에는 서상(犀象), 주기(珠璣), 향약(香藥) 등이 풍부했다. 그 나라 습속에 (무엇을) 배열하여 묶고, 물 위에 띄워 산다. 그 나라에 예속된 나라로는 불라안이라는 나라가 있고, 나라 주인은 슈리비자야에서 선발하여 파견한다. 땅에는 향이 나는데 향이 비린내가 심하여 하안(下岸) 여러 나라들의 것과 비교해보면 덜 좋다. 성스러운 부처가 있어 삼불제의 국왕은 2년에 한번 가서 향을 사른다. 태조 때 터를 열어 건륭 원년 9월, 삼불제왕 실리대하리단이 사신을 보내 방물을 바쳤다. 2년 5월에도 다시 사신을 파견하여 공물을 올렸다. 3년 3월에 또 조공을 보내왔으며, 12월에도 방물을 바쳤다. 신종 원풍 2년(1079) 7월에는 첨비국 사신을 보

내 조공을 보내왔고, 철종 원우 3년(1088) 윤 12월에도 또 사신을 보내 입공하였으며, 5년에도 조공을 보내왔다. 의리를 흠모하여 내조하는 것이 다른 나라와 같지 않았다(三佛齊國, 在南海之中, 諸蕃水道之要衝也. 東自闍婆諸國, 西自大食·故臨諸國, 無不由其境而入中國者. 國無所產, 而人習戰攻, 服藥在身, 刃不能傷. 陸攻水戰, 奮擊無前, 以故鄰國咸服焉. 蕃舶過境, 有不入其國者, 必出師盡殺之, 以故其國富犀象·珠璣·香藥. 其俗縛排浮水而居. 其屬有佛羅安國, 國主自三佛齊選差. 地亦產香, 氣味腥烈, 較之下岸諸國, 此爲差勝. 有聖佛, 三佛齊國王再歲一往燒香. 藝祖開基, 建隆元年九月, 三佛齊王悉利大霞里壇, 遣使來貢方物. 二年五月復遣使進貢. 三年三月又來貢, 十二月又貢方物. 至神宗元豐二年七月, 遣詹卑國使來貢. 哲宗元祐三年閏十二月又遣使入貢, 五年復來貢. 慕義來庭, 與他國不侔矣).”라고 하였다.

24 융아로(戎牙路)는 양갈라(Jangala)의 대역음이다. 지금의 수라바야(Surabaya) 지역의 별명이다.

三佛齊, 間於眞臘·闍婆之間, 管州十有五. 在泉之正南, 冬月順風月餘方至凌牙門. 經商三分之一始入其國. 國人多姓蒲. 累甓爲城, 周數十里. 國王出入以乘船, 身纏縵布, 蓋以絹傘, 衛以金鏢. 其人民散居城外, 或作牌水居, 鋪板覆茅. 不輸租賦. 習水陸戰, 有所征伐, 隨時調發, 立酋長率領, 皆自備兵器糗糧, 臨敵敢死, 伯於諸國. 無緡錢, 止鑿白金貿易. 四時之氣, 多熱少寒. 豢畜頗類中國. 有花酒·椰子酒·檳榔蜜酒, 皆非麴糵所醞, 飲之亦醉. 國中文字用番書. 以其王指環爲印, 亦有中國文字, 上章表則用焉. 國法嚴, 犯姦男女悉寘極刑. 國王死, 國人削髮成服, 其侍人各願徇死, 積薪烈焰躍入其中, 名曰同生死. 有佛名金銀山, 佛像以金鑄. 每國王立, 先鑄金形以代其軀. 用金爲器皿, 供奉甚嚴. 其金像器皿各鐫誌示後人勿毁. 國人如有病劇, 以銀如其身之重施國之窮乏者, 亦可緩死. 俗號其王爲龍精, 不敢穀食. 惟以沙糊食之, 否則歲旱而穀貴. 浴以薔薇露, 用水則有巨浸之患. 有百寶金冠, 重甚, 每大朝會, 惟王能冠之, 他人莫勝也. 傳禪則集諸子以冠授之, 能勝之者則嗣. 舊傳其國地面忽裂成穴, 出牛數萬, 成羣奔突入山, 人競取食之, 後以竹木窒其穴, 遂絕. 土地所產, 瑇瑁·腦子·沉速暫香·粗熟香·降眞香·丁香·檀香·荳蔻, 外有眞珠·乳香·薔薇水·梔子花·膃肭臍, 沒藥·蘆薈·阿魏·木香·蘇合油·象牙·珊瑚樹·猫兒睛·琥珀·番布·番劍等, 皆大食諸蕃所產, 萃於本國. 番商興販, 用金·銀·甆器·錦綾·纈絹·糖·鐵·酒·米·乾良薑·大黃·樟腦等物博易. 其國在海中, 扼諸番舟車往來之咽喉, 古用鐵綀爲限, 以備他盜, 操縱有機, 若商舶至則縱之. 比年寧謐, 撤而不用, 堆積水次, 土人敬之如佛, 舶至則祠焉, 沃之以油則光焰如新, 鰐魚不敢踰爲患. 若商舶過不入, 卽出船合戰, 期以必死, 故國之舟輻湊焉. 蓬豐·登牙儂·凌牙斯加·吉蘭丹·佛羅安·日羅亭·潛邁·拔沓·單馬令·加羅希·巴林馮·新拖·監篦·藍無里·細蘭, 皆其屬國也. 其國自唐天佑始通中國. 皇朝建隆間凡三遣貢. 淳化三年告爲闍婆所侵, 乞降詔諭本國, 從之. 咸平六年上言, 本國建佛寺以祝聖壽, 願賜名及鐘, 上嘉其意, 詔以承天萬壽爲, 併以鐘賜焉. 至景德·祥符·天禧·元佑·元豐貢使絡繹, 輒優詔獎慰之. 其國東接戎牙路. 【或作重迦盧】

8. 탐브라링가 Lakon, Tambralinga 單馬令國

단마령(單馬令)[1]이란 나라는 지주(地主)를 상공(相公)이라 부른다.[1)] 나무로 울타리를 세워 성을 만들었는데, 넓이는 6~7척(尺)이고 높이는 2장(丈)으로 위는 교전(交戰)을 견뎌낼 수 있다.

1 단마령(單馬令)은 산스크리트어로 탐브라링가(Tambralinga)의 대역음이다[2)]. 『도이지략』에는 '단마령(丹馬令)'으로 되어 있고 땅은

---

1) 지주(地主): 국왕(國王)이라는 표현 대신에 조금 폄하하는 의미가 있는 지주(地主)란 말을 쓰고 있다. 아니면 섭정(攝政) 또는 세자의 의미를 가진 산스크리트어 아디파티(adhipati)의 음역으로 볼 수도 있을 것이다. 상공(相公)이란 산스크리트어 상쿠룽(Sangkurung)의 음역으로, 역주에서는 승상(丞相) 또는 소왕(小王)으로 번역했는데, 적절한 의역으로 보인다.

2) 다카쿠스 준지로(高楠順次郎, 1866~1945)는 단마령(單馬令, 라쿤)은 수마트라섬에 있으며, 타나 말라유(Tana Malayu)의 음역이라고 했고, 아울러 포르투칼인 드 바로스(De Barros)가 만든 수마트라섬의 왕들 목록에서 이 나라의 이름이 들어있다고 했다.(J. Takakusu, tr., 『A Record of the Buddhist Religion as practised in India and the Malay Archipelago』, Clarendon Press, 1896, xliii). 한편 구스타브 슈레겔(Gustav Schlegel)은 단마령은 수마트라섬 동쪽 해안의 팀부란(Timbulan)이라고 하였고[「Geographical Notes XVI: The old States in the Island of Sumatra」『통보』(Second Series, Vol. 2, 1901, 130쪽)], 펠리오는 말레이 반도의 파항(Pahang)에 있는 템블링(Tembeling)강의 골짜기라고 하였다[『Deux itinéraires de Chine en Inde à la fin du VIIIe siècle』(BEFEO, T.4(1904), 328쪽)]. 제리니(Gerolamo Emilio

Gerini)는 파항 연해의 콴탄(Kuantan)강 부근으로 그곳에는 갑(岬)과 산이 있는데 모두 템블링 또는 템비링(Tembiling)이라 한다고 하였다(「The Nagarakretagama List of Countries of the Indo-Chinese Mainland (Circa 1380 A.D.」), 『JRAS』, July, 1905, 498쪽). 펠리오는 파항 내륙에 있는 것을 말하고 있고 제리니는 해변에 있다고 하고 있는데 이름은 같지만 다른 곳이다. 히어트와 록힐은 제리니의 설을 따라 단마령을 콴탄으로 보았다.

코데스(George Cœdès)는 산스크리트어로 1230년에 새겨진 차이야(Chaiya) 명문을 연구하면서, 라쿤(Lakon)의 산스크리트 이름은 탐브라링가(Tambralinga)로 밝혔고, 또 1030년 탄자부르(Thanjavur/Tanjore) 비문에 실린 마-다마빙감(Ma-Damabingam)은 바로 이 나라의 타이어 명칭으로 보았다.(「Le royaume de Çrivijaya」(『BEFEO』, T.18, 1918, 15~18쪽). 이에 따라 소계경은 단마령이 라쿤에 위치하고 차이야 또한 이 나라 영토의 한 부분이라고 판단했다. 『삼국지·오지(吳志)』, 「여대전(呂岱傳)」에는 당명국(堂明國)이란 나라가 보이는데, 무엇의 음역인지 밝혀지지 않았다. 2~3세기의 팔리어 운문집인 『니데싸(Niddesa), 의석(義釋)』에 보이는 단마령은 탐브라링감(Tambralingam)이라 했는데, '명(明)'자에는 [망(mang)]이란 고음도 있으므로 탐브라링감을 줄여 음역한 것일 수 있다. 이렇게 줄인 방식으로 『신당서』, 「남만전(南蠻傳)」에 보이는 담릉국(曇陵國)은 바로 이 나라를 지칭하는 생략된 음역이라는 것이다.

본서에는 단마령(單馬令)이 있고 등류미국(登流眉國)이 있지만, 『영외대답』, 『운록만초(雲麓漫抄)』, 『대덕남해지(大德南海志)』에는 등류미국은 있어도 단마령국은 없다. 한편 『도이지략』에는 단마령(丹馬令)은 있지만 등류미에 해당하는 명칭은 없다. 또 『송회요(宋會要)』에는 단류미(丹流眉)가 보이는데 이상을 근거하여 볼 때, 『송사』의 단미류(丹眉流)는 글자가 도치된 것으로 보인다. 제리니는 『동아시아에 관한 프톨레마이오스의 지리 연구(Researches on Ptolemy's geography of Eastern Asia)』(524쪽)에서 이 등류미(登流眉)는 투루마(Tuluma)로 고증했으나 그 위치는 파타니(Patani) 부근

사리(沙里)[3], 불래안(佛來安)[4]과 인접해있다고 한다. 사리(沙里)는 알려지지 않았고, 불래안은 본서에 '불라안(佛囉安)'으로 되어 있다. 이 나라 역시 말레이 반도에 있다, 1925년 11월 13일 코데스(Cœdès)가 파리아시아협회에서 발표한 보고서에 따르면, 단마령은

인지 아니면 라쿤(Lakon)인지 확정할 수 없다고 했다. 반면 펠리오는 단마령은 파항의 템블링강의 계곡이라고 했지만 등류미국은 라쿤에 위치하며 원래 명칭은 슈리 다르마라자(Çri Dharmaraja)로 생각했다(앞의 책, 233쪽). 펠리오의 근거는 라쿤의 타이어 원명은 나콘 스리 탐마라트(Nakon Sri Tammarat)이므로 이 명칭 또한 산스크리트어에서 유래했을 것이라는 것이다. 이후 코데스는 차이야 비문을 연구하면서 단마령 국왕의 칭호가 슈리 다르마라자(Çri Dharmaraja)이고, 언제부터인지는 모르지만 대를 이어가며 이 칭호를 사용했기 때문에 이 나라는 나고르 슈리 다르마라지(Nagor Çri Dharmaraj)라는 다른 명칭도 가지게 되었다고 하였다(앞의 책, 15~18쪽).

3) 사리(沙里)라는 국명은 『도이지략』 단마령(丹馬令) 조목에만 보이는데, 그 대응하는 음을 찾아내지 못했다. 단마령이 말레이반도 지협에 있다면 사리 또한 이 지협 부근에서 찾아야 할 것이다. 말레이반도 서쪽 해안인 타쿠아퉁(Takuatung) 남부 근해에서는 사랑(Salang)이란 섬과 푸켓(Puket) 섬이 있다. 『해록(海錄)』에는 '양서령(養西嶺)'으로 되어있는데 정크실론(Junk Ceylon)의 음역으로 보인다. 이 섬의 북쪽과 말레이반도와의 거리는 1킬로미터가 못되고 동쪽으로는 거리가 비교적 멀다. 그렇지만 반도의 서쪽 해안인 코라(Corah)까지 80킬로미터밖에 되지 않는다. 이 섬은 주석의 주요 산지이고, 푸켓항 서북쪽 부근에는 통카(Tongka)라는 항구가 있고, 섬의 동쪽 해안에는 타르나(Tharna)라는 항구가 있는데 바로 사리(沙里)라는 옛 항구이다. 양서령(養西嶺)이란 명칭이 유포되면서 이 섬의 지명과 항구 이름이 잊혔던 것이다. 이 섬은 현재 지도에서 푸켓섬이고 항구 이름도 푸켓으로 되어있다. 소계경, 『도이지략교석』, 82쪽 주2를 참고하시오.

4) 본서의 불라안(佛羅安) 조목과 주를 참고하시오.

바로 옛날의 나가라 스리다르마라자(Nagara Sridharmaraja)로 지금의 리고르(Ligor)라고 주장했다. 단 펠리오는 『송사』의 단미류(丹眉流)라고 주장하고 있는데, 같은 지역에 있으니(상세한 것은 본서 등류미(登流眉) 조목의 주1을 참고하시오), 말하는 단미류(丹眉流), 단마령(丹馬令)은 같은 곳을 다르게 음역한 것임을 알 수 있다.

나라 사람들은 소를 타며, 상투를 틀고 맨발로 다닌다. 건물과 관청들은 나무로 만들고, 민간인이 사는 집은 대나무로 만들어 잎으로 가리고 등나무로 줄기로 매어 둔다.

토산으로는 황랍(黃蠟), 강진향(降眞香), 속향(速香), 오만목(烏樠木), 뇌자(腦子), 상아, 서각(犀角)이 있고, 외래 상인들은 비단 양산, 우산, 하지(荷池), 힐견(纈絹), 술, 쌀, 소금, 당(糖), 자기, 분발(盆鉢), 추중(麤重)[5] 등의 물품을 금은으로 만든 그릇과 교역한다. 이루딘감[日羅亭], 크메르[潛邁], 바탁[拔沓], 그라히[加囉希][2] 등과 비슷하다.

2 본서 삼불제(三佛齊) 조목의 주12, 13, 14, 16을 참고하시오.

이 나라는 일라정 등의 나라에서 모은 것을 규합하여 얻은 금은 그릇을 슈리비자야[三佛齊]에 헌상한다.

單馬令國, 地主呼爲相公. 以木作柵爲城, 廣六七尺, 高二丈除, 上堪征戰. 國人乘牛, 打鬃跣足. 屋舍官場用木, 民居用竹, 障以葉, 繫以藤. 土產黃蠟·降眞香·速香·鳥樠木·腦子·象牙·犀角, 番商用絹傘·雨傘·荷池纈絹·酒·米·鹽·糖·甆器·盆鉢·麤重等物, 及用金銀爲盤盂博易. 日囉亭·潛邁·拔沓·加囉希類此. 本國以所得金銀器, 糾集日囉亭等國類聚獻入三佛齊.

5) 추중(麤重): 거칠고 무거운 사물을 형용하는 표현인데, 여기서는 하나의 물품처럼 기록되어 있다. 본서 세란국(細蘭國) 조목에 보면 산물 중에 추세향(麤細香)을 기록하고 있는데, 아마도 이에 대응하는 향료를 말하는 것으로 보인다.

9. 랑가수카 Langasuka, Patani 凌牙斯加國

능아사가국(凌牙斯加國)[1]은 탐브라링가[單馬令]에서 돛에 바람을 타면 6일 낮밤이면 도착할 수 있고, 또 육로로 가는 길도 있다. 지주(地主)는 만(縵)을 몸에 감고 있고 맨발로 다니며[1)], 나라 사람들은 머리를 깎고 역시 몸에 만(縵)을 두른다.

1 '사(斯)'자 아래에는 모두 '가(加)'자가 빠져 있다. 삼불제 조목에 기술된 여러 나라 이름에 의거하여 보정(補正)하였다. 랑카수카[凌牙斯加]의 다른 음역들은 본서 삼불제 조목 주9를 보라. 펠리오의 설에 따르면, 이 나라의 수도는 말레이반도 서쪽 해안에 있는 케다(Kedah)이다. 본서의 남비(南毗) 조목에는 '길타(吉陀)'로 음역되어 있고, 『대당서역구법고승전』에는 '갈다(羯茶)'[2)]로, 페르시아인의 여행기록에 따르면 '칼라흐(Kalah)'라고도 하는데, 이 나라가 말레이반도 서쪽 해안에 있고, 또 후지타 토요하치(藤田豊八)의 설(『도이지략교주』, 82~83쪽)에 따르면, 『무비지·항해도(航海圖)』에는 '낭서가(狼西加)'가 있는데 그 땅은 대략 『동서양고』에서 말하는 대니(大

1) 만(縵): 무늬 없는 비단을 말한다. 『양서』, 「낭아수국(狼牙修國)」에 "남녀 모두 상의는 벗고 머리를 늘어뜨리고 길패(吉貝)로 간만(干縵)을 한다(其俗男女皆袒而被髮, 以古貝爲干縵)."라고 하였고, 『남사(南史)』, 「임읍국(林邑國)」에서는 "남녀 모두 가로로 길패를 허리에 두르는데 '간만' 또는 '도만'이라 한다(男女皆以橫幅古貝繞腰以下, 謂之干漫, 亦曰都漫)."라고 하였다. 이로써 만(縵)과 만(漫)은 같은 것을 지칭하고 있으며 음역의 글자임을 짐작할 수 있다. 바로 사롱(紗籠)으로, 동남아 이슬람교도들이 허리에 둘러 입는 옷을 말한다. 양박문은 남해어 켐반(Kĕmban)의 음역으로 보았다.

2) '다(茶)'자는 '도(荼)'자의 오기임에 틀림없다.

泥)에 해당한다. 남해(南海)어로 불타니(佛打泥)인데, 지금의 파타니(Patani)이니, 또한 이 나라가 말레이반도 동쪽 해안에 있을 것이라고 주장한다. 생각건대 이 두 설을 하나로 합칠 수 있다. 『양서』, 권54 「낭아수국전(狼牙修國傳)」에 "낭수아국은 남해에 있는데 그 경계는 동서로 30일, 남북으로 20일 거리이다(狼牙修國, 在南海中. 其界東西三十日行, 南北二十日行)."라고 했으므로, 이 나라가 동서(정확하게 말하면 동북에서 서남) 경계가 남북보다 넓다는 것을 증명할 수 있다. 옛날 인도양과 남해를 왕래하는 사람들은 언제나 말라카[滿剌加] 해협으로 통행하지 않고 대부분이 이 나라로 가는 길을 택했다. 당나라 시기 파사(波斯), 대식(大食)의 선박들도 갈라흐로 항해하는 것에 그쳤다. 모두 이 나라가 옛날 동서 왕래에 있어 요충지였음을 보여주고 있다.

토산으로는 상아, 서각(犀角), 속잠향(速暫香), 생향(生香), 뇌자(腦子)가 있고, 외래 상인들은 흥판(興販)하며 술, 쌀, 하지(荷池), 힐견(纈絹), 자기 등을 상품으로 삼아, 각각 먼저 이런 물품을 금은에 기준한 이후에 교역한다. 예를 들어 술 1등(燈)[3]은 은 1냥에 기준하고, 금 2전(錢)에 기준하며, 쌀 2등(燈)은 은(銀) 1냥, 10등은 금 1냥으로 기준으로 한다. 해마다 슈리비자야[三佛齊]에 조공을 바친다.

3) 히어트와 록힐의 역주에 따르면, 불교 문헌 속에서 소량을 나타내는 것으로 산스크리트어 토라(tola)가 있는데 4mass(질량)와 같다고 한다. 또 여기에서 말하는 '등(燈)'은 인도의 용어라고 하였다. 이에 대해 펠리오는 『마르코폴로에 관한 주석(Note on Marco Polo)』(160쪽)에서 "조여괄은 '등(燈)'자를 썼으나 나는 1세기 뒤에 쓰인 『도이지략』에서 수차례 사용된 것과 같은 단어일 것이라고 생각한다. 거기에서 이 글자는 비공식적인 글자인 '정(埕)'자로 쓰여 있다. 『도이지략』의 부분번역에서 록힐은 어떠한 언급도 없이 '정(埕)'자를 'jar'로 옮겼다. 그는 확실히 옳았다. '정(埕)'자는 오늘날에도 복건성 방언의 'jar'라는 의미를 가진 정(埕)을 사용하고 있다."고 하였다.

凌牙斯加國, 自單馬令風帆六晝夜可到, 亦有陸程. 地主纏縵跣足, 國人剪髮, 亦纏縵. 地產象牙·犀角·速暫香·生香·腦子, 番商興販, 用酒·米·荷池纈絹·甆器等爲貨, 各先以此等物準金銀, 然後打博. 如酒壹墱, 準銀一兩, 準金二錢, 米二墱, 準銀一兩, 十墱準金一兩之類. 歲貢三佛齊國.

10. 불라안국 佛囉安國

불라안(佛囉安)[1]이란 나라는 랑카수카[凌牙斯加]에서 4일이면 도착할 수 있고 또한 육지로도 갈 수 있다. 이 나라에는 비래불(飛來佛) 2존(尊)이 있는데, 하나는 6개의 팔을 가졌고, 하나는 4개의 팔을 가지고 있어 적의 배가 그 나라 경계에 들어오려고 하면 반드시 바람을 일으켜 막아 돌아가게 하여, 사람들은 '붓다의 가호'라고 한다. 사원은 구리로 기와를 만들어 금으로 장식한다. 매년 6월 15일은 붓다의 생일인데, 요발(鐃鈸)로 풍악을 울리면, 맞이하여 이끄는 사람들이 매우 많으며, 외래 상인들도 참여한다[2].

1 불라안(佛囉安)은 『도이지략』 단마령(丹馬令) 조목에 '불래안(佛來安)'으로 되어있다. 제리니(Gerini, 『JA』, 1905, 498쪽)는 말레이반도 서쪽 해안의 베라낭(Beranang)으로 비정했는데 채택할 만한 다른 설이 없어 우선은 이에 따른다[1)].

---

1) 제리니는 『Researches on Ptolemy's geography of Eastern Asia』(498쪽)에서 말레이 반도 남부의 서쪽 해안 세랑고르(Selangor)와 셈빌란(Sembilan) 사이의 베르낭(Bernang)으로 비정했다. 아마도 제리니는 단마령(丹馬令)을 파항 연안의 콴탄(Kuantan)으로 추정했기 때문에 말레이반도 남부에서 찾을 수밖에 없었다. 하지만 단마령은 말레이반도 중부의 니콘시탐마랏에 해당하고, 『도이지략』 단마령(丹馬令) 조목에서는 "땅은 사리, 불래안과 이웃하고 있다(地與沙里·佛來安爲鄰國)."라고 하였으므로 불래안(佛來安)도 중부에서 찾아야 할 것이다. 소계경에 따르면, 사리(沙里)가 있는 양서령(養西嶺, Junk Ceylon) 남쪽의 반도 서안에는 동리(董里, Tarang, 또는 Trang), 파리안(帕里安, Palean) 등의 항구가 있는데, 파탈룽(Patalung)항을 '불두랑(佛頭廊)'이라고 하는 것처럼 [p]와 [f]음은 바꿀

2 『영외대답』, 권2, 삼불제 조목에 "그 나라에 예속된 나라로는 불라안이라는 나라가 있고, 나라 주인은 슈리비자야에서 선발하여 파

수 있다. 페르시아어의 [p]음이 아랍어에서 모두 [f]음으로 되는 것은 다시 말할 필요가 없을 것이다. 프톨레마이오스가 말한 타쿨라(Takula)가 바로 이 지역이다. 『양서』, 「중천축전(中天竺傳)」에 투구리(投拘利)가 바로 타쿨라의 음역이고, 아랍의 여행가는 카쿠라(Kakulah)라고 했는데, 『유양잡조』의 가고라(伽古羅), 『황화사달기(皇華四達記)』의 가곡라(哥谷羅), 『본초습유(本草拾遺)』의 가구륵(迦拘勒) 등이 모두 카쿠라의 음역이다.

옛날 투구리(投拘利) 또는 파리안(帕里安)의 영토는 시기에 따라 약간의 변동은 있지만, 송원(宋元)시기에 오늘날 불두랑(佛頭廊, Patalung)은 그 영토의 일부였던 것으로 보인다. 본 조목에서 "랑가수카에서 4일이면 도착할 수 있고 또한 육로로 갈 수도 있다."라고 했다. 랑카수카[凌牙斯加]는 『도이지략』에서 '용아서각(龍牙犀角)'으로 되어 있는데 바로 랑가수카(Langasuka)의 음역으로 오늘날 파타니(Patani)이다. 파타니 연해의 서북쪽으로 항해하면 대호(大湖: 톤레사프,Tonlé Sap)로 들어가서 불두랑(佛頭廊)에 이른다. 여기에서 "도착할 수 있는" 곳은 바로 불두랑을 지칭하는 것으로 보인다. "육로로도 간다."라는 말은 파타니와 불두랑은 육로로도 통할 수 있음을 의미한다. 다시 본 서의 능아사가(凌牙斯加) 조목을 보면 "단마령에서 순풍에 6일 밤낮으로 가면 도착할 수 있고 또 육로로 가는 길도 있다."고 하였다. 단마령이 오늘날 라쿤(Lakon), 즉 불두랑 북쪽에 있으므로 라쿤에서 파타니까지는 바닷길로 이틀 여정이면 충분하다. 또한 육로로도 갈 수 있다. 소계경, 『도이지략교석』, 82~83쪽을 참고하시오. 소계경의 이 추정은 결국 뜨랑 주에 있는 파리안(Palian)을 염두에 두고 있다. 말레이반도 중부임에는 틀림없지만 반도의 서쪽, 말라카해협 쪽이다. 그러나 조여괄은 이웃나라로 파항, 트렝가누, 캐란탄을 언급하고 있고, 니콘시탐마랏, 파타니로 반도 동쪽의 해안을 따라 내려가는 목차의 순서로 볼 때, 반도의 동쪽으로 보아야 할 것이다.

견한다. 땅에는 향이 나는데 향이 비린내가 심하여 아래 해안의 여러 나라들의 것과 비교해보면 덜 좋다. 성스러운 부처가 있어 삼불제의 국왕은 2년에 한번 가서 향을 사른다(其屬有佛羅安國, 國主自三佛齊選差. 地亦產香, 氣味腥烈, 較之下岸諸國, 此爲差勝. 有聖佛, 三佛齊國王再歲一往燒香).”라고 하였다.

토산으로는 속잠향(速暫香), 강진향(降眞香), 단향(檀香), 상아 등이 있고, 외래 상인들은 금, 은, 자기, 철, 칠기, 술, 쌀, 당(糖), 보리로 교역한다. 해마다 슈리비자야[三佛齊]에 조공을 바친다. 이웃하는 나라인 파항[蓬豊][2), 트렝가누[登牙儂][3),

2) 봉풍(蓬豊): 학자들은 대체로 말레이반도 남부 동쪽 해안에 있는 파항(Pahang)으로 생각한다. 『도이지략』 해당 조목에서는 ‘팽항(彭杭)’으로 되어있는데 같은 곳을 말한다. 이외의 음역들을 보면, 『운록만초(雲麓漫抄)』, 권5의 ‘붕풍(朋豊)’, 『대덕남해지(大德南海志)』의 ‘팽형(彭亨)’, 『성사승람』의 ‘팽갱(彭坑)’, 『무비지·항해도(航海圖)』의 ‘팽갱항(彭坑港)’, 『해록(海錄)』의 ‘방항(邦項)’, 「갈나파부(噶喇吧賦)」의 ‘팽황(彭況)’, 『송서(宋書)』의 ‘파황(婆況)’, 『신당서』의 ‘파봉(婆鳳)’ 등이 있다. 「갈나파부」에 보이는 팽황은 파항(Pahang)의 가장 오랜 기록이 되는 셈이다. 파항의 주산물은 구리와 황금으로 알려져 있다. 파항은 크메르어로 구리를 뜻한다. 말레이반도는 기원후 1세기 중엽부터 서방 사람들에게 “황금의 반도(Chersonesus aurea)”, “황금의 땅(Khyse)”로 불렸다. 따라서 파항이란 이름은 황금과 구리의 산지로 유명하기 때문에 붙여진 이름이 아닐까.

3) 등아농(登牙儂): 소계경, 양박문 등의 중국학자들은 본서 삼불제 조목과 여기의 ‘등아농’이 『도이지략』의 정가로(丁家盧)와 같은 곳으로 보고 있다. 소계경에 따르면, 필립스는 이곳을 트렝가누(Trengganu)로 비정했는데(『JNChBrRAS』, XXI, 40쪽), 맞다. 이 나라는 말레이반도에 있으며, 『대덕남해지(大德南海志)』에는 정가로(丁茄蘆)라고 했고, 『원사』 마팔아(馬八兒) 등의 나라 열전에서는 정가아(丁呵兒)라고 했으며, 『무비지·항해도(航海圖)』에서는 정가하로(丁加下路)라고 했는데, 후지타 토요하치는 ‘하(下)’자는 부연

가(加)[3], 케란탄[吉蘭丹][4) 등이 비슷하다.

된 것이라고 했다. 『해국문견록(海國聞見錄)』에는 정갈노(丁葛奴)라 했고, 『해록(海錄)』에서는 정가라(丁咖囉) 또는 달랍안(達拉岸)이라 하고 바로 정기의(丁機宜)인 것 같다고 하였다. 포르투갈 사람들은 이 나라를 타라가노(Talagano)라고 하는데, 바로 달랍안(噠拉岸)은 바로 포르투갈어의 음역이다. 『해록』은 정가라(丁咖囉)가 바로 정기의(丁機宜)라고 보았고 풍승균도 정기의는 정가노(丁加奴)의 다른 음역으로 보았다(『중국남양교통사』 323쪽). 아마도 『동서양고』, 권4에서 정기의와 유불(柔佛, Johore)이 접경하고 있다고 잘못 언급한 것 때문에 사람들은 이 두 지명을 하나로 인식하게 되었던 것이다. 사실 정가노와 조호르 중간에는 팽형(彭亨, Pahang)이 있다. 『동서양고』의 정기의는 그로엔벨트에 따르면, 수마트라 섬의 동쪽 해안에 있는 인드라기리(Indragiri)로 보아야 한다(『말레이 반도와 말라카에 관한 주석(Notes on the Malay Archipelago and Malacca)』, 77쪽). 이곳은 조호르와 싱가포르 해협이 마주하고 있지 접경하고 있는 것이 아니다. 『해국문견록』에서 말하는 정기의는 다른 곳이다. 그에 따르면 그곳은 마귄다나오(Maguindanao) 동남쪽에 있고, 마귄다나오는 루손군도의 민다나오(Mindanao)의 남부 서쪽 해안에 있다. 『해국견문록』의 저자가 말하는 정기의는 틀림없이 말루쿠 제도의 티도레(Tidore) 동남쪽 항구인 통가오이(Tongaoi)이다. 소계경, 『도이지략교석』, 103쪽을 참고하였다. 이상으로부터 등아농(登牙儂)의 음은 바로 포르투갈어 '타라가노(Talagano)'의 음역으로 추정된다.

4) 길란단(吉蘭丹): 『도이지략』에서도 한 조목으로 기술되어 있는데, 히어트와 록힐이 케란탄(Kelantan)으로, 말레이반도에 있다고 추정한 뒤로(『Chau Ju-kua』, 65쪽), 학자들이 따르고 있다. 소계경은 이 나라를 본국인들은 '카라탄(Kalatan)'으로 읽으며 『나가라크레타가마(Nagarakretagama)』에는 'Kalantan'으로 되어있고, 현재의 음은 대체로 말레이 명칭인 케란탄(Kelantan)에 근거한다고 한다. 아다치키로쿠(足立喜六)에 따르면, 『수서』, 「적토전(赤土傳)」의 계룡도

3 '가(加)'자 위아래에는 빠진 글자가 있음에 틀림없다. 위에 '능아사(淩牙斯)' 3자가 빠졌을 수도 있고, 아래에 '라희(羅希)' 2자가 빠졌을 수도 있다. 슈리비자야[三佛齊]는 본서에 별도의 조목으로 기술되어 있고, 파항[蓬豐], 트렝가누[登牙儂], 케란탄[吉蘭丹]은 삼불제 조목에서 언급되어 있으니, 해당 조목의 주7, 8, 10을 참고하시오.

佛囉安國, 自淩牙斯加四日可到, 亦可遵陸. 其國有飛來佛二尊, 一有六臂, 一有四臂, 賊舟欲入其境, 必爲風挽回, 俗謂佛之靈也. 佛殿以銅爲瓦, 飾之以金. 每年以六月望日爲佛生日, 動樂鐃鈸, 迎導甚都, 番商亦預焉. 土產速暫香·降眞香·檀香·象牙等, 番商以金·銀·甆·鐵·漆器·酒·米·糖·麥博易. 歲貢三佛齊. 其隣蓬豐·登牙儂·加·吉蘭丹類此.

(鷄籠島)는 바로 길란단을 가리키고, 적토국은 분명 말레이반도 남부에 있다. 수나라 사절단이 탄 배가 나아가는 방향과 계롱도에서 계속 항해하여 적토국의 도성에 이르는 데 필요한 시간을 고려하여 말하자면, 계롱도가 바로 길란단임에는 거의 의심할 여지가 없다. 길란단은 원래 대륙에 있지 섬에 있는 것이 아니다. 따라서 『수서』에 보이는 계롱도는 길란단 기록 중에 가장 이른 음역으로 보아야 한다는 것이 소계경의 설명이다. 더 자세한 것은 『도이지략교석』, 100쪽을 참고하시오. 다른 음역으로는, 『왕오천축국전(往五天竺國傳)』의 '갈랄도(葛辣都)', 송나라 시기 『경관지(瓊管志)』의 '길랑주(吉浪洲)', 『영외대답』의 '제랄달(第辣達)', 『대덕남해지(大德南海志)』의 '구란단(口蘭丹)', 『무비지·항해도』의 '고란단(古蘭丹)', 『명사』의 '급란단(急蘭丹)' 등이 있다.

『삼재도회』, 인물 권12. "불라안국은 삼불제국에서 배를 타고 사흘 밤낮이면 그 나라에 도착할 수 있고, 육로로도 갈 수 있다. 지주(地主)가 있고, 비래동신(飛來銅神) 두 개가 있는데, 하나는 여섯 팔을 가지고 있고 하나는 네 팔을 가지고 있다. 6월 15일이 생일이다. 신묘(神廟)에 주옥을 겁탈하려고 항구에 오는 외국인들이 있으면, 언제나 큰 풍랑을 만나 배가 나아가거나 머무를 수가 없어 겁을 먹은 상선들이 돌아간다."라고 하였다. 본서의 내용과 상당히 부합한다.

11. 순다 Sunda 新拖國

신타국(新拖國)[1]에는 항구가 있는데 물 깊이가 6장(丈)이고 배와 수레가 출입하며 양쪽 해안에는 모두 사람들이 산다. 또한 농사에도 힘쓴다.

1 본서 소길단(蘇吉丹, 수카다나) 조목에 "소길단은 자바에 부속된 나라로 서쪽으로는 순다[新拖], 동으로는 투반[打板]과 이어져 있다(蘇吉丹卽闍婆之支國, 西接新拖, 東連打板)."라고 하였고 또 같은 조목의 원주(原註)에는 "적국은 탄중푸라[丹重布囉], 발리[琶離], 순다[孫他], 고롱[故論]이다(賊國, 丹重布囉·琶離·孫他·故論是也)."라고 하였다. 사바(闍婆)는 틀림없이 지금의 자바[爪哇]이다. 현재 자바섬의 토착민이 많이 살고 있어 동쪽은 자바인이라 하고 서쪽은 순탑(順塔, Sunda)인이라 한다. 여기의 신타는 분명 순탑의 옛날 음역이고 손타(孫他) 또한 다른 음역이다. 본문 후반에 "그곳에는 정식 관리가 없어 노략질을 일삼아"라고 했으므로 소길단 조목 원주에서 '적국(賊國)'이라 한 것이다.

집을 지을 때는 모두 나무를 사용하고 종려나무 잎으로 지붕을 덮고, 나무판자로 바닥을 깔아 등나무와 대나무로 가린다. 남녀들은 나체인데 베로 허리를 감싸며, 머리를 깎아 반 촌(寸)정도 남겨둔다.

산에서는 후추[胡椒]가 나는데 알갱이는 작지만 무거워 투반[打板][2]보다 낫다. 땅에는 동과(東瓜)[1)], 사탕수수, 박[匏], 콩, 가지[茄菜][2)]가 난다. 그러나 그곳에는 정

---

1) 동과(東瓜): 동과(冬瓜), 백과(白瓜)라고도 하는데, 학명은 베인카사 프루리안스(Benincasa pruriens)로, 일년생 덩굴식물인 오이와 비슷하며 타원형의 메론 같은 열매를 맺는다.

식 관리가 없어 노략질을 일삼아 외래 상인들은 거의 흥판(興販)하러 오지 않는다.

2 타판(打板)은 틀림없이 자바섬 동부에 있는 투반(Tuban)일 것이다. 『영애승람』에는 두판(杜板)으로 된 것이 바로 이곳이다. 본서 하권에 후추[胡椒] 조목에 "후추는 수카다나[蘇吉丹], 투반[打板], 파수루안[白花園], 바탕[麻東], 수라바야[戎牙路]에서 나는데, 순다[新拖]의 것을 상품으로 치고 타판의 것이 다음 간다(胡椒出闍婆之蘇吉丹·打板·白花園·麻東·戎牙路, 以新拖者爲上, 打板者次之)."라고 하였다.

新拖國有港, 水深六丈, 舟車出入, 兩岸皆民居. 亦務耕種. 架造屋宇, 悉用木植, 覆以椶櫚皮, 藉以木板, 障以藤篾. 男女裸體, 以布纏腰, 剪髮僅留半寸. 山產胡椒, 粒小而重, 勝於打板. 地產東瓜甘蔗匏豆茄菜. 但地無正官. 好行剽掠, 番商罕至興販.

2) 가채(茄菜): 통상 가자(茄子)라 하고, 솔라눔 멜롱제나(Solanum melongena)라는 학명을 가진다. 바로 가지이다. 오월(吳越) 사람들은 '낙소(落蘇)', 광동사람들은 '왜과(矮瓜)', 객가(客家) 사람들은 '적채(吊菜)'라 부른다.

12. 캄파르 Kampar 監篦國

감비국(監篦國)[1]은 길 입구를 차지하고 있어 선박들이 대부분 이곳에 정박한다. 슈리비자야[三佛齊國]를 따라 돛에 바람을 타면 반달이면 도착할 수 있다. 옛날에는 삼불제에 속했는데, 후에 전쟁을 하여 마침내 자립하여 왕을 세웠다.

> **1** 감비(監篦)는 틀림없이 수마트라섬의 동쪽 해안에 있는 캄파르(Kampar)일 것이다. 그러나 『무비지·항해도(航海圖)』에서 '감배(甘杯)'라는 것이 바로 이곳이다. 이 나라는 길 입구를 차지하고 있어 『영외대답』, 권2, 고림(故臨) 조목에서 "캄파르는 해를 번갈아 코끼리, 소를 팔고, 대식은 말을 파는데, 먼저 이 나라에 와서 물건을 판다(監篦國遞年販象牛, 大食販馬, 前來此國貨賣)."라고 하였다[1)].

땅에는 백석(白錫), 상아, 진주가 난다. 나라 사람들은 활을 잘 쏘고, 사람을 많이 죽인 사람은 신표를 차고 표방하며 서로 자랑한다. 물길로 5일이면 라무리[藍無里國][2]에 도착한다.[2)]

---

1) 수마트라섬에 있었던 옛 왕국인 캄페이(Kampei)의 음역으로, 오늘날 랑사(Langsa) 일대로 보는 설과 수마트라 중부 리아우 주에서 동쪽해안으로 흐르는 캄파르 강 유역으로 보는 설이 있다. "5일이면 라무리국에 도착한다."라는 조여괄의 설명을 기준으로 보면 캄파르강 어귀가 맞을 것이다. 한편 양박문은 랑사 근처의 탄중 캄피(Tanjong Kampi)로 추정하고 라무리와 너무 가까워지자 '5일'을 '3일'의 오기로 보인다는 무리한 가정을 하고 있다. 아마도 양박문은 "삼불제에서 반달이면 도착한다."라고 하는 본 조목의 기술 때문으로 섬의 서북쪽 위로 밀어 올린 것 같다.

2) 양박문에 따르면(『제번지교석』, 51쪽), 라무리라는 곳은 오늘날

2 뒤에 나오는 남무리(藍無里) 조목을 보시오.

監篦國, 其國當路口, 舶船多泊此. 從三佛齊國風帆半月可到. 舊屬三佛齊, 後因爭戰, 遂自立爲王. 土產白錫·象牙·眞珠. 國人好弓箭, 殺人多者帶符標榜, 互相誇詫. 五日水路到藍無里國.

수마트라 아체(Aceh)로, 랑사(Langsa)와 거리는 매우 가까워 바닷길로 최대 3일이면 도달할 수가 있다고 한다. 따라서 원문의 '오(五)'는 '삼(三)'자의 오기로 본다.

13. 라무리 Lamuri 藍無里國
14. 실론 Ceylon 細蘭國[1]

남무리국(藍無里國)[2]에서는 소목(蘇木), 상아, 백등(白藤)이 난다. 나라 사람들은 호전적이고 대부분 독약을 바른 화살촉을 사용한다[3].

1 세란국(細蘭國) 3자는 원문에 빠져 있으나 원문에 두 조목으로 나뉘어 있으므로 필사본에 따라 합하여 하나로 만들었다.

2 남무리는 수마트라섬의 서북쪽 모퉁이에 있다. 다른 음역들은 본서 삼불제 조목의 주20을 보라. 아랍어 라무리(Lamuri)의 대역음이다. 또한 아랍어로 람니(Ramni)라고도 하므로 『영외대답』에서는 '남리(藍里)'라고 하였다. 『영외대답』, 권3 대식국 조목에 "마리발국(麻離拔國, Malabar)이 있는데, 광주(廣州)에서 중동(中冬) 이후로 배를 띄워 북풍을 타고 가면 약 4~10일 만에 람니(Ramni)라는 곳에 도착한다. 소목, 백석, 장백 등을 교역한다. 다음 겨울까지 살다가 다시 동북풍을 타면 6~10일, 순풍이면 바로 이 나라에 도착한다(有麻離拔國. 廣州自中冬以後發船, 乘北風行, 約四十日, 到地名藍里, 博買蘇木·白錫·長白藤. 住至次冬, 再乘東北風六十日順風方到此國)."라고 하였다.

3 이상은 남무리 조목에 해당하고 이하는 실론[細蘭國]을 기술하고 있다.

북풍을 타고 20여일이면 말라바르[南毗][4] 관할의 실론[細蘭國][5]에 도착한다. 라무리[藍無里]에서 돛에 바람을 타고 가면 그 나라에 도착하는데, 반드시 번개가 번쩍이므로 실론임을 알게 된다.

4 역주에 남비(南毗)는 인도 서쪽 해안의 여러 곳을 말하는데, 특히 마리발국(麻離拔國, Malabar)이라고 한다. 본서에 별도의 조목으로

기술되어 있다. 말라바르[麻離拔]가 실론[細蘭]을 침입한 것은 515년으로 시간상 오래 되었다. 1153년 세란왕 프라크라마 바후(Prekrama Bahu)는 말라바르 사람들을 섬 밖으로 이주시키고 스스로 능가(楞伽, Lanka)섬의 유일한 왕이라고 칭했다. 그 후 다시 촐라[注輦]사람들을 경내 밖으로 축출하고 국세를 떨쳤다. 여기에서 말하는 "말라바르 관할의 세란국"은 앞서 말라바르에게 제압되었을 때의 일을 나중에 기술한 것 같다.

5 세란(細蘭)은 산스크리트어로 심하드비파(Simhadvipa)라 하고 속어로는 '심하디파(Simhadipa)'라고 하는데, '사자주(獅子洲)'를 말한다. 법현(法顯)이 여행기에서 처음으로 사자국(師子國)으로 명명하여 여러 사적들이 이를 따랐다. 『잡비유경(雜譬喩經)』에는 '사가첩(私訶疊)'으로, 『수경주(水經注)』, 권1에 『축지부남기(竺芝扶南記)』를 인용하여 '사가조(私訶條)'라 했는데 모두 이것의 음역이다. 산스크리트에는 또 심하라(Simhala)라는 명칭이 있는데, 이는 '집사자(執師子)'를 말한다. 『대당서역기』에는 '승가라(僧伽羅)', 『대당서역구법고승전』에는 '승가라(僧訶羅)', 『도이지략』에는 '승가랄(僧加剌)' 등등 음역들은 모두 이것의 대역음이다. 아랍 사람들이 잘못 읽어서 시란(Silan)이 되었다. 본서에서 세란(細蘭)이란 음역이 근거한 것은 『송사』, 권489, 「주련전(注輦傳)」의 '실란(悉蘭)', '서란(西蘭)'이다. 『영애승람』에는 석란(錫蘭)으로 되어있는데, 모두 같은 곳을 다르게 음역한 것들이다. 이 밖에도 '능가(楞伽)', '보저(寶渚)' 등의 명칭이 있다. 지금의 실론(Ceylon)섬이다.

이 나라 왕의 몸은 검고 머리털은 거꾸로 서있다. 머리에는 아무것도 쓰지 않고 몸에는 오색의 베를 두른다. 붉은 가죽에 금색 선이 있는 신발을 신으며 코끼리를 타고 나가는데, 혹 연두(軟兜)를 사용하기도 한다. 매일 빈랑과 진주를 구워 만든 가루를 먹는다. 거주하는 집은 묘아정(猫兒睛)과 청홍보주(青紅寶珠), 마노, 잡다한 보석으로 장식하고 바닥에는 자리를 깔아서 다닌다.

동서쪽에는 두 궁전이 있는데, 각각 황금나무를 세우고 가지와 줄기 모두 금으로 만들며, 꽃과 열매는 묘아정, 청홍의 보주로 만든다. 그 아래에는 황금의자를 놓

고 유리로 벽을 만들어 두었다. 왕이 조정에 나갈 때, 아침에는 동쪽 궁전에 오르고 저녁에는 서쪽 궁전에 오른다. 앉은 곳에는 언제나 보배로운 광채가 난다. 햇빛이 유리와 보배 나무에 서로 비추어 태양이 운무 속에서 비추는 것처럼 찬란하다. 두 사람이 금 쟁반을 받들고 따르면서 왕이 먹은 빈랑 찌꺼기를 받는다. 수행하는 사람들은 매달 금 1일(鎰)을 관고(官庫)에서 받는다. 받은 빈랑 찌꺼기 안에는 매화뇌(梅花腦)[1)]와 여러 보물이 들어있기 때문이다. 왕은 보주를 쥐고 있는데 지름이 5촌이고 불에 태워도 타지 않으며 밤에도 횃불처럼 빛을 발한다. 왕은 매일 이것을 얼굴에 문지르는데 나이 90이 넘었으나 얼굴은 아이와 같다.

나라 사람들의 피부는 매우 검고 몸에는 비단을 감고 머리는 노출시키고 맨발로 다니며 손으로 밥을 집어 먹고 구리로 그릇을 만든다. 시린디브[細輪疊][6]라는 산이 있는데, 산꼭대기에는 거인의 발자국이 있다. 길이는 7척 남짓이고, 그중 하나는 물속에 있는데 산에서 3백여 리 남짓 된다. 그 산의 나무들은 들쭉날쭉하며 빙 둘러 서로 인사하고 있는 듯하다.

6 아랍어로 세란섬의 아담안(阿聃岸, Adam's Peak)을 시린디브(Sirindib)라고 하는데, 세륜첩(細輪疊)은 대체로 이를 근거한 것이다.

묘아정, 홍파려(紅玻瓈), 뇌자(腦子), 청홍보주(靑紅寶珠)가 난다[7]. 땅에서는 백두구(白荳蔻), 목란피(木蘭皮)[2)], 추세향(麤細香)이 난다. 외래 상인들은 단향(檀香), 정향(丁香), 뇌자(腦子), 금은, 자기, 말, 코끼리, 명주실, 비단 등으로 교역하며 거래한다. 해마다 슈리비자야[三佛齊]에 공물을 바친다[8].

---

1) 매화뇌(梅花腦): 용뇌(龍腦), 빙편(氷片), 매편(梅片), 용뇌향(龍腦香), 애편(艾片), 매화빙편(梅花冰片), 고담(苦膽) 등으로도 불리는데 용뇌향나무(Dryobalanops aromatica)의 수지를 채취하여 증류한 결정체로, 그 모양이 하얗고 매화꽃 같아 붙여진 이름이다.

2) 히어트와 록힐에 따르면(『Chau Ju-kua』, 57쪽), 목란은 타밀어 maram의 매우 잘못된 음역이라고 보고 있지만, 본문의 내용과 어울리지 않는다. 한의학에서 알려진 "목련 껍질"일 뿐이다.

7 『영애승람』 석란(錫蘭) 조목에 "왕의 거처 측면에는 큰 산(Adam's Peak)이 있는데, 구름을 찌를 듯 높이 솟아 있고, 산꼭대기에는 사람의 족적이 하나 있다. 들어간 돌의 깊이는 2척이고 길이는 8척 남짓이다. 사람의 조상인 아담 성인, 즉 반고의 족적이라고 한다. 이 산 안에는 홍아고, 청아고, 황아고, 청미람심, 석자니, 굴몰람 등 일체의 보석이 모두 있다. 큰비가 내릴 때마다 흙을 쓸어내려 모래 속으로 흘러들어가 찾아 주우면 된다. 이러한 보석들은 바로 부처의 눈물이 맺혀 만들어진 것이라고 한다(王居之側有一大山, 侵雲高聳, 山頂有人脚跡一個, 入石深二尺, 長八尺餘. 云是人祖阿聃聖人, 卽盤古之足跡也. 此山內出紅雅姑·青雅姑·黃雅姑·青米藍心·昔剌泥·窟沒藍等一切寶石皆有. 每有大雨沖出土, 流下沙中, 尋拾則有. 常言寶石乃是佛祖眼淚結成)."라고 하였다.

8 『스리랑카 역사(Mahavamsa)』[3]에는 1255년경 슈리비자야(혹은 단

---

3) 『마하왐사(Mahāvaṃsa)』는 5세기경 마하나마(Mahānāma)와 13세기 담마낏띠(Dhammakitti) 등 여러 사람들의 손을 거친 스리랑카의 연대기이다. 『디빠왐사(Dīpavaṃsa)』와 함께 스리랑카의 왕통(王統)을 연대순으로 기술했다. 이 책의 맨 앞부분(제 37장 제 50게(偈) 까지)은 5세기 말 마하나마 장로의 저술인데, 스리랑카 역사의 여명(黎明)으로부터 마하세나(Mahāsena)의 치세까지를 취급한 『디빠왐사』에 준하면서 여기에 고래의 전승을 부가하여 기록하고, 또 수식하여 편찬한 것이다. 마하나마는 『싱할라 앗타까타(Sīhalatthakathā)』로 알려진 고대 주석서에 근거하여 그때까지 단편으로 전해오던 연보들을 통합적으로 편찬한 것이다. 그 뒤를 이어 13세기에 담마낏띠 장로가 제 37장 제 51게부터 제 79장까지 편찬하고, 그 뒤 순차적으로 여러 사람들의 손이 가해져 제 101장 제 19게(偈)에 이르게 되었다. 마하나마의 기술 이후인 제 51게부터는 끼르띠 스리 메가완나(Kīrti Srī Megavanna) 왕의 치세에서 시작하여 위끄라마 라자싱하(Vikrama Rajasinha) 왕이 영국에 의해 추방되어 왕통(王統)이 끊기기까지의 역사를 기술하고 있다. 독일의 인도학 연구자 빌헬름 가이거(Wilhelm Geiger, 1856~1943) 교수는 이 담마낏띠

마령) 국왕이 능가(楞伽, 즉 석란)섬을 침입한 일이 실려 있다. 본서에서 "삼불제에 매년 공물을 바쳤다."라고 하고, 또 삼불제 조목에서 석란을 속국 중의 하나로 열거했으므로, 이 섬은 일찍이 삼불제에 예속되었을 것으로 보인다. 『수마트라인의 제국』 110쪽을 참고하시오.

장로의 증보 부분을 『쭐라왐사(Cūḷavaṃsa)』라고 호칭하여 그 이전의 『마하왐사』와 구별한다. 그렇지만 월폴라 라훌라(Walpola Rahula, 1907~1997)를 비롯한 스리랑카의 학자들은 이러한 분류가 사서에도 없음은 물론 스리랑카인의 전통적인 이해에도 부합되지 않는다는 이유로 채택하지 않고 있다. 『마하왐사』는 스리랑카의 마하위하라(Mahāvihara)가 전하는 불교사라고 해도 과언이 아닐 것이다. 즉 『마하왐사』의 각 장은 "신도의 경안과 종교적 감동을 위해서 쓰였다(Sujanappasadasamvegatthaya kate)."라는 문장으로 끝나고 있는 것을 볼 때 아누라다푸라(Anuradhapura)의 마하위하라(Mahāvihāra)를 후원한 왕들의 선행들을 기록하기 위해 편집된 것으로 추측된다. 그래서 비록 빨리 삼장(三藏, ti-piṭaka)에는 포함되지 않지만, 테라와다 불교에서는 상당히 중요한 문헌이라고 할 수 있다. 김한상, 「싱할라 불교 민족주의에 대한 비판적 고찰」(『불교학보』 68집, 192쪽, 주16.)

藍無里國, 土產蘇木·象牙·白藤. 國人好鬪, 多用藥箭.

北風二十餘日到南毗管下細蘭國. 自藍無里風帆將至其國, 必有電光閃爍, 知是細蘭也. 其王黑身而逆毛, 露頂不衣, 止纏五色布, 躡金線紅皮履, 出騎象, 或用軟兜, 日啖檳榔, 煉眞珠爲灰. 屋宇悉用猫兒睛及青紅寶珠·瑪瑙·雜寶粧飾, 仍用藉地以行. 東西有二殿, 各植金樹, 柯莖皆用金, 花實幷葉則以猫兒睛·青紅賓珠等爲之. 其下置金椅, 以琉璃爲壁. 王出朝, 早升東殿, 晚升西殿, 坐處常有寶光, 葢日影照射琉璃, 與寶樹相映, 如霞光閃爍然. 二人常捧金盤從, 承王所啖檳榔滓. 從人月輸金一鎰於官庫, 以所承檳榔滓內有梅花腦幷諸寶物也. 王握寶珠, 徑五寸, 火燒不煖, 夜有光如炬, 王日用以拭面, 年九十餘, 顔如童. 國人肌膚甚黑, 以縵纏身, 露頂跣足, 以手掬飯, 器皿用銅. 有山名細輪疊, 頂有巨人跡, 長七尺餘, 其一在水內, 去山三百餘里. 其山林木低昂, 周環朝拱. 產猫兒睛·紅玻瓈·腦·青紅寶珠. 地產白荳蔻·木蘭皮·麤細香. 番商轉易用檀香·丁香·腦子·金銀甆器·馬·象·絲帛等爲貨. 歲進貢于三佛齊.

15. 자바 Java 闍婆國

사바국(闍婆國)[1]은 페카롱간[莆家龍]이라고도 한다. 천주(泉州)에서 병사(丙巳)1) 방향이고, 대체로 겨울철에 배를 띄워 북풍에 편승하는데, 순풍이면 밤낮으로 달포면 도착한다[2]. 동쪽으로는 바다에 닿고 물의 힘이 점점 낮아지는 곳에는 여인국(女人國)이 있다. 더 동쪽으로 가면 심해로[尾閭之所泄]2) 더 이상 사람 사는 세상이 아니다[3]. 배를 타고 반달정도 가면 말루쿠[崑崙國][4]에 이른다. 남쪽으로 3일정(日程)이면 바다에 이르고 배를 타고 5일이면 대식국(大食國)[5]에 이른다. 서쪽으

---

1) 병사(丙巳): 정남방에서 약간 동쪽으로 150도에서 165도 사이의 방향을 말한다.

2) 『장자(莊子)·추수편』에 "천하의 물중에서 바다보다 큰 것이 없고, 온갖 물이 돌아와 언제 그칠지 모르지만 차지 않는다. 미려에서 물이 새는데 언제 그칠지 모르지만 비지 않는다(天下之水,莫大於海, 萬川歸之, 不知何時止而不盈. 尾閭泄之, 不知何時已而不虛)." 라고 했다. 또한 '미려'란 표현은 『문선(文選)』, 혜강(嵇康)의 「양생론(養生論)」에도 보이는데, 이선(李善)은 사마표(司馬彪)의 설을 인용하여 "미려는 물이 바닷물을 따라서 나가는 것으로 옥초라고 한다. 동쪽 대해 가운데 있다. '미'는 온갖 물이 아래로 흘러 내려가기 때문이고, '려'는 모인다는 뜻으로 물이 모여드는 곳이기 때문이다(尾閭, 水之從海水出者也, 一名沃焦, 在東大海之中. 尾者, 在百川之下故稱尾. 閭者, 聚也, 水聚族之處, 故稱閭也)."라고 하였다. 또 『문선』, 「강부(江賦)」의 주석에서는 『현중기(玄中記)』를 인용하여, "천하에 큰 것은 동해의 옥초인데, 물이 끊임없이 흘러 들어간다. 옥초는 산 이름으로, 동해 남쪽 3만 리에 있다."고 하였다. 또 『열자(列子)』, 「탕문(湯問)」에서는 "발해(渤海)의 동쪽은 몇 억만 리인지

로 45일정(日程)이면 바다에 이르고, 북쪽으로는 4일정이면 바다에 닿는다. 서북쪽으로 배를 타고 15일이면 보르네오[渤泥國][6]에 이른다. 또 10일을 가면 슈리비자야[三佛齊]에 도달하고 다시 7일을 가면 케다[古邏國][7]에 이르며, 다시 7일을 가면 시력정(柴歷亭)[8]에 이르고, 통킹[交趾]에 닿고 광주(廣州)에 이른다.

1 사바(闍婆)에 해당하는 음은 분명 자바(Java)이다. 산스크리트어 야바드비파(Yavadvipa)는 바로 법현(法顯)이 여행기에서 말한 야바제(耶婆提)이다. 『통전』, 권188, 『태평어람(太平御覽)』, 권787에는 '사박(四縛)', '제박(諸薄)'이 있는데, 사바(闍婆)의 옛 음역자로 보인다. 수마트라인지 아니면 자바[爪哇]를 가리키는지는 아직 해결되지 않았다. 원대(元代)에 이르러 『도이지략』에서는 '조와(爪哇)'라고 옮겼는데 이는 분명 오늘날의 자바섬이다. 본서의 사바 역시 오늘날의 자바를 가리키는 것 같다. 본문에서 "사바국은 포가룡(莆家龍)이라고도 한다."라고 했는데 포가룡은 자바 북쪽해안 페카롱간(Pekalongan)의 음역으로 이전 학자들의 고증을 거쳤다. 13세기 초는 투마펠(Tumapel) 왕조가 건설된 때로, 이 나라는 『원사』, 「조와전」에서 두마반(杜馬班), 『명사』 조와전에서는 '도마판(都馬板)'으로 되어 있는데, 모두 옛날의 쿠타라자(Kutaraja), 지금의 싱가사리(Singhasari)이다. 13세기 말에 만자백이(滿者伯夷, Majapahit)로 대체되어 흥성했으므로 본문에서의 사바국(闍婆國)은 분명 두마반국(杜馬班國)을 가리킨다.

2 『영외대답』, 권2, 사바국 조목에 "사바국은 또한 '포가룡'이라고 하는데, 바다 동남쪽에 있고, 지세가 낮아 '하안'이라고 한다. 광주에서 11월과 12월에 배를 타고 순풍에 밤낮으로 한 달 가면 도착할 수 있다(闍婆國又名莆家龍, 在海東南, 勢下, 故曰下岸. 廣州自十一月十二月發舶, 順風連昏旦一月可到)."라고 하였다.

모른다. 큰 골짜기가 있는데 사실 바닥이 없는 계곡이다. 그 아래 바닥이 없은 곳을 귀허(歸墟)라고 한다."라고 하였다. 따라서 미려(尾閭), 옥초(沃焦), 귀허(歸墟)는 상상의 곳으로 매우 깊거나 높아 끝이 없는 것을 상징적으로 표현하고 있음을 알 수 있다.

3 이 기술들은 『영외대답』, 권2, 「해외제번국(海外諸蕃國)」 조목에서 따온 것이다[3].

4 『도이지략』에서 처음으로 푸로 콘도르(Poulo Condore)를 곤륜산(崑崙山)이라 하였다. 본서의 곤륜(崑崙)은 자바[爪哇] 동쪽에 있는 것으로 방금 말한 곤륜산(崑崙山)이 아니라 고롱(Gorung)섬을 가리키는 것 같다[4]. 소길단(蘇吉丹) 조목에 우론(牛論)이 있는데, 그 주

3) 闍婆之東, 東大洋海也, 水勢漸低, 女人國在焉. 愈東則尾閭之所泄, 非復人世. 稍東北向, 則高麗·百濟耳.

4) 『도이지략』, 곤륜 조목은 "곤륜산은 또한 군둔산(軍屯山)이라고도 한다."라는 기술로 시작하는데, 심증식(沈曾植), 후지타 토요하치(藤田豊八), 록힐 모두 베트남 남부 바다에 있는 푸로 쿤도르(Pulau Kundor)섬의 음역으로 추정했다. 『신당서』, 「실리불서전(室利佛逝傳)」에는 군도농산(軍徒弄山), 「다마장전(多摩萇傳)」에서는 '군나로(君那盧)'라는 지명이 보이는데 이 섬을 "곤륜(崑崙)"이라 음역한 것은 남송(南宋) 오자목(吳自牧)의 『몽양록(夢粱錄)』에서 처음으로 보인다. 여기 『제번지』에 보이는 곤륜국(崑崙國)은 『송사』, 「사바전(闍婆傳)」에서 "이 나라 동쪽에서 바다로 1개월이면 이르고, 바다에서 배를 타고 반달이면 곤륜국에 도착한다."라고 한 것을 근거로 보면 곤륜은 자바섬의 동쪽에 있다. 가브리엘 페랑(Gabriel Ferrand)은 『곤륜과 고대 남해 항해(Le k'ouen-Louen et les anciennes navigations interocéaniques dans les mers du sud)』(파리, 1919)에서 의정(義淨)의 '굴륜(堀倫)'이라고 했다. 다시 의정의 『남해기귀내법전』에서 "두 색의 정향(丁香)은 모두 굴륜국(堀倫國)에서 난다."라고 하였다. 그런데 이순(李珣)의 『해약본초(海藥本草)』에서는 정향이 곤륜국(崑崙國)에서 난다고 하였다. 따라서 『제번지』의 곤륜은 바로 의정의 굴륜(堀倫)과 같은 곳으로 말루쿠(Maluku)섬을 가리킨다. 이 섬의 사람들은 왕을 코라노(Kolano)라고 부르기 때문에 이를 통해 음역된 것으로 보인다. 크메르인들은 구룬(Gurun), 태국인들은 그룬(Grun)이라 하는데 모두 동일한 어원에서 출발하고 있는 것 같다. 하지만 펠리오는 "7세기와 8세기의 중국인들은 여러 차례 곤륜

에 적국(賊國) 중의 하나인 고론(故論)을 기술한 것과 『도이지략』 조와 조목의 무륜(巫崙)으로 오론(午論)의 잘못임을 증명할 수 있다. 자세한 것은 가브리엘 페랑(G. Ferrand)의 「곤륜과 중국 남해의 고대 항해 고찰(崑崙及中國南海古代航行考)」[5)]을 참고하시오.

5 옛날의 대식국(大食國)은 모두 아랍인들이 건설한 나라를 가리키고, 멀리 인도양 서쪽에 있으므로, 배를 타고 5일만에 갈 수 있는 곳이 아니다. 본서에서 "남쪽으로 배를 타고 5일이면 대식국에 이른다."라고 하였으니 방위나 여정과 맞지 않는다. 이는 바로 남해 중에 있는 또 하나의 대식국을 가리킨다. 싱가포르와 자바어로 '투마식(Tumasik)'이라 한다. 『도이지략』, 용아문(龍牙門) 조목에는 '단마석(單馬錫)'으로 되어 있다. 아마도 이 명칭이 잘못 '대식(大食)'으로 와전되었을 것이다. 그러나 그 땅은 자바[爪哇] 북쪽에 있지 남쪽에 위치하지 않는다.

국(崑崙國)과 곤륜어(崑崙語)에 관해 언급하고 있다. 그런데, 오늘날 푸로 콘도르란 명칭이 곤륜으로 음역되기 때문에, 사람들은 언제나 푸로 콘도르와 곤륜어(崑崙語)의 명칭 사이에 어원적 관계를 설정하곤 한다. 내 생각에 이는 잘못이다. 곤륜은 중국 지리에서 익숙한 명칭이다. 전설에 따르면, 진목공(秦穆公)이 기원전 10세기에 '서왕모(西王母)'를 찾아 갔다고 하는 중앙아시아의 산 이름이다. 그때부터 사람들은 곤륜을 여기저기에 끌어다 붙였다. 발음상의 유사성 때문에 갠지스강 너머의 인도의 사람들에 대한 명칭, 이후에는 푸로 콘도르의 명칭에 익숙한 이 이름을 붙이게 되었다는 것은 그렇게 놀랍지는 않다. 그러나 가탐(賈耽)의 문장과 『당서』의 글들은 당나라 시기에 푸로 콘도르가 곤륜으로 불리 않았음을 잘 설명해 주는 것 같다."라고 하였다. 더 자세한 것은 펠리오, 『8세기 말 중국에서 인도로 가는 두 갈래 여정』, 219쪽을 참고하시오.

5) 이 책의 원문은 가브리엘 페랑(Gabriel Ferrand)의 『곤륜과 고대 남해 항해(Le k'ouen-Louen et les anciennes navigations intero-céaniques dans les mers du sud)』(파리, Imprimerie Nationale, 1919)로, 풍승균이 번역하여 1965년 대만상무인서관에서 출간되었다.

6 발니국(渤泥國)은 보루네오 섬을 가리킨다. 본서에 별도의 조목으로 기술하고 있다.

7 고라국(古邏國)은 대식어의 '칼라(Kalah)'에 근거한 것으로 케다(Kedah)를 가리키는 것 같다[6].

8 역주에서는 제리니(Gerini)설을 인용하여 말레이반도 동쪽 해안의 체라팅(Cherating)유역에 있는 것 같다고 했다[7].

나라에는 두 절이 있는데, 하나는 '성불(聖佛)'이라 하고 하나는 '사신(捨身)'이라 한다. 산이 있는데 앵무새가 나서 '앵무산(鸚鵡山)'이라 한다.

왕은 상투를 틀고, 금방울을 올려놓는다. 금포(錦袍)를 입고 가죽신을 신으며 네모난 침상에 앉는다. 관리들이 배알하는 날에는 세 번 절하고 물러난다. 출입에는 코끼리 또는 요여(腰輿)를 타는데, 장사 5~7백 명이 무기를 들고 따른다. 나라 사람들이 왕을 보면 모두 앉고 그가 지나가면 일어난다. 왕자 세 명을 부왕(副王)으

---

6) 『통전』, 권188, 『태평환우기(太平寰宇記)』, 권176, 『문헌통고』, 권331에서는 '가라국(哥羅國)' 또는 '가라부사라(哥羅富沙羅)'로, 가탐(賈耽)의 『사이로정(四夷路程)』에서는 '개라국(箇羅國)', 『신당서』, 「반반전(盤盤傳)」에는 '가라(哥羅)', '개라(箇羅)', '가라부사라(哥羅富沙羅)'로 표기하고 있고, 『송사』의 「사바국전(闍婆國傳)」과 「대식국전(大食國傳)」, 『송회요집고(宋會要輯稿)』, 「역대조공(歷代朝貢)」에서는 '고라국(古邏國)', 『송사』, 「주련전(注輦傳)」에서는 '고라(古羅)', 본서 남비국 조목에서는 '길라(吉囉)'로 되어있는데, 오늘날 태국 남부 말레이반도에 있는 크라(Kra) 또는 말레이시아 슬랑오르(Selangor)로 추정하기도 한다. 양박문은 파타니(Patani)에서 케다(Kedeh)일대라고 비정했다(『제번지교석』, 58쪽).

7) 양박문은 시력정(柴歷亭)이 『송사』, 「사바전」에 보이는 '살로도(薩盧都)'이고, 『도이지략』의 '석리(昔里)'라고 주장하지만, 살로도는 반동(Ban Don)만 또는 수라트 타니(Surat Thani)로 보는 설도 있고, 말레이시아 조호르(Johor)와 싱가포르 일대에 위치한 세라트(Serat: 해협이라는 의미)의 음역이라는 설이 있다.

로 삼고, 관직에는 사마걸(司馬傑), 낙길련(落佶連)[9]이 있어 함께 국사를 다스리는데, 중국의 재상(宰相)들과 같지만 녹봉을 받지 않고 수시로 토산물들이 주어진다. 다음으로 행정관리 3백여 명이 있는데 성(城)의 연못, 창고 그리고 군졸들을 나누어 주관한다. 병사를 거느리는 자는 해마다 금 20냥을 받고 정예병 3만 명도 해마다 차등 있게 금을 받는다[10].

9 낙길련(落佶連)은 자바어 락련(Rakryan)의 대역음이다. 『BEFEO』, XI, 21쪽을 참고하시오[8)].

10 『영외대답』, 권2, 사바국 조목에 "왕과 부호의 관리 중에 죽은 자가 있으면 좌우에서 받들어 모시던 사람들이 모두 따라 죽기를 원하여 불이 타오르면 불속으로 뛰어 든다. 물속에 유골을 버리고 물속에 뛰어 들어 빠져 죽는데 후회하지 않는다(王及官豪有死者, 左右承奉人皆願隨死, 焚則躍入火中. 棄骨於水, 亦踣水溺死, 不悔)고 하였다[9)].

풍속에는 혼인할 때 중매자는 없고 단 여자 집에 황금을 주고 데려온다. 형벌이 마련되어 있지 않고 범죄자들은 경중에 따라 황금으로 속죄한다. 다만 도둑질을 하면 사형에 처해진다. 5월에 뱃놀이를 하고 10월에는 산을 유람하는데 야생마를 타기도 하고 연두(軟兜)를 타기도 한다. 악기에는 횡적(橫笛), 고(鼓), 판(板)이 있으며 또한 무용에 능하다.

산중에는 원숭이들이 많은데 사람을 두려워하지 않고 '소소(霄霄)'하고 부르면 나온다. 과실을 던져주면 큰 원숭이가 맨 먼저 나오는데 현지인들은 원숭이 왕이라

---

8) 이 논문은 1911년 에두아르 위베르(Eduard Huber)의 인도차이나 연구 시리즈 6번째 글이다. 제목은 「파간에 있는 아난다 사원의 부조(Les Bas-Reliefs du Temple d'Ananda à Pagan)」으로, 『BEFEO』 XI, 1~24쪽에 실려 있다. 21쪽에는 락련을 'rakarayān(ra+ka+rayā+an)'으로 표기하고 있는데, 'rayā'가 바로 '장관'이나 '재상'의 의미라고 설명하고 있다.

9) 풍승균은 이 문장이 빠진 것으로 판단한 것으로 보인다.

고 한다. 먼저 먹고 나면 나머지 원숭이들이 남은 것을 먹는다.

나라에는 대나무 정원이 있고 투계(鬪鷄)와 투저(鬪豬)의 놀이가 있다. 가옥은 크고 아름다우며 금과 옥으로 장식한다. 상인들이 오면 객관에서 머물게 한다. 음식은 풍성하고 정갈하다. 토착민들은 머리를 깎고 윗옷은 가슴에서 여미고 무릎까지 늘어뜨린다. 질병에도 약을 먹지 않고 신이나 부처에게 기도한다. 사람들에게 이름은 있지만 성은 없다. 기상을 중하게 여기고 호전적이며 슈리비자야[三佛齊]와는 원수 사이로 서로 공격한다.

송나라 원가(元嘉) 12년(435)에 이미 중국과 통교했고 이후에 절교했다. 남송 순화(淳化) 3년(992)에 다시 조공의 예를 닦았다.

땅은 평탄하여 씨를 뿌리고 심기에 적합하여, 벼, 마, 조, 콩이 나며 보리는 없고 소를 이용하여 밭을 간다. 사람들은 10의 1을 세금으로 낸다. 바닷물을 끓여 소금을 만든다[10]. 물고기와 자라, 닭과 거위, 산양이 많고 말과 소를 때려잡아 먹는다. 과실에는 대과(大瓜), 야자(椰子), 사탕수수, 토란이 있다. 상아, 서각(犀角), 진주, 용뇌(龍腦), 대모(瑇瑁), 단향(檀香), 회향(茴香)[11], 정향(丁香), 두구(荳蔻), 필징가(蓽澄茄), 강진향(降眞香), 화담(花簟: 꽃문양 자리), 번검(番劍), 후추[胡椒], 빈랑(檳榔), 유황(硫黃), 홍화(紅花), 소목(蘇木), 백앵무(白鸚鵡)가 산출되고, 양잠과 직조에 힘써 다양한 색깔의 수사(繡絲: 자수 실), 길패(吉貝), 능포(綾布)가 있다.

---

10) 바닷물을 끓여 소금을 만든다: 크라우퍼드(Crawfurd)는, 『인도양 군도의 역사 1(History of the Indian Archipelago 1)』(220쪽)에서 "농민들을 소금물을 길어와 보통 쓰는 불에 조금씩 끓여서 소금을 만드는데 그것은 만드는 과정이 너무 빨라 불순해질 수밖에 없다. 이러한 열등한 소금은 북쪽 해안에서 나는 더 좋은 상품들보다 4배나 많이 싸다."라고 하였다.

11) 회향(茴香, Foeniculum vulgare): 미나리과에 속하는 다년생 식물로서 회향속의 유일한 종이다. 잎에는 솜털이 나고 작고 노란 꽃이 우산을 편 것처럼 피며, 지중해 연안이 원산지이다. 식용과 약용으로 사용한다.

땅에는 차와 술이 나지 않지만, [술은] 야자와 하노단수(蝦猱丹樹)[12]에서 추출하는데, 이 나무는 중국인들이 본 적이 없는 것이다. 혹 광랑(桄榔)[13]과 빈랑(檳榔)으로 빚어내기도 하는데, 또한 향이 저절로 맑다. 자당(蔗糖)은 그 색이 붉고 흰데, 맛이 매우 달다. 구리[銅], 은, 놋쇠[鍮], 주석[錫]을 섞어 동전을 만들고 전(錢) 60은 금 1냥을, 32를 금 반 냥을 기준으로 한다.

---

12) 하노단수(蝦猱丹樹): 히어트와 록힐은 '하노'는 고무티 팜(gomuti palm)의 말레이 이름이고, 단(丹)자의 의미를 '추출물'로 보아서, '하노의 추출물'로 생각했다(『Chau Ju-kua』, 81쪽). 『영외대답』, 사바조목에는 "야자와 달수(撻樹)의 즙으로 술을 만든다(以椰子并撻樹漿爲酒)."라고 하였는데, 여기의 '달수'는 본 조목의 단수(丹樹)와 연관성이 있는 음역으로 보인다. 『동방견문록』(김호동 역주), 168장(434쪽)에는 다음과 같이 기술하고 있다. "포도주는 없지만 다음과 같은 술이 있다. 그들은 어떤 나뭇가지를 잘라 잘리고 남아있는 부분에 커다란 항아리를 받쳐 놓는다. 하루 낮과 밤이 지나면 거기에는 마시기 아주 좋은 술이 꽉 차게 된다. 대추야자처럼 생긴 나무에는 가지가 네 개나 있어 그것을 자르면 여러분에게 이야기했던 것처럼 정말로 좋은 술이 얼마나 나오는지 모를 정도이다." 해당 주에서 "소위 술이 나온다는 이 나무는 아렁 삭차리페라(Areng Saccharifera)라는 학명으로 불린다."라고 하며 본서와 『태평환우기(太平寰宇記)』에도 이 술 나무가 나온다고 밝히고 있다. 따라서 하노단의 '단'자는 음역자로 실제 의미를 가지는 것이 아닌 것으로 보인다. 펠리오는 이 음역이 사실 초성의 유기음 형태로 되어 있으므로, 말레이어보다는 자바어에서 그 대응하는 음을 찾아야 할 것이라고 했다(『통보』, 13(1912), 469쪽).

13) 광랑(桄榔): 『본초강목』, 권31에서 이시진(李時珍)은 "빈랑나무와 비슷하지만 빛이 나고 날카롭기 때문에 '광랑'이라 한다. 고랑(姑榔)은 그 음이 와전된 것이다(其木似檳榔而光利, 故名桄榔. 姑榔, 其音訛也)."라고 하였다.

외래 상인들은 흥판(興販)하면서 금은을 섞은 것과 금은 그릇, 오색 힐견(纈絹)[14), 조릉(皂綾), 천궁(川芎), 백지(白芷: 구릿대), 주사(硃砂), 녹반(綠礬), 백반(白礬), 붕사(硼砂), 비상(砒霜: 삼산화 비소), 칠기, 쇠솥, 청백자기 등으로 교역한다. 이 나라에서는 후추를 많이 모아 두었다가 상선들이 오면 두세 배의 이득을 본다. 종종 금지를 무릅쓰고 몰래 동전을 실어와 교역한다. 조정에서 흥판(興販)을 여러 차례 금지하자 외래 상인들은 꾀를 내어 그 이름을 수카다나[蘇吉丹][11]로 바꿨다.

11 뒤에 나오는 소길단(蘇吉丹) 조목을 보시오.

14) 힐견(纈絹): 힐(纈)은 바로 협힐(夾纈)이다. 꽃문양을 염색해 내는 방법으로, 진한(秦漢)에 시작되어 당나라 시기에 매우 보편적으로 보급되었다. 두 개의 목판에 동일한 도안의 꽃문양을 새기고 견포(絹布)를 그 사이에 넣어 찍듯이 조각된 부분만 염색하는 것을 말한다. 여기에서 힐견(纈絹)이란 이러한 방식으로 염색된 비단을 말한다.

闍婆國又名莆家龍, 於泉州爲丙巳方, 率以冬月發船, 蓋藉北風之便, 順風晝夜月餘可到. 東至海, 水勢漸低, 女人國在焉. 愈東則尾閭之所泄, 非復人世, 泛海半月至崑崙國. 南至海三日程, 泛海五日至大食國. 西至海四十五日程. 北至海四日程. 西北泛海十五日至渤泥國. 又十日至三佛齊國, 又七日至古邏國, 又七日至柴歷亭, 抵交趾, 達廣州. 國有寺二, 一名聖佛, 一名捨身. 有山出鸚鵡, 名鸚鵡山. 其王椎髻, 戴金鈴, 衣錦袍, 躡革履, 坐方牀. 官吏日謁, 三拜而退. 出入乘象或腰輿, 壯士五七百輩執兵以從. 國人見王皆坐, 俟其過乃起. 以王子三人爲副王. 官有司馬傑·落佶連, 共治國事, 如中國宰相, 無月俸, 隨時量給土產諸物. 次有文吏三百餘員, 分主城池帑廩及軍卒. 其領兵者歲給金二十兩, 勝兵三萬, 歲亦給金有差. 土俗婚聘無媒妁, 但納黃金於女家以取之. 不設刑禁, 犯罪者隨輕重出黃金以贖, 惟寇盜則寘諸死. 五月遊船, 十月遊山, 或跨山馬, 或乘軟兜. 樂有橫笛鼓板, 亦能舞. 山中多猴, 不畏人, 呼以霄霄之聲卽出, 投以果實, 則有大猴先至, 土人謂之猴王, 先食畢, 群猴食其餘. 國中有竹園, 有鬬鷄鬬豬之戲. 屋宇壯麗, 飾以金碧. 賈人至者, 館之賓舍. 飲食豐潔. 土人被髮. 其衣裝纏胷, 下至於膝. 疾病不服藥, 但禱求神佛. 民有名而無姓. 尚氣好鬬, 與三佛齊國有讐, 互相攻擊. 宋元嘉十二年嘗通中國, 後絕. 皇朝淳化三年復脩朝貢之禮. 其地坦平, 宜種植, 產稻·麻·粟·豆, 無麥, 耕田用牛. 民輸十一之租. 煮海爲鹽. 多魚鼈·鷄鴨·山羊, 兼椎馬牛以食. 果實有大瓜·椰子·蕉子·甘蔗·芋. 出象牙·犀角·眞珠·龍腦·瑇瑁·檀香·茴香·丁香·荳蔻·蓽澄茄, 降眞香·花簟·番劍·胡椒·檳榔·硫黃·紅花·蘇木·白鸚鵡, 亦務蠶織, 有雜色繡絲·吉貝·綾布. 地不產茶酒, 出於椰子及蝦猱丹樹之中, 此樹華人未曾見, 或以桄榔檳榔釀成, 亦自清香. 蔗糖其色紅白, 味極甘美. 以銅·銀·鍮·錫雜鑄爲錢, 錢六十準金一兩, 三十二準金半兩. 番商興販, 用夾雜金銀, 及金銀器皿·五色纈絹·皂綾·川芎·白芷·硃砂·綠礬·白礬·鵬砂·砒霜·漆器·鐵鼎·青白甆器交易. 此番胡椒萃聚, 商舶利倍蓰之獲, 往往冒禁, 潛載銅錢博換, 朝廷屢行禁止興販, 番商詭計, 易其名曰蘇吉丹.

16. 자바 수카다나 Sukadana 蘇吉丹

소길단(蘇吉丹)[1]은 바로 자바[闍婆]에 속한 나라이다. 서쪽으로 순다[新拖][2]에 접해있고 동쪽으로는 투반[打板][3]에 이어져 있다. 매우 험준한 산이 있는데 보로안(保老岸)[4]이라 한다. 외래 선박이 이르지 않아도 먼저 이 산에서 보인다. 꼭대기에서는 5개의 봉우리가 솟아 있고, 때때로 구름이 그 위를 덮고 있다.

1 소길단(蘇吉丹)의 대역음은 수카다나(Sukadana)인 것 같다. 『도이지략』 소문방(蘇門傍) 조목에는 '사길단(斯吉丹)'으로 되어 있다. 「파시 왕들의 이야기(Récit des rois de Pasey」(『JA』, 1846, T.7, 544쪽)의 기록에 따르면 1475년 멸망할 때 속국들 중에 여기 수카다나가 들어 있다. 지금도 그 이름이 남아 있는데 발리섬 서남쪽 해안에 있다. 본서에서 이 나라는 "서쪽으로 순다[新拖, 자바 서부])에 접해 있고, 동쪽으로는 타판(打板, Tuban)에 이어져 있다."라고 하였으므로 그 땅은 자바 중부에 있어야 한다. 그러나 중부에는 이러한 나라 이름이 없다. 본서 사바 조목에 "조정에서 흥판(興販)을 여러 차례 금지하자 외래 상인들은 꾀를 내어 그 이름을 '소길단(蘇吉丹)'으로 바꿨다(朝廷屢行禁止興販, 番商詭計, 易其名曰蘇吉丹)."라고 하였다. 아마도 당시 자바 상인들이 멋대로 수카다나라 했지만 그 나라는 사실 자바 중부의 한 나라일 것이다.

2 신타(新拖)는 바로 순다(Sunda)의 대역음으로 자바 서부를 지칭한다. 이후의 언급에서는 '손타(孫他)'로 되어 있다. 『명사』, 「조와전(爪哇傳)」에는 이와는 달리 '순탑(順塔)'으로 되어 있다. 본서 신타 조목의 주 1과 7을 참고하시오.

3 타판(打板)은 『원사』, 「조와전(爪哇傳)」에 '두병(杜並)'으로 되어 있고, 『영애승람』에는 '두판(杜板)'으로 되어 있다. 오늘날의 투반(Tuban)이다. 본서 신타 조목의 주 2를 참고하시오.

4 역주에서는 『명일통지(明一統志)』를 인용하여 이 보로안(保老岸)은 바로 길리문산(吉里門山, Krimon-Java)과 마주하고 있는 파나대산(巴哪大山)이라고 하지만 파우투만(Pautuman) 곶이 그에 해당한다.

이 나라 왕은 오색의 베로 머리를 싸고 있고 맨발로 다닌다. 길을 갈 때는 검은 색이나 흰 색의 양산으로 가리고 5백여 명이 따르는데 각각 창검과 단도 같은 것을 지니고 있다. 머리에는 모자를 쓰는데 그 모양이 일정하지 않다. 호랑이 머리 같은 것, 사슴 머리 같은 것, 소머리, 양머리, 닭 머리, 코끼리머리, 사자머리, 원숭이 머리 같은 것이 있다. 옆에는 작은 깃발을 꽂는데 오색의 힐견(纈絹)으로 만든다. 남성 토착민은 머리를 깎고 여성은 갈래머리를 하는데 모두 나체이고 맨발이며 허리에만 베로 싸맨다.

민간 무역은 백은(白銀)을 섞어 구멍을 뚫어 화폐로 사용하는데 모양이 주사위 같으며 위에는 현지의 관인(官印)이 새겨져 있다. 64척(隻)을 기준으로 금 1냥과 거래하고, 매 척(隻)은 쌀 30승(升), 또는 40승, 100승까지 교역된다. 기타 교역도 모두 이를 사용하는데, '사바금(闍婆金)'이라 한다. 이 나라가 바로 사바(闍婆)임을 알 수 있다. 건물과 집을 짓는 것은 순다[新拖]와 같다.

땅에는 미곡(米穀)이 많아 거부의 집 창고에는 1만여 석(碩)을 비축해 둔다. 파라밀(波羅密)[5]이란 나무가 있는데, 그 열매는 동과(東瓜)와 같고 껍질은 밤 껍질 같으며, 과육은 감귤과 같은데 맛이 매우 달콤하다. 또한 여지(荔支)[1)], 파초(芭蕉), 사탕수수가 있는데 중국과 같다. 여지는 햇볕에 말리면 이질을 치료할 수 있고, 파초는 길이가 1척(隻)이며 사탕수수는 1장(丈)이나 되어 이것이 다를 뿐이다. 사

---

1) 여지(荔支): 일반적으로 여지(荔枝, 우리가 알고 있는 바로 그 리치, Litchi chinensis)로 표기하고 '이지(離枝)', '단려(丹荔)'라는 이칭도 가지고 있다. 중국 남부 원산으로 열대, 아열대 지방에서 재배된다. 상록 교목으로 잎은 짝수이며, 깃 모양 겹잎으로 들쭉날쭉하다. 꽃은 황록색으로 봄에 피며, 열매는 여름에 익고, 과피는 오돌토돌한 껍질로 싸여있고, 벗기면 희면서 반투명의 과즙이 많은 과육(정확하게는 씨의 외피)이 있고, 과육 속에는 붉은 씨가 들어있다.

탕수수 즙은 약에 들어가고 발효시켜 술로도 만드는데 야자만큼 뛰어나다.

5 파라밀(波羅密)은 바로 Artocarpus integrifolia. 산스크리트어로 바나사(婆那娑, panasa)로 『유양잡조』에 보인다. 본서에도 별도의 조목으로 기술되어 있다.

땅에서 나는 것은 대체로 사바와 다름이 없고, 후추가 가장 많다. 온화하여 풍년이 들면 은 20냥으로 10포(包)에서 20포까지 거래할 수 있는데 매 포는 50승(升)이다. 흉년이 들거나 도적질을 당하면 그 반으로 교역한다. 후추를 채취하는 사람들은 매운 향기가 엄습하기 때문에 대부분이 두통을 앓지만 천궁(川芎)[2)]을 먹으면 나을 수 있다.

오랑캐 여인들은 분을 바르고, 손톱과 비단 옷을 물들일 때 대부분이 주사(朱砂)[3)]를 사용한다. 그러므로 외래 상인들은 흥판(興販)하면서 대체로 이 두 가지 물건으로 교역한다. 상인들에게 후하게 대접하여 숙박과 음식의 비용이 들지 않는다.

이 나라 땅은 파수루안[白花園], 바탕[麻東], 투반[打板], 희녕(禧寧), 수라바야[戎牙路], 탕에랑[東峙], 타강(打綱), 황마주(黃麻駐), 발리[麻籬], 고롱[牛論], 탄중푸라[丹戎武囉], 티모르[底勿], 평아이(平牙夷), 말루쿠[勿奴孤]와 닿아 있는데[6], 모두 사바의 속국들이다.

6 역주에서는 크라우퍼드(Crawfurd), 『인도양 군도의 역사(History

---

2) 천궁(川芎): 원래 명칭은 궁궁(芎藭)이다. 학명은 Ligusticum chuanxiong Hort으로 뿌리를 말려 약으로 사용하는데, 독이 없고, 신(辛)하고 온(溫)하여, 중풍, 두통, 월경통에 효과가 있는 것으로 알려져 있다.

3) 주사(朱砂, cinnabar): 단사(丹砂), 진주(眞朱), 주사(硃砂), 단간(丹干), 진사(辰砂)라고도 쓴다. 수은과 유황으로 이루어진 천연화합물이다. 색은 짙은 홍색이다. 정신적 병증을 다스리는 데 주로 사용하고, 염색 물감으로 널리 사용된다.

of the Indian Archipelago)』(2책 297쪽)를 인용하여, 자바섬에는 12~15세기 사이, 도호(Doho), 브람바난(Brambanan), 마당-카모란(Madang-kamolan), 양고라(Jangola), 싱가사리(Singhasari), 파자자란(Pajajaran), 마자파힛(Mojopahit) 등과 같은 나라들이 있었는데, 백화원(白花園)은 파자자란(Pajajaran), 마동(麻東)은 마당-카모란(Madang-kamolan), 희녕(禧寧)은 싱가사리(Singhasari), 수라바야[戎牙路]는 양고라(Jangola)에 해당한다고 한다. 또 슈레겔(Schlegel)의 설을 인용하여, 타강(打綱)은 옛날의 사마랑(Samarang)인 것으로 추정했다. 이 밖에 마리(麻籬)는 발리(Bali)에 해당한다. 단융무라(丹戎武囉)는 본 조목에서 '단중포라(丹重布囉)'로 언급되어 있는데, 말레이어 탄중푸라(Tanjongpura)의 대역음으로 자바섬 사람들이 발리섬을 부르는 명칭이다. 저물(底勿)은 본서 발니(渤泥) 조목에서는 '저문(底門)'으로 되어 있는데, 틀림없이 티모르(Timor)에 해당한다. 평아(平牙)는 방카(Banka)에 해당한다. 나머지는 고증되지 않았다.
○『나가라크레타가마(Nagarakretagama)』의 17번째 노래에 헤링(Hering)이란 지명이 있은 것으로 미루어, 본 조목에서 말하는 희녕(禧寧)으로 보인다. 『도이지략』 조와(爪哇) 조목에는 '희령(希苓)'으로 되어 있는데, 현재 그 땅이 어디인지는 알려지지 않았다[4]. 42번

4) 『도이지략』 조와(爪哇) 조목에서는 '희령(希苓)'으로 되어 있다. 심증식(沈曾植)과 록힐은 동일한 곳으로 보고 있는데, 심증식은 어느 곳인지 모른다고 했고, 록힐은 말루쿠(Maluku, Moluccas) 군도의 스람(Seram, Ceram, 斯蘭)으로 마자파힛(Majapahit, 滿者伯夷, 麻喏巴歇)에 의해 정복되었다고 하였다. 후지타 토요하치(藤田豊八)는 오늘날 케디리(Kediri)로, 『원사』, 「조와전(爪哇傳)」에서 '갈랑(葛郎, Kalang)' 또는 '답합(答哈, Doho)'이라고 부르는 곳이고, 『신당서』에서 보이는 '가릉(訶陵)', 본서의 '희령'이라는 곳이다. 록힐이 거론한 스란 섬은 마자파힛에 예속되었다고 하지만 자바에서 너무 멀어 희령에 해당할 것으로 보이지 않는다고 하였다. 후지타 토요하치의 설이 가장 근접하지만 『신당서』의 가릉은 빼야할 것으로 보인다. 가릉이란 명칭은 『남해기귀내법전』에도 보이는데, 인도의 고대 국가

째 노래에는 고룽(Gorung)이 있는데 이는 본 조목에서 말하는 '우론(牛論)'인 것 같다. 그러나 우론(牛論)은 오론(午論)이 와전된 것이다. 이 조목에서 부연 설명하고 있는 적국(賊國)에서 거론한 고론(故論)은 『도이지략』의 '무륜(巫崙)'으로 오늘날 지도에도 고롱(Gorong)으로 되어있다. 또 페르시아인의 여행기록을 참고해보면 모루카스(Moluccas)섬을 '모루쿠(Moluku)'라고 하는데 여기의 물노고(勿奴孤)로 보인다. 『도이지략』에는 '문로고(文老古)'로 되어있고, 『명사』, 권323에는 '미락거(美洛居)'로 되어 있다. 수라바야[戎牙路]는 본 조목의 부연설명에서 '중가로(重迦盧)'로 되어 있는데, 『도이지략』에는 '중가라(重迦羅)'로 되어 있다. 오늘날 수라바야(Surabaya) 구역이다. 평아(平牙)가 방카(Banka)라면, 『도이지략』 구항(舊港) 조목의 '팽가(彭家)'로 같은 곳을 다르게 음역한 것이 된다. 타판(打板)은 본 조목의 주3을 참고하시오. 동치(東峙), 황마주(黃麻駐)[5]는 오늘날 땅이 어디인지 알려지지 않았다. 본서 발니(渤泥) 조목의 부연설명에 "사호는 황마주에 자세히 보인다(沙糊詳見黃麻駐)."라고 하였는데 원본에는 황마주에 대한 별도의 조목이 있었던 것으로 보인다. 『사고전서』본에서 삭제하여 합친 것인지 모르겠다. ○풍승균은 1956년 중간본에서 다음과 같이 주석을 보완하였다. 백화원(白花園)이란 지명은 바로 파수루안(Pasuruan, Pasoeroean)이다. 동자바에 있고 화교들은 약망(若望)이라 부른다. 마동(麻東)은 바로 바탕(Batang)으로 중자바에 있다. 『해도일지(海島逸志)』에는 '묘동(貓冬)'으로 되어있다. 동치(東峙)는 바로 탕에랑(Tangerang)으로 서자바에 있고, 화교들은 '문등(文登)'이라 부른다. 또 평아이(平

중의 하나인 칼링가(Kalinga)의 음역이다. 『대덕남해지(大德南海志)』에도 희령(希苓)은 '희령(熙寧)'으로 음역되어 있는데, 희령은 인도네시아 자와티무르 주에 있는 케디리로 보는 것이 타당하다.

5) 황마주(黃麻駐): 이 명칭은 본서에서만 보이는데, 인도네시아 자바섬 동쪽에 위치하는 것은 틀림없다. 부루(Buru)섬의 와망기(Wamangi)라고 보는 설이 있고, 오에망(Oemang)으로 추정하기도 한다.

牙夷, 원문에서는 '이'자가 삭제되어 있음)는 벵칼리스(Bengkalis)로 화교들은 '망가려(望加麗)'라고 부른다. 군도의 이름으로 타강(打綱)은 타라칸(Tarakan)일 수 있다. 황마주(黃麻駐)는 오에망(Oemang) 섬일 가능성이 있다.

투반[打板國]은 동쪽으로 대사바(大闍婆)[6]와 이어져 있어 수라바야[戎牙路]라고 부르고 혹 중가로(重迦盧)라고도 한다. 거주하는 사람들이 지은 건물과 집들은 중국과 동일하다.

이 나라 땅은 평탄하고 항구가 있어 배와 수레가 왕래한다. 청염(青鹽)[7], 면양(綿羊), 앵무(鸚鵡) 등이 난다. 현지 관리들은 용맹하여 동쪽의 적국(賊國)과 혼인을 하는데, 친척을 찾아본다는 명분 때문에 외래의 선박들이 약탈을 당하는 우환이 많으며 심지어 사람을 사로잡아 특별한 상품으로 삼기도 한다. 한 사람당 금 2냥 또는 3냥으로 바꿨다. 이 때문에 (이 나라와의) 거래가 마침내 끊어졌다. 【적국은 탄중푸라[丹重布羅], 발리[琶離][8], 순다[孫他], 고롱[故論]이다.[7]】 타강(打綱), 황마주(黃麻駐), 발리[麻篱], 고롱[牛論], 탄중푸라[丹戎武囉], 티모르[底勿], 평아이, 말루쿠[勿奴孤] 등의 나라는 섬에 있으며 각기 지주(地主)가 있으며 배를 이용하여 왕래한다.

7 단중포라(丹重布囉)는 본 조목에서 '단융무라(丹戎武囉)'로 되어 있다. 바로 탄중푸라(Tanjongpura)의 대역음이다. 자바어로 발리섬

6) 대사바(大闍婆): 동자바를 가리키는 것으로 보인다. 타판(打板)은 오늘날 럼뱅(Rembang)만 동쪽의 투반(Tuban)이고, 대사바는 수라바야[戎牙路]를 가리킨다. 이미 이 당시에 슈리비자야를 대신하는 동서 무역의 중심지였음을 짐작할 수 있다.

7) 청염(青鹽): '융염(戎鹽)'이라고도 하는데, 그 색이 파랗고 검으며 밝고 빛나기 때문에 붙여진 이름으로, 우리말로는 돌소금이라고도 하며 학명은 Aqua Malina이다. 변비나 눈을 밝게 하는 효능이 있다고 한다.

8) 파리(琶離): 발리[麻篱]의 또 다른 음역이다.

을 부르는 명칭이다. 파리(琶離)는 『양서』, 권54, 『수서』, 권82, 『구당서』, 권197, 『신당서』, 권222하에는 모두 '바리(婆利)'로 되어 있는데, 오늘날 발리(Bali)이다. 『인도로 가는 두 여정』, 96~98쪽을 참고하시오. 손타(孫他)는 본서에서 '신타(新拖)'로도 되어 있다. 본 조목의 주2를 참고하시오. 고론(故論)은 본 조목에서 '우론(牛論)'으로 되어있는데, 분명 오론(午論)이 와전된 것이다. 본 조목의 주6을 참고하시오.

땅에 농사는 거의 짓지 않고 나라에는 오래된 나무들이 많아 그 속에서 사호(沙糊)[8]를 생산하는데 모양은 밀가루 같다. 토착민들이 물을 사용하여 둥글게 만들어 크기는 녹두(綠豆)와 같다. 햇볕에 말려 포대에 넣어 비축하여 식량으로 삼는다. 혹 물고기 또는 고기와 섞어 국으로 만들어 먹기도 한다.

8 사호(沙糊)는 바로 사고(sago)의 대역음이다. 삼불제 조목의 주6을 참고하시오.

대부분 사탕수수와 파초를 좋아하고 찧은 사탕수수는 약에 넣고, 발효시켜 술로 만들기도 한다. 또 미파(尾巴)[9]라는 나무가 있는데 그 심을 잘라내고 즙을 먹는데 술로도 만들 수 있다.

9 역주에 따르면 미파(尾巴)나무는 별도로 발니(渤泥) 조목에 보이는데, 니파 팜(nipa palm)이다.

토착민들은 건장하고 흉악하며, 피부색은 검고 붉다. 나체로 문신이 있고 머리를 깎고 맨발로 다닌다. 음식은 그릇을 사용하지 않고 나뭇잎을 봉해 쓰는데 먹고 난 뒤에는 버린다. 민간에서 교역하는 것은 사호(沙糊) 뿐이고 승두(升斗)로 기준을 삼으며 글씨와 계산은 모른다. 나무를 심어 높이가 2장(丈) 남짓이 되도록 잔교를 만들고 그 위에 집을 짓는데 가리고 덮는 것은 순다[新拖]와 동일하다.

토산으로는 단향(檀香), 정향(丁香), 두구(荳蔲), 화점(花簟), 번포(番布), 철검(鐵劍), 기계(器械) 등의 물품이 있다. 안으로 탄중푸라[丹戎武囉], 발리[麻籬]는 더

욱 넓고 길며 병마(兵馬)를 많이 기르며 글씨와 계산을 조금 안다. 토산으로는 강진(降眞), 황랍(黃蠟), 세향(細香), 대모(瑇瑁) 등의 물품이 있고, 탄중푸라에도 있다. 대체로 생업에 종사하지 않고 바다에 나가 배를 노략질하므로 외래 상인들이 잘 가지 않는다.

蘇吉丹卽闍婆之支國, 西接新拖, 東連打板, 有山峻極, 名保老岸, 番舶未到, 先見此山, 頂聳五峰, 時有雲覆其上. 其王以五色布纏頭, 跣足. 路行蔽以凉傘, 或皂或白, 從者五百餘人, 各持鎗劍鏢刀之屬. 頭戴帽子, 其狀不一, 有如虎頭者, 如鹿頭者, 又有如牛頭·羊頭·雞頭·象頭·獅頭·猴頭者, 旁插小旗, 以五色纈絹爲之. 土人男剪髮, 女打鬃, 皆裸體跣足, 以布纏腰. 民間貿易, 用雜白銀鑿爲幣, 狀如骰子, 上鏤番官印記, 六十四隻準貨金一兩, 每隻博米三十升, 或四十升至百升, 其他貿易悉用是, 名曰 闍婆金, 可見此國卽闍婆也. 架造屋宇與新拖同. 地多米穀, 巨富之家, 倉儲萬餘碩. 有樹名波羅蜜, 其實如東瓜, 皮如栗殼, 肉如柑瓣, 味極甘美. 亦有荔支·芭蕉·甘蔗, 與中國同. 荔支曬乾可療痢疾, 蕉長一尺, 蔗長一丈, 此爲異耳. 蔗汁入藥, 醞釀成酒, 勝如椰子. 地之所產, 大率與闍婆無異, 胡椒最多, 時和歲豐, 貨銀二十五兩, 可博十包至二十包, 每包五十升. 設有凶歉寇擾, 但易其半. 採椒之人爲辛氣薰迫, 多患頭痛, 餌川芎可愈. 蠻婦搽抹, 及婦人染指甲衣帛之屬, 多用朱砂. 故番商興販, 率以二物爲貨. 厚遇商賈, 無宿泊飮食之費. 其地連百花園·麻東·打板·禧寧·戎牙夷·東峙·打綱·黃麻駐·麻篱·牛論·丹戎武囉·底勿·平牙夷·勿奴孤, 皆闍婆之屬國也. 打板國東連大闍婆, 號戎牙路. 或作重迦盧. 居民架造屋宇, 與中國同. 其地平坦, 有港通舟車往來. 產靑鹽·綿羊·鸚鵡之屬. 番官勇猛, 與東邊賊國爲姻, 彼以省親爲名, 番舶多遭劫掠之患, 甚至俘人以爲奇貨, 每人換金二兩或三兩, 以此商貨遂絕. 【賊國丹重布囉·琶離·孫他·故論是也.】 打綱·黃麻駐·麻篱·牛論·丹戎武囉·底勿[10]·平牙夷·勿奴孤等國在海島中, 各有地主, 用船往來. 地罕耕種, 國多老樹, 內產沙糊, 狀如麥麵, 土人用水爲圓, 大如綠豆, 曬乾入包, 儲蓄爲糧. 或用魚及肉雜以爲羹. 多嗜甘蔗·芭蕉, 搗蔗入藥, 醞釀爲酒. 又有尾巴樹, 剖其心, 取其汁, 亦可爲酒. 土人壯健凶惡, 色黑而紅, 裸體文身, 剪髮跣足. 飮食不用器皿, 緘樹葉以從事, 食已則棄之. 民間博易, 止用沙糊,準以升㪷, 不識書計. 植木爲棚, 高二丈餘, 架屋其上, 障蓋與新拖同. 土産檀香·丁香·荳蔻·花簟·番布·鐵劍·器械等物. 內丹戎武囉·麻籬[11]尤廣袤, 多蓄兵馬, 稍知書計. 土産降眞·黃蠟·細香·瑇瑁等物, 丹戎武囉亦有之. 率不事生業, 相尚出海, 以舟刼掠, 故番商罕至焉.

10 원문에는 물(勿)자가 빠져있는데 위의 문장에 근거하여 보충하였다. 본 조목의 주 6을 참고하시오.

11 원문에는 "丹戎麻籬武囉"라고 잘못 도치되어 있어 바로 잡았다. 본 조목의 주6을 참고하시오.

17. 말라바르 Malabar 南毗國
18. 퀼론 Quilon 故臨國

남비국(南毗國)[1]은 서남쪽 끝에 있다. 슈리비자야[三佛齊]에서 계절풍을 타고 달포면 도착할 수 있다. 나라의 도읍은 멸아말(蔑阿抹)[2]이라 하고 당나라 말로는 '예사(禮司)'라 한다.

1 여기 남비국은 역주에서 오늘날 말라바르(Malabar)로 추정했다. 『대당서역기』, 권10의 '말라구타(秣羅矩吒, Malakuta)'나라이다. 이 나라에는 말랄야(秣剌邪, Malaya)산이 있는데 '말라야바라(Malayavara)'라고 하고, 아랍어로는 와전되어 '말라야-바(Malaya-bar)'라고 한다. 이것이 오늘날 명칭이 나온 곳이다. 본 조목 뒤에는 속국들을 열거하기를 "남쪽으로는 퀼론[故臨], 북쪽으로는 감파일(甘琶逸, Cambay)에 이른다"고 하였으니 완전히 인도 서쪽해안을 포괄한다. 11세기 초에 마가랄차(摩訶剌侘, Mahārastra) 차루기(遮婁其, Calukya) 왕조가 흥성했을 때의 일이다. 그러나 13세기 때에는 국세(國勢)가 이미 쇠미해져 속국으로 나뉘어 세워졌다.
○『영외대답』, 권3 대식국 조목에 '마리발국(麻離拔國)' 또는 '마라발(麻囉拔)'[1)]이란 나라가 있는데 바로 이 나라이다. 본서에서 '마리

1) 히어트와 록힐은 아라비아 하드라마우트(Hadramaut) 해안의 무르바트(Murbat)라고 했고, 풍승균은 이에 근거하여 말라바르(Malabar)의 음역으로 바로 여기의 남비라고 하였다. 소계경의 『도이지략교석』(351쪽)에서 요남(姚楠, 1912~1996)은 아덴항 서쪽으로 약 1백마일 떨어진 투르바(Turba/Turbah) 항구라고 추정했다. 『영외대답』, 마가국(麻嘉國) 조목에서 메카[麻嘉]는 "말라바르에서 서쪽으로 가서 육로로 80여 정(程)을 가면 도착한다(自麻離拔國西去, 陸行八十餘程乃到)."라고 하였다. 이에 따르면 풍승균, 요남의 설 모

발(麻離拔)'이라 명명하지 않고 '남비'라고 한 것은 아마도 그 땅의 가장 중요한 마을인 바라문(婆羅門) 부락을 나라 이름으로 삼은 것으로 보인다. 이전에 남비를 나이르(Nair), 남부리(Namburi)로 추정한 것이 있는데, 펠리오는 두 번째 설을 택했다. 여기 남비는 『영애승람』의 코치(Kochi, Cochin, 柯枝), 고리(古里, Calicut) 두 조목에서 '남곤(南昆)'으로 되어있다. 본서 권하 후추 조목에, '남비무리발국(南毗無離拔國)'이 있는데 바로 이 나라의 원래 이름이다. 『마르코 폴로 여행기』 177장 마리팔아국(馬里八兒國)을 참고하시오[2].

2 멸아말(蔑阿抹)은 역주에 따르면, 본 조목에 열거한 속국 중의 '마리말(麻哩抹)'이라고 한다. 이는 권하 후추 조목의 주(注)에 보이는 무리발(無離拔)이고 말라바르(Malabar)의 음역어이다. 그러나 그 음의와 원래 명칭이 모두 부합하지 않는다. 이 명칭은 잘못 전사된 것이거나 마팔아(馬八兒, Maabar)를 '말라바르(Malabar)'라는 나라 이름으로 착각한 것이다.

이 나라의 주인은 나체이며 맨발로 다닌다. 머리와 허리를 싸매는데 모두 흰색의 베를 사용하기도 하고 좁은 소매의 흰 면 옷을 입는다. 나갈 때는 코끼리를 타고 황금 모자를 쓰는데 진주와 진귀한 보배들이 그 모자에 잡다하게 달려있다. 팔에는 황금 줄로 묶고 발에는 황금 사슬을 감는다. 의장(儀仗)에는 독(纛: 깃발)이 있는데 공작의 깃으로 장식되어 있고 자루에는 은으로 만든 인장과 붉은 인끈이 달려 있다. 20여 명이 좌우에서 호위하고 외래 여인들을 따르게 하는데 용모가 건장하고 뛰어난 사람들을 가려 뽑아 앞뒤로 약 5백여 명이다. 앞에서 춤을 추며 인도한다. 모두 나체에 맨발인데 다만 베로 허리를 묶었을 뿐이다. 뒤에는 말을 타고 있으나 안장이 없고 허리는 베로 싸매고 머리는 묶으며, 진주 목걸이를 하고 순금 발찌를 차고 있다. 뇌자(腦子), 사향(麝香) 등 다양한 약초를 몸에 바르고 공작 털 양산으로 가린다. 그 나머지는 관속(官屬)들이 따르는데 흰 번포(番布)로 자

두 부합하지 않는다.

2) 『동방견문록』(김호동 역주), 183장(482쪽)의 멜리바르(Melibar) 왕국을 참고하면 된다. 주90에는 인도 서해안 즉 말라바르(Malabar)라고 설명하고 있다.

루를 만들어 그 위에 앉는다. 이를 '포대교(布袋轎)'라고 하는데 막대기로 들고 가고 막대기는 금은으로 싼다. 이들은 춤추는 여인들 앞에 위치한다. 나라에는 모래땅이 많아 왕이 나가면 먼저 관원 한 사람과 병졸 백여 명을 보내 땅에 물을 뿌려 바람에 날리는 것을 방비한다. 음식은 매우 정갈하고 솥으로 온갖 요리를 하는데 매일 하나씩 바꾼다. '한림(翰林)'이라는 관리들이 있는데 이들은 왕에게 음식을 공양하고 음식의 많고 적음을 살피며 만들어 들일 때마다 과도하지 않게 한다. 혹 질병에 걸리기라도 하면 대변을 맛보고 치료하게 한다.

나라 사람들은 자줏빛이며 귓바퀴는 어깨까지 드리운다. 활쏘기에 익숙하고 칼과 창을 잘 다루며 호전적이다. 정벌을 할 때는 코끼리를 타고, 적을 공격할 때는 흰 비단으로 머리를 묶는다. 불(佛)[3]을 매우 성실하게 모신다. 땅은 따뜻하며 추위가 없어 미곡(米穀), 마(麻), 콩, 맥(麥), 조, 토란, 나물 등 먹을 것이 넉넉하고 값도 싸다. 섞은 백은(白銀)에 구멍을 뚫어 동전으로 사용하며 관인이 새겨져 있다. 사람들은 이로써 무역을 한다.

3 역주: 본서에서 기술한 '불(佛)'은 반드시 불교의 불(佛)은 아니다. 아마도 일체의 금상(金像)을 범칭하는 것으로 보인다. 예를 들어 대진(大秦) 조목에서 "송경(誦經)하고 예불(禮佛)"한다고 하였고, 대식(大食) 조목에서 무함마드[麻霞勿]이란 '불(佛)'이 있다고 하였으며, 발니(渤泥) 조목에서는 "불절(佛節)이 되면 그 왕은 직접 꽃과 과일을 3일 동안 공양한다."라고 하였는데 모두 그 예이다.

토산으로는 진주, 다양한 색깔의 번포(番布), 두라면(兜羅綿)이 있다. 나라에는 민물 강이 있는데 바로 지류들이 모여드는 곳이다. 강은 매우 넓고 길며 옆에는 산이 돌출해 있으며 언제나 별들이 그 위에 모습을 드러낸다. 빼어난 기운이 모여서 작은 돌을 만들어내는데 고양이 눈동자[猫兒睛]와 같다. 그 색은 맑고 투명하며 산 구덩이 속에 묻혀 있다가 불시에 계곡물이 불어나면 물에 떠밀려 흘러간다. 관리들은 이때 사람들을 보내 작은 배를 타고 채취하는데, 나라 사람들이 그것을 귀하게 여긴다[4].

4 여기에서 말하는 것은 실론 섬의 일이다. 본서 남무리(藍無里) 조

목과 그 주7에 인용한 『영애승람』의 글을 참고할 만하다.

퀼론[故臨], 구제랏[胡茶辣], 캄베이[甘琶逸], 바루치[弼離沙], 말와[麻囉華], 풍아라(馮牙囉), 마리말(麻哩抹), 도노하(都奴何), 알와예[啞哩喏], 칸나노레[嗷囉囉哩][5] 등이 모두 이 나라의 속국들이다.

5 역주: 퀼론[故臨]은 바로 쿠람(Kulam)으로 지금의 퀼론(Quilon/Kollam)이다. 호다랄(胡茶辣)은 구제랏(Guzerat)이다. 다음 조목을 보면 감파일(甘琶逸)은 아랍어의 캄바야트(Kambayat)로 지금의 캄베이(Cambay)이다. 필리사(弼離沙)는 지금의 바루치(Bharoch)이고, 마라화(麻囉華)는 말와(Malwa), 풍아라(馮牙囉)는 망갈로르(Mangalore), 마리말(麻哩抹)은 말라바르(Malabar)의 대역음 같다. 도노하(都奴何)는 아랍 사람의 지리지에서 말하는 탄나흐(Tannah)로 보이는데 지금의 타나(Tana)이다. 아리야(啞哩喏)는 망갈로르(Mangalore)와 판다라이나(Fandaraina) 사이에 있는 히리(Hili)인 것 같다[3]. 오라라리(嗷囉囉哩)는 칸나노레(Cannanore/Kannur)로 『영애

3) 『도이지략』에 보이는 하리(下里)에 대하여, 후지타 토요하치(藤田豊八)는 인도 말라바르 해안의 캘리컷(Calicut, 오늘날 Kozhikode)으로 추정하고 명나라 시기 서적에서 보이는 고리국(古里國)이 바로 이곳이라고 했다. 록힐은 말라바르 해안의 헬리(Heli)로 마르코 폴로 여행기에 나오는 엘리(Eli)라고 했다. 후지타 토요하치의 캘리컷은 『도이지략』에서 보이는 '고리불(古里佛)'이므로 동일한 곳이 아니다. 록힐이 말한 헬리는 『무비지·항해도(航海圖)』에서는 '헐립(歇立)'으로 되어 있고, 이븐 바투타의 책에서는 힐리(Hili)로 되어 있다. 바로 인도 케랄라 주에 있는 마운트 델리(Mount Delly)로 캘리컷의 북쪽에 있는데, 『도이지략』에서 하리는 퀼론(Quilon, 故臨, 小唄喃) 캘리컷 중간에 있다고 하는 설명과 부합하지 않는다. 이븐 바투타는 힐리가 광활한 하구의 대성(大城)에 위치한다고 하였는데(『이븐 바투타의 여행(Voyages d'Ibn Battûta)』 4책, 81쪽), 『도이지략』에서는 작은 항구라고 했으므로 역시 맞지 않는다. 한편

승람』 고리(古里) 조목의 한노아(狠奴兒)같다[4].

○퀼론[故臨]은 『도이지략』에는 소구남(小唄喃)[5]으로 되어있고, 『원사』에는 구람(俱藍)으로, 『영애승람』에는 소갈란(小葛蘭)으로 되어있다. 호다랄(胡茶辣)은 『대당서역기』, 권11에 구절라(瞿折羅)로 되어있고, 바루치(Bharoch)는 『대당서역기』, 권11에는 발록갈첨반(拔祿羯呫婆)로 되어있다. 말와[麻囉華]는 『대당서역기, 권11에 마랍반(摩臘婆)으로 되어있다. 히리(Hili)는 원본 『성사승람』의 소구남(小唄喃) 조목에 '하리(下里)'로 되어있다. 다만 도노하(都奴何) 이하의 나라 이름에는 분명 착오가 있어 그 지역을 추정하기 좀 어렵다.

『도이지략』에 따르면, 하리(下里)에서는 후추의 생산이 많다고 하는데, 명나라 시기의 서적에서 보이는 코치(Kochi, Cochin, 柯枝)는 말라바르 해안에서 후추의 생산지역으로 잘 알려져 있다. 그 위치는 캘리컷과 퀼론의 사이에 있으므로 하리(下里)와 어느 정도 부합하고 있다. 코치에서 30킬로미터 남짓 되는 곳에는 알와예(Alwaye)라는 작은 항구가 있다. 이 항구는 페리야르(Periyar)강 어귀에 있는데 면적이 매우 협소하여 작은 항구라는 말과 잘 어울린다. 또 『제번지』 남비(南毗) 조목을 보면 남비국의 속국들이 나열되어 있는데, 그 중에는 아리야(啞哩喏)라는 나라가 들어 있다. 이에 대해 히어트와 록힐은 라스 핼리(Ras Haili)라고 했는데 음역의 글자에 충분히 호응하지 않는다. 바로 아리야는 알와예(Alwaye)의 음역인 것이다. 따라서 『도이지략』의 하리와 『제번지』의 아리야는 동일지역으로 알와예를 지칭한다. 그러나 하리가 음역된 것인지 의역된 것인지는 알려지지 않았다.

4) 양박문은 『명사』, 「고리전(古里傳)」에 나오는 '한노아(狠奴兒, Honavar)'의 다른 음역으로 보았다. 하지만 본서의 음역과 부합하는 것으로는 보이지 않는다. 하노바르의 옛 이름이 'Honore'라고 하더라도 어울리지 않는다.

5) 소구남(小唄喃)의 '구'자는 [口+具]이나 글자가 없어 '唄'로 대신했다. 이하 모두 동일하다.

이 나라는 매우 멀어 외래 선박들이 거의 오지 않는다. 시라파지력간(時羅巴智力干)[6] 부자가 이들 종족에 속하는데 지금은 천주(泉州)의 성남에 산다.

토산의 물품은 본국이 길라(吉囉), 달농(達弄)[6]과 슈리비자야[삼불제]에 운송하고, 하지(荷池), 힐견(纈絹), 자기(瓷器), 장뇌(樟腦), 대황(大黃), 황련(黃連), 정향(丁香), 뇌자(腦子), 단향(檀香), 두구(荳蔻), 침향(沉香)을 거래하여 상인들이 와서 교역한다.

6 제리니(Gerini)는 콸라 테롱(Kwala Terong)으로 추정했다. 페락(Perak) 연안인 것 같다[7].

고림(故臨)은 말라바르[南毗]에서 배를 타고 순풍이면 5일 만에 도착한다. 천주(泉州)에서는 배로 40여 일이면 라무리[藍里]에 이르고 그곳에서 겨울을 살고 다

---

6) 시라파지력간(時羅巴智力干): 분명 인명을 거론하고 있는 것은 틀림없지만, 한 사람인지 두 사람인지 알 수 없다. 양박문은 시라파(時羅巴), 지력간(智力干) 두 사람으로 보았으나 확인할 자료가 없다. 어쨌든 본서의 천축(天竺) 조목에서도 언급한 바와 같이 외국인들은 천주(泉州) 성남(城南) 밖에 거주하였음을 짐작할 수 있다.

7) 풍승균은 역주를 따라 길라달농(吉囉達弄)으로 구두했으나, 하나의 명칭인지 확신할 수 없다. 양박문에 따르면, 길라(吉囉, Kalah)는 『황화사달기(皇華四達記)』와 『통전』에 '개라(箇羅)'로, 『당서(唐書)·반반전(盤盤傳)』에는 '가라(哥羅)'로 되어있는데, 그곳은 오늘날 케다(吉打, Kedah)의 므르복(Merbok) 강의 하류에 있다고 하였고, 달농(達弄)은 중세 아랍인이 불렀던 '동리(董里, Kakula)'로 『황화사달기』, 『당서(唐書)』, 「단단전(單單傳)」의 '가곡라(哥谷羅)'이며, 말레이 반도 서쪽 해안에 있으며 동쪽 해안에 있는 송클라(Songkhla)와 마주하고 있다고 하였다(『제번지교석』, 71~72쪽). 양박문의 설은 길라에 대해서는 그럴 법하다. '古邏' '古羅' '吉陀'란 명칭을 생각해보면, '吉囉' 또는 '吉羅'란 음역도 충분히 가능하기 때문이다. 그러나 '달농'은 음역과 거리가 멀다.

음 해가 되어서 다시 출발하여 한 달이면 도착한다[7].

7 고림국(故臨國)은 별도의 조목이 있었으나 필사하면서 하나로 병합한 것 같다. 『영외대답』, 권2에 "고림국과 대식국은 서로 가깝다. 광주에서 배로 40일 가면 라무리에 도착하고 겨울을 지내고 다음해 다시 출발하여 약 1개월이면 도착한다. 그 나라 사람들은 검으며, 몸에는 흰 천을 두른다. 수염과 머리는 직모이고, 머리를 드러내어 상투를 맨다. 붉은 가죽신을 신고 화나한(畫羅漢) 걸상 같은 것이 있다. 활쏘기를 즐겨하고 적과 전투할 때는 흰 비단을 상투에 묶는다. 국왕의 몸에는 베를 두르고 출입할 때는 베로 만든 연두를 타거나 코끼리를 탄다. 나라 사람들은 부처를 섬긴다. 그 나라에는 대식국의 외래인들이 많이 살고 있다. 목욕을 마칠 때마다 울금을 몸에 바르는데 부처의 황금 몸과 같게 하려고 함이다. 감비국은 해를 걸러 코끼리, 소를 팔고 대식국은 말을 팔 때 먼저 이 나라에 와서 거래를 한다. 국왕은 하늘을 섬기고 소를 존중하여 죽이면 죽음으로 보상시킨다[8]. 중국의 상선이 대식으로 가려면 반드시 고림에서 작은 배로 갈아타고 간다. 비록 1월 남풍으로 간다고 해도 왕복 2년은 걸린다(故臨國與大食國相邇, 廣舶四十日到藍里住冬, 次年再發舶, 約一月始達. 其國人黑色, 身纏白布, 鬚髮伸直, 露頭撮髻, 穿紅皮履, 如畫羅漢脚踏者. 好事弓箭, 遇鬪戰敵時. 以綵纈纏髻. 國王身纏布, 出入以布作軟兜, 或乘象. 國人好奉事佛. 其國有大食國蕃客, 寄居甚多. 每洗浴畢, 用鬱金塗身, 欲象佛之金身也. 監篦國遞年販象·牛, 大食販馬, 前來此國貨賣. 國王事天尊牛, 殺之償死. 中國舶商欲往大食, 必自故臨易小舟而往, 雖以一月南風至之, 然往返經二年矣)."라고 하였다.

토속은 대체로 말라바르[南毗]와 다를 것이 없다. 땅에서는 야자(椰子), 소목(蘇木)이 있고 술은 밀당(蜜糖)과 야자꽃즙으로 숙성하여 만든다. 활쏘기를 즐기며

---

8) 소계경은 『도이지략교석』(328쪽)에서 "인도 바라문교도들은 범천(梵天, Brahman)에 제사지내며 소를 경외하여 소를 죽이는 것을 보아도 중죄로 여기는데, 지금도 그러하다."라고 하였다.

전투에서 적을 공격할 때는 흰 비단으로 상투를 묶는다.

교역에는 금은의 동전을 사용하는데 은전 12개는 금전 1개와 같다. 땅은 따뜻하고 추위가 없다. 매년 슈리비자야[三佛齊], 캄파르[監篦], 케다[吉陀][8] 등의 나라에서 배가 오고, 교역하는 물품은 남비와 동일하다.

8 원본에는 "監吉篦陀"로 되어있어 바로잡았다. 감비(監篦)는 본서에 별도의 조목이 있다. 길타(吉陀)는 능아사가(凌牙斯加) 조목 주3을 보라.

대식 사람들이 많이 이 나라에 살고 있다. 목욕을 마치면 울금(鬱金)을 몸에 바르는데 부처의 몸처럼 만들고자 함이다.

南毗國在西南之極. 自三佛齊便風月餘可到, 國都號蔑阿抹, 唐語曰禮司. 其主裸體跣足, 縛頭纏腰, 皆用白布, 或著白布窄袖衫, 出則騎象, 戴金帽, 以眞珠珍寶雜拖其上, 臂繫金纏, 足圈金鍊. 儀仗有纛, 用孔雀羽爲飾, 柄拖銀朱, 凡二十餘人, 左右翊衞, 從以番婦, 擇貌壯奇偉者前後約五百餘人, 前者舞導, 皆裸體跣足, 止用布纏腰, 後者騎馬, 無鞍, 纏腰束髮, 以眞珠爲纓絡, 以眞金爲纏鍊. 用腦麝雜藥塗體, 蔽以孔雀毛傘, 其餘從行官屬, 以白番布爲袋, 坐其上, 名曰布袋轎, 以扛舁之. 扛包以金銀, 在舞婦之前. 國多沙地. 王出, 先差官一員及兵卒百餘人持水灑地, 以防颶風播揚. 飮食精細, 鼎以百計, 日一易之. 有官名翰林, 供王飮食, 視其食之多寡, 每裁納之, 無使過度. 或因而致疾, 則嘗糞之甘苦以療治之. 國人紫色, 耳輪垂肩. 習弓箭, 善刀矟, 喜戰鬬. 征伐皆乘象, 臨敵以綵纈纏頭. 事佛尤謹. 地暖無寒, 米·穀·麻·豆·麥·粟·芋·菜, 食用皆足, 價亦廉平. 鑿雜白銀爲錢, 鏤官印記, 民用以貿易. 土產眞珠·諸色番布·兜羅綿. 國有淡水江, 乃諸流湊匯之處. 江極廣袤, 傍有山突兀, 常有星現其上, 秀氣鍾結, 產爲小石, 如猫兒睛. 其色明透, 埋於山坎中, 不時山水發, 潮洪推流. 官時差人乘小舸採取, 國人珍之.

故臨·胡茶辣·甘琶逸·弼離沙·麻囉華·馮牙囉·麻哩抹·都奴何·啞哩喏·嗷囉囉哩皆其屬國也. 其國最遠, 番舶罕到. 時羅巴智力干父子, 其種類也, 今居泉之城南. 土產之物, 本國運至吉囉·達弄·三佛齊, 用荷池纈絹·甆器·樟腦·大黄·黄連·丁香·腦子·檀香·荳蔻·沉香爲貨, 商人就博易焉. 故臨國自南毗舟行, 順風五日可到, 泉舶四十餘日到藍里住冬, 至次年再發, 一月始達. 土俗大率與南毗無異. 土產椰子·蘇木, 酒用蜜糖和椰子花汁醞成. 好事弓箭, 戰鬬臨敵以綵纈纏髻. 交易用金銀錢, 以銀錢十二準金錢之一. 地暖無寒. 每歲自三佛齊·監篦·吉陀等國發船, 博易用貨亦與南毗同. 大食人多寓其國中. 每浴畢, 用鬱金塗體, 蓋欲仿佛之金身.

19. 구제랏 Guzerat 胡荼辣國

호다랄국(胡荼辣國)[1]은 백여 개의 주(州)를 관장하고, 성(城)은 네 겹으로 되어있다.

1 호다랄(胡荼辣)은 구제랏(Guzerat)이다. 『대당서역기』, 권11에는 '구절라(瞿折羅, Gurjara)'로 되어있는데 당시 이 나라의 경계가 남쪽으로 공건(恭建, Konkan)에 달했다. 자세한 것은 『마르코 폴로 여행기』 178~181장을 참고하시오[1)].

나라 사람들은 희고 깨끗하며 남녀 모두 귀에 무거운 고리를 늘어뜨린다. 꽉 끼는 상의를 입고 만포(縵布)로 묶는다. 흰 두건을 써서 귀를 따뜻하게 하고 붉은 가죽신을 신는다.[2)] 사람들은 육식을 금한다.

사원[佛宇][2]이 4천여 곳이 있으며 안에는 약 2만여 기녀(妓女)가 있어 매일 두 차례 노래를 하고 공양을 올리며 꽃을 바친다. 헌화는 길패(吉貝)실을 공처럼 묶는데, 하루에 약 3백 근(斤)을 사용한다.

2 여기의 불우(佛宇)는 불교사원이 아니다. 아마도 힌두교의 신사(神祠)로 보인다. 『대당서역기』 구절라(瞿折羅) 조목에 따르면 이

---

1) 『동방견문록』(김호동 역주, 사계절, 2000), 184장~187장, 484~488쪽.

2) 『동방견문록』(김호동 역주), 184장(485쪽)에 "이 왕국에서는 엄청나게 많은 가죽이 만들어진다.……또한 이 왕국에서는 새나 짐승 문양 장식의 붉은 가죽으로 만든 아름다움 담요가 생산되는데, 그 가장자리를 금실과 은실로 정교하게 바느질해 놓아 보기에도 정말 놀라울 정도로 아름답다."라고 하였다.

나라는 대부분 외도(外道)를 섬기고 불법을 많이 신봉하지 않는다고 하였다. 남비(南毗) 조목의 주3을 참고하시오.

전투용 코끼리 4백여 마리가 있고 전마는 약 10만 마리가 있다. 왕이 출입할 때는 코끼리를 타고 머리에는 관을 쓴다. 따르는 사람들은 말을 타고 검을 찬다.

토산으로 청정(靑碇)[3]이 가장 많고, 자광(紫礦), 가자(苛子)[4], 여러 색의 번포(番布)가 있는데 매년 대식국으로 실어 가서 물품들을 판다[3].

3 『마르코 폴로 여행기』 제 178장 호다랄(胡茶辣) 조목에 "이 나라에서 나는 것으로 후추, 강정이 있고 또한 면화도 많이 있다"라고 하였다. 본 조목에서는 후추가 없는데 빠진 문장이 있는 것 같다[5].

---

3) 청정(靑碇): '정'은 닻돌을 말하는데, 정확히 무엇을 말하는지 밝혀지지 않았다.

4) 가자(茄子): 본서에서 처음으로 보이는 식물이다. 『동방견문록』(김호동 역주)에는 이 나라의 악랄한 해적들에 관해 다음과 같이 말하고 있다. "이 악랄한 해적들은 상인을 붙잡으면 타마린드(tamarind)라는 일종의 약을 바닷물에 타서 마시라고 한다. 그러면 그 상인들은 엄청나게 설사를 하여 뱃속에 있는 것을 모두 배설해낸다. 해적들은 상인들이 설사한 것들을 모두 모아서 그 안에 진주나 보석이 있는지 수색시킨다."(485쪽)라고 하였다. 이어서 주에서, 타마르는 '과일(thamar)' 혹은 '대추야자(tamar)'를 가리키는 것으로 보인다고 하였다. 양박문은 아마도 이 타마린드가 가자(茄子)일 것으로 추정했다(『제번지교석』, 73쪽).

5) 『동방견문록』(김호동 역주), 184장(485쪽)에는 다음과 같이 번역되어 있다. "그곳에는 후추가 굉장히 많고, 생강과 인디고도 풍부하다. 목화도 많이 나는데 커다란 목화를 맺는 나무들이 있기 때문이다."라고 하였다.

胡茶辣國, 管百餘州, 城有四重. 國人白淨, 男女皆穴耳, 墜重環, 着窄衣, 纏縵布, 戴白煖耳, 躡紅皮鞋. 人禁葷食, 有佛宇四千區, 內約二萬餘妓, 每日兩次歌獻佛飯及獻花. 獻花用吉貝線纈縛爲毬, 日約用三百斤. 有戰象四百餘隻, 兵馬約十萬. 王出入乘象. 頂戴冠. 從者各乘馬持劍. 土產靑碇至多, 紫礦·苛子·諸色番布, 每歲轉運就大食貨賣.

20. 말와 Malwa 麻囉華國

마라화국(麻囉華國)[1]은 구제랏[胡茶辣]과 연접해 있다. 이 나라는 60여 주(州)를 관장하고 육로(六路)가 있다. 의복과 풍속은 구제랏과 동일하다. 백포(白布)가 많이 나서 매년 약 2천여 마리의 소에 베를 실어 육로로 다른 나라로 가서 교역한다.

1 『대당서역기』, 권11에는 마랍반(摩臘槃, Malava)[1)]이 있는데 일명

1) 여기 '반(槃)'자는 '바(婆)'자가 되어야 한다. 마랍바국(摩臘婆國)은 『대당서역기』, 권11에 보이는데, 산스크리트어 말라바(Mālava)의 음역으로 마이뜨라까(Maitraka) 왕조의 속국으로 그 위치에 대해서는 의견이 분분하다. 대체로 두 가지로 나누어 볼 수 있는데, 첫 번째 말와(Malwa), 즉 우자인(Ujjain), 빌싸(Bhilsa) 주변 일대, 말하자면 고대 16대국 중의 하나인 아반티(Avanti)의 영역으로 비정한다. 발라비(Valabhi) 지방에서 출토된 7세기의 비문(碑文)을 근거할 수는 있다. 그렇지만 발록갈점바국(跋祿羯呫婆國, Gharukacchapa) 조목에서 "이 나라 서북쪽으로 2천여 리를 가면 마랍바국에 도착한다."고 하였고, 그 아래 원주에는 "바로 남라라국(南羅羅國)은 남인도 경계에 있다."라고 하였다. 마랍바가 '말와'라면, "서북쪽"은 "동북쪽"으로 바꿔야 하고, "남라라국"은 "북라라국"으로 바꿔야 한다. 왜냐하면 나라(Lata, Lala)는 마히(Mahi) 강과 킴(Kim) 강 사이에 있는 지역을 말하므로(B. C. Law, 『Historical Geography of Ancient India』, 287~8, 322쪽), 말와는 바로 이 지역의 북쪽에 위치해야 하기 때문이다. 둘째로 카이라(Kaira)와 아마다바드(Ahmadabad) 일대, 바로다(Baroda)의 일부 영역을 포함하여 북구자라트(Gujarat)로 비정하는 학자들이 있다. 대표적으로 스미스(Vincent Arthur Smith)는 『인도 초기 역사(The Early History of India)』, 323~326, 344쪽)를

'남라라국(南羅羅國)'이라고도 한다. 『송사』, 권490, 「천축전(天竺傳)」에 마라미국(摩囉尾國)이 있는데 모두 마라화(麻囉華)의 다른 음역이다. 오늘날 지명은 말와(Malwa)로, 이것이 옛 나라의 흔적일 것이다.

麻囉華國, 與胡茶辣連接. 其國管六十餘州, 有陸路, 衣服風俗與胡茶辣國同. 產白布甚多, 每歲約發牛二千餘隻馳布, 就陸路往他國博易.

들 수 있는데, 첫 번째 설을 비판하고 자신의 견해를 세웠고 이어서 그리엘손(G. A. Grierson)도 「현장(玄奘)의 마랍바(The Yuan Chwang's Mo-la-po)」, 『Journal of the Royal Asiatic Society』(1906), 95쪽에서 비슷한 주장을 하고 있다. 마랍바가 북구자라트라면 "2천여 리"를 "2백여 리"로 바꾸지 않으면 안 된다. 마랍바는 둘레가 6천여 리나 되는 큰 나라인데, 북구자라트와 부합하지 않는다.

21. 촐라 Cola 注輦國
22. 벵갈 Bengle 鵬茄囉國
23. 베라발 Veraval 南尼華囉國

주련국(注輦國)[1]은 서천(西天) 남인도이다. 동쪽 바다로부터 5리에 있으며, 서쪽으로 서인도까지는 천오백리이고, 남쪽으로 나란(羅蘭)[2]까지 이천오백리이며, 북쪽으로 돈전(頓田)까지 3천리이다. 옛날부터 통상을 하지 않았고, 물길로 천주(泉州)[3]까지 사십일만 천사백리이다. 이 나라에 가려면 퀼론[故臨]에서 배를 갈아타고 가거나 혹은 미얀마 파간에서도 갈 수 있다고 한다[4].

1 주련(注輦)은 산스크리트어로 촐라(Cola)이다. 아랍 사람들은 이 나라를 '추리얀(Culiyan)'이라고 하고, 그 나라 사람들은 '솔리(Soli)'라고 한다. 여기 송나라의 '촐라[注輦]'와 명나라의 '소리(瑣里)'라는 두 명칭은 여기에서 비롯한 것이다. 영토는 오늘날 코로만델(Coromandel) 연안에 있다. 『대당서역기』, 권10에는 '주리야(珠利邪)'가 있는데, 이 나라 사람들이 건설한 옛 나라이다. 그러나 옛날 파라바(波羅婆, Pallava) 왕조에 예속되었다가, 이후에 독립했다. 11세기에 이르러 영토를 확장하여 방갈랄(榜葛剌, Bengale) 연안에까지 개척했다. 『수마트라인의 제국』, 31~33쪽에 인용한 단유리(丹柔里, Tanjore) 비문을 참고하시오.

2 『문헌통고』, 권332, 「주련전」과 『송사』, 권489, 「주련전」은 『제번지』를 채록하여 모두 '나란(羅蘭)'으로 되어있는데, '세란(細蘭)'의 잘못으로 보인다. 『문헌통고』와 『송사』의 「주련전」 뒤에는 "나라의 동남쪽 약 2500리에는 실란지국이 있다(國東南約二千五百里有悉蘭池國)."라는 언급이 있는데, 여기 실란지는 시란디브(Sirandib)의 대역음 같다. 아랍어로 석란(錫蘭) 섬을 지칭한다. 본서에서는 아랍어의 별칭인 시란(Silan)을 채택하여 세란(細蘭)이라 했으므로 여기 '나란'은 세란의 잘못으로 보인다.

3 『문헌통고』와 『송사』, 「주련전」에는 광주(廣州)로 되어있다.

4 이 조목은 『영외대답』, 권2 주련(注輦) 항목에서 거의 다 가져왔다. 그 원문은 다음과 같다. “주련국은 서천 남인도이다. 이 나라에 가려면 퀼론[故臨]에서 배를 갈아타고 가거나[1] 혹은 미얀마 파간에서도 갈 수 있다고 한다. 나라 왕의 관에는 밝은 구슬과 기이한 보석이 달려 있다. 서천의 여러 나라들과 전쟁을 많이 하여 나라에는 전투용 코끼리 6만이 있는데 모두 키가 7~8척이다. 전쟁 때에는 코끼리 등에 집을 지어 용사들을 싣는다. 멀면 화살을 사용하고, 가까우면 창을 사용한다. 전쟁에 이긴 자와 코끼리는 모두 칭호를 내려 그 전공을 밝히는데, 심지어 금장(錦帳)과 황금 구유를 내리는 경우도 있다. 코끼리도 매일 왕에게 조알한다. 국왕과 관민 모두 상투를 하고 백포를 두른다. 금은을 돈으로 삼는다. 지환뇌자(指環腦子)가 나는데 묘아정(猫兒睛)과 같은 류이다. 진주, 상아, 잡색의 호박(琥

1) 양무천은 고림국(故臨國)에서 배를 작은 배로 갈아타는 이유를 다음과 같이 설명하고 있다. 주련(注輦)은 동쪽에 있고 고림(故臨)은 서쪽에 있어서 중국에서 가려면, 먼저 주련을 지나야 하는데, 여기에서 “고림국에서 배를 갈아타고 간다”라고 한 이유는 첫째, 고림은 상업이 발달하여 동서양 해상교역의 중심 항구였기 때문에 중국 선박들은 으레 이곳에 왔다가 다른 곳으로 갔다. 둘째, 송나라 시기에 중국의 조선술은 상당히 발전하여 외국 선박들보다 크기가 컸다. 그래서 『영외대답』, 고림국 조목에서 “중국 상선들이 대식으로 가려면 반드시 고림에서 작은 배로 갈아타고 갔다(中國舶商欲往大食, 必自故臨易小舟而往).”라고 했는데, 여기의 작은 배들은 외국의 배이다. 또 항해외이(航海外夷) 조목에서는 “대식국이 올 때는 작은 배를 운항하여 남쪽으로 가고, 고림국에 이르러 큰 배로 갈아타고 동쪽으로 간다.(大食國之來也, 以小舟運而南行, 至故臨國易大舟而東行)”라고 하였는데, 여기서 말하는 큰 배는 중국의 배라고 하였다(『영외대답교주』, 93쪽). 이러한 견해는 소계경 『도이지략교석』 서론(5쪽)에서도 보이는데, 무엇보다 작은 배(외국의 배, 아랍인의 배)로 갈아타는 이유는 몬순바람에 적합하게 만들어진 배였기 때문일 것이다.

珀), 색사포(色絲布)가 난다. 기녀들은 1만 가구에 가까운데, 매일 3천 명씩 번갈아 조정에 들어가 시중을 든다. 나라 사람들은 기상을 중시하고 삶을 가볍게 여긴다. 서로에게 복종하지 않는 자가 있으면 하루에 수십 번 왕 앞에서 단도를 들고 싸움을 하다 죽더라도 후회하지 않는다. 부자, 형제는 솥과 아궁이를 같이 하지 않고, 그릇과 음식을 함께 하지 않지만 의리를 매우 중시한다. 진종 대중상부 8년(1015) 주련 국왕이 사신을 보내 진주 등을 바쳤다. 역관이 그 말을 번역하여 '멀리서 교화를 흠모하는 마음을 표하기를 바랍니다'라고 했다. 신종 희녕 10년(1077) 6월에 이 나라가 또 방물을 바치자 내시를 보내 노고를 위문했는데, 바로 이 나라이다(注輦國是西天南印度也. 欲往其國, 當自故臨國易舟而行, 或云蒲甘國亦可往. 其國王冠有明珠異寶. 多與西天諸國戰爭. 國有戰象六萬, 皆高七八尺. 戰時象背立屋載勇士, 遠則用箭, 近則用槊. 戰勝者, 象亦賜號以旌其功, 至有賜錦帳金槽者. 每日象亦朝王. 國王及官民皆撮髻, 繞白布. 以金銀爲錢. 出指環腦子, 蓋猫兒睛之類也, 眞珠·象牙·雜色琥珀·色絲布. 妓女近萬家, 每日輪妓三千入朝祗役. 國人尚氣輕生, 有不相伏者, 日數十對在王前用短刀格鬭, 死而無悔. 父子兄弟不同釜而爨, 不共器而食, 然甚重義. 眞宗大中祥符八年, 注輦國王遣使貢眞珠等. 譯者道其言曰, 願以表遠人慕化之心. 至神宗熙寧十年六月, 此國亦貢方物. 上遣內侍勞問之, 乃此國也)."

이 나라의 성은 일곱 겹으로 되어 있고, 높이는 7척이다. 남북으로 12리이고, 동서로 7리이다. 매 성은 서로 1백 보 거리를 두고 있으며, 4개의 성은 벽돌을 사용하고, 2개의 성은 흙을 사용했으며 맨 가운데 성은 나무로 만들었는데, 모두 꽃과 과일, 잡목들을 심어 두었다. 제 1성과 2성에는 모두 백성들이 살고 작은 해자로 둘러싸여 있다. 제 3성과 4성은 시랑(侍郎)들이 거처하고[5], 제 5성에는 왕의 네 아들들이 살며, 제 6성은 불교 사원으로 온갖 승려들이 산다. 제 7성에 왕이 거처한다.

5 『문헌통고』와 『송사』, 「주련전」에는 "첫 번째 성과 세 번째 성까지는 모두 백성들이 사는데, 작은 강으로 둘러싸여 있고, 네 번째

성은 시랑 네 명이 산다(其第一至第三城皆民居, 環以小河, 第四城四侍郎居之).”라고 되어 있다.

가옥은 4백여 곳에 있고 31개 부락(部落)[2)]으로 나뉜다. 그 서쪽 12부락은, 지도니(只都尼), 시아로니(施亞盧尼), 라파리별파이(羅琶離鼈琶移), 포림파포니(布林琶布尼), 고단포림포등(古檀布林蒲登), 고리(故里), 파륜잠(婆輪岑), 본제게제(本蹄揭蹄), 염여지리(閻黎池离), 나부니(那部尼), 차고림(遮古林), 아리자림(亞里者林)이고, 그 남쪽 8부락은 무아가려마람(無雅加黎麻藍), 미고려고저(眉古黎苦低), 사리니(舍里尼), 밀다라마(密多羅摩), 가람포등(伽藍蒲登), 몽가림가람(蒙伽林伽藍), 파리파리유(琶里琶离游), 아림지몽가람(亞林池蒙伽藍)이며, 그 북쪽 12부락은 알라하바드[撥羅耶], 무몰리강(無沒离江), 주림(注林), 가리몽가람(加里蒙伽藍), 칠결마람(漆結麻藍), 악절몽가람(握折蒙伽藍), 피림가람(皮林伽藍), 포릉화람(蒲稜和藍), 보파래(堡琶來), 전주리(田注离), 노사라(盧娑囉), 미몽가람(迷蒙伽藍)이다[6].

6 이상의 지명들은 대체로 역주를 따랐다. 그러나 역주자들은 일찍이 표점이 순전히 억측에서 나왔음을 인정한 바 있다. 게다가 그 땅을 고증해보면 모두 천착하고 부회한 것으로 하나도 취할 만한 것이 없다. 다만 알 수 있는 것은 발라야(撥羅耶)로, 『대당서역기』의 발라야가(鉢羅耶伽), 『송사』, 「천축전」의 ‘발라야가(鉢羅野迦)’일 수 있는데, 바로 옛날의 ‘프라야가(Prayaga)’, 지금의 ‘알라하바드(Allahabad)’이다. 보파래(堡琶來)는 단유리(丹柔里, Tanjore) 비문의 ‘파팔람(Pappalam)’일 수 있다.(『수마트라인의 제국』 32쪽을 참고하시오). 나머지는 모두 고증을 기다린다.

백성에게 죄가 있으면 시랑 1명에게 명하여 처치하게 하고, 가벼운 자는 나무틀에 묶고 50, 70, 1백 대까지 매질을 하고, 무거운 자는 곧바로 참수하거나 코끼리

2) 부락(部落): 히어트와 록힐에 따르면, 산스크리트어에서 도시나 요새를 뜻하는 pura에서 옮긴 것이라고 하지만, 부(部)와 락(落)을 조합하여 만든 순수한 한자 용어이다. 하지만 음과 의미는 상당히 근접하고 있다.

가 밟아 죽이게 한다. 연회는 왕과 네 시랑이 계단에서 경배를 받으면 마침내 함께 음악을 연주하고 가무를 하는데 술은 마시지 않고 고기를 먹는다. 민간의 베옷을 입고, 떡 같은 것도 있다. 음식을 장만하고 일을 집도하는 것은 기녀들을 사용하며 근 1만여 가구가 매일 3천 명씩 번갈아 시중을 든다.

혼인할 때는 금은의 반지를 먼저 중매인을 통해 여자 집으로 보낸다. 3일 뒤에 남자의 친족들이 모여 전토(田土), 가축, 빈랑주 등으로 결정하는데, 그 유무(有無)를 예(禮)로 삼는다. 여자 집에서는 다시 금은 반지, 월낙포(越諾布)[3]와 여자가 입을 수놓은 옷을 남편 될 사람에게 보낸다. 남자가 여자를 끊고 싶다면 결혼 예물을 받지 않으면 되고, 여자가 남자를 거절하고 싶으면 곱절로 보상하면 된다.

이 나라의 세금은 너무 무거워 (장사하는) 사람들이 거의 가지 않는다.

서천(西天)의 여러 나라들과 전쟁을 하여 관청에는 전투용 코끼리 6만이 있는데

---

3) 월낙포(越諾布): 『실크로드대사전(絲綢之路大辭典)』(섬서인민출판사, 2006, 217쪽)에 따르면 "월낙(越諾)은 페르시아어 바무바라(bamu vara)의 음역어로 페르시아 실크제품이란 뜻으로, 『수서』, 「서역전(西域傳)」에 페르시아 사신이 헌상한 방물에 이 물품이 들어있다."라고 하였는데, 음역한 것과 거리가 멀다. 라우퍼(B. Laufer)의 『중국과 이란(Sino-Iranica)』에 따르면 페르시아 바라(Vala, 실크직물이란 뜻)와 낙스(nax, 비단이란 의미)의 음역이라고 하는데, 제법 설득력을 갖추었다. 다만 월낙이 실크제품이라면 포(布)자와 어울리지 않는다. 『도이지략』 동충고랄(東冲古剌) 조목에는 "월리포(越里布)를 묶는다."라고 하였다. 소계경은 월리(越里, 오늘날 베트남 번리藩里)일대에서 나는 면직품으로 설명했다. 월낙은 월리의 다른 음역으로 정밀하게 짠 면포로 보인다. 이일화(李日華)는 『육연재필기(六研齋筆記)』, 권1에서 "번포(番布) 중의 정밀한 것이다."라고 하였다. 그러나 그것이 반드시 월리에서만 생산되는 것은 아니다. 월리를 경유해서 장사를 하다가 먼저 중국에 알려지게 되었기 때문에 월낙포(越諾布)로 불리게 되었을 가능성이 크다.

모두 키가 7~8척이다. 전쟁 때에는 코끼리 등에 집을 지어 용사들을 싣는다. 멀면 화살을 사용하고 가까우면 창을 사용한다. 전쟁에 이긴 자와 코끼리는 모두 칭호를 내려 그 전공을 밝힌다. 나라 사람들은 기상을 중시하여 삶을 가볍게 여긴다. 혹 왕 앞에서 병장기를 들고 싸움을 하다 죽더라도 후회하지 않는다.

부자, 형제는 솥과 아궁이를 같이 하지 않고, 그릇과 음식을 함께 하지 않지만 의리를 매우 중시한다.

토산으로 진주, 상아, 산호, 파리(玻璃), 빈랑, 두구(荳蔻), 유리(琉璃), 색사포(色絲布), 길패포(吉貝布)가 있고, 짐승에는 산양, 황우(黃牛)가 있다. 조류에는 산계(山鷄), 앵무새가 있으며, 과실에는 여감(餘甘)[4], 등라(藤蘿)[5], 천년조(千年棗), 야자,

---

4) 여감(餘甘): 질스(Giles)는 『제번지』와 동시대 책인 『세원록(洗寃錄)』에 따라 "여감자(餘甘子)"를 인용하고 스폰디아스 아마라(spondias amara)에 대응시켰다(『Adversaria Sinica』, 별책 6, 187쪽). 1116년의 『본초연의(本草衍義)』에서는 암마륵(庵摩勒)이라 했다. 1200년대 고사손(高似孫)의 『위략(緯略)』에는 흰 머리를 염색할 때 쓰는 암마륵유(庵摩勒油)란 조목이 있는데, 암마륵이 여감자이며, 이 중국식 명칭은 그 맛이 처음에는 쓰지만 감미로워지기 때문에 나온 것이라고 했다. 또한 일련의 인용이 나오는데 여감(餘甘)이 이미 3세기부터 중국어로 사용되었음을 보여준다. 그리고 이 과일은 6~7개의 모난 조각으로 나뉜다고 설명하고 있다. 따라서 여감은 바로 암마륵이고, 산스크리트어 아말라카(āmalaka)이며, 미로볼랑(myrobolan: 개살구)임에 틀림없다(펠리오, 『통보』, 13(1912), 469~70쪽).

5) 등라(藤蘿): 중국의 백과사전에 따르면, 이 식물은 "Wisteria villosa Rehder"라는 학명을 가진다고 한다. 장열(張說, 667~730)의 「상주북정(湘州北亭)」 시에 "산의 꽃들은 오솔길을 헤매게 하고, 못의 물은 등라를 씻어내네(山花迷徑路, 池水拂藤蘿)."라고 한 것으로 보아, 적어도 8세기까지는 거슬러 올라간다.

감라(甘羅)[6], 곤륜매(崑崙梅), 파라밀(波羅密) 류가 있다. 꽃에는 백말리(白茉莉), 산사(散絲), 사제(蛇臍)[7], 불상(佛桑)[7], 여추(麗秋), 청황백바라(靑黃碧婆羅)[8], 요련(瑤蓮), 선자(蟬紫)[8], 수초(水蕉) 같은 것들이 있다. 오곡(五穀)에는 녹흑두(綠黑豆), 맥(麥)과 벼가 있다. 땅에는 대나무가 잘 자란다.

7 원문에는 '불(佛)'자가 빠져 있다. 『송사』, 「주련전」에 의거하여 보충했다. 불상(佛桑)은 『남월필기(南越筆記)』에 보인다. 『본초강목』에는 '부상(扶桑)'으로, 『남방초목상』에는 '주근(朱槿)'으로 되어 있다. 일명 '적근(赤槿)'이라고도 하는데, 바로 히비스쿠스 로사-시넨시스(Hibiscus rosa-sinensis)이다. 『서역남해사지고증역총』, 124~126쪽[9]을 참고할 만하다.

8 '바(婆)'자는 '사(娑)'자가 되어야 한다. 사라(娑羅) 나무는 바로 Shorea robusta이다.

옛날부터 조공은 한 적이 없다. 대중상부(大中祥符) 8년(1015) 이 나라 지주(地主)가 사신을 보내 진주 등을 바쳤다[9]. 역관이 그 말을 번역하여 "멀리서 교화를 흠모하는 마음을 표하기를 바랍니다."라고 했다. 왕은 합문지후(閤門祗候) 사우

---

6) 감라(甘羅): 히어트와 록힐은 『사기』에 따라 감라는 감무손(甘茂孫)의 자(字)라고 이해하고 있다(『Chau Ju-kua』, 100쪽). 그러나 여기서는 식물이름이 되어야 한다.

7) 이상의 세 꽃 이름은 밝혀지지 않았다. 다만 외래어를 음역한 것으로 보일 뿐이다.

8) 선자(蟬紫): 중국 백과사전에 따르면 자선화(紫蟬花)로 Allamanda violacea라는 학명을 가지는데, 알라만다 블란체티(Allamanda blanchetii)로 알려진 열대 꽃식물로 보인다.

9) 원문은 조지 마스페로(Georges Maspero)의 『참파 왕국(Le Royaume de Champa)』에 대하여 아루쏘(Léonard Aurousseau)가 서평[compte-rendu] 형식으로 『BEFEO』, 1914, 9책(8~43쪽)에 기고한 글을 풍승균이 「점파사료보유(占城史料補遺)」란 제목으로 번역하여 『西域南海史地考證譯叢 二編』(120~149쪽)에 수록하였다.

지(史祐之)로 하여금 연회를 열어 접대하고 구자(龜茲)[10)]의 사신과 동일하게 은혜를 베풀었다. 마침 황제의 생일을 맞았기 때문에 그 사신들은 성원(聖院)에서 축수하는 것을 볼 수 있었다. 희녕(熙寧) 10년(1077)에 또 방물을 바치자 신종(神宗)은 내시(內侍)를 보내 노고를 위문했다. 기타 남니화라(南尼華囉) 등 백여 개 이상이 있지만 모두 서천(西天)이란 명칭을 앞에 둔다. 또한 왕사성(王舍城)[11)]이라고 하는 것이 있는데, 민간에 전하는 바에 따르면 통킹[交趾]의 북쪽에서 대리(大理, 운남성)까지, 대리에서 왕사성까지는 40여 정(程)이라고 한다. 가탐(賈耽)의 『황화사달기(皇華四達記)』[10]에 이르기를 안남(安南)에서 천축으로 가는 것은 육로로도 그 나라에 갈 수 있다고 했으나 달마(達麼)[12)]가 올 때, 배를 타고 번우(番禺: 광동성 광주)[13)]에 이르렀다. 어찌 육로로 돌아가는 것이 해로의 신속함과

---

10) 구자(龜玆): 오늘날 신강위구르 자치구에 위치했던 쿠차(Kucha)을 가리키지만, 여기서는 인도의 구제랏을 지칭한다. 『대당서역기』, 권1에 보이는 '굴지국(屈支國)'이 바로 이곳이다. "동서는 천 여리에 달하고 남북의 길이는 600리에 이르며, 국가의 수도는 주위가 17~18리에 달한다.(東西千餘里, 南北六百餘里. 國大都城周十七八里)."라고 언급하고 있다.

11) 왕사성(王舍城): 산스크리트어로 Rāja-gṛha라고 하는데, 『수경주(水經注)』, 권1에서 지승재(支僧載)의 『외국사(外國事)』를 인용하면서 "나열지병사국(羅閱祇瓶沙國)"로 음역했고, 『대당서역기』, 권9에서는 갈라도길리희성(曷羅闍姞利呬城)으로 되어 있고 그 아래 원주에는 "당대에는 왕사(王舍)라 했다."라고 했다. 『일체경음의(一切經音義)』, 권3, 나열(羅閱) 조목에서 "『아사세왕경』에 '나열지'라는 것은 진(晉)나라 때 왕사성이라 했는데 분명 와전된 것이다. 정확히 말하자면 나열게려혜이다. 나열의 의미는 요리를 뜻하고 왕이 그것을 대신하였기 때문에 요리를 잘하는 사람이라고 했다. 게려혜 이것은 집안[舍中]을 의미하여 왕사성이라 부른 것이다. 마가타국 안에 있는 성 이름이다(案阿闍世王經云, 羅閱祇, 晉言王舍城, 以應訛也. 正言羅閱揭黎醯, 羅閱義是料理, 以王代之, 謂能料理人民也. 揭黎醯, 此云舍中, 總名王舍城, 在摩伽陀國中城名也)."라고 하였다.

21. 촐라 Cola 注輦國 22. 벵갈 Bengle 鵬茄囉國 23. 베라발 Veraval 南尼華囉國

편리함 보다 못해서이겠는가!

9 『송사』, 「주련전」에 따르면, 이 해에 촐라[注輦]의 주인 나차라(羅茶羅, Rajaraja)가 사신 사리삼문(娑里三文, Soli Samundra?) 등을 보내 조공을 들였다. 삼문은 그 여정을 기술하며 "제가 본국을 떠나 77일 낮밤으로 배를 타고 나물단산[Negapatam][14], 사리서란산[Sola Silan?][15]을 거쳐 점빈국[16]에 이르렀습니다. 다시 61일 낮밤을 가서 이마라리산을 거쳐 고라국[Kra?][17]에 도착했는데, 고라산이 있어

---

12) 달마(達麼): 바로 달마(達摩), 보리달마(菩提達磨, Bodhidharma)로 선종 28대 조사이자 남천축 향지왕(香至王)의 셋째 아들이다.

13) 번우(番禺): '蕃禺', '番禺'라고도 쓰는데, 광동성 광주에 위치하고 있다. 진시황 33년(기원전 214년) 현(縣)을 설치했다.

14) 나물단산(郝勿丹山): 오늘날 인도 동남부의 나가파탐(Nagapatam) 부근으로 나물단산(那勿丹山)으로도 음역한다. 『집사연해(集事淵海)』, 권47의 '나물주산(那勿舟山)'은 여기 '단(丹)'자를 '주(舟)'자로 오기한 것이다.

15) 사리서란산(娑里西蘭山): 사리(娑里)는 산스크리트어로 촐라(Cōla), 타밀어로는 솔라(Sōra)로, 『대당서역기』에서는 '주리야(珠利邪)'로, 『영애승람』에서는 '소리(鎖里)'로, 『명사』에서는 '쇄리(瑣里)'로 음역했다. 오늘날 인도 코로만델(Coromandel)연안에 있다. 서란산(西蘭山)은 스리랑카를 음역한 것이다. 당시 스리랑카가 쇄리(瑣里) 사람들에게 수차례 침입을 당했기 때문에 사리서란산으로 합칭한 것이다. '사(娑)'자를 '바(婆)'자로 오기한 표기도 보인다. 한편 정수일은 "Soli-Silam"을 음역한 것처럼 제시했지만 어느 곳을 지칭하는지 모르겠다(『씰크로드학』, 66쪽).

16) 점빈국(占賓國): 스리랑카에서 미얀마에 이르는 항로상에 위치한 곳으로, 정수일은 안다만 제도로 비정하면서 촐라[注輦]에서 이곳까지는 밤낮으로 77일을 가야한다고 하였다(『씰크로드학』, 66쪽).

17) 고라국(古羅國): 고라(古羅)는 '고랄(古剌)'로도 일컫는데, 현재 미얀마의 버구(Pegu)에서 양곤에 이르는 지역을 가리킨다. 또 『통

그렇게 부릅니다. 다시 71일 낮밤을 가서 가팔산, 점불뢰산, 주보룡산[Tambralinga?]을 거쳐 삼불제국[Palembang]에 도착했습니다. 또 18일 낮밤으로 가서 만산수구를 건너고, 천축산[Pulo Aor]을 거쳐 빈두랑산[Pānduranga]에 이르러 동서왕모의 무덤[Pulo Condore?]을 바라보았는데 배로 거리가 약 1백 리였습니다. 또 21일 낮밤을 가서 양산, 구성산을 넘은 뒤에 광주의 비파주에 이르렀습니다. 본국을 떠나 대략 150일 만에 광주에 도착한 것입니다.(三文離本國, 舟行七十七晝夜, 歷郝勿丹山娑里西蘭山至占賓國. 又行六十一晝夜, 歷伊麻羅里山至古羅國. 國有古羅山, 因名焉. 又行七十一晝夜, 歷加八山占不牢山舟寶龍山至三佛齊國. 又行十八晝夜, 度蠻山水口, 歷天竺山, 至賓頭狼山, 望東西王母塚, 距舟所將百里. 又行二十晝夜, 度羊山九星山至廣州之琵琶洲. 離本國凡千一百五十日至廣州焉.)"라고 하였다.

10 원문에는 '서(西)'자로 잘못되어 있다. 가탐(賈耽)의 『황화사달기(皇華四達記)』는 『신당서』, 「예문지(藝文志)」에 수록되어 있고, 『한진유서초(漢晉遺書鈔)』에 모은 글이 있다.

서천의 벵갈[鵬茄囉國][11]은 그 도읍을 '차나길(茶那咭)'이라 하고, 성의 둘레는 120리이다. 사람들은 승부욕이 강하고 오로지 약탈을 일삼는다. 흰 아라(砑螺: 자패) 껍질을 갈아서 돈으로 만들어 쓴다. 토산으로 보검, 두라면(兜羅綿) 등의 베가 있다. 혹 불교가 여기에서 시작되어, 당나라 현장(玄奘)이 불경을 얻기 위해 여기에 왔다고 한다.

11 붕가라(鵬茄囉)는 방가라(Bangala, Bengale)의 대역음일 수 있다. 『도이지략』에는 '붕가랄(朋加剌)', 『영애승람』에 '방갈랄(榜葛剌)'로 되어 있는 것이 맞다. 회교도들이 침입하기 이전에 군주로 이 나라에 자리한 것은 바라문(婆羅門)의 세나(Sena) 왕조이다. 역주에서는 대식(大食) 사람의 저술 중에 나오는 발라흐라(Ballahra) 나라로 고

전』, 권188에서는 '가라(哥羅')라고 음역했는데, 이곳은 말레이반도 서쪽해안에 있다. 한편 정수일은 말레이반도 북부 크라(Kra)일대로 보았다(『씰크로드학』, 66쪽).

증했다. 생각건대, 이 나라는 대식 사람이 기술한 마가랄차국(摩訶剌侘國, Mahārastra)의 라스트라쿠타(Rastrakuta) 왕조임에 틀림없다. 그러나 이 왕조는 973년에 망했고 후에 이 나라의 군주는 차루기(遮婁其, Calukya)왕조가 들어섰다. 12세기 말에 이미 쇠락해 이를 만한 것이 못되었다.

서천의 베라발[南尼華囉國][12]의 성은 세 겹으로 되어 있다.

12 남니화라(南尼華囉)를 후지타 토요하치(藤田豊八)는 『도이지략교주(島夷志略校注)』(131쪽)에서 나하라와라(Naharawara)의 대역음으로 보았다. 아마도 옛날 대식 사람들이 구제랏[胡茶辣, 본서에 별도의 조목이 있음] 도읍을 부른 명칭일 것이다[18]. 『영외대답』, 권3에 "서천의 남니화라국의 성은 세 겹으로 되어 있다. 사람들은 아침저녁으로 목욕하고 울금을 몸에 바르는데 부처의 금색을 따라 하기 위함이다. 대부분 바라문으로 칭하고 부처의 진짜 자손으로 여긴다. 가옥 벽과 앉는 자리는 모두 쇠똥을 칠한다[19]. 매일 아침 향을

---

18) 남니화라(南尼華囉): 『도이지략』에 '화라(華羅)'로 되어있는데, 앞서 본 후지타 토요하치의 추정에 대한 소계경의 고증은 주목할 만하다. 구제랏의 도읍터는 카시아와르(Kathiawar) 반도에 있는 파탄(Patan, 오늘날 솜나스Somnath)에 있고, 화라는 베라발(Veraval, 구제랏 주에 속함) 항구의 음역일 것이라고 주장한다(『도이지략교석』, 292~293쪽). 한편 장성랑(張星烺)은 남니화라가 『대당서역기』, 권7의 니파라(尼波羅), 『신당서』, 권221상의 니파라(尼波羅), 『명사』, 권331의 니팔랄(尼八剌)과 마찬가지로 오늘날 네팔이라고 하였는데, 이는 잘못이다. 『신당서』, 「니파라전(尼波羅傳)」에는 "사는 판잣집에는 그림을 그린다(其居版屋畫壁)."라고 하였고 위의 『영외대답』에서 "가옥 벽과 앉는 자리는 모두 쇠똥을 칠한다."라고 한 것과는 부합하지 않는다.

19) 『도이지략』 화라 조목에도 보이고, 마르코 폴로의 여행기에도 자세하게 기록되어 있다. "이 지역의 주민들은 여러 우상을 숭배하

사르고 헌화하며 공양한다. 길은 서역으로 통하여 서역 사람들이 갑자기 빠른 말을 타고 빼앗아 가는 일이 있지만 문을 닫고 거리를 두면 수일 내에 식량이 떨어져 저절로 물러난다.(西天南尼華囉國, 城有三重. 其人早晚必浴, 以鬱金塗身面, 效佛金色. 國人多稱婆羅門, 以爲佛眞子孫. 屋壁坐席, 塗以牛糞. 家置壇, 崇三尺, 三級而升, 每晨以牛糞塗. 焚香獻花供養. 道通西域, 西域忽有輕騎來刼, 但閉門距之, 數日, 乏糧自退.)"라고 하였다.

사람들은 아침저녁으로 목욕하고 울금을 몸에 바르는데 부처의 금색을 따라 하기 위함이다. 대부분 바라문(婆羅門)으로 칭하고 부처의 진짜 자손으로 여긴다.

가옥 벽과 앉는 자리는 모두 소 똥을 칠하는 것을 좋아하는데, 이를 청결하게 여기기 때문이다. 집에는 제단을 3척 정도 쌓고 세 계단 올라가게 한 다음 매일 아침 향을 사르고 헌화하는데, '공불(供佛)'이라 한다.

대식(大食)의 외래인들이 이 나라에 이르면 문 밖에 앉게 하고 별실에서 머물게 하며 모기장과 그릇들을 제공한다. 부인들이 간음을 범하여 죽임을 당해도 관청에서는 불문에 부친다.

지만 그 중에서도 소를 가장 숭배한다. 그들은 소가 영물이기 때문이라고 말하는데, 나아가 어느 누구도 쇠고기를 먹으려 하지 않고 또 무슨 일이 있어도 소를 도살하지 않으려 한다. ……쇠고기를 먹는 '가비(gavi)'라고 불리는 종족이 있는데, 그들도 감히 소를 도살하지 않는다. 다만 소가 자연적으로 또는 다른 이유로 죽었을 때 그 고기를 먹는 것이다. 또 그들은 쇠똥으로 집을 온통 칠한다." 이에 대해 김호동은 "집 안을 쇠똥으로 칠하는 것은 소에 대한 경배심에서 비롯된 풍습인 듯하다. 오도릭의 글에는 인도인들이 소의 오줌과 똥을 각각 은그릇에 담아 왕에게 바치면, 왕은 오줌으로 얼굴과 손을 씻고 똥을 얼굴에 칠하며 경배의 뜻을 표시했다는 기록이 보인다."라고 설명하고 있다(김호동 역주, 『동방견문록』, 174장, 448쪽).

토산으로는 상등의 목향(木香), 세백화예포(細白花蘂布)가 있다. 사람들은 수락(酥酪), 쌀, 콩, 채소를 많이 먹고 물고기와 고기를 적게 먹는다.

길은 서역(西域)으로 통하여 서역 사람들이 갑자기 빠른 말을 타고 빼앗아 가는 일이 있지만 문을 닫고 거리를 두면 수일 내에 식량이 떨어져 저절로 물러난다.

注輦國, 西天南印度也, 東距海五里, 西至西天竺千五百里, 南至羅蘭二千五百里, 北至頓田三千里. 自古不通商, 水行至泉州四十一萬一千四百餘里. 欲往其國, 當自故臨易舟而行, 或云蒲甘國亦可往. 其國有城七重, 高七尺, 南北十二里, 東西七里. 每城相去百步, 四城用磚, 二城用土, 最中城以木爲之, 皆植花菓雜木. 第一第二城皆民居, 環以小濠, 第三第四城侍郎居之, 第五城王之四子居之, 第六城爲佛寺, 百僧居之, 第七城卽王之所居. 屋四百餘區所, 統有三十一部落. 其西十二, 曰只都尼·施亞盧尼·羅琶離鼈琶移·布林琶布尼·古檀布林蒲登·故里·婆[13]輪岑·本蹄揭蹄·閹黎池离·那部尼·遮古林·亞里者林. 其南八, 曰無雅加黎麻藍·眉古黎苦低·舍里尼·密多羅摩·伽藍蒲登·蒙伽林伽藍·琶里琶离游·亞林池蒙伽藍. 其北十二, 曰撥羅耶·無沒离江·注林·加里蒙伽藍·漆結麻藍·握折蒙伽藍·皮林伽藍·蒲稜和藍·堡琶來·田注离·盧娑[14]囉·迷蒙伽藍. 民有罪, 命侍郎一員處治之, 輕者縶於木格, 笞五七十至一百, 重者卽斬, 或以象踐殺之. 其宴則王與四侍郎膜拜于階, 遂共作樂歌舞, 不飮酒而食肉. 俗衣布. 亦有餠餌. 掌饌執事用妓, 近萬餘家, 日輪三千輩祗役. 其嫁娶先用金銀指環, 使媒婦至女家, 後三日會男家親族, 約以田土·生畜·檳榔酒等, 稱其有無爲禮. 女家復以金銀指環·越諾布及女所服錦衣遺壻. 若男欲離女, 則不敢取聘財, 女欲却男, 則倍償之. 其國賦稅繁重, 客旅罕到. 與西天諸國鬬戰, 官有戰象六萬, 皆高七八尺, 戰時象背立屋, 載勇士, 遠則用箭, 近則用槊, 戰勝者象亦賜號, 以旌其功. 國人尚氣輕生. 或有當王前用短兵格鬬死而無悔. 父子兄弟不同釜而爨, 不共器而食, 然甚重義. 地產眞珠·象牙·珊瑚·玻璃·檳榔·荳蔻·琉璃·色絲布·吉貝布. 獸有山羊·黃牛. 禽有山鷄·鸚鵡. 果有餘甘·藤蘿·千年棗·椰子·甘羅·崑崙梅·波羅蜜之類. 花有白茉莉·散絲·蛇臍·佛桑·麗秋·青黃碧婆羅·瑤蓮·蟬紫·水蕉之類. 五穀有綠黑豆·麥·稻. 地宜竹. 自昔未嘗朝貢. 大中祥符八年,其主遣使貢眞珠等, 譯者導其言曰, 願以表遠人慕化之意. 詔閤門祗侯史祐之館伴宴, 錫恩例同龜玆使. 適値承天節, 其使獲預啓聖院祝壽. 至熙寧十年, 又貢方物, 神宗遣內侍勞問之. 其餘南尼華囉等國, 不啻百餘, 悉冠以西天之名. 又有所謂王舍城者, 俗傳自交趾之北至大理, 大理西至王舍城不過四十程. 按賈耽皇華四達記云, 自安南通天竺, 是有陸可通其國. 然達麼之來, 浮海至番禺, 豈陸程迂迴, 不如海道之迅便歟!

西天鵬茄囉國, 都號茶那咭, 城圍一百二十里. 民物好勝, 專事剽奪. 以白砑螺殼磨治爲錢. 土產寶劍·兜羅綿等布. 或謂佛教始於此, 唐三藏玄奘取經曾到.

西天南尼華囉國, 城有三重. 人早晚浴以鬱金塗體, 效佛金色. 多稱婆羅門, 以爲佛眞子孫. 屋壁坐席, 悉塗牛糞相尙, 以此爲潔, 家置壇崇三尺, 三級而升, 每晨焚香獻花, 名爲供佛. 大食番至其國, 則坐之門外, 館之別室, 具供帳器皿. 婦人犯奸輒殺之, 官不問. 土產上等木香·細白花蘂布. 人多食酥酪飯豆菜, 少食魚肉. 道通西域, 西域忽有輕騎來劫, 但閉門距之, 數日乏糧自退.

13『송사』, 「주련전」에는 '娑'로 되어 있다.
14『송사』, 「주련전」에는 '娑'로 되어 있다.

『삼재도회』, 인물 권12. “남니화라국에는 세 겹의 성(城)이 있다. 사람들은 불교를 좋아하고 소를 존숭한다. 집의 벽에는 모두 쇠똥을 바르는 것을 청결하게 여긴다. 각 집에서는 제단을 설치하고 쇠똥으로 바르고, 꽃과 나무를 놓아 향을 사루어 공불(供佛)한다. 길은 서역(西域)으로 통하여 언제나 민첩한 기병들이 약탈하러 온다. 문을 닫고 그들을 막으면 수일 만에 식량이 떨어져 물러간다. 외국 상인들이 오면 집에 들어갈 수 없고 문밖에 앉아 있을 뿐이다.”라는 설명이 달려 있는데, 본서의 내용과 비교할 만하다.

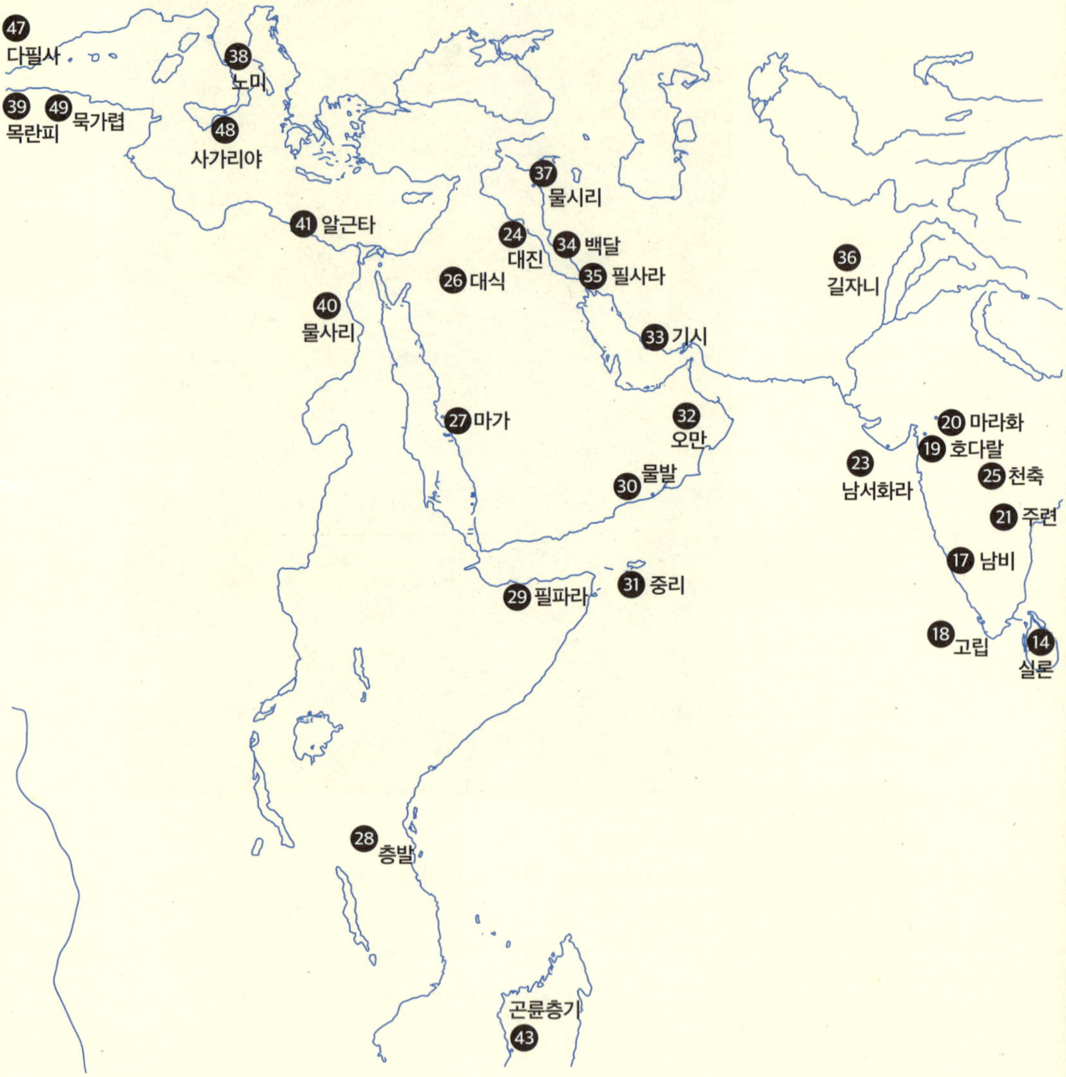
47 다필사
38 노미
39 목란피
49 묵가렵
48 사가리야
37 물시리
41 알근타
24 대진
34 백달
35 필사라
36 길자니
26 대식
40 물사리
33 기시
27 마가
32 오만
20 마라화
19 호다랄
23 남서화라
30 물발
25 천축
21 주련
17 남비
31 중리
29 필파라
18 고립
14 실론
28 층발
곤륜층기
43

24. 대진국 大秦國

대진국(大秦國)【이간(犂靬)이라고도 함】[1]은 서천(西天) 여러 나라의 중심이고, 대식(大食)의 외래 상인들이 모이는 곳이다. 왕은 '마라불(麻囉弗)'이라 하는데 안티오크[安都城][2]을 다스린다. 비단에 황금 글자를 쓴 터번을 쓰고 앉는 자리는 명주실과 융단으로 짠다. 성으로 둘러싸인 도시에는 마을이 있는데, 왕이 사는 곳은 수정으로 기둥을 만들고 석회로 기와를 대신하며 발과 휘장을 많이 설치한다. 사방은 7개의 문으로 열려 있고 지키는 자는 30명이다. 다른 나라에서 조공하는 사람들은 섬돌 계단아래에서 절을 하고 축수한 다음 물러난다.

1 옛 로마제국 또는 그 영토를 대진(大秦)이라 했는데, 대진을 '이간(犂靬)'이라 한 것은 어환(魚豢)의 『위략(魏略)』에서 나왔다. 『사기』에서는 '이헌(犛軒)'으로 되어있다. 당나라 이후 '불름(拂菻)', '이간(犂靬)'이라 했다. 펠리오는 이에 대해 별도의 고증을 했다(『사지총고(史地叢考)』 81~82쪽). 본서의 대진 조목은 완전히 『영외대답』, 권3의 대진 조목의 문장을 기록하고 있으며, 또 여러 사서의 「대진전(大秦傳)」의 글을 잡다하게 끌어와 보탰다. 아울러 들은 외래 상인들의 말을 섞었다. 그러나 외래 상인들이 말한 것은 검은 옷을 입는 아랍 사람들이 도읍한 보달(報達, Baghdad)인 것 같다. 따라서 역주에서는 본서의 대진을 '보달'이라고 고증했는데 그 설명은 주2에 상세하다.
○『영외대답』, 권3의 대진 조목에서는 다음과 같이 기술했다.
"대진국은 서천(西天) 여러 나라의 중심이고, 대식(大食)의 외래 상인들이 모이는 곳이다. 왕은 마라불(麻囉弗)이라 한다. 비단에 황금 글자를 쓴 터번을 쓰고 앉는 자리는 명주실과 융단으로 짠다. 성곽(城郭)이 있고 백성들이 그 안에 산다. 왕이 사는 곳은 석회로 기와를 대신하며 발과 휘장을 많이 설치한다. 사방은 7개의 문으로 열려 있고 지키는 자는 30명이다. 다른 나라에서 조공하는 사람들은 섬돌 계단아래에서 절을 하고 축수한 다음 물러난다. 궁실 아래에는 길을 내어 1리쯤 떨어진 예배당으로 간다. 왕은 거의 출입하지 않고 다만 송경(誦經)과 예불(禮佛)을 한다. 7일이 되면 지하도로 예배당에 가서 배불(拜佛)하는데, 따르는 사람이 50여 명이다. 나라 사람들은 거의 왕의 얼굴을 알지 못한다. 만약 외출하게 되면 말을 타고, 3개의 처마가 있는 푸른 일산을 쓰며, 말머리는 모두 금, 옥, 구슬, 보석들로 장식한다. 해마다 소단(素丹, 술탄)이라 부르는 자는 사람을 보내 조공을 바친다. 나라에 경보(警報)가 있으면 대식(大食)으로 하여금 군대를 조치하도록 하여 먼저 와서 안정시키게 한다. 먹는 것으로는 대부분 병(餠)과 고기를 먹으며, 술은 마시지 않고 금은 그릇을 사용하며 숟가락으로 퍼 먹는다. 식사를 마치면 금대야에 물을 담아 손을 씻는다. 토산으로 유리, 산호, 순금, 화금(花錦), 만포, 홍마노, 진주가 있다. 인도는 그 속국이다. 나라에는 성수가 있는데 바람과 파도를 멈추게 할 수 있다. 만약 바다에 큰 파도가 치면 유리병에 물을 담아 뿌리면 그친다.(大秦國者, 西天諸國之都會, 大食蕃商所萃之地也. 其王號麻羅弗. 以帛織出金字纏頭, 所坐之物, 則織以絲罽. 有城郭居民. 王所居舍, 以石灰代瓦, 多設簾幃, 四圍開七門, 置守者各三十人. 有他國進貢者, 拜於階戺之下, 祝壽而退. 屋下開地道至禮拜堂一里許, 王少出, 惟誦經禮佛, 遇七日卽由地道往禮拜堂拜佛, 從者五十人. 國人罕識王面, 若出遊騎馬, 打三簷青繖, 馬頭項皆飾以金玉珠寶. 遞年, 大食國王號素丹遣人進貢. 如國內有警, 卽令大食措置兵甲, 前來撫定. 所食之物, 多飯餠肉, 不飲酒, 用金銀器, 以匙挑之. 食已, 卽以金盤貯水濯手. 土產琉璃·珊瑚·生金·花錦·縵布·紅馬腦·眞珠. 天竺國其屬也. 國有聖水, 能止風濤, 若海揚波, 以琉璃瓶盛水灑之, 卽止.)"

2 역주: 대진국(大秦國)의 도읍은 안도성(安都城)으로 『위서(魏書)』, 권102 「대진전」에 처음으로 보인다. 이른바 대진왕(大秦王)은 아마도 498년 교회가 분리된 후에 아시아 기독교 교무를 총괄한 것은 안티오크(Antioch)의 총주교였을 것이다. 『구당서』, 권198에 따르면, 정관(貞觀) 17년(643)에 조공을 들인 불름(拂菻)왕의 이름은 파

다력(波多力)이다. 이 파다력은 시리아어로 바트릭(Batrik)의 대역음 같다. 이 사람 역시 총주교였다. 본서에서는 그 왕을 '마라불(麻囉弗)'이라 했는데 바로 시리아 교도들이 부르는 경교(景教, Nestorian) 총주교의 존호(尊號)이다. 즉 원문에는 마르 아바(Mar Aba)로 되어 있다. 이러한 존호는 「경교유행중국비(景教流行中國碑)」에서도 보인다. 주거비(周去非) 시대에 경교의 총주교는 보달(報達, 바그다드)에 있었다. 그러므로 "대진국은 서천(西天) 여러 나라의 중심이고, 대식(大食)의 외래 상인들이 모이는 곳이다."라고 하였다. 이 두 문장은 이 조목이 본디 대진국(大秦國)으로 되어 있어 여러 역사서에서 인용한 문장을 빼고 뒤에 보탠 문장으로, 보달(報達)을 말하는 것으로 보인다. 이른바 대진왕은 경교의 총주교를 가리키는 것 같고 "안도성을 다스렸다."라고 하는 것은 『위서(魏書)』의 말을 답습한 것 같다.

사람들은 키가 크며 곱고 희다. 사뭇 중국인과 비슷하여 '대진(大秦)'이라 부른다. 기록하는 관직이 있으나 문자는 호(胡)[1)]를 익힌다.

사람들은 모두 더벅머리나 옷에 문양을 수놓는다. 또한 흰 덮개가 있는 작은 수레, 깃발 같은 것이 있다. 10리마다 정(亭)이 있고 30리마다 봉수대가 있다.

이 나라에는 사자가 많아 여행하는 사람들을 막고 해를 끼쳐 백 명의 무기를 가진 사람들과 함께 가지 않으면 잡아먹히기 쉽다[3].

3 역주: 『후한서』, 권118, 「대진전」에는 "모두 짧은 머리를 하고 수놓은 옷을 입고 커튼으로 가린 수레와 흰 덮개가 있는 작은 수레를 탄다. 출입할 때는 북을 치고 여러 가지 깃발들을 건다.……궁실들은 모두 수정으로 기둥을 만들고……사람들은 모두 장대하며 공평하고 올바른데 중국과 비슷하기 때문에 대진이라 부른다.……10리마다 정(亭)이 있고 30리마다 치(置)가 있다. 결국 도적이나 외적의

1) 호(胡): 아랍의 언어를 말하는 것으로 보인다.

침입이 없지만 길에는 맹호와 사자가 많고 지나는 사람들을 막고 해를 끼친다. 백여 명의 사람이 병장기를 들고 있지 않다면 곧바로 잡아먹히게 된다.(皆髡頭, 而衣文繡, 乘輜軿, 白蓋小車, 出入擊鼓, 建旌旗幡幟.……宮室皆以水精爲柱……其人民皆長大平正, 有類中國, 故謂之大秦.……十里一亭, 三十里一置. 終無盜賊寇警, 而道多猛虎師子, 遮害行旅, 不百餘人齎兵器, 輒爲所食.)"라 하였다.

○자세한 것은 『삼국지』, 권30의 주에 인용한 『위략(魏略)』, 「서융전(西戎傳)」을 참고하시오.

궁실 아래에는 1리쯤 떨어진 예배당으로 갈 수 있는 길이 있다. 왕은 거의 출입하지 않고 다만 송경(誦經)과 예불(禮佛)을 한다. 7일이 되면 지하도로 예배당에 가서 배불(拜佛)하는데, 따르는 사람이 50여 명이다. 나라 사람들은 거의 왕의 얼굴을 알지 못한다. 만약 외출하게 되면 말을 타고, 일산을 쓰며 말머리는 모두 금, 옥, 구슬, 보석들로 장식한다. 해마다 소단(素丹, 술탄)[4]이라 부르는 자는 사람을 보내 조공을 바친다.

4 역주: 1002년 가즈니[Ghazni, 吉慈尼]왕 마흐무드(Mahmud)가 처음으로 소단(素丹, Sultan)의 칭호를 가졌는데, 그 후 셀죽(Seldjuk)왕조의 여러 왕이 검은 옷을 입는 대식(大食) 합리발(哈里發, Caliph)로 봉해졌다. 술탄은 전국을 총괄하는 대원수의 관호(官號)로, 본서에서 말하는 대식국왕인 것 같다.

나라에 경보(警報)가 있으면 대식(大食)으로 하여금 군대를 조치하여 안정시키게 한다. 먹는 것으로는 대부분 병(餠)과 고기를 먹으며, 술은 마시지 않고 금은 그릇을 사용하며 숟가락으로 퍼 먹는다. 식사를 마치면 금 대야에 물을 담아 손을 씻는다.

토산으로 유리(琉璃), 산호, 순금, 화금(花錦), 만포(縵布), 홍마노(紅瑪瑙), 진주가 있고, 또 해계서(駭鷄犀)[2)]가 나는데 이것이 바로 통천서(通天犀)[3)]이다. 한나라 연

2) 해계서(駭鷄犀): 유향(劉向)의 「구탄(九嘆)·원사(怨思)」에는 "방

희(延熹, 158~167) 초에 이 나라 군주가 사신을 파견하였는데, 일남(日南) 변방 밖에서 와, 서(犀), 코끼리, 대모(瑇瑁)를 헌상하여 비로소 중국과 통교하였다. 올린 것에 진귀한 것이 없었는데 사신들이 그것들을 숨긴 것 같다. 진(晉)나라 태강(太康, 280~289) 연간에 또 조공을 보내왔다[5].

5 역주: 『진서』, 권97, 「대진전」에 보인다.

혹 이르기를 이 나라 서쪽에는 약수(弱水), 유사(流沙)가 있는데 서왕모(西王母)의 거처와 가깝고 태양이 들어가는 곳과 가깝다고 한다[6]. 두환(杜還)의 『경행기(經行記)』에 이르기를 "불상국(拂桑國, 불름의 오기)은 다마스쿠스[苫國][7] 서쪽에 있는데, 일명 '대진(大秦)'이라고 한다.

지(芳芷)를 썩은 우물에 담가버렸고, 계해(雞駭)를 광주리에 버렸네(淹芳芷於腐井兮, 棄雞駭於筐簏)."라고 하였는데, 왕일(王逸)은 계해(雞駭)는 문양이 있는 무소뿔[文犀]로 해계(駭雞)라고도 한다고 하였다. 갈홍(葛洪)의 『포박자(抱朴子)』, 「등섭(登涉)」에는 "또 통천서각이라는 붉은 결이 실선 같은 것이 있는데, 뿌리에서 끝까지 뚫려 있다. 뿔에 쌀을 가득 채워 닭에게 주면 닭들이 쪼아 먹으려고 해도 몇 촌(寸)도 되지 않아 놀라 물러난다. 그래서 남쪽 사람들은 통천서를 해계서라고도 부른다(又通天犀角, 有一赤理如綖, 有自本徹末, 以角盛米, 置雞羣中, 雞欲啄之, 未至數寸, 即驚卻退, 故南人或名通天犀爲駭雞犀)."라고 한 것을 보아 무소뿔의 일종으로, '해계'는 통천서의 별칭이며 매우 귀한 것임을 알 수 있다.

3) 통천서(通天犀): 위아래가 관통된 서우(犀牛)의 뿔을 말하는데, 갈홍(葛洪, 284~346)의 『포박자(抱朴子)』, 「등섭(登涉)」에 처음으로 보이고, 『금병매사화(金瓶梅詞話)』 제31회에서는 "수서를 통천서라고 한다. 당신이 믿지 못하겠다면 한 사발의 물을 담아 서각을 물속에 넣으면 물이 양쪽으로 나뉘는데, 이것이 값을 매길 수 없는 보물이다(水犀號作通天犀. 你不信取一碗水, 把犀角安放在水內, 分水爲兩處, 此爲無價之寶)."라고 하였다.

6 역주에 따르면 이 말은 『후한서』, 권118 「대진전」에서 나왔다고 한다[4).

7 『통전』, 권 191에는 두환(杜還)의 『경행기(經行記)』를 인용하여 "족자(族子) 환이 진서절도사 고선지를 따라 서정하여 천보 10년(751) 서해에 이르렀다가 보응(762~763) 초에 외래 상인 배를 타고 광주로부터 돌아와서 『경행기』를 지었다(族子環隨鎮西節度使高仙芝西征, 天寶十載至西海, 寶應初因賈商船舶自廣州而回, 著經行記)." 라고 하였고, 권193에는 『경행기』를 인용하여 '불름국(拂菻國)' 운운했다(주9를 참고하시오). 즉 두환(杜還)은 분명 '두환(杜環)'의 잘못이고 불상(佛桑)은 마땅히 '불름(拂菻)'으로 고쳐야 한다.
○역주: 점(苫)은 바로 샴(Sham)의 대역음인데, 대식어로 시리아를 지칭한다. 두환(杜環)이 포로로 잡혔을 때는 마침 흰 옷을 입는 대식 최후의 칼리프 말환(末換, Merwan) 22세가 재위하던 시대로, 당시 도읍은 다마스쿠스(Damascus)로 이 도시 역시 '점(苫)'으로 불린다.

이곳 사람들은 안색이 붉고 희며, 남자들은 모두 흰옷을 입고 부인들은 모두 주금(珠錦)을 입는다. 술을 즐겨 마시고 마른 병(餅)을 좋아한다. 대부분 솜씨가 능란하여 비단을 짜는 데 뛰어나다.

땅은 가로세로 1천리이고 뛰어난 병사들이 1만여 명으로 대식(大食)과 서로 맞서고 있다. 서해(西海)에는 시장이 있는데 손님과 주인이 화합하여 이쪽이 가면 저쪽이 떠나가고 저쪽이 오면 이쪽이 돌아간다. 파는 사람이 먼저 진설해 놓으면 사는 사람이 나중에 값을 치른다. 대개 그 값을 물건들 옆에 두면, 값을 받아간 뒤에 물건을 가져 오는데 '귀시(鬼市)'라고 한다."라고 하였다[8].

8 이상 모두 『경행기(經行記)』를 따르고 있는데, 『통전』, 권193에 인용된 문장은 다음과 같다. "불름국(拂菻國)에는 점국(苫國)이 있다. 서쪽으로 산맥 수천 리를 사이에 두고 있는데, '대진'이라고도

---

4) 『사기』, 「대원열전」에 보인다. 이후 『후한서』에서 채록한 것으로 추정된다.

부른다. 그 나라 사람의 안색은 붉고 희며, 남자들은 모두 흰 옷을 입고 여인들은 모두 주금(구슬이 달린 비단옷)을 입는다. 술을 즐겨 마시고 마른 병(餠)을 좋아한다. 대부분 손재주가 좋아 비단을 짜는 데 뛰어나다. 여러 나라에 포로가 되어 있어도 죽을지언정 고국의 풍습을 바꾸지 않는다. 유리 중에 뛰어난 것은 천하에 비할 것이 없다. 왕성은 사방 80리이고, 사방으로 변경은 수천 리이다. 뛰어난 병사는 대략 1백만이 있고, 언제나 대식과 서로 맞대고 있다. 서쪽으로 서해, 남쪽으로 남해, 북쪽으로 가살돌궐[Kazar Turk]과 접해있다. 서해에는 시장이 있는데 손님과 주인이 화합하여 이쪽이 가면 저쪽이 떠나가고 저쪽이 오면 이쪽이 돌아간다. 파는 사람이 먼저 진설해 놓으면 사는 사람이 나중에 값을 치른다. 대개 그 값을 물건들 옆에 두면, 값을 받아간 뒤에 물건을 가져 오는데 '귀시(鬼市)'라고 한다(拂菻國有苫國, 西隔山數千里, 亦曰大秦. 其人顔色紅白, 男子悉着素衣, 婦人皆服珠錦, 好飮酒, 尚乾餠. 多淫巧, 善織絡. 或有俘在諸國, 守死不改鄕風. 琉璃妙者, 天下莫比. 王城方八十里, 四面境土各數千里. 勝兵約有百萬, 常與大食相禦. 西枕西海, 南枕南海, 北接可薩突厥. 西海中有市, 客主同和, 我往則彼去, 彼來則我歸. 賣者陳之於前, 買者酬之於後, 皆以其直置諸物傍, 待領直然後收物, 名曰鬼市)."라고 했다. 또 같은 권 대식조목 뒤에 『경행기』를 인용하여, 대식은 "一名亞俱羅"라고 했다. 아구라(亞俱羅)는 바로 아쿨라(Akula)의 대역음으로 『원사』의 '고법(苦法, Kufa)'이다. 검은 옷을 입는 대식 칼리프의 수도이다. 762년에 비로소 바그다드로 천도했다. 그러므로 두환(杜環)은 '보달(報達, 바그다드)'이란 지명을 기록하지 못했던 것이다.

9 『후한서』, 권118, 「대진전」에는 "환제(桓帝) 연희(延熹) 9년(166)에 대진왕 안돈(安敦, Marcus Aureliue Antonius)이 사신을 파견하였는데, 일남(日南) 변방 밖에서부터 와서 무소, 코끼리, 대모를 헌상하여 비로소 그 곳과 통교하였다(桓帝延熹九年大秦王安敦遣使自日南徼外, 獻象牙犀角瑇瑁, 始乃一通焉)."라고 하였다. 『한서(漢書)』에 실린 것이 매우 정확하다. 두우(杜佑)의 『통전』, 권193에서 처음으로 연희초(延熹初)로 고쳤다. 여기서도 '희(熹)'자가 '가(嘉)'자로 잘못되어 있다.

大秦國【一名犂軒】, 西天諸國之都會, 大食番商所萃之地也. 其王號麻囉弗, 理安都城, 以帛織出金字纏頭, 所坐之物則織以絲罽. 有城市里巷, 王所居舍, 以水精爲柱, 以石灰代瓦, 多設簾幃, 四圍開七門, 置守者各三十人. 有他國進貢者, 拜於堦戺之下, 祝壽而退. 其人長大美皙, 頗類中國, 故謂之大秦. 有官曹簿領, 而文字習胡. 人皆髦頭, 而衣文繡, 亦有白蓋小車旌旗之屬, 及十里一亭, 三十里一堠. 地多獅子, 遮害行旅, 不百人持兵器偕行, 易爲所食. 宮室下鑿地道通禮拜堂一里許. 王少出, 惟誦經禮佛, 遇七日卽由地道往禮拜堂拜佛, 從者五十餘人. 國人罕識王面. 若出遊則騎馬, 用傘, 馬之頭頂皆飾以金玉珠寶. 遞年大食國王有號素丹者, 遣人進貢. 如國內有警, 卽令大食措置兵甲撫定. 所食之物, 多飯餠肉, 不飮酒, 用金銀器以匙挑之, 食已卽以金盤貯水濯手. 土產琉璃·珊瑚·生金·花錦·縵布·紅瑪瑙·眞珠, 又出駭鷄犀, 駭鷄犀卽通天犀也. 漢延嘉初[9], 其國主遣使自日南徼外來獻犀·象·瑇瑁, 始通中國, 所供無他珍異, 或疑使人隱之. 晉太康中又來貢. 或云其國西有弱水·流沙, 近西王母所處, 幾於日所入也. 按杜還經行記云, 拂桑國在苫國西, 亦名大秦. 其人顏色紅白, 男子悉著素衣, 婦人皆服珠錦. 好飮酒, 尚乾餠, 多工巧, 善織絡. 地方千里, 勝兵萬餘, 與大食相禦. 西海中有市, 客主同和, 我往則彼去, 彼來則我歸. 賣者陳之於前, 買者酬之於後, 皆以其値置諸物旁, 待領値然後收物, 名曰鬼市.

25. 인도 Indo, 天竺國

천축국(天竺國)[1]은 대진국에 예속되어 즉위한 국주(國主)는 모두 대진에서 선택된다. 사람들은 모두 머리를 땋아 늘어뜨리고 두 살쩍과 정수리에 비단 터번을 쓴다. 집은 석회로 기와를 대신하고 성곽이 있어 그곳에 백성들이 산다. 왕은 비단과 융단을 입고 머리에는 나계(螺髻)를 하고 나머지 머리카락은 짧게 한다. 새벽에 나와 등(㲪) 가죽에 앉는다.【등(㲪)은 짐승이름이다.】 붉은 밀랍으로 장식하고 그 위에 잡다한 것들이 그려져 있다. 신료들은 모두 예배하고 축수한다. 나갈 때는 말을 타는데 안장과 고삐는 모두 오금(烏金)[1)]과 은으로 요란하게 장식하며, 따르는 자가 3백 명으로 방패와 검 같은 것을 들고 있다. 왕비는 큰 소매에 금을 아로새긴 붉은 옷을 입는데, 1년에 한 번 나가는데 대부분 진휼하고 베푸는 것이다.

1 천축(天竺)은 오늘날 인도로, 지도상의 명칭이다. 여러 사서의 「천축전」에서 국명을 밝히지 못한 것들은 여전히 어느 나라인지 판별할 수 없다. 『영외대답』에는 '서천제국(西天諸國)'이란 조목이 있는데, 본서에서는 그 문장을 취하지 않았다. 본서의 천축 조목의 앞부분은 조여괄 자신이 자료를 모아 기술한 것 같고, 중간부분은 여러 책에서 채록했으며, 마지막 몇 마디는 승려 나호나(囉護哪)의 일을 말하고 있다. 첫머리에 "천축국은 대진국에 예속되어 즉위한 국주(國主)는 모두 대진에서 선택된다."라고 한 것은 더욱 이해하기 어렵다. 앞 조목에 기술한 대진국은 역주에서 이미 보달(報達, 바그다드)로 고증했는데, 당시 이슬람교는 완전히 인도에 들어오지 않았으므로 천축의 국주가 바그다드의 칼리프로부터 선택되었다고 말할 수 없다. 아마도 전해 듣는 과정에서의 오류로 보인다. 본서는

1) 오금(烏金): 동(銅)과 금(金)을 섞어 만든 진한 자주색의 합금을 말한다.

인도의 일을 기록하고 있지만, 이미 말라바르[南毗], 구제랏[胡茶辣], 말와[麻囉華], 촐라[注輦]의 네 조목에도 있었다. 당시 동서 양쪽 해안의 큰 나라들이 모두 갖추어져 다시 써낼 필요는 없었다. 아마도 조여괄은 사서에 대부분 「천축전」이 실려 있기 때문에, 특별히 이 조목을 뽑아 그 빠진 것을 보충했을 것으로 보인다.

나라에는 성수(聖水)가 있어 바람과 파도를 멈추게 할 수 있다[2]. 외래 상인들은 유리병에 이 물을 가득 담아서 갑자기 바다에서 바람과 파도를 만나게 되면 이 물을 뿌리면 그친다.

2 성수(聖水)는 『영외대답』, 권3, 대진 조목 끝에 "나라에는 성수가 있는데 바람과 파도를 멈추게 할 수 있다. 만약 바다에 큰 파도가 치면 유리병에 물을 담아 뿌리면 그친다.(國有聖水, 能止風濤, 若海揚波, 以琉璃瓶盛水灑之, 卽止.)"라고 하였다. 『영애승람』에 의거하면 맥저납(驀底納)[2)]에 있다고 하는데, 주거비(周去非)는 바그다드[報達]에 속하는 것으로 잘못 보았고, 본서 또한 천축에 속하는 것으로 잘못 보았다. 『영애승람』 천방(天方) 조목에 "또 서쪽으로 하루를 가면 한 도시에 도착하는데 '맥저납'이라 한다. 그 마합마[Muhammad] 성인의 무덤이 그 도시 안에 있는데, 지금까지 무덤 꼭대기에는 웅장한 빛이 밤낮으로 구름을 뚫고 일어난다. 무덤 뒤에는 우물 하나가 있는데, 샘물이 맑고 달아 아필삼삼[Zamzam]이라 한다. 외래에서 오는 사람들이 그 물을 담아 배 옆에 저장해 두고, 바다 가운데에서 폭풍을 만나게 될때, 이 물을 바다에 뿌리면 풍랑이 잦아든다(又往西行一日, 到一城, 名驀底納. 其馬哈嘛聖人陵寢正在城內, 至今墓頂豪光日夜侵雲而起. 墓後有一井, 泉水清甜, 名阿必糝糝. 下番之人取其水藏於船邊, 海中倘遇颶風, 卽以此水灑之, 風浪頓息)."라고 하였다. 『사림광기(事林廣記)』에는 '묵가(黙伽, Mekka)'에 있다고 하는데, "대식국의 조사(祖師)는 포라우(蒲囉吽, Abraham)라

2) 맥저납(驀底納): 오늘날 사우디아라비아 마디나(Madinah)로 추정한다.

고 하며 어릴 때부터 이상한 모습이 있었다. 장성하여 아내를 얻어 황야에서 사내아이를 낳았는데, 물이 없어 씻길 수 없어 땅에 버려두고, 어미가 가서 물을 찾았으나 얻지 못하고 돌아왔다. 그 아이가 다리로 땅을 문지르자 샘물이 용솟음쳤는데 매우 맑았다. 이 아이가 장성하자 '사마연'이라 불렀다. 섬돌을 놓고 큰 우물을 만드니 가뭄을 만나도 마르지 않았다. 바다에서 풍랑을 만나 이 물을 뿌리면 곧바로 그친다(大食國祖師名蒲囉吽, 自幼有異狀. 長娶妻, 在荒野生一男子, 无水可洗, 棄之地. 母走尋水不獲, 乃回, 見其子腳擦地, 湧出一泉甚清耳. 此子立, 名司麻煙. 砌成大井, 逢旱不乾. 泛海遇風濤, 以此水洒之, 應手而止)."라고 하였다.

후위(後魏), 선무(宣武, 499~515) 시대에 사신을 보내 준마를 헌상했다. 이 나라에는 사자, 담비, 표범, 낙타, 무소, 코끼리, 대모(玳瑁), 금, 구리, 철, 납, 주석, 금실로 짠 금계(金罽), 백첩(白疊, 모포), 탑등(毾㲪)[3]이 난다고 하고, 운모(雲母) 같은 돌이 있는데 색은 자줏빛이고 찢으면 얇아 매미 날개 같고, 쌓으면 얇은 비단과 같다고 하며, 금강석(金剛石)이 있는데, 자주색 석영(石英) 같으나 백 번을 제련해도 녹지 않아 가히 잘린 옥이라 할 만하고, 또 전단(旃檀)[4] 등의 향, 사탕수수, 석밀(石蜜)[5] 등의 여러 과실이 난다고 한다.

---

3) 탑등(毾㲪): 탑등(毾㲪)으로, 『석명(釋名)』에 "큰 상(床)앞의 작은 걸상에 놓는데, 상(床)에 올리는 것이기 때문에 이름한 것이다(施之大床前小榻上, 所以登床者, 因以爲名焉)."라고 하였다(『일체경음의(一切經音義)』, 권2, 18쪽). 같은 책, 권14(65쪽)에서는 『광지(廣志)』를 인용하여 "탑등(毾㲪)은 모포(毛布)에 문양이 있는 것이다."라고 설명하고 있다.

4) 전단(旃檀): 단향(檀香), 백단(白檀), 적금단(赤金檀)이라는 이칭을 가지고 있는데, '향료의 왕'이라는 영예를 가질 정도로 신비하고 진귀한 향으로 알려져 있다. 하권 16. 단향(檀香) 조목을 참고하시오.

5) 석밀(石蜜): 『본초강목』, 권33에서 이시진(李時珍)은 만진(萬震)의 『양주이물지(涼州異物志)』를 인용하여 "석밀은 돌 종류가 아니라 가짜 돌을 말한다. 실은 감자(甘蔗: 사탕수수) 즙으로 전을 구어

해마다 대진, 부남(扶南)[6]과 무역하며 치패(齒貝: 동물의 이빨과 조개껍질)로 거래를 한다.

사람들은 환술(幻術)을 잘한다. 활, 화살, 갑옷, 창, 비제(飛梯), 지도(地道: 지하도)와 목우유마(木牛流馬)[7]라는 수단이 있지만 전투에는 겁을 낸다.

햇볕에 쐬면 돌처럼 굳지만 매우 가벼워지기 때문에 '석밀'이라고 한다(石蜜非石類, 假石之名也. 實乃甘蔗汁煎而曝之, 則凝如石而體甚輕, 故謂之石蜜也)."라고 하였다.

6) 부남(扶南, bnam): 원래 푸난(Funan), 현재 크메르어로는 '언덕'이라는 의미를 가진 프놈(Phnom)으로, '산'이란 의미의 고대 크메르 단어와 일치한다. 또한 '발남(跋南)'으로도 불렸다. 인도차이나반도에 있었던 옛 나라로서, 기원후 1세기 중국과 인도 사이 중계교역의 중심이 되면서 인도의 사회적이고 종교적인 생각들이 동남아로 전파되는 계기가 되었고, 인도의 문화가 크메르에 의해 흡수되어 크메르는 인도화를 겪게 된다. 2~3세기의 유물로 추정되는 옥-에오(Oc-Eo)에서 발견된 로마 화폐, 인도 보석, 불교 관련용품으로 보아, 항구를 따라 거대한 해양 무역 네트워크가 로마제국과 지중해 지역까지 확장되어 있음을 알 수 있다. 기원후 1세기에 나라를 세웠고 2세기 초 메콩강 하류 유역을 중심으로 건국된 후, 3세기 초 범사만(范師蔓)이 '부남대왕'이라 일컫고 말레이반도까지 지배영역을 확대하였다. 남베트남에서 출토된 같은 시대의 보카이 비문(碑文)은 동남아시아에서 가장 오래된 비문으로, 브라흐미계 문자와 산스크리트 문자를 사용하였다. 비문 중의 슈리마라는 범사만의 원음(原音)이라고 한다. 6세기 중엽 내란으로 약해진 부남은 이전에 속국이었던 진랍(眞臘) 왕국의 공격에 의해 멸망되었다. 푸난은 캄보디아 최초의 왕국이자 동남아시아 최초의 제국이었다. 이상은 동북아역사넷, 중국정사외국전의 주석을 조금 정리한 것이다. 6세기 중엽에 이미 부남은 캄보디아[眞臘]에 멸망했기 때문에, 여기 『제번지』의 기술은 이전 역사자료를 베낀 것으로 보인다.

7) 목우유마(木牛流馬): 제갈량(諸葛亮)이 발명했다고 하는 소나

천문과 산력(算曆)에 뛰어나 모두 실담장(悉曇章)을 배우고 패다수(貝多樹) 잎[3]을 종이로 사용한다[4].

3 이 조목은 대부분 『통전』, 권193의 천축 조목의 문장을 채록하고 있다. 『통전』에는 "사람들은 모두 실담장을 배우고, 패다수 잎에 써서 기사를 기록한다(其人皆學悉曇章, 書於貝多樹葉以記事)."라고 하였지만 중간에 빠진 문장이 없다. 다만 『구당서』, 권196 「천축전」에 "사람들 모두 실담장을 학습하는데, 범천법이라고 하며 패다수 잎에 써서 일을 기록한다(其人皆學習曇章, 云是梵天法, 書於貝多樹葉以紀事)."라고 하였고, 『신당서』, 권221상 「천축전」에는 "실담장을 배우는데 범천법이라 하며, 패다수 잎에 써서 일을 기록한다(學悉曇章, 妄曰梵天法, 書貝多葉以記事)."라고 하였다. 빠진 것은 "범천법(梵天法)" 한 마디일 뿐이다. 실담(悉曇)은 산스크리트어 시단타(Siddhānta)의 대역음으로 자모(字母)를 말한다. 패다(貝多)는 산스크리트어 파트라(patra)의 대역음으로 나뭇잎을 뜻한다.

○역주: 『유양잡조』, 권18에 "패다는 마가타국에서 나는데 길이는 6~7장이고 겨울에도 시들지 않는다. 이 나무에는 32종이 있는데, 하나는 다라바력차패다이다……(貝多出摩伽陀國, 長六七丈, 經冬不凋, 此樹有三種, 一者多羅婆力叉貝多……)."라고 했는데, Tāla vrksa patra로 다라수(多羅樹) 잎을 말한다.

4 후위(後魏) 선무(宣武) 이하에서 여기까지 『통전』, 권193, 천축 조목의 문장을 가져왔다. 『통전』의 원문은 다음과 같다. "후위(後魏) 선무제 때, 남천축국에서 사신을 보내 준마를 바쳤다. 이르기를 그 나라에는 사자, 표범, 낙타, 무소, 코끼리가 나고, 운모(돌비늘) 같은 화제(火齊)[8]가 있는데 색은 자줏빛이다. 그것을 찢으면 매미 날개

말의 형태를 모방한 짐을 나르는 운송기구이다.

8) 화제(火齊): 화제주(火齊珠)를 말하는 것으로, 매괴(玫瑰)라고도 한다. 『구당서』, 권197, 「남만서남만전(南蠻西南蠻傳)」 임읍 조목에는 "정관(貞觀) 4년(630)에 왕 범두려(范頭黎)가 사신을 보내 화주(火珠)를 바쳤는데, 크기가 달걀만하고, 둥글고 희며 맑고 깨끗

처럼 얇고, 그것을 쌓으면 얇은 비단을 포개놓은 것 같다. 금강석(다이아몬드)이 있는데 자주색 석영처럼 아무리 제련해도 녹지 않아 옥을 자를 수 있다. 대모, 금, 동, 철, 구리, 납이 있다. 금실을 짜서 황금 융단을 만들고, 백첩, 탑등이 있다. 또 전단, 울금 등의 향과 사탕수수 등 여러 과실, 석밀, 후추, 생강, 검은 소금이 있다. 서쪽으로는 대진, 안식과 바다를 통해 교역하고, 혹 부남, 통킹과도 거래하기도 한다. 산호, 구슬, 낭간(琅玕)[9]이 많고 민간에는 장부가 없이 동물의 이빨이나 조개껍질로 거래를 한다. 환술에 매우 뛰어나고, 장부들은 존경하는 사람이 이르면 발을 핥고 발꿈치를 어루만지며 경의를 표하는 말을 한다. 집에는 음악을 하는 창기가 있고, 왕과 대신들은 대체로 비단과 모직으로 만든 옷을 입으며 왕은 정수리에 나계를 하고 나머지 머리는 잘라 짧게 한다. 장부들은 머리를 자르고 귀에는 귀걸이를 한다. 민간인들은 모두 맨발로 다니며 의복은 흰 색을 중시하고 전투에는 겁이 많다. 활, 화살, 갑옷, 창이 있고 또

해, 빛이 수 척(尺)을 비추었다. 모양은 수정 같은데, 정오에 해를 향하게 하여 쑥으로 햇빛을 받게 하면, 곧 탄다(貞觀四年, 其王范頭黎遣使獻火珠, 大如雞卵, 圓白皎潔, 光照數尺, 狀如水精, 正午向日, 以艾承之, 卽火燃).”라고 하였다. 『남사(南史)』, 권78, 「중천축국전(中天竺國傳)」에 “화제는 모양이 운모와 같고, 빛깔이 자금과 같은데, 빛이 난다. 그것을 쪼개면 매미날개처럼 얇고, 포개어 놓으면 사곡을 포개놓은 것처럼 보인다(火齊狀如雲母, 色如紫金, 有光曜, 別之則薄如蟬翼, 積之則如紗縠之重沓也).”라고 한 것을 보면, 화제란 화주나 매괴를 뜻하기도 하고, 층상 규산염 광물이나 운모 같은 것은 얇은 보석을 가리키기도 한다.

9) 낭간(琅玕): 구슬처럼 둥근 미옥(美玉)을 말하는데, 『문선(文選)』, 장형(張衡)의 「사수시(四愁詩)」 제2수에는 “미인은 내게 낭간금(琴)을 보내 주었는데, 어찌 한 쌍의 옥반(玉盤)으로 보답할 수 있을까(美人贈我琴琅玕, 何以報之雙玉盤).”라고 하였다. ‘박간(菧玕)’, ‘간낭(玕琅)’이라고도 한다. ‘balas ruby’로 보는 설도 있고, 산호의 일종으로 보는 설도 있다.

한 공중에 뜬 길, 지하도, 목우유마의 기술이 있다. 문자가 있고 천문 산술이 뛰어나다. 그 나라 사람들은 모두 실담장을 익히고 패다라 잎에 써서 일을 기록한다.(後魏宣武帝時, 南天竺國遣使獻駿馬. 云其國出師子貂豹[犭+軍]橐駝犀象, 有火齊如雲母而色紫, 裂之則薄如蟬翼, 積之則如紗縠之重沓. 有金剛, 似紫石英, 百鍊不銷, 可以切玉. 瑇瑁金銅鐵鉛錫, 金縷織成金罽, 白疊㲮㲪, 又有旃檀鬱金等香甘蔗諸果. 石密胡椒薑黑鹽. 西與大秦安息交市海中, 或至扶南交趾貿易. 多珊瑚珠璣琅玕, 俗無簿籍, 以齒貝爲貨. 尤工幻化, 丈夫致敬極者舐足摩踵而致其辭. 家有音樂倡伎, 其王與大臣多服錦罽, 王爲螺髻於頂, 餘髮翦之使短. 丈夫翦髮, 穿耳垂璫. 俗皆徒跣, 衣重白色, 怯於鬪戰. 有弓箭甲矟, 亦有飛梯地道, 木牛流馬之法. 有文字, 善天文算歷之術. 其人皆學悉曇章, 書於貝多樹葉以記事.)”

당나라 정관(貞觀, 627~647), 천수(天授, 690~692) 연간에 사신을 보내 조공을 바쳤다. 옹희(雍熙, 984~987)연간에 나호나(囉護哪)[5]라는 승려가 있었는데 바다로 배를 타고 와 스스로 천축국 사람이라고 했다. 외래 상인들은 그가 외래 승려라고 여기고 다투어 금, 비단, 보배 등을 가지고 와 보시하였다. 승려는 한 푼도 유용하지 않고 빈터를 사서 천주(泉州) 성남에 사찰을 세웠는데 바로 오늘날 보림원(寶林院)이다.

5 역주에 따르면, 나호나(囉護哪)는 라후라(Rahula)의 음역어 같다고 했다. 이 사람은 석가모니 아들과 동명이다. 『송사』, 권490, 「천축전」에 “옹희(984~988) 연간에 위주 승려 사한이 서역에서 돌아왔는데, 호승 밀탄라[Mitra]와 함께, 북인도왕과 금강좌왕[Vajrasana, Bodhigaya] 나란타[Nalanda]의 편지를 가지고 왔다. 또 바라문 승려 영세가 페르시아 외도(外道)[10] 아리연[Ali…?]과 함께 도읍에 이르

10) 『송사』, 권490(14105쪽)의 아리연(阿里烟)이 자술한 것에 따르면, 자기 나라의 왕은 흑의(黑衣)라고 부르며, 성은 장(張)이고 이름은 이몰(哩沒)이라 했다. 하지만 히어트와 록힐은 아리연을 기독교도라고 설명하고 있다(『Chau Ju-kua』, 113쪽). 아리연의 자술로 볼

렀다(雍熙中, 衛州僧辭澣自西域還, 與胡僧密坦羅奉北印度王及金剛坐王那爛陀書來. 又有婆羅門僧永世與波斯外道阿里烟同至京師).”라고 했는데[11], 나호나와 동행한 것 같다.

天竺國隸大秦國, 所立國主悉由大秦選擇. 俗皆辮髮垂下, 兩鬢及頂, 以帛纏頭. 所居以石灰代瓦, 有城郭居民. 王服錦罽, 爲螺髻於頂, 餘髮剪之使短. 晨出坐氍皮, 【氍乃獸名.】 用朱蠟飾之, 畫雜物於其上, 羣下皆禮拜祝壽. 出則騎馬, 鞍轡皆以烏金銀鬧裝, 從者三百人, 執矛劍之屬. 妃衣大袖鏤金紅衣, 歲一出, 多所賑施. 國有聖水, 能止風濤, 番商用琉璃缾盛貯, 猝遇海敭波, 以水灑之則止. 後魏宣武時, 嘗遣使獻駿馬, 云其國出獅子·貂·豹·橐[12]·犀·象·瑇瑁·金·銅·鐵·鉛·錫·金縷織成金罽·白疊·毾㲪, 有石如雲母而色紫, 裂之則薄如蟬翼, 積之則如紗縠, 有金剛石, 似紫石英, 百鍊不銷, 可以切玉, 又有旃檀等香, 甘蔗·石蜜諸果. 歲與大秦·扶南貿易, 以齒貝爲貨. 俗工幻化. 有弓箭甲矟, 飛梯地道及木牛流馬之法, 而怯於戰鬭. 善天文算曆之術, 皆學悉曇章書[6], 以貝多樹葉爲紙. 唐貞觀·天授中, 嘗遣使人貢. 雍熙間, 有僧囉護哪航海而至, 自言天竺國人, 番商以其胡僧, 競持金繒珍寶以施, 僧一不有, 買隙地建佛刹于泉之城南, 今寶林院是也.

6 이조원(李調元)은 “이하 7자가 빠졌다(以下闕七字).”라고 주를 달고 있다.

12) 『통전』, 권193에는 “탁타(橐駝)”로 되어 있다.

때 흑의대식(黑衣大食)의 무슬림임에 틀림없다.

11) 『송사』, 권490(14105쪽)에 바로 다음 문장을 보면, 영세(永世)는 이득(利得)이란 나라 사람이고 그 나라 왕의 성은 아라오득(牙羅五得)이고 이름은 아야니전(阿喏你縛)이라고 했다. 그런데 히어트와 록힐은 이득이 바로 마수디가 말하는 Lāta이며, 발하라(Balhara)왕국에 속한 캄베이 만에 있다고 하였다(『Chau Ju-kua』, 112쪽). 하지만 이 Lāta는 바로 이전 쪽에서 나라국(囉囉國)으로 음역되어 있다.

26. 대식국 大食國

대식(大食)[1]은 천주(泉州)의 서북쪽에 있는데, 천주에서 가장 멀다. 외래 선박이 직접 가기는 어려워 천주에서 배를 타고 40여 일을 가서 라무리[藍里]에 이르러 장사를 하며 겨울을 지내고, 다음 해 다시 출발하여 순풍에 60여 일을 가면 그 나라에 도착한다[2].

1 역주: 대식(大食)은 중국 서적에서 아랍인을 통칭하고 있다. 본서에서는 여러 이슬람 나라들을 부르고 있다. 대체로 서아시아 작가들의 타지(Tazi) 또는 타이(Tay)이다. 중국 서적 중에서 가장 오래된 역음은 다씨(多氏)로 의정(義淨)의 『대당서역구법고승전』「현장전(玄奘傳)」에 보이고, 『통전』, 권193; 『구당서』, 권198; 『신당서』, 권221하에는 전(傳)이 있는데, 『구당서』에 "영휘(永徽) 2년(651) 처음으로 사신을 보내 조공하였다. 그의 성은 대식씨(大食氏)였고, 이름은 담밀막말니(噉蜜莫末膩, Emir-al-Mumenin)"라고 했고, 『신당서』에서는 "영휘 2년에 대식의 왕 함밀막말니(瞰蜜莫末膩)가 처음으로 사신을 보내 조공했는데, 스스로 이르기를 왕대식씨(王大食氏)라고 말했다."라고 하였다. 페르시아어 타지(Tazi)란 이름을 왕씨(王氏) 혹은 왕호(王號)로 오인한 것 같다. 도손(d'Ohsson)의 『몽골사(Histoire des Mongols)』 1책 217쪽 주에 따르면, 페르시아어와 위구르어 모두 타지로 되어있고, 아르메니아어, 터키어, 몽골어에는 타직(Tadjik) 또는 타직(Tazik)으로 되어있으며, 시리아어로는 타이(Tayi)로 되어있으나 다 믿을 수는 없을 것 같다.

2 『영외대답』, 권3, 대식제국(大食諸國) 조목에서 "대식은 여러 나라들을 통칭한다. 1천여 개의 나라가 있는데 이름을 알고 있는 것은 특별히 몇 나라에 불과할 뿐이다. 말라바르[麻離拔國]가 있는데 광주에서 중동(中冬) 이후에 배를 타고 북풍에 편승해 가면 약 40

일 만에 라무리[藍里]라는 곳에 도착한다. 소목, 백석, 장백등을 교역하고 다음 겨울까지 살고 다시 동북풍을 타고 순풍이면 60일만에 도착한다.……(大食者, 諸國之總名也. 有國千餘, 所知名者, 特數國耳. 有麻離拔國. 廣州自中冬以後, 發船乘北風行, 約四十日到地名藍里, 博買蘇木·白錫·長白藤. 住至次冬, 再乘東北風六十日順風方到. ……)"라고 하였고 그 뒤에는 대식의 여러 나라들을 열거하고 있는데, 메카[麻嘉], 바그다드[白達], 가즈니[吉慈尼], 미로골돈(眉路骨惇, Rum?), 모술[勿斯離] 등 5개국이 있다. 대식은 여러 나라들을 통칭하는 것이나 본 조목에서는 여러 책의 문장들을 따왔고, 또 새로운 이야기도 보탰다. 그래서 이 대식이 말라바르[麻離拔]라 해도 되고, 미스르[蜜徐篱]라고 해도 되며, 바그다드[報達]라고 해도 안 될 것은 없다. 남리(藍里)는 바로 남무리(藍無里, Lamuri)로, 본서에 별도의 조목이 있다. 마리발(麻離拔)은 또한 '마라발(麻囉拔)'로 되어있다. 역주에서는 미르바트(Mirbat)라고 고증했으나 잘못 같다. 이것은 말라바르(Malabar)의 음역으로, 본서의 남비국(南毗國)일 것이다.

이 나라의 산물들은 대부분 실려가 슈리비자야[三佛齊]와 교역되고, 상인들은 돌아다니며 팔다가 중국에 이른다. 이 나라는 웅장하고 영토는 넓다. 민속은 사치스럽고 화려하여 여러 외국 중에서 으뜸이다. 날씨는 추운 날이 많고 눈은 2~3척 쌓이므로[1)] 담요가 비싸다.

도읍은 미스르[蜜徐篱][3]【어떤 곳에는 말라바르[麻囉拔]로 되어 있다】라 한다. 여러 번국(蕃國)이 의탁하는 요충이다.

3 역주에 따르면, 밀서리(蜜徐篱)는 미스르(Misr)의 대역음이라 고증했는데, 맞다. 아랍어로 이집트 수도를 칭하는 말이다. 본서에 별

---

1) 여기에는 뭔가 잘못이 있는 것 같다. 아리비아 반도의 기후는 세계에서 가장 건조하고 가장 더운 곳 중의 하나이다. 설령 속국이라 할지라도 대체로 열대지역에 속한다.

도의 조목이 있다. '물사리(勿斯里)'로 달리 부르는 것도 맞다. 『서사기(西使記)』에는 '밀걸아(密乞兒)'로, 『원사』 본기에는 '미서아(米西兒)'로, 「곽간전(郭侃傳)」에는 '밀석아(密昔兒)'로, 『명사』에는 '미석아(米昔兒)' 또는 '밀사아(密思兒)'로 되어있다. 오늘날 이집트의 수도는 카이로인데, 아랍어 미스르 알 카히라흐(Misr-al-Kahirah)라는 이름이 와전된 것인데, 앞부분은 '밀서리(蜜徐篱)', 뒷부분은 본서 물사리(勿斯里) 조목에서 '게야(憩野)'로 되어있다. 이 도시는 973년에 건설되었다.

왕은 머리에 수놓은 비단과 번포(番布)를 두르고, 삭망(朔望)이면 꼭대기가 평평하면서 8면이 순금으로 된 관을 쓰는데, 천하 최고의 보석들을 그 위에 놓는다. 비단 옷을 입고 옥으로 만든 허리띠를 차며 다닐 때는 금 신발을 신는다.

그 궁전은 마노(瑪瑙)로 기둥을 만들고, 수정처럼 투명한 녹감석(綠甘石)[4]으로 벽을 만들며, 수정으로 기와를, 녹석(碌石)으로 벽돌을, 활석(活石)으로 회를 만든다. 휘장과 장막은 모두 온갖 꽃을 수놓은 비단을 사용하고, 그 비단은 황금실에 오색실을 끼워 짠 것이다. 왕좌는 구슬과 보석으로 장식한다. 당의 섬돌은 순금으로 싼다. 그릇, 솥, 주방은 금은을 섞어 사용하고 진주를 엮어 발을 만들어 놓고, 매일 아침에 나와 발 뒤에 앉는다. 관료에는 승상(丞相)이 있는데 황금 갑옷을 입고, 투구를 쓰며, 보검을 들고서 좌우에서 호위한다. 나머지 관리들은 '태위(太尉)'라고 하는데 각기 병사와 말을 거느리고, 병사는 2만여 명이고, 말의 키는 7척이고 말굽에는 철을 사용하며, 병사들은 용감하고 무예는 뛰어나다. 거리는 5장 남짓 넓은데, 가운데로 가면 폭 2장(丈) 4척 깊이로 파내어 낙타와 말, 소가 화물을 싣고 내리도록 준비되어 있는데 좌우에는 푸르고 검은 석판으로 만든 계단을 깔아 매우 정교하며 왕래에 편리하다.

4 역주: 녹감(綠甘)은 아랍어와 페르시아어 루캄(Rukham)의 음역으로 보이고, 대리석이나 흰 석고석[石膏]를 뜻한다.

백성들의 집은 중국과 같으나 기와는 얇은 돌을 사용하여 만든다[5]. 음식은 오로지 미곡(米穀)에 의지하고 가는 면과 삶은 양을 좋아한다. 가난한 사람들은 물고기,

채소, 과실을 먹는데 모두 달고 시지 않다. 포도즙을 내어 술로 만들고, 혹 당(糖)에 향약을 삶은 것으로 사수주(思酥酒)[2)]를 만들기도 하며, 또 꿀과 향약으로 미사타화주(眉思打華酒)[3)]를 만든다. 이 술은 몸을 매우 따뜻하게 한다.

---

2) 사수주(思酥酒): 『영외대답』, 대식제국 조목에는 '사소(思穌)'로 되어있다. 음역어로 보이지만 고증하지 못했다. 아랍어로 당(糖)을 의미하는 사화(思龢)로 보는 학자도 있다. 주운중(周運中), 「宋代交通中國的層檀國考」, 『海交史硏究』, 2014, 제2기를 참고하시오.

3) 미사타화주(眉思打華酒): 층발국(層拔國) 조목에 보이는 밀사화주(密沙華酒)와 같은 것으로 보인다. 먼저 『송사』, 「층단국전(層檀國傳)」을 보면, 층단국은 층발국(層拔國)이라고 하는데 동아프리카 해안에 위치한다. 그에 따르면 "바닷길로 바람을 타고 160일을 가는(海道便風行百六十日)" 거리에 있는 이국의 산물에 대하여 "곡물로는 쌀, 조, 맥(麥)이 있고, 먹거리로는 물고기가 있으며, 가축으로는 면양, 산양, 사우(沙牛), 물소, 낙타, 말, 무소, 코끼리가 있고, 약에는 목향(木香), 혈갈(血碣), 몰약, 붕사, 아위, 훈륙이 있다. 산물로는 진주, 유리, 밀사화삼주(密沙華三酒)가 난다(穀有稻粟麥, 食有魚, 畜有綿羊山羊沙牛水牛橐駝馬犀象, 藥有木香血竭沒藥鵬砂阿魏薰陸. 產眞珠玻璃密沙華三酒)."라고 하였다. 다시 마단림(馬端臨)의 『문헌통고』, 「사예고구(四裔考九)·층단(層檀)」에도 그대로 보이는데, 『송사』의 '면양(綿羊)'이 '호양(胡羊)'으로 바뀐 것 외에는 아무런 차이가 없다.

문제가 되는 것은 마지막에 보이는 "밀사화삼주(密沙華三酒)"가 무엇인가일 것이다. 가장 쉽게는 밀주(蜜酒), 사주(沙酒), 화주(華酒)의 합성어로 보는 것일 것이다(许永璋, 「层檀国试探」, 『世界历史』, 1993, 제 5기). 이러한 설명은 풍승균이 『제번지교주』에서 "페르시아어로 포도주를 mei라고 하는데, 밀(密)자에 대응하는 음으로 보이고, 페르시아어와 아랍어로 과일주를 사랍(Sharab)이라 하는데 사(沙)자에 대응하는 음으로 보인다."라고 한 주에서 출발하고 있다. 또한 여기 대식국 조목에서 "과일을 모두 달고 시지 않으며, 포도즙을 취해 술을 만들고 혹 당(糖)에 향약을 삶아서 사수주(思酥

酒)를 만들고 꿀과 향약으로 미사타화주(眉思打華酒)를 만드는데, 이 술은 매우 몸을 따뜻하게 한다."라고 하였다. 이로써 밀주(密酒)는 포도주를, 사주(沙酒)는 과일주(혹은 사수주), 거기다가 화주(華酒, 미사타화주(眉思打華酒)의 약칭으로 봄)를 더해 "밀, 사, 화 세 가지 술"로 보는 것이다.

층발국(層拔國)의 산물을 가장 빨리 언급하고 있는 것은 주휘(周煇, 1126~?) 『청파잡지(淸波雜志)·별지(別志)』, 권2, 층단(層檀) 조목이다. 이에 따르면, "有稻·麥·粟, 胡羊·山羊·沙牛·水牛·駝·馬·魚·犀·象, 薰陸·沉水香·血竭·沒藥·鵬砂·阿魏·蘇合香·眞珠·玻璃, 葡萄·千年棗·蜜沙華三酒."라고 하였다. 『문헌통고』와 『송사』에 보이는 산물들과 비교해보면, 밀사화(蜜沙華 또는 密沙華) 앞에 포도(葡萄)와 천년조(千年棗)가 더 추가되어 있음을 알 수 있다. 또 이도(李燾)의 『속자치통감장편(續資治通鑑長編)』에 따르면, 북송 희녕(熙寧) 4년(1071) 가을 7월 무자(戊子) 조목과 원풍(元豐) 6년(1083) 봄 정월 을축(乙丑) 조목에도 포도와 천년조가 들어가 있다. 이로써 『문헌통고』를 채록한 『송사』 모두에 탈루가 있는 것을 확인할 수 있다. 그래서 장성랑(張星烺)은 "『송사』에는 빠지고 잘못된 것이 있다. 밀사화(密沙華)는 하나의 물품으로 세 가지 술을 지칭할 수 없다."라고 했던 것이다(張星烺編注 朱傑勤校訂, 『中西交通史料彙編』 제 2책, 중화서국(1978), 258쪽.) 따라서 밀사화는 한 가지 술이고, 포도, 천년조와 합해 "세 가지 술"이라고 하는 것이라고 했다.

주운중(周運中)은 밀사화주는 바로 밀당주(蜜糖酒)로 추정하는데, 그에 따르면 밀사화의 '사화'는 말라바르[麻離拔國] 사수주(思酥酒)의 '수(酥)'를 '화(龢)'자로 고쳐서 사화(思龢: 아랍어로 당(糖)을 뜻함)로 보았다. 급기야 밀사화주는 바로 당을 향약과 삶아 만든 밀당주라는 결론에 이르고 있다.(「宋代交通中國的層檀國考」, 『海交史研究』, 2014, 제2기) 논리적 비약과 억지스러움이 심하다.

층단국의 밀사화주는 마리발국의 미사타화주(眉思打華酒)일 가능성이 있다. 『영외대답』, 대식제국 조목에는 "땅에는 곡물과 쌀이 적게 나고, 나는 과실들은 달고 시지 않다. 포도로 술을 만들고, 당

5 이 단락은 조공을 하러온 사신의 구술내용으로 보인다. 카이로인지, 바그다드인지 다마스쿠스인지 확인되지 않았다.

(糖)에 향약을 삶아 사수주를 만들고, 꿀과 향약을 조합하여 미사타화주를 만드는데 몸을 따뜻하게 하고 기력을 보충하는 데 도움이 된다(地少稻米, 所產果實甜而不酸, 以蒲桃爲酒, 以糖煮香藥爲思酥酒, 以蜜和香藥作眉思打華酒, 暖補有益)."라고 한 것을 보면, 『제번지』 대식국 조목의 기술과 거의 일치하므로 밀사화주와 미사타화주는 같은 것을 말하는 것일 가능성이 크다. 말하자면 동아프리카 층단국의 밀사화가 아라비아 반도의 말라바르[麻離拔]에 와서 미사타화로 불린 것이라 할 수 있다.

이에 대해 양박문은 『제번지교석』(중화서국, 1999, 103쪽)에서 미사타화(眉思打華)는 라틴어 Mistura의 음역이고, 섞어 조제한다는 의미라고 설명했다. 스타인가스(F. Steingass)의 『학생을 위한 아랍-영어사전(The student's Arabic-English dictionary)』(London, W. H. Allen & co., 1884, 1000쪽)에서 "misṭâr"는 "새로 만든 취하게 하는 술(new intoxicating wine)"이라 정의하고 있고, 다시 『페르시아 문학에 보이는 아랍 단어와 문구를 포함한 페르시아-영어사전(A comprehensive Persian-English dictionary, including the Arabic words and phrases to be met with in Persian literature)』(London, Routledge & K. Paul, 1892, 1237쪽)에서 "mistār"는 "쉬이 취하게 하는 술(heady wine)"로 정의하고 있다. 따라서 밀사화(密沙華) 또는 미사타화(眉思打華)는 미스타(misṭâr, mistār)의 음역으로 볼 수 있다는 것이다.

이상으로부터 볼 때, 밀사화삼주(密沙華三酒)는 밀, 사, 화의 세 가지 술이 아니라, 포도주, 천년조주, 밀사화주의 합칭이며, 아랍어 미스타(misṭâr, mistār)의 음역이고, 밀사화주의 원산지는 동아프리카 해안이 아니라 아리비아 반도로 11세기 아라비아 반도에 위치한 말라바르[麻離拔]과 같은 나라에서 만든 일종의 증류주로 꿀과 향약을 섞어 만든 것일 것이다. 그러므로 "몸을 크게 따뜻하게 한다[大暖]", "몸을 따뜻하게 하고 기력을 보충한다[暖補]", "쉬이 취한다[易醉]"는 특성을 보였던 것이다.

거부의 집에서는 금은을 거래하며 되나 말을 저울로 사용한다. 시장은 매우 시끄럽고, 금, 은, 능금(綾錦) 같은 온갖 물품들이 모인다.

장인들의 기술은 모두 정통하고 능란하다. 왕과 관민들이 모두 하늘을 섬기며 무함마드[麻霞勿][6]라는 신의 이름이 있다. 7일마다 일제히 머리와 손발톱을 깎으며, 연초에는 재계하고 경전을 외며 한 달을 보내고 매일 5차례 하늘에 예배한다.

6 마하물(麻霞勿)은 바로 무함마드(Muhammad)의 음역이다. 『당서(唐書)』, 「대식전」에는 마가말(摩訶末)로 되어있다. 본서의 백달(白達) 조목을 참고하시오.

농민들이 밭을 갈고 씨를 뿌림에 홍수나 가뭄의 우환이 없다. 개울물이 풍족하여 관개하는데 그 원천이 어딘지 모른다. 농사가 한가한 때가 되면 물은 양안(兩岸)에 평평한 수준에 그치고, 농사가 바쁘면 점차 흘러넘치는 것이 하루하루 더해간다. 파견된 관리가 물이 널리 잘 퍼졌는지를 보고, 가지런히 모아졌는지를 살핀다. 밭갈이와 파종에 충분히 사용된 뒤에는 물[7]이 당초처럼 빠지게 한다[4].

7 이 물은 니라(尼羅, Nile)강으로 보인다. 자세한 것은 본서의 물사리(勿斯里) 조목을 참고하시오.

나라에는 큰 항구가 있는데[8], 깊이는 20여 장(丈)에 달하고 동남쪽 바다에 이르며 지류가 여러 도(道)에 도달한다. 항구의 양안(兩岸)에는 모두 백성들이 살고 매일 공터에 시장이 열려 배와 수레가 몰려들고, 마(麻), 맥(麥), 속(粟), 두(豆), 당(糖), 면(麵), 기름, 땔나무, 닭, 양, 거위, 오리, 물고기, 새우, 조권(棗圈: 말린 대추), 포도, 잡다한 과일이 모두 그곳에 집합한다.

8 역주에 따르면, 이 항구는 홍해의 콜줌(Kolzum)일 수도 있고 또한 페르시아만의 우불라(Ubullah) 또는 바스라(Basra)일 수도 있다고

---

4) 나일강은 7월 중순에 범람하였다가 11월에 빠지면 다양한 수초와 광물이 땅에 남아 비옥한 땅을 형성하여 농업이 발달했다.

하였다[5].

땅에서 나는 것으로 진주, 상아, 서각(犀角), 유향(乳香), 용연(龍涎), 목향(木香), 정향(丁香), 육두구(肉荳蔻), 안식향(安息香), 노회(蘆薈), 몰약(沒藥), 혈갈(血碣), 아위(阿魏), 올눌제(膃肭臍), 붕사(硼砂), 유리(琉璃), 파려(玻瓈), 차거(硨磲), 산호수(珊瑚樹), 묘아정(猫兒睛), 장미수(薔薇水), 몰석자(沒石子), 황랍(黃蠟), 직금(織金)[6], 연금(軟錦)[7], 타모포(駞毛布), 두라면(兜羅綿), 기이한 융단 등이 있다. 외래 상인들은 흥판(興販)하면서 슈리비자야[三佛齊], 불라안(佛囉安) 등의 나라로 돌아다니며 교역한다.[8]

미르바트[麻囉抹], 아시시르[施曷], 도파르[奴發], 이스파한[啞四包閑], 나시미(囉施美), 마크란[木俱蘭], 칼하트[伽力吉], 비야야(毗喏耶), 이록(伊祿), 바그다드[白達], 사련(思蓮), 백련(白蓮), 적길(積吉), 감미(甘眉), 부하라[蒲花羅], 잔지바르[層拔], 베르베라[弼琶囉國], 미르바트[勿拔國], 오만[甕篱], 키시[記施], 메카[麻嘉], 바스라[弼斯羅], 가즈니[吉甆尼], 모술[勿斯離] 등이 모두 속국들이다[9].

5) 이 항구는 홍해 서쪽 해안에 있는 쿠세이르(El Qoseir)로, 송나라 시기는 파티마왕조 시기에 해당하는데, 동방무역의 중심지였다.
6) 직금(織金): 직금금(織金錦)으로 보인다. 금선(金線)을 넣어 짠 비단으로 당나라 시기의 무덤에서 이미 발견되고 있다. 송나라 시기 문헌에서 보이는 '금란(金襴)' '염금금(撚金錦)'은 바로 이러한 직금 기술로 짠 비단이다.
7) 연금(軟錦): 연견(軟絹)을 말하는 것으로, 부드럽고 가벼우며 강한 명주 같은 것으로 보인다. 『해동역사』, 권26 「물산지」에는 『화한삼재도회(和漢三才圖會)』를 인용하여, "일본에는 고려금(高麗錦), 훈금(暈錦), 간금(繝錦), 연금(軟錦), 양면금(兩面錦) 등의 명칭이 있다."라고 하였다. 풍승균은 '직금연견'으로 구두했으나, '직금'과 '연금' 두 종으로 보아야 할 것이다.
8) 이상의 산물들은 별도의 조목으로 하권에 설명되어 있다.

9 역주: 마라말(麻囉抹)은 분명 마라발(麻囉拔)의 다른 음역으로 아라비아 하드라마우트(Hadramout) 연안의 미르바트(Mirbat)이고, 시갈(施曷)은 쉐르(Shehr)로 같은 연안에 있는데 마르코 폴로의 책에서는 에쉐(Esher)[9)]로 되어있다. 노발(奴發)은 주파르(Zufar), 지금의 도파르(Dhofar)로 마르코 폴로의 책에는 '두파르(Dufar)'[10)]로 되어있고, 『명사』, 권326에는 조법아(祖法兒)로 불렀다. 아사포한(啞四包閑)은 이스파한(Ispahan, 또는 Isfahan)으로 『원사』에서는 역사법항(亦思法杭)이라 했다. 나시미(囉施美)는 콰리즘(Khwarizm)으로 『대당서역기』에는 '화리습미가(貨利習彌迦)'라 했고, 『신당서』, 권221 하에는 '화심(火尋)', 또는 '과리(過利)'라고 했다. 목구란(木俱蘭)은 마크란(Maklan), 가력길(伽力吉)은 칼하트(Kalhat)로 마르코 폴로의 책에서는 칼라투(Calatu)[11)]로 되어있는데, 일찍이 홀로모사(忽魯模斯, Hormuz) 국왕에게 예속되었다. 비야야(毗喏耶)는 아라비아어 이프리캬(Ifrikya)의 음역으로 아프리카 북부의 튀니스(Tunis), 트리폴리(Tripoli) 두 지역이다. 이록(伊祿)[12)]은 이라크를 지칭한다. 백달(白

9) 『동방견문록』(김호동 역주, 174장, 446쪽) 주석에 따르면 이곳은 escer, escier, scier 등으로 표기하기도 하며, 아라비아 반도 남쪽 해안, 하드라마우트(Hadramaut) 해안에 위치한 시흐르(Shihr) 혹은 시하르(Shihar)를 가리킨다고 하였다. 오늘날은 예멘, 아시시르(Ash Shihr)를 가리킨다.

10) 『동방견문록』(김호동 역주, 174장, 446쪽)의 주석56에 따르면, 이곳은 diufar, duifar, dulfar, dufar, duffar 등으로 표기되는데, 아라비아 반도 남해안 오만 영내에 있는 도파르(Dhofar), 주파르(Zufar)나 조파르(Zofar)로 발음되기도 한다고 되어있다.

11) 『동방견문록』(김호동 역주, 196장, 508쪽)의 주석111에 따르면, 오만 해안에 있는 칼하트(Qalkat)를 말하며 현재는 폐허가 되어있다고 하였다. 두파르에서 해안을 따라 동북쪽으로 500마일 정도 되는 지점에 위치한다고 설명하였다.

12) 이록(伊祿): 이집트의 나일강을 음역한 '니록(泥祿)'과 발음이 유사하다. 바로 앞의 비야야(毗喏耶)가 아프리카 북부라면 가능성

達)은 바그다드로, 본서에 별도의 조목이 있다. 사련(思蓮)은 페르시아만의 시라프(Siraf)를 지칭하는 것으로 보인다. 9~10세기 아라비아 선박들이 인도차이나로 통행하는 주요 항구였다. 그러나 시라즈(Shiraz)일 수도 있다. 백련(白蓮)은 페르시아 만의 바레인(Bahrein) 섬이고, 적길(積吉)은 마크란(Makran) 연안의 티즈(Tiz)일 수 있는데, 중세의 상업 항구였다. 감미(甘眉)는 코모로(Comoro)섬일 수 있고, 포화라(蒲花羅)는 부하라(Bokhara)이며, 층발(層拔)은 잔지바르(Zanzibar)로 본서에 별도의 조목이 있다. 필파라(弼琶囉)는 베르베라(Berbera) 연안을 지칭한다. 본서에 별도의 조목이 있다. 미르바트[Mirbat, 勿拔國]는 페르시아만의 소하르(Sohar)일 수 있는데, 본서에 별도의 조목이 있다. 옹리(甕篱)는 분명 오만[甕蠻]이 와전된 것으로 본서에 조목이 있다. 지금의 오만(Oman)이다. 기시(記施)는 페르시아만의 키시(Kish)섬이고, 마가(麻嘉)는 메카(Mekka)로 본서에 별도의 조목이 있다. 필사라(弼斯羅)는 바스라(Basra)로 본서에 조목이 있다. 길자니(吉甆尼)는 가즈니(Ghazni)로 본서에 길자니(吉慈尼) 조목이 있다. 물사리(勿斯離)는 미스르(Misr) 또는 모술(Mosul)일 수 있다. 본서에 모두 조목이 있다.

○이상 고증한 것 중에, 예를 들어 비야야, 이록, 사련, 백련, 적길, 감미, 미르바트[Mirbat, 勿拔國] 등의 나라에 대해서 억지스러운 점이 없는 것은 아니다. 미르바트(Mirbat)가 마라말(麻囉抹)이라 한 것은 '메르바트[Merbat, 勿拔國]'에 대응시키는 것만 못하다[13]. 노발

이 높다.

13) 본서 하권 몰약 조목에 "몰약은 대식의 마라말(麻囉抹)에서 난다."라고 하였는데, 양박문의 고증에 따르면, 여기의 미르바트(Mirbat)에는 몰약이 나지 않는다는 것이다. 따라서 내륙에 있는 마리브(Marib)로 추정하고 있다(『제번지교석』, 94쪽). 기원후 3세기까지 존재했던 사바왕국(Sabaean)의 도읍을 끌어다 붙인 것은 납득하기 어렵다. 풍승균은 마라말(麻囉抹)이 마라발(麻囉拔)이 와전된 것으로 보는데, 이곳은 말라바르로, 인도의 서남해안을 지칭한다. 압바스왕조의 최대 영역이 여기까지 나아갔는지는 의문이다. 또 록힐이

은 조법아(祖法兒)와 같다고 보는데, 오히려 『성사승람』에 있는 좌법아(佐法兒)일 것이다. 역사법항(亦思法杭)은 『명사』에 역사불한(亦思弗罕), 또는 이사파한(伊思把罕)으로 되어있다. 나시미(囉施美)가 콰리즘으로 보는데, 여기에는 빠진 문장이 있다. 『원사』에는 화랄자모(花剌子模)로 되어있다. 바그다드[白達]는 『당서(唐書)』 지리지에 '박달(縛達)'로, 『대당서역기에는 '보달(報達)'로, 『원사』에는 '팔합탑(八哈塔)' 또는 '팔길타(八吉打)'로 되어있다. 바레인은 『원사』에 '팔합랄인(八哈剌因)'으로 되어있다. 이 조목 뒤에 나오는 외국상인 이름에 시나위(施那幃)가 있는데 바로 시라프의 음역이다. 대식인들은 지명으로 이름 짓는 것이 상례이다. 포화라는 『대당서역기』에 '포갈(捕喝)'로 되어있고, 『신당서』에서는 안국(安國), 일명 '포활(布豁)'이라 한다고 하였고, 『원사』에는 '포화(蒲華)', '불화랄(不花剌)' 등의 역어가 있으며, 『명사』에는 '복화아(卜花兒)'로 되어있다. 키시[記施]는 『원사』에 '겁실(怯失)'로 되어있다. 길자니(吉慈尼)는 『대당서역기』에 '학실나(鶴悉那)'로, 『원사』에는 '가질녕(哥疾寧)'으로 되어있다. 물사리(勿斯离)는 모술(Mosul)이다. 『도이지략』에는 '마가사리(麻呵斯離)'로, 『원사』에는 '모석리(毛夕里)'로 되어있는데, 원래 이름은 마우실(Mausil)일 것이다. 『서역지명(西域地名)』에서 해당되는 조목을 참고하시오.

이 나라 사람들은 원래 페르시아[波斯]의 또 다른 종족이다. 수나라 대업(大業, 581~619) 연간에 파사의 걸출하고 영리한 자가 있었는데, 굴에서 글이 새겨진 돌을 찾아 상서로운 것으로 여겨, 이내 사람들을 규합하고 재물을 약탈하여 모인 무리들이 번성해져 마침내 스스로 왕으로 즉위하며 파사국(波斯國)의 서쪽 변경에 자리를 확보했다.

당나라 영휘(永徽, 650~655) 이후 여러 차례 조공을 바쳤다. 그 나라 왕 분니말환

오만의 미르바트라고 추정한 것이 왜 불가능한 것인지에 대한 설명이 없다. 인도에서 아라비아해를 따라 아덴만으로 가는 방향으로 보아 오만의 미르바트가 오히려 정확하다고 생각한다.

(盆尼末換)[14] 이전에는 백의대식(白衣大食)이라 했다. 아바라발(阿婆羅拔)[15] 이후에는 흑의대식(黑衣大食)이라 불렀다[10]. 송나라 건덕(乾德) 4년(966)에 승려 행근(行勤)이 서역을 돌아다니면서 그 나라 왕에게 편지를 주었는데, 그를 불러 보고 마음에 들어 하였다[11]. 개보(開寶) 원년(968)에 사신을 보내 조공하였다. 4년(971)에는 참파[占城], 자바[闍婆]와 함께 강남(江南)의 이욱(李煜, 937~978)에게 예물을 바쳤는데, 이욱이 감히 받지 않고, 사신들을 올려 보내자 이에 조서를 내려 이제부터 헌상하지 않도록 했다[12].

10 이상은 『신당서』, 「대식전」에서 가져온 것이다. 백의대식(白衣大食)은 우마이야(Omayyad)왕조를, 흑의대식(黑衣大食)은 압바스(Abbasides)왕조를 가리킨다. 말환(末換)은 마르완 2세(Marwan II)로 750년에 피살되었다. 아바라발(阿婆羅拔)은 『신당서』에는 '아포라발(阿蒲羅拔)'로 되어있는데, 바로 압바스 왕조의 창건자, 아부 알 압바스(Abu al-'Abbās)이다. 수도는 아구라(亞俱羅, Akula), 바로 『원사』의 고법(苦法, Kufa)이다. 자세한 것은 『통전』, 권193에 인용된 두환(杜環)의 『경행기(經行記)』를 참고하시오.

11 『송사』, 「본기」 권2에 따르면, 건덕(乾德) 4년(966) 3월에 승려 행근(行勤) 등 157명 각각 전(錢) 3만을 하사하여 서역(西域)에 가게 했다는 기록이 보인다.

12 『송사』, 권490, 「대식전」에 "개보 원년(968)에 사신을 보내 조공하였고, 4년(971)년에 또 방물을 바쳤는데 그 사신 이가말을 회화장군으로 삼고자, 특별히 금화(金花)와 오색 비단 종이에 고명을 써서 주었다. 이 해에 이 나라, 참파, 자바가 예물을 이욱(李煜)에게 바

---

14) 분니말환(盆尼末換): 바누 마르완(Banu Marwan, 623~685), 메르완 1세(Marwān I)의 음역으로 우마이야(Umayyad)왕조의 한 계통으로 메르완 왕조를 연다.

15) 아바라발(阿婆羅拔): 『구당서』, 권198, 「대식전」에는 '아포라발(阿蒲羅拔)'로 되어있다. 아부 알 아바스(Abu al-'Abbās 'Abdu'llāh ibn Muhammad al-Saffāḥ, 721/722~754)의 음역이다. 압바스 왕조(Abbasid Caliphate)의 첫 번째 칼리프이다.

치자 이욱이 감이 받지 못하고 사신을 올려 보냈다. 이에 조서를 내려 이제부터 헌상하지 않도록 하였다. 6년(973)에 국왕 가려불[Caliph]이 또 사신 불라해[Abraham?]를 보냈다. 9년(976)에 또 사신 포희밀을 보내는데 모두 방물을 바쳤다. 태평흥국 2년(977)에 사신 포사나, 부사(副使) 마가말[Muhammad], 판관 포라 등을 보내 방물을 바쳤다. 그 하인 중에 눈이 깊고 신체가 검은 자가 있었는데, '곤륜노'라 불렀다.……4년(979)년 다시 조공 사신이 왔다. 옹희원년(984)에 그 나라 사람 화차가……를 헌상했다(開寶元年遣使來朝貢, 四年又貢方物, 以其使李訶末爲懷化將軍, 特以金花五色綾紙寫官誥以賜. 是年本國及占城闍婆又致禮物子李煜, 煜不敢受, 遣使來上, 因詔自今勿以爲獻. 六年遣使來貢方物. 七年國王訶黎佛又遣使不囉海. 九年又遣使蒲希密, 皆以方物來貢. 太平興國二年遣使蒲思那, 副使摩訶末, 判官蒲囉等貢方物, 其從者目深體黑, 謂之崑崙奴.……四年復有朝貢使至, 雍熙元年國人花茶來獻……)."라는 기록이 있다.

순화(淳化) 4년(993) 부사(副使) 이아물(李亞勿)을 보내와 조공하여 숭정전(崇政殿)에 불러 보니 그 나라와 대진국은 이웃이라고 하였고, 땅에서는 상아, 서각(犀角)이 난다고 했다. 태종(太宗)이 서상(犀象)은 어떻게 취하는가 하고 물으니, "코끼리는 암 코끼리를 사용하여 가까운 곳으로 유인한 다음 큰 줄로 매어 잡습니다. 무소는 사람들에게 큰 나무에 오르게 하고 화살을 쟁여 지나가는 것을 기다렸다가 쏘아 죽이는데, 작은 것은 화살을 사용하지 않고도 포획할 수 있습니다."라고 대답했다. 이어 습의(襲衣)와 관대(冠帶)를 하사하고 이어 황금을 하사했는데, 조공한 값에 해당했다[13].

13『송사』, 권490,「대식전」에 "순화(淳化) 4년(993)에 그 나라 부추장 이아물(李亞勿)을 보내 조공했다. 그 나라 배주인 포희밀이 해남에 이르렀으나 늙고 병이 들어 예궐할 수 없어 방물을 이아물에 부쳐 헌상하러 온 것이었다. ……태종이 그 나라에 대해 물으니 대답하여 '대진국과 이웃하고 있으며 통할되고 예속되어 있습니다. 이제 우리나라가 관리하는 사람은 겨우 수천에 불과하고 도성은 산해 사이에 있습니다.'라고 하였다. 또 산택에서 나는 것을 물으니,

'무소, 코끼리, 향, 약초입니다.'라고 대답하였다. 서상(犀象)은 어떻게 잡는가를 물으니, '코끼리는 암 코끼리를 사용하여 유인하여 가까이 오면 큰 밧줄로 묶어 잡습니다. 무소는 사람이 나무위에 올라가 활을 쟁여 무소가 이르기를 기다려 쏴서 죽이는데, 작은 것은 화살을 사용하지 않고도 잡을 수 있습니다.(淳化四年又遣其副酋長李亞勿來貢. 其國船主蒲希密至海南, 以老病不能詣闕, 乃以方物附亞勿來獻.……太宗因問其國, 對云, 與大秦國相鄰, 爲其統屬. 今本國所管之民纔及數千, 有都城介山海間. 又問其山澤所出, 對曰, 惟犀象香藥. 問犀象以何法可取, 對曰, 象用象媒誘至, 漸以大繩羈縻之耳. 犀則使人升大樹, 操弓矢, 伺其至, 射而殺之, 其小者不用弓矢可以捕獲.)"라고 기록하고 있다.

옹희(雍熙) 3년(986)에 판두랑가[賓瞳龍國]와 함께 와서 조공하였다. 함평(咸平) 6년(1003)에 또 마니(麻尼) 등을 보내 진주를 바쳤으나 답례품을 주지 말 것을 간청했다. 진종(眞宗, 998~1022 재위)은 그 뜻을 어기고 싶지 않아 그들이 돌아가기를 기다려 도탑게 은례(恩禮)를 더해주었다. 경덕(景德) 원년(1004)에 이 나라 사신이 슈리비자야[三佛齊], 미얀마 파간[蒲甘] 사신들과 함께 경사(京師)에 있었는데, 상원(上元) 관등놀이까지 머물러, 모두에게 돈을 하사하고 마음껏 마시게 했다. 4년(1007)에 참파와 함께 조공하여, 도탑게 숙식을 제공하며 사관(寺觀)과 황제의 정원을 유람하도록 했다.

대중상부(大中祥符, 1008~1016)에 동쪽 봉신(封神)에 행차하자 이 나라 주인인 타바리(陁婆離)가 방물을 들고 태산에 가기를 원하여 따르게 했다. 4년 분음(汾陰) 제사에 또 와서 명을 내려 황위(皇位)를 배종하게 했다.

옛날 광주(廣州)에 전해지는 말에 따르면, 대식인 무서홀로화(無西忽盧華)는 130세이고 두 개의 귓바퀴를 가지고 있어 용모가 매우 크고 이상했는데, 스스로 멀리서 황화(皇化)를 흠모하다가 케다[古邏國] 선박을 타고 왔다고 했다. 이에 명을 내려 금포(錦袍)와 은대(銀帶)를 하사하고 비단 몇 묶음을 더해 주었다고 한다[14]. 원우(元祐, 1086~1094), 개희(開禧, 1205~1208) 연간에 각각 사신을 보내 조공을 들였다[15].

14 『송사』, 권490, 「대식전」에 "옹희(雍熙) 3년(986)에 또 빈동롱국(賓童龍國, Panduranga) 사신과 함께 조공하러 왔다.……함평(咸平) 2년(999)에 또 판관 문술[Mas'ud]이 왔다. 3년(1000)에 배주인 타바리[Tabari?]가 사신 목길비[Muzaffar?]를 보내 조공했다.……6년(1003)에 사신 바라흠, 삼마니 등을 보내와 방물을 바쳤다.……경덕 원년(1004)에 또 사신을 보내왔는데, 그 때는 삼불제[Srivijaya], 포단국(蒲端國, 『통전』, 권329에도 '단(端)'자로 되어 있는데 감(甘)의 잘못으로 보임) 사신과 함께 수도에 있었다.……그해 가을 외국 손님 포가심이 왔다. 4년(1007)에 또 사신을 보냈는데 참파 사신과 함께 왔다.……대중상부 원년(1008) 10월에 어가가 봉신제를 위해 동쪽으로 가는데, 배주인 타바리가 상언하기를, '방물을 들고 태산에 가고자 합니다.'라고 하여 따르게 했다. 또 배주인 이아물이 사신 마물[Mahmud]을 보내 헌상했다. 4년(1011)년 분음에서 제사를 지낼 때 또 귀덕장군 타라리를 보내 병(缾)과 향을 바쳤다.……5년(1012)에 광주사람이 130살의 대식국 사람 무서홀로화에 대해 말했다. 천희 3년(1019) 사신 포마물[Abu Mahmud], 타바리, 부사 포가심 등을 보내 조공했다(雍熙三年與賓同隴國使來朝. 咸平二年又遣判官文戌至. 三年舶主陁婆離遣使穆吉鼻來貢……六年又遣使婆羅欽三摩尼等來貢方物……景德元年又遣使來, 時與三佛齊蒲端國使竝在京師……其秋蕃客蒲加心至. 四年又遣使同占城使來……大中祥符元年十月, 車駕東封, 舶主陁婆離上言, 願執方物赴泰山, 從之. 又舶主李亞勿遣使麻勿來獻. 四年祀汾陰, 又遣歸德將軍陁羅離進缾香.……五年廣州言大食國人無西忽盧華百三十歲……天禧三年遣使蒲麻勿陁婆離副使蒲加心等來貢)."라고 하였다.

15 『송사』, 「본기(本紀)」 권17에 따르면, 원우(元祐) 4년(1089) 하국(夏國)[16], 막려(邈黎), 대식(大食), 말라바르[麻囉拔國]가 조공을 들였다고 하였다. 역주에서는 이 막려(邈黎)를 『신당서』, 「지리지」의

---

16) 하국(夏國): 감숙성과 섬서성, 몽골 정남쪽 지역에서 1031~1227년까지 존재했던 티베트계 탕구트족의 왕조, 서하국(西夏國)으로 보인다.

몰래(沒來)에 대응시켜 쿠람-마레(Kulam-Malé)로 고증했는데, 틀림없이 『영외대답』의 퀼론[故臨]이 되어야 할 것이나 『송사』, 권489, 「막려전(邈黎傳)」에는 우전국왕(于闐國王)이 표장(表章)을 가지고 왔다는 말이 있으므로, 이 나라는 중앙아시아에 있는 것 같다.

시나위(施那幃)[16]라는 외국 상인이 있었는데 대식사람이었다. 천주 남쪽에 살면서 재물을 가벼이 여기고 즐겨 베풀며 서방의 기질과 풍습을 가지고 있었는데, 성 밖의 동남쪽 모퉁이에 무덤을 만들어 외국 상인의 유해들을 덮어주었다. 제박(提舶) 임지기(林之奇)[17]가 이 사실을 기록하였다.

16 『정사(桯史)』, 권11, "천주에는 또한 박료(舶獠, 외국상인)가 있는데, 시라위(屍羅圍), 자을어포(貲乙於蒲)가 있다"고 하였는데, 여기 시라위가 바로 본 조목의 시나위(施那幃)와 동명의 다른 음역이다. 이 두 사람은 시라프(Siraf) 도시의 사람이고 원래 이름은 분명 실라비(Silavi)일 것이다. 구와바라 지쓰조(桑原隲藏), 『포수경고(蒲壽庚考)』, 풍유(馮攸)가 번역한 『중국 아라비아 해상 교통사(中國阿拉伯海上交通史)』, 187~189쪽을 참고하시오.

17 임지기(林之奇), 자는 소영(少穎), 복건성 후관(侯官)사람으로, 일찍이 제거민박(提擧閩舶)을 지냈다. 순희(淳熙) 3년(1176) 나이 65세로 죽었다. 『도산기문(道山紀聞)』 등의 책이 있으며, 『송사』, 권433[17)]에 전(傳)이 있다.

---

17) 역주에는 권수가 344로 잘못 되어있다.

大食在泉之西北, 去泉州最遠. 番舶艱於直達, 自泉發船四十餘日, 至藍里博易住冬, 次年再發, 順風六十餘日方至其國. 本國所產, 多運載與三佛齊貿易, 賈轉販以至中國. 其國雄壯, 其地廣袤. 民俗侈麗, 甲於諸番, 天氣多寒, 雪厚二三尺, 故貴氊毯. 國都號蜜徐篱, 【或作麻囉拔.】 據諸蕃衝要. 王頭纏織錦番布, 朔望則戴八面純金平頂冠, 極天下珍寶, 皆施其上. 衣錦衣, 繫玉帶, 躡間金履. 其居以瑪瑙爲柱, 以綠甘石之透明如水晶者. 爲壁, 以水晶爲瓦, 以碌石爲塼, 以活石爲灰. 帷幕之屬, 悉用百花錦, 其錦以眞金線夾五色絲織成. 檯榻飾以珠寶. 塔砌包以純金. 器皿鼎竈雜用金銀, 結眞珠爲簾. 每出朝坐於簾後. 官有丞相, 披金甲, 戴兜鍪, 持寶劍, 擁衞左右. 餘官曰太尉, 各領兵馬二萬餘人, 馬高七尺, 用鐵爲鞋, 士卒驍勇, 武藝冠倫. 街闊五丈餘, 就中鑿二丈深四尺, 以備駱駞馬牛馱負物貨, 左右鋪砌青黑石板, 尤極精緻, 以便來往. 民居屋宇與中國同, 但瓦則以薄石爲之. 民食專仰米穀, 好嗜細麵蒸羊, 貧者食魚菜菓實, 皆甜無酸, 取蒲萄汁爲酒, 或用糖煮香藥爲思酥酒, 又用蜜和香藥作眉思打華酒, 其酒大煖. 巨富之家博易金銀以量爲秤. 市肆諠譁, 金銀綾錦之類種種萃聚. 工匠技術咸精其能. 王與官民皆事天, 有佛名麻霞勿. 七日一削髮剪甲, 歲首清齋念經一月, 每日五次拜天. 農民耕種無水旱之憂, 有溪澗之水足以灌漑, 其源不知從出, 當農隙時, 其水止平兩岸, 及農務將興, 漸漸汎溢, 日增一日, 差官一員視水候至廣行勸集齊時, 耕種足用之後, 水退如初. 國有大港, 深二十餘丈, 東南瀕海, 支流達於諸路. 港之兩岸皆民居, 日爲墟市, 舟車輻湊, 麻·麥·粟·豆·糖·麪·油·柴·鷄·羊·鵝·鴨·魚·蝦·棗圈·蒲萄·雜菓皆萃焉. 土地所出, 眞珠·象牙·犀角·乳香·龍涎·木香·丁香·肉豈蔻·安息香·蘆薈·沒藥·血碣·阿魏·腽肭臍·鵬砂·琉璃·玻瓈·硨磲·珊瑚樹·猫兒睛·梔子花·薔薇水·沒石子·黃蠟·織金·軟錦·駞毛布·兜羅綿·異緞等. 番商興販, 係就三佛齊·佛囉安等國轉易. 麻囉抹·施曷·奴發·啞四包閑·囉施美·木俱蘭·伽力吉·毗喏耶·伊祿·白達·思蓮·白蓮·積吉·甘眉·蒲花羅·層拔·弼琶囉·勿拔·甕篱·記施·麻嘉·弼斯羅·吉甆尼·勿斯離皆其屬國也. 其國本波斯之別種. 隋大業中有波斯之桀黠者, 探穴得文石以爲瑞, 乃糾合其衆, 剽略資貨, 聚徒浸盛, 遂自立爲王, 據有波斯國之西境. 唐永徽以後, 屢來朝貢. 其王盆尼末換之前, 謂之白衣大食. 阿婆羅拔之後, 謂之黑衣大食. 皇朝乾德四年, 僧行勤游西域, 因賜其王書, 以招懷之. 開寶元年, 遣使來朝貢. 四年, 同占城·闍婆致禮物于江南李煜, 煜不敢受, 遣使上其狀, 因詔自今勿以爲獻. 淳化四年, 遣副使李亞勿來貢, 引對於崇政殿, 稱其國與大秦國爲鄰, 土出象牙·犀角. 太宗問取犀象何法. 對曰, 象用象媒, 誘至漸近, 以大繩羈縻之耳. 犀則使人升大樹, 操弓矢伺其至, 射而殺之, 其小者不用弓矢亦可捕獲. 賜以襲衣冠帶, 仍賜黃金, 準其所貢之直. 雍熙三年, 同賓瞳龍國來朝. 咸平六年, 又遣麻尼等貢眞珠, 乞不給回賜. 眞宗不欲違其意, 竢其還, 優加恩禮. 景德元年, 其使與三佛齊·蒲甘使同在京師, 留上元觀燈, 皆賜錢縱飮. 四年, 偕占城來貢, 優加館餼, 許覽寺觀苑囿. 大中祥符車駕東封, 其主陁婆離上言, 願執方物赴泰山, 從之. 四年祀汾陰, 又來. 詔令陪位. 舊傳廣州言大食國人無西忽盧華, 百三十歲, 耳有重輪, 貌甚偉異, 自言遠慕皇化, 附古邏國舶船而來, 詔賜錦袍銀帶, 加束帛. 元祐·開禧間各遣使入貢. 有番商曰施那幃, 大食人也. 蹻寓泉南, 輕財樂施, 有西土氣習, 作叢塚於城外之東南隅, 以掩胡賈之遺骸. 提舶林之奇記其實.

27. 메카 Mekka, 麻嘉國

마가국(麻嘉國)[1]은 말라바르[麻囉拔國]에서 서쪽으로 가는데, 육로로 80여 정(程) 가면 도착한다. 바로 성인 무함마드[麻霞勿][2]가 태어난 곳으로, 성전은 오색의 옥 벽돌을 사용하여 만들었다. 매년 성인의 제삿날에는 대식의 여러 나라들이 모두 예배하러 오는데 다투어 금은보배들을 가지고 와서 베풀고 이어서 비단으로 성전을 덮는다[3].

1 오늘날 메카(Mekka)이다. 『영외대답』에는 '마가(麻嘉)'로, 『대당서역기』에는 '천방(天房)', 『도이지략』에는 '천당(天堂)', 『영애승람』에는 '천방(天方)' 또는 묵가(默伽, 메카)로 되어있다[1)].
○이 조목은 온전히 『영외대답』, 권3 「대식제국(大食諸國)」 조목을 따랐는데, 단지 미세한 것만 가감했을 뿐이다. 그 원문은 다음과 같다. "마가국이 있다. 말라바르[麻離拔]에서 육로로 서쪽으로 80여 정(程)을 가면 도착한다. 이곳은 무함마드[麻霞勿]가 태어난 곳으로 '불소거방장(佛所居方丈)'이 있는데, 오색 옥과 벽돌을 묶어 담

1) 메카와 카바(Ka'aba)에 관한 기록은 『영외대답(嶺外代答)』에서 가장 빠르게 보이는데, 본서와 같이 마가(麻嘉)로 기록되어 있다. 『서사기(西使記)』와 『원사』에는 천방(天房), 『영애승람』에는 천방(天方), 『사림광기(事林廣記)』, 『송회요(宋會要)』, 『명사』 「외국전」에는 마가(摩迦)로, 『대덕남해지(大德南海志)』에는 묵가(黙茄) 표기되었다. 바이트 알라(Bayt Allah: 신의 집)란 뜻에서 천방(天房), 천방(天房), 또는 천당(天堂)으로 의역되었고, 나머지는 모두 메카의 음역어이다. 무함마드는 메카에서 태어났고 메디나[驀底納]에서 죽었다. 메카에는 무함마드의 조상인 이스마엘[司馬儀]의 무덤이 있다.

장과 집을 만들었다. 매년 탄신일이 되면 대식의 여러 나라 왕이 모두 사람을 보내 보배와 금은을 보시하고 비단으로 그 방장을 덮었다. 매년 여러 나라가 먼저 와 방상에 예배하고, 아울러 다른 나라 관리들과 부호들이 먼 길에도 불구하고 모두 와서 참배한다. 방장 뒤에는 불묘(佛墓)가 있는데, 낮밤으로 언제나 노을빛을 드러내어, 사람이 가까이 다가가지 못하고 종종 눈을 감고 지나간다. 만약 사람이 죽음에 임박했을 때 무덤 위의 흙을 가슴에 바르면 곧바로 성력으로 다시 태어날 수 있다고 한다(有麻嘉國. 自麻離拔國西去, 陸行八十餘程乃到. 此是佛麻霞勿出世之處, 有佛所居方丈, 以五色玉結甃成牆屋. 每歲遇佛忌辰, 大食諸國王, 皆遣人持寶貝金銀施捨, 以錦綺蓋其方丈. 每年諸國前來就方丈禮拜, 幷他國官豪, 不拘萬里, 皆至瞻禮. 方丈後有佛墓, 日夜常見霞光, 人近不得, 往往皆合眼走過. 若人臨命終時, 取墓上土塗胸, 卽乘佛力超生云).”라고 하였다.

2 마하물(麻霞勿)은 바로 무함마드(Muhammad)의 음역이다. 『신당서』, 「대식전」에는 ‘마가말(摩訶末)’로, 『영애승람』, 「천방(天方)」 조목에는 ‘마합마(馬哈嘛)’로, 『서양조공전록』, 권하에는 ‘모한맥덕(謨罕驀德)’으로 되어있다.

3 본 조목에서 말하는 불거(佛居)는 바로 『영외대답』의 “불서거방장(佛所居方丈)”[2)]이고 또한 『영애승람』, 「천방」 조목에서의 개아백

---

2) 불(佛): 무함마드를 말한다. 방장(方丈)은 옛날 유마힐(維摩詰) 거사가 거주했던 석실이 사방 직경이 1장(丈)이었기 때문에 “사방 1장의 집[方丈之屋]”이라 불렀던 것에서 유래한 것이라고 한다. 석도세(釋道世)의 『법원주림(法苑珠林)』, 권29에서 “또 동북쪽으로 강가(Gangga)을 건너 5백여 리를 가면 폐사리국(吠舍釐國)에 이르는데 중인도에 속한다. 도성은 무너져 버렸지만 옛 터의 둘레는 70리이다. 사는 사람이 적고, 궁성의 둘레는 5리이다. 궁의 서북쪽으로 6리를 가면 탑이 있는데, 유마경을 설파한 곳이다. 또 동쪽은 사리자가 성인이 된 탑이 있다. 절의 동북쪽 4리쯤 되는 곳에는 탑 하나가 있는데 유마힐의 옛 집터로 여전히 영험함이 많다. 그 신사(神舍)는 전돌을 쌓아 만들었는데, 전하여 적석(積石)이라 한다. 바로

(愷阿白, Ka'aba, 카바)이다. 『영애승람』 천방 조목을 참고하시오.

뒤에는 성인의 무덤[佛墓][4]이 있는데 밤낮으로 언제나 노을빛이 있어 사람이 가까이 갈 수 없고 지나가면 눈이 감긴다. 사람이 죽음이 임박했을 때 무덤 위의 흙을 쥐고 가슴에 문지르면 성스러운 힘[佛力]을 입어 다시 태어날 수 있다고 한다.

4 무함마드[麻霞勿]의 묘는 메디나(Medina)에 있다. 『신당서』, 「대식전」에는 '마지나(摩地那)'로 되어있고, 『영애승람』, 「천방」 조목에서는 '맥저납(驀底納)'으로 기술하면서 "또 서쪽으로 하루 가면 한 도시에 도착하는데 '맥저납'이라 한다. 그 마합마[Mhammad] 성인의 무덤이 그 도시 안에 있는데, 지금까지 무덤 꼭대기에는 웅장한 빛이 밤낮으로 구름을 뚫고 일어난다(又往西行一日, 到一城, 名驀底納. 其馬哈嘛聖人陵寢正在城內, 至今墓頂豪光日夜侵雲而起)."라고 했다. 본 조목에서 말하는 불묘(佛墓)는 아마도 메카[默伽] 카바

유마힐이 병이 들어 설법한 곳이다. ……당나라 현경(656~661)연간에 장사(長史) 왕현책(王玄策)을 칙사로 보냈는데, 인도로 향하는 길에 정명(淨名: 유마힐)의 집에 들려 홀(笏)로 그 터를 재어보니 겨우 10홀에 지나지 않았다. 그 때문에 사방 1장의 집이라 불렀다(又東北度殑伽河行百五十餘里至吠舍釐國, 屬中印度(梵云毘舍離國). 都城頽毀, 故基周七十里, 少人居住. 宮城周五里, 宮西北六里有寺塔, 是說維摩經處. 又東是舍利子證果塔. ……寺東北四里許有塔, 是維摩故宅基, 尚多靈神. 其舍壘甎, 傳云積石. 即是說法現疾處也. 於大唐顯慶年中, 勅使衛長史王玄策, 因向印度過淨名宅, 以笏量基, 止有十笏, 故號方丈之室也)."라고 하였다. 그러므로 여기서는 카바에 있는 사각형의 검은 돌을 말한다. 이슬람의 전설에 따르면, 이 돌은 하늘로부터 직접 내려온 돌이라 한다. 아브라함이 이스마엘의 도움으로 카바를 세웠을 때, 천사 가브리엘이 하늘로부터 가져왔는데, 흰 돌이던 것이 인간의 죄악에 닿아 검은 색으로 변했다고 한다. 순례자들은 이 돌을 만지고 입맞춤하는 것이 하나의 의식으로 전해진다.

[愷阿白堂] 왼쪽의 사마의(司馬儀, Ismaël)의 묘일 것이다. 무함마드[麻霞勿]의 묘와 잘못 합해 하나로 부른 것이다[3]. 『영애승람』, 「천방」 조목을 참고하시오.

麻嘉國自麻囉拔國西去, 陸行八十餘程方到. 乃佛麻霞勿所生之處, 佛居用五色玉甃成. 每歲遇佛忌辰, 大食諸國皆至瞻禮, 爭持金銀珍寶以施, 仍用錦綺覆其居. 後有佛墓, 晝夜常有霞光, 人莫能近, 過則合眼. 若人臨命終時, 摸取墓上土塗智, 云可乘佛力超生.

3) 『삼재도회(三才圖會)』, 인물(人物) 14권에 "메카는 마? 서쪽으로 육로로 60여 정(程)을 가면, 그곳이 토신(土神)인 무함마드가 태어난 곳으로, 나라에서는 신을 '불(佛)'이라 하고, 매년 모두 와서 예배를 한다. 묘 뒤에는 신묘가 있는데, 밤낮으로 항상 빛이 있어 사람이 감히 가까이 가지 못한다(麻嘉國自麻[夸+隹]西元陸行六十餘程, 此是土神麻霞出世處, 國稱神爲佛, 每年皆來禮拜, 廟後有神墓, 日夜常有光, 人不敢近)."라고 하였다(『고금도서집성(古今圖書集成)』, 216, 변예전(邊裔典), 권87을 따름). "麻[夸+隹]西元"은 일본의 『화한삼재도회(和漢三才圖會)』에서는 "麻[夸+隹]西玄"로 되어 있다. 다시 『영외대답』을 보면 "麻離拔國西去"로 되어 있으므로 참조할 만하다.

28. 잔지바르 Zanzibar, 層拔國

층발국(層拔國)[1]은 구제랏[胡茶辣] 남쪽 바다 섬에 있는데, 서쪽으로 큰 산[2]을 접하고 있다.

1 옛날 대식인들은 아프리카 동쪽 해안의 땅을 '승지발아(僧祇拔兒, Zangibar)'라고 불렀다. 지금도 이 옛 이름이 남아 있는 곳이 있는데, 지도상의 이름은 잔지바르(Zanzibar)이다. 승지발아는 '흑인의 땅'이라는 의미이다. 여러 사적에 보이는 '승지노(僧祇奴)'는 이곳 토착민으로 보인다. 『영외대답』, 권3에는 '곤륜층기국(崑崙層期國)'이 있는데, 층기(層期)는 분명 승지(僧祇)의 다른 음역임에 틀림없다. 본서에서 층발(層拔)은 분명 잔지바르의 간략한 명칭일 것이다. 『문헌통고』, 권332, 『송사』, 권 490에 '층단(層檀)'이 있는데, 아마도 '층발'이 와전된 것으로 보인다. 『도이지략』에는 층요라(層搖羅)가 있는데 '요(搖)'는 '발(拔)'로 되어야 한다.

2 역주: 여기의 대산(大山)은 킬리만자로(Kilimanjaro)일 수도 있다.

사람들은 모두 대식(大食) 종족의 부락으로 대식의 가르침과 법도를 준수한다. 청색 번포를 터번으로 두르고 붉은 가죽 신발을 신는다. 매일 쌀과 면, 구운 빵, 양고기를 먹는다.

향촌 산림에는 병풍 같은 산들이 층층이 중첩되어 있고, 기후는 따뜻하며 추위가 없다. 상아, 생금(生金), 용연(龍涎), 황단향(黃檀香)[1)]이 난다.

---

1) 황단향(黃檀香): 비루니(Birūni)의 『Alberuni's India』(제 1권, 18장, 211쪽)에서 "황단향은 잔지(Zanj)라는 나라에서 가져온다."라고 언급하고 있다. 또한 『도이지략』 층요라(層搖羅) 조목에서는(358

매년 구제랏과 대식 주변 등의 곳에 배를 타고 가서 교역하고, 백포(白布), 자기(瓷器)[3], 적동(赤銅), 붉은 길패(吉貝)를 사온다[4].

3 역주에서는 버셀(S. M. Bushel, 『North China Daily News, May, 9, 1888』)의 설을 근거로 "존 커크경(John Kirk, 1832~1922)이 잔지바르 총영사로 있을 때 중국의 옛 청화자기(青花磁器)를 소장하고 있었고……아울러 송나라 시기의 중국 동전을 발굴했다."라고 하였다. 이로써 이곳이 옛날 중국과 무역을 하고 있었음을 증명할 수 있다고 하였다.
○정화(鄭和)가 '서양'으로 나갈 때에는 반드시 청화자기를 가지고 가서 여러 나라들과 교역했다고 하였다. 『영애승람』과 『성사승람』을 참고하시오.

4 『송사』, 권490에 "층단국은 남해 옆에 있는데 도시에서 바다까지의 거리는 20리이다. 희녕(熙寧) 4년(1071)에 처음으로 조공을 들였다. 바닷길로 순풍이면 160일이면 물순(勿巡), 퀼론[古林], 슈리비자야[三佛齊]를 거쳐 광주에 이른다. 이 나라 왕의 이름은 아미라아미란이고 5백년, 10세대 동안 전해졌다. 사람들의 말은 대식과 같다. 땅은 봄 겨울이 따뜻하다. 귀인들은 월포(越布)로 터번을 하고 화금(花錦)과 흰 모직 옷을 입으며, 출입할 때는 코끼리와 말을 탄다. 봉록이 있다. 이 나라 법은 가벼운 죄에는 매질을 하고 중죄는 죽인다. 곡물에는 쌀, 조, 밀이 있다. 먹는 것은 물고기이다. 가축에는 면양 산양, 사우(沙牛), 물소, 낙타, 말, 무소, 코끼리가 있다. 약에는 목향, 혈갈, 몰약, 붕사, 아위, 훈륙이 있다. 산물은 진주, 유리, 밀사화삼주가 있어 돈으로 교역한다. 관에서 주조하며, 3가지로 균일하게 나누는데 금과 구리가 반반이고 은이 1분(分)을 차지한다. 민간에서 사사로이 주조하는 것을 금한다. 원풍 6년(1083)에 사신 보순낭장 층가니가 다시 이르자, 신종이 아득히 먼 거리를 생각하여 예전처럼 조칙을 내리고 이어 백금 2천 냥을 추가로 하사하였다.(層檀國在南

쪽) "홍단(紅檀)이 난다."라고 하였다. 이로써 볼 때, 여기의 황단향(黃檀香)은 홍단(紅檀)을 잘못 기록한 것으로 보는 것이 좋겠다.

海傍, 城距海二十里. 熙寧四年始入貢. 海道便風行百六十日, 經勿巡·古林·三佛齊國乃至廣州. 其王名亞美羅亞眉蘭, 傳國五百年, 十世矣. 人語音如大食. 地春冬暖. 貴人以越布纏頭, 服花錦白氎布, 出入乘象·馬. 有奉祿. 其法輕罪杖, 重罪死. 穀有稻·粟·麥. 食有魚. 畜有綿羊·山羊·沙牛·水牛·橐駝·馬·犀·象. 藥有木香·血竭·沒藥·鵬砂·阿魏·薰陸. 產眞珠·玻璃·密沙華三酒. 交易用錢, 官自鑄, 三分其齊, 金銅相半, 而銀居一分, 禁民私鑄. 元豐六年, 使保順郎將層伽尼再至, 神宗念其絕遠, 詔頒賚如故事, 仍加賜白金二千兩.)"라고 하였다. 역주에 물순(勿巡)은 마스카트(Maskat) 부근에 있고, 고림(古林)은 퀼론(Quilon)으로 바로 본서의 남비(南毗) 조목에서 말하는 고림(故臨)이며, 슈리비자야는 팔렘방(Palembang)으로 본서 삼불제 조목에서 말하는 '파림풍(巴林馮)'이고, 아미라아미란(亞美羅亞眉蘭)은 페르시아어로 [amir-i-amīrān]의 음역으로 궁전의 명칭이지 왕의 이름이 아니다. 페르시아어로 포도주를 '메이(mei)'라고 하므로 '밀(密)'자로 음역한 것 같고, 페르시아와 아랍어로 과일주를 샤랍(Sharab)이라고 하는데 '사(沙)'자의 대역음으로 보인다고 하였다.

○『문헌통고』와 『송사』의 문장은 동일하다.

○『영외대답』의 곤륜층기국(崑崙層期國) 조목의 문장은 본서에서 별도로 한 조목으로 만들어 놓고 여기 층발 조목에서는 채록하지 않았다. 그 기록은 다음과 같다. "서남쪽 해상에는 곤륜층기국이 있는데 대해와 섬으로 연결되어있다. 언제나 대붕이 날아 해를 가리고 그림자를 바꾼다. 야생 낙타가 있는데 대붕이 보면 삼켜버린다. 혹 대붕의 날개를 주워 그 관(管)을 잘라 물통으로 만들 수 있다. 또 낙타학이 있는데 몸통과 목사이의 길이가 6~7척이나 되고 날개가 있어 날 수는 있으나 높이 날지는 않는다. 잡물과 염화(炎火)를 먹는데 혹 벌겋게 달은 동철을 주면 먹는다고 한다. 땅에서는 큰 상아, 서각이 난다. 또 해도에는 야인들이 많은데, 몸은 새까맣고 곱슬머리이다. 먹을 것으로 유인하여 사로잡아 종종 천만금으로 파는데 '번노'라 한다(西南海上, 有崑崙層期國, 連接大海島. 常有大鵬飛, 蔽日移晷. 有野駱駝, 大鵬遇則呑之. 或拾鵬翅, 截其管, 堪作水桶. 又有駱駝鶴, 身項長六七尺, 有翼能飛, 但不高耳. 食雜物炎火, 或燒赤熱銅鐵

與之食. 土產大象牙·犀角. 又海島多野人, 身如黑漆, 拳髮. 誘以食而擒之, 動以千萬, 賣爲蕃奴.)"고 하였다.

層拔國在胡茶辣國南海島中, 西接大山. 其人民皆大食種落, 遵大食教度. 纏青番布, 躡紅皮鞋. 日食飯麪·燒餅·羊肉. 鄉村山林多障岫層疊, 地氣暖無寒. 產象牙·生金·龍涎·黃檀香. 每歲胡茶辣國及大食邊海等處發船販易, 以白布·甆器·赤銅·紅吉貝爲貨.

29. 베르베라 Berbera, 弼琶囉國

필파라국(弼琶囉國)[1]은 4개의 주(州)가 있고[2] 나머지는 모두 촌락으로 각기 부강하며 서로 존중한다. 하늘을 섬기며 불(佛)을 모시지 않는다.

1 역주: 필파라(弼琶囉)는 바로 베르베라(Berbera)의 음역으로 오늘날 아프리카 소말리아 연안의 지역이다[1]. 중국의 옛 전적에 실린 가장 오래된 음역은 발발력(撥拔力)이다. 『유양잡조』, 권4에 "발발력국은 서남해에 있다. 오곡을 먹지 않고 고기만 먹는다. 항상 소의 맥을 찔러 피를 뺀 다음 우유와 섞어 생식한다. 의복은 없고 허리 아래는 양가죽으로 가린다. 부인들은 청결하고 희며 단정한데, 나라사람들이 약탈하여 외국 상인에게 팔아 값을 몇 배로 받는다. 땅에서는 단지 상아와 아말향 뿐이다. 파사 상인들이 이 나라에 들어가고 싶으면 수천 명이 에워싸고 모여 설포(緤布)[2]을 바치고, 노소할 것 없이 모두 찔러 피를 내서 맹세를 해야 그들의 물건을 팔 수 있다. 예부터 외국에 예속되지 않았으며, 전투에는 코끼리로 물리치고, 들소 뿔로 창을 만들며, 갑옷을 입고 활과 화살을 중시한다. 보병은 2십만이다. 대식이 자주 습격한다.(撥拔力國, 在西南海中, 不食五穀, 食肉而已. 常針牛畜脈, 取血和乳生食. 無衣服, 唯腰下用羊皮掩之. 其婦人潔白端正, 國人自掠賣與外國商人, 其價數倍. 土地唯有象牙及阿末香. 波斯商人欲入此國, 圍集數千人, 齎紲布, 沒老幼共刺血立

1) 보다 정확하게 말하자면 아덴만 연안으로 아덴항과 남북으로 마주하고 있다.

2) 설포(緤布): 원문에는 설포(紲布)로 되어있는데, '설포(緤布)'로 읽어야 할 것 같다. 설포란 초면(草綿)을 이용하여 짠 면포로 오늘날 투루판 지역의 특산으로 알려져 있다.

誓, 乃市其物. 自古不屬外國. 戰用象排·野牛角爲槊, 衣甲弓矢之器. 步兵二十萬. 大食頻討襲之.)"라 했다. 여기서 아말(阿末)은 아라비아어로 안바르(anbar)로 본 조목에서 말하는 용연향(龍涎香)이다.
○『신당서』, 권221하 「대식전」에 이 문장을 인용하고 있고, 『속박물지(續博物志)』, 권10 또한 발발력이라는 국명이 실려 있다. 본 조목 주4를 참고하시오.
2 역주: 이 4개의 주(州)가 베르베라의 본토이고, 중세기 저술에는 '바르바라(Barbara)'로 되어있다. 다음은 제이라(Zeila)로 이븐 바투타(Ibn Batuta) 여행기에는 이곳이 수도라고 했다. 다음은 목골도속(木骨都束, Mogadoxo)이고 다음이 복랄와(卜剌哇, Brawa)이다. 이븐 바투타 여행기(2책 180쪽)에 베르베라[弼琶囉]의 경계는 제이라에서 목골도속까지 뻗어있다고 했다.
○'목골도속', '복랄와'는 모두 『성사승람』, 『명사』에 보이는데, '복(卜)'자가 '불(不)'자로 되어있다.

땅에는 낙타, 면양(綿羊)이 많아, 낙타 고기, 우유와 구운 빵을 상식(常食)한다. 용연(龍涎), 큰 상아와 큰 서각이 나는데, 상아는 1백여 근이 나가는 것이 있고 서각은 10여 근 나가는 것도 있다. 또한 목향(木香), 소합향유(蘇合香油), 몰약(沒藥), 매우 두꺼운 대모(瑇瑁)가 있다. 다른 나라에서 모두 여기에 와서 거래를 한다. 또 산물 중에 낙타학(駱駝鶴)[3]이 있는데, 목 길이가 6~7척이고 날개가 있어 날 수 있으나 그렇게 높이 날지는 못한다. 조랍(徂蠟)[4]이라는 짐승이 있는데 모습은 낙타와 같으나 소처럼 크고 누런색이며 앞다리는 5척이고 뒷다리는 3척으로 낮으며 머리를 높이 위로 올릴 수 있고 가죽은 1촌이나 두껍다. 또 나자(騾子)[5]가 있는데, 붉은 색, 흰 색, 검은 색이 서로 섞여 있어 무늬가 띠를 엮은 것 같다. 모두 야생 짐승들이며 종종 낙타의 별종이라고도 한다. 나라 사람들이 사냥을 좋아하여 수시로 화살에 독약을 묻혀 그 짐승들을 잡는다.

3 역주: 낙타학(駱駝鶴) 조목은 『영외대답』, 권3의 곤륜층기국(崑崙層期國) 조목을 따랐다. 『후한서』, 권118, 「안식전」에 '안식작(安息雀)'이라 했고, 『신당서』, 권221하, 「토화라전」에서는 '타조(駝鳥)'라 불렀다. 페르시아어로 우스투르무르그(usturmurgh)라 하고 아

라비아어로는 테이르 알드자말(teir al-djamal)이다. 여기서는 낙타조(駱駝鳥)를 말한다. 『영외대답』의 '낙타학'이란 음역은 이것을 따른 것 같다.
○『전한서』, 권96상 「안식전」에는 '대마작(大馬爵)'이라 불렀는데, 안사고(顔師古)의 주에서는 『광지(廣志)』를 인용하여 "대작의 목, 가슴, 몸체, 굽은 낙타와 비슷하고, 색은 푸르다. 머리를 들면 8~9척이나 되고 편 날개는 1장 남짓이며 대맥을 먹는다(大爵頸及膺身蹄似橐駝, 色蒼, 擧頭高八九尺, 張翅丈餘, 食大麥)."라고 하였다.
4 역주: 기린은 페르시아어로 '주르나파(zurnapa)'이고, 아라비아어로는 '자라파(zarafa)'라 한다.
○『영애승람』 아단(阿丹, Aden) 조목에서는 '기린(麒麟)'이라 했다. 소말리아어로 기리(giri)의 음역으로 보인다. 『성사승람』, 천방(天方, Mekka) 조목에서는 '조랄법(祖剌法)'으로 불렀는데 바로 조랍(徂蠟)의 다른 음역으로 아라비아어를 따른 것이다. 『서역남해사지고증역총속편』, 127~131쪽을 참고하시오[3]. 가장 오래된 저술로는 『속박물지(續博物志)』, 권10 "발발력국에는 '타우'[4]라고 부르는 이상한 짐승이 있는데, 가죽은 표범 같고 발굽은 소와 비슷하며 봉(峯)이 없으며 목은 9척으로 길고 키는 1장 남짓이다(撥拔力國有異獸名駝

3) 원문은 가브리엘 페랑(G. Ferrand)이 「영애승람의 기린이란 명칭(Le Nom de la Girafe dans le Ying Yai Cheng Lan)」이란 글을 『JA』, XII(1918), 155~158쪽에 기고한 것으로, 풍승균이 번역한 글이다. 1962년 상무인서관 중판본에는 110~123쪽에 실려 있다. 페랑은 '조랍'이 '조랄법'의 약칭으로, 모두 아랍어 자라파(zarāfa)를 음역한 것이고, 이 아랍어 자라파는 페르시아어 'zurnāpā'의 속칭으로 보고 있다. 마지막으로 필파라는 아덴만 소말리아에 있는 항구이므로, 기린을 칭하는 현지어를 썼을 것인데, 아랍어의 '조랍'을 사용하고 있다는 것에 문제를 제기했는데, 그에 대해 조여괄이 아랍사람에게 이를 들어 적은 것이기 때문이라는 해답을 제시하고 있다.
4) 펠리오는 타우(駝牛)가 페르시아어 이름을 번역한 것이라고 추정했다(『통보』, 13(1912), 473쪽).

牛, 皮似豹, 蹄類牛, 無峯, 項長九尺, 身高一丈餘.)"라고 했다. 이는 펠리오가 조사한 적이 있다.

5 나자(騾子) 생각건대 바로 반마(斑馬, zebra)로 『영애승람』, 아단(阿丹) 조목에서는 '화복록(花福鹿)'이라 했고, 『성사승람』, 아단 조목에서는 '흑백화려(黑白花驢)'라고 했으며, 또 복랄와(卜剌哇) 조목에서는 '화복록(花福祿)'이라 했다. 복록(福鹿)과 복록(福祿)은 역시 소말리아어로 파로(faro)의 음역이다. 『서역남해사지고증역총속편』, 128쪽을 참고하시오[5].

弼琶囉國, 有四州, 餘皆村落, 各以豪強相尚. 事天不事佛. 土多駱駞·綿羊, 以駱駞肉幷乳及燒餠爲常饌. 產龍涎, 大象牙及大犀角, 象牙有重百餘斤, 犀角重十餘斤. 亦多木香·蘇合香油·沒藥, 瑇瑁至厚. 他國悉就販焉. 又產物名駱駞鶴, 身項長六七尺, 有翼能飛, 但不甚高. 獸名徂蠟, 狀如駱駞, 而大如牛, 色黃, 前脚高五尺, 後低三尺, 頭高向上, 皮厚一寸. 又有騾子, 紅·白·黑三色相間, 紋如經帶, 皆山野之獸, 往往駱駞之別種也. 國人好獵, 時以藥箭取之.

5) 1962년 상무인서관 중판본으로는 112쪽에 해당한다. '복록'에 관해서는 가브리엘 페랑(G. Ferrand)의 「『명사』의 화복록(花福祿)에 관한 주석(Note sur le Hua Fou-lou du Ming Che)」(『JA』, IV(1914), 157~160쪽)을 보면 상세하다.

30. 미르바트 Mirbat, 勿拔國

물발국(勿拔國)[1]은 주변 바다에 육로가 있어 대식(大食)으로 갈 수 있다. 왕은 자당색(紫棠色)으로 터번을 하고 적삼을 입으며, 대식의 종교와 법도에 따라서 일한다[2].

1 역주에 따르면, 여기 물발(勿拔)은 『당서』, 「지리지」에 인용한 가탐(賈耽)의 『황화사달기(皇華四達記)』에 나오는 오랄(烏剌)에 해당하는 말로 생각하고 소하르(Sohar)에 위치시켰다. 심하게 끌어다 붙인 것 같다. 생각하건대, 오랄은 틀림없이 페르시아만의 우불라(Ubullah)이다. 여기 물발은 미르바트(Mirbat), 즉 지도상의 메르바트(Merbat)[1)] 또는 모르바트(Morbat)인데, 역주를 거치면서 말라바르[麻囉拔]의 음역으로 착각했던 것이다.

2 이 조목에는 빠진 문장이 있는 것 같다.

勿拔國, 邊海有陸道可到大食. 王紫棠色, 纏頭衣衫, 遵大食敎度爲事.

1) 오늘날에는 미르바트(Mirbat)로 표기한다.

『삼재도회』, 인물 권 12. 『영외대답』에서는 마리발(麻離拔)로 되어있다. 본서 상권의 대식국, 마가국, 백달국, 길자니국, 노미국, 하권의 유향조목에서 두루 보인다. 이칭으로 남비국(南毗國) 조목에서는 멸아말(蔑阿抹), 마리말(麻哩抹)로 되어 있고, 하권 후추 조목 원주에서는 무리발(無離拔)로 되어 있는데, 모두 발라바르를 음역한 것으로 보인다. 그러므로 여기의 물발국과는 거리가 멀다. 『삼재도회』의 설명은 다음과 같다. "마리발국은 광주에서 북풍을 타고 배로 40일이면 남리(藍里)라는 곳에 이르는데 그곳에서 소목(蘇木), 백석(白錫), 장백등(長白藤)을 팔며 다음해 겨울까지 살다가 다시 북풍을 타고 60일을 가면 그 나라에 이른다. 나라의 산물로 용연(龍涎), 진주(珎珠), 파리(玻璃), 서각(犀角), 상아, 산호, 목향(木香), 몰약(沒藥), 혈갈(血竭), 아위(阿魏), 소합향(蘇合香), 몰석자(沒石子) 등의 물품들은 모두 대식국이 이곳에 이르러 널리 교역된다. 관리와 부호들은 금실과 복숭아꽃이 수놓아진 비단으로 터번을 하고, 금은을 돈으로 삼아 교역한다." 본서 상권의 남비국(南毗國) 조목과 비교할 만하다.

31. 소코트라 Socotra, 中理國

중리국(中理國)[1] 사람들은 머리를 드러내고 맨발로 다니며 천을 두르지만 감히 적삼을 입지 않는다. 다만 재상과 왕의 측근들은 적삼을 입고 터번을 하는 것이 다르다. 왕궁은 벽돌을 쌓아 벽을 만들고, 민간 집은 규(葵: 해바라기)와 묘(茆: 띠)로서 지붕을 덮는다. 매일 구운 빵과, 양 젖, 낙타 젖이 매우 많고, 대식과 이 나라에만 유향(乳香)이 난다.[1)]

1 역주: 중리국명은 다만 이 책에서만 보이는데 분명 소말리아 연안과 소코트라(Socotra)섬을 포괄하여 말하는 것이다. 그 이름은 아직 고증되지 않았으나 승지(僧祇, 잔지바르)에서 나온 것 같다. 아마도 필파라(弼琶囉) 조목의 주 2에 인용한 이븐 바투타의 책에 따르면, 승지의 땅은 북쪽에서는 제이라(Zeila)에서 시작하고 남쪽으로는 목골도속(木骨都束, Mogadoxo, 모가디슈)에 이른다고 한다. 중리국의 도읍은 모가디슈에 있었던 것으로 보인다.

사람들은 요술을 많이 부리는데, 몸을 변화시켜 금수나 수중동물의 모습으로 만들 수 있어 어리숙한 백성들을 놀라게 하고 현혹시킨다. 돌아다니며 판매하는 외래 선박들에 대해 간혹 원한을 가지기도 하며, 주술을 만들어 그들을 저주하여 배들이 나아가야할지 물러나야 할지 알 수 없다. 그들에게 풀어줄 것을 권해야 석방

---

1) 실제로 유향(乳香)은 동남아 여러 곳에서 난다. 여기 원문에는 약간의 착오가 있을 것으로 보인다. 이에 대해 양박문은 원문의 대식(大食)을 '장식(長食: 평소에 먹는다는 의미)'으로 고쳐야 한다고 주장했다(『제번지교석』, 106쪽). 즉 "항상 이것을 먹는다. 나라에서는 유향이 난다.(長食惟此. 國出乳香.)"라고 읽고 싶은 것이다. 타당한 구두라고 생각한다.

된다. 그래서 이 나라가 이를 금지하는 것이 매우 엄격하다[2].

2 마르코 폴로의 책 184장, 소코트라섬을 기록한 글에서 "그리고 이 섬에는 세상에서 최고의 마법사들이 있다는 것을 알아야 한다. 그들의 수장은 자신의 능력의 최상을 사용하지 않도록 금지하는 것은 사실이다. 그러나 아무런 소용이 없다. 왜냐하면 그들은 자신들의 조상이 따라서 그들 또한 그렇게 해야 한다고 주장한다. 나는 그들이 부리는 마법의 한 예를 보여주고자 한다. 거기에서 항해중인 어떤 배가 순풍에 지나가면 그들은 역풍을 일으켜 배들을 돌려보낼 수 있다. 실제로 그들은 생각하는 대로 바람을 불게 하여 큰 폭풍과 재난을 일으킨다. 그들은 다른 마술들도 실행할 수 있지만 우리의 책에서는 아무것도 말하지 않는 것이 좋겠다."[2)]라고 하였다. 풍승균의 역본 하책 740~744쪽을 참고하시오.

매년 교외에 서식하는 비금(飛禽)이 있는데, 그 숫자를 헤아릴 수 없다. 해가 뜨면 절대로 그 그림자를 보이지 않는다. 나라 사람들이 그물을 펼쳐 잡아먹는데 그 맛이 매우 좋다. 오로지 늦봄에만 있고, 여름으로 바뀌면서 없어졌다가 그다음 해가 되면 다시 그렇게 된다.

나라 사람이 죽으면 관에 염(殮)하여 넣고 반드시 매장하고 싶어 한다. 무릇 원근의 친척들이 위문을 오는데, 각기 검을 휘두르며 들어가 담담하게 효성스런 상주에게 죽은 까닭을 물으면서 "다른 사람이 죽인 것이라면 우리들이 칼로 죽여 복

---

2) 이 부분은 『동방견문록』(김호동 역주, 190장, 493쪽)에는 이렇게 번역하고 있다. "이 마술사들은 이상한 일을 많이 하고 자기들이 원하는 것을 할 수 있다. 만약 어떤 배가 돛을 세우고 항해하면서 좋은 바람을 만나 상당히 멀리 갔을 때에도, 그들은 반대 바람을 불게 하여 그 배를 되돌아오게 할 수 있다. 그들은 자기가 바라는 방향대로 바람을 불게 할 수 있다. 또 바다를 잔잔하게 하고, 거대한 폭풍을 일으키기도 한다. 그들은 여러 가지 신기한 마술들을 부리지만 이 책에서 설명하기에는 적당하지 않다."

수할 것입니다."라고 한다. 상주가 다른 사람이 죽인 것이 아니라 본시 천명과 관계된 것이라고 하면, 그제야 검을 내려놓고 통곡한다.

매년 죽은 큰 물고기가 가까운 해안으로 밀려오는데 몸길이가 10여 장(丈)이고 지름은 2장 남짓 된다. 나라 사람들은 그 고기를 먹지 않고 다만 골수와 눈동자를 파내어 기름으로 만드는데 많은 것은 2백여 등(燈)에 달한다. 회(灰)와 섞어 선박을 수리하거나 등불을 켜는 데 사용한다. 민간에서 가난한 사람들은 그 늑골을 취해 집의 차꼬를 만들고 등뼈로는 문을 만들며, 그 뼈마디를 잘라 절구로 사용한다.

나라에는 산이 있어 베르베라[弼琶囉國]와 경계를 이루는데[3], 주위는 4천여 리이고 대부분 사람이 살지 않는다. 산에서는 혈갈(血碣), 노회(蘆薈)가 나고 물에서는 대모(瑇瑁), 용연(龍涎)[4]이 난다. 이 용연이 나오는 곳을 모른다. 갑자기 덩어리가 되어 나타나는데, 3~5근 혹은 10근이나 된다. 해안가로 떠밀려 와 토착민들이 다투어 나누어 가지고, 배들은 바다로 나가 찾아 건져낸다.

3 이 문장을 보면 중리국(中理國)과 베르베라[弼琶囉國]가 연접해 있음을 충분히 증명할 수 있고, 또 이 나라에서 나는 산물로서도 입증할 수 있으며 소코트라(Socotra)섬을 포괄하여 말하는 것임을 알 수 있다.
4 마르코 폴로의 책에서는 이 소코트라섬에서 용연(龍涎)이 난다고 했다[3)]. 역주에서는 페리플루스(Periplus)의 책(제 30장)과 테오도르 벤트(Theodore Bent, 『Southern Arabia』, 378~379, 388쪽)의 책을 인용하여, 이 섬에서는 혈갈(血竭, Dracaena cinnabari 용혈수)이 난다고 했는데, 모두 본서와 부합한다. 『성사승람』 모가디슈[木骨都束] 조목에서는 병기를 들고 활쏘기에 익숙하며 풍속은 요란하고 강한 것을 좋아한다. 허리에는 가는 베를 두른다. 땅에서는 유향(乳香)이 나고 바다에서는 용연향(龍涎香)이 난다고 운운했다. 또한 역주에서 도읍이 모가디슈에 있다고 고증한 것을 참고할 만하다.

---

3) 『동방견문록』(김호동 역주, 190장, 490~1쪽)에서 "용연향이 대량으로 생산되는데, <그것은> 바다에 사는 고기들 가운데 가장 큰 고래와 말향고래의 뱃속에서도 나온다."고 하였다.

中理國人露頭跣足, 纏布不敢著衫, 惟宰相及王之左右乃著衫纏頭以別. 王居用磚甓甃砌, 民屋用葵茆苫蓋. 日食燒麪餠·羊乳·駱駞乳, 牛羊駱駞甚多, 大食惟此國出乳香. 人多妖術, 能變身作禽獸或水族形, 驚眩愚俗, 番舶轉販, 或有怨隙, 作法咀之, 其船進退不可知, 與勸解方爲釋放, 其國禁之甚嚴. 每歲有飛禽泊郊外, 不計其數, 日出則絕不見其影, 國人張羅取食之, 其味極佳. 惟暮春有之, 交夏而絕, 至來歲復然. 國人死, 棺殮畢欲殯, 凡遠近親戚慰問, 各舞劍而入, 噉問孝主死故. 若人殺死, 我等當刃殺之報仇. 孝主答以非人殺之, 自係天命, 乃投劍慟哭. 每歲常有大魚死, 飄近岸, 身長十餘丈, 徑高二丈餘, 國人不食其肉, 唯刳取腦髓及眼睛爲油, 多者至三百餘墱, 和灰修舶船, 或用點燈, 民之貧者取其肋骨作屋桁, 脊骨作門扇, 截其骨節爲臼. 國有山與弼琶囉國隔界, 周圍四千里, 大半無人煙. 山出血碣·蘆薈, 水出瑇瑁·龍涎, 其龍涎不知所出, 忽見成塊, 或三五斤, 或十斤, 飄泊岸下, 土人競分之, 或船在海中驀見探得.

32. 오만 Oman, 甕蠻國

옹만국(甕蠻國)[1]의 사람과 사물들은 미르바트[勿拔國]와 같다. 지주(地主)는 터번을 하고 가벼운 무늬 없는 비단을 걸치나 옷은 입지 않고 맨발로 다닌다. 하인들은 머리를 드러내고 맨발로 다니고 가벼운 무늬 없는 비단으로 몸을 가린다. 구운 빵, 양고기, 젖, 물고기, 채소를 먹는다.

1 옹만(甕蠻)은 대식 조목에서 열거한 여러 속국 속에 들어있는데 '옹리(甕籬)'로 잘못되어 있다. 역주에는 오만(Oman)으로 고증했는데 맞다. 아래 문장에서 "옹만국의 사람과 사물들은 미르바트와 같다."라고 했는데, 이 물발국은 본서에 별도의 조목이 있다. 지금의 메르바트(Merbat/Mirbat)를 지칭하는 것으로 보인다. 역주에서는 소하르(Sohar, 페르시아 만과 접한 항구도시로 신드바드가 태어난 곳으로 알려짐)로 보았는데 잘못된 것 같다.

토산으로는 천년조(千年棗)[1)]가 매우 많고, 연해에서는 진주가 나며, 산에서는 말을 방목하여 길러 매우 많다. 다른 나라에서 거래하러 와서 말과 진주 그리고 천년조만 사고, 정향(丁香), 두구(荳蔻), 뇌자(腦子) 등으로 교역한다.

甕蠻國人物如勿拔國. 地主纏頭, 繳縵不衣, 跣足. 奴僕則露首跣足, 繳縵蔽體. 食燒麵餅·羊肉·幷乳魚菜. 土產千年棗甚多, 沿海出眞珠, 山畜牧馬, 極蕃庶. 他國貿販, 惟買馬與眞珠及千年棗, 用丁香·荳蔻·腦子等爲貨.

1) 천년조(千年棗): 대추야자로 'Phoenix dactylifera L'라는 학명을 가진다. 아래의 토산물들은 본서의 하권에 별도의 조목이 있으니 참고하시오.

33. 키시 Kish, 記施國

기시국(記施國)[1]은 바다 도서들 가운데 있는데 멀리 대식(大食)이 보여 반나절이면 도착할 수 있고, 관할하는 주(州)는 많지 않다. 왕이 출입할 때는 말을 타고, 검은 일산을 쓰며, 따르는 종들이 1백여 명이다.

1 역주: 기시(記施)는 오늘날 키시(Kish)섬이다. 12세기 중엽에 설랄실(泄剌失, Shiraz) 항구가 쇠락한 뒤로 이 섬은 페르시아 무역의 중심이 되었다. 오늘날은 해안에서 9해리 떨어져 있고, 옛 무역항은 섬의 북쪽에 있다. 『원사』, 「서북지부록(西北地附錄)」에서는 이 섬을 '겁실(怯失)'이라 불렀다.

나라 사람들은 희고 말끔하며 신장은 8척이다. 머리를 늘어뜨려 터번을 하는데 터번의 길이는 8척으로 반은 머리에 반은 등 뒤로 늘어뜨린다. 번삼(番衫)을 입고 가는 무늬 없는 베로 두르며 붉은 가죽 신발을 신는다. 금은의 돈을 사용한다. 빵, 양, 물고기, 천년조(千年棗)를 먹으며 쌀밥은 먹지 않는다.

토산으로 진주와 좋은 말[1)]이 있다. 대식(大食)은 매년 장미수(薔薇水), 치자화(梔子花), 수은, 백동(白銅), 순은, 주사(朱砂), 자초(紫草)[2)], 세포(細布)를 낙타에 싣고

---

1) 키시 섬은 페르시아만에 위치한 섬으로 좋은 말이 날 수 있는 환경이 아니다. 아마도 아랍, 페르시아의 말들이 이 섬을 중계지로 하여 수출입되었기 때문에 이렇게 기술한 것으로 보인다.

2) 자초(紫草): '자단(紫丹)', '자요(紫芙)', '자려(茈莀)', '막(藐)', '지혈(地血)', '아함초(鴉銜草)'라고도 하는데, 꽃이 자주색이고 뿌리도 자주색이기 때문에 자초라는 이름이 생겼다. 약재로 주로 쓰이지만 염색용으로도 쓰인다.

배를 타고 이 나라에 이르러 다른 나라들과 교역한다[2]**.**

2 역주에는 여러 책을 인용하여 이 섬에서 무역하는 물건 중에 장미수, 말, 수은, 자초(紫草), 유향, 몰약 등이 있다는 것을 증명했다. 이 섬의 해적들은 늘상 승지(僧祇, 잔지바르) 사람들을 잡아 노예로 만들어 다른 나라에 되팔았다.[3)]

記施國在海嶼中, 望見大食, 半日可到, 管州不多. 王出入騎馬, 張皂傘, 從者百餘人. 國人白淨, 身長八尺, 披髮打纏, 纏長八尺, 半纏于頭, 半垂於背, 衣番衫, 繳縵布, 躡紅皮鞋. 用金銀錢. 食麪餅·羊·魚·千年棗, 不食米飯. 土產眞珠·好馬. 大食歲遣駱駝負薔薇水·梔子花·水銀·白銅·生銀·朱砂·紫草·細布等下船, 至本國, 販於他國.

3) 이렇게 팔려나간 사람들을 '승지노(僧祇奴)'라고 한다.

34. 바그다드 Baghdad, 白達國

백달국(白達國)[1]은 대식(大食)과 관련된 여러 나라들 중 하나의 중심도시다. 말라바르[麻囉拔國]에서 육로로 약 130여 정(程)으로 50여 개 주(州)를 지나면 도착한다. 나라는 매우 강대하고 군마와 보호 장구가 매우 많다. 왕은 바로 '불(佛)' 무함마드[麻霞勿]의 직계 자손으로 전하는 왕위를 세습한지 지금까지 29대로 6~7백 년이 지났다[2]. 대식의 여러 나라들이 군대를 동원하여 침략했으나 모두 그 경계를 넘지 못했다. 왕이 나갈 때는 검은 일산을 쓰는데, 황금 자루가 있고, 그 위에 옥사자(玉師子)가 있으며, 그 등에는 큰 금월(金月)을 지고 있어 별처럼 빛나 멀리서도 볼 수 있다.

1 백달(白達)은 지금의 바그다드(Baghdad)이다. 『당서』, 「지리지」에 인용한 가탐(賈耽)의 『황화사달기(皇華四達記)』에는 '박달(縛達)'로 되어있고, 『서사기(西使記)』에는 '보달(報達)'로, 『원조비사(元祖秘史)』에는 '파흑탑척(巴黑塔惕)', 『원사』, 「헌종본기(憲宗本紀)」에는 '팔합탑(八哈塔)', 그리고 「서북지부록(西北地附錄)」에는 '팔길타(八吉打)'로 되어있다. 압바스 왕조의 도읍이다.

○『영외대답』, 권3, 대식제국(大食諸國) 조목에서 "백달국은 대식과 관계된 여러 나라들의 수도이다. 그 나라 왕은 '불(佛)' 무함마드[麻霞勿]의 자손이다. 대식의 여러 나라들이 군대로 침략했으나 감히 그 경계를 넘지 못했기 때문에 이 나라는 부유하고 풍요롭다. 왕이 나갈 때는 검은 덮개를 쓰는데, 황금 자루가 있고 그 꼭대기에는 옥사자가 있고 그 등에는 커다란 금월을 지고 있어 사람의 눈에는 별처럼 빛나 멀리서도 볼 수 있다. 도심과 시장은 잘 구획되어 있고, 사는 사람들은 부유하고 사치스럽다. 보물과 진귀한 것들이 많으며 모두 빵, 고기, 수락(酥酪)을 먹고 물고기, 채소, 쌀은 적게 먹는다. 금은, 연화(碾花) 같은 고급의 유리, 백월낙포, 소합유가 난다.

나라 사람들 모두 눈처럼 하얀 베로 터번을 두르는 것을 좋아한다. 소위 연유리(軟琉璃)라는 것은 이 나라의 산물이다.(有白達國, 係大食諸國之京師也. 其國王則佛麻霞勿之子孫也. 大食諸國用兵相侵, 不敢犯其境, 以故其國富盛. 王出, 張皂蓋, 金柄, 其頂有玉獅子, 背負一大金月, 耀人目如星, 遠可見也. 城市衢陌居民豪侈, 多寶物珍段, 皆食餅肉酥酪, 少魚菜米. 產金銀·碾花上等琉璃·白越諾布·蘇合油. 國人皆相尚以好雪布纏頭. 所謂軟琉璃者, 國所產也.)"라고 하였다.

2 29대는 세계(世系)로, 무함마드[麻霞勿]까지 거슬러 올라가면 5세대이고 그 아래는 23대에 이른다. 따라서 본서는 압바스왕조 제37대 칼리프 무스타심(Musta' sim) 재위 시대, 정확히 말하자면 1241~1258년 사이, 송나라 순우(淳祐, 1241~1252), 보우(寶祐, 1253~1258) 연간에 저술되었다고 단정할 수 있다.

도심과 시장은 잘 구획되어 있고 사는 사람들은 부유하고 사치스럽다. 보물과 진귀한 물품이 많고 쌀, 물고기, 채소는 적어 사람들은 빵, 고기, 수락(酥酪, 타락죽)을 먹는다. 금은, 연화(碾花)같은 고급의 유리, 백월낙포(白越諾布), 소합유(蘇合油)가 난다. 나라 사람들은 서로 눈같이 하얀 베로 터번을 하고 의복을 만들어 입기를 좋아한다. 7일마다 머리를 깎고 손발톱을 자른다. 하루에 다섯 차례 하늘에 예배한다. 대식의 종교와 법도를 따르는데, '불(佛)'의 자손이므로 여러 나라 사람들이 이곳으로 돌아온다.

白達國係大食諸國之一都會. 自麻囉拔國約陸行一百三十餘程, 過五十餘州乃到. 國極強大, 軍馬器甲甚盛. 王乃佛麻霞勿直下子孫, 相襲傳位, 至今二十九代, 經六七百年. 大食諸國或用兵相侵, 皆不敢犯其境. 王出張皂蓋, 金柄, 其頂有玉師子, 背負一大金月, 閃耀如星, 雖遠可見. 城市衢陌民居豪侈. 多寶物珍段. 少米魚菜, 人食餅肉酥酪. 產金銀·碾花上等琉璃·白越諾布·蘇合油. 國人相尚以好雪布纏頭及爲衣服. 七日一次削髮剪爪甲. 一日五次禮拜天. 遵大食教度, 以佛之子孫, 故諸國歸敬焉.

35. 바스라 Basra, 弼斯囉國

필사라국(弼斯囉國)[1]은 지주(地主)가 출입할 때 말을 탄 1천여 명이 따르고, 모두 철갑옷을 입고, 장관은 고리모양의 쇠사슬 갑옷을 입는다. 바그다드[白達]의 절도와 법제를 따른다.

> **1** 『신당서』, 「지리지」에 인용한 가탐(賈耽)의 『황화사달기(皇華四達記)』에는 "또 서쪽으로 하루를 가면 오랄국(烏剌國, Ubullah)에 이르는데, 바로 대식국의 불리랄[Euphrates] 강의 남쪽에서 바다로 들어간다. 작은 배로 강물을 거슬러 이틀을 가면 말라국[Basra]에 도착하는데 대식의 중요한 진(鎭)이다. 또 서북쪽 육로로 1천 리를 가면 무문왕이 도읍한 바그다드[縛達城]에 이른다(又西一日行至烏剌國, 乃大食國之弗利剌河南入于海. 小舟泝流二日至末羅國, 大食重鎮也. 又西北陸行千里至茂門王所都縛達城)."라고 하였는데, 여기가 바스라 옛 항구의 이름이 중국 서적에서 처음으로 보이는 곳으로, 바로 필사라이다. 옛 항구는 638년에 없어져 현재 항구에는 없다. 항구가 위치했던 곳은 주바이르(Zubayr, Zubair) 촌락으로 바로 옛 항구의 터이다. 우불라[烏剌] 항에는 운하가 있어 바스라[弼斯羅]로 통한다. 자세한 설명은 구와바라 지쓰조(桑原隲蔵)의 『당송무역항연구(唐宋貿易港研究)』, 양련(楊鍊)의 번역본 22~30쪽을 참고하시오.

사람들은 구운 빵과 양고기를 먹는다. 날씨는 추위와 더위가 조금 뚜렷하나, 삭망(朔望)이 없다. 낙타, 면양, 천년조(千年棗)가 난다. 매 해 키시[記施], 오만[甕蠻國]은 항상 이 나라에 와서 물품을 되돌려 판다.

弼斯囉國地主出入, 騎從千餘人, 盡帶鐵甲, 將官帶連環鎖子甲. 聽白達節制. 人食燒麵餅羊肉. 天時寒暑稍正, 但無朔望. 產駱駝·綿羊·千年棗. 每歲記施·甕蠻國常至其國般販.

36. 가즈니 Ghazni, 吉慈尼國

길자니국(吉慈尼國)[1]은 말라바르[麻囉拔國]에서 약 120정(程)이면 도착하는데, 땅은 서북쪽에 가깝고 매우 추워 겨울에 내린 눈이 봄에도 녹지 않는다. 나라에는 큰 산이 둘러싸고 있고 산을 파서 도시를 만들었는데 사방 2백여 리이며 밖에는 물로 둘렀다. 예배당 2백여 곳이 있어 관민(官民) 모두 예배당에 가는데, 그것을 주멸(廚幭)[2]【제(除)로 된 곳도 있음】이라고 한다.

1 길자니(吉慈尼)는 본서 대식 조목에서 '길자니(吉甆尼)'로 되어있는데 분명 가즈니(Ghazni)를 지칭한다. 12세기에 왕조가 들어서면서 이곳에 도읍을 정하고 이름을 얻었다. 가장 오래 된 기록은 『대당서역기』, 권12에 나오는 조구타(漕矩吒, Jaguda) 조목일 것이다. "나라의 가장 큰 도성은 학실나라 하는데 둘레는 30여 리이다.(國大都城號鶴悉那, 周三十餘里.)"고 했고, 『유양잡조』, 권18에는 "아위는 가도나국에서 나는데 바로 북천축이다.(阿魏出伽闍那國, 即北天竺也.)"라고 하였는데 모두 가즈니[1)]의 다른 음역들이다. 『영외대답』, 권3 대식제국(大食諸國) 조목에는 처음으로 '길자니(吉慈尼)'로 되어있는데 아마도 본서가 근거한 것으로 보인다. 『원사』, 「서북지부록(西北地附錄)」에는 '가질녕(哥疾寧)'으로 되어있다. 본서에서 기록한 거리는 대부분 믿을 수 없다. 『영외대답』에서는 말라바르[麻離拔國] 서쪽에서 육로로 80여 일을 가면 메카[麻嘉]에 도착하

1) 송나라 시기 가즈니는 가즈니 왕조(977~1186)의 수도로 상당히 번성했다. 1149년 거(Gurh)가 이 도시를 파괴했고, 1160년 오구투르크(Oghuz Turks)가 차지했으며, 1173년에는 거(Gurh)의 통치에 들어갔다(楊軍, 馬旭俊 譯, 『阿富汗史』, 中國大百科全書出版社, 347~349쪽 참고).

고, 마라발국(麻囉拔國, Malabar)에 이르러서 육로로 130여 일 가면 바그다드[白達]에 도착한다고 했다. 말라바르에서 120일 여정을 가면 가즈니에 도착한다는 등의 언급은 모두 본서에서 새롭게 보탠 것이다. 역주에서는 미르바트(Mirbat)를 말라바르[麻囉拔]로 착각하고 있는데, 아마도 여기에서 비롯된 것으로 보인다.
○『영외대답』, 권3의 길자니 조목의 원문은 다음과 같다. "길자니국이 있는데 모두 큰 산으로 둘러싸여 있고 사방 2백리이며 큰 강이 두르고 있다. 이 나라에는 예배당 1백여 곳이 있는데, 한 곳은 사방 10리나 된다. 나라 사람들은 7일에 예배당으로 가는데 그것을 일러 '제멸(除幭)'[혹 주멸(廚幭)이라고도 함]이라고 한다. 이 나라에는 금은, 월낙포, 금실로 짠 비단, 오색의 낙타털로 짠 천, 연화유리, 소합유, 무명이, 마사석이 난다. 사람들은 빵, 고기, 유락을 먹으며 물고기와 쌀은 적게 먹는다. 사람들은 호방하고 부유하여 누각에 사는데 5~7층 되는 것도 있다. 대부분 낙타와 말을 목축한다. 땅은 매우 추워 가을부터 봄까지 눈이 녹지 않는데, 서북쪽 가까이 자리 잡고 있기 때문이다(有吉慈尼國, 皆大山圍繞. 鑿山爲城, 方二百里, 環以大水. 其國有禮拜堂百餘所, 內一所方十里. 國人七日一赴堂禮拜, 謂之除或作廚幭. 其國產金銀·越諾布·金絲錦·五色駝毛段·碾花琉璃·蘇合油·無名異·摩娑石. 人食餠肉乳酪, 少魚米. 民多豪富, 居樓閣有五七層者. 多畜牧駝馬. 地極寒, 自秋至春, 雪不消, 寢近西北故也.)"라고 했다.
2 역주: 아라비아어로 매주 금요일 예배당에 모여 기도하는 것을 일러 '주마(jum' ah)'라고 하는데, 틀림없이 주멸(廚幭)에 대응하는 음일 것이다.

백성들은 호방하고 부유하여 누각에 살며 5~7층에 이르는 것도 있다. 대부분 낙타와 말을 목축한다. 사람들은 빵, 고기, 유락(乳酪)을 먹으며 물고기와 쌀은 적게 먹는데, 혹 쌀을 먹고 싶을 때는 우유와 물을 섞어 마신다.

왕의 팔은 무릎에 닿을 정도로 길다. 전투용 말이 1백 필이 있는데, 각각의 키는 6척 남짓이다. 노새 수십 필이 있는데, 키는 3척이다. 나가면 번갈아 노새들을 탄

다. 이들이 쏘는 활은 수 석(石)이나 되어 5~7인의 힘으로도 당길 수 없다. 마상에서 철추(鐵鎚)를 사용하는데, 무게는 50여 근이나 된다. 대식과 서쪽의 여러 나라 모두 그것을 두려워한다.

땅에서는 수은, 월낙포(越諾布), 금사금(金絲錦), 오색타모단(五色駞毛段) 연화유리(碾花琉璃), 소합유(蘇合油), 무명이(無名異)[3], 마사석(摩娑石)이 난다.

3 무명이(無名異), 마사석(摩娑石)은 모두 본서 노미(蘆眉, Rum) 조목에 보인다. 『개보본초(開寶本草)』에 "무명이는 대식국에서 나는데, 돌 위에서 자라며 모양은 검은 석탄 같다. 현지인들은 기름으로 검은 돌처럼 불리는데, 씹으면 엿과 같다(無名異出大食國, 生於石上, 狀如黑石炭. 番人以油鍊如黳石, 嚼之如餳)."라고 하였다. 아마도 갈철(褐鐵) 같은 것이 산화한 것으로 추정된다. 마사석(摩娑石)은 '바사석(婆娑石)'이라고도 하는데, 『개보본초(開寶本草)』에 "바사석은 남해에서 나는데, 호인들이 채취한다. 그 돌은 녹색이고 반점이 없고 금성(金星)이 있으며 갈아서 유즙(乳汁)으로 만든 것이 상품이다. 또 콩 반점이 있는 돌이 있는데, 독을 풀어주기는 하지만 효능이 미치지 못한다. 또 악록(鄂綠, 미상)이 있는 것이 있고, 문양과 결이 있는 것이 있으며 쇠에 갈면 청동색으로 변하는데 사람들이 최고로 여긴다. 가짜인지 진짜인지 검사하는 법이 있는데, 물과 갈아서 닭 벼슬의 피를 떨어뜨리면 물로 변하는 것이 진짜이다(婆娑石生南海, 胡人采得之. 其石綠色, 無班點, 有金星, 磨成乳汁者爲上. 又有豆班石, 雖亦解毒, 而功力不及. 復有鄂綠, 有文理, 磨鐵成銅色, 人多以上爲之. 非眞也, 驗法以水磨點雞冠熱血, 當化成水是也)."라고 했고, 또 『도경본초(圖經本草)』에 "호인(胡人)들이 더욱 그것을 귀중하게 여기는데 황금으로 장식하여 손가락 고리로 만들어 휴대한다. 음식을 먹거나 식사를 마쳤을 때마다 수차례 흡입하여 독을 방지한다. 오늘날 사람들은 손가락 크기의 덩어리를 얻으면 백금의 가치가 있다고 여긴다.(胡人尤珍貴之, 以金裝飾作指彄帶之. 每欲食及食罷, 輒含吮數次, 以防毒. 今人有得指面許塊, 則價直百金也.)"라고 했다. 역주에서는 비조(bezoar)로 고증했는데, 바로 동물의 결석(結石)으로,

『철경록(輟耕錄)』에 기록한 자답(鮓答, jada)이다. 『본초강목』 자답 조목에 “자답은 네발짐승과 소 말 등 여러 가축의 간담(肝膽) 사이에서 생겨난다. 그것을 싸고 있는 육낭이 있고 많게는 1되나 된다. 큰 것은 계란만 하고 작은 것은 밤이나 개암과 같다. 모양은 흰색이며 돌 같으면서 돌이 아니고 뼈 같지만 뼈가 아니기 때문에 층첩으로 부서진다. 가정 경자년(1540)에 기주후(蘄州侯)가 한 마리 황소를 도살하여 이것을 얻었는데 아는 사람이 없었다. 한 외국 승려가 ‘이것은 지극한 보배이다. 소, 말, 돼지 등의 가축에도 있는데 비를 기원할 수 있다. 서역에서는 비밀의 주문을 하면 장맛비가 내리고, 주문하는 것을 모르는 자는 침수된 것 때문에 시빗거리를 만들기도 하지만 역시 비를 내리게는 할 수 있다.’라고 했다. 이후에 도구성(陶九成)이 『철경록』에서 상고하여 기록한 자답이 바로 이것이다. 그는 ‘몽골사람들이 비를 기원할 때 맑은 물 한 대야에 여러 개의 돌을 담가 깨끗하게 씻고 만지작거리며 비밀리에 가지고 있던 주문을 외면 곧바로 비가 내리는데, 그 돌을 자답이라고 한다. 큰 것은 계란만 하고 작은 것은 일정하지 않다. 바로 네발짐승의 배에서 나오는 것으로 유독 소와 말에서 나오는 것이 가장 절묘한데, 대저 우황, 구보(狗寶) 같은 종류이다.’라고 했다. 또 『경방역(京房易)』에 점을 쳐 이르기를 ‘군대가 강하고 군주가 용맹하면 소 뱃속에 돌이 생긴다.’라고 하였는데 이를 근거로 자답과 구보는 같은 종류이나 다만 개 뱃속에서 생긴 것이 구보일 따름이다.(鮓答生走獸及牛馬諸畜肝膽之間. 有肉囊裹之, 多至升許. 大者如雞子, 小者如栗如榛. 其狀白色, 似石非石, 似骨非骨, 打破層疊. 嘉靖庚子年, 蘄州侯屠殺一黃牛得此物, 人無識者. 有番僧云, 此至寶也. 牛馬猪畜皆有之, 可以祈雨. 西域有密呪, 則霖雨立至, 不知呪者, 但以水浸搬弄, 亦能致雨. 後攷陶九成輟耕錄所載鮓答, 即此物也. 其言曰, 蒙古人禱雨, 惟以净水一盆, 浸石子數枚, 淘漉玩弄, 密持呪語, 良久輒雨, 石子名鮓答. 大者如鷄卵, 小者不等, 乃走獸腹中所產, 獨牛馬者最妙, 蓋牛黃狗寶之類也. 又按京房易占云, 兵强主武, 則牛腹生石, 據此則鮓答狗寶同一類也, 但生于狗腹者爲狗寶耳.)”라고 하였다.

吉慈尼國自麻囉拔國約一百二十程可到, 地近西北, 極寒, 冬雪至春不消. 國有大山圍遶, 鑿山爲城, 方二百餘里, 外環以水. 有禮拜堂二百餘, 官民皆赴堂禮拜, 謂之廚【或作除】幭, 民多豪富, 居樓閣, 至有五七層者. 多畜牧駞馬. 人食餅肉乳酪, 少魚米, 或欲飲飯, 以牛湩拌水飲之. 王手臂過膝. 有戰馬百匹, 各高六尺餘. 騾數十匹, 亦高三尺. 出則更迭乘之, 所射弓數石, 五七人力不能挽. 馬上使鐵鎚, 重五十餘斤. 大食及西天諸國皆畏焉. 土產金銀·越諾布·金絲錦·五色駞毛段·碾花琉璃·蘇合油·無名異·摩娑石.

37. 모술 Mosul, 勿厮離國

물시리국(勿厮離國)[1]의 땅에는 돌산이 많고 가을 이슬이 많이 내리는데, 햇볕이 엉겨 모습이 얼음 설탕 같아서 따 먹으면 시원하고 단맛이 많아 진감로(眞甘露)[1)] 이다. 산에는 자생하는 나무가 있는데, 한 해는 밤이 열려 그것을 포로(蒲蘆)라고 하고 다음 해에는 몰석자(沒石子)[2]가 자란다. 토산으로는 화완포(火浣布)[3], 산호가 있다.

1 물시리(勿厮離)는 바로 아라비아어 마우실(Mawsil)의 음역으로 오늘날 모술(Mosul)이다. 『유양잡조』, 권10에는 '물사리(勿斯離)',

---

1) 진감로(眞甘露): '참으로 좋은 감로(甘露)'라는 뜻으로, 감로는 페르시아어로는 '타란구빈(Tanrangubin 또는 Turenjabin)', 아랍어로는 '만(mann)'이라 한다. 진성(陳誠, 1365~147)의 『서역번국지(西域番國志)』 사록해아(沙鹿海牙, Shahrokia) 조목에서 "또 작은 풀이 있는데 키는 1~2척이고, 가지와 줄기가 떨기로 자라며, 가시가 있고, 잎은 가늘고 쪽 같으며, 가을날 이슬이 떨어져 맺혀 구슬처럼 되는데, 가지와 줄기에 연이어 있다. 달기가 엿이나 꿀과 같아 끓여 당(糖)을 만들 수 있는데 이를 '달랑고빈'이라 한다. 감로는 바로 이것이다(又有小草, 高一二尺, 枝幹叢生, 遍生棘刺, 葉細如藍, 清秋露降, 凝結成珠, 綴於枝幹, 甘如餳蜜, 可熬爲糖, 名達郎古賓, 即甘露是也)."라고 하였다. '달랑고빈'은 바로 페르시아어 타란구빈의 음역이다. 진성에 따르면, 여기의 샤로키아는 사마르칸트의 동쪽으로 5백리에 있는 작은 산에 있고, 서북쪽으로는 화참(火站, 타지키스탄 후잔트)이란 강에 임해있다고 하였다[바로 시르다리아강을 말함]. 이 식물의 학명은 알하기마나(Alhagimanna)로 열매는 둥글고 말리면 딱딱해지며 단맛이 있다고 한다. 자세한 것은 주련관(周連寬) 교주, 『서역번국지』, 중화서국, 2000, 91~93쪽을 참고하시오.

『도이지략』에는 '마가사리(麻呵斯離)', 『원사』, 「서북지부록(西北地附錄)」에는 '모석리(毛夕里)'로 되어있다.
○『영외대답』, 권3, 대식제국(大食諸國) 조목에 "물사리국이 있는데, 그 땅에는 이름난 산이 많다. 가을이슬이 내려 해가 비추면 얼음 설탕처럼 엉기는데 따서 먹으면 시원하고 단맛이 많다. 이것이 진짜 감로이다. 산에는 자생하는 나무가 있는데, 한 해는 밤이 열리고 다음 해에는 몰석자가 열린다. 토산으로는 화완포, 산호가 있다.(有勿斯離國. 其地多名山. 秋露既降, 日出照之, 凝如糖霜, 採而食之, 清涼甘腴, 此眞甘露也. 山有天生樹, 一歲生栗, 次歲生沒石子. 地產火浣布·珊瑚.)고 하였다.

2 몰석자(沒石子)는 어떤 곳에는 '무식자(無食子)'로 되어있다. 본서 하권에 별도의 조목이 있다. 『유양잡조』, 권18에 "무석자(無石子)는 파사국(波斯國)에서 나는데 파사사람들은 '마적(摩賊)'이라 부른다. 나무는 6~7척이고 둘레는 8~9척이며 잎은 복숭아나무 잎처럼 길다. 3월에 꽃이 피는데 흰색이며 화심(花心)은 약간 붉다. 씨는 둥글어 탄환과 같은데, 처음에는 푸르고 익으면 황백색이다. 벌레가 먹어 구멍이 생긴 것이 잘 익은 것이다. 표피에 구멍이 없는 것은 약용으로 쓴다. 이 나무는 한 해는 '무석자'가 열리고, 한 해는 '발루자(跋屢子)'가 열리는데, 큰 것은 손가락만 하고, 길이는 3촌(寸)이며 위에는 껍질이 있고 가운데는 율황(栗黃) 같은 씨가 있어 먹을 만하다(無石子, 出波斯國, 波斯呼爲摩賊. 樹長六七丈, 圍八九尺, 葉似桃葉而長. 三月開花, 白色, 花心微紅. 子圓如彈丸, 初青, 熟乃黃白. 蟲食成孔者正熟, 皮無孔者入藥用. 其樹一年生無石子. 一年生跋屢子, 大如指, 長三寸, 上有殼, 中仁如栗黃, 可啖)."라고 하였다. 역주에 따르면, 발루(跋屢)를 발루트(Balut)의 음역으로 고증했다. 그리고 권하의 몰석자 조목에 나오는 사몰률(沙沒律)에 대응하는 음으로, 분명 사흐 발루트(sah-balut), 즉 오크 담즙(oak galls)일 것이라고 하였다.
○몰석자(沒石子)의 학명은 케르쿠스 인펙토리아(Quercus infectoria)이다. 자세한 것은 『중국과 이란(Sino-Iranica)』, 367~369쪽을 참고하시오.

3 역주: 화완포(火浣布)[2]는 『후한서』, 권116 「남이전(南夷傳)」에 처음으로 보이는데 그 이름을 '화취(火毳)'라 했다.

勿厮離國, 其地多石山, 秋露沆瀣, 日曬卽凝, 狀如糖霜, 採而食之, 清涼甘腴, 蓋眞甘露也. 山有天生樹, 一歲生栗, 名蒲蘆, 次歲生沒石子. 地產火浣布·珊瑚.

---

2) 화완포(火浣布): 『삼국지』, 「위지(魏志)」 권4 "2월에 서역(西域)의 중역(重譯, 통역하는 사람)이 화완포(火浣布)를 헌상했다."라고 하였는데, 배송지(裴松之)는 『신이경(神異經)』을 인용하여 "남황(南荒)의 밖에는 화산이 있는데, 길이는 30리이고 폭은 50리이다. 그 산에는 타지 않는 나무가 자란다. 밤낮으로 불이 타올라 폭풍우가 쳐도 꺼지지 않는다. 불속에는 쥐가 있는데, 100근이 나가고 털은 2척 남짓으로 길고 실처럼 가늘어 베를 만들 수 있다(南荒之外有火山, 長三十里, 廣五十里, 其中皆生不燼之木, 晝夜火燒, 得暴風不猛, 猛雨不滅. 火中有鼠, 重百斤, 毛長二尺餘, 細如絲, 可以作布)."라고 하였다. 『통전』, 권188, 「남만(南蠻)」의 화산(火山) 조목에서 "가영국[수마트라?] 북쪽과 제박국(諸薄國) 서쪽에는 산이 있는데, 둘레는 3백리이다. 사월부터 불이 나서 정월이면 꺼진다. 불이 타고 나면 초목의 잎이 떨어지는데 중국의 겨울철과 같다. 사람들은 3월에 이 산에 들어가 목피(木皮)를 채취하여 화완포를 만든다(又有加營國北·諸薄國西山, 周三百里, 從四月火生, 正月火滅. 火燃則草木葉落, 如中國寒時. 人以三月至此山, 取木皮績爲火浣布)."라고 하였다.

38. 로마 Roma, 蘆眉國

노미국(蘆眉國)[1]은 말라바르[麻囉拔] 서쪽에서 육로로 3백여 정(程)이면 비로소 도착하는데, 미로골국(眉路骨國)이라고도 한다. 그 성(城)은 일곱 겹으로 굴곡져 있고, 검은 빛이 나는 큰 돌을 사용하여 담을 만들었으며, 매 성마다 거리는 1천여 걸음이다. 번탑(番塔) 3백여 개가 있고 탑의 높이는 80장(丈)이며 용적은 네 마리 말이 함께 달려 올라갈 수 있으며 안에는 360개의 방이 있다.

1 역주: 노미(蘆眉)는 룸(Rum)의 음역으로 추정했다. 아랍의 지리학자들은 소아시아를 "그리스인의 땅"으로 기록했다. 이 고증에 따르면, 여기서 말하는 것은 분명 1077~1257년 사이의 셀주크(Seldjuk) 왕조의 나라이나, 기록한 성(城)은 쿠니야흐(Kuniyah: Iconiuni, Konieb)일 것이다. 그러나 기록한 탑의 높이가 80척이고 안에는 360개의 방이 있다는 말로 볼 때, 다마스쿠스(Damascus)의 드자미(Djami) 예배당일 것이고 또 당시 다마스쿠스의 직조업은 매우 왕성했으므로 성(城)은 다마스쿠스일 것이다.
○미로골(眉路骨)은 『영외대답』, 권3, 대식제국(大食諸國) 조목에 '미로골돈(眉路骨惇)'으로 되어있는데, 이 미로골돈은 아랍어로 물히둔(mulhidūn)의 음역으로 '이교도'를 말한다. 아마도 이 나라 일을 주거비(周去非)에게 제공한 아랍인이 말하는 로마[蘆眉]는 콘스탄티노플과 로마 도성이다[1)]. "일곱 겹의 성(城)"이라 한 것은 로마

1) 장성랑(張星烺)은 『중국교통사료회편(中國交通史料滙編)』 2책, 265~267쪽에서는 미로골돈은 로마가 아니라 중앙아시아 발크(Balkh)의 나우 바하르(Naw Bahar)지역을 말하고 사산조 시기에 그곳에는 배화교의 성전이 있었는데, 여기 "七重之城"은 바로 발크성이거나 바하르 사원일 것이라고 하였다. 육준령(陸峻嶺)이 주(注)

의 일곱 개 언덕을 비유한 것 같다. 이 책 뒤에 나오는 사가리야(斯加里野, Sicily) 조목에서 "시칠리아[斯加里野國]는 노미국 경계와 가깝다(斯加里野國, 近蘆眉國界)"고 하였으니 충분히 증명할 수 있다. 그러므로 노미(蘆眉)를 로마라고 말할 수 있다.

○교초(絞綃)는 비서스(byssus)를 가리키는 것 같은데, 피마 스쿠아모사(pima squamosa)의 실로 만들며 대체로 지중해 일대의 산물로 특히 스미르나(Smyrna, 터키 이즈미르)에서 가장 발달했다고 한다.

○『영외대답』, 권3「대식제국(大食諸國)」 조목에는 "미로골돈국은 일곱 겹의 성이 위치하고 있는데, 상고시대로부터 검은 빛이 나는 큰 돌을 쌓아 만들었고, 각 성은 거리가 1천보이다. 번탑 3백여 개가 있는데 탑의 높이는 80장이고 안에는 360개의 방이 있다. 사람들은 목까지 내려오는 터번을 하고 추우면 색이 있는 모직으로 옷을 만들어 입는다. 고기와 면을 먹고, 금은으로 돈을 만든다. 소위 교초), 장미수, 치자화, 마사석, 붕사 등이 모두 나는 곳이다.(有眉路骨惇國. 居七重之城, 自上古用黑光大石疊就, 每城相去千步. 有蕃塔三百餘, 內一塔高八十丈, 內有三百六十房. 人皆纏頭搭項, 寒即以色毛段爲衣, 以肉面爲食, 以金銀爲錢. 所謂鮫綃·薔薇水·梔子花·摩娑石·硼砂, 皆其所產也.)"라고 하였다.

사람들은 모두 목까지 내려오는 터번을 하고 색이 들어간 모직으로 옷을 만든다. 고기와 면(麵)을 먹고 금은으로 돈을 만든다. 4만 가구가 직조하는 것을 생업으로 한다. 이곳에서는 교초(絞綃), 금자월낙포(金字越諾布), 사이사이 금실을 넣어 짠 비단[間金間絲織錦綺], 마사석(摩娑石), 무명이(無名異)[2], 장미수(薔薇水), 치자화(梔子花), 소합유(蘇合油), 붕사(硼砂), 그리고 상등의 연화유리(碾花琉璃)가 나고, 인가에서는 낙타, 말, 개를 즐겨 기른다.

를 단 『이성지(異城志)』의 미로골(眉路骨) 조목에서는 『제번지』의 노미국(蘆眉國)은 로마지만, 미로골돈은 배화교의 성지를 가리킨다고 하였다. 따라서 『제번지』는 두 나라를 한 나라로 본 것이 된다. 이에 대해 양무천은 미로골돈은 아랍의 나라 중에 하나이고, 발크로 보는 설이 근접하다고 보았다(『영외대답교주』, 105쪽).

2 길자니(吉慈尼) 조목 주3을 참고하시오.

蘆眉國, 自麻囉拔西陸行三百餘程始到, 亦名眉路骨國. 其城屈曲七重, 用黑光大石甃就, 每城相去千步. 有番塔三百除, 內一塔高八十丈, 容四馬並驅而上, 內有三百六十房. 人皆纏頭塌項, 以色毛段爲衣. 以肉麵爲食, 以金銀爲錢. 有四萬戶織錦爲業. 地產絞綃·金字越諾布·間金間絲織錦綺·摩娑石·無名異·薔薇水·梔子花·蘇合油·鵬砂·及上等碾花琉璃. 人家好畜驗馬犬.

39. 무라비트 Murābit, 木蘭皮國

목란피국(木蘭皮國)[1]. 대식국 서쪽에 큰 바다[1)]가 있는데, 바다의 서쪽에는 헤아릴 수 없는 나라들이 있다. 대식의 거함(巨艦)들이 이르는 곳이 바로 목란피국이다. 대식의 타반지국(陁盤地國)[2]에서 배를 타고 정서쪽으로 100여 일 바다를 건너면 이 나라에 도착한다.

1 역주: 본 조목 역시 『영외대답』, 권3의 목란피 조목을 다루고 있다. 그 원문은 다음과 같다. "대식국 서쪽에는 큰 바다가 있는데, 바다의 서쪽에는 헤아릴 수 없는 나라들이 있다. 대식의 거함이 이를 수 있는 곳이 무라비트(Murābit, 木蘭皮國)이다. 대개 대식의 타반지국(陁盤地國)에서 배를 타고 정서쪽으로 1백일 바다를 건너면 도달한다. 한 척의 배에는 수천 명이 탈 수 있고, 안에는 술집, 식당, 베틀 같은 것들이 있다. 배가 큰 것을 말할 때, 목란피 같다고 한다. 가령 사람이 목란주(木蘭舟)라고 한다면 어찌 그 막대함을 말하는 것이 아니겠는가. 목란피국에서 나는 것들은 매우 특이하다. 맥의 입자가 2촌, 과(瓜)의 둘레가 6척이나 된다. 쌀과 맥은 땅에 움을 파서 넣는데, 수십 년이 지나도 썩지 않는다. 나는 호양(胡羊)은 크기가 수 척이고 꼬리는 부채 같이 크다. 봄에 배를 갈라 지방 수십 근을 얻고 다시 봉합하면 산다. 꺼내지 않으면 양이 살이 쪄 죽는다. 그 나라 사람들은 전하여 이르기를, 육로로 200일 가면 해 그림자가 삼시(三時) 길어진다고 한다. 가을철에 서풍이 갑자기 부는데, 사람과 짐승이 빨리 물로 가서 물을 마시면 살지만 조금 더 늦으면 목말라 죽는다(大食國西有巨海. 海之西有國不可勝計, 大食巨艦所可至者,

1) 여기서 말하는 "큰 바다"는 대서양으로 보이지만, 지중해를 가리킬 수도 있다.

木蘭皮國爾. 蓋自大食之陁盤地國發舟, 正西涉海一百日而至之. 一舟容數千人, 舟中有酒食肆·機杼之屬. 言舟之大者, 莫木蘭若也, 令人謂木蘭舟, 得非言其莫大者乎. 木蘭皮國所產極異, 麥粒長二寸, 瓜圍六尺, 米麥窖地數十年不壞, 產胡羊高數尺, 尾大如扇, 春剖腹取脂數十斤, 再縫而活, 不取則羊以肥死. 其國相傳又陸行二百程, 日晷長三時. 秋月西風忽起, 人獸速就水飲乃生, 稍遲以渴死)."라고 하였다. 여기 목란피는 11세기 말엽에서 12세기 중엽에 일어선 아프리카 북부의 알 마그레브(Al-Maghreb)와 스페인 남부의 알 무라비툰(Al-Murabitūn) 왕조[2)]를 가리킨다. 여러 역사책에 '알모라비데(Almoravide)'로 되어있는 것이다.

2 역주: 타반지(陁盤地)는 아랍인의 디미아스(Dimiāth), 지금의 이집트 나일 삼각주 지역에 있는 다미에타(Damietta) 항구일 것이다. 나

2) 무라비트 왕조[Al-Murābiṭūn/al-Murābit/Almoravid dynasty)는 모로코에 존재했던 베르베르족이 세운 최초의 무슬림 왕조(1056~1147)로, 11세기 무렵에 서(西) 마그레브(Maghreb)와 알-안달루스(Al-Andalus) 지역을 지배하였다. 아달라흐 이븐 야신(Abdallah ibn Yasin)이 건국하였으며, 수도는 1062년에 건설된 마라케시(Marrakesh)였다. 이 왕조는 람투나(Lamtuna)와 구달라(Gudala)라고 불리는 베르베르족 유목민으로 구성되어 있었으며, 이들은 주로 드라(Draa), 나이저(Niger), 그리고 세네갈 강 근처의 사하라 지역에서 거류하였다. 압바스왕조 칼리프의 종주권을 인정하면서도 '신도들의 장(長)'이라는 칼리프와 동격인 칭호를 썼다. 북아프리카와 이베리아반도 남부를 지배하였다. "알모라비데(Almoravide)는 알-무라비툰(al-Murabitun, al-Murabit의 복수형)에서 유래하였다. 한편 장성랑에 따르면(『중국교통사료회편』, 2책, 31쪽), 목란피는 아프리카 북부 제국을 총칭하는 것이 아니라고 한다. 무슬림들은 이곳을 마그레브라고 하므로, 목란피는 마그레브의 음이 와전된 것이라고 보았다. 이에 대해 양박문은 바다서쪽으로 헤아릴 수 없는 나라 중의 하나라면 목란피를 제국의 총칭이라고 볼 수 없다. 그러므로 무라비트를 지칭하는 것이 근접하다고 하였다(『제번지교석』, 118쪽).

일강과 지중해를 잇는 이 항구는 12세기에 알렉산드리아(Alexandria)와 더불어 가장 큰 항구였다.

배에는 수천 명을 수용할 수 있고, 안에는 술집, 음식집, 베틀 같은 기계들이 있다. 배가 큰 것으로 말하자면 목란피의 것 같은 것이 없다[3].

3『영외대답』, 권6, 목란주(木蘭舟) 조목에 "남해에 떠서 남쪽으로 가는데, 배는 거대한 집 같고, 돛은 하늘에서 드리운 구름 같으며, 높이는 수 장(丈)이나 된다. 한 배에는 수백 사람이 타고 안에는 1년 치 식량, 곡식, 돼지, 술을 싣고 생각할 수 없는 곳에서 생사를 맡긴다. 곧장 거친 바다로 들어가면 더 이상 사람 사는 세상이 아니다. 그 속의 사람들은 매일 가축을 잡아 술을 진탕 마시고, 손님과 주인을 바꾸어 가며 그 위험을 잊는다. 뱃사람들은 해상 멀리에 있는 산으로 여러 외국들을 판별하는데, 모두 하늘 끝에 있다. 어떤 나라에 갈 때, 며칠 순풍에 어떤 산을 바라보고 가더라도 배는 어떤 방향으로 돌아가야 하고, 혹 돌풍을 만나 시일이 촉박해 어떤 산을 봤더라도 방향을 바꿔야 한다. 항해가 너무 지나치면 되돌아갈 수 있는 방법이 없고, 회오리바람이 얕은 곳에 이르러 암초를 만나게 되면 틀림없이 부서져 버릴 것이다. 무릇 그 배는 크고 무거운 것을 실을 수 있는데, 큰 파도는 걱정할 것이 못되나 얕은 물을 걱정해야 한다, 또 대식국에서 다시 서해로 넘어가면 목란피국에 이르는데, 그들의 배는 더 커진다. 한 척에 천 명을 실을 수 있고, 배 안에는 베틀, 시장, 우물이 있다. 혹 순풍을 만나지 못하면 수년 뒤에 도착할 것이다. 큰 배가 아니면 도달할 수 없다. 요즘 세상에 목란주(木蘭舟)라는 것에 대해서 지대함을 말하지 않을 수 없다(浮南海而南, 舟如巨室, 帆若垂天之雲, 柂長數丈, 一舟數百人, 中積一年糧, 豢豕醸酒其中, 置死生於度外. 徑入阻碧, 非復人世, 人在其中, 日擊牲酣飮, 迭爲賓主, 以忘其危. 舟師以海上隱隱有山, 辨諸蕃國, 皆在空端. 若曰往某國, 順風幾日望某山, 舟當轉行某方. 或遇急風, 雖未足日, 已見某山, 亦當改方. 苟舟行太過, 無方可返, 飄至淺處而遇暗石, 則當瓦解矣. 蓋其舟大載重, 不憂巨浪而憂淺水也. 又大食國更越西海, 至木蘭皮國, 則

其舟又加大矣. 一舟容千人, 舟上有機杼市井, 或不遇便風, 則數年而後達, 非甚巨舟, 不可至也. 今世所謂木蘭舟, 未必不以至大言也).”라고 하였다.

나라의 산물들은 매우 특이하다. 맥(麥) 입자의 길이가 3촌이고[3], 과(瓜: 메론)는 둘레가 6척 되는 것도 있어 2~30인이 먹을 수 있으며, 석류는 5근, 복숭아는 2근, 향원(香圓: 레몬)은 20여 근이나 되고, 와거채(萵苣菜: 상추)는 각 줄기가 수십 근에 달하고 그 잎사귀는 3~4척이나 된다. 쌀과 밀은 땅에 움을 파서 저장하는데 수년이 되어도 썩지 않는다. 호양(胡羊)[4]이 나는데 크기는 수 척(尺)이고 꼬리는 커서 부채 같다. 봄에 배를 갈라 지방 수십 근을 얻고 다시 봉합하면 살아난다. 이것을 취하지 않으면 배가 차올라 죽게 된다.

육로로 2백여 일이면 해가 삼시(三時, 6시간) 길어진다. 가을철에는 서풍(西風)이 갑자기 부는데[4], 사람과 짐승이 속히 물에 가서 마셔야 살 수 있고 조금만 늦으면 목말라 죽는다.

4 역주: 중세기 아랍인들이 기술한 지리지의 설에 따르면, 북방의 건조하고 가문 땅에 해 길이가 6시간 길어진다고 했다. 서풍(西風)

---

3) 『직방외기(職方外紀)』, 권3, 마라가(馬邏可, 모로코) 조목에서 “이집트 서쪽은 리비아이다. 땅은 매우 비옥하여 생물이 쉽게 자란다. 한 종류의 보리는 일찍이 3백 41개의 이삭이 나오는데, 이 때문에 매우 부유해져서 서양에서는 이곳을 ‘천하의 곡창’이라 한다(阨入多之西爲亞非利加, 地最肥饒易生, 一麥嘗秀三百四十一穗, 以此極爲富厚, 西土稱爲天下之倉).”라고 하였다. 천기철 옮김, 『직방외기』, 일조각, 222쪽의 번역을 따랐다.

4) 호양(胡羊): 『직방외기(職方外紀)』, 권3, 이미아(利未亞, 아프리카) 총설(總說)에서 “또 기이한 양이 나는데, 몸집이 매우 크고, 꼬리는 수십 근이나 되며 맛이 매우 뛰어나다(又產一異羊甚鉅, 一尾便得數十斤, 其味最美).”라고 하였다. 본문에서 말하고 있는 호양(胡羊)은 바로 이 양을 말하는 것으로 보인다.

은 아랍어로 사뭄(samūm, simoon)의 음역이다. 아마도 사하라 사막의 열풍일 것이다[5].

木蘭皮國, 大食國西有巨海, 海之西有國不可勝數. 大食巨艦所可至者, 木蘭皮國爾. 自大食之陁盤地國發舟, 正西涉海百餘日方至其國. 一舟可容數千人, 舟中有酒食肆機杼之屬, 言舟之大者莫木蘭皮若也. 國之所產極異, 麥粒長三寸, 瓜圍六尺, 可食二三十人, 榴重五斤, 桃重二斤, 香圓重二十餘斤, 萵苣菜每莖可重十餘斤, 其葉長三四尺. 米麥開地窖藏之, 數十年不壞. 產胡羊, 高數尺, 尾大如扇, 春剖腹取脂數十斤, 再縫合而活, 不取則發臕脹死. 陸行二百程, 日晷長三時, 秋月西風忽起, 人獸速就水飲乃生, 稍遲則渴死.

5) 옛날에 하루는 12시간이었다. "해가 삼시(三時) 길어진다."라는 말은 낮이 6시간 길어지는 것을 말한다. 스페인에서 육로로 동북쪽으로 2백 정(程) 가면, 발트해 북부 연안에 도착하는데 위도가 높아 겨울철에는 낮이 6시간 길어진다.

『삼재도회』, 인물 권12. “목란피국과 대식국 서쪽에는 큰 바다가 있는데, 나라의 서쪽에는 헤아릴 수 없이 많은 나라들이 있다. 대식의 큰 배들이 이를 수 있는 곳은 목란피국 뿐이다. 타반지국(陁盤地國)에서 배를 타고 정서쪽으로 바다를 백 일 동안 건너면 이른다. 어떤 배는 수백 명을 수용할 수 있고, 주점과 베틀 같은 것들도 있다. 그 나라의 산물 중에는 맥(麥) 한 알은 길이가 3촌이고, 외[瓜]는 둘레가 4~5척이나 되며, 석류는 한 알이 5근이나 나가고, 복숭아는 2근이나 나가며, 채소는 길이가 3~4척이나 된다. 우물을 백여 장이나 파야 물이 나온다. 호양(胡羊)은 키가 3~4척이고 꼬리는 부채만큼이나 크다. 봄이면 배를 갈라 고(膏) 수십 근을 채취하고 다시 꿰매어 놓으면 살아 날 수 있다.” 본서의 내용과 상당히 일치하는 서술을 확인할 수 있다.

40. 이집트 Egypt, 勿斯里國

물사리국(勿斯里國)[1]은 바그다드[白達]의 관할에 속한다. 국왕은 피부가 하얗고, 머리에 터번을 쓰며 번삼(番衫)을 입고 검은 신을 신는다. 출입할 때 말을 타는데, 호위하는 말 3백 필이 앞에 있고, 안장과 고삐는 모두 황금과 보석으로 장식되어 있다. 쇠사슬에 묶인 호랑이 10마리가 있는데, 호랑이를 부리는 사람 1백 명과 쇠줄을 다루는 50명, 때리는 몽둥이를 든 1백 명, 팔에 매를 앉힌 30명이 있고, 또 1천 명의 기병들이 호위한다. 직접 거느리는 노예는 3백 명이 있는데 각기 갑옷을 입고 검을 들고 있으며, 두 사람이 제어하는 기계를 들고 왕 앞에서 인도한다. 그 뒤에는 백 명의 기병들이 북을 울리고, 의전에 따르는 것들은 매우 훌륭하다.

1 물사리(勿斯里)는 본서 대식 조목에 밀서리(蜜徐篱)로 되어 있는데, 모두 미스르(Misr)의 다른 음역이다. 아랍어로 이집트와 그 수도를 부르는 명칭이다. 본서 대식 조목의 주3을 참고하시오.

나라 사람들은 단지 빵과 고기를 먹으며 밥을 먹지 않는다. 이 나라에는 가뭄이 많고 아래로 16개 주(州)를 관할하여 도는 데 60여 정(程)이 걸린다. 비가 내리면 사람들은 농사를 짓는데, 도리어 그 비 때문에 떠내려가고 무너지기도 한다. 매우 맑고 달콤한 강물이 있는데 그 수원이 어디에서 나오는지 모른다. 매년 가뭄이 들면 여러 나라의 강물이 모두 소진되지만, 여기 강물만 그대로 유지되어 밭고랑에 충분하다. 농민들은 이에 힘입어 농사를 짓고 매년 이와 같이 사용한다[2]. 심지어 나이가 7~80이 되어서도 비가 내리는 것을 모르는 자가 있다.

2 여기서 말하는 것은 아마도 나일강일 것이다[1)]. 본서 대식 조목의

---

1) 이 강은 『직방외기(職方外紀)』, 권3에 '니록하(泥祿河, 나일강)'으로 되어있는데, 그 설명은 다음과 같다. "강물이 매년 한 번, 5월

주7과 본문을 참고하시오.

옛날 전하는 바에 따르면, 아브라함[蒲囉吽] 3대손 이름이 요셉[十宿][3]이란 자가 이 나라를 차지하고 비가 내리지 않는 것 때문에, 가뭄에 대비하여 마침내 강이 가까운 곳에 땅을 골라 360개 향촌을 두었다. 촌에는 모두 맥(麥)을 심고 매년 나라 사람들에게 하루의 음식을 제공받았다. 촌마다 하루를 제공하면, 360의 촌이 일 년의 음식을 충분하게 할 수 있었다. 게야(憩野)[4]라는 주(州)가 있는데 옆에 이 강이 가까이 있었다. 2년 또는 3년에는 반드시 한 노인이 강물에서 나오는데, 머리털은 검고 짧았으며 수염과 살쩍은 희었다. 물속 바위에 앉아 반신만 드러내고 물로 세수를 하고 손톱을 잘랐다. 나라 사람들이 그를 보고 기이하게 여겨 앞에 나아가 절하고 올해 백성들의 길흉을 물었다. 그 사람이 말을 하지 않고 웃으면 그 해는 풍년이 들고 백성들에게는 요절과 역병이 없고, 만약 찡그리면 이 해 또는 그다음 해에 흉년과 역질(疫疾)이 있다. 한참을 앉아 있다가 다시 물속으로 들어가 보이지 않는다[5].

3 역주: 십숙(十宿)은 바로 요셉(Joseph)의 음역이다. 전하는 바에 따르면, 십숙은 야곱(Jacob)의 아들이자, 이삭(Isaac)의 손자이며, 포라우(蒲囉吽, Abraham)의 증손이므로 제 3대손이라 했다. 또 아랍인의 전설에 따르면 파윰(Fayum)운하를 옛날 십숙이 팠다고 한다.

부터 범람하기 시작하여 점차 불어난다. 토착민들은 불어나는 물의 양을 보고 그 해의 풍년과 흉년을 미리 점친다. 대략 강물은 가장 많이 범람해도 두 길 한 척을 넘지 않고 가장 적을 경우에도 한 길 다섯 척을 넘지 않는다. 한 길 다섯 척에 이르면 수확이 만족스럽지 못하고, 두 길 한 척에 이르면 풍년이 든다. 매년 물이 범람하는 기간은 40일을 넘은 적이 없다. 그 물속에는 기름진 흙이 있어서 물이 이르는 곳에는 기름진 흙이 땅속에 붙게 되고, 또 진창이 되는 것을 막아준다. 그러므로 땅은 매우 비옥하고 온갖 곡식과 풀과 나무들은 모두 무성하다. 물이 차올라 넘치면 많은 성곽들이 물에 잠기게 된다."라고 하였다. 천기철 옮김, 『직방외기』, 일조각, 2217쪽의 번역을 따랐다.

360개의 향촌을 설치했다는 설은 여기에서 근거한 것 같다. 마수디(Masudi)의 『금주원(金珠原), The Meadows of Gold』, 제 2편, 369쪽과 384쪽을 참고하시오. 『삼재도회(三才圖會)』에는 대식(大食)의 조사(祖師) '포라우'라는 이름이 있고, 『도서집성(圖書集成)』, 「변예전(邊裔典)」, 권86, 천방전(天方傳)에도 보인다.

4 역주: 게야(憇野)는 바로 알-카히라흐(Al-kāhirah)의 음역이다. 이는 "승리의 도시"[2)]란 뜻이다. 지금의 카이로이다. 969년 파티마(Fatimite) 왕조의 첫 번째 칼리프가 대장 알 모이쯔(Al-Mo' izz)를 파견하여 이집트를 공격하여 얻고 973년 이 도시를 건설했다. 본서 대식 조목의 주3을 참고하시오.

5 역주: 지금 아랍인들이 지은 것과 서구인들이 저술한 것에는 이 전설이 언급되지 않고 있어 무엇을 근거했는지 자세하지 않다.

강물에서는 수낙타(水駱駝), 수마(水馬)[6]가 있어 이따금 강안으로 올라와 풀을 뜯다가 사람을 보면 바로 물속으로 들어가 버린다.

6 역주: 레오 아프리카누스(Leo Africanus)의 『아프리카사(Historie of Africa)』 제 3편, 949쪽에는 해마(海馬), 해우(海牛)가 있는데, 해마가 바로 여기의 '수마(水馬)'로 하마(河馬)이다. 해우는 바로 여기서 말하는 '수낙타(水駱駝)'로 서우(犀牛)를 가리키는 것 같다.

2) 원문에는 승리한 사람들 "승리한 사람들(the Victorious)"로 되어 있다.

勿斯里國, 屬白達國節制. 國王白晳, 打纏頭, 着番衫, 穿皂靴. 出人乘馬, 前有看馬三百匹, 鞍轡盡飾以金寶, 有虎十頭, 縻以鐵索, 伏虎者百人, 弄鐵索者五十人, 持擂棒者一百人, 臂鷹者三十人, 又千騎圍護, 有親奴三百, 各帶甲持劍, 二人持御器械導王前, 其後有百騎鳴鼓, 儀從甚都. 國人惟食餅肉, 不食飯. 其國多旱, 管下一十六州, 周回六十餘程, 有雨則人民耕種反爲之漂壞. 有江水極清甘, 莫知水源所出, 歲旱諸國江水皆消減, 惟此水如常, 田疇充足, 農民藉以耕種, 歲率如此. 人至有七八十歲不識雨者. 舊傳蒲囉牛第三代孫名十宿, 曾據此國, 爲其無雨. 恐有旱乾之患, 遂於近江擇地置三百六十鄉村, 村皆種麥, 遞年供國人日食, 每村供一日, 三百六十村可足一年之食. 又有州名憩野, 傍近此江. 兩年或三年必有一老人自江水中出, 頭髮黑短, 鬚鬢皓白, 坐於水中石上, 惟現半身, 掬水洗面·剔甲, 國人見之, 知其爲異, 近前拜問今歲人民吉凶. 如其人不語若笑, 則其年豐稔, 民無札瘥. 若蹙額, 則是年或次年必有凶歉疾疫, 坐良久復沒不見. 江中有水駱駝·水馬, 時登岸齧草, 見人則沒入水.

41. 알렉산드리아 Alexandria, 遏根陀國

알근타국(遏根陀國)1은 이집트[勿斯里]의 속국이다.

1 역주: 알근타(遏根陀)는 분명 이스칸드리아(Iskanderiah)의 음역으로 알렉산드리아 항구를 지칭한다.
○옛날 음역에서 알(遏)자는 모두 [ra]에 해당한다. 지금의 티그리스는 중세 페르시아어로는 타크라트(Dakrat)이다. 『수서』, 「파사전(波斯傳)」에는 달갈수(達曷水)로, 『신당서』, 「파사전」에는 달알수(達遏水)로 되어있으므로 '갈(曷)'과 '알(遏)'이 통용했음을 충분히 증명할 수 있다. 『서역지명(西域地名)』, 9쪽과 54쪽을 참고하시오[1)]. 여기 알근타는 아랍어로 알렉산드리아 항구의 음역이다. 달알수의 '알(遏)'자는 '서(逝)'자가 와전된 것으로 보인다. 『사지총고(史地叢考)』, 81~82쪽을 참고하시오[2)].

전하는 바에 의하면 옛날 사람 중에 기이한 조갈니(徂葛尼)2라는 사람이 있었는데, 바닷가에 큰 탑을 짓고 아래로 땅을 파서 두 집을 지었다. 벽돌을 쌓은 것이 매우 조밀했고, 하나는 식량을 넣어 두었고 하나는 기계를 쌓아 두었는데, 탑의 높이는 2백 장(丈)으로 네 필의 말이 나란히 달려 올라갈 수 있었다[3)]. 탑의 3분의

---

1) 중화서국, 1962년 본으로는 22쪽이다.

2) 이 번역문은 『서역남해사지고증역총』(7편)에 「이간은 이집트 알렉산드리아이다는 설(犁軒爲埃及亞曆山大城說)」로 실린 것으로, 원문은 폴 펠리오가 『통보』의 「Mélanges」란에 수록된 "이간은 대진의 다른 이름이다(Li-kien, autre nom du Ta-ts'in)."라는 짧은 글이다. 『통보(通報)』, XVI(1915, 690~691쪽)에 수록되어 있다.

3) 이 탑은 알렉산드리아의 등대를 말하는 것으로 보인다. 알렉산드

2지점에 이르면 탑 중심에 큰 우물을 파고 큰 강과 통하는 도랑으로 연결했다. 다른 나라가 침략하면 온 나라가 탑을 차지하고 적에게 대항한다. 위아래로 2만 명을 수용할 수 있고 안에서 지키다가 밖으로 나가 싸운다. 그 꼭대기에는 매우 큰 거울이 있어 다른 나라나 병선(兵船)이 침범하면 거울이 먼저 비추어주기 때문에 미리 방어하는 계책을 준비한다. 근래 외래인이 탑 아래 머물며 일을 맡아 청소하고 물 뿌리기를 수년 하여 사람들이 그를 의심하지 않았다. 어느 날 갑자기 기회를 얻어 거울을 훔쳐 바다에 빠뜨려버리고 갔다고 한다[3].

2 역주: 조갈니(徂葛尼)는 틀림없이 두이카르닌(Dhu-I-karnein)의 음역으로, 바로 알렉산드리아 항구를 건설한 알렉산더 대왕(Alexander of Macedon, 기원전 498~기원전 454재위)의 아랍어 이름이다.

3 역주: 마수디(Masudi)의 『금주원(金珠原), The Meadows of Gold』, 제 2편, 434~436쪽에 이 일을 기록하고 있다. 백의대식(白衣大食, Omayyad) 칼리프 왈리드 1세(Walid I)가 재위하고 있을 때(705~715), 동로마 제국에서 믿을 만한 내시를 이집트에 사신으로 보냈다. 거짓으로 죄를 지어 도망해 왔다고 칼리프에게 보고했다. 옛날 알렉산드리아 대왕이 보배를 얻어 깊이 숨겨 두었다. 위에 한 개의 탑(Pharos)를 지었는데 높이가 약 1천 주(肘)[4]에 달했다. 지키는 사람을 두고 아울러 거울 하나를 위에 놓고 적의 침략을 대비하였다. 칼리프가 이 내시에게 병사들을 데리고 가서 이 탑과 거울을

리아의 등대 또는 알렉산드리의 파로스 등대(Pharos of Alexandria)는 기원전 3세기에 이집트 알렉산드리아의 파로스(Pharos) 섬에 세워진 것으로 등대의 원형으로 여겨진다. 고대의 세계 7대 불가사의 가운데 하나로 유명했지만 지금은 파괴되어 전해지지 않는다.

4) 원나라 운서(韻書)로 1292년에 완성된 『고금운회거요(古今韻會擧要)』에 따르면, "일설에는 1주(肘)는 2척이라 하고, 일설은 1주가 1척 5촌이고, 4주가 1궁(弓)이고 3백 궁이 1리(里)라고 한다.(一曰一肘二尺, 一曰一尺五寸爲一肘, 四肘爲一弓, 三百弓爲一里.)"라고 하였다. 알렉산드리아 등대의 높이가 약 130미터에 달했다는 것과 비교하면 과장이 심한 것 같다.

부숴버리라고 명했다. 알렉산드리아의 사람들과 다른 도시의 사람들이 그 피해를 알았을 때, 이미 그 내시는 배를 타고 달아났다.

遏根陀國, 勿斯里之屬也. 相傳古人異人徂葛尼, 於瀕海建大塔, 下鑿地爲兩屋, 塼結甚密, 一窖糧食, 一儲器械, 塔高二百丈, 可通四馬齊驅而上, 至三分之二, 塔心開大井, 結渠透大江以防. 他國兵侵, 則舉國據塔以拒敵, 上下可容二萬人, 內居守而外出戰. 其頂上有鏡極大, 他國或有兵船侵犯, 鏡先照見, 卽預備守禦之計. 近年爲外國人投塔下. 執役掃洒數年, 人不疑之, 忽一日得便, 盜鏡抛沉海中而去.

42~49. 해상의 여러 나라 海上雜國

42. 안다만 Andaman, 晏陀蠻國

안타만국(晏陀蠻國)[1]은 라무리[藍無里]에서 실론[細蘭]으로 가다가 바람이 순하지 않으면, 표류하여 어떤 곳에 이르는데, 그 곳을 안다만[晏陀蠻]이라 부른다.

1 안타만(晏陀蠻)은 바로 안다만(Andaman) 섬이다. 이 명칭은 상인 술레이만(Sulayman) 여행기에 처음으로 보이는데, "이 섬(Nicobar)의 뒤에는 두 개의 섬이 있고 바다가 있는데, 그 가운데를 안다만 경계라 부른다. 섬의 사람들은 사람을 먹고, 곱슬머리에 몸은 검어 모습이 두려워할 만하다. 발 길이가 1주(肘)나 되는 사람도 있다. 나체이며 배가 없다. 배가 있었다면 인근을 지나는 모든 사람들을 잡아 먹어버렸을 것이다. 간혹 배들이 바다에 묶여 바람 때문에 계속 나아갈 수 없는데, 그들의 물이 고갈되면 승무원들이 토착민들에게 다가가 물을 구한다. 간혹 승무원들이 토착민들의 힘에 제압되기도 하는데, 그들 대부분은 죽게 된다. 이 섬의 저편에는 걸어서는 갈 수 없는 산들이 있는데 은 광산을 가지고 있다. 이 산들은 사람이 살지 않기 때문에 목적을 달성하려고 접안하는 배들의 능력 밖에 있다. 도달하려면 알-코슈나미(Al-khoschnāmy)라는 산봉우리로 가야 한다. 부근을 지나는 한 배가 그 산을 보고 그쪽으로 방향을 틀었다. 다음날 아침 배에서 내려 나무를 잘라 불을 피우자마자 은이 녹아들었다. 이렇게 그 광산을 알게 되었다. 사람들은 원하는 만큼 금을 가져갔다. 그러나 배에 오르자 마다 바다가 요동치기 시작했다. 사람들은 그들이 가져온 은을 던져버려야만 했다. 허사가 되어 다시 그 산 쪽으로 되돌아가고 싶어 했으나 다시 찾을 수가 없었다."[1)]라고 하였다. 이 이야기는 본 조목에서 기록한 성수(聖水) 이

1) 이븐 야지드, 슐레이만 알 타지르(al-Sīrāfī, Abū Zayd Ḥasan ibn

야기와 비슷하다. 『영애승람』 석란(錫蘭) 조목에는 이 산을 '안독만(按篤蠻)'이라고 하는데, 그 문장은 다음과 같다. "모산(帽山) 남쪽에서 대양으로 나가 순풍에 동북쪽으로 3일을 가면 바다 가운데 취람산(翠藍山)이 보인다. 그 산은 3~4개 좌(座)로 되어 있고 산 한 개가 가장 높고 큰데, 번국(番國)의 말로 '안독만(按篤蠻) 산'이라고 한다. 그곳의 사람들은 동굴에 깃들어 사는데 남녀 모두 나체이며, 실오라기도 걸치지 않아 가축의 모양과 같다. 땅에서는 쌀이 나지 않고 산토란, 파라밀, 파초자(芭蕉子)를 먹으며 간혹 바다에서 물고기와 새우를 잡아먹기도 한다. 사람들이 전하는 말에 따르면, 몸에 약간의 천만 있어도 부스럼이 생긴다고 한다. 옛날 석가불이 바다를 지나며 이곳 해안에 올라 옷을 벗고 씻었는데 그 사람들이 그의 옷을 훔쳐 숨겨 버렸다. 이에 석가의 저주를 받아 지금까지 사람들은 옷을 입지 않는다. 민간에서 난오(卵塢)가 난다고 하는 곳이 바로 이 땅이다(自帽山南放洋, 好風向東北行三日, 見翠藍山在海中. 其山三四座, 惟一山最高大, 番名按篤蠻山. 彼處之人巢居穴處, 男女赤體, 皆無寸絲, 如獸畜之形. 土不出米, 惟食山芋·波羅蜜·芭蕉子之類, 或海中捕魚蝦而食. 人傳云, 若有寸布在身, 卽生爛瘡. 昔釋迦佛過海, 於此處登岸, 脫衣入水澡浴, 彼人盜藏其衣, 被釋迦咒訖, 以此至今人不能穿衣, 俗言出卵塢, 卽地也)."라고 하였다. 취람산은 안독만의 남쪽에 있다. 『영애승람』에서는 이 두 군도를 하나로 혼용했다. 이렇게 혼용한 것은 당나라 시기에도 그러했다. 그러므로 안타만의 기록은 『제번지』에서 비롯하지 않는다고 말할 수 있다. 『대당서역구법고승전』, 권하에서 의정(義淨)은 여정을 기록하며 "갈다(羯荼) 북쪽으로부터 10일 남짓 가면, 나인국(倮人國, Nicobar)에 도착하는데, 동쪽으로 해안을 바라보며 1~2리쯤 가면 야자수와 빈랑 숲이 보이는데

Yazīd와 Sulaymān, al-tājir) 지음, M. Reinaud 번역, 『인도와 중국에서 아랍인과 페르시아인에 의해 행해진 여행에 관한 기술(Relation des voyages faits par les Arabes et les Persans dans l'Inde et à la Chine)』, Paris, 1845, 8~10쪽에 실려 있다. 풍승균의 번역이 원문과 잘 부합하지 않아 원문에 따라 다시 번역하였다.

아름답다. 그들은 선박이 이르면 다투어 작은 배에 타고 온갖 것을 가득 채운다. 모두 야자, 파초 그리고 등나무와 대나무 그릇을 가지고 와서 교역한다. 그들이 좋아하는 것은 오로지 쇠붙이로 된 것이다. 두 손가락만큼 큰 것은 야자 5개 혹은 10개를 얻을 수 있다. 장부들은 모두 몸을 드러내고, 부녀들은 나뭇잎 조각으로 몸을 가린다. 상인들이 장난삼아 옷을 주면 머리를 흔들며 입지 않는다. 전하는 바에 따르면, 이 나라는 촉천(蜀川) 서남쪽 경계에 해당한다고 한다. 이 나라는 철이 나지 않고 또한 금과 은이 부족하다. 야자와 사탕수수 뿌리만 먹고 곡물이 많이 없다. 이 때문에 노가(盧呵)[2]를 가장 진귀하게 여긴다.【이 나라에서는 철(鐵)을 '노가'라고 한다.】 그 사람들의 모습은 검지 않고 몸무게는 중간 체형의 사람과 같다. 등나무 상자를 잘 만드는데 다른 나라의 것은 미치지 못한다. 함께 교역하지 않으면 독이 묻은 화살을 쏘는데 한 발만 맞아도 더 이상 다시 살아날 수 없다.(從羯荼北行十日餘, 至裸人國. 向東望岸, 可一二里許, 但見椰子樹·檳榔林森然可愛. 彼見舶至, 爭乘小艇, 有盈百數, 皆將椰子·芭蕉及藤竹器來求市易. 其所愛者, 但唯鐵焉, 大如兩指, 得椰子或五或十. 丈夫悉皆露體, 婦女以片葉遮形. 商人戲授其衣, 即便搖手不用. 傳聞斯國當蜀川西南界矣. 此國既不出鐵, 亦寡金銀, 但食椰子藷根, 無多稻穀, 是以盧呵最爲珍貴.【此國名鐵爲盧呵】 其人容色不黑, 量等中形, 巧織團藤箱, 餘處莫能及. 若不共交易, 便放毒箭, 一中之者, 無復再生.)"

바다에 하나의 거대한 섬이 있는데 안에는 두 개의 산이 있어, 하나는 크고 하나는 작다. 작은 산에는 사람이 전혀 살지 않고 그 큰 산은 주위가 70리이다. 그 산에 사는 사람들은 몸이 새까맣고 산 채로 사람을 먹을 수 있어 뱃사람들이 감히 해안에 배를 대지 못한다. 산속에는 조금의 철도 없어 모두 차거(硨磲), 방각(蚌殼)을 예리하게 갈아서 칼을 만든다. 섬 위에는 성스러운 흔적이 있는 황금을 섞어 만든 상(床)이 있고, 죽은 사람 한 명을 모신다. 수세대를 거쳐도 썩지 않으며,

---

2) 풍승균은 1956년 중간본에서 "노가(盧呵)의 대응하는 음은 '로카(loka)'로, 금과 철의 총칭이다."라고 주석을 보완했다.

늘 큰 뱀이 호위하고 보호하고 있다. 뱀의 몸에 있는 털의 길이는 2척이나 되어 사람들이 감히 가까이 가지 못한다. 우물이 있는데, 매년 두 차례 물이 넘쳐 바다로 들어간다. 실려온 모래들이 이 물에 잠기게 되면 모두 금이 된다. 이 산에 사는 모든 사람들이 항상 이 우물에 제사를 지낸다. 동(銅), 연(鉛), 철(鐵), 석(錫)을 불에 달구어 벌겋게 되었을 때, 이 물을 가져와 부으면 곧바로 금으로 변한다.

옛날에 전하는 말에 따르면, 일찍이 상선이 있었는데, 배가 부서져 사람들이 대나무를 타고 표류하여 이 산에 이르게 되었다. 성스러운 물이 있다는 것을 알고 몰래 대나무 통에 물을 가득 채워 뗏목을 타고 풍랑을 따라 말라바르[南毗國]에 이르게 되었다. 이 물을 말라바르 왕에게 헌상하여 시험해보니 과연 그러했다. 말라바르 왕은 마침내 군사를 일으켜 갑자기 그 산을 가지고자 도모했으나, 배가 이르지도 못해 고약한 바람을 만나 표류하다 돌아갔다. 뱃사람들이 이 산에 이르렀으나 모두 산에 사는 사람들에게 잡아 먹혔다. 대저 이 산에 금상(金床)의 기이한 사람이 신령스럽게 보호하여 사람이 가까이 오지 못하게 했기 때문이다.

晏陀蠻國, 自藍無里去細蘭國, 如風不順, 飄至一所, 地名晏陀蠻, 海中有一大嶼, 內有二山, 一大一小, 其小山全無人煙, 其大山周圍七十里, 山中之人, 身如黑漆, 能生食人, 船人不敢艤岸. 山內無寸鐵, 皆以硨磲·蚌殼磨銛爲刃. 上有聖跡渾金床, 承一死人, 經代不朽, 常有巨蛇衞護, 蛇身毛長二尺, 人不敢近. 有井, 每歲兩次水溢流入於海, 所過砂石, 經此水浸皆成金. 闔山人常祭此井, 如銅鉛鐵錫用火燒紅, 取此水沃之輒變成金. 舊傳曾有商舶壞船, 人扶竹木, 隨流飄至此山, 知有聖水, 潛以竹筒盛滿, 乘木筏隨浪飄漾至南毗國, 以水獻南毗國王, 試之果驗, 南毗王遂興兵, 謀奄有其山, 船未至間, 遭惡風飄回, 船人漂至山, 盡爲山蠻所食, 葢此山有金床異人, 密有神護, 不令人近也.

42~49. 해상의 여러 나라 海上雜國

43. 곤륜층기국 崑崙層期國

곤륜층기국(崑崙層期國)[2]은 서남쪽 바다에 있고, 큰 바다 섬과 연접해 있어 언제나 대붕(大鵬)이 날아 해를 가리고 그림자를 변화시킨다. 들에는 낙타가 있는데 대붕(大鵬)[3]이 보면 삼켜버린다. 혹 대붕의 깃을 주워 그 대롱을 잘라 물통으로 만들기도 한다.

2 이 조목 역시 『영외대답』, 권3을 따르고 있는데 원문은 층발(層拔) 조목의 주4를 보라. 역주에서는 곤륜(崑崙)을 아랍어 칸바루(Kanbalu)의 음역으로 보았으나 펨바(Pemba)라는 작은 섬이 이 곤륜층기(崑崙層期)에 해당한다고 하였다. 그러나 정확히 어디인지는 확인할 수 없다. 곤륜에 있어서 대표하는 명칭이 매우 많다. 여기 곤륜은 [Komr], 바로 마다가스카르(Madagascar) 섬의 지명으로 보인다[3)]. 그렇다면 곤륜층기(崑崙層期)는 마다가스카르 섬의 승지(僧祇)를 말하는 것 같다. 페랑(Gabriel Ferrand), 『곤륜과 고대 남해 항해(崑崙及南海古代航行考)』를 참고하시오.

3 대붕에 관한 이야기는 천일야화 같은 아랍인들의 설화에 자주 보인다. 바로 루크(Rukh)이다. 인도에도 이러한 이야기가 있는데, 산스크리트어로 대붕을 '가루다(迦樓茶, garuda)'라고 한다[4)].

---

3) 장성랑에 따르면(『중국교통사료회편』, 20~22쪽), 층기는 'Zinj'의 음역으로 바로 잔지바르라고 하였고, 잔지바르란 '흑인의 나라'라는 뜻이므로, 층기 앞에 붙은 '곤륜' 두 글자는 '검다'는 의미를 지니고, 오늘날 케냐와 탄자니아 사이에 있다고 보았다.

4) 『동방견문록』 191장, 소코트라 섬에서 약 1천 마일 떨어진 '모게다쇼'라는 섬을 기술하면서 이 새를 이렇게 전하고 있다. "섬의 남쪽에 위치한 다른 섬들에는 그리폰 새가 있는데, 그 새든 일 년 중

땅에서는 큰 상아, 서각이 난다. 서쪽에는 바다 섬이 있는데 야인(野人)들이 많다. 몸은 검고 곱슬머리이다. 먹을 것으로 유인하여 사로잡아 대식국(大食國)에 노예로 되파는데, 받는 값이 매우 후하고, 성문의 문지기로 붙어살며, 친속에 대한 연민은 없다고 한다.

崑崙層期國, 在西南海上, 連接大海島, 常有大鵬飛蔽日移晷. 有野駱駝, 大鵬遇則呑之. 或拾鵬翅, 截其管, 可作水桶. 土產大象牙·犀角. 西有海島, 多野人, 身如黑漆, 虯髮, 誘以食而擒之, 轉賣與大食國爲奴, 獲價甚厚, 託以管鑰, 謂其無親屬之戀也.

특정한 계절에만 그곳에 나타난다고 한다.……그것을 직접 본 사람들의 말에 따르면 반은 새이고 반은 사자모습이 아니라고 한다. 그것은 꼭 독수리처럼 생겼는데, 다만 그 크기가 엄청나게 크다는 것이다. ……얼마나 크고 힘이 센지, 코끼리를 집어서 하늘 높이 날아올랐다가 땅으로 떨어뜨려 코끼리를 박살낸 다음 그것을 배불리 뜯어먹는다고 한다."라고 하였다(김호동 역주, 『동방견문록』, 498~9쪽).

『삼재도회』, 인물 권14. “곤륜층기국은 서남해에 있다. 대붕(大鵬)이 있는데 날면 해를 가리고, 낙타를 먹을 수 있다. 그 저(翥)를 주워 구멍을 뚫으면 물통을 만들 수 있다. 원주민의 몸은 칠처럼 검다. 나라 사람들이 먹을 것으로 유인하여 외국 상인들에게 노예로 판다.” 여기에서 저(翥)자는 분명 본서의 시(翅)자의 오기일 것이다.

42~49. 해상의 여러 나라 海上雜國

44. 삼보앙가 Zamboanga, 沙華公國

사화공국(沙華公國)[4], 이 나라사람들은 대부분 대해로 나가 약탈을 하며 사람을 잡아 묶어 자바[闍婆]에 판다. 또 동남쪽에는 야도(野島)가 있는데, 오랑캐 도적들이 거기에 살며 '마라노(麻囉奴)'[5]라 부른다.

4 이 조목의 문장은 『영외대답』, 권3의 「동남해상제잡국(東南海上諸雜國)」 조목을 따르고 있는데, 그 원문은 다음과 같다. "동남쪽 해상에는 사화공국이 있다. 그 사람들은 대부분 바다로 나가 약탈을 하고, 사람을 잡아 묶어 자바에 판다. 또 동남쪽에는 근불국(近佛國)이 있는데, 야도(野島)가 많아 오랑캐 도적들이 그곳에 살며 '마라노(麻囉奴)'라 한다. 상선들이 표류하여 이 나라에 이르면, 사람을 사로잡아 거대한 대나무에 끼워 구워 먹는다. 도적의 수괴는 이빨을 잘라 내고 황금으로 끼워 넣는다. 사람의 머리를 식기로 만들어 쓴다. 그 섬에 깊이 들어가면 갈수록 그 도적들은 더욱 많다(東南海上有沙華公國. 其人多出大海劫奪, 得人縛而賣之闍婆. 又東南有近佛國, 多野島, 蠻賊居之, 號麻囉奴. 商舶飄至其國, 擒人以巨竹夾而燒食之. 賊首鑽齒, 陷以黃金. 以人頭爲食器. 其島愈深, 其賊愈甚)."라고 하였다. 본 조목에서는 "근불국(近佛國)" 3자를 삭제했는데, 역주에서는 불서국(佛逝國)이 와전된 것으로 본다. 불서(佛逝)는 바로 슈리비자야[室利佛逝]의 약칭으로, 본서 삼불제(三佛齊) 조목의 주 1을 보라. 사화공(沙華公)에 대해서는 고증할 것이 없지만 분명 남해 군도에 있을 것이다. 『나가라크레타가마(Nagarakretagama)』에는 여러 지명이 열거되어 있는 가운데 '사와쿠(Sawaku)'가 있는데, 바로 보르네오[渤泥國]섬 동남쪽의 세부쿠(Sebuku)섬의 옛 이름이다. 바로 사화공(沙華公)에 대응한 음으로 보인다. 사바(闍婆)는 지금의 자바로 본서에 별도의 조목이 있다.

○풍승균은 1956년 중간본에 다음과 같이 주석을 보완했다. 여기에서 말하는 '동남(東南)'은 중국의 동남쪽을 말한다. 사화공국(沙華公國)은 분명 팔라완(Palawan, 巴荖圓), 마긴다나오(Maguindanao, 魍根打老)와 술루(Sulu, 蘇祿)에 있어야 하는데[여기 세 지명은 『동서양고』에 보임], 일대를 찾아보면 비교가 가능한 것으로는 삼보앙가(Zamboanga)인데, 화교들이 삼보안(三寶顏)이라 부르는 곳이다.

5 『나가라크레타가마(Nagarakretagama)』에는 말라노(Malano)가 있는데, 여기서 말하는 마라노(麻囉奴) 같다. 가브리엘 페랑(Ferrand)의 『대식파사돌궐문지지행기(大食波斯突厥文地誌行記)』[5], 662쪽에서는 이 설을 지지하고 있다. 현재 보르네오섬 서북쪽 해안인 사라왁(Sarawak) 지구의 바린지언(Balingian)이다. 이 섬 다약(Dayak) 부락 중에 말라나우(Malanau)족이 있는데, 이 명칭에서 마라노가 나온 것 같다. 다만 『영외대답』은 마라노가 사화공의 동남쪽이라고 위치시켰으나 이 말라노는 사와쿠의 서북쪽이다. 여러 옛 서적에서 기술한 외국들의 방위는 대부분 믿을 만한 것이 못된다. 이 나라의 방위에 대한 소문 역시 착오가 있을 것으로 보인다.

상선들이 표류하다가 이 나라에 이르면, 사람들이 모두 일어나 사람을 사로잡아 큰 대나무에 꿰어 구워 먹는다. 도적들의 수괴는 이빨을 잘라 내고 모두 황금으로 장식한다. 사람의 두개골을 취해 음식 그릇을 만든다. 그 섬에 깊이 들어가면 갈수록 그 도적들이 더욱 심하다.

沙華公國, 其人多出大海劫奪, 得人縛而賣之闍婆. 又東南有野島, 蠻賊居之, 號麻囉奴, 商船飄至其國, 羣起擒人, 以巨竹夾燒而食之. 其賊首鑽齒, 皆以黃金裝飾. 取人腦蓋爲飲食器. 其島愈深, 其賊愈甚.

---

5) 이 책은 가브리엘 페랑(Gabriel Ferrand, 1864~1935)이 번역하고 주석을 단, 『지리서와 여행기의 관계: 8~9세기 극동과 관련된 아랍, 페르시아, 투르크(Relations de voyages et textes geographiques : Arabes, Persan et Turks relatifs a l'Extreme-Orient du VIIIe au XVIIIe siecles)』을 말하는데, 파리, 에르네 르루스(Ernest Leroux), 1913~1914에 출판되었다.

42~49. 해상의 여러 나라 海上雜國

45. 여인국 女人國[6)]

또 동남쪽에는 여인국(女人國)[6]이 있는데 물은 항상 동쪽으로 흐른다. 수년마다 한번 물이 범람한다. 혹 강물에서는 연육(蓮肉)이 나는데 길이가 1척 남짓이다. 핵도(核桃)는 길이가 2척이나 되어 사람들이 그것을 얻으면 여왕에게 헌상한다.

6 여국(女國) 전설은 여러 곳에 있다. 중국 서적에는 동녀국(東女國)이 실려 있다. 『박물지(博物志)』, 권2에 "어떤 나라에는 순전히 여자만 있고 남자가 없다. 그 땅은 옥저(沃沮) 동쪽 대해에 있다."라고 하였다. 『양서』, 권54, 「동이전(東夷傳)」에는 제(齊)나라 영원 원년(499)에 부상에 있던 승려 혜심(慧深)이 형주로부터 와서 말하기를, "부상 동쪽 1천리에는 여국(女國)이 있는데 용모가 단정하고 피부색이 희며 신체에는 털이 있고 모발은 길어 땅에 닿는다. 2~3월이 되면 다투어 물속으로 들어가면 임신을 하고 6~7월에 자식을 낳는다(扶桑東千餘里有女國, 容貌端正, 色甚潔白, 身體有毛, 髮長委地. 至二三月, 競入水則任娠, 六七月産子)."라고 하였다. 슈레겔(G. Schlegel)의 『중국사승중미상제국고증(中國史乘中未詳諸國考證)』[7)]

---

6) 여인국에 대한 기록은 『영외대답』, 해외제번국(海外諸蕃國) 조목에 처음으로 기술되어 있다. 그 위치에 대해 주거비(周去非)는 "사바의 동쪽은 동대양해(오스트레일리아 해)인데, 수세가 점차 낮아지는 곳에 여인국이 있다. 동쪽으로 더 가면 미려(尾閭)라는 바닷물이 새어 나가는 곳이 있어 더 이상 사람이 사는 곳이 아니다. 조금 동북쪽으로 가면 고려와 백제이다.(闍婆之東, 東大洋海也, 水勢漸低, 女人國在焉. 愈東則尾閭之所泄, 非復人世. 稍東北向, 則高麗·百濟耳)"라고 하였다. 『영외대답교주』, 75쪽.

7) 슈레겔(Gustav Schlegel), 『지리학적 문제들: 중국 역사가들에게

권3과 권20을 참고하시오.

○풍승균은 1956년 중간본에서 다음과 같이 주석을 보완했다. 여기에서 말하는 '동남(東南)'은 중국의 동남쪽을 말한다. 그러므로 기술한 여러 번국들은 바라(婆羅)섬 서쪽에서 찾아야 할 것이다. 본서 바로 앞의 주5의 '마라노(麻囉奴)'의 고증은 매우 정확하다. 이로부터 추론하건대, 근불국(近佛國)은 분명 바라(婆羅)섬의 키나부탄(Kinabutan)일 것이다. 이는 보디사트바(Bodhisattva)는 보살(菩薩)로 음역하고, 나가세나(Nagasena)는 나선(那先)으로 음역하는 것으로 입증할 수 있는데, 거의 부합하는 것 같다. 여기서 말하는 여인국[Strirajya]은 셀레베스 해(Celebes Sea)의 무길자(舞吉子, Bugis, 『해록(海錄)』에 보임)족의 세거지로, 마카사르(Makassar) 일대를 가리키는 것 같다. 이 족속의 여권은 말레이시아 군도에서 제일이다. 17~8세기에 약간의 왕후들이 특권을 장악했는데 이를 세습했기 때문이다. 연육(蓮肉)과 핵도(核桃)라고 하는 것은 일종의 해야(海椰, Kelapa Laut)와 승지야(僧祇椰, Kelapa jengi)로, 학명은 로도치아(Lodoicea sechellarum)이란 것이다. 이러한 종의 야자는 항상 인도양에서 떠돌다가 말레이군도에 이른다. 수년이 지나도 썩지 않아 현지인들이 바닷가에서 주워 시레(sireh, 荖葉)와 함께 음식물을 만드는데, 진귀한 식품으로 여긴다.

옛날에 배가 표류하여 이 나라에 이르면 여인들이 잡고 돌아가는데, 수일 만에 죽지 않는 자가 없다. 한 지혜로운 자가 밤에 배를 훔쳐 도망하여 가서 이 사실을 전했다. 이 나라 여인들은 남풍이 세게 불 때, 나체로 바람을 쐬면 바로 여자 아이를 낳는다[7].

7 이상은 모두 『영외대답』, 권3[8)]에 실린 문장과 동일하다. 다만 "咸

보이는 외국인들(Problemes Geographiques: Les Peuples Etrangers Chez Les Historiens Chinois)』, E.J. Brill, 1892.

8) 『영외대답』, 권3, 외국문하(外國門下) 조목에서 사화공국(沙華公國) 다음에 여인국을 기록하고 있는데, 원문은 다음과 같다. "又

生女也"를 "卽生女也"로 바꾼 것뿐이다.

서해에는 또한 여국(女國)이 있는데[8], 이곳에는 남자 다섯에 여자 셋이고, 여자를 국왕으로 삼는다. 부인은 행정을 하고 남자는 병사가 된다. 여자가 귀하여 대부분 시중드는 남자가 있고 남자들은 시녀를 가질 수 없다. 자식을 낳으면 어미의 성을 따른다. 기후는 대부분 춥고 사냥을 생업으로 삼는다. (배를 타고) 나가 대진(大秦), 인도[天竺]와 교역하며 수십 배의 이득을 챙긴다.

8 중국 서적에는 서녀국(西女國)이 실려 있는데 『대당서역기』, 권 11, 파랄사(波剌斯) 조목 뒤에 처음으로 보이는 것 같다. "불름국(拂懔國) 서남쪽 해도에 서녀국(西女國)이 있는데, 모두 여인으로 거의 남자가 없다. 진귀한 여러 보물들이 많다. 불름국에 부속되어 있으므로 불름왕이 매년 장정들을 보내 거기에서 짝을 짓게 한다. 그들 풍속에 낳은 남자들은 모두 수에 넣지 않는다(拂懔國西南海島有西女國, 皆是女人, 略無男子. 多諸珍寶貨. 附拂懔國, 故拂懔王歲遣丈夫配焉. 其俗産男, 皆不擧也)."라고 하였다.

又東南有女人國, 水常東流, 數年水一泛漲, 或流出蓮肉, 長尺餘, 桃核長二尺, 人得之, 則以獻于女王. 昔常有船舟, 飄落其國, 羣女攜以歸, 數日, 無不死, 有一智者, 夜盜船亡命, 得去, 遂傳其事. 其國女人遇南風盛發, 裸而感風, 卽生女也. 西海亦有女國, 其地五男三女, 以女爲國王, 婦人爲吏職, 男子爲軍士. 女子貴, 則多有侍男, 男子不得有侍女. 生子從母姓. 氣候多寒, 以射獵爲業. 出與大秦·天竺博易, 其利數倍.

東南有女人國, 水常東流, 數年水一泛漲, 或流出蓮肉長尺餘, 桃核長二尺, 人得之則以獻於女王. 昔嘗有船舟飄落其國, 群女攜以歸, 數日無不死. 有一智者, 夜盜船亡命得去, 遂傳其事. 其國女人, 遇南風盛發, 裸而感風, 咸生女也."

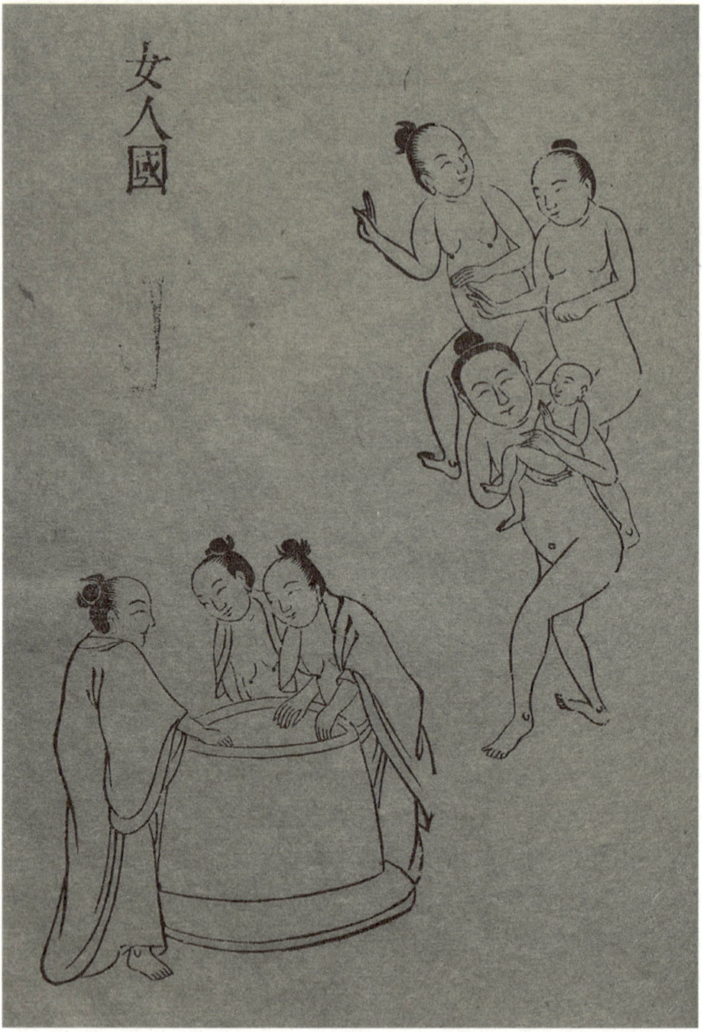

『삼재도회』, 인물 권12. "여인국은 동남쪽 바다에 있다. 물이 동쪽으로 흘러 수년마다 물이 범람하면 연꽃이 피는데, 길이는 1척쯤 되고 열매는 길이가 2척이다. 옛날에 배가 표류하여 그 나라에 이르렀다가 여인들이 잡아 가서 죽지 않는 자가 없었다. 한 지혜로운 자가 밤에 배를 훔쳐 도망쳐 그 사실을 전하게 되었다. 여인들은 알몸으로 남풍을 쐬면 바람에 감응하여 자식을 낳는다."라고 설명하고 있다.

42~49. 해상의 여러 나라 海上雜國

46. 파세 Pasè, 波斯國

파사국(波斯國)[9]은 서남쪽 해상에 있다.

9 중국 서적에 실려 있는 파사(波斯)에는 서아시아의 페르시아와 남해의 파사가 있다. 본 조목의 파사는 남해에 있는 파사이다. 베르톨드 라우퍼(B. Laufer)는 『중국과 이란(Sino-Iranica)』, 468~487쪽에서 중국 서적에 기록된 남해의 파사에 관련된 문헌들을 넓게 찾아냈고, 가브리엘 페랑(G. Ferrand)이 그에 따라 고증했는데, 이 남해의 파사가 면전(緬甸)의 바싸인(Bassein)일 수도 있고, 수마트라섬 동북쪽 해안의 파세(Pasè)일 수도 있으며, 보르네오[渤泥國], 자바[爪哇], 팽가(彭家, Banka)등 섬의 파시르(Passir)일 수도 있다고 추정했다. 『서역남해사지고증역총속편』, 91~109쪽을 참고하시오[9)].
○풍승균은 1956년 중간본에서 다음과 같이 보완했다. 미얀마[緬甸] 사람들은 메르귀(Mergui) 군도에 사는데, 오랜 민족인 세룽(Selung, 화교들은 해령(海苓)사람이라 부름)을 파스(Pathe) 또는 파세(Pase)라고 부른다. 이 민족과 본서에서 기술한 용모가 서로 부합하는 것 같다.

그 사람들의 피부는 매끄럽고 매우 검다. 수염과 머리칼은 모두 곱슬머리이다. 청색 꽃문양이 있는 베를 몸에 두르고 두 손에는 황금 팔찌를 찬다. 성곽은 없다. 이 나라 왕은 이른 아침에 호랑이 가죽으로 싼 걸상에 발을 포개고 앉는다. 신하들은

9) 『JA』, XVIII(1921), 271~295쪽)에 서평 형식(Comptes-rendus)으로 게재된 가브리엘 페랑의 글을 풍승균이 「남해의 파사(南海中之波斯)」란 제목을 달아 번역한 글이다. 1962년 상무인서관 중판본에는 79~95쪽에 실려 있다.

머리에 합장하여 절을 하고 물러난다. 나갈 때는 연두(輭兜)를 타거나 코끼리를 타고, 따르는 사람이 1백여 명으로 검을 쥐고 소리치며 호위한다. 빵, 고기, 밥을 자기그릇에 가득 채워 손을 집어 먹는다[10].

10 본 조목 역시 『영외대답』, 권3의 파사조목을 따르고 있는데, 그 원문은 다음과 같다. "서남쪽 바다에는 파사국이 있는데, 그 사람들의 피부는 매끄럽고 매우 검다. 귀밑머리와 털은 모두 곱슬머리이다. 두 손에는 황금 팔찌를 차며 청색 꽃문양이 있는 베를 몸에 두른다. 성곽은 없다. 이 나라 왕은 이른 아침에 호랑이 가죽으로 싼 걸상에 발을 포개고 앉는다. 신하들은 머리에 합장하여 절을 하고 물러난다. 나갈 때는 연두(輭兜)를 타거나 코끼리를 타고, 따르는 사람이 1백여 명으로 검을 쥐고 소리치며 호위한다. 빵, 고기, 밥을 자기 그릇에 가득 채워 손을 집어 먹는다(西南海上波斯國, 其人肌理甚黑, 鬢髮皆拳, 兩手鈐以金串, 縵身以青花布. 無城郭. 其王早朝, 以虎皮蒙杌, 疊足坐, 群下禮拜. 出則乘輭兜或騎象, 從者百餘人, 執劍呵護. 食餅肉飯, 盛以瓷器, 掬而啖之)."라고 하였다.

波斯國, 在西南海上, 其人肌理甚黑, 鬢髮皆虯, 以青花布纏身, 以兩金串鈐手. 無城郭. 其王早朝以虎皮蒙杌, 疊足坐, 羣下膜拜而退. 出則乘輭兜或騎象, 從者百餘人, 執劍呵護. 食餅·肉·飯, 盛以甆器, 掬而啗之.

42~49. 해상의 여러 나라 海上雜國

47. 자불사 Djabulsa, 茶弼沙國

다필사국(茶弼沙國)[11]의 성은 사방 1천여 리이다. 왕은 전투용 도포를 입고 황금 허리띠를 매며, 금관을 쓰고 검은 신발을 신으며 부인은 진주 적삼을 입는다. 땅에는 아주 많은 황금과 보석들이 난다. 사람들이 사는 집은 7층이며 한 층이 바로 한 가구이다. 이 나라는 빛이 밝은데 태양이 들어가는 곳이기 때문이다. 저녁에 해가 들어갈 때는 그 소리가 매우 진동하여 천둥소리보다 크다. 매일 성문에 1천 명의 사람이 호각을 불거나, 징과 북을 치며 해의 소리와 섞는다. 그렇지 않으면 임산부와 어린 아이들이 해의 소리에 놀라 죽는다.

11 역주: 여기 다필사(茶弼沙)는 분명 아랍인들의 전설에 해가 들어간다고 하는 자불사(Djabulsa), 자비르소(Djabirso), 자보르소(Djaborso)이다. 『삼재도회(三才圖會)』에 다필사(茶弼沙)[1] 사람이 일몰(日沒)에 의식을 치르는 그림이 있다.
○펠리오가 말한 다필사는 모두 괴제(Michael Jan de Goeje)의 설을 보고 기록한 것이다. 『도이지략』, 권말에 기록되어 있다[2]. 『BEFEO』, 제 9책, 663쪽[3]을 참고하시오.

---

1) 『삼재도회(三才圖會)』, 인물(人物) 12권에는 사필다(沙弼茶)로 되어 있다.

2) 『도이지략』의 마지막 부분인 「이문류취(異聞類聚)」 조목에 보인다. 『사림광기(事林廣記)』전집, 권4에도 수록되어 있다. 이 신화는 본서에서 가장 먼저 기술되어 있다.

3) 이 논문은 1909년 에두아르 위베르(Eduard Huber)가 인도차이나 연구 시리즈 5번째 글이다. 제목은 「파간 왕조의 종말(La Fin de la Dynastie de Pagan)」로 『BEFEO』, 1909, 9책, 633~680쪽에 실려 있다. 663쪽 주1에는 『운남비징지(雲南備徵志)』(권5, 42쪽)의 한

茶弼沙國, 城方一千餘里. 王著戰袍, 縛金帶, 頂金冠, 穿皂靴, 婦人著眞珠衫. 土產金寶極多. 人民住屋有七層, 每一層乃一家. 其國光明, 係太陽沒入之地, 至晚日入, 其聲極震, 洪於雷霆, 每於城門用千人吹角鳴鑼擊鼓, 雜混日聲, 不然則孕婦及小兒聞日聲驚死.

단락을 인용하여 "서쪽 끝에는 대진국(大秦國), 인도,……자바르사(Djabarsa茶弼沙) 등의 나라가 있다. 즆 꺄르나인(Iskandar Dzul-qa-rnain-徂葛尼)라는 성인이 이들 나라에 이르자 모두 군장으로 삼았다. 드자바르사는 해가 떨어지는 곳이다. 큰 바다가 있어 해가 그 대양으로 들어간다. 밖에는 미얀마 같은 여러 나라들이 있다(西窮極有大秦國身毒國 ……茶弼沙國. 有聖人名徂葛尼到此諸國, 皆有君長. 茶弼沙是日落之所, 有大洋日入其洋矣. 外有緬夷諸國)."라고 하였다.

『삼재도회』, 인물 권12. 이 그림에서는 사필다국(沙弼茶國)으로 되어 있는데, 본서에 따라 바로 잡아야 할 것이다. "사필다국. 전후로 이르는 사람이 없다. 다만 옛날 성인 조갈니(徂葛尼)가 일찍이 이르러 마침내 문자가 있게 되었다. 그 나라는 태양이 서쪽으로 들어가는 땅에 닿아 있어 저녁 일몰이면 소리가 마치 우레와 같다. 국왕은 매번 성 위에 사람을 모아 호각을 불고 징을 울리며 북을 쳐 해의 소리와 섞이게 한다. 그렇지 않으면 어린 아이들이 놀라 죽는다."라는 설명을 참고할 만하다.

42~49. 해상의 여러 나라 海上雜國

48. 시칠리아 Sicily, 斯加里野國

사가리야국(斯加里野國)[12]은 로마[蘆眉國] 경계에서 가깝고 섬은 넓어 1천 리에 달한다. 의복, 풍습, 언어는 로마와 같다. 이 나라에는 매우 깊은 산굴이 있는데 사계절 불이 나와 멀리서 보면 아침에는 연기가 나고 저녁에는 불이 보인다. 가까이서 보면 불길이 매우 맹렬한데 나라 사람들은 무게가 5백 근 혹은 1천 근 되는 큰 돌을 함께 들고 와서, 그 굴에 던져 넣으면 순식간에 폭발하여 부석(浮石)처럼 부서진다. 매 5년마다 한 번씩 불이 돌을 따라 나와 흐르고 굴러 해변까지 이르렀다가 다시 돌아간다. 숲을 지나는 것들은 모두 연소되지 않지만 돌을 만나면 재처럼 타버린다.

12 역주: 아랍인들은 그리스어를 따라 화산을 아트마(atmah) 또는 에트나(Etna) 화산은 Jehel el-borkān이라 한다. 이는 화염산을 의미한다. 본서의 이 조목은 시칠리아(Sicily)섬과 화산을 기록한 최초의 문헌으로 보인다. 9세기에 이 섬을 아랍인들이 차지했고, 11세기 말에 노르만 사람들이 되찾았지만 그래도 이슬람 세력의 영향으로 이 섬의 사람들은 이슬람교를 매우 신봉한다. 본 조목에서 노미(蘆眉)는 동로마제국일 수도 있고 로마일 수도 있다.

斯加里野國, 近蘆眉國界, 海嶼闊一千里, 衣服風俗語音與蘆眉同. 本國有山穴至深, 四季出火, 遠望則朝煙暮火, 近觀則火勢烈甚, 國人相與杠舁大石, 重五百斤或一千斤抛擲穴中, 須臾爆出, 碎如浮石. 每五年一次, 火從石出流轉至海邊復回, 所過林木, 皆不燃燒, 遇石則焚爇如灰.

42~49. 해상의 여러 나라 海上雜國

49. 모로코 Morocco, 默伽獵國

묵가렵국(默伽獵國)[13]의 왕은 매일 경을 외고 하늘에 예배한다. 터번을 하고 모직의 번삼(番衫)을 입으며 붉은 가죽신을 신는다. 종교와 법도는 대식국과 동일하다. 왕이 출입할 때는 말을 타고 대식(大食)의 '불경(佛經)'을 한 상자에 넣어 낙타 등에 싣고 나아간다. 5백여 주(州)를 관할하고 각기 성(城)과 시장이 있다. 백만 명의 군대가 있고 출입할 때는 모두 말을 탄다.

13 역주: 묵가렵(默伽獵)은 바로 아랍어로 모그레브 엘 악사(Mogreb-el-aksa)의 음역이다. 이 말은 서역(西域)을 의미하며 모로코의 원래 명칭이다.
○『영외대답』, 권3, 「항해외이(航海外夷)」 조목에는 "묵가국, 이집트[勿斯里] 등의 국가들만큼 멀어 몇 만 리나 되는지 모른다(若夫默伽國·勿斯里等國, 其遠也, 不知其幾萬里矣)."라고 하였다. 역주에서는 이 묵가(默伽)를 묵가렵(默伽獵)의 옛 음역으로, '렵(獵)'자를 빼고 잘못 베껴 썼다고 하는데, 이 설이 맞다. 메카(Mekka)를 '묵가(默伽)'라고 한 것은 『영애승람』에서 늦게 보인다. 따라서 음역이 우연히 일치한 것이지, 『영외대답』에 있는 마가(麻嘉), 묵가(默伽)라는 두 음역이라고 말할 수는 없다.

사람들은 빵과 고기를 먹으며 맥(麥)은 있고 쌀은 없다. 소, 양, 낙타, 과실 종류가 매우 많다. 바닷물의 깊이는 20장(丈)이고 산호수(珊瑚樹)가 난다.

默伽獵國, 王逐日誦經拜天, 打纏頭, 着毛段番衫, 穿紅皮鞋. 教度與大食國一同. 王每出入乘馬, 以大食佛經用一函乘在駱馳背前行. 管下五百餘州, 各有城市. 有兵百萬, 出入皆乘馬. 人民食餅肉, 有麥無米, 牛羊駱馳菓實之屬甚多. 海水深二十丈, 產珊瑚樹.

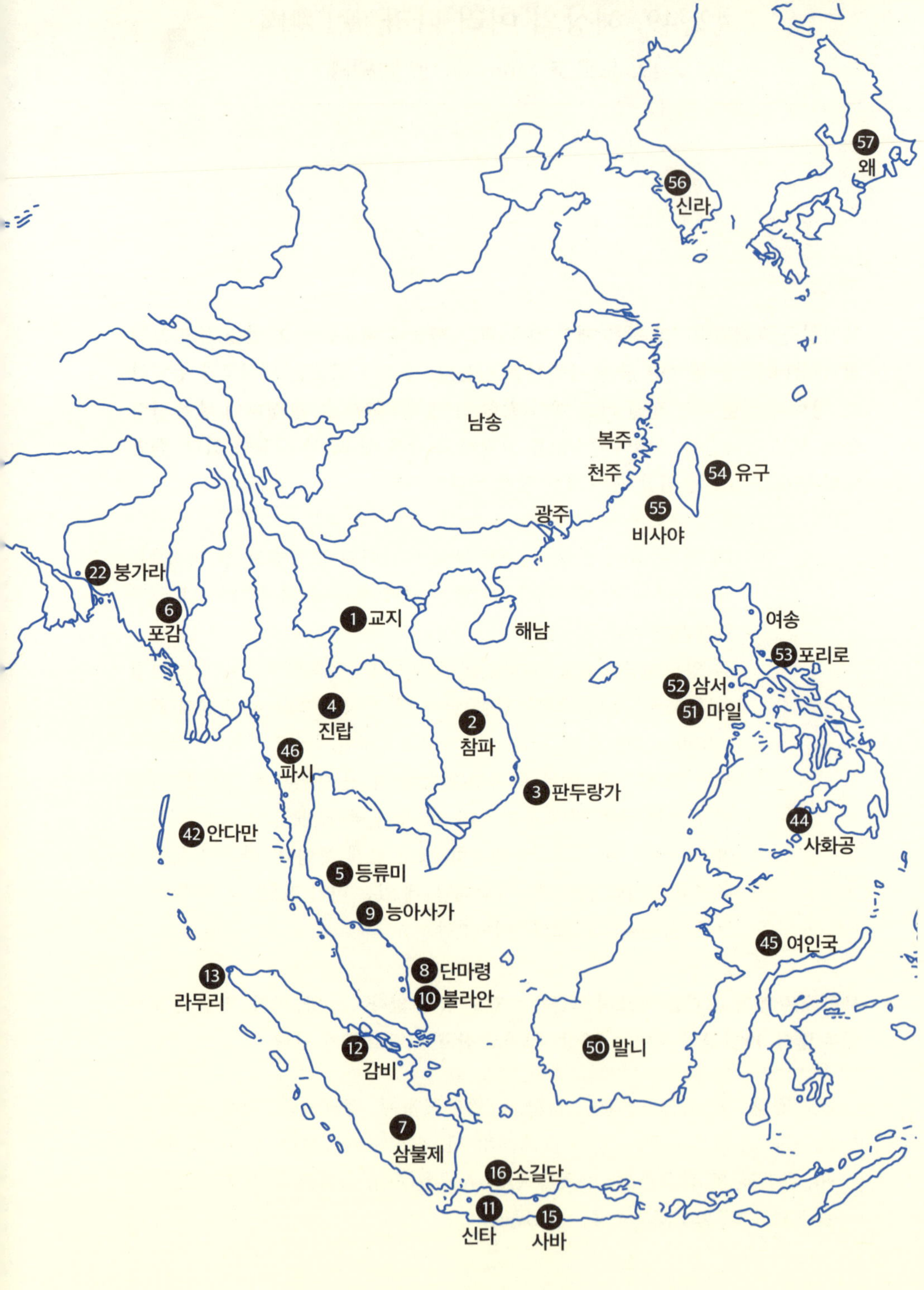

57 왜
56 신라
남송
복주
천주
54 유구
광주
55 비사야
22 붕가라
6 포감
1 교지
해남
여송
53 포리로
52 삼서
51 마일
4 진랍
2 참파
46 파시
3 판두랑가
42 안다만
44 사화공
5 등류미
9 능아사가
45 여인국
8 단마령
13 라무리
10 불라안
50 발니
12 감비
7 삼불제
16 소길단
11 신타
15 사바

50. 보르네오 Borneo, 渤泥國

발니(渤泥)[1]는 천주 동남쪽에 있고, 자바에서 45일정(日程)이고, 슈리비자야[三佛齊]에서 40일정이며, 참파[占城]와 민도로[麻逸]에서 각각 30일정[2]으로 모두 순풍을 기준으로 한 것이다.

1 역주: 발니(渤泥)는 지금의 보르네오(Borneo)이다. 『만서(蠻書)』, 권6에는 '발니(勃泥)'로 되어있고, 『문헌통고』, 권332, 『송사』, 권489의 음역도 동일하다.

○가브리엘 페랑(G. Ferrand)은 본서의 음역과 아랍어에 기술된 이름을 참고하여 그 대응하는 음을 고증하며 '부르니(Burni)'일 것이라고 했다(『大食波斯突厥文地誌行記』, 661쪽). 또 『나가라크레타가마(Nagarakretagama)』에서는 '부루넨(Burunen)'으로 되어있다.

○『도이지략』에는 '발니(浡泥)'로 되어있고 『명사』, 권325에도 마찬가지이다. 또 권323, 「바라전(婆羅傳)」에는 "바라는 또 문래라고 한다(婆羅又名文萊)."라고 했는데, 여기의 문래(文萊)가 분명 브르네이(Brunei)를 가리킨다면, 바라 또한 발니(浡泥)일 것이다. 그러나 '바라'라는 역명은 『당서』에 먼저 보이나 고증할 수 없다. 따라서 명나라 사람들이 발니(浡泥)에 끌어다 붙인 것은 잘못된 것이다.

2 역주: 본서 사바 조목에 "자바[闍婆]의 서북쪽으로 배를 타고 15일가면 보르네오[渤泥國]에 이른다."라고 했는데, 본 조목에서는 45일정(日程)으로 되어 있다[1)]. 두 설 모두에 착오가 있다.

---

1) 송나라 시기에 이정(里程)을 계산할 때, 일(日)이나 정(程)으로 계산하는데, 1일에 3정(程)을 가는 것으로 친다. 본문에 "자바에서 45일정(日程) 떨어져 있다(去闍婆四十五日程)."라고 하는 것은 계산하는 데 문제가 발생한다. 따라서 양박문은 '일(日)'자가 부연된

○민도로[麻逸]는 본서의 바로 뒤에 나오는 조목이다. 『문헌통고』, 권332와 『송사』, 권489에는 모두 마일(摩逸)로 되어 있다.

이 나라는 판자로 성(城)을 만들었고 성 안에는 1만여 명이 거주하며 14개 주(州)를 다스린다. 왕이 거처하는 곳은 패다라 잎[3]으로 덮고, 민간에서는 풀로 덮는다. 왕의 복색은 대략 중국을 따라하지만 나체이고 맨발로 다니며, 팔에는 황금 팔찌를 차고 손에는 황금 비단을 띠 두르며 베로 터번을 한다. 승상(繩床)[2)]에 앉는다. 나갈 때는 큰 베를 그 위에 깔고 혼자 앉으면 사람들이 들고 가는데 연낭(軟囊)[4]이라고 한다. 따르는 자가 5백여 명이고 앞에서는 도검(刀劍)과 기계를 들고 있고, 뒤에서는 금 쟁반에 향뇌(香腦: 용뇌향)와 빈랑 등을 담아 받쳐 들고 따른다. 전선(戰船) 1백여 척이 호위를 하며 전투 군사들은 칼을 들고 갑옷을 입는데, 그 갑옷은 청동으로 주조하여 모양이 큰 통(筒) 같다. 몸에 끼워 입고 가슴과 등을 보호한다. 그릇은 대부분 금을 사용한다.

3 역주: 패다(貝多) 잎은 팔미라 팜(Palmyra palm)잎이다. 이 패다 잎은 미파수(尾巴樹, Nipa palm)의 잎을 가리키는 것 같다.
4 『문헌통고』, 『송사』 모두 '완낭(阮囊)'으로 되어있는데 잘못된 것 같다. 역주에서 원낭(阮囊)을 음역자로 본 것은 아마도 '완낭' 두 자를 풀어내지 못했기 때문일 것이다.

땅에는 맥(麥)이 나지 않고 마(麻), 벼가 있고 사호(沙糊)를 식량으로 삼는다.【사호는 황마주(黃麻駐)에 상세하다】[5] 또 양, 닭, 물고기가 있다. 양잠을 하지 않아 길패(吉貝) 꽃으로 베를 짠다. 미파수(尾巴樹), 가몽수(加蒙樹)[6], 야자수가 있는데, 목심(木心)으로 즙을 짜서 술을 만든다. 부유한 집의 부녀들은 모두 꽃을 수놓은 비단이나 금색 비단으로 허리를 두른다. 혼인에는 술을 우선시하고, 빈랑이 그다

것으로 보았다(『제번지교석』, 139쪽). 앞서본 사바 조목에서 "자바[闍婆] 서북쪽에서 배를 타고 15일이면 보르네오[渤泥國]에 이른다."라고 하였으므로 이를 정(程)으로 계산하면 45가 된다.
2) 승상(繩床): 접을 수도 있고, 등받이가 있어 휴대하기 편리한 일종의 의자를 말한다.

음이며, 반지는 또한 그다음이고, 그다음은 길패포(吉貝布)인데, 혹 금은을 많이 내어 혼사가 이루어지기도 한다. 상장(喪葬)에는 관(棺)과 염(歛)이 있는데, 대나무로 들 것을 만들어 산속에 실어다 버린다. 2월에 밭갈이를 시작하면서 제사를 지내는데, 7년이 되면 더 이상 제사를 지내지 않는다. 12월 7일을 정월초하루로 삼는다. 땅은 대체로 덥다. 나라 사람들이 연회를 하면 북을 울리고, 피리를 불며, 발(鉢)을 치고 가무하며 즐긴다. 그릇이 없이 대나무로 패다라 잎을 엮어 그릇으로 쓰고 다 먹으면 버린다.

5 사호(沙糊)는 삼불제 조목의 주6을 보라. 본 조목에서 주를 내어 "사호는 황마주에 상세하게 보인다."라고 하였는데, 황마주는 이 판본의 소길단(蘇吉丹) 조목에 보인다. 그러나 사호에 대한 언급은 없다. 아마도 원본에는 '황마주(黃麻駐)'라는 별도의 조목이 있었는데 베껴 적는 사람이 병합한 것인지 모르겠다.
6 역주: 미파수(尾巴樹)는 소길단 조목에 보인다. 가몽수(加蒙樹)는 분명 고무티 팜(Gomuti palm)일 것이다. 다만 '가몽(加蒙)' 두 음역자에 해당하는 원음이 어느 나라 언어인지 추정할 수 없다.

이 나라 근처에 있는 티모르[底門國][7]에 약나무가 있는데 그 뿌리를 채취하여 고(膏)를 만들어 복용하고 자신들의 몸에 바르면, 병장기에 상해를 입어도 죽지 않는다.

7 저문국(底門國)은 본서 소길단 조목에는 '저물(底勿)'로 되어 있는데 모두 티모르(Timor)의 음역이다. 『도이지략』에서는 고리지민(古里地悶), 『성사승람』에는 고리지문(古里地門)으로 되어있고, 『동서양고』에서는 "지민(遲悶) 어떤 곳에서는 '지민(池悶)'이라 한다." 라고 되어있다.

땅에서 나는 것으로 매화뇌(梅花腦), 속뇌(速腦), 금각뇌(金脚腦), 미뇌(米腦)[3], 황

---

3) 이상의 4종은 모두 용뇌(龍腦)의 종류로, 하권 뇌자 조목을 참고하시오.

랍(黃蠟), 강진향(降眞香), 대모(瑇瑁)가 있다. 외래 상인들은 흥판(興販)하면서 화금(貨金), 화은(貨銀), 가금(假錦), 건양금(建陽錦)[4], 오색견(五色絹), 오색용(五色茸), 유리구슬, 유리병, 백석(白錫), 오연(烏鉛), 망추(網墜: 그물추), 아비환(牙臂環)[5], 연지(臙脂), 칠완접(漆椀楪), 청자기 등의 상품으로 널리 교역한다.

외래 선박이 해안에 이른 지 3일이 되면 왕은 식솔과 대인(大人)들【왕의 측근을 대인(大人)이라 부름】을 데려가 도착한 배에 노고를 묻는데, 뱃사람들은 비단 자리를 깔고 갑판으로 나와 엄숙하게 맞이하여 술로 정성스럽게 대접한다. 금, 은, 그릇, 옷, 자리, 양산 등을 헌상하는데 차등이 있다. 배를 대고 해안에 올랐으나 아직 거래에는 이르지 못했으므로, 상인들은 중국음식을 그 왕에게 바친다. 그러므로 배가 불니(佛泥)[6]에 갈 때는 반드시 좋은 요리사 한두 명은 데리고 간다.
삭망(朔望)에는 모두 축하하는 예를 하고, 달포가 지나서 왕과 측근들에게 물가를 논정해 줄 것을 청한다. 가격이 정해지면 북을 치고 원근의 사람들을 불러 무역을 하게 한다. 물가가 정해지지 않았는데 사사로이 거래를 하는 자는 처벌한다. 민간에서는 상인들을 중시하여 죽일 죄를 지은 자라도 처벌은 하지만 죽이지는 않는다. 배가 돌아가는 날에는 그 왕 역시 술을 빚고 소를 잡아 송별연을 열어준다. 뇌자(腦子)와 번포(番布) 등으로 보답하는데, 그들이 베풀었던 것에 걸맞게 한다. 배들이 거래를 다 마쳤더라도 반드시 6월 15일 불절(佛節)이 치러진 이후를 기다려 출항한다. 그렇지 않으면 풍랑의 화를 당하게 된다. 붓다 이외에 다른 우상은 없

4) 건양금(建陽錦): 『도이지략』, 진랍(眞臘) 조목에서 '건녕금(乾寧錦)'이라 했는데, 같은 것을 지칭하고 있는 것으로 보인다. 건녕(乾寧)은 송나라 때 복건에 설치한 부(府)의 명칭으로, 원나라 때에는 로(路)로 승격되었다. 한편 건양(建陽)은 진(晉)나라 때, 복건에 설치한 현(縣)의 이름이다. 송(宋)이래로 건녕부 관할에 속했으므로, 건양 또는 건녕에서 짠 품질 좋은 비단을 말하는 것 같다. 가금(假錦)은 이보다 품질이 못한 것을 일컫는 말로 보인다.
5) 아비환(牙臂環): 멧돼지 어금니로 만든 고리 같은 것을 말한다.
6) 불니(佛泥): 바로 발니(渤泥), 바라(婆羅), 바리(婆利), 발니(勃泥), 발니(浡泥)등과 같이 보르네오를 칭하는 또 다른 음역으로 보인다. '불니'라고 음역한 예는 본서에 처음 보인다.

다. 탑 모양으로 된 여러 층의 띠 집에, 아래에는 작은 사당을 두고 '성불(聖佛)'[8] 이라 하는 두 개의 진주를 넣어 두었다. 토착민들은 "두 진주가 처음에는 작았으나 지금은 엄지손가락만큼 자랐다."라고 한다. 불절(佛節)이 되면 왕은 3일 동안 꽃과 과일을 바치고 나라의 남녀들이 모두 이른다.

8 역주: 피가페타(Pigafetta), 『최초의 세계 일주(First Voyage round the World)』(Hakl. Soc. edit.), 117, 120쪽에서 "브르네(Brunè, Brunei) 국왕은 두 개의 구슬을 가지고 있었는데 크기가 달걀 같으며 매우 둥글고 매끄러웠다. 그것을 평평한 탁자에 놓으면 빙빙 돌아 멈추지 않았다."라고 하였다.

태평흥국(太平興國) 2년(977)에 사신 포아리(蒲亞利) 등을 보내와 뇌자(腦子), 대모, 상아, 단향(檀香)을 바쳤다. 그 표문의 함봉(緘封)은 수 겹이었고 종이 같은 나무껍질은 얇고 매끄러웠으며 색은 연한 녹색이었고, 길이는 수 척(尺)이요 폭은 1촌 남짓하여 말아서 손아귀에 꽉 찼다. 그 글자들은 세밀하고 작았으며 가로로 읽었다. 중국어로 번역하여 "보르네오[渤泥國]국왕은 머리를 조아리고 절합니다. 황명이여! 만세 만세 만만세"라고 했고, 또 "매년 조공 할 때 참파에 표류하기 쉬운데, 이후부터는 점성에 명하여 머물게 하지 말라고 해주십시오."라 했다. 그 사신들을 예빈원(禮賓院)에 머물게 하고 잘 대우하여 보냈다[9]. 원풍(元豐) 5년(1082)에 또 사신을 보내 조공했다[10].

9 『송사』, 권489, 「발니전」에 "태평흥국 2년(977)에 그 왕 향타가 사신 시노[Sina], 부사 포아리[Abu Ali], 판관 가심[Kasim] 등을 보내 표문을 보내왔고, 대편 용뇌 1가저[Kati, 즉 근(斤)], 제 2등 8가저, 제 3등 11가저, 미룡뇌 20가저, 창룡뇌 20가저, 무릇 1가저는 모두 20냥이다. 용뇌판 5개, 대모각 1백 개, 단향 3궐(橛), 상아 6주(株)를 바쳤다. 표문에 이르기를 '황제의 천만세를 위한 일이니, 소국의 미약한 예를 나무라지 마시기를 바랍니다.'라고 했다. 표문은 수 겹의 작은 주머니에 봉하여 왔는데, 중국 종이는 아니었으나 나무껍질처럼 얇고 매끄럽고 연한 녹색이었으며, 수 척의 길이에 폭은 1촌 남짓하여 가로로 말아서 손에 쥐니 꽉 찼다. 글자는 가늘고

작았으며 가로로 읽었는데, 중국어로 번역하여 이르기를 '발니(勃泥) 국왕 향타는 머리를 조아리며 절합니다. 황제 만세 만세 만만세. 황제의 만수를 기원합니다. 이번에 사신을 보내 조공하게 된 것은 향타가 조정이 있다는 소식을 듣고도 갈 길이 없었습니다. 지난번 상인 포로헐이 항구에 정박하여 사람을 보내 주(州)로 맞이하였더니 본인이 중국에서 왔다고 했습니다. 근래 자바에 이르렀는데 사나운 바람을 만나 배가 부서져 갈 수 없었습니다. 이러한 때에 중국에서 왔다는 소식을 듣고, 나라 사람들이 모두 기뻐하며 곧장 배를 만들어 포로헐로 하여금 인도하게 하여 조공하러 올 수 있었습니다. 매년 조공을 할때 바람이 불어 참파[占城]의 경계에 이르게 될 것이 염려되오니, 향타의 배가 도착하면 지체시키지 말도록 해 주십시오. 신의 본국에는 별다른 이물(異物)이 없사오니 황제께서 표문이 이와 같음을 이상하게 여기지 말아 주시길 바랍니다.'라고 했다. 이에 명을 내려 그 사신들을 예빈원에 머물게 하고 두텁게 대접하여 보냈다.(太平興國二年其王向打遣使施弩, 使副蒲亞里, 判官哥心等, 賫表貢大片龍腦一家底, 第二等八家底, 第三等十一家底, 米龍腦二十家底, 蒼龍腦二十家底, 凡一家底並二十兩, 龍腦版五, 玳瑁殼一百, 檀香三橛, 象牙六株. 表云, 爲皇帝千萬歲壽, 望不責小國微薄之禮. 其表以數重小囊緘封之, 非中國紙, 類木皮而薄, 瑩滑色微綠, 長數尺, 闊寸餘, 横卷之僅可盈握. 其字細小, 横讀之, 以華言譯之云, 勃泥國王向打稽首拜, 皇帝萬歲萬歲萬萬歲. 願皇帝萬歲壽, 今遣使進貢, 向打聞有朝廷, 無路得到. 昨有商人蒲盧歇船泊水口, 差人迎到州, 言自中朝來. 比詣闍婆國, 遇猛風破其船, 不得去. 此時聞自中國來, 國人皆大喜, 卽造舶船, 令蒲盧歇導達入朝貢. 每年修貢, 慮風吹至占城界, 望皇帝詔占城, 令有向打船到, 不要留. 臣本國別無異物, 乞皇帝勿怪其表文如是. 詔館其使於禮賓院, 優賜以遣之.)"라고 하였다.

○풍승균은 1956년 중간본에서 다음과 같이 설명을 추가했다. 시노(施弩)는 시나(Sina)이고 포리아(蒲里亞)는 아부 알리(Abu Ali)이고, 가심(哥心)은 카심(Kasim)이며 포로헐(蒲盧歇)은 압둘라(Abdullah, 줄여 Lah라고 씀)인데, 모두 말레이 민족들이 상용하는 이름이다.

10 『송사』, 권489, 「발니전」에 이르기를 "원풍(元豐) 5년(1082) 2월에 그 나라 왕 석리마야[Sri Mahāraja]가 다시 사신을 보내 방물을 바쳤다. 그 사신이 천주에서 배를 타고 귀국하고자 하여 따랐다(元豐五年二月, 其王錫理麻喏復遣使貢方物, 其使乞從泉州乘海舶歸國, 從之)."라고 하였다.

서룡궁(西龍宮), 십묘(什廟), 일려호로만두(日麗胡蘆蔓頭), 소물리(蘇勿里), 마담유(馬膽逾), 마야(馬喏) 등[11] 해도에 사는 사람들이 작은 배로 왕래했는데, 복색과 음식은 보르네오[渤泥國]와 같다. 생향(生香), 강진향(降眞香), 황랍(黃蠟), 대모(瑇瑁)가 난다. 상인들은 흰 자기, 술, 쌀, 거친 소금, 백견(帛絹), 화금(貨金)으로 교역한다.

11 역주에서는 이 여러 섬들이 서리백(西利伯, Celebes), 미낙거(美洛居, Moluccas) 군도에 있는 것 같다고 했다. 이 설이 맞을 수도 있지만 서룡(西龍)은 세랑(Serang) 또는 스람(Ceram)에, 일려호(日麗胡)는 지로로(Gilolo)에 대응시키고, 물리마(勿里馬)는 『원사』, 권162의 무리(巫里)에 대응시켜 발리(Bali)처럼 언급했으며, 담유(膽逾)는 테르나트(Ternate)에, 마야(馬喏)는 마호노(Mahono)에 대응시킨 것은 모두 억측으로 구두한 것이라, 그 사실 여부를 확인할 수 없다. 이러한 고증은 완전히 억측에서 나온 것으로 근거로 삼기에 부족하다. 생각하건대 『원사』, 권162의 「사필전(史弼傳)」에는 '몰리(沒理)'가 있지 '무리(巫里)'는 없다. 대응하는 음가 또한 발리(Bali)와 부합하지 않는다. 나머지 명칭들에 대한 구두 역시 잘못되었다. '서룡궁(西龍宮)', '십묘(什廟)', '일려호로만두(日麗胡蘆蔓頭)', '소물리(蘇勿里)', '마담유(馬膽逾)', '마야(馬喏)'로 끊어 읽어야 할 것 같다. 이 중에 마담유는 마랍유(馬臘逾)가 와전 된 것으로 말라유(Malayu)와 대응시킬 수 있을 것이다. '거(居)'자가 아래 문장에 연결되지 않는다면, 마야거(馬喏居)는 미낙거(美洛居, Moluku, Moluccas)와 대응할 수 있을 것이다.
○풍승균은 1956년 중간본에서 다음과 같이 주석을 보충했다. 인도네시아 지도를 근거하여, 십묘는 분명 세마우(Semaoe)이고, 서룡

궁은 스람(Ceram), 일려호(日麗胡)는 자이로로(Djailolo), 노만(蘆蔓)은 라부안(Labuan, 納閩), 두소(頭蘇)는 투쥬(Toedjoeh), 물리(勿里)는 부루(Boeroe)이고, 마담유(馬膽逾)는 반탄다(Bantanta)인 것으로 보이고, 마야(馬喏)는 마주(Majoe)일 것이다.

渤泥在泉之東南, 去闍婆四十五日程, 去三佛齊四十日程, 去占城與麻逸各三十日程, 皆以順風爲則. 其國以板爲城, 城中居民萬餘人, 所統十四州. 王居覆以貝多葉, 民舍覆以草. 王之服色, 略仿中國, 若裸體跣足, 則臂佩金圈, 手帶金練, 以布纏身. 坐繩床. 出則施大布, 單[7)]坐其上, 衆舁之, 名曰軟囊, 從者五百餘人, 前持刀劍器械, 後捧金盤, 貯香腦檳榔等從. 以戰船百餘隻爲衛, 戰鬬則持刀披甲, 甲以銅鑄, 狀若大筒, 穿之於身, 護其腹背. 器皿多用金. 地無麥, 有麻·稻, 以沙糊爲糧. 【沙糊詳見黃麻駐】 又有羊及雞魚. 無絲蠶, 用吉貝花織成布. 有尾巴樹·加蒙樹·椰子樹, 以樹心取汁爲酒. 富室之婦女, 皆以花錦銷金色帛纏腰, 婚聘先以酒, 檳榔次之, 指環又次之, 然後以吉貝布, 或量出金銀成禮. 喪葬有棺斂, 以竹爲轝, 載棄山中, 二月始耕則祀之, 凡七年則不復祀矣. 以十二月七日爲歲節. 地多熱. 國人宴會, 鳴鼓吹笛擊鉢歌舞爲樂. 無器皿, 以竹編貝多葉爲器, 食畢則棄之. 其國鄰於底門國. 有藥樹, 取其根煎爲膏服之, 仍塗其體, 兵刃所傷皆不死. 土地所出, 梅花腦·速腦·金脚腦·米腦·黃蠟·降眞香·瑇瑁. 番商興販, 用貨金·貨銀·假錦·建陽錦·五色絹·五色茸·琉璃珠·琉璃瓶子·白錫·烏鉛·網墜·牙臂環·臙脂·漆椀楪·青甆器等博易. 番舶抵岸三日, 其王與眷屬率大人【王之左右, 號曰大人.】到船問勞, 船人用錦藉跳板迎肅, 款以酒醴, 用金銀器皿祿蓆凉傘等分獻有差. 旣泊舟登岸, 皆未及博易之事, 商賈日以中國飮食獻其王, 故舟往佛泥, 必挾善庖者一二輩俱. 朔望並講賀禮, 幾月餘, 方請其王與大人論定物價. 價定, 然後鳴鼓以召遠近之人, 聽其貿易. 價未定而私貿易者罰. 俗重商賈. 有罪抵死者罰而不殺. 船回日, 其王亦釃酒椎牛祖席, 酢以腦子·番布等, 稱其所施. 舶舟雖貿易迄事, 必候六月望日排辨佛節然後出港, 否則有風濤之厄. 佛無他像, 茅舍數層, 規制如塔, 下置小龕, 罩珠二顆, 是謂聖佛. 土人云, 二珠其初猶小, 今漸大如拇指矣. 遇佛節,其王親供花菓者三日, 國中男女皆至. 太平興國二年, 遣使蒲亞利等貢腦子·瑇瑁·象牙·檀香. 其表緘封數重, 紙類木皮而薄, 瑩滑, 色微綠, 長數尺, 博寸餘, 卷之僅可盈握. 其字細小, 橫讀之, 譯以華言云, 渤泥國王向打稽首拜, 皇命萬歲萬歲萬萬歲. 又言, 每年修貢, 易飄泊占城, 乞詔占城今後勿留. 館其使於禮賓院, 優遣之. 元豐五年又遣使來貢[12]. 西龍宮·什廟·日麗胡蘆蔓頭·蘇勿里·馬膽逾·馬喏居海島中, 用小船來往, 服色飲食與渤泥同. 出生香·降眞香·黃蠟·瑇瑁. 商人以白甆器·酒·米·粗鹽·白絹·貨金易之.

12 원문에는 '공(貢)'자 아래 한 글자가 빠져있다.

7) '단(單)'자 앞에 구두를 하는 것이 좋겠다. 록힐과 히어트는 '단(單)'자를 홑옷 '단(襌)'자로 보고 해석했으나 여기서는 단순히 부사적 의미로 쓰였을 뿐이다.

51. 마일국 Mindoro, 麻逸國

마일국(麻逸國)[1]은 보르네오[渤泥國]의 북쪽에 있다. 1천여 가구가 모여 살고 계곡을 끼고 산다. 토착민들은 천을 이불처럼 덮거나 천을 허리에 둘러 몸을 가린다. 구리로 만든 불상들이 들판에 흩어져 있고 유래하는 바는 모른다. 도둑이 적다.

1 역주에는 블루멘트리트(Blumentritt), 『필리핀 민속학 연구(Versuch einer Ethnographie der Philippinen)』, 65쪽을 인용하여 마일(麻逸)이 마이트(Mait)의 음역으로 흑인의 땅을 의미하며, 민도로(Mindoro) 섬의 명칭이라고 했고, 또 베르톨드 라우퍼(B. Laufer)의 『중국인과 필리핀 섬의 관계(Relations of the Chinese to the Philippine Islands)』, 251~252쪽을 인용하여 백포연(白蒲延, Babuyan)은 멀리 루손[呂宋]의 북쪽에 있고, 포릴로[蒲里嚕]는 멀리 루손의 동쪽에 있다고 판단했는데, 이미 이들이 마일에 속해 있다고 했으므로 여기의 마일은 루손과 민도로 섬에 합친 것이거나 아니면 필리핀군도 전체를 포괄한다고 했다.
○『문헌통고』, 권332, 사바(闍婆) 조목에 "또 마일국이 있는데, 태평흥국 7년(982)년에 보화를 싣고 광주 해안에 이르렀다(又有摩逸國, 太平興國七年, 載寶貨至廣州海岸)."라고 했다.

이 나라 경계에 이르러 상선이 입항하면 관청 앞에 주둔하게 한다. 관청은 그 나라 시장이 있는 곳에 있다. 배에 올라 그들과 함께 거처한다. 추장은 매일 일산을 사용하므로 상인들은 반드시 선물이 될 것을 가져온다. 교역하는 관례는, 만고(蠻賈: 이민족 장사치)들이 빼곡히 이르러 광주리로 물건들을 옮겨가는데, 당초에는 알지 못하지만 차차 물건을 가져간 사람을 알게 되어 유실되는 것은 없다. 만고들은 이내 그 물건을 다른 섬에 들여가 교역을 하고 모두 8~9월이면 돌아와 기준에 맞게 상선사람들에게 갚는데, 시기를 넘기고 돌아오지 않는 자도 있다. 그러므로

민도로[麻逸]에서 장사하는 선박이 가장 늦게 돌아온다.

삼서(三嶼), 백포연(白蒲延), 포릴로[蒲里嚕], 이은동류신리한(里銀東流新里漢) 등이 이 나라에 속해있다[2].

> **2** 역주: 삼서(三嶼)는 다음 조목에 보인다. 백포연(白蒲延)은 바로 루손[呂宋] 북쪽 바부얀(Babuyan) 섬이고, 포릴로[蒲里嚕]는 바로 루손 동쪽의 포릴로(Polillo) 섬이다. 나머지 세 명칭인, 이은동(里銀東)은 린가옌(Lingayen), 유신(流新)은 '루손', 이한(里漢)은 '루방(Lubang)'을 가리키는 것 같다. 그러나 모두 억측으로, 반드시 맞는다고는 볼 수 없다.
> ○『동서양고』의 「동양침로(東洋針路)」에 민도로[麻逸]가 '마엽(磨葉)'으로 되어있고, 루방(Lubang)이 '여봉(呂蓬)'으로 되어있다.

토산으로 황랍(黃蠟), 길패(吉貝), 진주, 대모(瑇瑁), 약빈랑(藥檳榔), 우달포(于達布)[1)]가 있다. 상인들은 자기, 화금(貨金), 쇠솥, 오연(烏鉛), 오색의 유리구슬, 쇠바늘 등으로 교역한다.

---

1) 우달포(于達布): 헨드릭스(Katrien Hendrickx), 『The Origins of Banana-fibre Cloth in the Ryukyus, Japan』(163쪽)에서 본서의 마일 조목을 인용하여 'yü-ta cloth'라고 하며 '우달'을 고유명사처럼 번역했고, 주329에서는 블래어(Emma Helen Blair)와 로버트슨(James Alexander Robertson)이 『The Philippine Islands, 1493~1898』(1973, 37책, 187쪽)에서 '황마 섬유(jute textiles)'라고 번역한 것에 근거했음을 밝히고 있다. 또 뒤커(William J. Duiker) 등의 『World History』(264쪽)에도 역시 마일 조목이 인용되고 있는데, 우달포(于達布)를 'yü-ta cloth' 즉 마닐라삼 섬유(abaca textiles)라고 이해하고 있다. 하지만 우달에 대응하는 음은 아직 밝혀지지 않았다.

麻逸國, 在渤泥之北, 團聚千餘家, 夾溪而居. 土人披布如被, 或腰布蔽體. 有銅佛像, 散布草野, 不知所自. 盜少. 至其境, 商舶入港, 駐於官場前, 官場者, 其國闤闠之所也, 登舟與之雜處. 酋長日用白傘, 故商人必賫以爲贐. 交易之例, 蠻賈叢至, 隨篋簍搬取物貨而去, 初若不可曉, 徐辨認搬貨之人, 亦無遺失. 蠻賈迺以其貨轉入他島嶼貿易, 率至八九月始歸, 以其所得準償舶商, 亦有過期不歸者. 故販麻逸舶回最晚. 三嶼·白蒲延·蒲里嚕·里銀東流新里漢等, 皆其屬也. 土產黃蠟·吉貝·眞珠·瑇瑁·藥檳榔·于達布. 商人用甆器·貨金·鐵鼎·烏鉛·五色瑠璃珠·鐵針等博易.

52. 삼서 三嶼
53. 포릴로 Polillo, 蒲里嚕

삼서(三嶼)[1]는 민도로[麻逸]에 속해 있는데, 가마연(加麻延), 파모유(巴姥酉), 파길농(巴吉弄)이라 한다. 각각 종족과 부락을 가지고 있으며 도서에 흩어져 살다가 배가 이르면 나와서 거래를 하는데 모두 묶어서 '삼서'라고 한다.

1 삼서(三嶼)는 『원사』, 권210에 전(傳)이 있다[1)]. 역주: 가마연(加麻延)은 칼라미안(Calamianes), 파모유(巴姥酉)는 팔라완(Palawan), 파길농(巴吉弄)은 부수앙가(Busuanga)인 것 같다. 또한 마일(麻逸) 조목 주1에 인용한 라우퍼의 책 251쪽의 주1을 인용하여 부수앙가 동쪽의 페농 드 코론(Penon de Coron)을 파모유(巴姥酉)에 끌어다 붙였다.
○『동서양고』, 「동양침로(東洋針路)」에 파배원(巴荖圓)이 있는데 아마도 팔라완의 음역인 것 같다. 본 조목의 '파모유(巴姥酉)'는 이것이 와전된 것 같다. 『도이지략』 삼도(三島) 조목에 파농길(巴弄吉)[2)]이 있는데 여기 파길농인지는 확실하지 않다.

---

1) 『원사』, 권210, 삼서국(三嶼國) 조목에 따르면, "유구(瑠求, 타이완)와 가깝고", "천주와 교역하는 사람들도 있다."라고 하였고, 본서에서는 민도로섬의 속국이었다고 하고 있으므로, 루손섬이 아니라 민도로섬 서북부지역에 있는 루방 아일랜드 쪽을 말하는 것으로 추정한다.

2) 파농길(巴弄吉): 소계경, 『도이지략교석』에 따르면, 루손[呂宋]섬에는 발랑가(Balanga)란 지명이 예닐곱 곳이 있는데, 가장 근접한 것으로 바탄(Bataan) 반도의 동쪽해안에 있는 발랑가일 것이다. 바탄반도는 『동서양고』, 권5 여송(呂宋)조목에 '복정산(覆鼎山)'으로 되어 있는데 그 모양이 솥을 엎어 놓은 것 같아 붙여진 이름이라고

그 풍속은 대략 민도로와 동일하다. 매 취락마다 약 1천여 가구가 있고 땅에는 높은 언덕과 겹겹의 산들이 많아 벽처럼 가파르지만 높고 험준한 곳에 기대어 띠를 짜서 집을 짓는다. 산에는 수원이 없어 부녀자들은 머리에 물동이를 포개어 올려 이고 냇가에서 물을 떠서 올라가는 것이 평지를 걷는 것처럼 한다. 궁벽한 골짜기에는 별도의 종족과 부락이 있는데 '해담(海膽)'[2]이라 부른다.

2 역주: 해담(海膽)은 바로 루손[呂宋]의 깊은 산에 있는 네그리토스(Negritos)종족으로 아에타(Aëta)의 음역이다[3].
○생각하건대 아에타는 '아이타(Aita)'로도 되어있는데, 아마도 말레이어 '히탐(Hitam)'이 잘못 쓰인 것으로 보인다. 이 말은 흑인을 뜻하며 민도로(Mindoro)섬에도 있다. 데니커(J. Deniker)의 『세계의 인종(Races et peuples de la terre)』, 556쪽을 보라.

사람의 모습을 하고 있으나 작고, 눈은 둥글며 누렇다. 곱슬머리에 이를 드러내고 나무 끝에 깃들어 살면서, 간혹 3~5명이 무리를 지어 덤불숲에 엎드려 다니면서 몰래 화살을 쏘아, 많은 사람들이 해를 당한다. 자기 그릇을 던지면 구부려 주워서 기쁘게 소리치며 달아난다. 외래 상인들이 한 부락에 도착해서도 감히 해안에 오르지 못하고, 먼저 배에 머물며 계류하다가 북을 치면서 그들을 부르면, 토착민 상인들이 다투어 작은 배를 노 저어 길패(吉貝), 황랍(黃蠟), 번포(番布), 야자나무 자리 등을 가지고 와서 교역한다. 값을 협상하다가 결정되지 않으면 반드시 상인 대표가 직접 와서 설득하고 비단, 우산, 자기, 등나무와 대나무 기구를 보낸다. 이어서 한두 사람을 머물게 하여 인질로 잡은 뒤에 해안에 올라 서로 거래를 하고 교역이 끝나면 그 인질을 돌려보낸다. 배는 머문 지 3~4일이 지나지 않아 또 돌아서 다른 곳으로 간다. 여러 토착민들이 삼서를 둘러싸고 살고 있지만 서로 종속되어 있지는 않다.

산이 동북쪽 모퉁이에 의지하고 있어 남풍이 이따금 불면, 파도가 쳐서 산에 부딪

한다.
3) 후지타 토요하치(藤田豐八)의 설을 따라 인종의 명칭으로 본 것이다.

치며 파도가 빠르게 배를 몰아가므로, 삼서에 장사하는 사람들은 대개 4~5월 사이에 돌아갈 채비를 한다. 자기, 조릉(皂綾), 힐견(纈絹), 오색 소주(燒珠: 유리구슬), 연망추(鉛網墜: 납 그물추), 백석(白錫)을 상품으로 교역한다.

포리로(蒲哩嚕)[3]와 삼서는 연속되어 있고 취락은 조금 번성하나 사람들이 대부분 사납고, 공격적이며 강도짓을 즐겨 한다. 바다에는 '노고(鹵股)'라는 돌[鹵股之石][4)]이 많은데, 들쭉날쭉 마른 나무 칼날처럼 칼이나 창보다 예리하여 배가 그 옆을 지나갈 때는 미리 돌아서 피해간다. 청랑간(靑琅玕: 푸른 옥구슬), 산호수(珊瑚樹)가 나지만 매우 얻기 힘들다. 풍속과 거래는 삼서와 같다.

3 포리로(蒲哩嚕)는 마일 조목 주2에 보인다. 『도이지략』, 삼도(三島) 조목에는 포리모(蒲里姥)가 있는데 아마도 같은 곳을 말하는 다른 음역으로 보인다[5)]. 『도이지략』에는 별도로 마리로(麻里嚕)란 조목이 있는데, 마닐라(Manila)의 음역 같다.

---

4) 노고(鹵股): 『도이지략』에 자주 보이는데, 우선 마리로(麻里嚕) 조목에서 "산은 치솟아 있고 물에는 노고석이 많다(山隆而水多鹵股石)"라고 하였다. 역주에서 히어트와 록힐은 "bare ribs of rock"으로 번역하고 산호가 형성한 부드러운 암석 같은 것으로 보았다. 『동서양고』, 「동양침로(東洋針路)」에서는 '노고석(老古石)'으로 되어있다. 소계경은 "말레이어로 '떼 지어 모여 있다[簇聚]'를 롱콜(rongkol)이라 하고, 노고석(鹵股石) 또는 노고석(老古石)은 '바투 롱콜(batu rongkol)'로 바꿀 수 있는데, 군락 모양으로 이루어진 암석, 즉 산호가 형성한 암석이란 뜻이다. 그 강도는 보통 암석들보다 약하지만 항해에 상당한 지장을 주었다."라고 하였다.(『도이지략교석』, 92쪽).

5) 후지타 토요하치(藤田豊八)는 루손[呂宋]의 동쪽 해안에 있는 포릴로(Polillo)섬으로 추정했다. 그러나 루손의 동쪽해안은 대만과 왕래하는 항로가 아니다. 아마도 루손섬 링가옌(Lingayen) 서북쪽 입구에 있는 볼리나오(Bolina) 섬으로 보인다. 『동서양고』, 「동양침로(東洋針路)」에는 '마리배(麻里荖)'로 되어 있다.

三嶼乃麻逸之屬, 曰加麻延·巴姥酉·巴吉弄, 各有種落, 散居島嶼, 舶舟至則出而貿易, 總謂之三嶼. 其風俗大略與麻逸同. 每聚落各約千餘家, 地多崇岡疊嶂, 峭拔如壁, 憑高依險, 編茅爲屋. 山無水源, 婦女以首絫擎二三甕, 取水於溪, 登陟如履平地. 窮谷別有種落, 號海膽, 人形而小, 眼圓而黃, 虬髮露齒, 巢於木顚, 或三五爲羣, 跧伏榛莽, 以暗箭射, 人多罹其害. 投以甆椀, 則俯拾忻然跳呼而去. 番商每抵一聚落, 未敢登岸, 先駐舟中流, 鳴鼓以招之, 蠻賈爭棹小舟, 持吉貝·黃蠟·番布·椰子簟等至與貿易. 如議之價未決, 必賈豪自至說諭, 餽以絹傘甆器籐籠, 仍留一二輩爲質, 然後登岸互市, 交易畢, 則返其質, 停舟不過三四日, 又轉而之他. 諸蠻之居環繞三嶼, 不相統屬. 其山倚東北隅, 南風時至, 激水衝山, 波濤迅駛, 不可泊舟, 故販三嶼者率四五月間卽理歸棹. 博易用甆器·皂綾·纈絹·五色燒珠·鉛網墜·白錫爲貨.

蒲哩嚕與三嶼聯屬, 聚落差盛, 人多猛悍, 好攻刼. 海多鹵股之石, 槎牙如枯木芒刃, 銛於劍戟, 舟過其側, 預曲折以避之. 產青琅玕·珊瑚樹, 然絕難得. 風俗博易, 與三嶼同.

54. 타이완 Taiwan, 流求國

유구국(流求國)[1]은 천주(泉州)의 동쪽에 마주하고 있는데 배로 가면 약 5~6일정(日程)이다. 왕의 성(姓)은 환사(歡斯)이고, 주민들은 '가노(可老)'라고 부르며, 왕이 거주하는 곳은 파라단동(波羅檀洞)이라 한다. 3중의 울짱을 파서 흐르는 물로 둘렀고, 가시나무를 심어 울타리를 삼았으며 궁전은 금수를 많이 조각해 놓았다.

1 『수서』에서 '유구(流求)'라 명명했다. 한유(韓愈)의 「상서 정서를 전송하며(送鄭尚書序)」, 유종원(柳宗元)의 「영남절도사 향군당기(嶺南節度使饗軍堂記)」에는 모두 '유구(琉求)'로 되어있고, 장작(張鷟)의 『조야첨재(朝野僉載)』에는 '유구(留仇)'로 되어있는데 나중에 주에서는 '유규국(流虬國)'으로 바꾸었다고 하였다. 『원사』에는 '유구(瑠求)', 『도이지략』에는 '유구(琉球)'로 되어있다. 송나라 시기의 문헌 속에 기록된 명칭은 모두 『수서』를 따르고 있다. 명나라 시기의 문헌 속에 기록된 명칭은 모두 『도이지략』을 따르고 있다. 『도이지략교주』, 후지타 토요하치(藤田豊八)의 주석을 참고하시오. 생각하건대 명대 이전의 유구는 대개 대만(臺灣)을 지칭했다. 생 드니스(Hervey st. Denis) 『Ethnographie』(I, 422~424쪽)는 명나라 시기에 이르러 비로소 지금의 유구(琉球)로 명명하게 되었다고 고증했으나 명초에도 여전히 이 두 유구(琉球)를 구분하지 못했다. 『성사승람교주』 후집의 유구 조목을 참고하시오.
○본 조목의 문장은 모두 『수서』를 따르고 있다. 다만 주관(朱寬)이 바다로 들어가 이속(異俗)을 탐방한 것과 진릉(陳稜, ?~619)이 군대로 유구를 공격한 두 가지 일이 삭제되었을 뿐이다. 『수서』, 권81, 「유구전(流求傳)」을 참고하시오[1).]

---

1) 『수서』, 권81, 「유구전(流求傳)」에 "대업(大業) 원년(605)에 바

남녀 모두 흰 모시 끈으로 머리를 묶는데 머리 뒤에서부터 돌돌 만다. 다양한 모시와 털로 옷을 만드는데 규정이 일정하지 않다. 등나무를 짜서 갓을 만들고 깃털로 장식한다. 병장기에는 칼, 창, 활, 화살, 검, 북 등이 있고 곰과 표범 가죽을 이어 갑옷을 만든다. 타는 수레에는 짐승을 새겨 상(像)을 만들고, 인도하고 따르는 사람은 수십여 명에 불과하다. 세금이 없고 일이 있으면 균등하게 조세한다. 절기와 초하루를 모르고, 달의 참과 기움을 보고 시간을 표시한다. 부자가 같은 침상에서 잠을 잔다. 해수를 햇볕에 말려 소금을 만들고 쌀누룩을 발효시켜 술을 만든다. 기이한 음식이 있으면 먼저 존자(尊者)에게 올린다. 고기로는 곰, 승냥이, 이리가 있고 돼지와 닭이 특히 많으며 소, 양, 나귀, 말은 없다.

닻길에 능숙한 하만(何灣) 등이 매년 봄과 가을 하늘이 맑고 바람이 조용할 때, 희미하게 운무 같은 기운이 있는 것 같았으나 몇 천리나 되는지도 알지 못했다. 대업 3년(607)에 양제(煬帝)가 우기위(羽騎尉) 주관(朱寬)에게 명하여 바다로 나아가 이속(異俗)이 있는지를 찾아보게 했는데, 하만이 이를 말하여 마침내 하만과 함께 유구국에 이르렀다. 말이 서로 통하지 않아 한 사람을 잡아 돌아왔다. 다음해(608년) 황제는 다시 주관에게 명하여 위무하도록 했으나 유구가 따르지 않았다. 주관은 베로 만든 갑옷을 가지고 돌아왔다. 이때 왜국의 사신이 와서 내조(來朝)하였는데, 갑옷을 보고 '이는 이야구국(夷邪久國) 사람들이 쓰는 것입니다.'라고 하였다. 황제가 무분랑장(武賁郎將) 진릉(陳稜)과 조청대부(朝請大夫) 장진주(張鎭州)를 보내 병사를 이끌고 의안군(義安郡)에서 나아가 치게 하였다. 고화서(高華嶼)에 이르러 다시 동쪽으로 이틀을 가서 포벽서(鼊鼊嶼)에 이르렀고 다시 하루 만에 유구에 닿았다. 처음에 진릉이 남방의 여러 나라 사람들로 하여금 종군토록 했는데 그 말을 잘 알아듣는 곤륜인(崐崘人)이 있어 사람을 보내 위로하고 회유했으나 유구가 따르지 않고 관군을 거부했다. 진릉이 이들을 공격하여 도읍까지 이르며 여러 차례 싸워 모두 물리치고, 궁실을 불태우고 남녀 수천 명을 포로로 잡고 전리품을 실어 돌아왔다. 그 후로 관계가 단절되었다."라고 하였다. 동북아 역사넷의 번역문을 조금 수정하였다.

그 땅은 비옥한데, 먼저 불로 태운 다음에 물을 끌어다 뿌리고, 몇 촌(寸)만 삽질해도 개간된다[2]. 다른 기이한 물품은 없고 노략질을 일삼기 때문에 상인들이 지나가지 않는다. 토착민들은 간혹 생산하는 황랍(黃蠟), 토금(土金), 이미(犛尾: 야크 꼬리), 표범고기를 가져가서 삼서(三嶼)에 판다. 이 나라 옆에는 비사야(毗舍耶), 담마안(談馬顔) 등[3]의 나라가 있다.

2 이상은 『수서』, 권81, 「유구전(流求傳)」의 문장을 발췌하였다. 다만 『수서』에서는 "토착민들은 그를 '가로양'이라 부른다(土人呼之爲可老羊)"이라고 했는데, 여기서는 '양(羊)'자가 빠져있고, "모시를 엮어 갑옷을 만들고 혹 곰, 표범 가죽을 사용하기도 한다.(編紵爲甲或用熊豹皮)"라고 했는데 본 조목에서는 "編熊豹皮爲甲"이라고 했으며, "왕은 나무로 만든 짐승을 타고, 좌우사람으로 하여금 들고 가게 하는데, 인도하여 따르는 사람이 수십 명에 불과하다. 소왕은 걸상을 타고 짐승의 모양이 새겨져 있다(王乘木獸, 令左右轝之而行, 導從不過數十人, 小王乘机, 鏤爲獸形)."라고 했지만 본 조목에서는 "所乘之車刻獸爲像, 導從僅數十人"이라고만 했으며, "삽을 들고 돌로 칼날을 만드는데 길이는 1척 남짓이고 넓이는 수 촌이나 그것으로 개간한다(持一插, 以石爲刃, 長尺餘, 闊數寸而墾之)."라고 기술했지만, 본 조목에서는 "持鍤僅數寸而墾之"라고만 했다. 『수서』의 원문은 1천 자에 가까운데 본 조목은 2백 자에 불과하다. 『송사』, 권491, 「유구전」도 본서 유구, 비사야(毗舍耶) 두 조목의 문장과 합쳤거나 삭제한 부분이 있어 원래의 의미와 더욱 멀어져 있다.

3 역주: 비사야(毗舍耶)는 지금의 대만 남부를 가리킨다. 뒤에 나오는 조목에 보인다. 담마안(談馬顔)은 지금 대만 남쪽 해안 보톨 토바고(Botol Tobago)섬을 지칭하는 것 같다.

流求國當泉州之東, 舟行約五六日程. 王姓歡斯, 土人呼爲可老, 王所居曰波羅檀洞. 塹柵三重, 環以流水, 植棘爲藩, 殿宇多彫刻禽獸. 男女皆以白紵繩纏髮, 從頭後盤繞, 及以雜紵雜毛爲衣, 製裁不一. 織藤爲笠, 飾以羽毛. 兵有刀稍弓箭劍鼓之屬, 編熊豹皮爲甲. 所乘之車刻獸爲像, 導從僅數十人. 無賦斂, 有事則均稅. 不知節朔, 眎月盈虧以紀時. 父子同床而寢. 曝海水爲鹽, 釀米麴爲酒. 遇異味先進尊者. 肉有熊羆豺狼, 尤多豬雞, 無牛羊驢馬. 厥土沃壤, 先用火燒, 然後引水灌注, 持鍤僅數寸而墾之. 無他奇貨, 尤好剽掠, 故商賈不通. 土人間以所產黃蠟·土金·氂尾·豹脯, 往售於三嶼. 旁有毗舍耶·談馬顏等國.

55. 비사야 毗舍耶

비사야(毗舍耶)[1]는 언어가 통하지 않아 상인들이 가지 않는다. 웃통을 벗고 있어 쳐다보면 거의 짐승 같다. 천주(泉州)에는 팽호(彭湖)[2]라는 섬이 있는데 진강현(晉江縣)에 예속되어 있다. 이 나라와 매우 가까워 연기를 서로 바라 볼 수 있다. 때때로 노략질을 하지만, 그들이 오는 것을 예측할 수 없어, 많은 사람들이 잡아 먹히는 피해를 당하여 사는 사람들이 힘들어 한다.

1 역주: 비사야(毗舍耶)는 오래전 라쿠페리(Terrien de Lacouperie)가 필리핀 군도의 비사야(Visaya, 또는 Bisaya)로 고증한 적이 있으나, 최근 라우퍼(Laufer)는 『중국과 필리핀 군도와의 관계(Relations of the Chinese to the Philippine Islands)』, 253~255쪽에서 여기 비사야 사람들은 항상 천주(泉州)에 와서 노략질을 했다고 하였고, 본 조목에는 또한 진강현(晉江縣: 천주 관아 소재지)이 그 나라와 매우 가깝다는 말이 있는데, 아마도 대만 서남쪽 해안에 이주한 필리핀 사람들로 보인다.

2 팽호(彭湖)라는 명칭은 본서에서 처음으로 보이는 것 같다. 조맹부(趙孟頫)에게는 뜻을 받들어 팽호로 가는 오예부(吳禮部)를 전송하는 시가 있는데1), 원대(元代)에 팽호가 판도에 예속되었다는 충분한 증거가 될 수 있다. 진무인(陳懋仁)의 『천남잡지(泉南雜誌)』에서는 『천군지(泉郡志)』를 인용하여, 팽호섬은 명나라 시기에 진강현(晉江縣)에 속해 있었는데 천주의 외부(外府)가 된다고 하였다. 『도이지략교주』의 팽호 조목에서 후지타 토요하치(藤田豊八)의 주

1) 조맹부(趙孟頫, 1254~1322)의 「오예부가 황제의 뜻을 받들어 팽호로 가는 것을 전송하며(送吳禮部奉旨詣彭湖)」, 『송운재집(松雪齋集)』.

석을 참고하시오.

순희(淳熙, 1174~1189) 연간에 나라의 추호(酋豪: 수령)가 수백 명의 무리를 거느리고 천주의 수오(水澳), 위두(圍頭) 등의 촌에 들어와 흉포한 짓을 자행하여 사람들을 무수히 죽이고 부녀들을 강간하고 죽여 버렸다.

쇠그릇과 수저를 좋아하여 사람들이 문을 닫고 있으면 화를 면하는데 다만 그 문 고리만 빼서 갈 뿐이다. 수저를 던지면 엎드려 줍는데 수 걸음을 늦출 수 있다. 관군이 포로가 되었을 때 철기(鐵騎)를 보면 다투어 그 갑옷을 벗기고 머리를 나란히 하고 나아가 죽이지만 후회할 줄 모른다. 적에 임해서는 표창을 사용하는데 10장 남짓의 줄에 매어 조정하는데 그 쇠를 좋아하여 차마 버리지 못하기 때문이다. 배와 노를 다루지 못하고 다만 대나무 뗏목으로 일을 하는데, 병풍처럼 접을 수 있고 급하면 무리지어 들고 헤엄쳐 달아난다.

毗舍耶語言不通, 商販不及, 袒裸盱睢, 殆畜類也. 泉有海島曰彭湖, 隸晉江縣, 與其國密邇, 煙火相望, 時至寇掠, 其來不測, 多罹生噉之害, 居民苦之. 淳熙間, 國之酋豪常率數百輩猝至泉之水澳·圍頭等村, 恣行兇暴, 戕人無數, 淫其婦女, 已而殺之. 喜鐵器及匙筋. 人閉戶則免, 但刓其門圈而去. 擲以匙筯·則俯拾之, 可緩數步. 官軍擒捕, 見鐵騎則競刓其甲, 駢首就戮, 而不知悔, 臨敵用標鎗, 繫繩十餘丈爲操縱, 蓋愛其鐵不忍棄也. 不駕舟楫, 惟以竹筏從事, 可摺疊如屏風, 急則羣舁之泅水而遁.

56. 신라국 新羅國

신라국(新羅國)은 변한(弁韓)의 남은 종족이다[1]. 이 나라는 천주(泉州)의 해문(海門)과 대치하고 있다. 민간의 금기에는 음양가의 자오설(子午說)[1)]이 있으므로, 흥

1) 자오지설(子午之說): 『고려도경(高麗圖經)』, 권34, 「해도(海道)1」에, "태양의 12시를 계산해 보면, 자시(子時)에서 사시(巳時)까지는 그 기운이 양(陽)이다. 양의 기운은 또 그 자체로 승강(升降)이 있어 낮에 운행한다. 오시(午時)에서 해시(亥時)까지는 그 기운이 음(陰)이다. 또 그 자체로 승강이 있어서 밤에 운행된다. 낮고 밤은 음양의 기운을 합치면, 두 번 오르고 두 번 내린다. 그러므로 하루 사이에 밀물과 썰물이 모두 두 차례 있는 것이다. 그러나 낮과 밤의 빛은 태양에 달려 있고 승강의 횟수는 달에 호응한다. 달이 자(子)에 이르면 양기가 비로소 오르고, 달이 오(午)에 이르면 음기가 비로소 오르기 때문에 밤 밀물 때는 달은 언제나 자에 이르고, 낮 밀물 때는 달은 언제나 오에 이른다. 또 태양의 운행은 느리고, 달의 운행은 빠르다. 빠른 것으로 느린 것에 대응하므로, 29도에서 반을 지날 때마다 달의 운행이 따라 간다. 해와 달의 만남을 합삭(合朔)이라고 한다. 그러므로 월삭(月朔, 초하루)의 밤 밀물 때, 태양은 역시 자(子)에 오고, 월삭의 낮 밀물 때에 태양은 역시 오(午)에 온다(計日十二辰, 由子至巳, 其氣爲陽, 而陽之氣, 又自有升降, 以運乎晝. 由午至亥, 其氣爲陰, 而陰之氣, 又自有升降, 以運乎夜. 一晝一夜, 合陰陽之氣, 凡再升再降. 故一日之間, 潮汐皆再焉. 然晝夜之晷, 繫乎日, 升降之數, 應乎月. 月臨於子, 則陽氣始升. 月臨於午, 則陰氣始升. 故夜潮之期, 月皆臨子. 晝潮之期, 月皆臨午焉. 又日之行遲, 月之行速. 以速應遲, 每二十九度過半, 而月行及之. 日月之會, 謂之合朔. 故月朔之夜潮, 日亦臨子. 月朔之晝潮, 日亦臨午焉)."라

판(興販)하려면 반드시 먼저 사명(四明)[2)]에 왔다가[2] 이후에 다시 출발하는데, 혹 천(泉)의 물살이 비교적 낮기 때문에 반드시 사명을 경유한다고도 한다.

1 역주: 신라는 한나라 시기에 발흥했다. 『양서』, 권53, 「동이전」에 "위나라 때에는 '신로'라 불렀고, 유송 때에는 '신라', 또는 '사라'라 하였다(魏時曰新盧, 宋時曰新羅, 或曰斯羅)."라고 하였다. 후당(後唐) 청태(淸泰) 2년(935)에 고려에게 망했다. 아랍 사람의 여행기에는 이 나라를 시라(Sila)라고 했다[3)]. 모두 신라(新羅)에 대응하는 음들이다.

○조여괄이 이 책을 편찬할 때 이미 신라는 고려에 병합된 지 290년이나 되었다. 본 조목은 아마도 여러 역사책들을 채록하여 만들었을 것이다. 다만 송나라 초기 조공한 일과 고려의 산물을 부가한 것뿐이다. 『송사』, 권487에 「고려전」이 있다.

2 『송사』, 권487에 「고려전」에는 영파(寧波)에서 평양에 이르는 행로를 기록하고 있는데, "명주 정해에서 순풍을 만나면 3일 만에 대양으로 들어갈 수 있고, 또 5일이면 묵산에 도달하여 그 나라 국경에 들어갈 수 있었다. 묵산에서 섬들을 지나 초석들 사이를 이리저리 헤치고 나가면, 배의 속도가 매우 빨라 7일 만에 예성강에 다다

고 한 것을 말하는 것으로 보인다. 고전번역원의 번역을 조금 교정하였다.

2) 사명(四明): 히어트와 록힐의 주석에 따르면, 영파(寧波) 부근의 산 이름으로 해안의 조동(朝東)일대를 지칭한다고 했다. 또한 '사명군조(四明君祖)'가 상해의 '영파신묘(寧波神廟)'를 지칭하는 것처럼 사명이 영파를 지칭하는 것일 수도 있다고 하였다. 여기의 사명은 송나라 시기 명주의 치소로 오늘날 영파에 해당한다.

3) 풍승균이 말하고 있는 아랍인은 아마도 이븐 쿠르다지바(Ibn Khurdadhibah, 820?~912)로, 그가 쓴 『길과 왕국의 책(Kitāb al Masālik w'al Mamālik)』에는 신라의 지리적 위치와 황금의 산출, 그리고 아랍인들의 왕래에 관해 기술한 다음 신라에서 수입되는 산물들을 열거하고 있다.

른다. 예성강은 양쪽 산 사이에는 석협(石峽)으로 되어있어 세차게 소용돌이치면서 흐르는데, 급수문이라고 하는 곳이 제일 험악한 곳이다. 또 3일을 가면 연안에 닿는데, 벽란정이란 객관이 있다. 마중나온 관리는 여기에서 육지에 올라 험한 산길을 40여 리쯤 가면 이 나라의 도읍라고 했다(自明州定海遇便風三日入洋, 又五日抵墨山入其境, 自墨山過島嶼, 詰曲嶕石間舟行甚駛, 七日至禮成江. 江居兩山間, 束以石峽, 湍激而下, 所謂急水門最爲險惡. 又三日抵岸, 有館曰碧瀾亭. 使人由此登陸, 崎嶇山谷四十餘里, 乃其國都云)."라고 하였다.

김씨(金氏), 박씨(朴氏)의 대족(大族)이 있다. 당나라 무덕(武德, 618~626) 연간에 진김(眞金)[4)]을 봉하여 낙랑군왕(樂浪郡王)으로 삼았고, 그 후 언제나 군장(君長)이 되었다[3]. 개요(開耀, 68~682) 중에 사신을 보내와 당나라 예법과 다른 문헌을 간청하여 따랐다[4]. 궁궐, 일용 그릇, 복식과 관속(官屬)은 대략 중국을 따른다.

3 『신당서』, 권220, 「신라전」에 "왕의 성은 김이고, 귀족의 성은 박이며, 백성에게는 성이 없고, 이름만 있다(王姓金, 貴人姓朴, 民無氏有名)."라고 하였다.

4 『신당서』, 권220, 「신라전」에 "개요 원년(681)에 (法敏이) 죽고, 아들 정명이 왕위를 세습하였다. 사신을 보내어 알현하고, 『당례』 및 기타의 문헌들을 간청하여, 무후는 『길흉례』와 함께 문장 50편을 내려 주었다(開耀元年, 死, 子政明襲王. 遣使者朝, 丐唐禮及它文辭, 武后賜吉凶禮幷文詞五十篇)."라고 하였다.

---

4) 진김(眞金): 『수서』, 권81, 「동이전(東夷傳)」에 "왕위를 이어 김진평에 이르러, 개황 14년(594, 진평왕16)에 사신을 보내 방물을 바쳤다(傳祚至金眞平開皇十四年遣使貢方物)."라고 하였고, 또 『구당서』, 권199상, 「동이전」에 "그 나라의 왕 김진평은 수문제 때, '상개부 낙랑군공 신라왕'의 칭호가 제수되었다(其王金眞平隋文帝時授上開府樂浪郡公新羅王)."라고 하였다. 이로써 진김(眞金)은 도치되었고, '평(平)'자가 빠진 것임을 알 수 있다.

대저 엄격한 법으로 다스려 아랫사람들을 바로잡아 범죄가 적어 길에 떨어진 물건을 주워가지도 않는다[5]. 혼례에는 돈을 사용하지 않는다. 사람들은 글을 쓸 줄 알고 배움을 좋아하며, 부림을 당하는 사람들도 서로 긍지를 가지고 근면하다. 마을에는 상(庠: 서당)이 있는데 편액에는 '국당(局堂)'이라 쓰여 있다. 자제들 중에서 결혼하지 않은 사람은 그곳에서 글쓰기와 활쏘기를 연마하며 살다가 3년에 1번 시험을 치고, 거인(擧人)에는 산술과 여러 과목의 진사(進士)들이 있으므로 군자국(君子國)[6]이라 부른다.

5 『송사』, 권487에 「고려전」에 "형벌에는 참혹한 조목이 없고 다만 역적이나 부모에게 욕한 자만 목을 베었으며, 나머지는 곤장으로 갈빗대를 때렸다. 바깥 군에서 사형수들을 모두 왕성으로 송치하면 해마다 8월에 사형죄목을 감하여 섬으로 귀양 보냈다가 여러 차례 사면을 거쳐 죄의 경중을 살펴 석방하였다(刑無慘酷之科, 唯惡逆及罵父母者斬, 餘皆杖肋. 外郡刑殺, 悉送王城. 歲以八月減囚死罪, 貸流諸島, 累赦眡輕重原之)."라고 하였다.

6 『신당서』, 권220, 「신라전」에 "개원 25년(기원후 737, 신라 효성왕 1)에 흥광이 죽으니, 현종은 매우 슬퍼하며, 태자태보로 추증하였다. 형숙를 홍려소경에 임명하여 가서 제사에 조문하게 하고, 아들 승경이 왕위를 세습토록 하였다. 형숙에게 '신라는 군자의 나라로 불리며, 『시경』과 『서경』을 안다. 경은 신실한 선비이기 때문에 부절을 주어 보내는 것이니, 마땅히 경전의 뜻을 잘 펴서 대국의 융성함을 알려 주도록 하라.'고 하였다([開元]二十五年死, 帝尤悼之, 贈太子太保, 命邢璹以鴻臚少卿弔祭, 子承慶襲王, 詔璹曰, 新羅號君子國, 知詩·書. 以卿惇儒, 故持節往, 宜演經誼, 使知大國之盛)."라고 하였다.

땅은 벼농사에 적합하고 낙타[橐駝], 물소가 있다. 돈을 사용하지 않고 단지 쌀로만 교역한다. 민가의 그릇들은 모두 청동으로 만든다.

음악에는 이품(二品)[5)]이 있는데 고악(庫樂)과 향악(鄕樂)이라 한다[7].

---

5) 『송사』, 권487, 「고려전(高麗傳)」에 "음악에는 2품이 있는데, 고

7 『송사』, 권487, 「고려전」에 "음악은 매우 저급하여 금석의 악기가 없었는데, 악기를 하사받은 후에야 좌우 2부로 구분하여 만들었으니, 좌부는 당악으로 중국 음악이며, 우부는 향악으로 구습이다(樂聲甚下, 無金石之音, 既賜樂. 乃分爲左右二部, 左曰唐樂中國之音也, 右曰鄕樂其故習也)."라고 하였다.

개원(開元, 713~741)연간에 일찍이 형숙(邢璹)을 보내 조문사로 삼았다[8]. 오대(五代) 동광(同光, 923~926)과 장흥(長興, 930~933) 연간에 각각 사신을 보내 조공하는 예를 닦았다. 송나라 건륭(乾隆) 2년(961)에 사신을 보내와 조공했다. 태평흥국(太平興國) 2년(977)에 또 조공을 보내왔다.

8 본 조목의 주6을 참고하시오.

이 나라에서는 음양 귀신의 일을 신봉하여 구속되고 금기시되는 것이 많다. 중국의 사신이 이르면 반드시 좋은 날짜를 받아[涓吉] 예를 갖추어 조서를 받고, 조서

악과 향악이다.(樂有二品, 曰庫樂, 曰鄕樂.)"고 하였다. 한편 『고려도경(高麗圖經)』, 권4에서는 "희령(1068~1077) 연간에 왕휘(王徽, 고려 문종)가 악공을 청하였다. 이에 조명을 내려 고려에 가게 하였고, 수년이 지난 후 [악공이] 돌아왔다. 이후 사신을 보내 올 때는 반드시 재물을 가지고 와서 공기(工技)를 스승으로 삼고자 하여, 매번 객관으로 보내 가르치게 하였다. 최근에는 입공하여 대성아악과 연악(燕樂)을 내려주도록 청하니 명하여 따르게 했다. 그래서 음악과 무용이 더욱 성대해져 보고 들을 만하게 되었다. 지금 그 음악에는 2부가 있는데, 좌부는 당악으로 중국의 음악이요, 우부는 향악으로 이음(夷音, 토속음악)이다(熙寧中王徽嘗奏請樂工, 詔往其國, 數年乃還. 後人使來, 必齎貨, 奉工技爲師, 每遣就館教之. 比年入貢, 又請賜大晟雅樂, 及請賜燕樂, 詔皆從之. 故樂舞益盛, 可以觀聽. 今其樂有兩部, 左曰唐樂, 中國之音, 右曰鄕樂, 蓋夷音也)."라고 하였다. '이품(二品)'과 '이부(二部)'의 구분이 있으므로 고악(庫樂)이 바로 당악(唐樂)인지는 명확하지 않다.

를 받을 때마다 또한 감사하는 표문을 쓰는데 대개 문채(文彩)가 있다.

그 땅에서는 인삼(人蔘), 수은(水銀), 사향(麝香), 송자(松子: 솔방울), 진자(榛子: 개암), 석결명(石決明: 전복껍질), 송탑자(松塔子: 솔방울 씨앗), 방풍(防風), 백부자(白附子: 노랑돌쩌귀), 복령(茯笭: 솔풍령), 대소포(大小布), 모시포(毛施布), 동경(銅磬: 종), 자기(瓷器), 초석(草蓆, 짚자리), 서모필(鼠毛筆: 족제비 털 붓) 등이 난다. 상선(商舶)들은 오색의 힐견(纈絹)과 건본(建本) 문자를 사용하여 교역한다.

新羅國, 弁韓遺種也. 其國與泉之海門對峙. 俗忌陰陽家子午之說, 故興販必先至四明, 而後再發, 或曰泉之水勢漸低, 故必經由四明. 有大族曰金氏·朴氏. 唐武德中封眞金爲樂浪郡王, 其後常爲君長. 開耀中遣使乞唐禮及他文, 從之. 屋宇器用服飾官屬略倣中國. 其治峻法以繩下, 故少犯, 道不拾遺. 婚娶不用幣. 人知書喜學, 廝役之家亦相矜勉. 里有庠, 扁曰局堂, 處子弟之未婚者習書射於其中, 三歲一試, 舉人有進士算學諸科, 故號君子國. 地宜粳稻, 有槖駞水牛, 不用錢, 第以米博易. 民家器皿悉銅爲之. 樂有二品, 曰庫樂, 曰鄉樂. 開元中嘗遣邢璹爲弔使. 五代同光·長興中, 各遣使修朝貢禮. 皇朝建隆二年遣使來貢. 興國二年又貢. 其國信陰陽鬼神之事, 多拘忌. 中國使至, 必涓吉而後具禮受詔, 每受詔亦爲謝表, 粗有文采. 地出人參·水銀·麝香·松子·榛子·石決明·松塔子·防風·白附子·茯苓·大小布·毛施布·銅磬·瓷器·草蓆·鼠毛筆等. 商舶用五色纈絹及建本文字博易.

57. 왜국 倭國

왜국(倭國)[1]은 천주(泉州)의 동북쪽에 있고 지금은 일본국(日本國)이라 부른다. 이 나라는 일출과 가깝기 때문에 부른 이름이다. 혹 옛 명칭을 싫어하여 고친 것이라고 한다.

1 역주: 일본은 옛날에 '왜국(倭國)' 또는 '왜노(倭奴)'라고 불렸다. 당나라에 이르러 "뒤에 조금 중국의 음을 익혀 명칭을 싫어하여 일본으로 고쳐 불렀다. 사신들 스스로 말하기를 나라가 해가 나오는 곳과 가까워 명명한 것이라고 했다(後稍習夏音, 惡倭名, 更號日本. 使者自言, 國近日所出, 以爲名)."라고 하였다. 『신당서』, 권220, 「일본전」을 참고하시오. 대식인들은 '와끄와끄(Waqwaq)'라 했는데 아마도 왜국(倭國)에 대응하는 음일 것이다.

나라는 사방 수 천리이고 서남쪽으로는 바다에 이르고 동북쪽으로는 큰 산으로 제한된다. 산 밖은 모인국(毛人國)[2]이다. 무릇 5기(畿) 7도(道), 3도(島), 3773향(鄕), 414역(驛), 88만 3천여 정(丁)이 있다[3]. 땅에는 산림이 많고 좋은 밭이 없어 다양한 해산물을 좋아한다[4].

2 모인국(毛人國)은 하이(蝦夷)이다. 『신당서』, 권220, 「일본전」에 "하이 또한 바다 섬 안에 사는데, 그 사신은 수염 길이가 4척 쯤 되고 머리에 화살을 끼고 다닌다. 사람이 표주박을 이고 수십 보에 서 있게 하고 쏘면 적중하지 않는 것이 없다(蝦蛦亦居海島中, 其使者須長四尺許, 珥箭於首, 令人戴瓠立數十步, 射無不中)."라고 하였다. 옛날에 하이(蝦夷)가 일본 북부에 살았다. 『산해경(山海經)』에 '모민(毛民)'이 있는데 여기의 모인(毛人)은 아닌 것 같다.

3 『송사』, 권491 「일본전」에는 조연(奝然)의 말을 기록하고 있는데,

일본 기내(畿內)에는 산성(山城), 대화(大和), 하내(河內), 화천(和川), 섭진(攝津) 5주, 동해(東海), 동산(東山), 북륙(北陸), 산음(山陰), 산양(山陽), 남해(南海), 서해(西海) 7도(道), 일기(壹伎), 대마(對馬), 다첩(多褺) 3도(島), 3772향(鄕), 414역(驛), 88만 3129과정(課丁)이 있다고 하였다.

4 『삼국지·위지(魏志)』, 권30 「왜인전」에, "땅은 산이 험준하고 깊은 숲이 많으며, 도로는 새와 사슴이 다니는 길 같다. 1천여 가구가 있으며 좋은 밭이 없고 해산물을 먹으며 산다(土地山險, 多深林, 道路如禽鹿徑. 有千餘戶, 無良田, 食海物自活)."라고 하였고, 『진서』, 권97, 「왜인전」에는 "땅에는 산림이 많고 좋은 밭이 없으며 해산물을 먹는다(地多山林, 無良田, 食海物)."라고 하였다.

사람들에게는 문신이 많고 스스로를 태백(泰伯)의 후손[5]이라고 한다. 또 상고(上古)에 사신이 중국에 이르렀는데 모두 스스로를 대부[6]라고 했다고 한다. 옛날 하(夏)나라 소강(小康)의 아들이 회계(會稽)에 봉해져 머리카락을 자르고 문신을 하여 교룡의 해를 피했다. 현재 왜인들은 물에 잠수하여 물고기를 잡는데, 문신이 물고기들을 제압한다.

5 『진서』, 권97, 「왜인전」에 "남자들은 어른 아이를 가리지 않고 모두 얼굴에는 경을 치고, 몸에는 문신을 하며 스스로 태백(太伯)의 후예라고 한다(男子無大小悉黥面文身, 自謂太伯之後)."라고 하였다. 『후한서』, 권115와 『양서』, 권54의 「왜국전」을 참고하시오.

6 『진서』, 권97, 「왜인전」에 "또 먼 옛날에 중국에 사신이 이르러 모두 스스로를 대부라 했다(又言上古使詣中國, 皆自稱大夫)."라고 하였다. 『삼국지·위지(魏志)』, 권30, 「왜인전」을 참고하시오. 『후한서』, 권115, 「왜국전」에는 "건무 중원 2년(57)에 왜노국이 공물을 받들어 내조했는데 사신들이 스스로를 대부라고하며 왜국의 남단 경계다(建武中元二年, 倭奴國奉貢朝賀, 使人自稱大夫, 倭國之極南界也)."라고 했다.

그 여정을 계산해보면 회계의 정 동쪽[7]에 있다. 더위와 추위의 차이가 크며 중국

과 비슷하다. 왕은 '왕(王)'을 성(姓)으로 삼고, 70세대를 거치면서 바뀌지 않았다. 문무관 역시 관직을 세습한다[8].

7 『진서』, 권97, 「왜인전」에 "옛날 하나라 소강 아들이 회계에 봉해졌는데, 머리를 자르고 문신을 하여 교룡의 해를 피했다. 지금 왜인들은 즐겨 잠수하여 물고기를 잡는데 문신으로 물고기들을 제압한다. 그 여정을 계산하면 회계와 동야의 동쪽에 해당한다(昔夏少康之子封於會稽, 斷髮文身以避蛟龍之害. 今倭人好沈沒取魚, 亦文身以厭水禽. 計其道里, 當會稽東冶之東)."라고 하였다.

○역주: 왜국 사신들이 중국에 들어올 때 대체로 일기(壹岐), 대마(對馬), 고려의 길을 택한다. 761년 처음으로 구주(九州)에서 배를 타고 명주(明州)로 왔다. 『당서』, 권220, 「일본전」을 참고하시오. 『삼국지·위지(魏志)』, 권30, 「왜인전」 기록에는 중국과 일본 사이에 여러 나라들의 이름이 있는데, 참고할 만하다.

8 『후한서』, 권115, 「왜국전」 "백여 국이 있는데,……한나라와 통하는 30여 국이 있고, 나라들은 모두 왕이라 칭하는 것이 대대로 이어지는 전통이며, 그중 가장 큰 왜왕은 사마대국에 산다.(凡百餘國……通於漢者三十許國. 國皆稱王, 世世傳統, 其大倭王居邪馬臺國.)"고 하였고, 『송사』, 권491, 「일본전」에 "왕은 '왕'을 성씨로 하여 현재 왕까지 64세를 세습했으며, 문무관리들 모두 관직을 세습한다(王以王爲姓, 傳襲至今王六十四世, 文武僚吏皆世官)."라고 하였다.

남자는 가로로 비단을 걸치고 서로 이어 묶는데 재봉을 하지 않았다. 부인들은 홑이불을 같은 것을 입는데 그 가운데를 뚫어 머리를 넣어 입고, 하나의 옷에는 2~3개의 비단을 다 사용하며 머리는 늘어뜨리고 맨발로 다닌다[9]. 또한 중국의 서적들이 있는데, 『오경(五經)』, 『백낙천문집(白樂天文集)』 같은 것들로 모두 중국에서 얻어온 것이다.

9 『후한서』, 권115 「왜국전」에 "남자들의 옷은 모두 비단을 가로로 두르고 서로 연결하여 묶고, 여자들은 푼 머리를 틀어 말며, 옷은

홑이불처럼 머리를 넣어 입는다(其男衣皆橫幅, 結束相連, 女人被髮屈紒, 衣如單被, 貫頭而著之).”라고 하였다. 『삼국지·위지(魏志)』, 권30과 『진서』, 권97, 그리고 『신당서』, 권220을 참고하시오.

땅은 오곡과 소맥(小麥)에 적당하다. 교역에서는 동전을 사용하고 ‘건원대보(乾元大寶)’라는 글이 있다. 물소, 나귀, 양, 무소, 코끼리 같는 것들이 있고 또 금은, 가는 비단, 화포(花布)가 있다[10]. 삼나무와 나목(羅木)이 많이 나는데, 길이는 14~5장이고 직경은 4척 남짓이다.

10 『송사』, 권491, 「일본전」에 “나라에는 다섯 가지 경서와 불경, 『백거이집』 70권이 있는데, 모두 중국에서 들여온 것이다. 땅은 오곡과 소맥에 적합하다. 교역에는 동전을 사용하는데, ‘건원대보’라는 글씨가 있다. 가축에는 물소, 나귀, 양이 있고 무소와 코끼리가 있다. 잠사를 생산하여 견직물이 많은데 얇고 치밀하여 좋아할 만하다(國中有五經書及佛經, 白居易集七十卷, 並得自中國. 土宜五穀而少麥. 交易用銅錢, 文曰乾元大寶. 畜有水牛·驢·羊, 多犀·象. 產絲蠶, 多織絹, 薄致可愛).”라고 하였다. 역주: 건원(乾元)은 『송사』와 본서에 모두 건문(乾文)으로 잘못되어 있어 여기서는 교정했다. 문로(N. G. Munro)의 『일본의 동전(Coins of Japan)』, 75, 79쪽을 참고하시오. 본서와 『송사』에 기록된 조연(奝然)의 기사는 전사하는 과정에서 잘못된 곳이 있다. “동쪽 오주에서는 황금을 생산하고, 서쪽 별도에서는 백은이 난다(東奧州產黃金, 西對島出白銀).”라고 했는데, 본서에서는 ‘오(奧)’자를 잘못 ‘월(粵)’자로 썼고, 또 본서와 『송사』는 ‘대(對)’자를 ‘별(別)’자로 쓰고 있다. 이 밖에 “무소와 코끼리가 많다”는 말 또한 잘못이다.

토착민들은 (그 나무를) 잘라 각목과 판자를 만들어 큰 배를 타고 우리 천주에 운반해와 거래를 하지만 천주 사람들은 그 나라에 잘 가지 않는다. 음악에는 중국과 고려 이부(二部)가 있다.

칼, 방패, 활, 화살이 있고 쇠로 촉을 만든다. 당겨 화살을 쏘면 멀리 가지 않는다.

그 이유를 물으면 나라 사람들이 전투에 익숙하지 않기 때문이라고 한다[11].

11 이 단락은 『송사』, 권491, 『진서』, 권97의 문장을 따온 것이다. 『후한서』, 권115와 『삼국지·위지(魏志)』, 권30을 참고하시오.

집이 있지만 부모, 형제들이 다른 곳에서 자고 쉬며[12], 음식은 조두(俎豆)를 사용하고[13] 혼인에는 돈과 비단을 지참하지 않는다[14]. 죽으면 관은 있으나 곽(槨)은 없으며, 봉분을 세워 총(塚)을 만든다. 처음 상을 당하면 곡을 하며 고기를 먹지 않는다. 장례가 끝나면 온 식구들이 물에 들어가 깨끗하게 목욕을 하여 좋지 않은 것을 털어낸다.

12 이 단락은 『진서』, 권97, 「왜인전」에서 따온 것이다.

13 『후한서』, 권115, 「왜인전」에 "음식은 손으로 먹고 변두를 사용한다(飮食以手而用籩豆)."라고 하였고, 『진서』, 권97, 「왜인전」에는 "飮食用俎豆"라 하였다.

14 『진서』, 권97, 「왜인전」에 "혼인에는 돈이나 비단을 지참하지 않고 옷으로 맞이한다(嫁娶不持錢帛, 以衣迎之)."라고 하였다.

큰일이 있으면 뼈를 구워 길흉을 점친다[15]. 정확하게 한 해의 사시(四時)를 모른다. 다만 추수할 때를 연기(年紀)로 삼는다[16]. 사람들 대부분이 장수하여 8~90세이고,[17] 부녀들은 음란하거나 질투하지 않는다. 소송이 없는데 혹 죄를 지으면 중한 자는 가족을 멸하고 가벼운 자는 처와 자식을 뺏는다[18]. 금은으로 세금을 내는데, 그 곳의 육오주(陸奧州)[19]와 다른 섬에서 나는 것이다.

15 이 단락은 『진서』, 권97, 「왜인전」에서 따왔다.

16 『삼국지·위지(魏志)』, 권30, 「왜인전」 주에 『위략(魏略)』을 인용하여 "민간에서는 정월과 사시를 모르고 다만 봄갈이와 추수를 기억하여 연기로 삼는다(其俗不知正歲四時, 但記春耕秋收爲年紀)."라고 하였다. 이 단락은 『진서』, 권97, 「왜인전」에 근거했다.

17 『진서』, 권97, 「왜인전」에 "사람들은 대부분 백 살 혹은 8~90살을 산다(人多壽百年或八九十)."라고 하였다. 『후한서』, 권115, 「왜

인전」을 참고하시오.

18 이 단락 또한 『진서』, 권97, 「왜인전」을 근거하고 있다. 『후한서』, 권115, 『삼국지·위지(魏志)』, 권30을 참고하시오.

19 오주(奧州)가 월주(粤州)로, 대도(對島)가 별도(別島)로 잘못되어 있어 바로 잡는다. 앞의 주10과 『송사』, 권491, 「일본전」을 참고하시오[1].

이 나라는 후한(後漢) 때부터 중국과 통교했는데, 위(魏), 진(晉), 송(宋), 수(隋), 당(唐)을 지나면서 모두 사신을 보내 조공을 닦았다. 송나라 옹희(雍熙) 원년에 조연(奝然)[20]과 그의 무리 5~6인이 배를 타고 이르러 동기(銅器) 10여 개를 헌상했는데 매우 정치(精緻)했다. 태종이 불러 보고 태평흥국사(太平興國寺)[2]에 머물게 하고 자의(紫衣)와 방포(方袍: 가사)를 하사하며 그들을 어루만짐이 매우 두터웠다.

20 『송사』, 권491, 「일본전」에 "조연은 녹색 옷을 입고, 스스로 말하기를 등원씨이며, ……예서에 뛰어났으나 중국말을 하지 못했다. 그 나라의 풍토를 물으니 글로 써서 대답했다(奝然衣綠, 自云姓藤原氏, ……善隸書, 而不通華言, 問其風土, 但書以對)."라고 하였다.

그들의 왕은 하나의 성(姓)으로 계속 이어지며 신하들 모두 관직을 세습한다는 것을 듣고 탄식하며, 재상 송기(宋琪), 이방(李昉)[21]에게 "이 섬의 오랑캐들은 대를 이은 복이 멀고 오래되었고, 그 신하들도 세습이 끊어지지 않으니 이것이 옛날의 도이다."라고 했다. 하나의 오랑캐 섬이면서 태종을 탄식하게 했지만, 어찌 태백이 하나라 제도로 이(夷)를 변화시킨 유풍이 아직도 남아있는 것이겠는가.

---

1) 육오주(陸奧州)는 지금은 무츠 만(陸奧灣)옆에 있는데 송나라 시기에는 도산도(東山道)에 속했다. 오늘날 아오모리(青森), 이와테(岩手), 미야기(宮城), 후쿠시마(福島)의 지역에 해당한다.

2) 태평흥국사(太平興國寺): 하북성 준현(浚縣) 대비산(大伾山)에 자리하고 있으며 북송 황제 조광의(趙光義)가 자신의 연호로 절 이름을 하사한 사원이다.

21 송기(宋琪), 이방(李昉)은 『송사』, 권264와 권265에 전(傳)이 있다[3].

3) 송기(宋琪, 917~996): 자는 숙보(俶寶) 유주 계현(薊縣, 북경)사람으로, 후한(後漢), 후주(後周)에서 벼슬을 지내다 북송 시기에 이르러서는 재상의 반열에 오르기도 했다. 80세의 나이로 병이 들어 죽었고, 혜안(惠安)이란 시호를 받았다. 『전송문(全宋文)』에 8편의 주소(奏疏)가 실려 있고 개인 문집은 없는 것으로 알려져 있다.

이방(李昉, 925~996): 자는 명원(明遠), 심주 요양(饒陽, 하북성) 출신으로 한(後漢), 후주(後周)에 한림학사를 지냈고 북송에서는 중서사인(中書舍人)을 지내다가 983년 동중서문하평장사(同中書門下平章事)에 올랐다. 『구오대사(舊五代史)』 편찬에 참여했고, 『태평어람(太平御覽)』, 『태평광기(太平廣記)』, 『문원영화(文苑英華)』라는 유서를 주편했다. 시호는 문정(文貞)이나 이후 이를 꺼리어하여 문정(文正)으로 고쳐졌다. 문집 50권이 있다고 하지만 전해지지 않는다.

倭國在泉之東北, 今號日本國. 以其國近日出, 故名. 或曰惡舊名改之. 國方數千里, 西南至海, 東北限以大山, 山外卽毛人國. 凡五畿·七道·三島, 三千七百七十二鄕, 四百一十四驛, 八十八萬三千餘丁. 地多山林, 無良田, 嗜海錯. 俗多文身, 自謂泰伯之後. 又言上古使至中國, 皆自稱大夫. 昔夏少康之子封於會稽, 斷髮文身, 以避蛟龍之害. 今倭人沉沒取魚, 亦文身以厭水族. 計其道里, 在會稽之正東, 寒暑大類中國. 王以王爲姓, 歷七十餘世不易, 文武皆世官. 男子衣橫幅, 結束相連, 不施縫綴, 婦人衣如單被, 穿其中以貫頭, 一衣率用二三縑, 皆被髮跣足. 亦有中國典籍, 如五經·白樂天文集之類, 皆自中國得之. 土宜五穀而少麥. 交易用銅錢, 以乾元大寶爲文. 有水牛·驢·羊·犀·象之屬. 亦有金銀細絹花布. 多產杉木·羅木, 長至十四五丈, 徑四尺餘, 土人解爲枋板, 以巨艦搬運至吾泉貿易, 泉人罕至其國. 樂有中國·高麗二部. 刀楯弓矢以鐵爲鏃, 挽射矢不能遠, 詰其故, 以其國中不習戰鬪. 有屋宇, 父母兄弟臥息異處, 飮食用俎豆, 嫁娶不持錢帛. 死有棺無槨, 封土爲塚, 初喪哭泣不食肉, 已葬擧家入水潔浴, 以祓不祥. 擧大事則灼骨以占吉凶. 不知正歲四時, 但計秋收之時以爲年紀. 人多壽率八九十歲, 婦女不淫不妬. 無爭訟, 或罹于罪, 重者族滅, 輕者沒其妻孥. 以金銀爲貢賦, 卽其地之陸奧州及對島所產也. 其國自後漢嘗通中國, 歷魏晉宋隋唐, 並遣使修朝貢, 國朝雍熙元年, 國僧奝然與其徒五六人浮海至, 以銅器十餘事獻, 極精緻. 太宗召見, 館於太平興國寺, 賜紫衣方袍, 撫之甚厚. 聞其王一姓傳繼, 臣下皆世官, 因歎息謂宰臣宋琪·李昉曰, 此島夷爾, 乃世祚遐久, 其臣亦繼襲不絕, 此古之道也. 夫以一島夷而動太宗之歎息, 豈泰伯用夏變夷之遺風猶有存者歟!

『삼재도회』, 조수 권3. 『삼재도회』는 만력 47년(1609)에 완성되었음에도, 한 번도 실제 기린을 보지 못하고 그려진 것 같다. 본서에서는 기린을 조랍(徂蠟)으로 음역하고 있다.

하권 지물(志物)

1. 뇌자 腦子

뇌자(腦子)[1]는 보르네오[渤泥國]【다른 곳에서는 불니(佛泥)로 되어있음】에서 나고 또 빈솔국(賓窣國)[2]에서 난다. 세간에서는 슈리비자야[三佛齊]에도 있다고 하는데 아니다. 다만 그 나라는 여러 외국들이 왕래하는 중요 항구를 차지하고, 여러 나라의 물품들을 처리하여 나라에 모아두고, 외국에서 오는 배를 기다려 교역할 뿐이다.

1 뇌자(腦子)는 바로 용뇌(龍腦)로 『양서』, 권54, 「낭아수전(狼牙修傳)」에 처음으로 보이는데 바율향(婆律香)이라 했다. 이것은 바루스(Barus)에서 채취하므로 지명으로 명명한 것이다. 산스크리트어로는 갈포라(羯布羅, karpura)라고 한다. 『대당서역기』, 권10, 말라구타(秣羅矩吒, Malakuta) 조목에 "갈포라향나무는 소나무 몸에 잎이 다르고 꽃과 열매가 다르다. 처음 채취하면 습하여 향을 가지지 않고, 나무를 말린 뒤에 결대로 자르면 그 속에 향이 있다. 모양은 운모와 같고 색은 빙설같은데 이를 '용뇌향'이라고 한다(羯布羅香樹松身異葉, 花果斯別, 初采既濕, 尚未有香, 木幹之後, 循理而析, 其中有香, 狀若雲母, 色如冰雪, 此所謂龍腦香也)."라고 하였다. 낭아수(狼牙修)는 본서에서 '능아사가(凌牙斯加)'로 되어있고, 말라구타(秣羅矩吒)는 본서에서 말라바르[南毗]에 예속되었다고 했다.

○『유양잡조』, 권18에 이르기를 "용뇌향나무는 바리국에서 나는데, 바리 사람들은 '고불바율'이라 부른다. 또한 파세[Pasè]에서도 난다. 나무의 키는 8~9척이고, 큰 것은 6~7아름쯤 되며, 잎은 둥글고 뒷면은 희고 꽃과 열매는 없다. 나무에는 살찐 것과 야윈 것이 있는데, 야윈 것에는 바율고향이 나는데, 일설에 따르면 야윈 것에서는 용뇌향이 나고, 살찐 것에서는 바율고가 난다고 한다. 목심 안에 있기 때문에 그 나무를 자르고 갈라서 얻는다. 고(膏)는 나무 끝에서 흘러나오는데, 나무를 잘라 홈을 파서 그것을 받는다. 약용으

로 쓸 때는 별도의 방법이 있다(龍腦香樹, 出婆利國, 婆利呼爲固不婆律. 亦出波斯國. 樹高八九丈, 大可六七圍, 葉圓而背白, 無花實. 其樹有肥有瘦, 瘦者有婆律膏香, 一曰瘦者出龍腦香, 肥者出婆律膏也. 在木心中, 斷其樹劈取之. 膏於樹端流出, 斫樹作坎而承之. 入藥用, 別有法).”라고 하였다.

○바리(婆利)는 『양서』, 권54; 『수서』, 권82; 『구당서』, 권197; 『신당서』, 권222하에 전(傳)이 실려 있는데, 오늘날의 발리(Bali)인 것 같다. 용뇌는 아랍어로 카푸르(kafur)라고 하는데, 일종의 남해어 카푸르(kapur) 같은 것에 대응하는 음으로 보인다. 라틴어의 캄포라(camphora)는 바로 아랍어에서 와전되어 나온 것이다. ‘고불(固不)’ 두 글자는 카푸르를 근거한 것 같다. 또 옛 음역인 바율(婆律) 두 자를 보태 고불바율(固不婆律)이 된 것이다.

○『당본초(唐本草)』[1]에 “용뇌는 나무뿌리 속의 마른 지방이고, 바

---

1) 『당본초(唐本草)』: 바로 『신수본초(新修本草)』를 말한다. 정부차원에서 발간된 최초의 의학서적으로 그에 해당한 공신력을 가졌다. 현경(顯慶) 4년(659)에 완성되었다. 658년 소경(蘇敬)이 당 고종에게 본초(本草) 수찬을 상소하여 장손무기(長孫無忌), 허효숭(許孝崇), 이순풍(李淳風, 602~670), 공지약(孔志約) 등 22인에게 명하여 소경과 함께 새로운 본초를 편찬하게 하였다. 658년에 시작하여 659년 정월에 완성하였다. 전체 54권으로 정문(正文), 약도(藥圖), 도경(圖經) 세 부분으로 구성되어있다. 『신수본초』 20권과 목록 1권, 약도(藥圖) 25권과 목록 1권, 도경(圖經) 7권으로 모두 54권이다. 체제는 『본초경집주(本草經集注)』의 초목과 충수(蟲獸)의 두 범주를 세분하여, 초부(草部), 목부(木部), 수금부(獸禽部), 충어부(蟲魚部)로 나누었다. 850종의 약물이 수록되었는데, 『본초경집주』보다 114종이 더 많은 내용으로 수정되고 보완되었다. 특히 용뇌(龍腦), 안식향(安息香), 울금(鬱金), 가자(訶子) 등의 주로 외래의 신약들이 추가되었고, 측천무후의 미용과 관련된 백석(白錫), 은박(銀箔), 수은으로 합성한 이를 보완하는 것들이 실려 있어 이에 상응하는 현대적, 학술적 가치가 있다. 이 서적의 오류를 보완한 것이

율향(婆律香)은 뿌리 아래의 맑은 수지로, 옛날에 바율국에서 나기 때문에 명명한 것이다(龍腦是樹根中乾脂, 婆律香是根下清脂, 舊出婆律國, 因以爲名也).”라고 하였다.

○『도경본초(圖經本草)』에는 “지금은 다만 남해의 외국 상인들 만 그것을 판다. 남해의 산중에 있는데, 전하는 바에 따르면, 그 나무의 키는 7~8장이고 큰 것은 6~7위(圍)이며, 오래된 삼나무 모양이며 옆에서 가지가 난다. 그 잎은 동그랗고 배면은 하얗다. 열매는 두구와 같고 껍질에는 갑착이 있다. 향은 바로 나무의 수지이다. 고(膏)는 바로 뿌리 밑의 청액(清液)으로 바율고(婆律膏)라 부른다.(今惟南海番舶賈客貨之. 南海山中亦有之, 相傳云, 其木高七八丈, 大可六七圍, 如積年杉木狀, 旁生枝. 其葉正圓而背白, 結實如豆蔻, 皮有甲錯. 香即木中脂也. 膏即根下清液, 謂之婆律膏.)”

○1956년 중간본에서 풍승균은 “용뇌수(龍腦樹)의 학명은 드료바라놉스 아로마티카(Dryobalanops aromatica)이다.”라고 추가 설명을 붙였다.

2 빈솔(賓窣)은 바로 옛날 판수르(Pansur, Fansur, Pančur, Fančur)로 현재 바루스(Barus) 항구이다. 옛날 뇌자(腦子)로 이름이 알려졌다. 『양서』의 바율(婆律)은 본 조목의 빈솔, 『도이지략』의 ‘반졸(班卒)’, 『명사』의 ‘반졸아(班卒兒)’이다. 모두 수마트라 서쪽 해안을 음역한 것들이다.

○당시 용뇌(龍腦)는 바율(婆律)로 불렸으나, 산지인 고불(固不)은 이 항구에 제한되어 있다. 앞서 인용한 『양서』, 『대당서역기, 『유양잡조』 등의 책에서 낭아수(狼牙修), 말라구타(秣羅矩吒) 같은 나라에도 있다고 하였다. 『해약본초(海藥本草)』 “서해 파율국, 파율나무의 수지이다. 모습은 백교향과 같다. 용뇌유는 원래 불서국에서 나는데 그 나무에서 채취한다(是西海波律國波律樹中脂也, 狀如白膠

약 1세기 뒤에 완성된 진장기(陳藏器)의 『본초습유(本草拾遺)』이다. 『신수본초』를 『영공본초』라고 하는 것은 책을 만들 때 중심 역할을 한 사람이 영국공(英國公) 이세적(李世勣, 594~669)이기 때문이다.

香. 其龍腦油本出佛誓國, 從樹取之).”라고 하였다. 불서(佛誓)는 본서에서 말하는 슈리비자야[三佛齊]로, 삼불제 또한 이 물건을 생산한다.
○이조원(李調元)의 『남월필기(南越筆記)』, 권5에서 용뇌는 불타니(佛打泥)에서 난다고 했다. 본 조목 발리국 아래에는 원주가 있는데, “어떤 곳에서는 불니(佛尼)라고 한다.”라고 하였는데, 이 주는 이조원이 보태 넣은 것이 아닌 것 같다. 여기의 불타니는 불니의 영향을 받았을 것이다. 파타니(Patani)를 지칭하는 것 같다. 이 명칭은 『해어(海語)』에 처음으로 보인다. 바로 『동서양고』의 대니(大泥)이고 옛날의 낭아수(狼牙修)이다. 자세한 것은 본서의 능아사가(凌牙斯加) 조목의 주2를 참고하시오.
○본서의 탐브라링가[單馬令], 랑가수카[凌牙斯加], 자바[闍婆], 보르네오[渤泥國] 4국과 『영외대답』, 권2의 촐라[注輦] 조목에 따르면 모두 뇌자가 난다.

뇌(腦)나무는 삼나무처럼 깊은 산 궁벽한 골짜기에서 자란다. 1천 년이 지났어도 둥치와 줄기가 손상되지 않았다면 그대로 남아 있다. 그렇지 않으면 뇌는 공기를 따라 새어 나간다. 토착민들은 산에 들어가 뇌를 채취하는데 반드시 수십 명씩 무리를 지어 다니고, 나무껍질로 옷을 만들어 입고 사호(沙糊)를 식량으로 삼아 길을 나누어 간다. 뇌나무를 만나면 도끼로 찍어 표시하고 십여 그루가 된 이후에 잘라서 고르게 나눈다. 각자 얻은 것으로 쪼개 판자를 만들고 그 판자 옆을 따라서 가로로 갈라 틈을 만든다. 틈에서 뇌가 나오면 베어 채취한다.

편(片)으로 된 것을 ‘매화뇌(梅花腦)’라 하는데 모양이 매화와 같기 때문이다. 그 다음은 ‘금각뇌(金脚腦)’라고 한다. 부스러기로 된 것을 ‘미뇌(米腦)’라고 한다. 부스러기가 나무가루와 섞인 것을 ‘창뇌(蒼腦)’라고 한다. 뇌를 채취하면 말끔해지는데 그 삼나무 편을 일러 ‘뇌찰(腦札)’이라 한다. 요즘 사람들은 그것을 부수어 톱밥과 함께 섞어 자기그릇 속에 넣고 그릇으로 덮는다. 그 틈새를 꽉 봉하고 뜨거운 재로 구우면 증기가 맺혀 덩어리가 되는데 그것을 ‘취뇌(聚腦)’라 한다. 부인들의 화환(花環) 등을 만드는 데[3] 사용할 수 있다. 또 일종의 기름 같은 것이 있는데 ‘뇌유(腦油)’라고 한다. 그 향기가 세고 강해 향에 적시거나 기름에 섞을 수 있을 뿐이다.

3 본서의 발니(渤泥) 조목에 "땅에서 나는 것으로 매화뇌(梅花腦), 속뇌(速腦), 금각뇌(金脚腦), 미뇌(米腦)가 있다."라고 했으니, 여전히 속뇌(速腦)라는 한 종이 남아있다. 창뇌(蒼腦)는 어떤 곳에서는 '창룡뇌(蒼龍腦)'라고도 한다. 매화뇌는 세속에서 '빙편뇌(氷片腦)'라고 한다. 『본초강목』, 권34, 용뇌향(龍腦香) 조목[2)]과 마스덴(Marsden)[3)]의 『수마트라 섬의 역사(History of Sumatra)』, 121~123쪽

---

2) 이시진은 "용뇌는 그 모양이 귀중하기 때문에 붙여진 명칭이다. 희고 빛나는 것이 얼음과 같고 매화 꽃잎처럼 된 것이 좋으므로 세간에서는 '빙편뇌', '매화뇌'라고 한다. 현지에는 또 '미뇌', '속뇌', '금각뇌', '창용뇌' 등의 명칭이 있는데, 모두 모양과 색으로 이름 붙인 것으로, 빙편이나 매화뇌에 미치지 못한다. 맑은 것은 '뇌유'라고 하고, 『금광명경』에는 그것을 '갈바라향'이라 했다(龍腦者, 因其狀加貴重之稱也. 以白瑩如冰, 及作梅花片者爲良, 故俗呼爲冰片腦, 或云梅花腦. 番中又有米腦·速腦·金腳腦·蒼龍腦等稱, 皆因形色命名, 不及冰片·梅花者也. 清者名腦油, 金光明經謂之羯婆羅香)."라고 하였다. 이로서 '속뇌(速腦)'라는 것이 용뇌향의 모양이나 색에 따른 종류임을 확인할 수 있다. 한편 이시진(李時珍)의 설명은 분명 본서에 근거하고 있음을 알 수 있다.

3) 윌리엄 마스덴(William Marsden, 1754~1836): 영국의 상인가정에서 태어난 마스덴은 듀블린 대학에서 수학하고 곧바로 동인도회사에 들어가 1771년 형이 근무하고 있는 수마트라 섬 남쪽에 있는 벤쿨렌(Benkulen)으로 가게 된다. 그곳에서 차관까지 승진하며 말레이어와 그 나라를 공부하고 1779년 영국으로 돌아와 옥스퍼드 대학에서 시민법으로 박사학위를 받았다. 무엇보다 그는 인도네시아학을 체계적으로 정립하는 데 크게 기여했으며, 동양의 고화폐에 대한 학문적 접근을 시도했다. 대표적인 학술적 성과로는 『수마트라의 역사(The history of Sumatra)』(나라에 대한 설명, 법, 토착민의 관습과 생활방식, 산물에 대한 묘사, 과거 정치적 상황을 기술하고 있음), London, 1811. 『말레이어의 문법과 사전(Grammar and Dictionary of the Malay Language)』, London, 1812. 『마르코 폴로의

을 참고하시오.

腦子出渤泥國, 【一作佛泥】又出賓窣國, 世謂三佛齊亦有之, 非也. 但其國據諸蕃來往之要津, 遂截斷諸國之物, 聚於其國, 以俟蕃舶貿易耳. 腦之樹如杉, 生於深山窮谷中, 經千百年, 支幹不曾損動, 則牘有之, 否則腦隨氣泄. 土人入山採腦, 須數十爲羣, 以木皮爲衣, 賫沙糊爲糧, 分路而去. 遇腦樹則以斧斫記, 至十餘株, 然後截段均分, 各以所得, 解作板段, 隨其板傍橫裂而成縫. 腦出於縫中, 劈而取之. 其成片者謂之梅花腦, 以狀似梅花也. 次謂之金脚腦. 其碎者謂之米腦. 碎與木屑相雜者, 謂之蒼腦. 取腦已淨, 其杉片謂之腦札. 今人碎之, 與鋸屑相和, 置瓷器中, 以器覆之, 封固其縫, 煨以熱灰, 氣蒸結而成塊, 謂之聚腦, 可作婦人花環等用. 又有一種如油者, 謂之腦油, 其氣勁而烈, 秖可浸香合油.

여행(Travels of Marco Polo)』(번역, 1818) 등이 있다.

2. 유향 乳香

유향(乳香)[1]은 훈륙향(薰陸香)이라고도 한다. 대식(大食)의 말라바르[麻囉拔], 아시시르[施曷], 도파르[奴發] 세 나라의 깊은 골짜기에서 난다. 그 나무는 대개 용(榕)나무와 비슷하고, 도끼로 밑동을 찍으면, 지(脂)가 밖으로 흘러나와 맺혀 향이 되고 모이면 덩어리가 된다. 코끼리 수레가 대식에서 오면, 대식 사람들은 배에 실어온 물건으로 슈리비자야[三佛齊]에서 다른 상품으로 교역하기 때문에 향은 항상 삼불제에 모인다[2].

1 역주에서는 유향(乳香)을 올리바눔(olibanum) 즉 프란킨센스(frankincense)의 통칭으로 보았다. 아랍어로 향약(香藥)을 루반(luban)이라고 하는데, 젖을 의미한다. 또 훈륙(薰陸)이라는 음역은 아랍어의 쿤두르(kundur) 또는 산스크리트어 쿤두루(kunduru)로 보았다. 끝에는 『본초강목』, 권34의 마륵향(摩勒香), 두로향(杜嚕香), 다가라향(多伽羅香) 세 명칭을 인용하고 있는데, 펠리오는 훈륙이 중국 명칭이고, 설령 음역어라고 해도 어떤 언어를 근거했는지 상세하지 않으며, 아랍어의 명칭과는 무관하다. 마륵(摩勒)은 대응하는 음이 알려져 있지 않고, 두로(杜嚕)는 산스크리트어 투루스카(turuska)의 약칭이라면, 그것은 소합(蘇合, storax)이지 훈륙이 아니다. 다가라(多伽羅)의 대응하는 음은 타가라(tagara)로 바로 영릉향(零陵香)이지 훈륙이 아니라고 했다. 『서역남해사지고증역총』 130~134쪽을 참고하시오[1)].

---

1) 이 번역글은 조지 마스페로(Georges Maspéro)가 송나라 초기 인도차이나 반도의 나라들에 관한 연구를 풍승균이 『西域南海史地考證譯叢』(상무인서관, 1962)에 「송대월남반도제국고(宋代越南半島諸國考)」란 제목으로 119~148쪽에 실었다. 그러나 앞서 풍승균이

○『남방초목상』, 권중에 “훈륙향은 대진의 바닷가에서 난다. 가지와 잎이 오래된 소나무 같은 큰 나무가 있는데, 모래 속에서 자라며, 한 여름에 모래위로 흘러나오는 나무의 끈끈한 진을 채취한 것이다(薰陸香出大秦, 在海邊. 有大樹枝葉正如古松, 生於沙中, 盛夏樹膠流出沙上, 方採之).”라고 하였다.

○『당본초(唐本草)』에 “훈륙향은 모양이 백교향과 유사한데, 천축에서 나는 것은 색깔이 희고, 단우(單于)에서 나는 것은 녹색을 띄고 있고 향 또한 깊지 않다(薰陸香形似白膠香, 出天竺者色白, 出單于者夾綠色, 香亦不甚).”라고 하였다. 『대당서역기』, 권11, 아타리(阿吒釐, Atali) 조목에서는 훈륙향 나무가 나는데, 나뭇잎은 당리(棠梨) 같다고 하였다.

○『해약본초(海藥本草)』[2]에서는 『광지(廣志)』를 인용하여 “훈륙향은 수피의 인갑(麟甲)으로 채취해도 다시 자란다. 유두향은 남해에서 나는데, 파사송 수지이다. 앵두처럼 붉고 투명한 것이 상품이다

명시한 곳에는 본 주석과 연관된 내용을 찾을 수 없다.

2) 『해약본초(海藥本草)』: 오대(五代) 전촉(前蜀)의 이순(李珣)이 10세기 초에 지은 본초서적이다. 50여 종의 문헌에 기술된 해약(解藥), 즉 해외와 남방의 약초에 관한 자료를 인용한 책으로, 약물의 형태, 성질, 주요 효능, 복용방법, 금기사항과 영남과 남해 40여 곳의 산지와 명칭들을 기술하고 있다. 현재 남아있는 일문(佚文) 중에서는 124종의 약이 수록되어 있고, 그 중에 16종이 새로 추가된 것이다. 원서는 이미 소실되었고 그 일문(佚文)이 『증류본초(證類本草)』에 가장 많이 남아 있다. 『해약본초』는 전체 6권으로, 현존하는 일문 속에는 124종의 약재가 기술되어 있다. 이 가운데 대부분이 해외에서 들어온 것이거나 중국 남방에 이식된 것들이고, 향약에 관한 기술이 비교적 많다. 국외에서 수입된 약물을 소개하고 중국의 본초학을 보완했다는 점에서 상당한 공헌을 했다. 특히 동서양 무역의 중요한 산물 중의 하나인 향초에 관한 기술을 통해 당시 동남아 생활문화를 연구하는 토대자료로도 유용하고, 외래 식물의 내원과 약재의 효능을 소개한 독보적인 자료라고 할 수 있다.

(薰陸香是樹皮鱗甲, 采之復生. 乳頭香生南海, 是波斯松樹脂也. 紫赤如櫻桃透明者爲上).”라고 하였다. 『본초별설(本草別說)』에 “서쪽에서는 천축에서 나고 남쪽에서는 파사 등의 나라에서 나는데, 서쪽에서 나는 것은 황백색이고, 남쪽에서 나는 것은 자적색이다. 시간이 오래되고 중첩된 것은 유두(乳頭)가 되지 않고, 모래가 섞여있다. 유(乳)가 되는 것은 바로 막 나와 사석이 섞이지 않은 것이다. 훈륙은 그것들의 총칭이다. 유는 훈륙의 유두이다. 오늘날 송지, 풍지에도 이러한 것이 매우 많다(西出天竺南出波斯等國, 西者色黃白, 南者色紫赤. 日久重疊者, 不成乳頭, 雜以沙石. 其成乳者, 乃新出未雜沙石者也. 薰陸是總名. 乳是薰陸之乳頭也, 今松脂楓脂中亦有此狀者甚多).”라고 하였다.

○『몽계필담(夢溪筆談)』, 권26에 “훈륙이 바로 유향이다. 본명이 훈륙이다. 유두처럼 떨어지는 것을 일러 유두향이라 한다. 지상에 있는 용탑을 ‘탑향’이라 한다. 납차 중에 적유, 백유의 품별이 있다면, 어찌 각각의 한 물건일 수 있겠는가.(薰陸即乳香也, 本名薰陸. 以其滴下如乳頭者謂之乳頭香, 鎔塌在地上者謂之塌香, 如臘茶之有滴乳白乳之品, 豈可各是一物.)”라고 하였다.

2 말라바르[麻囉拔], 아시시르[施曷], 도파르[奴發]은 모두 본서 대식 조목 주9에 보인다. 『영외대답』, 권3에 “대식국에서 올 때 작은 배를 타고 남쪽으로 가면 퀼론[故臨]에 이른다. 큰 배로 갈아타고 동쪽으로 가면 슈리비자야에 이른다(大食國之來也, 以小舟運而南行, 至故臨國, 易大舟而東行, 至三佛齊國).”라고 하였다.

○『마르코 폴로 여행기』 제 198장에 쉐르(Shehr, 시갈)를 언급하며, “백색의 유향이 많다.”[3]라고 하였고, 또 190장에는 조법아(祖法兒, Zufar, 여기의 노발로 보임) 조목에서, “이곳에는 백유향(白乳香)이 매우 많아서 생산하는 법을 청해 물었다. 경내에 수목이 있는데 약

3) 『동방견문록』(김호동 역주), 194장(507쪽)에 “이 지방에서는 고급스러운 백유향(白乳香)이 많이 생산된다. 대추야자도 풍성하게 자란다. 쌀을 제외하고 다른 곡식이라고는 없으며, 쌀도 조금밖에 없다.”라고 하였다.

간 삼나무와 비슷하다. 사람들이 칼로 여러 곳에 베어 내면 유향이 베인 곳에서 흘러나온다. 어떤 때는 칼로 자상을 낼 필요가 없이 저절로 흘러나오는데, 이곳의 혹독한 열기 때문일 것이다."[4]라고 하였다. 풍승균이 번역한 책의 765쪽, 767~768쪽을 보라.

외국 상인들이 교역하러 오면, 시박사(市舶司)는 향의 많고 적음을 보고 등급을 매기는데, 향의 품별에는 13가지가 있다. 그 중 최상의 것은 '간향(揀香)'으로 둥글고 큰 것은 손가락 같은데 세간에서 '적유(滴乳)'라는 것이 이것이다. 다음은 '병유(缾乳)'이고 그 색은 간향에 다음 간다. 또 다음은 '병향(缾香)'이라 하는데, 수확할 때 귀중하게 병속에 넣어 둔 것을 말한다. 병향에는 또 상중하 3등의 구분이 있다. 또 그다음은 '대향(袋香)'인데 수확할 때 포대에 넣어 둔 것을 말한다. 그 품별에도 병향처럼 세 가지가 있다. 또 그다음은 '유탑(乳榻)'인데, 향에 사석(砂石)이 섞여 있는 것이다. 또 그다음은 '흑탑(黑榻)'으로 향의 색이 검은 것이다. 또 다음은 '수습흑탑(水濕黑榻)'이라 하는데 향이 배에서 침수되어 변색되고 썩었기 때문이다. 품질이 섞이고 부서진 것을 '작삭(斫削)'이라 하고 키질하여 가루가 된 것을 '전말(纏末)'이라고 하는데, 모두 유향을 구별하는 것이다.

4) 『동방견문록』(김호동 역주), 195장(508쪽)에서는 다음과 같이 번역하고 있다. "그곳에서도 역시 질 좋은 백유향이 많이 생산되는데, 그것이 어떻게 자라는지 설명해주겠다. 그 나무는 결코 크지 않고 조그만 소나무처럼 생겼다. 사람들은 칼로 여러 군데에 상처를 내는데, 그러면 이 상처에서 백유향이 흘러나온다. 상처를 내지 않아도 백유향이 그 나무에서 나오는 경우가 있는데, 그 원인은 그곳이 너무나 덥기 때문이다."라고 하였다.

乳香一名薰陸香, 出大食之麻囉拔·施曷·奴發三國深山窮谷中. 其樹大槩類榕, 以斧斫株, 脂溢於外, 結而成香, 聚而成塊. 以象輦之至于大食, 大食以舟載易他貨于三佛齊, 故香常聚於三佛齊. 番商貿易至, 舶司視香之多少爲殿最. 而香之爲品十有三, 其最上者爲揀香, 圓大如指頭, 俗所謂滴乳是也. 次曰缾乳, 其色亞於揀香. 又次曰缾香, 言收時貴重之置於缾中. 缾香之中又有上中下三等之別. 又次曰袋香, 言收時止置袋中. 其品亦有三如缾香焉. 又次曰乳榻, 蓋香之雜於砂石者也. 又次曰黑榻, 蓋香色之黑者也. 又次曰水濕黑榻, 蓋香在舟中, 爲水所浸漬而氣變色敗者也. 品雜而碎者曰斫削, 簸揚爲塵者曰纏末, 皆乳香之別也.

3. 몰약 沒藥

몰약(沒藥)[1]은 대식(大食) 미르바트[麻囉抹國][2]에서 난다. 이 나무의 높이는 중국의 소나무처럼 크다. 목피는 두께가 1~2촌으로 채취할 때 먼저 나무 아래를 파서 구덩이를 만들고 도끼로 그 피(皮)를 베면, 수지가 구덩이 속으로 흘러가는데 열흘 남짓 되면 얻게 된다.

1 몰약은 말약(末藥)이라고도 한다. 『본초강목』, 권34에 "몰(沒), 말(末) 모두 산스크리트어이다."라고 했는데 잘못이다. 몰약은 페르시아어로 모를(mor)이고, 아랍어로는 무르(murr), 라틴어로는 미라(myrrha)라고 한다. 한자 음역은 페르시아어에서 나온 것이 아니라, 아랍어에서 나온 것이다. 『개보본초(開寶本草)』[1)]에 "몰약은 파사국에서 나는데 그 덩어리의 크기는 일정하지 않고 검은 색으로 안식

1) 『개보본초(開寶本草)』: 『개보신상정본초(開寶新詳定本草)』와 『개보중정본초(開寶重定本草)』를 통칭한다. 『개보신상정본초』는 20권이고 목록이 1권으로 개보(開寶) 6년(973)년에 상약국(尙藥局)에서 어명을 받들어, 유한(劉翰, 919~990), 도사 마지(馬志), 한림원 의관 적후(翟煦) 등 9인이 『당본초(唐本草)』, 『촉본초(蜀本草)』등을 자세히 교감하고, 아울러 『본초습유(本草拾遺)』 등의 책을 참고하여 새롭게 정리하고 수정 보완하여 만든 책이다. 새롭게 약물 133종을 추가하고, 마지로 하여금 주해토록 했으며 한림학사 노다손(盧多遜) 등에게 개정하고 정본을 만들게 하였다. 다음해 개보 7년(974) 이방(李昉, 925~966)등이 다시 이 책을 수정하고 교정하여 『개보중정본초』라고 서명을 고쳤다. 두 책에는 신구의 983종의 약물이 수록되어 있었으나 모두 이미 산실되고 그 일문이 『증류본초(證類本草)』에 남아 전한다.

향과 비슷하다(沒藥生波斯國, 其塊大小不定, 黑色似安息香).”라고 하였다. 『도경본초(圖經本草)』에 “오늘날 남해 여러 나라에 있고 광주에도 있다고 한다. 나무의 뿌리와 둥치는 모두 감람과 비슷하고 잎은 파랗고 조밀하다. 오래된 것은 수액이 흘러 땅으로 떨어지는데, 응고되면 크고 작은 덩어리가 된다. 또한 안식향과 비슷하며 무시로 채취한다(今南海諸國及廣州或有之. 木之根株皆如橄欖, 葉青而密, 歲久者則有脂液流滴在地下, 凝結成塊, 或大或小, 亦類安息香, 采無時).”라고 하였다. 『해약본초(海藥本草)』에서는 서표(徐表)의 『남주기(南州記)』를 인용하여 “파사송 수지이다. 모양은 신향 같고 적흑색이다(是波斯松脂也. 狀如神香, 赤黑色).”라고 했다.

○『유양잡조』, 권18에 “몰수(沒樹)는 파사국에서 나는데 불림에서는 ‘아착’이라 부른다. 피는 청백색이고, 잎은 괴나무 잎과 비슷하나 길며, 꽃은 귤꽃과 비슷하나 크고, 열매는 검은 색으로 큰 것은 산수유 같다. 맛은 시고 달아 먹을 수 있다(沒樹出波斯國, 拂林呼爲阿縒. 長一丈許, 皮青白色, 葉似槐葉而長, 花似橘花而大, 子黑色, 大如山茱萸, 其味酸甜可食).”라고 하였다. 아람어에는 아사(asa)가 있는데, 아랍어로는 아스(as)가 된다. 아마도 도금양(桃金孃, Myrtus communia)의 이름일 것이다. 아착(阿縒)에 대응하는 음은 여기에 근거한 것 같다. 몰약과 도금양이라는 별개의 두 물건을 하나로 잘못 합친 것이다.

○풍승균은 1956년 중간본을 내면서 다음과 같이 주를 추가했다. 아랍의 몰약 나무는 두 종이 있는데, 학명은 코미포라 아비시니카(Commiphora abyssinica)와 코미포라 심페리(Commiphora schimperi)이다. 또한 코미포라 모몰(Commiphora momol)이 있는데 소말리아에서 나는 몰약이다.

2 마라말(麻囉抹)은 틀림없이 말라바르[麻囉拔]가 와전된 것일 것이다. 본서의 필파라(弼琶囉) 조목에서 이 나라에는 몰약이 많아 다른 나라에서 모두 와서 사간다고 했다. 오늘날에도 좋은 몰약은 소말리 연안의 하랄(Harar)부근 지방에서 산출된다. 아마도 이 지역 또는 아라비아 연안을 따라 다니면서 팔고 말라바르에 이르렀기 때문에 이 나라에서 나는 것으로 오해한 것으로 보인다.

沒藥出大食麻囉抹國. 其樹高大, 如中國之松, 皮厚一二寸, 採時先掘樹下爲坎, 用斧伐其皮, 脂溢於坎中, 旬餘方取之.

4. 혈갈 血碣

혈갈(血碣)[1]도 대식국(大食國)에서 난다. 이 나무는 대략 몰약(沒藥)과 같지만 잎이 조금 클 뿐이고 채취하는 것도 그와 같다. 거울 같이 밝은 것은 바로 나무의 노지(老脂)가 저절로 흘러나와 도끼로 베지 않아도 되는 것으로, 이것이 상품이다. 그 중에서 잡목 부스러기가 섞인 것이 바로 강진향(降眞香)의 수지로 세간에서는 '가혈갈(假血碣)'이라 한다[2].

1 혈갈(血碣)은 분명 혈갈(血竭)의 오기이다. 옛날에는 '기린갈(麒麟竭)'이라 했다. 『당본초(唐本草)』에 "기린갈(dragon's-blood) 나무는 '갈류'라고 하고 자요는 '갈름'이라 하는데, 두 가지는 대동소이하다(騏驎竭樹名渴留, 紫鉚樹名渴廩, 二物大同小異)."라고 했고, 『해약본초(海藥本草)』에서는 『남월지(南越志)』를 인용하여, "기린갈은 자요나무의 수지이다(騏驎竭是紫鉚樹之脂也)."라고 했는데 이 설은 틀렸다. 『본초강목』, 권34 기린갈 조목에 "기린갈은 수지이고 자요는 벌레가 만든 것이다(騏驎竭是樹脂, 紫鉚是蟲造)."라고 명시했다. 『도경본초(圖經本草)』[1)]에 "오늘날 남쪽 외국과 광주에서 모두 난

1) 『도경본초(圖經本草)』: 송나라 시기 소송(蘇頌, 1020~1101) 등이 1061년 편찬한 것으로, 20권과 1권의 목록으로 구성되어 있다. 중국 전역의 약초 그림을 수집하여 전문가의 학설을 참고하고 정리하여 완성했다. 『본초강목』에서는 이 책을 다음과 같이 평가하고 있다. "고증과 상세한 설명에는 자못 뛰어난 것도 있지만 그러나 그림과 설(說)이 달라 서로 상응하지 않고, 그림은 있는데 설이 없거나 사물은 있으나 그림이 없는 것도 있고, 설은 옳지만 그림이 틀린 것도 있다.(考證詳明，頗有發揮。但圖與說異，兩不相應，或有圖無說，或有物失圖，或說是圖非)"라고 하였다. 원서는 산실되었고

다. 나무는 수 장(丈)이고, 너울너울 사랑스럽다. 잎은 앵두 같으나 3각이다. 수지가 나무에서 흘러나오는데 떨어져서는 아교나 엿 모습으로 오래되면 딱딱하게 응고되어 '갈(竭)'이 되는데 적색이 혈색으로 된다. 무시로 채취한다. 옛 설에 자요와 대략 비슷하다고 하는데 별개의 것이고 효능도 다르다(今南番諸國及廣州皆出之. 木高數丈, 婆娑可愛. 葉似櫻桃, 而有三角. 其脂液從木中流出, 滴下如膠飴狀, 久而堅凝乃成竭. 赤作血色, 采無時. 舊說與紫鈚大都相類, 而別是一物, 功力亦殊)."라고 하였다. 역주: 본서 중리(中理) 조목에서 이 나라 산에서는 혈갈이 난다고 했다. 오늘날 『에리트라해 안내기(Periplus of the Erythraean Sea)』[2](제10절)에서도 소코트라(Socotra)

그 일문(佚文)과 그림이 『증류본초(證類本草)』에 보인다. 780종의 약물과 933폭의 도판이 수록되어 있다. 『도경본초』는 중국 고대 의약 전통의 기초를 계승하여 진일보한 성과를 이룩했다. 『신농본초경(神農本草經)』과 『명의별록(名醫別錄)』 등의 토대자료에 나오는 약재의 산지, 형태, 성질, 채취하는 시기, 제조방법, 효능 등을 먼저 인용하고, 이어 당시 해당 약물을 생산하는 지역의 명칭을 자세하게 서술하고 약재 간의 비교까지 제시하고 있다. 따라서 한나라 시기에서 송나라 시기까지 약재 산지의 변천 과정을 추적할 수 있어, 북송(北宋) 중엽의 약재와 생태학에 있어 중요한 의미가 있다. 특히 약물의 원산과 유사한 식물들과 감별하는 방법이 서술되어 있어 약재의 원산과 이종(異種)을 판별하는 데 중요한 자료가 된다. 현재 쉽게 접근할 수 있는 간행물은 송(宋) 소송(蘇頌)이 찬(撰)하고 호내장(胡內長), 왕치보(王致譜)가 집주한 『도경본초(圖經本草)』(복건과학기술출판사, 1988)가 있다.

2) 『에리트라해 안내기(Periplus of the Erythraean Sea)』: 1세기 그리스의 한 상인이 쓴 인도양의 무역과 여행에 관한 기록이다. 미국 필라델피아 상업 박물관(Philadelphia Commercial Museum) 관장인 쇼프(Wilfred H. Schoff, 1874~1932)가 그리스어 원문을 번역하고 주석한 것이 가장 잘 알려져 있다(323쪽, 지도, 삽도, 색인을 갖추고 있다. New York, Longmans, Greeen & Co., 1912).

섬에서 이것이 나는데 인도의 주사(Indian cinnabar)라고 하고, 아랍어로 혈갈을 '카티르(katir)'라고 한다고 한다. 이것은 바로 프테로카르푸스 드라코(Pterocarpus draco, 용혈수?) 나무에서 저절로 흘러나오며, 나무는 해발 800~2000척(尺) 사이에서 자란다.

○『정화하서양고(鄭和下西洋考)』[3] 110~111쪽을 참고하시오.

○풍승균은 1956년 중간본을 출판하면서 다음과 같이 주석을 보충

3) 펠리오(Paul Pelliot), 『15세기 초 중국의 위대한 항해들(Les grands voyages maritimes chinois au début du XVe siècle)』, 『통보(通報)』, Vol. 30, No. 3/5 (1933), 237~452쪽. 풍승균(馮承鈞)이 1934년 『15세기 초 중국인의 위대한 항해 여행(十五世纪初年中国人的伟大航海上旅行)』란 서명으로 역주하고, 『정화하서양고(鄭和下西洋考)』로 고쳐 1934년 상무인서관에서 출판되었다. 여기에서 펠리오는 갈(碣)은 갈(竭)의 잘못임을 다음과 같이 주장하고 있다. "일반적인 중국측 설명은 그것이 응고된 피와 비슷했기 때문에 혈갈(血竭)이라고 부른다는 것이다. 그러나 혈(血)이 피를 의미한다면, 갈(竭)은 원칙적으로 '고갈되다'는 의미일 것이다. 한편 틀린 것이라 여기지 않는다면 조여괄의 갈(碣)자는 조약돌보다는 큰 "돌덩이"를 의미한다. 따라서 혈갈은 원래 하나로 표기되었을 것이다. 히어트와 록힐이 제기한 아랍어 gātir는 즉, '수지를 채취하다', 'sang-dragon'(방울방울 떨어지다는 의미의 gatara에서 나옴)을 말하는데, 발음상 받아들일 수 없다. 후지타 토요하치는(37a) 그 어원을 발음상 덜 대치되는 갈(竭) 한 자에서만 찾으려 했다. 그러나 사실 이 산물의 옛 이름은 당나라 이전부터 찾아 볼 수 있는데, 바로 기린갈(麒麟竭)이다. 이 단어에서 갈(竭)자는 설명되지 않았지만 그러나 11세기부터 소송(蘇頌)은 갈(竭)자를 '응결되다'는 의미로 해석했음을 인정해야 한다(久而堅凝乃成竭赤作血色). 그러므로 발음상 혈갈에 대응하는 모든 외래어를 배제하고 출발해야 하는 것은 바로 기린갈(麒麟竭)이다. 게다가 기린갈을 대체하여 맨 나중의 표기가 혈갈이기 때문이다. 그러므로 조여괄의 혈갈(血碣)은 잘못된 것이다."

했다. 혈갈(血碣)이 나는 나무에는 세 종이 있는데, 하나는 종려나무과 등야속의 대모노르호포 드라코(Daemonohopo draco) 같은 류이고, 하나는 백합과 용수(龍樹)속의 드라캐나 시나바리(Dracaena cinnabari)와 같은 것으로, 이것이 바로 소코트라 섬에서 나는 것이다. 세 번째는 콩과 자단속(Ptero carpus)로 본 주석에서 거론한 학명이다. 이 종에서 생산하는 혈갈이 가장 진귀하고 가장 적다. 아프리카인들은 이 나무의 진액을 '키노(Kino)'라고 하는데 갈류(竭留)에 대응하는 음으로 보인다.

2 강진향(降眞香)은 본서에 별도의 조목이 있다. 가혈갈(假血碣)은 칼라무스 드라코(Calamus draco)라는 학명을 가지는 것이다.

血碣亦出大食國. 其樹畧與沒藥同, 但葉差大耳, 採取亦如之. 有瑩如鏡面者, 乃樹老脂自流溢, 不犯斧鑿, 此爲上品. 其夾插柴屑者, 乃降眞香之脂, 俗號假血碣.

5. 금안향 金顔香

금안향(金顔香)[1]은 바로 캄보디아[眞臘]에서 나고 대식(大食)이 그다음이다. 슈리비자야[三佛齊]에 이 향이 있다고 하는 것은 특히 대식에서 삼불제에 팔려 왔다가 상인들이 다시 삼불제에서 중국으로 되팔러 오기 때문일 따름이다. 이 향은 바로 나무의 수지로 담황색 띠는 것이 있고 검은 색을 띠는 것이 있다. 꺾어서 눈같이 희면 우수한 것이고, 사석(沙石)이 있으면 하품이다. 그 향기가 강하고, 뭇 향보다 뛰어나다. 오늘날 용연(龍涎), 연향(軟香)1)을 지니는 사람이라면, 대부분 이 것을 사용한다. 현지인들도 조화로운 향으로 여겨 몸에 바른다.

1 금안향은 『영애승람』, 구항(舊港, Palembang)조목에 '금은향(金銀香)'으로 되어 있다. 말레이어 게멘얀(kěměnyan)의 음역이다. 오늘날 벤조인(sweet benzoin)이라는 것이다. 아랍어로는 루반 자위(luban jawi)라고 하는데 '자바의 향'이란 뜻이다. 옛날에 아랍어로 수마트라를 사바라고 했는데, 향을 지명으로 부른 것임을 알 수 있다. 본 조목에서 이 향은 진랍과 대식에서 나서 삼불제[Palembang]에 팔려 온다고 했는데, 이는 소문을 잘못 기록한 것으로 보인다. 이 향은 여러 본초(本草) 관련 책에서 기술되지 않았고, 다만 『영애승람』 구항(舊港) 조목에서 그 모양과 성질을 다음과 같이 언급하고 있다. "금은향은 중국과 다른 나라에서는 모두 나지 않는다. 그 향은 은장

---

1) 연향(軟香): 어떤 향인지 알려지지 않았다. 다만 사조제(謝肇淛, 1567~1624)의 『오잡조(五雜俎)』, 권10에 보면, "송 선화 연간(1119~1125)에 궁중에서 불로 사루는 기이한 향(香) 중에는 독누, 용연, 아실, 금안, 설향, 갈향, 연향 등이 있었으나 지금 남아있는 것은 용연뿐이다(宋宣和間, 宮中所焚異香有篤耨·龍涎·亞悉·金顔·雪香·褐香·軟香之類, 今世所有者, 惟龍涎耳)."라고 하였다.

인이 은그릇을 새기는 데 사용하는 검은 아교와 비슷하고, 가운데에는 백랍 같은 한 덩어리가 있다. 좋은 것은 흰 것이 많고 검은 것이 적으며 품질이 떨어지는 것은 검은 것이 많고 흰 것이 적다. 이 향을 사르면 향기가 매우 강렬하여 사람코를 자극하게 된다. 서번(西番)들과 소리(鎖俚) 사람들이 매우 이 향을 좋아한다(金銀香中國與他國皆不出, 其香如銀匠鈒銀器黑膠相似, 中有一塊似白蠟一般在內, 好者白多黑少, 低者黑多白少. 燒其香氣味甚烈, 爲觸人鼻, 西番幷鎖俚人甚愛此).”라고 하였다. 『도이지략』 팔렘방[舊港] 조목의 후지타 토요하치(藤田豊八)의 주를 참고하시오.

○1956년 중간본에서 풍승균은 다음과 같이 덧붙였다. 금안향(金顏香), 소합향유(蘇合香油), 안식향(安息香)은 모두 스티락스(Styrax)에 속하는 나무에서 난다. 이 나무는 아시아와 아메리카 대륙의 온습지대에 모두 있는데, 지중해 지역에서는 1종만 나는데, 바로 위의 주에서 언급한 소합향유의 학명이다. 안식향은 바로 위의 주에서 거론한 학명이나 금안향의 학명은 스티락스 통킨시스(Styrax tonkinensis)로 인도차이나와 태국에서 생산된다. 시암[暹]과 라오[寮] 사람들은 ‘kam yam’, ‘kan nban’이라 하는데 모두 말레이어 게멘얀(kĕmĕnyan)에서 나온 것이고, 아랍어의 루반 자위(luban jawi)는 뒤에 ‘밤 자비(bam jabi)’로 바뀌었고, 다시 벤조인 또는 베르야민(beryamin)으로 변했을 것이다.

金顏香正出眞臘, 大食次之. 所謂三佛齊有此香者, 特自大食販運至三佛齊, 而商人又自三佛齊轉販入中國耳. 其香乃木之脂, 有淡黃色者, 有黑色者, 拗開雪白爲佳, 有砂石爲下. 其氣勁, 工於聚衆香, 今之爲龍涎軟香佩帶者, 多用之. 番人亦以和香而塗其身.

6. 독누향 篤耨香

독누향(篤耨香)[1]은 캄보디아[眞臘]에서 나는데, 이 향은 수지이다. 이 나무의 모양은 삼나무나 회나무 같지만 향을 피(皮)에 가지고 있다가 나무가 오래되면 자연스럽게 흘러나온다. 색이 희고 밝으며 한 여름에도 녹지 않는 것을 '백독누(白篤耨)'라고 한다. 여름이 되어 불로 둥치를 둘러 구우면 수액이 더 넘치게 할 수 있고, 겨울이 되어 응고되면 채취한다. 여름에는 녹고, 겨울에는 응고되는 향을 '흑독누(黑篤耨)'라고 한다. 토착민들이 표주박에 담아두면 뱃사람들이 자기(瓷器)와 교역한다. 향은 맑고 오래가며, 검은 것은 쉬이 녹아 박에 스며드는데, 표주박을 부수어 불 사르면 또한 그 비슷한 것을 얻을 수 있다. 오늘날 '독누표(篤耨瓢)'라고 하는 것이 이것이다.

1 독누향(篤耨香)은 피스타치아 테레빈투스(Pistacia terebinthus L.)의 수지이다. '독누' 두 글자에 대응하는 음은 알려져 있지 않다[1]. 『BEFEO』 4책 174쪽을 참고할 만하다[2]. 『본초강목』, 권34, 독누 조목은 본서에서 따간 것으로 이시진(李時珍, 1518~1593)이 참고한 판본은 본서의 이전 각본(刻本)일 수 있다. 여기에 그 문장을 기록하여 대조하는 자료로 삼고자 한다. "독누향은 진랍국에서 나는 나무의 수지이다. 나무는 소나무 모양과 같고 그 향이 오래되면 넘쳐 나온다. 색깔이 하얗고 투명한 것을 백독누라 하는데, 한 여름에는

---

1) 워터스는 dhūma, 즉 사라수(Shorea Robusta)로 추정하고 있다(T. Watters, 『Essays on the Chinese Language』, 442쪽).

2) 1904년에 출판된 제 4책의 131~413쪽까지는 폴 펠리오(Paul Pelliot)의 「8세기 말 중국에서 인도로 가는 두 여정(Deux itinéraires de Chine en Inde à la fin du VIIIe siècle」)"이 실려 있는데, 여기에서 밝힌 174쪽에는 연관된 설명이 없다. 착오가 있는 것 같다.

용해되지 않아 향기가 맑고 멀리 간다. 여름철에는 토착민들이 채취한 다음, 불로 나무를 구워 수지가 다시 넘치게 한다. 겨울이 되어 응고되면 다시 수확한다. 그 향이 여름에는 융성하고 겨울에는 응결되므로 표주박에 가득 담아 서늘한 곳에 두면 녹지 않게 할 수 있다. 나무껍질과 섞인 것은 색깔이 검어 흑독누라고 하는데 하품이다.(篤耨香出眞蠟國, 樹之脂也. 樹如松形, 其香老則溢出. 色白而透明者名白篤耨, 盛夏不融香氣清遠, 土人取後, 夏月以火炙樹, 令脂液再溢. 至冬乃凝, 復收之. 其香夏融冬結, 以瓠瓢盛置陰凉處, 乃得不融. 雜以樹皮者則色黑, 名黑篤耨, 爲下品)."

○역주에서는 독누를 다마르(Damar)의 음역으로 오인했는데 이것은 또 다른 수지로, 독누향과 별개의 것이다. 중국 서적에서 이 이름을 가장 먼저 기록하고 있는 것은 『영애승람』, 만랄가(滿剌加, Malakka) 조목의 타마아(打麻兒)이다. 그 기록은 다음과 같다. "타마아는 원래 일등의 수지로, 흘러나와 흙으로 들어가는데 파내면 송향의 역청 모양으로, 불에 태우면 환해지기 때문에 현지인들 모두 이것으로 등불을 켠다. 외래 선박들은 다 건조하면 이것으로 연결 부위에 발라 땜질하는데, 방수에 매우 좋다. 이곳의 사람들 대부분이 이것을 채취하여 다른 나라에 팔러 다닌다. 속에 밝고 깨끗한 것이 있는 것은 오히려 금박과 비슷하여 '손도로시'라고 한다. 현지인들은 모자의 구슬로 만들어 파는데 오늘날 수박이라고 하는 것이 바로 이것이다.(打麻兒香本是一等樹脂, 流出入土, 掘出如松香瀝青之樣, 火燒卽著, 番人皆以此物點照當燈. 番船造完, 則用此物熔塗於縫, 水莫能入, 甚好. 彼地之人多采取此物以轉賣他國. 內有明淨好者, 卻似金珀一樣, 名損都盧廝. 番人做成帽珠而賣, 今水珀卽此物也.)"고 했다. 『정화하서양고(鄭和下西洋考)』[3] 112~113쪽을 참고하시오.

3) 이 번역서의 원문은 폴 펠리오(Paul Pelliot)의 「15세기 중국의 위대한 항해(Les Grands voyages maritimes chinois au début du XVe siècle)」(『통보(通報)』, Vol., 30, 237~452쪽)로, 풍승균이 번역하여 대만상무인서관에서 1934년 출간한 것이다. 펠리오는 수박(水珀)과 관련하여 다음과 같이 설명하고 있다. "수지를 추출하는 것과 관련

篤耨香出眞臘國, 其香樹脂也. 其樹狀如杉檜之類, 而香藏於皮, 樹老而自然流溢者, 色白而瑩, 故其香雖盛暑不融, 名白[2]篤耨. 至夏月以火環其株而炙之, 令其脂液再溢, 冬月因其凝而取之. 故其香夏融而冬凝, 名黑篤耨. 土人盛之以瓢, 舟人易之以瓷器, 香之味清而長, 黑者易融, 滲漉於瓢, 碎瓢而爇之, 亦得其髣髴, 今所謂篤耨瓢是也.

2 이 판본에는 모두 '왈(曰)'자로 되어 있는데, 『본초강목』에 따라 '백(白)'자로 바꾸었다. 본 조목의 주1을 참고하시오.

된 수(水)자는 프라이어(Frayer)가 1673년 다마르(damar)에 관하여 '일종의 송진 같은 것으로 바다에서 난다.'라고 한 문장을 연상시킨다(율, 『Hobson-Jobson』, 295쪽을 참고하시오). 다마르란 명칭은 1584년 이전 『Hobson-Jobson』의 인용에는 보이지 않으므로 1416년 『영애승람』의 이것은 좋은 자리에 놓일 만하다. 마환은(황성증도 이어서) '타마아(打麻兒)'라고 하였는데, 우리가 가지고 있는 장승(張昇)의 판본에서 타마(打魔)로 썼다면(록힐, 116쪽), 이는 장승이 두 글자로 줄여 쓰려고 한 것이 아니라 마아(麻兒)를 서법상 마(魔) 한 글자로 잘못 합쳐버린 것이다. 의문의 손도로시(損都盧廝)에 관하여, 마환의 것이 장승과 황성증(黃省曾)의 원문에도 그대로 옮겨져 있는데, 특히 말레이어는 아니고, 페랑이 『JA』, 1918, 1책, 397쪽에서처럼 아랍-페르시아어인 sindarus, 산다라크 수지, 일반적으로 베니스를 표현한 것으로 보인다. 코펄 베니스(copal vernis)의 명칭으로 『Hobson-Jobson』(Dammer 조목)에서 설명한 "chandruz"가 신다루스, 손도로시와 관계되는지는 모르겠다."라고 하였다.

7. 소합향유 蘇合香油

소합향유(蘇合香油)[1]는 대식국(大食國)에서 나는데, 향기와 맛은 대개 독누(篤耨)와 비슷하며, 진하고 찌꺼기가 없는 것을 상품으로 친다. 현지인들 대부분이 이 향을 몸에 바른다. 민(閩, 복건성) 사람 중에 대풍(大風)을 앓는 사람 역시 그들을 흉내 낸다. 연향(軟香)과 섞을 수 있고 사람 치료에 사용한다.

1 역주: 오늘날 소합향유(蘇合香油)는 바로 스토락스(storax)의 기름이다. 소아시아의 리키담바르 오리엔탈리스(Liquidambar orientalis)에서 생산된다. 중고대 중국에 알려진 소합(蘇合)은 대진국(大秦國)에서 난다. 생각하건대 그리스어로 '스투라즈(sturaz)'라고 하는데 소합이라는 중국 명칭은 이것의 음역으로 보인다. 시리아 스티락스 오피시알리스(Styrax officialis)의 산물이다. 『수서』, 권83, 「파사전(波斯傳)」에서 '소합'은 파사에서 난다고 했고, 『양서』, 권54, 「중천국전」에서 "그 서쪽에서는 대진, 안식과 바다로 교역하는데 대진의 진귀한 물품들이 많다. 소합은 여러 향의 즙을 졸여 만든 것이지, 자연의 산물이 아니다. 또 이르기를, 대진 사람들은 소합을 채취하여 그 즙을 짜내 향고(香膏)로 만들어 그 찌꺼기를 여러 나라 상인들에게 파는데, 이것이 중국으로 굴러 들어온 것으로, 대향(大香)이 아니다(其西與大秦安息交市海中, 多大秦珍物, ……蘓合是合諸香汁煎之, 非自然一物也. 又云, 大秦人採蘓合, 先笮其汁以爲香膏, 乃賣其滓與諸國賈人, 是以展轉来達中國, 不大香也)."라고 했으니, 옛날에 가짜 소합이 많았던 것으로 보인다. 본서의 바그다드[白達], 로마[蘆眉], 가즈니[吉慈尼] 조목에 열거된 산물 중에는 모두 소합유(蘇合油)가 들어있다.

○『당본초(唐本草)』에 "오늘날 서역과 곤륜에서 온 자적색의 것은 자진단과 서로 비슷한데, 견고한 열매가 매우 향기롭고 성질은 돌

처럼 무겁다. 탄 재가 흰 것이 좋다(今從西域及崑崙來紫赤色, 與紫眞檀相似, 堅實極芳香, 性重如石, 燒之灰白者好).”라고 했다. 『도경본초(圖經本草)』에 “오늘날 광주에 소합향이 있지만 소목(蘇木)과 비슷하며 향기가 없다. 약에서는 고유(膏油) 같은 것만 사용할 뿐으로 향이 매우 강하다. 도홍경(陶弘景, 456~536)이 ‘사자시’라고 여긴 것은 역시 이 고유(膏油)를 지칭하여 말한 것일 뿐이다(今廣州雖有蘇合香, 但類蘇木, 無香氣. 藥中只用如膏油者, 極芬烈. 陶隱居以爲獅子矢者, 亦是指此膏油者言之爾).”라고 하였다. 『번역명의집(翻譯名義集)』, 권8에 “돌로슬검(咄嚕瑟劍), 이것은 소합을 말한다. 공초(珙鈔)가 인용한 『속한서』에 이르기를, ‘대진국에서 나는데, 여러 향과 섞어 그 즙을 졸인 것을 소합이라 한다.’고 하였고 또 『광지』에도 이르기를, ‘대진국에서 나는데, 소합국이라고도 한다. 나라 사람들은 그것을 채취하여 그 즙을 짜서 향고(香膏)로 만들고 그 찌꺼기를 판다. 혹자는 여러 향초와 섞고 졸여 소합을 만든다고 하는데 같은 것이 아니다.’고 하였다(咄嚕瑟劍. 此云蘇合, 珙鈔引續漢書云, 出大秦國, 合諸香煎其汁, 謂之蘇合. 廣志亦云, 出大秦國, 或云蘇合國. 國人采之, 笮其汁以爲香膏, 乃賣其滓, 或云合諸香草煎爲蘇合, 非一物也).”라고 했다. 『몽계필담(夢溪筆談)』, 권26에 “지금의 소합향은 견목과 같고 붉은 색이다. 또 소합유가 있는데 질 좋은 아교같아 오늘날 이것을 이용하여 소합향을 만든다. 유우석(772~842)의 『전신방』에는 소합향을 활용하는 것을 말하고 있는데, ‘목피는 얇고, 열매는 금색이며, 누르면 작아지고 놓으면 일어나며 벌레가 움직이는 것처럼 한참동안 안정되지 않는다. 향기가 강한 것이 좋다.’고 하였다. 이와 같다면 오늘날 사용하는 것과는 완전히 다르다. 다시 정밀하게 고증해야 한다(今之蘇合香, 如堅木, 赤色. 又有蘇合油, 如精膠, 今多用此爲蘇合香. 按劉夢得傳信方, 用蘇合香云, 皮薄, 子如金色, 按之即小, 放之即起, 良久不定如蟲動. 氣烈者佳也. 如此則全非今所用者, 更當精考之).”라고 하였다.

蘇合香油, 出大食國, 氣味大抵類篤耨, 以濃而無滓爲上, 番人多用以塗身. 閩人患大風者亦倣之. 可合軟香, 及人醫用.

8. 안식향 安息香

안식향(安息香)[1]은 슈리비자야[三佛齊國]에서 나는데, 그 수지가 바로 향이다. 그 형색(形色)은 호두의 속과 비슷하여 사르기에는 적당하지 않지만, 뭇 향들보다 두드러지기 때문에 사람들이 그것을 취해 다른 향과 섞는다.

1 안식향의 학명은 스티락스 벤조인(Styrax benzoin)이다. 『당본초(唐本草)』에 "안식향은 서융에서 난다. 모양은 송지와 비슷하고 황흑색으로 덩어리 지는데, 새것은 부드럽고 탄력이 있다(安息香出西戎, 狀如松脂, 黃黑色爲塊, 新者亦柔韌)."라고 했다. 『해약본초(海藥本草)』에 "남해의 파사국에서 나는 수지이다. 모양은 도교(桃膠)같고 가을에 채취한다(生南海波斯國, 樹中脂也. 狀若桃膠, 秋月采之)."라고 했다. 『유양잡조』, 권18에 "안식향 나무는 파사국에서 난다. 파사사람들은 '벽사'라고 부른다. 나무 길이는 3장이고 껍질은 황흑색이며, 잎은 4각이고 추위에도 시들지 않는다. 2월에 개화하고, 노란 색이며 꽃술은 옅은 푸른색이고, 열매는 열리지 않는다. 그 나무의 껍질을 깎아 보면 그 진액이 엿 같은데, 이것을 '안식향'이라 부른다. 6~7월에 단단하게 응고되면 채취한다. 태우면 신명에 통하여 여러 사악한 것을 물리친다.(安息香樹, 出波斯國, 波斯呼爲辟邪. 樹長三丈, 皮色黃黑, 葉有四角, 經寒不凋. 二月開花, 黃色, 花心微碧, 不結實. 刻其樹皮, 其膠如飴, 名安息香. 六七月堅凝, 乃取之. 燒通神明, 辟衆惡)."라고 했다.
○역주에는 산스크리트어로 '카디라(khadira)' 또는 '쿤두루(kunduru)'라고 했는데 분명 잘못이다. 『번역명의집(翻譯名義集)』, 권8에 "졸구라는 '구구라', '구구라'라고도 하는데 안식향이다(拙具羅. 或窶具羅, 或求求羅, 此云安息)."라고 했으니 산스크리트어로는 분명 구구라(guggula)가 되어야 할 것이다. 『서역남해사지고증역

총』, 134~135쪽을 참고하시오[1)].

『통전』에는 서융(西戎)에 안식국(安息國)[2]이 있는데, 후주(後周) 천화(天和, 566~572), 수(隋) 대업(大業, 605~618) 연간에 조공을 했다고 한다. 아마도 이 때문에 이름을 얻었고 슈리비자야에서 교역되었을 것이다.

2 안식국(安息國)의 명칭은 『사기』, 권123, 「대원열전」에 처음으로 보인다. 본서에서는 『통전』만을 인용했다. 본서에서 발췌한 것이 대부분 『통전』을 따른 것임을 충분히 입증할 수 있다. 옛날의 안식(安息)은 대개 번두(番兜, Partava, Partu, Parthio)의 안식(安息, Arsacides) 왕조를 지칭한다. 주수(周隋)의 시대(557~618)에는 대체로 파사(波斯, 페르시아) 살산조(薩珊朝, Sassanides)가 흥성했던 때인데도 여전히 안식이라 한 것은 옛 명칭을 답습했기 때문이다. 본 조목의 주1에서 인용한 여러 문장들을 보면, 이 향은 당나라 시기에

---

1) 풍승균이 해당 페이지에 번역한 글은 조지 마스페로(Georges Maspéro)가 송나라 초기 인도차이나 반도의 나라들에 관한 연구로, 『西域南海史地考證譯叢』(상무인서관, 1962), 「송대월남반도제국고(宋代越南半島諸國考)」(119~148쪽)에 실려 있지만 풍승균이 명시한 곳에는 본 주석과 연관된 내용을 찾을 수 없다. 아마도 펠리오가 『통보』, 13(1912), 480쪽에서 언급한 것을 말하는 것으로 보인다. 펠리오에 따르면, "『번역명의집』, 권8, 34조목에도 보이는데 졸구라(拙具羅)로 되어 있고, 다른 음역으로 의정의 목록에 들어 있는 구구라(窶具羅), 세 번째로는 구구라(求求羅)를 보여주고 있다. 그러므로 히어트와 록힐이 암묵적으로 행했던 교정은(『Chau Ju-kua』, 202쪽) 타당한 것임에 틀림없다. 첫 번째 글자야 어찌되었든 간에 원어는 khadira 또는 kunduru가 아니라 guggula이다. 정확하게 말하자면 말레이어에서만 보이는 벤조인이 아니라 Balsamodendron africanum에서 추출한 산물이며, 고대 파르티아에 대한 중국식 명칭으로 보이는 안식(安息)의 향이란 이름으로 더 잘 알려져 있다."라고 하였다.

수입되기 시작했던 것임을 알 수 있다. 초기에 판매된 것은 아마도 블라사모덴드론 아프리카눔(Blasamodendron africanum)일 것이다. 생산된 향이 파사에서 왔기 때문에 '안식향'이라고 명명한 것이다. 그러나 순수한 안식향은 남해에서 나므로, 『해약본초(海藥本草)』에서 "남해 파사국에서 난다."라고 한 것이다.

安息香出三佛齊國, 其香迺樹之脂也, 其形色類核桃瓤, 而不宜於燒, 然能發衆香, 故人取之以和香焉. 通典叙西戎有安息國. 後周天和·隋大業中曾朝貢, 恐以此得名. 而轉貨於三佛齊.

9. 치자화 梔子花

치자화(梔子花)[1]는 대식(大食) 이스파한[啞巴閑], 나시미(囉施美) 두 나라[2]에서 난다. 모양은 중국의 홍화(紅花)와 같은데 그 색이 엷은 자색이다. 이 향은 뛰어나게 맑고 지속성이 있다. 토착민들은 꽃을 따서 햇볕에 말려 유리병 속에 저장한다. 꽃이 붉은 것은 드문데 불경에서 말하는 담포(薝葡)[3]가 이것이다.

1 치자화(梔子花)는 도홍경(陶弘景, 452~536)의 『명의별록(名醫別錄)』에 치자(巵子)로 되어있는데, 바로 가르델리아 플로리다(Gardelia florida)이다. 『유양잡조』, 권18에 "일반 꽃들은 (꽃잎이) 6개로 나는 것이 적은데, 유독 치자화는 6개로 난다. 도홍경이 '치자는 잘린 꽃잎이 6개로 나며, 화방은 7갈래로 나눠어 있어 꽃의 향기가 매우 진하다.'고 하였다. 전하는 바에 따르면 서역의 담복화가 이것이다(諸花少六出者, 唯梔子花六出, 陶眞白言梔子翦花六出, 刻房七道, 其花香甚, 相傳即西域薝蔔花也)."라고 하였다. 『도경본초(圖經本草)』에 "오늘날 남방과 서촉(西蜀)의 주군에 모두 있다. 나무의 키는 7~8척이고 잎은 자두나무 같으나 두껍고 딱딱하다. 또한 저포와 비슷하다. 2~3월에 흰 꽃이 피고 꽃은 모두 6개가 나오는데 향기가 진하다. 속설에는 서역담복이라고 한다. 여름과 가을에 결실을 맺는데 가자[가지]와 같은 모습이다. 날 때는 푸르고 익으면 황색이며 중인(中仁)은 매우 붉다. 남방의 사람들이 다투어 심고 돈을 번다. 『사기』, 「화식전」에 '치자 천 석이면 천 호의 제후와 같다'고 한 것은 이득이 크기 때문이다. 약에 들어가는 것은 산치자를 사용하는데, 의서에서 말하는 '월도(越桃)'이다. 껍질이 얇고 둥글며 작다. 줄로 나눠진 부분이 7~9각을 이루는 것이 좋다. 크고 긴 것을 뇌효(雷斅)의 『포자론』에서 복시치자(伏尸巵子)라 하고 약에 넣어도 효력이 없다고 하였다(今南方及西蜀州郡皆有之. 木高七八尺, 葉

似李而厚硬, 又似樗蒲子. 二三月生白花, 花皆六出, 甚芬香. 俗説即西域薝蔔也. 夏秋結實如訶子狀, 生青熟黄, 中仁深紅, 南人競種以售利. 史記貨殖傳云, 巵茜千石, 與千户侯等, 言獲利博也. 入藥用山巵子, 方書所謂越桃也. 皮薄而圓小, 刻房七稜至九稜者爲佳. 其大而長者, 雷斆炮炙論謂之伏尸巵子, 入藥無力).”라고 하였다.

○『영외대답』, 권7에 “외래 치자는 대식국에서 난다. 불경에서 말하는 담복화(薝蔔花)이다. 바다의 번국들이 그것을 말리는데, 염색하는 집의 ‘홍화’ 같다. 오늘날 광주에서 용연을 향으로 만들 수 있는 것은 외래의 치자를 사용하기 때문이다. 또한 광주 깊은 곳에는 ‘백화’가 있는데 치자화와 완전히 같으나 5개가 나와, 사람들은 천축에서 온 것이라 하고 또 ‘담복’이라 한다고 하는데 이 설은 틀린 것 같다(蕃梔子出大食國. 佛書所謂薝蔔花是也. 海蕃乾之, 如染家之紅花也. 今廣州龍涎所以能香者, 以用蕃梔故也. 又深廣有白花, 全似梔子花, 而五出, 人云亦自西竺来, 亦名薝蔔, 此説恐非是).”라고 했다.

2 본서 대식 조목에는 여러 속국들이 기록되어 있는데, 아사포한(啞四包閑), 나시미(囉施美) 등의 나라가 보인다. 본 조목에서의 아파한(啞巴閑)은 ‘사(四)’자가 빠진 것으로 보인다. 대식 조목의 주9를 참고하시오.

3 ‘담(薝)’자는 원본에 ‘첨(簷)’자로 잘못되어 있다. 산스크리트어 캄파가(campaka)에 따라 바로 잡는다. 『번역명의집(翻譯名義集)』, 권8에 “첨복, 혹 ‘첨파’라고도 하는데 바로 ‘첨박가’를 말한다. 『대지도론(大智度論)』에서는 황화로 번역했는데, 나무의 모양이 매우 크다(瞻蔔. 或詹波, 正云瞻博迦. 大論翻黃華, 樹形髙大).”라고 하였다. 이 꽃은 바로 미이첼리아 참파카(Miichelia champaca)이다. 치자와는 분명 다른 것이다. 본 조목의 주1에 인용한 여러 문장들을 볼 때 혼칭한 유래가 오래되었음을 알 수 있다.

梔子花出大食啞巴閑·囉施美二國. 狀如中國之紅花, 其色淺紫, 其香清越而有醞藉. 土人採花曬乾, 藏之琉璃缾中. 花赤希有, 即佛書所謂薝蔔是也.

10. 장미수 薔薇水

장미수(薔薇水)[1]는 대식국(大食國)의 꽃이슬이다. 오대(五代)에 외국 사신 포가산(蒲謌散)이 15병을 공물을 바쳤고[2] 그 이후 거의 오지 않았다. 오늘날은 대부분 꽃을 채취하여 물에 담가 쪄서 그 액을 취하는 것으로 대신한다. 그 물에는 가짜로 섞은 것이 많다. 유리병으로 그것을 시험하는데, 서너 차례 뒤집고 흔들어서 그 거품이 위아래로 있는 것이 진짜이다. 이 꽃은 중국 장미와는 다르다.

1 역주: 장미수(薔薇水, rose-water)는 또한 '장미로(薔薇露)'로 되어 있다. 페르시아어로는 '구랍(gulab)'이라고 한다. 본서의 키시[記施], 로마[蘆眉] 두 조목에 모두 기재되어 있는 산물이다. 이븐 하우칼(Ibn Haukal)1)에 따르면, 장미수는 파르스(Fars) 부근 일대에서 나는

1) 이븐 하우칼(Ibn Haukal, Ibn Hawqal)은 10세기 메소포타미아 니시비스(Nisibis) 출신의 여행가이자 지리학자로, 943년~969년까지의 여행을 토대로 『지구의 구성(Surat al-Ardh)』이라는 저명한 지리서를 남겼다. 그의 사적에 관해서는 잘 알려지지 않았지만 그의 책은 아부 이스하크 알 이스타크리(Abu Ishaq al-Istakhri)의 『길과 왕국(Masalik ul-Mamalik)』(951)이란 책의 내용을 직접 여행하며 확인하고 재조명한 것이다. 그는 30년 동안 아시아와 아프리카를 넘나들며 기록한 정확한 기술은 이후 많은 탐험가들의 찬사를 받았다. 그가 방문한 지역은 크게 북아프리카, 사하라 사막 남단, 이집트, 시리아, 아르메니아, 아제르바이잔, 알자지라(al-Jazira), 이라크, 후제스탄(Khuzistan), 파르스(Fars), 콰리즘(Khawarizm) 그리고 트랜스옥시아나(Transoxania), 시칠리아에 이른다. 스페인령 무슬림 세계 특히 시칠리아에 관해 상세한 기술을 보여주고 있고, 무슬림에 의해 풍요롭게 경작되고 있던 라 갸흐드-프헤네(La Garde-Freinet)

것이 가장 유명하며 세계 각지로 팔려 나간다고 하였다.

2 참파[占城]의 사신 포가산(蒲訶散)이 후주(後周, 951~960)에 방물을 바친 것은 두 차례 사적에 보인다. 한 번은 주태조(周太祖) 광순(廣順) 원년(951)의 일로 『책부원구(冊府元龜)』, 권972에 보이고, 다른 하나는 세종(世宗) 현덕(顯德) 5년(956)의 일이다. 『신오대사(新五代史)』, 권74, 「점성전」에서 "그 국왕 인덕만(Sri Indrabarman III)은 사신 포가산을 보내 맹화유 84병과 장미수 15병을 바쳤다. 그 표문은 패다라 잎에 썼고 향나무로 함을 만들었다. 맹화수는 뿌리는 것으로 물을 만나면 불이 나온다. 장미수는 서역에서 얻어서 옷에 뿌리는데, 헤지면 헤졌지 향이 사라지지는 않는다고 했다(其國王因德漫, 遣使者莆訶散來貢猛火油八十四瓶, 薔薇水十五瓶. 其表以貝多葉書之, 以香木爲函. 猛火油以灑物, 得水則出火. 薔薇水云得自西域以灑衣, 雖敝而香不滅.)"고 하였다[2]. 자세한 것은 『점성사(占城

를 기록하고 있어 그 지역의 농업과 어업의 혁신에 크게 기여했다. 한편 그의 책은 이스타크리의 방식으로 기술되었고, 특정시기의 유머들도 들어 있으며 과장도 빈번하여 일차 자료로 활용하기에는 어려움이 많다. 예를 들면 이탈리아 도시인 팔레르모(Palermo)의 기독교인들을 미개의 야만인으로 묘사하고 있다. 또한 비잔틴 제국을 묘사하기 위해 무슬림 세계에서 사용된 용어인 "로만의 땅"에 대해 기술하는 과정에서, 그는 공용어로 아제르바이잔어, 페르시아어와 더불어 코카서스(Caucasus)에서 360개의 언어가 사용되었다는 최초의 기록을 남겼다. 그리고 키에프(Kiev)를 묘사하면서 아마도 스뱌토슬라프 1세(Sviatoslav I of Kiev)에 의한 볼가 불가르(Volga Bulgars)와 하자르 카간국(Khazars)로 가는 길을 언급하고 있다. 마지막으로 언급할 만한 것은 신드(Sindh)의 지도를 그려냈고 신드와 인더스강의 문화를 설명하였다는 것이다. 이븐 하우칼의 책은 괴제(M. J. de Goeje)에 의해 라이덴에서 1873년에 출판되었고, 익명의 개요서가 1233년 편집된 것으로 알려져 있다.

2) 송나라 채경(蔡京, 1047~1126)의 막내아들이 지은 채조(蔡絛)의 『철위산총담(鐵圍山叢談)』, 권5에 "옛 설에 따르면 장미수는 외

史)』 53쪽을 참고하시오.

○1956년 중간본에서 풍승균은 "포가산(蒲謌散)은 분명 아부 후세인(Abu Hussein) 또는 아부 카신(Abu Kasin)이다."라고 추가했다.

薔薇水, 大食國花露也. 五代時番使蒲謌散以十五缾效貢, 厥後罕有至者. 今多採花浸水, 蒸取其液以代焉. 其水多偽雜, 以琉璃缾試之, 翻搖數四, 其抱周上下者爲眞. 其花與中國薔薇不同.

국에서 장미꽃에 떨어진 이슬이라고 하나 그렇지 않은 것 같다. 사실은 백금으로 시루를 만들어 장미꽃의 증기를 얻어 물로 만드는데, 여러 차례 반복하면 축적되어 향이 된다. 그렇기 때문에 그 향이 오래 간다(舊說薔薇水, 乃外國采薔薇花上露水, 殆不然. 實用白金爲甑, 采薔薇花蒸氣成水, 則屢采屢蒸, 積而爲香, 此所以不敗)."라고 하였다.

11. 침향 沉香

침향(沉香)[1]이 나는 곳은 한 곳이 아니다. 캄보디아[眞臘]의 것이 상품이고 참파[占城]의 것이 그다음이며, 슈리비자야[三佛齊], 사바[闍婆] 등의 것은 하품이다. 세간에서는 여러 나라를 상하의 안(岸)으로 나누는데, 진랍, 점성을 '상안(上岸)', 대식, 삼불제, 사바를 '하안(下岸)'[1)]이라 한다.

1 침향(沉香)은 침수향(沈水香)이라고도 하는데 아퀴라리아 아갈로차(Aquilaria agallocha)라는 학명을 가지는 것이다.
○역주: 말레이어와 자바어로 '칼람박(kalambak)'이라 하고, '가루(gharu)' 또는 '카유 가루(kayu gharu)'라고도 하는데, 바로 '가루 우드(gharu-wood)'라는 것이다. 이 명칭들은 바로 산스크리트어 아가루(agaru)에서 와전된 것들이다. 포루투칼어로는 '파오 다킬라(pao d'aquila)', 불어로는 '부아 데글(bois d'aigle)', 영어로는 '이글 우드

1) 하안(下岸): 『영외대답』, 사바국 조목에는 "사바국은 또한 '포가룡'이라고 하는데, 바다 동남쪽에 있고, 지세가 낮아 '하안(下岸)'이라고 한다(闍婆國又名莆家龍, 在海東南, 勢下, 故曰下岸)."라고 하였다. 다시 『영외대답』, 「해상제번국(海外諸蕃國)」 조목에 "사바의 동쪽은 동대양해이다. 수세가 점차로 낮아지는 곳에 여인국이 있다(闍婆之東, 東大洋海也. 水勢漸低, 女人國在焉)."라고 하였고, 다시 「동남해상제잡국(東南海上諸雜國)」 조목에서는 "또 동남쪽에는 여인국이 있는데, 물이 항상 동쪽으로 흘러 수년에 한번 물이 불어난다(又東南有女人國, 水常東流, 數年水一泛漲)."라고 한 것으로 보아, 지세(地勢)에 따라 상안과 하안으로 나누는 것이 아니라 해류를 따라 나누고 있음을 알 수 있다. 본서 사바 조목에서 "在海東南, 勢下, 故曰下岸"라는 기술을 뺀 것은 조여괄의 탁견으로 보인다.

(eagle-wood)'라고 하는데 모두 포루투갈어에서 나온 것이다. 또 불어로 '부스 드 깔랑부르(boos de calambour)'라고 하는데 이것은 말레이어 칼람박에서 나온 것이다. 아랍과 중세기에 저술된 것에는 '알로에(aloes)' 또는 '알로에 우드(aloes-wood)'라고도 했다.

○1956년 중간본에서 풍승균은 다음과 같이 설명을 추가하고 있다. 주에서 언급한 학명은 인도 동북부에서 나는 품종이다. 캄보디아의 침향 품종은 아킬라리아 바이로니(Aquilarai baillonii)이다. 말레이 반도에는 3가지 품종이 있는데, 바로 아킬라리아 말라켄시스(Aquilaria malaccensis), 아킬라리아 히르타(Aquilaria Hirta)와 아킬라리아 로스트라타(Aquilaria rostrata)이다. 슈리비자야와 자바의 품종은 그 학명이 고니스티루스 반카누스(Gonystylus bancanus)이고, 해남도에서 나는 품종은 그 학명이 아킬로리아 그랜디플로라(Aquilaria grandiflora)로 품질이 가장 좋다.

○『남방초목상』, 권 중에 "밀향, 침향, 계골향, 잔향, 청계향, 마제향, 계설향. 생각하건대 이 여덟 향은 동일한 한 나무에서 나온다. 통킹[交趾國]에는 밀향수가 있는데, 줄기는 거류[무늬개키버들]와 비슷하고 꽃은 희고 무성하며, 잎은 귤나무와 같다. 향을 얻으려고 베는데, 여러 해를 거치면서 뿌리, 줄기, 가지, 마디가 각각 다른 색을 띤다. 목심과 마디가 견고하고 검으며 물에 잠긴 것은 침향이고 수면과 평평한 것은 '계골향', 그 뿌리는 '황숙향', 그 줄기는 '잔향', 가는 가지와 달린 열매가 익지 않은 것은 '청계향', 그 뿌리와 마디가 가볍고 큰 것은 '마제향', 꽃은 향기가 나지 않지만 열매는 향기가 나는데 '계설향'이 된다. 진귀하고 기이한 나무이다(蜜香, 沉香, 鷄骨香, 黄熟香, 棧香, 青桂香, 馬蹄香, 鷄舌香. 案此八物同出於一樹也. 交趾有蜜香樹, 榦似柜柳, 其花白而繁, 其葉如橘. 欲取香伐之, 經年其根榦枝節各有別色也. 木心與節堅黒沉水者爲沉香, 與水面平者爲鷄骨香, 其根爲黄熟香, 其榦爲棧香, 細枝緊實未爛者爲青桂香, 其根節輕而大者爲馬蹄香, 其花不香, 成實乃香, 爲鷄舌香, 珍異之木也)."라 했고, 『당본초(唐本草)』에는 "침향, 청계, 계골, 마제, 전향(煎香)은 모두 동일한 나무이다. 천축의 여러 나라에서 나는데 나무는 거류(欅柳)와 같고 나무껍질은 청색이며 잎은 귤나무 잎이다. 겨울을 지내

면서도 시들지 않고 여름에는 꽃이 피는데 희고 둥글다. 가을에 열매를 맺는데 빈랑과 비슷하며 큰 것은 뽕나무 오디와 같고 자주색이며 맛이 시다(沉香, 青桂, 雞骨, 馬蹄, 煎香, 同是一樹. 出天竺諸國, 木似欅柳, 樹皮青色, 葉似橘葉. 經冬不凋, 夏生花白而圓. 秋結實似檳榔, 大如桑椹, 紫而味辛).”라고 했다. 『도경본초(圖經本草)』에 “침향, 청계 등의 향은 남해의 여러 나라와 교주, 광주, 애주에서 난다. 심회원(沈懷遠)의 『남월지(南越志)』에 이르기를, ‘교지에는 밀향수가 있는데, 그곳 사람들은 그것을 채취한다. 먼저 수년 된 나무뿌리를 잘라내고, 몇 년이 지나면 외피와 가지가 모두 썩지만 목심과 가지의 마디는 그대로 남는데, 견고하고 검으며 물에 잠긴 것이 바로 침향이다. 반은 뜨고 반은 잠겨 수면과 나란한 것을 계골향이라 하고, 가는 가지에 감긴 열매가 아직 익지 않은 것을 청계향이라 하고, 그 줄기는 잔향, 그 뿌리는 황숙향, 그 뿌리 마디가 가볍고 큰 것을 마제향이라 한다. 이 여섯 가지는 한 나무에서 나온다. 다만 정밀한 것과 거친 것의 차이만 있을 뿐이다. 무시로 채취한다(沉香青桂等香, 出海南諸國及交廣崖州. 沈懷遠南越志云, 交趾蜜香樹, 彼人取之, 先斷其積年老木根, 經年其外皮幹俱朽爛, 木心與枝節不壞, 堅黑沈水者即沉香也. 半浮半沈與水面平者爲雞骨香, 細枝緊實未爛者爲青桂香, 其幹爲棧香, 其根爲黃熟香, 其根節輕而大者爲馬蹄香. 此六物同出一樹, 有精粗之異爾, 並采無時).”라고 했다.

○『본초연의(本草衍義)』[2]에 “영남의 여러 군에 모두 있고 부근 바

2) 『본초연의(本草衍義)』: 20권으로 된 의약서로, 정화(政和) 6년(1116) 본초학자 구종석(寇宗奭)이 지은 것이다. 약재 감별과 응용 분야에 있어 자신의 직접 경험을 근거로 『보주신농본초(補注神農本草)』에서 해설이 미진한 471종의 약물에 대해 상세하게 분석하여 기술한 책이다. 약물의 진위를 감별하는 방법뿐만 아니라 실제 병증에 적용하는 임상학의 범주를 개척했다. 특히 민간의 미신적인 요법들에 반대하며 과학적인 방법들을 제창했다. 송(宋), 원(元), 청(淸)의 여러 판본들이 남아 있다. 이시진(李時珍)은 이 책에 대해 “사실을 참고하고 사정과 이치를 조사했으며, 변증(辨證)을 두루

다가 있는 곳에는 더욱 많다. 둥치를 교차시키고 가지를 이어서, 언덕과 산을 이어가며 천리에 끊이지 않는다. 잎은 동청과 같고, 큰 것은 몇 아름이고 나무의 성질은 허(虛)하고 부드럽다. 산에 사는 사람들은 띳집을 짓거나 교량을 만들거나, 밥 시루를 만들거나, 개 밥통을 만들기도 한다. 향이 있는 것은 1백 개 중에 한두 개밖에 없다. 대개 나무가 물을 얻어 결실을 맺기 때문에 대부분 꺾인 가지나 마른 둥치 속에 있고, 혹 물이 잠기거나 졸여지거나 누렇게 익힌 것이다. 스스로 말라 죽은 것을 일러 '수반향'이라 한다. 남은, 고주, 두주 등에서는 오직 향기가 있는 것만을 생산한다. 산에 사는 사람들이 산에 들어가 칼로 굽은 둥치를 자르고, 가지를 비스듬히 하여 구덩이를 만들어 둔다. 햇수가 지나면서 빗물에 잠기게 되어 마침내 향을 만들어 내게 된다. 톱으로 잘라 내서 백목(白木)을 벗겨 내면 향의 결정이 반점으로 되는데, 이를 '자고반'이라 부르고, 그것을 태우면 매우 맑고 강렬하다. 향 중에서 좋은 것은 경주, 애주에만 있는데 민간에서는 '각침', '황침'이라 한다. 바로 고목에서 얻은 것으로 약용으로 쓰기에 적합하다. 목피에 기대어 향을 맺은 것을 '청계'라 하는데, 향기가 더욱 맑다. 흙 속에서 오랜 세월 베어지거나 깎이지 않고 얇은 편을 이룬 것을 '용린'이라 한다. 깎여 스스로 구부러진 것으로, 씹어서 부드럽고 탄력 있는 것을 '백랍침'이라 하는데 더욱 얻기 어렵다(嶺南諸郡悉有, 傍海處尤多. 交幹連枝, 岡嶺相接, 千里不絶. 葉如冬青, 大者數抱, 木性虛柔. 山民以構茅廬, 或爲橋梁, 爲飯甑, 爲狗槽. 有香者百無一二. 蓋木得水方結, 多在折枝枯幹中, 或爲沈, 或爲煎, 或爲黄熟. 自枯死者謂之水盤香. 南恩高竇等州, 惟產生結香. 蓋山民入山, 以刀斫曲幹, 斜枝成坎, 經年得雨水浸漬, 遂結成香. 乃鋸取之, 刮去白木, 其香結爲斑點, 名鷓鴣斑, 燔之極清烈. 香之良者, 惟在瓊崖等州, 俗謂之角沈黄沈, 乃枯木得者, 宜入藥用. 依木皮而結者, 謂之青桂, 氣尤清. 在土中歲久, 不待刓剔而成薄片者, 謂之龍鱗.

인용하여 밝혀낸 것이 참으로 많다. 동원(東垣, 李杲의 호), 단계(丹溪, 朱震亨의 호) 등도 대체로 존신(尊信)한다(參考事實, 核其情理, 援引辨證, 發明良多. 東垣·丹溪諸公亦多尊信之)."라고 하였다.

削之自卷, 咀之柔韌者, 謂之白蠟沈, 尤難得也).”라고 하였다.

○『본초강목』, 권34에 “침향의 여러 종류에 대해 여러 설이 사뭇 상세하다. 지금 양억의 『담원』[3], 채조의 『총담』[4], 범성대의 『계해우형지』, 장사정의 『권유록』[5], 홍구보의 『향보』[6], 섭정규의 『향록』[7] 등의 책들을 고증하여 그 미진한 것을 보충하여 말한다. 향의 등급에는 3개가 있는데, ‘침(沈)’, ‘잔(棧)’, ‘황숙(黃熟)’이라는 것이다. 침향은 물에 넣어 ‘침’이고 그 품질에는 네 가지가 있는데, ‘황결’이라고 하는 것은 바로 수지의 맥이 응결되어 저절로 썩어 나온 것이고, ‘생결’이라 하는 것은 칼이나 도끼로 베어 내 수지의 맥이 응결되어 모은 것이며, ‘탈락(脫落)’이라고 하는 것은 물 때문에 썩어 맺은 것이고, ‘충루(蟲漏)’라고 하는 것은 나무 굼벵이 구멍 때문에 맺어진 것이다. ‘생결’이 상품(上品)이고 익어 벗겨진 것이 그다음 간다. 견고하고 검은 것이 상품이고, 황색이 그다음 간다. ‘각침(角沈)’은 검고 윤기가 나고, ‘황침’은 누렇고 윤기가 나며, ‘납침(蠟沈)’은 부드럽고 탄력이 있고, ‘혁침(革沈)’은 가로로 주름이 있는데, 모두 상품이다. 바다 섬에서 나는 것 중에 석저(石杵)와 같은 것, 팔꿈치 관절

3) 양억(楊億, 974~1020)이 진종(眞宗) 시기에 사람들과 한담을 나눈 것을 문하생 황감(黃鑒)이 기록한 필기인, 『양문공담원(楊文公談苑)』을 말한다. 송상(宋庠, 996~1066)이 정리했지만, 원본은 전하지 않고 일문들이 집록되어 전해진다.

4) 『사고전서』본에는 “총화(叢話)”로 되어 있는데, 아마도 『철위산총담(鐵圍山叢談)』을 가리키는 것으로 보인다.

5) 장사정(張師正, 1016~?)의 『권유잡록(倦游雜錄)』 8권을 말한다.

6) 구보(駒父)는 홍추(洪芻, 1094급제)의 자(字)이다. 북송 시기 시인으로 황정견(黃庭堅)의 조카이다. 『향보(香譜)』 2권은 백천학해(百川學海)본이 전한다.

7) 섭정규(葉廷珪, 1115년 진사)의 자(字)는 사충(嗣忠)이고 호는 취암(翠巖)으로, 1148년 지천주(知泉州)를 지내면서 지은 것으로 보이는 『남번향록(南蕃香錄)』을 지었으나, 현재는 진경(陳敬)이 편집한 『향보(香譜)』에 일문들이 전한다.

같고 주먹 같은 것, 봉황, 참새, 거북, 뱀, 구름, 사람 같은 것이 있다. 그리고 해남에는 마제, 우두, 연구, 견률, 죽엽, 지균, 사자, 부자 등의 향이 있는데, 모두 모양을 따라서 이름 붙인 것일 뿐이다. 잔향은 물에 들어가 반은 뜨고 반은 잠긴 것 즉 침향 중의 반은 향을 맺고 반은 나무로 이어진 것인데, 혹 '전향'이라고도 하고, 현지 명칭으로 '바목향'이라 하며, 또한 '농수향'이라고도 한다. 그 종류에는 '위자향', '계골향', '엽자향'이 있는데, 모두 모양을 따라 이름을 붙인 것이다. 크고 삿갓 같은 것을 '봉래향'이라 한다. 산석 같고 마른 그루터기 같은 것이 있는데, '광향'이라 한다. 약에 들어가는 것은 모두 침향보다 못하다. '황숙향'은 그 향이 가볍고 허(虛)한 것으로, 민간에서는 와전되어 '속향'이라 한다. '생속'이라는 것이 있는데, 베어서 얻은 것이다. '숙속'이라는 것은 썩혀 얻은 것이다. 크고 조각할 수 있는 것을 '수반두'라고 한다. 모두 약에 넣을 수는 없고 사를 수 있을 뿐이다. 섭정규가 이르기를, '보르네오[渤泥國], 참파, 캄보디아에서 나는 것을 번침이라 하고, 또는 박침, 약침이라고 하며, 의료용으로 많이 사용되고 진랍의 것이 좋다.'고 하였다. 채조는 이르기를 '참파[占城]의 것은 진랍의 것만 못하고, 진랍의 것은 해남 여동(黎峒)의 것만 못하다. 여동의 것 중에서도 만안(萬安) 여모산(黎母山), 동쪽 산에서 나는 것을 천하제일로 치는데, 그것을 해남침이라 하고, 한 조각에 만전이나 한다. 해북의 고주, 화주 등의 것들은 모두 잔향(棧香)일 따름이다.'고 했다. 범성대는 '여동에서 나는 것을 토침향이라 하고, 혹 애향이라고도 한다. 종이 같이 얇은 것일지라도 물에 넣으면 가라앉는다. 만안은 섬의 동쪽에 있어 아침 해의 기운이 모여 향이 더욱 조화롭게 스며드는데, 현지인들도 구하기 어렵다. 박침향에는 비린내가 강렬하고, 연기 끝에는 반드시 그을음이 있다. 통킹[交趾], 해북의 향은 흠주에 집결하여 흠향이라 하는데 향기가 더욱 독하고 강하다. 남방 사람들은 그다지 중시하지 않고 다만 약에 넣을 뿐이다.'고 하였다(沈香品類諸説頗詳. 今攷楊億談苑, 蔡條叢話, 范成大桂海志, 張師正倦游録, 洪駒父香譜, 葉廷珪香録諸書, 撮其未盡者補之云. 香之等凡三, 曰沈, 曰棧, 曰黃熟是也. 沈香入水則沈, 其品凡四, 曰熟結, 乃膏脉凝結自朽出者, 曰生結,

乃刀斧伐仆, 膏脉結聚者, 曰脱落, 乃因水朽而結者, 曰蟲漏, 乃因蠹隙而結者. 生結爲上, 熟脱次之. 堅黑爲上, 黄色次之. 角沈黒潤, 黄沈黄潤, 蠟沈柔韌, 革沈紋橫, 皆上品也. 海島所出, 有如石杵, 如肘如拳, 如鳳雀龜蛇雲氣人物. 及海南馬蹄, 牛頭, 燕口, 繭栗, 竹葉, 芝菌, 梭子, 附子等香, 皆因形命名爾. 其棧香入水半浮半沈, 即沈香之半結連木者, 或作煎香, 番名婆木香, 亦曰弄水香. 其類有蝟刺香, 雞骨香, 葉子香, 皆因形而名. 有大如笠者, 爲蓬萊香. 有如山石枯槎者, 爲光香. 入藥皆次於沉香. 其黄熟香, 即香之輕虛者, 俗訛爲速香是矣. 有生速, 斫伐而取者. 有熟速, 腐朽而取者. 其大而可雕刻者, 謂之水盤頭. 並不堪入藥, 但可焚爇. 葉廷珪云, 出渤泥占城眞蠟者, 謂之番沈, 亦曰舶沈, 曰藥沈, 醫家多用之, 以眞蠟爲上. 蔡絛云, 占城不若眞臘, 眞臘不若海南黎峒. 黎峒又以萬安黎母山東峒者, 冠絶天下, 謂之海南沉, 一片萬錢. 海北高化諸州者, 皆棧香爾. 范成大云, 黎峒出者, 名土沈香, 或曰崖香. 雖薄如紙者, 入水亦沈. 萬安在島東, 鍾朝陽之氣, 故香尤醞藉, 土人亦自難得. 舶沈香多腥烈, 尾烟必焦. 交趾海北之香, 聚於欽州, 謂之欽香, 氣尤酷烈. 南人不甚重之, 惟以入藥)."라고 했다.

○『번역명의집(翻譯名義集)』, 권8에 "'아가로', 혹은 '악갈로'라고 하는 이것은 침향이다. 화엄경에 '아나바달다 연못 주변에는 침수향이 있는데, 연화장이라 한다. 그 향은 온통 둥글고 마자가 큰 것 같으며, 그것을 사루면 향기가 인간세계에 두루 퍼진다.'고 하였다. 『이물지』에 '일남국에서 나는데 그것을 취하려면, 먼저 나무를 베어 썩힌다. 땅에 꽂아 오래 두면 밖은 썩고 그 심(心)은 견고해지는데, 이것을 물에 두면 가라앉는다. 이것을 침향이라 한다. 그다음 심이 하얀 것 중에 그다지 정밀하고 견고하지 않은 것이 있다. 물속에 넣어두면 가라앉지도 않고 뜨지도 않는 것으로 수위와 나란 한 것을 잔향이라 한다(阿伽嚧或云惡揭嚕, 此云沉香. 華嚴云, 阿那婆達多池邊出沉水香, 名蓮華藏, 其香一圓, 如麻子大, 若以燒之, 香氣普熏閻浮提界, 異物誌云, 出日南國, 欲取, 當先斫樹壞, 著地積久, 外朽爛, 其心堅者, 置水則沉, 曰沉香, 其次在心白之間, 不甚精堅者, 置之水中, 不沉不浮, 與水平者名曰棧香)."라고 했다.

○『영외대답』, 권7에 "침향은 여러 주변 나라에서 온 것으로 캄보

디아의 것이 좋고 참파[占城]에서 난 것이 다음 간다. 진랍에서 나는 것의 종류는 참으로 많지만, 등류미(登流眉)에서 생산된 향이 향기와 맛이 향기롭고 진하기 때문에 여러 주변 나라들 보다 뛰어나다. 슈리비자야[三佛齊] 같은 나라에서 생산되는 것은 '하안향(下岸香)'이라 하는데, 바라만향(婆羅蠻香)에 비해 조금 낫다. 하안향은 맛이 모두 비리고 강하여 그다지 귀중하게 여기지 않는다. 물에 담근 것만 약이(藥餌)에 들어갈 수 있다. 통킹[交趾]은 참파[占城]의 경계가 인접해 있는데, 교지의 침향으로 흠주에 이른 것은 모두 점성의 것이다. 해남 여모산 중에도 '토침향'이라 부르는 것이 있고, 덩어리가 조금 큰 것에는 견율각 같은 것, 부자(附子) 같은 것, 지균(芝菌) 같은 것, 띠나 죽엽 같은 것이 있는데 모두 우수하다. 종이처럼 가볍고 얇은 것도 물에 넣으면 가라앉는다. 만안군은 섬의 정동쪽에 있어 아침 해의 기운이 응집하여 향이 더욱 온화하고 맑으며 멀리 간다. 연화, 매화 같은 것을 한 자루 사르면 향기가 온 방안에 가득하고, 사방으로 날아가 모두 향기로우며, 타고 남은 것의 연기에도 그을음이 나지 않는데, 이것이 해남향의 차이점이다. 해남에서도 얻기 어려워 성의 사람들은 소 한 마리에 여동의 박향 한 짐바리를 싣고 돌아와 가려보면, 물에 잠겼던 것은 열에 한 두 개다. 옛날 향 값이 백금과 같아 단골에게도 팔지 않고 공무를 보러 온 사람도 많이 살 수는 없다. 중주에서는 다만 광주에서 배로 올라온 외래향을 쓸 뿐이다. 다만 등류미에서 나는 것과 서로 우열을 가리기 어렵다. 황정견의 『향방』에서 모두 해남의 침향을 사용했는데, 아마도 그것을 알았을 것이다. 천백 년의 고목에는 돌 같고, 공이 같으며, 주먹, 팔꿈치 관절 같은 것, 기이한 새, 거북, 뱀 같은 것, 구름, 사람 같은 것이 있어서 한 자루를 태우면 향기가 반 리에 가득하다고 하는데 이러한 것은 존재하지 않는다(沉香來自諸蕃國者, 眞臘爲上, 占城次之. 眞臘種類固多, 以登流眉所產香, 氣味馨鬱, 勝於諸蕃. 若三佛齊等國所產, 則爲下岸香矣, 以婆羅蠻香爲差勝. 下岸香味皆腥烈, 不甚貴重. 沉水者, 但可入藥餌. 交址與占城鄰境, 凡交址沉香至欽, 皆占城也. 海南黎母山峒中, 亦名土沉香, 少大塊, 有如繭栗角, 如附子, 如芝菌, 如茅竹葉者, 皆佳. 至輕薄如紙者, 入水亦沉. 萬安軍在島正東, 鐘

朝陽之氣, 香尤醞藉清遠. 如蓮花·梅英之類, 焚一銖許, 氛翳彌室, 翻之四面悉香, 至煤燼, 氣不焦, 此海南香之辨也. 海南自難得, 省民以一牛於黎峒博香一擔, 歸自差擇, 得沉水十不一二. 頃時香價與白金等, 故客不販, 而宦遊者亦不能多買. 中州但用廣州舶上蕃香耳. 唯登流眉者, 可相頡頏. 山谷香方率用海南沉香, 蓋識之耳. 若夫千百年之枯株中, 如石如杵, 如拳如肘, 如奇禽龜蛇, 如雲氣人物, 焚之一銖, 香滿半里, 不在此類矣)."라고 했고, 같은 책 삼불제(三佛齊) 조목에서는 "그 나라의 속국에는 불라안국이 있는데, 국주는 삼불제에서 뽑아 파견한다. 땅에서는 역시 향을 생산하는데, 향기와 맛이 비리고 강하여, 하안 여러 나라와 비교하면 이 나라의 것이 조금 낫다(其屬有佛羅安國, 國主自三佛齊選差. 地亦產香, 氣味腥烈, 較之下岸諸國, 此爲差勝)."라고 했다. 침향 조목의 바라만(婆羅蠻)은 분명 불라안(佛羅安)의 다른 음역이다.

○이븐 바투타의 책에서 침향(沉香)은 카쿨라(Kākula)와 크마라(Kmāra)에서 나는 것이 가장 좋다고 하였다. 생각하건대 앞의 한 곳에서는 당나라 시기 음역으로 가곡라(哥谷羅), 뒤의 한 곳에서는 당대 음역으로 길멸(吉蔑)이라 했는데, 바로 캄보디아이다.

향은 대체로 살아있는 나무에 맺혀있는 것이 상품이고, 오래되어 떨어진 것이 그 다음이다. 딱딱하고 검은 것이 좋고 누런 것은 그다음이다. 그러나 침향의 종류가 많고 다르며 이름도 일정하지 않다. 서각과 같은 것이면 '서각침(西角沉)'이라 하고, 제비 입 같은 것이면 '연구침(燕口沉)'이라 하며, 부자 같은 것이면 '부자침(附子沉)', 북 같은 것은 '사침(梭沉)', 문양이 좋고 결이 촘촘한 것을 '횡격침(橫隔沉)'이라 부르는데, 대저 어떤 향을 내는가에 따라 고하를 판단하지, 모양으로 우열을 가리지 않는다. 세간에서는 보르네오[渤泥國]에서도 난다고 하는데 그렇지 않다[2].

2 역주: 본서에서 침향을 생산한다고 기록한 나라로는 통킹[交趾], 참파[占城], 캄보디아[眞臘], 등류미(登流眉), 슈리비자야, 탐브라링가[單馬令], 랑가수카[凌牙斯加], 불라안(佛囉安), 보르네오[渤泥國]에 속한 섬들, 해남도 등지가 있는데, 점성 조목에서 "관청에서는 백성들이 산에 들어가 향나무를 베어 관청에 바치는 것을 감독

하는데, 그것을 일컬어 '신정향'이라 한다.(官監民入山斫香輸官, 謂之身丁香)"라고 하였다. 아마도 마환(馬歡)의 전문(傳聞)에서 나온 오류로 보인다.

일설에 이 향은 살아있는 나무에 맺혀있는 것을 칼로 잘라낸 것을 '생결침(生結沉)'이라 하고, 자연히 떨어진 것을 '숙침(熟沉)'이라 하며, 하안에서 생산된 것을 '번침(番沉)'이라 한다. 향기가 숨을 막히게 하고 맛이 맵고 강한 것은 차가운 기운을 치료할 수 있기 때문에 그것을 '약침(藥沉)'이라 부른다. 해남에도 침향을 생산하는데, 그 향기가 맑고 오래가기 때문에 그것을 '봉래침(蓬萊沉)'[3]이라 한다.

3 봉래침(蓬萊沉)은 이미 본서 교지(交趾) 조목 주8에서 보았다. ○『영외대답』, 권7에서 "봉래향은 해남에서 나는데, 바로 침수향의 결정이 만들어지지 않은 것이다. 대부분 편을 이루어 작은 삿갓이나 큰 버섯 같은 모양을 하고 있으며 매우 견실하며 모양은 침향과 비슷하다. 물에 넣으면 뜨는 것은 향기가 조금 가볍고 맑지만, 값은 침향에 버금간다. 뒤에 있는 목질을 도려내면 역시 대부분 물에 가라앉는다(蓬萊香, 出海南, 即沉水香結未成者. 多成片如小笠及大菌之狀, 極堅實, 狀類沉香. 惟入水則浮, 氣稍輕清, 價亞沉香. 剖去其背帶木者, 亦多沉水)."라고 하였다.

沉香所出非一, 眞臘爲上, 占城次之, 三佛齊·闍婆等爲下. 俗分諸國爲上下岸, 以眞臘·占城爲上岸, 大食·三佛齊·闍婆爲下岸. 香之大槩生結者爲上, 熟脫者次之. 堅黑者爲上, 黃者次之. 然諸沉之形多異而名亦不一, 有如犀角者, 謂之西角沉, 如燕口者謂之燕口沉, 如附子者謂之附子沉, 如梭者謂之梭沉, 文堅而理緻者謂之橫隔沉, 大抵以所產氣味爲高下, 不以形體爲優劣. 世謂渤泥亦產, 非也. 一說其香生結成, 以刀修出者爲生結沉, 自然脫落者爲熟沉, 產於下岸者謂之番沉. 氣哽味辣而烈, 能治冷氣, 故亦謂之藥沉. 海南亦產沉香, 其氣清而長, 謂之蓬萊沉.

『삼재도회』, 초목 권9.

12. 전향 箋香

전향(箋香)[1]은 바로 침향 중에서 두 번째 가는 것이다. 향과 맛이 침향과 서로 비슷하나 나무를 함유하고 있어서 그다지 견실하지는 않아 그 품질이 침향보다 떨어진다. 그러나 숙속(熟速)보다는 좋다.

1 전향(箋香)은 잔향(棧香), 전향(煎香)이라고도 한다. 『남방초목상』과 『남월지(南越志)』에는 모두 밀향수(蜜香樹) 둥치를 '잔향(棧香)'이라 한다고 하였다. 『당본초(唐本草)』에는 '전향(煎香)'으로 되어있다. ○『영표록이(嶺表錄異)』[1)]에 "광주, 관주, 나주에는 잔향수가 많이

1) 『영표록이(嶺表錄異)』: 당나라 소종(昭宗, 888~904 재위) 시기 광주사마(廣州司馬)를 지낸 유순(劉恂)이 지은 책으로 『영표록(嶺表錄)』, 『영표록이기(嶺表錄異記)』, 『영표기(嶺表記)』, 『영남록이(嶺南錄異)』라고도 불린다. 제목의 영표(嶺表)는 바로 영남(嶺南)을 뜻하는 말이다. 영남의 특이한 풍물, 기후, 문화에 대한 기록으로 비교적 이른 시기에 쓰였고, 직접 보고 들은 바를 기록하여 상당한 신뢰성을 인정받아왔다. 원서는 이미 산실되었고, 건륭(乾隆) 40년(1775) 5월의 무영전(武英殿)에서 간행한 취진판(聚珍版), 건륭(乾隆) 41년(1776) 5월의 『사고전서(四庫全書)』본이 있고, 1911년 노신(魯迅)의 교감본(『노신연구자료(魯迅研究資料)』 4집)이 있다. 유순에 대한 사적은 잘 알려져 있지 않다. 『사고전서총목제요(四庫全書總目提要)』에 수록된 것이 전부이다. "『영표록이』 3권은 『당서(唐書)·예문지(藝文志)』에 유순(劉恂)이 찬(撰)한 것이라 한다. 송나라 시기 승려 찬녕(贊寧)의 『순보(筍譜)』에 따르면, 유순은 당나라 소종(昭宗) 시기 광주사마로 나갔다. 임기가 만료되어 상경했으나 정세가 어수선하여 결국은 남해에 머물면서 『영표록(嶺表錄)』을

있다. 몸체는 버드나무와 비슷하고, 꽃은 희고 무성하며 잎은 귤피(橘皮)와 같다. 종이로 만들 수 있는데 그것을 '향피지'라고 한다. 회백색에 문양이 있어 어자전(魚子箋) 같은데, 그 종이는 느슨하고 약해 물에 젖으면 문드러져 닥종이에 훨씬 미치지 못한다. 또한 향기가 없는 것은 혹 '황숙잔향'이라 하는데, 같은 나무에서 나온 것이나, 뿌리, 둥치, 가지, 마디마다 각각의 분별이 있다(廣管羅州多棧香樹, 身似柳, 其花白而繁, 其葉如橘皮, 堪作紙, 名爲香皮紙. 灰白色, 有紋如魚子箋, 其紙慢而弱, 沾水即爛, 遠不及楮皮者, 又無香氣, 或云黃熟棧香, 同是一樹, 而根幹枝節各有分別者也)."라고 하였다. 『영외대답』, 권7에 "잔향은 해남에서 나는 것으로 위피(蝟皮), 어부의 도롱이 같은 모습으로 모두 수치(修治)[2]한 것에서 나온다. 향의 정수는 자상(刺傷)의 끝에 집중되어 있다. 대개 도끼로 잘라 구멍을 파면 수지가 그 상처 난 곳에 엉기어 막히면 수지가 흘러 내려 맺히는데 뚫는 침처럼 깎아지른 바위 같은 것이 해남의 잔향이다. 수지가 솟구쳐 위에서 맺는 것은 넓고 평평하며 사발이나 쟁반 같은 것이 '봉

지었다. 마단림(馬端臨)의 『문헌통고』에도 소종 때의 사람이라 하고 있다."라고 하며 저자와 지은 시기에 대해 밝혔다. 이어서 이 책의 중요성에 대해 "월동(粵東)의 지리에 관한 서적들을 거슬러 올라가보면, 곽의공(郭義恭)의 『광지(廣志)』나 심회원(沈懷遠)의 『남월지(南越志)』 등이 있으나 이미 모두 소실되었다. 학자들이 끌어다 근거로 삼을 만한 것으로는 유순의 이 책이 가장 오래되었다."라고 하였다. 한편 이 책은 굴대균(屈大均, 1630~1696)의 『광동신어(廣東新語)』, 이조원(李調元)의 『월동필기(粵東筆記)』에 상당한 정보를 제공하고 있다. 노신이 교감하여 정본(定本)에 역점을 둔 『영표록이(嶺表錄異)』(광동인민출판사, 1979)가 대표적이고, 취진판(聚珍版)을 중심으로 주석에 역점을 둔 상벽(商壁)과 반박(潘博)의 『영표록이교보(嶺表錄異校補)』(광서민족출판사, 1988)을 참고할 만하다. 더 자세한 것은 박영록, 「嶺表錄異文獻研究」, 『중국문학연구』 56집을 참고하시오.

2) 수치(修治): 목질을 제거한 향을 의미한다.

래전'이다. 옆에서 맺는 것은 반드시 얇을 수밖에 없는데 이를 '해각향'이라고 한다. 광동으로 오는 배에는 생속, 숙속, 생결, 숙결 등의 향이 있는데 해남 잔향의 아래 등급에 해당한다(箋香出海南者, 如蝟皮·漁蓑之狀, 蓋出諸修治. 香之精, 鐘於刺端. 大柢以斧斫以爲坎, 使膏液凝冱於痕中, 膏液垂而下結, 巉巖如攢針者, 海南之箋香也. 膏液湧而上結, 平闊如盤盂者, 蓬萊箋也. 其側結者必薄, 名曰蟹殼香. 廣東舶上生熟速結等香, 當在海南箋香之下).”라고 하였다.

○본서 침향 조목의 주1을 참고하시오.

箋香乃沉香之次者, 氣味與沉香相類, 然帶木而不甚堅實, 故其品次於沉香, 而優於熟速.

13. 속잠향 速暫香

생속(生速)은 캄보디아[眞臘], 참파[占城]에서 나지만 숙속(熟速)은 나는 곳이 한 곳이 아니다. 진랍의 것이 상품이고 점성이 그다음이며, 자바에서 나는 것은 하품이다. 나무를 잘라 목질을 제거하고 채취한 것을 '생속'이라 하고, 나무를 땅에 쓰러뜨리고 나무가 썩으면 향이 남는데 그것을 '숙속'이라 한다. 생속은 향기와 맛이 오래가고 숙속은 향기와 맛이 쉬 사라지므로 날 것이 상품이고 익은 것은 그다음이다. 숙속에 다음 가는 것을 '잠향(暫香)'이라 하는데[1], 산출되는 것의 높낮이는 숙속과 동일하다. 그러나 목질을 다 벗겨낸 것을 숙속이라 하고 목질이 반만 남을 것을 '잠향'이라 한다. 상인들은 칼로 그 목질을 깎아 내고 그 향을 추출하여, 그 중에서 좋은 것을 골라 숙속과 섞어 파는데 시장 사람들도 구분하지 못한다.

1 『본초강목』, 권34에서 "황숙향(黃熟香)은 그 향이 가볍고 허(虛)한 것으로, 민간에서는 와전되어 '속향(速香)'이라 한다. 생속(生速)이라는 것이 있는데, 베어서 얻은 것이다. '숙속(熟速)'이라는 것은 썩혀 얻은 것이다."라고 하였다. 이로써 속향(速香)이 황숙향(黃熟香)임을 알 수 있다. 본 조목에서 "숙속에 다음 가는 것을 '잠향(暫香)'이라 하는데, 산출되는 것의 높낮이는 숙속과 동일하다. 그러나 목질을 다 벗겨낸 것을 '숙속'이라 하고 목질이 반만 남을 것을 '잠향'이라 한다."라고 했으므로 속잠향(速暫香)은 또한 황숙향의 일종이다. 본서 침향 조목의 주1과 아래에 기술한 황숙향 조목을 참고하시오.

生速出於眞臘·占城, 而熟速所出非一, 眞臘爲上, 占城次之, 闍婆爲下. 伐樹去木而取者, 謂之生速, 樹仆於地, 木腐而香存者, 謂之熟速. 生速氣味長, 熟速氣味易焦, 故生者爲上, 熟者次之. 熟速之次者謂之暫香, 其所產之高下與熟速同. 但脫者謂之熟速, 而木之半存者謂暫香. 半生熟, 商人以刀刳其木而出其香, 擇其上者雜於熟速而貨之, 市者亦莫之辨.

14. 황숙향 黃熟香

황숙향(黃熟香)[1]은 여러 번국(番國)에서 모두 나지만 캄보디아[眞臘]의 것이 좋다. 그 향이 누렇고 익었기 때문에 명명한 것이다. 껍질이 딱딱하며 가운데가 썩은 것은 그 모양이 통(桶)과 같은데 그것을 '황숙통(黃熟桶)'이라 한다. 전향(箋香)을 끼고 완전히 검은 것은 그 향기가 더욱 뛰어난데, 그것을 일러 '협전황숙(夾箋黃熟)'이라 한다. 협전은 바로 이들 향 중에서 상품이다.

1 『남방초목상』, 『남월지(南越志)』 모두 밀향수(蜜香樹)의 뿌리를 황숙향이라고 하였다. 『본초강목』, 권34에 "나무의 심과 절을 물에 두면 잠기므로 '침수'라고 이름 붙였다. 또한 물에 반은 뜨고 반은 잠기는 것을 '잔향'이라 하고, 잠기지 않는 것을 '황숙향'이라 한다(木之心節置水則沈, 故名沈水, 亦曰水沈半沉者爲棧香, 不沉者爲黃熟香)."[1)]라고 하였다. 본서 침향 조목의 주1을 참고하시오.

黃熟香諸番皆出, 而眞臘爲上, 其香黃而熟, 故名. 若皮堅而中腐者, 其形如桶, 謂之黃熟桶. 其夾箋而通黑者, 其氣尤勝, 謂之夾箋黃熟. 夾箋者迺其香之上品.

1) 『남월지(南越志)』에서 "교주 사람들이 밀향이라고 하는 것은 그 향기가 밀비[龍眼肉]와 같다고 하기 때문이다. 산스크리트어로는 '아가로향'이라 한다(交州人稱爲蜜香, 謂其氣如蜜脾也. 梵書名阿迦嚧香)."라고 하였다.

15. 생향 生香

생향(生香)[1]은 참파[占城], 캄보디아[眞臘], 해남(海南) 여러 곳에 모두 있다. 그 값은 오향(烏香)[1)]보다 싸다. 향나무를 벤 지 오래되지 않은 것이다. 만약 향이 나무 안에서 이미 생겼으면 그것을 '생향'이라 하고, 목피가 3분(分)이면 '잠향(暫香)'이라 하고, 5분이면 '속향(速香)', 7~8분이면 '전향(箋香)', 10분이면 바로 '침향'이라고 한다.

1 침향의 종류는 매우 많다. 『남방초목상』에는 여덟 가지가 있다고 하고, 『당본초(唐本草)』에서는 5가지가 있다고 했다. 정위(丁謂)의 『천향전(天香傳)』에 "이 향(침향)은 기이한 품질이 가장 많다. 4가지 향에 42가지 모습이 있는데 한 나무에서 나온다(此香奇品最多, 四香凡四十二狀, 出於一木)."라고 하였고, 『본초별설(本草別說)』에 "여러 품질 이외에도 용린, 마엽, 죽엽 같은 종류가 있어 1~20종류에 그치지 않는다(諸品之外, 又有龍鱗麻葉竹葉之類, 不止一二十品)."라고 하였다. 뿌리, 둥치, 가지, 마디로 구분하기도 하고, 형태로 구분하기도 한다. 본 조목에서는 모두 '생(生)'과 '숙(熟)'으로 구분하고 있다. 본서 침향 조목의 주1을 참고하시오.

---

1) 오향(烏香): 『명사』, 권324, 「섬라전(暹羅傳)」에는 공물(貢物) 목록에 오향(烏香)이 들어있다. 동북아역사넷 중국정사외국전의 주석에서는, 출처는 밝히지 않았지만, "아편을 가리키며 暹羅, 爪哇, 榜葛剌 등에서 朝貢品으로 바쳤다."라고 하였다. 여기 섬라는 오늘날 태국, 조와는 자바, 방갈랄은 벵갈라(Bengala)이다. 오향(烏香)은 아마도 오리향(烏里香)을 가리키는 것으로 보인다. 오리향은 참파 오리(烏里)에서 나는 향으로 '정지향(丁地香)' 또는 '신정향(身丁香)'이라고도 한다.

生香出占城·眞臘, 海南諸處皆有之. 其直下於烏香, 乃是斫倒香株之未老者[2], 若香已生在木內, 則謂之生香, 結皮三分爲暫香, 五分爲速香, 七八分爲籛香, 十分卽爲沉香也.

2 '오(烏)'자 아래에 탈문(脫文)이 있다[2]. 역주에는 '각침(角沈)' 2자가 빠진 것 같다고 했다. 본서 발니(渤泥) 조목에 보르네오[渤泥國] 부근의 여러 섬에서 생향(生香)이 난다고 하였다.

16. 단향 檀香

단향(檀香)[1]은 자바의 타강(打綱), 티모르[底勿] 두 나라에서 나는데, 슈리비자야[三佛齊]에도 있다[2]. 이 나무는 중국의 여지(荔支)와 같고 그 잎도 그러하다.

1 단향(檀香)은 불경에서 '전단(旃檀)', 또는 '진단(眞檀)'이라고 하는데 산스크리트어 찬다나(Chandana)의 음역으로, 산타룸 알붐(Santalum album)이다. 이것이 백단(白檀), 자단(紫檀), 일명 '적단(赤檀)'이라고 하는 것으로, 프테로카르프스 산타리누스(Pterocarpus Santalinus)이다. 옛날에는 황단(黃檀)을 줄여 '단(檀)'이라고만 했는데, 바로 달베르지아 후피나(Dalbergia hupeana)이다. 이 세 명칭은 한 개의 사물이 아니다. 『고금주(古今注)』에 "자전목은 부남에서 나는데, 색이 자줏빛이기 때문에 자단이라고도 한다(紫旃木出扶南, 色紫, 亦謂紫檀)."라고 하였다. 『당본초(唐本草)』에 "자진단은 곤륜의 반반국에서 나는데, 비록 중국에서 자라지는 않지만 인간 세상에 두루 퍼져 있다(紫眞檀出崑崙盤盤國, 雖不生中華, 人間遍有之)."라고 하였고, 『본초습유(本草拾遺)』에 "백단은 해남에서 나는데, 나무는 단과 같다(白檀出海南, 樹如檀)."라고 했으며, 『도경본초(圖經本草)』에 "단향에는 여러 종, 즉 황, 백, 자의 다름이 있는데, 오늘날 사람들이 많이 사용한다. 양자강과 회수, 하북에서 나는 단목이 바로 이런 종류지만, 향기가 나지 않는다(檀香有數種, 黃白紫之異, 今人盛用之. 江淮河朔所生檀木, 即其類, 但不香爾)."라고 하였다. 『본초강목』, 권34에서 "생각하건대, 『대명일통지(大明一統志)』에 '단향은 광동, 운남 그리고 참파[占城], 캄보디아[眞臘], 자바[爪哇], 보르네오[渤泥國], 태국[暹羅], 슈리비자야[三佛齊], 회회(回回) 등의 나라에서 나는데, 오늘날 영남 여러 곳에 모두 있다. 나무와 잎은 모두 여지와 비슷하고, 목피는 청색이며 매끄럽게 윤기가 난다.'고

했다. 섭정규의 『향보』에 이르기를 '목피가 실하고 색이 누런 것을 황단이라 하고, 목피가 깨끗하고 흰 색인 것을 백단이라 하며, 목피가 썩어 자주색인 것을 자단이라고 한다. 이 나무는 모두 견고하고 무거우며 맑은 향이 있으나 백단이 특히 우량하다. 종이봉투로 수집해야 향기가 새나가지 않는다'(按大明一統志云, 檀香出廣東雲南, 及占城眞臘爪哇渤泥暹邏三佛齊回回等國, 今嶺南諸地亦皆有之. 樹葉皆似荔枝, 皮青色而滑澤. 葉廷珪香譜云, 皮實而色黄者爲黄檀, 皮潔而色白者爲白檀, 皮腐而色紫者爲紫檀. 其木並堅重清香, 而白檀尤良. 宜以紙封收, 則不洩氣)."라고 하였다. 『본초강목』, 권34의 단향(檀香) 조목을 참고하시오[1].

2 역주: 『위서(魏書)』, 권102, 「남천축전」에서 발뢰성(拔賴城)에서는 백진단(白眞檀)이 난다고 했다. 본서 남비국(南毗國), 불라안(佛囉安), 삼불제(三佛齊) 등의 조목에서도 단향(檀香)이 있었고, 층발(層拔) 조목에는 황단향(黃檀香)이 있었다. 타강(打綱)과 티모르[底勿] 두 나라의 명칭은 소길단(蘇吉丹) 조목에서 보인다. 타강은 슈레겔(Schlegel)의 고증에 따르면 오늘날 사마랑(Samarang)의 옛 명칭이라고 한다. 저물(底勿)은 발니(渤泥) 조목에서 저문(底門)으로 되어 있는데, 오늘날 티모르(Timor)이다. 크라우퍼드(Crawfurd), 『인도양 군도의 역사(History of the Indian Archipelago)』(1책 519쪽)에서 "단향목(檀香木, sandal-wood)은 자바와 마두라(Madura)에서 동쪽으로 여러 섬에 분포해 있다. 동쪽으로 가면 갈수록 나무가 더 많아지고 품질도 더 좋은데, 티모르[底勿]에 이르면 더욱 우수해진다. 티모르 섬의 말로 단향을 아이카메닐(aikamenil)이라 하고, 암문(唵門,

1) 『본초강목』, 권34에서 이시진(李時珍)은 "단은 좋은 나무이므로 '단(亶)'자를 따른 것이다. 단(亶)은 '선(善)'의 뜻이다. 불교도들은 '전단'이라 부르고, 목욕용으로 할 때, 때를 벗기는 데 사용했다. 외국인들이 잘못 와전시켜 '진단'이라 했다. 운남 사람들은 자단을 '침향'이라 하는데 바로 적단이다(檀, 善木也, 故字從亶, 亶, 善也. 釋氏呼爲旃檀, 以爲湯沐, 猶言離垢也. 番人訛爲眞檀, 雲南人呼紫檀爲勝沉香, 即赤檀也)."라고 명칭의 유래를 설명했다.

Amboyna) 섬의 말로는 아야스루(ayasru)라고 한다. 자바 서쪽으로는 산물이 매우 적고 품질 또한 매우 열악하다."라고 했고, 뒤에(3책 421쪽) "인도 군도의 단향목은 말라바르[麻囉拔]에서 나는 것에 미치지 못한다."라고 하였다.

○1956년 중간본에서는 암문에 대해 "암문(唵門)은 『해도일지(海島逸志)』[2] 권3에 안문(安文)으로 되어 있고 지금도 마찬가지다."라고 추가했다.

토착민들이 잘라서 음지에 말린다. 향기가 맑고 강하며 쉬 흘러나온다. 그것을 태우면 뭇 향을 빼앗을 수 있다. 색이 누런 것을 '황단(黃檀)'이라 하고 자줏빛 나는 것은 '자단(紫檀)', 가볍고 약한 것을 '사단(沙檀)'이라 하는데, 향기와 맛이 대체로 비슷하다. 나무 중에 오래된 것은 그 목피가 얇고 그 향기는 가득한데, 이것이 상품(上品)이다. 다음으로는 7~8분(分) 향이 있다. 그 아래 것은 '점성향(點星香)'이라 하고, 비가 새들어 간 것을 '파루향(破漏香)'이라 한다. 그 뿌리를 '향두(香頭)'라고 한다.

2) 『해도일지(海島逸志)』: 청대(淸代) 왕대해(王大海)가 건륭(乾隆) 56년(1791)에 지은 것으로 자바섬과 말레이반도를 중심으로 한 여행기록이다. 왕대해의 자는 벽경(碧卿)으로 생몰에 관해서는 알려진 바 없으며, 복건성 용계(龍溪, 오늘날 龍海市) 출신이다. 건륭 48년(1783) 자바섬으로 도착하여 자카르타, 스마랑 등지에서 10여 년을 살면서, 자바섬 북쪽 해안지역과 말레이반도의 여러 항구들을 돌아다닌 다음 귀국하여 『해도일지』 6권을 완성하였고, 『소방호재여지총초(小方壺齋輿地叢鈔)』에 수록되었다. 책은 지방지(地方志), 인물지(人物誌), 방물지(方物志), 화과류(花果類)로 구성되어 있고, 번역본으로는 영국의 선교사 메드허스트(Walter Henry Medhurst , 1796~1857)가 『Chinaman Abroad, or a desultory account of Malayan achipelego particular of JAVA by Ong tae hae』(The London Missionary Society Press)란 서명으로 상해에서 1849년 출간했다.

檀香出闍婆之打綱·底勿二國, 三佛齊亦有之. 其樹如中國之荔支, 其葉亦然, 土人斫而陰乾, 氣清勁而易泄, 爇之能奪衆香. 色黃者謂之黃檀, 紫者謂之紫檀, 輕而脆者謂之沙檀, 氣味大率相類. 樹之老者, 其皮薄, 其香滿, 此上品也. 次則有七八分香者. 其下者謂之點星香, 爲雨滴漏者謂之破漏香. 其根謂之香頭.

17. 정향 丁香

정향(丁香)[1]은 대식(大食), 자바[闍婆] 등 여러 나라에서 나는데, 그 모양이 '정(丁)'자와 비슷하여 이름 붙인 것이다. 능히 입 냄새를 막아주어 낭관(郎官)들이 씹으며 일을 아뢰었다. 큰 것을 '정향모(丁香母)'라고 한다. 정향모가 바로 '계설향(鷄舌香)'이다. 계설향은 천년조(千年棗)의 열매라고도 한다[2].

1 정향(丁香)의 학명은 유지니아 카르요필라타, 윌드(Eugenia caryophyllata, Willd)이다. 본서의 슈리비자야[三佛齊], 자바[闍婆], 소길단(蘇吉丹) 등의 조목에 모두 토산품으로 기록되어 있다. 남비(南毗), 세란(細蘭) 등의 조목에서는 "정향(丁香)으로 교역한다."라고 했다. 마르코 폴로의 여행기에서는 자바, 취람서(翠藍嶼, Nicobar Islands) 두 섬에서 정향이 난다고 했다. 본인이 번역한 책 하권 647쪽과 666쪽을 참고하시오.[1)] 드 캉돌(de Candolle), 『재배 식물의 기원(Origine des plantes cultivées)』, 128쪽에서는 정향(丁香)이 카르요필루스 아로마티쿠스, 리네(caryophyllus aromaticus, Linné)이며 바로 몰루카스(Moluccas) 군도의 토산이라고 했다.
○『본초습유(本草拾遺)』에 "계설향과 정향은 같은 종이다. 꽃과 열매가 무더기로 자라는데, 그 가운데 가장 큰 것을 '계설'이라 한다.

1) 『동방견문록』(김호동 역주), 163장(427쪽)에 "그곳에는 후추, 육두구, 감송, 방동사니, 쿠베브(cubeb), 정향나무 등 세상에서 찾아볼 수 있는 각종 진귀한 향료들이 있다."라고 하였다. 또 171장(438쪽), 네쿠베란(Necuveran) 섬의 기술에서 "자단, 인도 호두나무, 정향목, 브라질 소방목 외에 기타 여러 좋은 나무들이 있다."라고 하였다. 여기의 네쿠베란은 수마트라 섬 서북쪽에 위치한 니코바르(Nicobar)군도를 가리킨다.

결을 따라 쪼개지지만 두 방향으로 분리된다. 닭 혓바닥 같기 때문에 이름 붙인 것인데, 바로 '모정향'이다(雞舌香與丁香同種, 花實叢生, 其中心最大者爲雞舌. 擊破有順理, 而解爲兩向. 如雞舌, 故名, 乃是母丁香也)."라고 하였고, 『당본초(唐本草)』에 "계설향 나무의 잎과 목피는 밤나무와 비슷하고, 꽃은 매화 같으며 열매는 대추씨 같은데, 이것이 수컷 나무로 향으로 쓰지 않는다. 이 수컷 나무는 꽃은 피지만 열매가 열리지 않는데, 꽃을 따서 숙성시켜 향을 만든다. 곤륜과 교주, 애주 이남에서 난다(雞舌香樹葉及皮並似栗, 花如梅花, 子似棗核, 此雌樹也, 不入香用. 其雄樹雖花不實, 采花釀之以成香. 出崑崙及交州愛州以南)."라고 하였으며, 『해약본초(海藥本草)』에서는 "정향은 동해와 곤륜국에서 난다. 2~3월에 개화하고 자백색이다. 7월이 되어서야 열매를 맺는데 작은 것은 정향이 되고, 파두(巴豆) 같이 큰 것은 모정향이 된다(丁香生東海及崑崙國. 二月三月花開, 紫白色. 至七月方始成實, 小者爲丁香, 大者如巴豆爲母丁香)."라고 하였고, 『도경본초(圖經本草)』에서는 "계설향은 『당본초』에 그 나무가 밤나무 같다고 하였다. 『남월지(南越志)』에서는 '침향(沉香)의 꽃'이라고 했다. 『광지』에서는 풀과 꽃이 넝쿨로 자라는데, 열매가 익어 그것을 지니면 입을 향기롭게 할 수 있다고 했는데, 이 설들은 확인되지 않았다. 요즘 사람들은 모두 유향 중에 대추씨 같은 목실(木實)을 골라낸 것으로 만드는데, 견고하고 딱딱하며 바짝 말라 향기가 전혀 없으며, 태워도 향이 없는데, 치료용과 구취에 사용한다고 하는 것은 이치에 어긋난다. 무엇 때문에 계설이라 하는지 알 수 없다(雞舌香唐本草言其木似栗. 南越志言是沉香花. 廣志言是草花蔓生, 實熟貫之, 可以香口. 其說不定. 今人皆以乳香中揀出木實似棗核者爲之, 堅頑枯燥, 絕無氣味, 燒亦無香, 用療氣與口臭則甚乖疎, 不知緣何以爲雞舌也)."라고 하였다.

2 천년조(千年棗)는 '해조(海棗)', 또는 '파사조(波斯棗)'라고도 하는데 바로 피닉스 닥틸리페라(Phoenix dactylifera, 대추야자)이다. 계설향과는 완전히 별개의 것이다. 『남방초목상』에 "해조나무에는 곁가지가 없이 곧장 3~40장을 솟구쳐 자라 나무 끝에는 사방으로 10개의 가지가 공생한다. 잎은 종려나무 같고, 5년에 한 번 열매를 맺는

다. 열매가 큰 것은 사발만 하고, 씨의 두 끝은 뾰족하지 않으며 두 주먹처럼 둥글다. 그 맛은 매우 감미롭고 안읍(安邑)의 어조(御棗)에는 보탤 것이 없다(海棗樹身無開枝, 直聳三四十丈, 樹頂四面共生十餘枝. 葉如栟櫚, 五年一實. 實甚大如杯盌, 核兩頭不尖, 雙卷而圓. 其味極甘美, 安邑御棗無以加也)."라고 하였다. 『본초습유(本草拾遺)』에 "무루자(無漏子)는 바로 파사조(波斯棗)로, 파세[波斯國]에서 나며 모양은 대추와 같다(無漏子即波斯棗, 生波斯國, 狀如棗)."라고 했다.

○『유양잡조』, 권18에 "파사조는 파세[波斯國]에서 나는데, 파사국에서는 '굴망'이라 부른다. 나무의 키는 3~4장이고 둘레는 5~6척이며 잎은 토등과 비슷하며 시들지 않는다. 2월에 꽃이 생겨나고 모습은 파초 꽃과 비슷한데, 두 개의 갑(甲)이 있어 점점 갈라 터지고 그 안에는 10여 개의 방이 있다. 열매는 2촌이고 황백색이며 씨가 있다. 익으면 열매는 검어지고 모양은 마른 대추처럼 되는데, 맛이 엿처럼 달아 먹을 만하다(波斯棗, 出波斯國, 波斯國呼爲窟莽. 樹長三四丈, 圍五六尺, 葉似土藤, 不凋. 二月生花, 狀如蕉花, 有兩甲, 漸漸開罅, 中有十餘房. 子長二寸, 黃白色, 有核, 熟則子黑, 狀類乾棗, 味甘如餳, 可食)."라고 하였다. 굴망(窟莽)은 『철경록(輟耕錄)』에 '고로마(苦魯麻)'로 되어 있는데, 모두 페르시아어 쿠르마(Khurmā)의 음역이다. 『본초강목』, 권31 무루자(無漏子) 조목을 참고하시오[2].

---

2) 『본초강목』, 권31에서 이시진(李時珍)은 무루자(無漏子)가 가진 의미를 밝히지 못했지만 이칭들에 대해 다음과 같이 설명하고 있다. "'천년', '만년'의 말은 그 나무의 내구성을 말한 것이고, '해(海)', '파사(波斯)', '번(番)'자를 붙이는 것은 외래종이기 때문이며, '금과(金果)'라고 하는 것은 귀하게 여겨지기 때문이고, 종(棕)이니, '초(蕉)'니 하는 것은 그 줄기와 잎의 모양 때문이다. 현지인들은 그 나무를 굴망(窟莽)이라 하고 그 열매를 고로마조(苦魯麻棗)라 한다. '고마'와 '굴망'은 모두 현지의 발음과 근사하다(千年·萬歲, 言其樹性耐久也. 曰海, 曰波斯, 曰番, 言其種自外國來也. 金果, 貴之也. 曰棕·曰蕉, 象其幹·葉之形也. 番人名其木曰窟莽, 名其實曰苦魯麻棗. 苦麻·窟莽, 皆番音相近也)."라고 하였다.

丁香出大食·闍婆諸國, 其狀似丁字, 因以名之. 能辟口氣, 郞官咀以奏事. 其大者謂之丁香母. 丁香母卽鷄舌香也. 或曰鷄舌香, 千年棗實也.

18. 육두구 肉荳蔻

육두구(肉荳蔻)[1]는 황마주(黃麻駐), 고롱[牛崙] 등[2]의 심원한 번국(番國)에서 난다. 나무는 중국의 잣나무와 같고, 키는 10장에 달하며, 가지와 줄기들이 우거지고 넓게 퍼져 4~50명을 가린다. 봄에 꽃이 피는데, 따서 햇볕에 말리면, 이것이 오늘날 두구화(豆蔻花)이다. 그 열매는 비자(榧子)[3]와 같고 그 껍질을 제거하고 그 과육만 취하여 가루로 저장하면 오래갈 수 있다. 『본초(本草)』에 따르면 그 성질은 따뜻하다.

1 육두구(肉荳蔻)1)는 미리스티카 프라그란스(Myristica fragrans)이다. 『본초습유(本草拾遺)』에 "육두구는 호국(胡國)에서 난다. 호(胡)들은 '가구륵'이라 한다. 큰 배가 오면 있고, 중국에는 없다. 그 모양은 둥글고 작으며, 껍질은 자줏빛이 나고 단단하며 얇으며 과육은 시고 맵다(肉豆蔻生胡國, 胡名迦拘勒. 大舶来即有, 中國無之. 其形圓小, 皮紫緊薄, 中肉辛辣)."라고 하였다. 가구륵(迦拘勒)은 아마도 아랍어 카쿨라(kākulah)를 따른 것으로 보이는데, 이것은 백두구(白荳蔻, cardamon)이지 육두구가 아니다. 본서의 백두구(白荳蔻) 조목을 참고할 만하다.

○『해약본초(海藥本草)』에 "곤륜과 대진국에서 자란다(生崑崙及大秦國)."라고 하였고, 『도경본초(圖經本草)』에 "오늘날 영남 사람들도 이것을 심는데, 봄에 싹이 나고, 여름에 줄기가 나온다. 개화와 결실은 두구와 비슷하다. 6~7월에 채취한다(今嶺南人家亦種之, 春生苗, 夏抽莖, 開花結實, 似豆蔻. 六月七月采)."라고 하였다.

○드 캉돌(de Candolle), 『재배 식물의 기원(Origine des plantes

---

1) 육두구: '사향냄새가 나는 호두'라는 의미의 넷맥(Netmeg)이라 불리는 향신료이다.

cultivées)』, 336쪽에서 “육두구는 몰루카스(Moluccas)의 토산으로 특히 반다(Banda) 등 여러 섬에 무성하다.”라고 하였다.

○1956년 풍승균은 중간본을 내면서 다음과 같이 주석을 보완하였다. 반다(Banda)는 원서에 만란(萬瀾)으로 되어 있지만 여기서는 만단(萬丹)이라 하였는데, 이는 자바 서부의 반탄(Bantan)으로 조사되었다. 청대(淸代)에는 이미 만단(萬丹)으로 통칭했으니, 두 명칭의 혼용을 피하기 위해 『해도일지(海島逸志)』에 의거하여 ‘만란(萬瀾)’으로 고쳤다.

2 황마주(黃麻駐)와 우륜(牛崙)은 모두 본서 소길단(蘇吉丹) 조목에 보인다. 다만 우륜이 ‘우론(牛論)’으로 되어있고 그 기술한 본문에는 또한 ‘고론(故論)’으로 되어 있다. 『도이지략』, 조와(爪哇) 조목에는 ‘무륜(巫崙)’이 있는데, 아마도 또 다른 음역으로 보인다. 여기의 우륜(牛崙)과 우론(牛論)은 분명 오륜(午崙)과 오론(午論)의 잘못으로, 고룽(Gorung) 섬으로 보인다. 황마주는 미락거(美洛居, Moluccas)의 잘못일 수도 있다. 본서 소길단 조목의 주6을 참고하시오.

3 비자(榧子)는 토레야 누치페라(Torreya nucifera)로, ‘문목(文木)’이라고도 한다.

肉豆蔻出黃麻駐·牛崙等深番. 樹如中國之柏, 高至十丈, 枝幹條枚蕃衍, 敷廣蔽四五十人. 春季花開, 採而曬乾, 今豆蔻花是也. 其實如榧子, 去其殼, 取其肉, 以灰藏之, 可以耐久, 按本草, 其性温.

19. 강진향 降眞香

강진향(降眞香)[1]은 슈리비자야[三佛齊], 자바[闍婆], 파항[蓬豊]에서 나는데 광동, 광서 여러 군(郡)에도 있다. 향기는 강하고 멀리 가며 사악한 기운을 막아준다. 천주(泉州)의 사람들은 제석(除夕)에 빈부를 막론하고 모두 섶을 태우는 것처럼 이것을 태우는데, 그 값이 매우 저렴하다. 슈리비자야[三佛齊]의 것이 가장 좋고 향기와 맛이 맑고 멀리 간다. 일명 '자등향(紫藤香)'[2]이라고도 한다.

1 강진향(降眞香)은 라카우드(laka-wood)이다. 본서 삼불제(三佛齊), 단마령(單馬令), 불라안(佛囉安), 자바, 소길단(蘇吉丹) 등의 조목에도 기록되어 있다.

○『해약본초(海藥本草)』에 "남해와 대진국에서 자란다. 이 향은 소방목과 비슷한데, 이것을 태우면 처음에는 향이 진하지 않으므로 다른 여러 향과 섞으면 매우 좋다. 약에 들어가는 것은 '번강'으로 자줏빛에 윤기 나는 것이 좋다(生南海山中及大秦國. 其香似蘇方木, 燒之初不甚香, 得諸香和之則特美, 入藥以番降, 紫而潤者爲良)."라고 하였다. 소방목(蘇方木)은 바로 소목(蘇木)으로 본서 소목 조목을 참고하시오.

○『본초강목』, 권34에는 『계만총화(溪蠻叢話)』를 인용하여 "계골향(鷄骨香)이 바로 강향(降香)이다(雞骨香即降香)."라고 했는데 침향 중의 계골향과 이름이 같다. 본서 침향 조목의 주1을 참고하시오.

○어거스틴 헨리(Augustine Henry)는 『중국 식물 경제학에 관한 설명(Notes on Economic Botanical of China)』에서 강진향은 바로 아크로니치아 라우리폴리아, 비우메(Acronychia laurifolia, Biume)라고 했으나 소조 나카이(中井宗三, 1883~1920), 『대만임목지(臺灣林木誌)』에서는 중국 명칭이 '석령구(石柃舅)'라고 하였다.

○본서 혈갈(血竭) 조목에서 강진향 수지는 세간에서 '가혈갈(假血

碣)'이라고 한다고 하였다.

2『남방초목상』, 권중에 "자등의 잎은 가늘고 길며, 줄기는 대나무 뿌리 같으며 매우 견실하다. 겹겹의 껍질이 있고, 꽃은 희며 열매는 검다. 술 속에 넣어 두면 2~30년 지나도 썩지 않는다. 그 줄기는 잘라 연기 속에서 그을리면 '자향(紫香)'이 되는데 강신하게 할 수 있다(紫藤葉細長, 莖如竹根, 極堅實. 重重有皮, 花白子黑. 置酒中歷二三十年亦不腐敗. 其莖截置煙炱中, 經時成紫香, 可以降神)."라고 하였다.

降眞香出三佛齊·闍婆·蓬豐, 廣東·西諸郡亦有之. 氣勁而遠, 能辟邪氣. 泉人歲除, 家無貧富, 皆爇之如燔柴然, 其直甚廉, 以三佛齊者爲上, 以其氣味清遠也. 一名曰紫藤香.

20. 사향목 麝香木

사향목(麝香木)[1]은 참파[占城], 캄보디아[眞臘]에서 난다. 나무가 늙어 쓰러져 땅속에 들어가 썩은 것으로 완전히 숙성되어 썩은 것이 좋다. 그 향기는 은은하여 사향과 비슷하여 사향(麝香)이라고 한다. 살아 있는 나무를 베어 얻으면 향기가 강하고 고약한데 이것은 하품(下品)이다. 천주(泉州) 사람들은 그릇을 만들어 쓰는데, 화리목(花梨木)[1)] 종류이다.

1 역주: 이 나무는 고증할 것이 없다. 다른 책에서도 기록되지 않았다. 다만 『동서양고』, 권3에 이것이 캄보디아[柬埔寨]에서 난다고 하지만, 『일통지(一統志)』의 한 마디를 제외하면 별달리 고증할 것이 없다[2)].

麝香木出占城·眞臘, 樹老仆湮沒於土而腐, 以熟脫者爲上, 其氣依稀似麝, 故謂之麝香. 若伐生木取之, 則氣勁而惡, 是爲下品. 泉人多以爲器用, 如花梨木之類.

1) 화리목(花梨木): "Pterocarpus indicus"라는 학명을 가지며, 자단향나무로 번역된다.

2) 『일통지(一統志)』의 한 문장은 바로 "향기가 노루 배꼽 같다(氣似麝臍)."라고 하였다.

21. 파라밀 波羅密

파라밀(波羅密)[1]은 동과(東瓜: 동아)처럼 크고 외피(外皮)는 오돌토돌한 불계(佛髻) 같다. 열리면 파랗고 익으면 누렇게 되어 그 표피를 잘라 먹으면 맛이 매우 달다. 나무는 용(榕)나무 같고 꽃은 무더기로 피고, 꽃이 지면 열매가 맺히는데 하나만 열매로 되고 나머지는 오그라들어 죽는다. 수카다나[蘇吉丹]에서 나고 광주(廣州), 남해묘(南海廟)[1)]에도 있다[2].

---

1) 남해묘(南海廟): 즉 남해신묘(南海神廟)는 오늘날 중국 광저우시 황푸구 미아오터우춘(广州市黄埔区庙头村)에 위치한다. 수나라 개황(開皇) 14년(594)년에 세워진 이래 청대(淸代)까지 확장되고 중수되었다. 위치하는 곳이 광주(廣州)의 동쪽이기 때문에 송나라 시기에는 '동묘(東廟)'라고도 칭했다. 당현종(唐玄宗) 때에 남해신(南海神)을 광리대왕(廣利大王)으로 봉했고, 남한(南漢, 917~971) 때에는 소명제(昭明帝)로 봉했다. 이후 송원(宋元)을 거치면서 여러 차례 봉호가 더해져 남해광리홍성소순위현령령부왕(南海廣利洪聖昭順威顯靈孚王)으로 합하여 부르고 명순부인(明順夫人)을 짝지어 주었다. 민간전설에 의하면, 정관(貞觀) 21년(647) 달해사공(達奚司空)이 인도 마가다(Magádha)왕국에서 배를 타고 광주에 도착하여 가지고 온 파라수(波羅樹)를 사당 앞에 심었는데, 그것이 신(神)이 되었다고 하여 이 사당을 '파라묘(波羅廟)'라고 하고, 사당 앞에 흐르는 주강(珠江)을 '파라강(波羅江)'이라 부른다고 한다. 옛날에는 매년 황제를 대신하여 파견된 관리들이 남해신에게 제사를 올렸고, 상선이나 어선들이 바다에 나갈 때는 반드시 남해신에게 제사를 올려 순풍과 평안을 기원했다. 스웨덴 동인도회사의 상선인 예테보리(Götheborg)호의 최종 종착지가 바로 남해신묘였기 때문에 해상 실크로드의 시발점으로 알려져 있다. 이 남해신묘는 한유

1 역주: 파라밀(波羅蜜)의 학명은 아르토카르푸스 인테그리폴리아(Artocarpus integrifolia)로, 속칭 '잭크(jack)'라 한다. 말레이어로는 '망가(mangga)', 산스크리트어로는 '파나사(panasa)', '팔라사(phalasa)', '칸타카팔라(kantakaphala)' 등의 이름이 있다. 중국 서적에서 처음으로 보이는 것은 『수서』, 권82, 「진랍전(Kamboja)」에 나오는 바나사(婆那娑)인 것 같다. 그에 따르면 "바나사[panasa] 나무가 있는데 꽃은 피지 않고 잎은 감나무 같고 열매는 동과와 비슷하다(有婆那娑樹, 無花, 葉似柿, 實似冬瓜)."라고 하였다. 『신당서』, 권221상, 「마게타전(摩揭它傳, Magadha)」에서는 "정관 21년(647)에 처음으로 보낸 사신이 천자에게 와서 파라수를 헌상했는데, 나무는 백양과 비슷했다(貞觀二十一年, 始遣使者自通于天子, 獻波羅樹, 樹類白楊)."라고 하였는데 아마도 파라밀(波羅蜜)이었던 것 같다.

○『유양잡조』, 권18에 "바나사나무는 파세[波斯國]에서 나고 또 불림에서도 나며 '아부타'라고 부른다. 나무의 길이는 5~6장이고 껍질은 청록색이며, 잎은 빛나고 깨끗하며 겨울과 여름에도 시들지 않는다. 꽃은 없고 열매가 열리는데, 그 열매는 나무줄기에서 나오고 동과처럼 크며, 각이 싸고 있다. 각에는 가시가 있으며 과육은 감미로워 먹을 만하다. 씨는 대추처럼 큰데, 하나의 열매에 수백 개가 들어있다. 씨 속은 밤처럼 누렇고 볶아서 먹으면 매우 좋다(婆那娑樹, 出波斯國, 亦出拂林, 呼爲阿部嚲. 樹長五六丈, 皮色青綠, 葉極光淨, 冬夏不凋. 無花結實, 其實從樹莖出, 大如冬瓜, 有殼裹之, 殼上有刺, 瓤至甘甜, 可食. 核大如棗, 一實有數百枚. 核中仁如慄黃, 炒食甚美)."라고 하였다.

○『본초강목』, 권31에 "파라밀은 통킹[交趾]과 남쪽 여러 번국에서 자라는데, 지금은 영남, 전남에도 있다. 나무는 5~6장 정도이고, 동청과 비슷하나 훨씬 검고 윤기가 난다. 잎은 빛나고 깨끗하며, 겨울

의 남해신묘비라는 비문을 통해 우리에게 잘 알려져 있는 편이다. 번역문은 『고문진보후집』을 참고하시오. 보다 자세한 것은 왕정(王頲), 「신왕제사-광주 '남해묘' 고사구침(神王祭祀——廣州"南海廟"古史鈎沈)」를 참고하시오.

과 여름에도 시들지 않는다. 말[斗]처럼 큰 열매가 열린다. 꽃이 피지 않아도 열리는데, 가지 사이에서 나온다. 많은 것은 수십 개이고 적게는 대 여섯 개이며 동과처럼 크다. 밖에는 두꺼운 껍질이 싸고 있어 밤송이 같고 위에는 연한 가시가 있고 오돌토돌하다. 5~6월 익을 때 과일은 대여섯 근이 나가고 외피를 제거하면 안의 과육이 귤처럼 포개져 있는데 먹으면 꿀 같이 달고 향기가 방에 가득해진다. 한 열매에는 수백 개의 씨가 있는데, 씨는 대추처럼 크고, 씨의 속은 밤 같아 구워 먹으면 아주 맛있다. 과일 중에 큰 것으로는 이것과 야자뿐이다(波羅蜜生交趾南番諸國, 今嶺南滇南亦有之. 樹高五六丈, 樹類冬青而黑潤倍之. 葉極光淨, 冬夏不凋. 樹至斗大方結實, 不花而實, 出於枝間, 多者十數枚, 少者五六枚, 大如冬瓜, 外有厚皮裏之, 若栗毬, 上有軟刺礧砢. 五六月熟時, 顆重五六斤, 剥去外皮殼, 內肉層疊如橘囊, 食之味至甜美如蜜, 香氣滿室. 一實數百核, 核大如棗, 其中仁如栗黃, 煮炒食之甚佳. 果中之大者, 惟此與椰子而已)."라고 하였다.

2 『평주가담(萍洲可談)』[2)]에 "남해묘에는 큰 나무가 있는데, 열리는 열매는 동과와 같고, 익었을 때 열어보면 그 방들이 파초와 같다. 토착민들은 파라밀이라 부른다. 담가서 먹을 수 있다(南海廟前有大樹, 生子如冬瓜, 熟時解之, 其房如芭蕉. 土人呼爲波羅蜜. 漬之可食)."라고 하였다.

> 波羅蜜大如東瓜, 外膚礧砢如佛髻, 生青熟黃, 削其膚食之, 味極甘. 其樹如榕, 其花叢生, 花褪結子, 惟一成實, 餘各蕉死. 出蘇吉丹, 廣州南海廟亦有之.

2) 『평주가담(萍洲可談)』: 12세기 초중반에 살면서 '광주수(廣州帥)'를 지낸 주욱(朱彧)이 1119년 완성한 책이다. 3권으로 이루어져 있다. 특히 2권에는 광주에 사는 외국인들과 시박사(市舶司)의 일들을 기록하고 있다.

22. 빈랑 檳榔

빈랑(檳榔)[1]은 여러 번국(番國)과 해남 4주(州)1)에서 생산되고 통킹[交趾]에도 있다. 나무는 종려나무 같고 열매와 잎 사이는 버드나무 가지 같으며, 알알이 무더기로 그 위에 꿰어 있다. 봄에 채취한 것이 '연빈랑(軟檳榔)'으로 세간에서 '빈랑'이라고 부르는 것이다. 신선하여 아주 먹을 만한다. 여름과 가을에 채취하여 말린 것을 '미빈랑(米檳榔)'이라 하고, 소금으로 절인 것을 '염빈랑(鹽檳榔)'이라 한다. 작고 뾰족한 것은 '계심빈랑(鷄心檳榔)'이라 하고, 크고 평평한 것을 '대복자(大腹子)'[2]라고 하는데, 먹으면 기(氣)를 내릴 수 있다.

1 빈랑(檳榔)은 말레이어 피낭(pinang)의 음역이다. 테린가(Telinga)어로 아렉(arek)이라 하는데 이것의 학명인 아레카 카테츄(Areca catechu)를 따른 것이다.

○『남방초목상』, 권하에 "빈랑 나무는 키가 10여 장이고 목피는 푸른 오동나무 같으며, 마디는 계죽 같다. 아래 뿌리는 크지 않고, 윗가지는 작지 않다(檳榔樹高十餘丈, 皮似青桐, 節如桂竹. 下本不大, 上枝不小)."라고 하였다. 『명의별록(名醫別錄)』에 "빈랑은 남해에서 난다. 도홍경(陶弘景)은 '이 나무에는 서너 종이 있는데, 교주에서 나는 것은 모양이 작고 맛이 달며, 광주 이남의 것은 모양이 크고 맛이 떫다. 또 큰 것이 있는데 저빈랑이라 부르며 약으로 쓸 수 있다. 작은 것은 납자라하고 속칭 빈랑손이라 하는데 역시 먹을 만하다(檳榔生南海. 弘景曰, 此有三四種, 出交州者形小味甘, 廣州以南者形大味澀. 又有大者名猪檳榔, 皆可作藥. 小者名蒳子, 俗呼爲檳榔孫, 亦可食)'"라

1) 해남의 사주(四州): 경주(瓊州), 창화(昌化), 길양군(吉陽軍), 만안군(萬安軍)을 말한다. 본서의 맨 마지막에 있는 해남 조목을 참고하시오.

고 하였다.

○『당본초(唐本草)』에서는 "교주, 애주와 곤륜에서 난다(生交州愛州及崑崙)."라고 하였으며, 『도경본초(圖經本草)』에 "오늘날 영외(嶺外)의 주군에 모두 있다. 나무는 광랑처럼 크지만 키는 5~6장으로 곧바로 자라 곁가지가 없으며, 목피는 푸른 오동나무 같고 마디는 계수나무 가지와 비슷하다. 잎은 나무 끝에서 나고, 방패처럼 크며 파초 잎과 비슷하다. 열매에는 방으로 나뉘어 있고, 잎 가운데에서 나오며, 옆에는 침 같은 가시가 있어 아래까지 중첩되어 있다. 한 방에는 수백 개의 씨가 있는데 계란 모양이며 모두 껍데기가 있다. 이 열매는 봄에 열고 여름이 되어서야 익는데, 껍데기 안에는 과육이 가득하며 색은 하얗다(今嶺外州郡皆有之. 木大如桄榔, 而高五七丈, 正直無枝, 皮似青桐, 節似桂枝. 葉生木顚, 大如楯頭, 又似芭蕉葉. 其實作房, 從葉中出, 旁有刺若棘鍼, 重疊其下. 一房數百實, 如鷄子狀, 皆有皮殼. 其實春生, 至夏乃熟, 肉滿殼中, 色正白)."라고 했다. 『본초강목』, 권31 빈랑 조목을 참고하시오.

○『영외대답』, 권8에 "빈랑은 해남 여동에서 자라고 교지에서도 생산된다. 나무는 종려나무와 같다. 열매와 잎 사이는 버드나무 가지와 같으며 알알이 그 위에 무더기로 이어져 난다. 봄에 채취하면 '연빈랑'이라고 하는데 아주 먹기 좋고, 여름과 가을에 채취하여 말린 것은 '미빈랑'이라 한다. 소금으로 담군 것을 '염빈랑'이라 한다. 작고 뾰족한 것을 '계심빈랑'이라 하고, 크고 납작한 것을 '대복자'라고 한다. 모두 기를 내리는 약이다. 바다 상인들이 그것을 팔면 경(瓊)[2]의 관청에서 세금을 거두어들이는데 한 해 예산에서 10분의 5를 차지한다. 광주세관에서도 빈랑세금을 받았는데 한 해에 수만 꿰미였다. 이로 미루어 볼 때 여러 곳에서 수확한 것과 개인들이 채취한 것은 계산할 수 없을 정도로 많을 것이다(檳榔生海南黎峒, 亦產交址. 木如棕櫚. 結子葉間如柳條, 顆顆叢綴其上. 春取之爲軟檳榔, 極可口. 夏秋採而乾之爲米檳榔, 漬之以鹽爲鹽檳榔, 小而尖者爲雞心檳榔, 大而匾者爲大腹子. 悉下氣藥也. 海商販之, 瓊管收其征, 歲計居

2) 경(瓊): 중국 해남성의 별칭이다.

什之五. 廣州稅務收檳榔稅, 歲數萬緡. 推是, 則諸處所收, 與人之所取, 不可勝計矣).”라고 하였다.

○역주: 본서 주련(注輦), 마일(麻逸), 해남(海南) 등의 조목에 빈랑이 들어 있고, 삼불제(三佛齊), 사바(闍婆) 등의 조목에는 빈랑주(檳榔酒)가 있다.

2 대복자(大腹子)는 ‘저빈랑(豬檳榔)’이라고도 하는데, 『개보본초(開寶本草)』에 “대복은 남해의 여러 나라에서 난다. 나는 것은 빈랑과 서로 비슷하나 줄기, 뿌리, 잎, 둥치가 조금 다를 뿐이다(大腹生南海諸國. 所出與檳榔相似, 莖葉根幹小異耳).”라고 하였고, 『본초강목』, 권31 대복자 조목에서는 “대복은 모양으로 이름 붙인 것인데, 계심빈랑과 구별하기 위해서이다(大腹以形名, 所以別鷄心檳榔也).”라고 하였다.

슈리비자야[三佛齊] 사람들은 그 즙을 짜서 술로 만들어, 상선들이 흥판(興販)하였다. 천주(泉州)와 광주(廣州)의 세관에서는 매년 수만의 돈꿰미를 거두어들이는데 해남이 가장 많다. 신선한 빈랑, 염빈랑 모두 해남에서 나고, 계심, 대복자는 민도로[麻逸]에서에 많이 난다.

檳榔產諸番國及海南四州, 交趾亦有之. 木如棕櫚, 結子葉間如柳條, 顆顆叢綴其上, 春取之爲軟檳榔, 俗號檳榔, 鮮極可口. 夏秋採而乾之爲米檳榔, 漬之以鹽爲鹽檳榔. 小而尖者爲鷄心檳榔, 大而匾者爲大腹子, 食之可以下氣. 三佛齊取其汁爲酒, 商舶興販, 泉廣稅務歲收數萬緡, 惟海南最多. 鮮檳榔·鹽檳榔皆出海南, 雞心·大腹子多出麻逸.

23. 야자 椰子

야자(椰子)[1]는 몸통과 잎이 모두 종려, 빈랑과 유사하다. 열매는 잎 사이에 생기며, 한 가지에 여러 개가 달리고, 큰 것은 다섯 되의 그릇 같으며, 과일 중에서 큰 것은 이것과 파라밀뿐이다. 막 따면 그 껍질은 푸르고 부드러운데, 지나면 황색으로 변하고 오래되면 말라 버린다. 표피 속의 각(殼)은 그릇으로 사용할 수 있고, 그 속의 과육은 옥처럼 하얗고 맛은 우유처럼 감미롭다. 속살 안에 있는 주스는 막 딴 것이면 매우 맑고 향긋한데, 오래되면 혼탁해져 마실 수 없다. 말라바르[南毗]등 여러 나라에서는 이 나무의 꽃즙을 짜서 꿀과 당(糖)을 섞어서 술을 만든다.

1 야자(椰子)는 바로 코코스 누치페라, 리메(Cocos nucifera, Limé)이다. 산스크리트어로는 '나리케라(narikela)'이고 말레이어로는 '칼라파(kalapa)'이다. 『명사』, 권325, 「화란전(和蘭傳)」에서는 조와(爪哇)를 '교류파(咬𠺕吧)'라고 불렀고, 『해록(海錄)』에는 '갈라팔(噶喇叭)'이라 했는데, 모두 야자의 음역으로 섬을 '야자'로 부른 것이다. 드캉돌(de Candolle), 『재배 식물의 기원(Origine des plantes cultivées)』, 345~350쪽을 참고하시오.
○『남방초목상』, 권하에 "야자나무 잎은 종려나무와 같고 키는 6~7장으로 가지가 없다. 그 열매는 동과(冬瓜, 동아)처럼 크고 밖에는 거친 껍질이 있고 안에는 각이 있으며 둥글고 견고하다. 갈라보면 반 촌 되는 두텁고 하얀 속이 있는데 맛이 호도와 같고 기름지며 맛이 좋다. 장(漿)을 마시면 취할 수 있는데, 세간에서는 '월왕두'라고 한다. 옛날 임읍왕은 월왕(越王)에게 원한을 가지고 있었기 때문에 협객을 보내 그의 머리를 베어 나무에 걸었는데 문득 야자로 변했다. 임읍왕이 화가 나서 쪼개 마시는 그릇으로 사용하게 했는데, 남방 사람들은 지금까지 이를 따르고 있다. 찔릴 당시에 월왕은 크게 취해 있었기 때문에 그 장(漿)을 술과 같다고 한다(椰樹葉如栟

櫚, 高六七丈, 無枝條. 其實大如寒瓜, 外有粗皮, 次有殼, 圓而且堅. 剖之有白膚厚半寸, 味似胡桃而極肥美. 有漿飮之得醉, 俗謂之越王頭. 云昔林邑王與越王有故怨, 遣俠客刺得其首, 懸之於樹, 俄化爲椰子. 林邑王憤之, 命剖以爲飮器, 南人至今效之. 當刺時越王大醉, 故其漿猶如酒云).”라고 하였다.

○『개보본초(開寶本草)』에 “야자는 안남에서 나는데, 나무는 종려와 같고 열매에는 장(漿)이 있는데 마시면 취할 수 있다(椰子生安南, 樹如棕櫚. 子中有漿, 飮之得醉).”라고 하였고, 『도경본초(圖經本草)』에 “야자는 영남의 주군에 모두 있다. 곽의공의 『광지』에 ‘나무는 광랑처럼 가지가 없고 키는 수 장이다. 잎은 속포처럼 나무 끝에 달린다. 열매는 표주박처럼 크고 가지 사이에 드리워 물건을 걸어 놓은 것 같은 모습이다. 열매 밖은 거친 표피가 종(椶) 껍데기 같고 표피 안에는 견고한 각이 있는데 둥글고 약간 길쭉하다. 각 안에는 살이 있는데 돼지 지방처럼 희며 반 촌 정도 되고 맛은 호도와 같다. 살 안에는 우유 같은 너덧 홉의 음료가 들어 있는데, 마시면 차가워져 기를 움직이고 사람을 취하게 한다. 각은 그릇을 만들 수 있다. 과육은 졸여 당(糖)으로 만들어 멀리 부칠 수 있는데 과자를 만들면 매우 좋다.’고 하였다(椰子嶺南州郡皆有之. 郭義恭廣志云, 木似桄榔無枝條, 高丈餘. 葉在木末如束蒲. 其實大如瓠, 垂於枝間, 如掛物然. 實外有粗皮如椶包, 皮內有堅殼, 圓而微長. 殼內有膚, 白如猪肪, 厚半寸許, 味如胡桃. 膚內裹漿, 四五合如乳, 飮之冷而動氣醺人. 殼可爲器. 肉可糖煎寄遠, 作果甚佳).”라고 하였으며, 『해약본초(海藥本草)』에 “유흔기의 『교주기』에 ‘야자나무는 해종 같다. 열매는 사발처럼 크고 밖에는 거친 표피가 있는데 대복자, 두구 등과 같다. 안에는 술 같은 음료가 있는데 마셔도 취하지 않는다. 운남에서 나는 것 또한 좋다(按劉欣期交州記云, 椰樹狀若海椶. 實大如椀, 外有粗皮, 如大腹子荳蔻之類. 內有漿似酒, 飮之不醉. 生雲南者亦好).”라고 하였다.

○『영외대답』, 권8에 “야자나무는 몸통과 잎이 종려, 광랑나무 등과 비슷하다. 열매는 잎 사이에서 나는데, 한 꼭지에 여러 개가 달리며 큰 것은 다섯 되 정도의 그릇 같다. 과일 중에서 큰 것은 이것과 파라밀뿐이다. 처음 따면 표피는 매우 푸르고 부드럽지만, 지나

면 황색으로 변하고 오래되면 말라 버린다. 표피 속에는 각이 있어 그릇을 만들 수 있다. 씨 안에는 옥 같은 하얀 속살이 있는데 맛이 우유처럼 감미롭다. 속에 들어 있는 음료로 막 딴 것은 맑고 향긋하지만 오래되면 혼탁해져 마실 수 없다(椰木, 身葉悉類棕櫚·桄榔之屬. 子生葉間, 一穗數枚, 枚大如五升器. 果之大者, 惟此與波羅蜜耳. 初採, 皮甚青嫩, 已而變黃, 久則枯乾. 皮中子殼可爲器, 子中穰白如玉, 味美如牛乳, 穰中酒新者極清芳, 久則渾濁不堪飮).”라고 하였다.

○역주: 본서 남비(南毗) 조목에서 퀼론[故臨]은 꿀, 당(糖) 그리고 야자의 꽃즙을 발효시켜 술을 만든다고 했고, 『본초강목』 야자 조목에서는 『양서』를 인용하여 돈손국(頓遜國)[1]에는 안석류(安石榴)

1) 돈손국(頓遜國): 동남아시아의 옛 나라 이름으로 전손(典遜, 典孫), 돈손(頓孫)으로도 음역되었다. 『태평어람(太平御覽)』, 권981에서는 「부남전(扶南傳)」을 인용하여 “돈손국 사람들은 언제나 향과 꽃으로 하늘 신을 섬기고 향에는 여러 종류가 있다(頓遜國人, 恆以香花事天神, 香有多種).”라고 하였고, 『양서』, 권54 제이(諸夷) 조목에서는 “이 나라 남쪽 경계 3천여 리에는 돈손국이 있는데 바다로 길게 내민 육지에 자리하고 있으며, 사방 1천 리이고 성은 바다에서 10리 떨어진 곳에 있다. 왕은 다섯 명이 있는데, 모두 부남에 속해있다. 돈손의 동쪽은 교주(交州)와 통하고 서쪽 경계는 천축, 안식 등 먼 나라들과 접해 있어 왕래하며 교역한다. 그런 까닭은 돈손은 바다를 천여 리 둘러 들어가는데 배를 댈 만한 기슭이 없어 선박들이 지나간 적이 없기 때문이다. 시장에는 동서양 사람들이 서로 모이는데 하루에 만여 명이 넘는다. 진귀한 보물과 상품들, 없는 것이 없다. 또 술 나무가 있는데 안석류와 비슷하며, 그 꽃의 즙을 항아리에 담아두면 수일 내에 술이 된다(其南界三千餘里有頓遜國, 在海崎上, 地方千里, 城去海十里. 有五王, 並羈屬扶南. 頓遜之東界通交州, 其西界接天竺安息徼外諸國, 往還交市. 所以然者, 頓遜迴入海中千餘里, 漲海無崖岸, 船舶未曾得徑過也. 其市, 東西交會, 日有萬餘人. 珍物寶貨, 無所不有. 又有酒樹, 似安石榴, 采其花汁停甕中, 數日成酒).”라고 하였다. 이를 근거로 이 나라는 말레이반도의

와 비슷한 술 나무가 있는데, 꽃즙을 짜서 잔속에 넣어 두면 수일 안에 술이 된다고 하였다. 아마도 이런 것을 말하는 것으로 보인다.

椰子本身, 葉悉類棕櫚·檳榔之屬. 子生葉間, 一穗數枚, 大如五升器, 菓之大者惟此與波羅蜜耳. 初採皮甚青嫩, 已而變黃, 久則枯乾. 皮中子殼可爲器, 子中穰白如玉, 味美如牛乳. 穰中酒新者極清芳, 久則渾濁不堪飮. 南毗諸國取其樹花汁用蜜糖和之爲酒.

미얀마 동남쪽 해안에 있는 타닌타리(Tenasserim)로 추정하는 것이 일반적이다. 또 일설에 따르면 태국 나콘시타마랏(Nakhon Sri thamarat)부근인 텅송(Tung Song)으로 추정하는데, 음역자와 가장 음이 근접하다. 이 밖에도 말레이반도 북부, 말레이시아 말라카(Malacca), 조호르(Johore) 등으로 추정하기도 한다.

24. 몰석자 沒石子

몰석자(沒石子)[1]는 대식(大食), 모술[勿厮離]에서 난다. 나무는 녹나무 같고, 1년에 한번 꽃이 피고, 열매는 중국의 모률(茅栗: 밤나무)과 같아 '사몰률(沙沒律)'라고 부르고 또한 '포로(蒲蘆)'라고도 하는데, 따서 먹을 수 있다. 다음 해에 다시 나는 것을 '마차(麻茶)'라고 하는데, 마차는 '몰자석(沒子石)'이다. 그다음 해에 또 사몰률이 나고, 격년으로 몰석자가 나기 때문에 비싸게 팔린다. 한 뿌리에서 나는 것이 다르니 또한 이상하게 여길 만하다.

1 몰석자(沒石子)는 바로 퀘르쿠스 인펙토리아, 올리브(Quercus infectoria, Oliv.)이다. 『수서』, 권83, 「파사전(波斯傳)」에 처음으로 보이는데, '무식자(無食子)'로 되어 있다. 『개보본초(開寶本草)』에 처음으로 몰석자(沒石子)로 되었는데, 『포자론(炮炙論)』에는 '묵석자(墨石子)'로, 『해약본초(海藥本草)』에는 '몰식자(沒食子)'로 되어있다. 본서의 '마차(麻茶)'와 『유양잡조』의 '마택(摩澤)'[1)]은 모두 페르시아어 마주(māzū), 산스크리트어 마주파라(mājūphala)를 근거한 것으로 보인다. 아마도 페르시아어에서 와전되어 나온 것으로 예를 들면 마택과(摩澤果) 같은 것이다.

○『당본초(唐本草)』에 "무식자는 서융의 사막에서 나는데, 나무는 정(檉, tamarisk)과 같다(無食子生西戎沙磧間, 樹似檉.)"고 했고, 『해

1) 마택(摩澤): 『당본초(唐本草)』에 "단성식의 『유양잡조』에 '몰식자는 파세[波斯國]에서 나는데 마택이라 부른다(段成式酉陽雜俎云, 無食子出波斯國, 呼爲摩澤).'"라고 하였다.(『본초강목』, 권35 하). 오늘날 우리가 볼 수 있는 『유양잡조』에는 '마적(摩賊)'으로 되어있다. 정환국 옮김, 『역주 유양잡조』(소명출판), 1책, 426쪽을 참고하시오.

약본초(海藥本草)』에는 “파사 사람들은 매일 과일 대용으로 먹으므로 외국인들은 몰식자라고 한다. 산스크리트어에는 몰(沒)에 해당하는 음이 없어 오늘날 사람들은 ‘묵석’, ‘몰석’이라 부르는데 와전된 것이다(波斯人每食以代果, 故番胡呼爲沒食子. 梵書無與沒同音, 今人呼爲墨石沒石, 轉傳訛矣).”라고 했으며, 『명일통지(明一統志)』에 “몰석자는 대식, 여러 번국에서 나는데 나무는 녹나무와 같고 열매는 중국의 서율(茅栗, Castanea vulgaris)과 같다(沒石子出大食諸番, 樹如樟, 實如中國茅栗).”라고 하였다.

○본서 물시리(勿厮離) 조목의 주2, 『본초강목』, 권35의 몰식자(沒食子) 조목, 라우퍼(Laufer), 『중국과 이란(Sino-Iranica)』, 367~369쪽을 참고하시오.

沒石子出大食勿厮離. 其樹如樟, 歲一開花, 結實如中國之茅栗, 名曰沙沒律, 亦名蒲蘆, 可採食之. 次年再生, 名曰麻茶, 麻茶沒子石也. 明年又生沙沒律, 間歲方生沒石子, 所以貴售. 一根而異產, 亦可怪也.

25. 오만목 烏樠木

오만목(烏樠木)[1]은 종려나무와 비슷하고, 청록색으로 솟구쳐 자라 키는 10여 장(丈)이나 되고 녹음을 무성하게 드리운다. 이 나무는 쇠처럼 견실하여 그릇으로 만들 수 있고, 칠처럼 광택이 나서 세간에서는 진귀한 나무로 친다.

1 본 조목에서 오만목(烏樠木)[1)]은 모두 오만자(烏樠子)로 되어 있어 바로잡는다. 바로 디오스피로스 에베눔(Diospyros ebenum)으로 생각된다. 역주에서는 오만(烏樠)을 페르시아어 아부누스(ābnūs)의 음역으로 보았는데 착오이다. 페르시아어는 그리스어 에베노스(ebenos)에서 나왔고, 가장 오래된 명칭은 아마도 이집트어의 헤벤(heben)일 것이다. 중국 서적에서 가장 오래된 기록에는 교주(交州)에서 난다고 하였으니 분명 남해의 언어에서 그 대응하는 음을 찾아야 할 것이다. 자바섬 말로 '모키아(mökiā)'이고, 크메르어로는 '막펜(mak pen)'이다. 라우퍼(Laufer), 『중국과 이란(Sino-Iranica)』, 485~487쪽을 참고하시오.

○『고금주(古今注)』에 "예목(翳木), 혹 '의(毉)'자로 쓰기도 하는데,

1) 오만목(烏樠木): 『도이지략』 민다랑(民多朗, 판두랑가) 조목에 보면, 그곳의 산물로 오리목(烏梨木)을 언급하고 있다. 심증식(沈曾植)은 이 오리목의 '리'자는 오만목의 '만'을 잘못 쓴 것이라고 했다. 또 후지타 토요하치는 말레이, 자바사람들은 이 나무를 '카유 아랑(kayu arang)'이라 하는데, 바로 오목(烏木: Diospyros ebenaster)이란 뜻이므로 '오리'는 바로 arang의 음역이라 했다(소계경, 『도이지략교석』, 61~62쪽). 이 밖에 『대덕남해지(大德南海志)』, 권7, 박화(舶貨) 조목, 『영애승람』, 『성사승람』의 점성(占城, 참파) 조목에도 보인다.

예목은 교주에서 나고 색은 검으며 문양이 있어 '오문목'이라고도 한다(翳木或作瑿, 翳木出交州, 色黑有文, 亦謂之烏文木也).”라고 하였다. 『본초강목』, 권35에는 『남방초목상』을 인용하여, “문목나무는 키가 7~8장이고 색은 완전히 까맣고 물소의 뿔과 같다. 말채찍을 만들고 일남에 있다(文木樹高七八尺, 其色正黑, 如水牛角. 作馬鞭, 日南有之).”라고 하였다. 현재 남아있는 『남방초목상』에서 이 문장은 찾을 수 없다. 『본초강목』, 권35의 오목(烏木) 조목을 참고하시오.

烏構木似棕櫚, 青綠聳直, 高十餘丈, 蔭綠茂盛. 其木堅實如鐵, 可爲器用, 光澤如漆, 世以爲珍木.

26. 소목 蘇木

소목(蘇木)[1]은 캄보디아[眞臘]에서 나는데 나무는 송백(松柏)과 같고 잎은 동청(冬青)과 같다. 산곡, 교외 곳곳에 있어 주민들이 채취하여 껍질을 벗기고 햇볕에 말리는데, 그 색은 진홍색이며, 비단을 자줏빛으로 염색할 수 있다. 세간에서는 와목(窊木)[2]이라고 한다.

1 역주: 소목(蘇木)은 캐살피니아 삽판(Caesalpinia sappan)이다. 아랍어로는 박캄(bakkam)이라 한다. 중세 서양의 무역에서는 이 나무를 '브라질 우드(Brazil-wood)'라고 했고, 말레이어로는 '세팡(sěpang)'이라고 하는데, 분명히 중국어 음역인 소방(蘇枋)이 근거한 것이리라. ○『남방초목상』, 권중에 "소방나무는 괴(槐, sophora)나무와 비슷하고, 꽃은 노랗고 열매는 검으며 구진(九眞)[1)] 남쪽에서 난다. 사람들은 진홍색으로 물들일 때, 대유(大庾)[2)]의 물에 담그면 색이 더 진해진다.(蘇枋樹類槐, 黃花黑子, 出九眞南. 人以染絳, 漬以大庾之水, 則色愈深.)"라고 했다. 『당본초(唐本草)』에 "소방목은 남해 곤륜에서 오는데, 교주, 애주에도 있다. 잎은 엄라(菴羅, Mangifera indica, 망과)와 비슷하고, 잎은 느릅나무 잎과 같으나 떫은 맛이 없으며 뻗은 길

---

1) 구진(九眞): 한무제(漢武帝) 원정(元鼎) 6년(기원전 111)년에 남월국(南越國)을 멸하고 구진군(九眞郡)을 설치한 이래로, 구진정(九眞亭), 구덕군(九德郡)등으로 고쳐 부르다가 천보(天寶) 원년(742)년에 애주(愛州)를 구진군(九眞郡)으로 삼았다. 이후 오대십국(五代十國) 시기에 안남(安南)으로 독립했다. 오늘날 베트남 북부지역에 해당한다.

2) 유(庾): 16두(斗)에 해당하는 용적의 단위인데, 여기서는 16두 정도의 양이 들어가는 큰 용기를 말하는 것으로 보인다.

이는 1장 남짓 된다. 꽃은 노랗고, 열매는 파랗지만 익으면 검어지는데, 사람들은 진홍색으로 물들일 때 이 나무를 사용한다(蘇方木自南海崑崙來, 而交州愛州亦有之. 樹似菴羅, 葉若榆葉, 而無澀, 抽條長丈許. 花黃, 子青熟黑, 其木人用染絳色).”라고 하였고, 『해약본초(海藥本草)』에서는 서표(徐表)의 『남주기(南州記)』를 인용하여, “바닷가에서 자라는 잎은 진홍색이고 나무는 여정과 같다(生海畔, 葉似絳, 木若女貞).”[3]라고 하였다. 『영애승람』 섬라(暹羅) 조목에는 “소목은 땔나무처럼 널리 분포하는데, 색이 다른 나라에서 나는 것보다 훨씬 뛰어나다(其蘇木如薪之廣, 顏色絕勝他國出者).”라고 하였다.

2 역주: 동청(冬青)은 바로 리구스트룸 루치둠(Ligustrum licidum)이다. 와목(窊木)은 와리목(窊裏木)의 약칭으로 보인다. 본서 진랍 조목에서 캄보디아[眞臘]에는 와리(窊裏)가 있다고 하였다.

○동청은 바로 여정(女貞)으로 『남주기(南州記)』와 부합한다. 『본초강목』, 권36의 여정(女貞) 조목을 참고하시오[4].

蘇木出眞臘國, 樹如松栢, 葉如冬青, 山谷郊野在在有之, 聽民採取, 去皮曬乾, 其色紅赤, 可染緋紫, 俗號曰窊木.

3) 현존하는 『남방초목상』에서 이 문장은 보이지 않는다.

4) 『본초강목』, 권36에서 이시진은 ‘여정’의 의미를 “이 나무는 겨울에도 푸르러, 정절을 지키는 지조가 있으므로 정조 있는 여자로 그것을 형용하였다.(此木凌冬青翠, 有貞守之操, 故以貞女狀之).”라고 설명했다. 리구스트룸 루치둠(Ligustrum licidum)은 쥐똥나무속으로, 당광나무를 말한다. 여기의 동청(冬青)은 감탕나무과(Aquifoliaceae), 감탕나무속(Ilex)으로 전혀 다른 나무이다.

27. 길패 吉貝

길패(吉貝)[1] 나무는 작은 뽕나무와 비슷하고 꽃받침은 부용과 유사하다. 솜은 반 촌(寸)쯤 되고 마치 거위 털 같으며 수십 개의 씨가 있다. 남방 사람들은 그 솜을 채취하여 쇠 젓가락과 맷돌로 그 씨를 제거하면 손으로 솜을 쥐고 실을 잣고 번거롭지 않게 이어서 그것으로 베를 만든다. 가장 단단하고 두터운 것을 '두라면(兜羅綿)'이라 하고, 그다음은 '번포(番布)'라 하고, 그다음은 '목면(木綿)'이라 하고, 또 그다음이 '길포(吉布)'이다. 혹 잡색으로 염색하기도 하고, 기이한 문양으로 화려하게도 한다. 폭은 5~6척에 달하는 것도 있다.

1 역주: 이 조목은 『영외대답』, 권6의 길패(吉貝) 조목에서 채록했다. 길패는 초면(草綿)으로 고씨피움 헤르바체움, 린네(Gossypium herbaceum, Linné)이다. 드 캉돌(de Candolle), 『재배 식물의 기원(Origine des plantes cultivées)』, 323쪽에서는 원래 신드(Sindh)에서 나왔고 산스크리트어로는 '카르파사(karpāsa)'라고 한다. 중국 문헌에서는 처음에 '백첩(白疊)' 또는 '백첩(白氎)'이라 불렀고, 자가티 투르크어(Jagati Turki)로는 '팍타(pakhta)'라고 하는데 아마도 이것의 음역으로 보인다. 『후한서』, 권116의 「애뢰이전(哀牢夷傳)」[1)]에는 백첩(白疊)[2)]이 있는데, 주에서 『외국전(外國傳)』을 인용하여 "제박

1) 애뢰(哀牢): 중국에서 인도로 가는 길목, 즉 운남(雲南)과 미얀마 북부 지역에 있었던 옛 나라이다. 백복(百濮)족 계열로, 코를 뚫고 귀걸이를 하며, 몸에는 문신을 한다고 한다. 『화양국지(華陽國志)』와 『후한서』 등의 기록에 따르면, 광물이 풍부하고 무역이 번성했던 것으로 보인다. 오늘날 베트남 서북부와 서쪽 일대를 말하며 베트남어 'Ai Lao'를 음역한 것이다.

2) 백첩(白疊): 면으로 짠 직물로 '백첩(白氎)'이라고도 한다. 『사

국의 여자들은 베를 짜서 백첩화포를 만든다(諸薄國女子織作白疊花布).”라고 하였고, 『양서』, 권54, 「고창전(高昌傳)」에 “풀의 열매는 고치와 같은데 고치 속에 있는 실은 가는 무명실 같아 ‘백첩자’라고 한다. 나라 사람들 대부분이 이를 채취하여 베로 짜는데, 베는 매우 부드럽고 희며 시장에서 교역할 때 사용한다(草實如繭, 繭中絲如細纑, 名爲白叠子. 國人多取織以爲布, 布甚軟白, 交市用焉).”라고 하였다. 법현(法顯)의 『불국기(佛國記)』에는 ‘백첩(白氎)’으로 되어 있다. 6세기에 이르러 이 초면(草綿)을 ‘고패(古貝)’ 또는 ‘길패(吉貝)’라고 불렀다. 아마도 말레이어 카파스(kapas)의 음역일 것이다. 『양서』 54의 「바리전(婆利傳, Bali)」에 “이 나라 사람들은 쓰개 같은 길패를 걸치고, ‘도만(都縵)’[3]을 만든다(其國人披吉貝如帊, 及爲都縵).”라고 하였다. 『대당서역기』, 권2에 “입는 것으로 교사야(憍奢耶, kausāya)[4] 옷과 첩포 등이 있는데, 교사야란 천연 잠사이다(其所服者, 謂憍奢耶衣及氎布等. 憍奢耶者, 野蠶絲也).”라고 하였다. 『당서』(신당서를 말함), 권222하, 「환왕전(環王傳, Campa)」에는 “고패는 풀이다. 그 꽃을 짜서 베로 만드는데, 거친 것은 ‘패’라하고 정밀한 것은 ‘첩’이라 한다(古貝草也. 緝其花爲布, 粗曰貝, 精曰氎).”라고 하

기』, 「화식전(貨殖傳)」에 “탑포(榻布)는 피혁 1천 석이다(榻布皮革千石).”라고 하였는데, 배인(裴駰)은 『집해(集解)』에서 『한서음의(漢書音義)』를 인용하여 “탑포(榻布)는 백첩(白疊)이다.”라고 하였고, 사마정(司馬貞)은 『사기색은(史記索隱)』에서 『오록(吳錄)』을 인용하여, “구진군(九眞郡)의 포(布)를 명명하여 ‘백첩(白疊)’이라 한다.”라고 하였으며, 장수절(張守節)은 『사기정의(史記正義)』에서 “백첩(白疊)은 목면으로 짠 것으로 중국에 있는 것이 아니다.”라고 하였다.

3) 도만(都縵): 중국 남방 소수민족이 허리에 두르는 일종의 의복이다.

4) 히어트와 록힐은 조하(朝霞)가 비단 천을 의미하는 산스크리트어 “kausheya[憍奢耶]”를 중국식으로 바꾼 것이라고 하였다(『Chau Ju-kua』, 218쪽). 그러나 발음상 아무런 연관성을 찾을 수 없다. 아무래도 아침노을처럼 붉다는 의미를 비단 천에 비유한 것일 것이다.

였다. 생각하건대 고패(古貝)에는 '고종(古終)'이라는 명칭이 있는데, 『본초강목』, 권36 목면(木綿) 조목에 "목면에는 2종이 있는데 나무 같은 것은 '길패'라고 하고 풀 같은 것은 '고종'이라 한다(木綿有二種, 似木者名古貝, 似草者名古終)."라고 하였고, 『영외대답』에서는 "흰 색에 정밀하고 좋은 것이 '조하(朝霞)'이다(精好白色者朝霞也)."라고 하였다. 『신당서』, 권222하, 「가릉전(訶陵傳, Java)」 "백첩, 조하포로 옷을 만든다(以白氎朝霞布爲衣)."라고 하였는데, 아마도 여기 조하(朝霞)가 근거하고 있는 것은 두라(兜羅), 바로 산스크리트어로 투라(tūla)의 음역일 것이다. 이 또한 면(棉)을 말하는데, 면화가 해남에서 수입되어 전해지며 일명 '황도파(黃道婆)'가 만든 것이 되었다.

○『영외대답』, 권6 길패 조목에 다음과 같이 기술하고 있다. "길패나무는 키가 작은 뽕나무 같고, 가지와 꽃받침은 부용과 비슷하며 꽃의 심과 잎은 모두 가는 부들로, 솜은 반 촌 정도의 길이로 완전히 버들 솜 같으며 검은 씨 수십 개가 있다. 남방 사람들은 그 부들 솜을 취하여 쇠 젓가락과 맷돌로 그 씨를 제거하고 손으로 그 부들을 잡고 실을 잣는데 번거롭지 않게 길쌈을 한다. 그것으로 베를 만드는데 아주 견고하고 뛰어나다. 당나라 사서에는 '고패'라고 했고 또한 풀 종류로 보았다. 생각하건대, '고(古)'자는 '길(吉)'자가 와전된 것이고, '초(草)'와 '목(木)'은 다른 것인데 고패라는 풀이 있었는지는 모르겠으나 나무의 길패가 아니겠는가. 풀처럼 연약한 나무여서 자획이 의심으로 의심을 전해서인지 모르겠다. 뇌주, 화주, 염주와 남해의 여동에 많이 있어 명주실과 모시를 대신한다. 뇌주, 화주, 염주에는 직조한 베가 있는데, 폭이 길고 넓으며 하얗고 세밀한 것을 '만길패'라 하고, 폭이 좁고 거칠고 성글며 색이 어두운 것을 '조길패'라고 한다. 아주 세밀하고 가볍고 부드러우며 흰 색인데, 입으면 오래가는 것이 있다. 남해에서 짠 것에는 많은 종류가 있다. 폭이 아주 넓은 것은 단필(端匹)로 되지 않고 두 폭을 이어서 홑겹의 이불을 만들 수 있는데 '여단'이라 한다. 간혹 오색으로 환하게 기이한 문양을 넣고 네 폭을 이어 장막을 만들 수 있는데 '여식'이라 한다. 오색이 선명하고 책상을 덮을 수 있는 것을 '안탑'이라 하고,

그 긴 것은 여(黎) 사람들이 허리에 두르는 것으로 사용한다. 남조(南詔)[5]에서 짠 것은 더욱 정밀하고 좋다. 흰 색을 '조하'라고 한다. 국왕은 백첩을 입고 왕의 아내는 조하를 입는다. 당나라 사서에서 말하는 '백첩길패'와 '조하길패'이다(吉貝木如低小桑, 枝萼類芙蓉, 花之心葉皆細茸, 絮長半寸許, 宛如柳綿, 有黑子數十. 南人取其茸絮, 以鐵筋碾去其子, 即以手握茸就紡, 不煩緝績. 以之爲布, 最爲堅善. 唐史以爲古貝, 又以爲草屬. 顧古·吉字訛, 草·木物異, 不知別有草生之古貝, 非木生之吉貝耶. 將微木似草, 字書以疑傳疑耶. 雷·化·廉州及南海黎峒富有, 以代絲紵. 雷·化·廉州有織匹, 幅長闊而潔白細密者, 名曰慢吉貝. 狹幅粗疏而色暗者, 名曰粗吉貝. 有絕細而輕軟潔白, 服之且耐久者. 海南所織, 則多品矣. 幅極闊, 不成端匹, 聯二幅可爲臥單, 名曰黎單. 間以五采, 異紋炳然, 聯四幅可以爲幕者, 名曰黎飾. 五色鮮明, 可以蓋文書幾案者, 名曰鞍搭. 其長者, 黎人用以繚腰. 南詔所織尤精好. 白色者, 朝霞也. 國王服白氎, 王妻服朝霞. 唐史所謂白氎吉貝·朝霞吉貝是也)."라고 하였다.

○『본초강목』, 권36의 목면(木綿) 조목에는 다음과 같이 설명하고 있다. "목면에는 풀과 나무 2종이 있다. 교주와 광주의 목면은 나무가 한 아름 정도로 크고, 그 가지는 오동나무와 비슷하다. 잎은 호두나무 잎과 비슷하다. 입추에 개화하며 산다화처럼 붉고, 꽃술은 노랗고, 꽃잎은 매우 두터우며 방(房)은 매우 복잡하여 오밀조밀 나란하다. 열매는 주먹만큼 크고 그 안에는 흰 솜이 있는데 솜 안에는 씨가 있다. 요즘 사람들은 '반지화'라고 하는데, 와전되어 '반지화(攀枝花)'로 되었다. 이연수의 『남사』에 따르면, 임읍 여러 나라에서는 '고패화'가 나는데, 가운데가 거위 털 같아 그 실마리를 뽑아서 베를 짠다. 장발의 『오록』에 따르면, 교주 영창의 목면 나무는 집보다 크고, 십여 년이 지나도 바뀌지 않는 것이 있는데, 열매는 사발처럼 크고 꽃 속에는 솜이 부드럽고 희며 솜과 모포를 만들 수 있는 것으로 모두 나무의 목면을 가리키는 것 같다. 강남, 회수 북쪽에

5) 히어트와 록힐은 남조(南朝)가 라오스라고 하였는데(『Chau Ju-kua』, 219쪽), 운남(雲南)에 있다.

심는 목면은 사월에 파종하며 키는 4~5척이고, 잎에는 단풍잎처럼 3개의 뾰족한 것이 있고, 입추에 황색으로 개화하며 해바라기꽃처럼 작다. 또한 붉고 자줏빛이 나는 것이 있는데 열매는 복숭아처럼 크며 안에는 흰 솜이 들어 있고, 그 솜에는 오동나무씨 같은 크기의 씨가 있다. 8월에 채취하는데, 그것을 '면화'라고 한다. 심회원의 『남월지』에 따르면, 계주에서는 '고종등'이 나는데, 열매는 오리털 같고 씨는 구슬 같다. 그 씨를 발라내고 명주실처럼 잣아 염색하여 '반포'를 만드는데 모두 풀 같은 목면을 가리킨다. 이 종은 남해의 나라에서 나며, 송나라 말에 강남으로 들어와 지금은 강북과 중주(中州)에 두루 있다. 양잠하지 않고 면이 되고 마(麻)가 아님에도 베가 되니 천하를 덮는 이로움이 더욱 크다. 또한 『남월지』에 평면(平緬: 오늘날 운남성 농천현隴川縣)에는 '사라수'가 나는데, 큰 것은 3~5장이고 열매에는 솜이 있는데 이것을 잣아 '백전', '두라면'을 만든다고 했다. 이 또한 반지화의 종류로 각 지역마다 명칭이 다를 뿐이다(木綿有草木二種. 交廣木綿, 樹大如抱. 其枝似桐. 其葉大如胡桃葉. 入秋開花, 紅如山茶花, 黃蕊, 花片極厚, 爲房甚繁, 短側相比. 結實大如拳, 實中有白綿, 綿中有子. 今人謂之斑枝花, 訛爲攀枝花. 李延壽南史所謂林邑諸國出古貝花, 中如鵞毳, 抽其緒, 紡爲布. 張勃吳錄所謂交州永昌木綿樹高過屋, 有十餘年不換者, 實大如盃, 花中綿軟白, 可爲緼絮及毛布者, 皆指似木之木綿也. 江南淮北所種木綿, 四月下種, 莖弱如蔓, 高者四五尺, 葉有三尖如楓葉, 入秋開花黃色, 如葵花而小, 亦有紅紫者, 結實大如桃, 中有白綿, 綿中有子, 大如梧子, 亦有紫綿者, 八月采梂, 謂之綿花. 李延壽南史所謂高昌國有草, 實如繭, 中絲爲細纑, 名曰白疊, 取以爲帛, 甚軟白. 沈懷遠南越志所謂桂州出古終藤, 結實如鵞毳, 核如珠珣, 治出其核, 紡如絲綿, 染爲斑布者, 皆指似草之木綿也. 此種出南番, 宋末始入江南, 今則徧及江北與中州矣. 不蠶而綿, 不麻而布, 利被天下, 其益大哉. 又南越志言, 南詔諸蠻不養蠶, 惟收娑羅木子中白絮, 紉爲絲, 織爲幅, 名娑羅籠段. 祝穆方輿志言, 平緬出娑羅樹, 大者高三五丈, 結子有綿, 紉綿織爲白氈兜羅綿. 此亦斑枝花之類, 各方稱呼不同耳)."라고 하였다.

吉貝樹類小桑, 萼類芙蓉, 絮長半寸許, 宛如鵝毳, 有子數十, 南人取其茸絮, 以鐵筋碾去其子, 卽以手握茸就紡, 不煩緝績, 以之爲布. 最堅厚者謂之兜羅綿, 次曰番布, 次曰木棉, 又次曰吉布, 或染以雜色, 異紋炳然, 幅有闊至五六尺者.

28. 야심담 椰心簟

야심담(椰心簟)[1]은 탄중푸라[丹戎武囉]에서 나는데, 번국 상인들이 실어 슈리비자야[三佛齊], 링가해협[凌牙門]과 자바[闍婆]에 와서 무역한다. 또 삼서(三嶼), 포릴로[蒲哩嚕]에서도 난다[2]. 산에서는 풀이 나는데, 그 모양이 등나무 같고, 길이는 1장(丈) 남짓 되고, 줄무늬는 곧고 매끈하며 마디가 없어 '야심초(椰心草)'라고 한다. 번국의 여인들이 채취하여 실처럼 쪼개 자리를 짠다. 혹 검붉은 색으로 물들이기도 하는데 이것을 '화담(花簟)'이라고 한다. 겨울에는 따뜻하고 여름에는 시원하여 출입에 편리하다. 슈리비자야[三佛齊]에서 나는 것이 상품이며, 삼서(三嶼)의 것은 가장 하품이다.

1 역주: 필리핀 사람들은 자리를 짜는데 비록 대만에서 짜는 것만큼 조밀하지는 않지만 오늘날에도 여전히 유명하다. 야심담(椰心簟)은 다른 문헌에서 보이지 않는다. 『패문운부(珮文韻府)』, 권58에는 '유심담(柳心簟)'으로 되어 있고, 『동서양고』, 권3, 하항(下港, 자바) 산물에 '등화담(藤花簟)'이 있는데, 송나라 시기에 조공품에 들었다고 하였다. 같은 책 권4에 마육갑(麻六甲, Malakka)의 산물에는 '초심담(蕉心簟)'이 있는데, 『성사승람』에 보인다고 했다.
○지금 『성사승람』을 찾아보면 이 문장이 없다. 아마도 『영애승람』의 오기로 보인다. 『영애승람』, 만랄가(滿剌加, Malakka) 조목에 "바다의 섬 해안 주변에는 수초 같은 것이 자라는데 '교장엽(茭蔁葉, kajang)'이라 한다.……마을 사람들이 그 잎을 취하여 조밀한 자리를 짜는데, 폭은 2척, 길이는 1장 남짓으로 자리를 만들어 판다(海之洲渚岸邊生一等水草, 名茭蔁葉. ……鄉人取其葉, 織成細簟, 止闊二尺, 長丈餘, 爲席而賣)."라고 하였다. 『동서양고』에서 인용한 『화이고(華夷考)』의 문장은 틀림없이 이를 근거했을 것이다. 그러므로 '초심담(蕉心簟)'이란 것은 바로 교장엽(茭蔁葉)의 오류이고 유심담

(椰心簟) 역시 야심담의 오기일 것이다.

2 단융무라(丹戎武囉)는 본서의 소길단(蘇吉丹) 조목에 보인다. 틀림없이 탄중푸라(Tanjonpura)의 음역이다. 자바어로는 보르네오[渤泥國] 섬을 부르는 명칭이다. 능아문(凌牙門)은 본서의 삼불제(三佛齊) 조목에 보인다. 능아(凌牙)는 지금의 링가(Lingga) 섬이다. 포리로(蒲哩嚕)는 원본에 '포묵로(浦嘿嚕)'로 잘못되어 있는데, 본서의 삼서(三嶼) 조목에는 '포리로(蒲哩嚕)'로 되어 있어 이에 의거하여 바로잡았다. 오늘날 루손[呂宋]의 동쪽 해안 포리로(Polillo) 섬의 역명이다.

椰心簟出丹戎武囉, 番商運至三佛齊·凌牙門及闍婆貿易. 又出三嶼·蒲哩嚕. 山產草, 其狀似藤, 長丈餘, 紋縷端膩, 無節目, 名曰椰心草. 番之婦女採而絲破, 織以爲簟, 或用色染紅黑相間者曰花簟, 冬温而夏涼, 便於出入. 以三佛齊者爲上, 三嶼者最爲下.

29. 목향 木香

목향(木香)[1]은 대식(大食) 미르바트[麻囉抹] 나라에서 나고, 아시시르[施曷], 도파르[奴發][2]에도 있다. 나무는 중국의 사과(絲瓜: 수세미외)와 같은데 겨울철 그 뿌리를 채취해 길이 한두 마디로 잘라 햇볕에 말린다. 모양이 닭 뼈 같은 것이 상품이다.

1 목향(木香)은 일명 '밀향(蜜香)', '청목향(青木香)'이라고 한다. 산스크리트어로는 '쿠스타(kustha)', 라틴어로는 '코스투스(costus)', 말레이어로는 '푸축(pochuk)'이라고 하는데 현재의 풋축(putchuk)은 여기에서 나온 것이다. 아마도 사우쑤리아 랍파(Saussurea lappa)의 뿌리일 것이다. 원래는 캐쉬미르(Kashimir)의 토산이었으나 동서양 문헌을 조사해보면 인도에만 있었던 것이 아니라, 중국 남해와 아랍 등지에도 있었던 것 같다. 오늘날 페르시아, 아랍어에 쿠스트(kust)가 있는데, 원래 산스크리트어 쿠스타에서 나온 것이므로 이러한 명칭이 있다는 것은 분명 그런 사물이 있었다는 것을 증명할 수 있다. 자세한 것은 『위서(魏書)』, 권102, 「파사전(波斯傳)」; 『수서』, 권93, 「파사전」; 『만서(蠻書)』, 권11; 베르톨드 라우퍼(Laufer)의 『중국과 이란(Sino-Iranica)』, 462~4쪽을 참고하시오. 본서에서 베르베라[弼琶囉國]에는 목향이 많다고 했고, 주련(注輦) 조목에서 남니화라국(南尼華囉國)에서는 상등의 목향이 난다고 하였다.

○『명의별록(名醫別錄)』에 "목향은 영창의 산곡에서 자란다. 도홍경(陶弘景)이 이르기를, '이것이 바로 청목향인데, 영창에서는 더 이상 공물로 바치지 않는다. 오늘날은 모두 외국 선박이 가져 오는데, 바로 대진국에서 난다고 하는 것은 지금은 모두 합성한 향으로 약용에 들지 않는다.'고 하였다(木香生永昌山谷. 弘景曰, 此即青木香也, 永昌不復貢. 今皆從外國舶上来, 乃云出大秦國, 今皆以合香, 不入藥用)." 『당본초(唐本草)』에 "이것에는 2종이 있는데, 분명 곤륜에

서 온 것이 좋고 서호(西胡)에서 온 것은 우수하지 않다. 잎은 양의 발굽 같으나 길고 크며, 꽃은 국화와 같으며 열매는 누렇고 검다. 사람이 사는 곳에는 모두 있어, 효용이 매우 많다. 도홍경이 약용에 들지 않는다고 했는데, 그런 것은 아니다(此有二種, 當以崑崙来者爲佳, 西湖来者不善. 葉似羊蹄而長大, 花如菊花, 結實黃黑. 所在亦有之, 功用極多, 陶云, 不入藥用, 非也).”라고 하였고, 『도경본초(圖經本草)』에 “지금은 광주에서 배로 올라오고, 다른 곳에서 나는 곳은 없다. 뿌리와 과실은 가자(茄子)처럼 크고, 잎은 양의 발굽처럼 길고 크다. 또한 산우(山芋) 같으면서 뿌리가 크고 자줏빛 꽃이 피는 것이 있는데, 시기에 관계없이 뿌리의 싹을 채취하여 약으로 쓴다. 형태는 고골(枯骨) 같으며 맛이 쓰고 이에 달라붙는 것이 좋다. 강회 사이에도 ‘토청목향’이라고 하는 품종이 있는데, 약으로 쓰지는 않는다. 『촉본초(蜀本草)』[1)]에 맹창의 정원에도 이것을 심었다고 하는데, 싹이 3~4척이고 잎은 8~9촌으로 주름지고 부드러우며 털이 있고 노란 꽃이 핀다고 한다. 생각해보면 역시 토목향 종류일 것이다(今惟廣州舶上来, 他無所出. 根窠大類茄子, 葉似羊蹄而長大. 亦有如山藥而根大開紫花者, 不拘時月, 采根芽爲藥. 以其形如枯骨, 味苦粘牙者爲良. 江淮間亦有此種, 名土青木香, 不堪藥用. 蜀本草言, 孟昶苑中亦嘗種之, 云苗高三四尺, 葉長八九寸, 皺軟而有毛, 開黃花. 想亦是土木香種也).”라고 하였다. 『본초강목』, 권14 목향 조목을 참고하시오.

2 미르바트[麻囉抹], 아시시르[施曷], 도파르[奴發]은 모두 본서 대식 조목 주9를 보라.

---

1) 『촉본초(蜀本草)』: 원래 명칭은 『촉중광영공본초(蜀重廣英公本草)』로 모두 20권에 달하는 오대(五代) 후촉(後蜀)시기 완성된 본초학 도서이다. 후촉의 맹창(孟昶, 919~965)이 한림학사 한보승(韓保升) 등에게 명하여 『신수본초(新修本草)』을 증보하고 주석한 것이다. 600여 종의 약물을 담고 있었던 이 책의 원서는 산실되었고 『증류본초(證類本草)』와 『본초강목』등과 같은 본초류 도서에 “별본주(別本注)”, “촉본(蜀本)”, “당본(唐本)” 등의 명칭으로 그 일문이 남아 전하고 있다.

木香出大食麻囉抹國, 施曷·奴發亦有之. 樹如中國絲瓜, 冬月取其根, 剉長一二寸, 曬乾, 以狀如鷄骨者爲上.

30. 백두구 白荳蔲

백두구(白荳蔲)[1]는 캄보디아[眞臘], 자바[闍婆] 등의 번국에서 나는데, 오로지 캄보디아 것이 제일 많다. 나무는 사과(絲瓜: 수세미오이)와 같고 열매는 포도와 같으며 산곡(山谷)에 넝쿨로 퍼져있다. 봄에 꽃이 피고 여름에 열매를 맺는데 주민들이 수시로 채취한다.

1 역주: 백두구(白荳蔲)는 아모뭄 카르다모눔, 린네(Amomum cardamomum, Linné)로 바로 캄보디아[柬埔寨], 섬라(暹羅), 자바 등지에서 나는 것이다. 자바어로는 '카푸라가(kapulaga)'라고 한다.
○『본초습유(本草拾遺)』에 "백두구는 가고라국(加古羅國)에서 나는데, '다골(多骨)'이라고 한다. 이 풀의 형태는 파초(芭蕉)와 같고, 잎은 두약(杜若)과 비슷하며, 8~9척(尺)으로 빛이 나고 매끄럽다. 겨울과 여름에도 시들지 않고 꽃은 연한 황색이다. 열매는 포도처럼 송이로 열리고 처음에는 연한 청색이다가 익으면 하얗게 변한다. 7월에 채취한다."라고 하였다. 『유양잡조』, 권18에 이 문장을 기록하고 있다1). '가고라(伽古羅)'는 『본초습유』 육두구(肉荳蔲) 조목에 '가구륵(迦拘勒)'으로 되어있고, 『신당서』, 「지리지」에서는 가탐(賈耽)의 『황화사달기(皇華四達記)』를 인용하고 있는데, '가고라(哥古羅)'라고 하였다. 틀림없이 모두 카쿠라(kākula)의 다른 음역들일 것이다. 바로 아랍어로 백두구를 부르는 명칭으로 사물로 지명을 삼은 것이다.
○『도경본초(圖經本草)』에 "지금은 광주, 의주에도 있다. 번국의 선박들이 가져 온 것에 미치지 못하지만 좋다(今廣州宜州亦有之, 不及

1) 『유양잡조』, 권18의 원문은 다음과 같다. "白豆蔻, 出伽古羅國, 呼爲多骨. 形如芭焦, 葉似杜若, 長八九尺, 冬夏不凋. 花淺黃色, 子作朵如蒲萄. 其子初出微青, 熟則變白, 七月採."

番舶来者佳).”라고 하였다.

○『영외대답』, 권8 두구화 조목에 “두구는 많이 있으나 백두구는 남쪽 번국에서 난다. ‘초두구(草豆蔻: *Alpinia katsumadai)’는 옹주 산곡에서 나고 여러 군의 산간에도 있다. 두구화는 매우 예쁘고, 그 잎은 무더기로 자라며, 생강 잎 같다. 개화하면 한 줄기가 나오는데, 탁(擇) 같은 것이 그것을 감싼다. 그 탁을 제거하면 한 줄기 꽃이 있는데, 꽃술 수십 개가 꿰어져 있어 마치 지문 같다. 그 색은 담홍색이며 연화가 피지 않는 것 같으며, 또 포도처럼 아래로 드리운다. 범석호는 일찍이 시를 지어 ‘꿴 구슬이 보석 목걸이를 드리우고, 채색 비단을 잘라 난지화를 거꾸로 놓았네.’[2]라는 시구가 있다. 남방 사람들은 꽃을 채취하여 매실즙에 담갔다가 햇볕에 말리면 향과 맛이 좋고 매우 풍치가 있다. 내가 처음 보고 ‘초두구’라고 생각했으나 신맛이 강했다. 사람들은 또한 그 열매를 채취하는데 ‘밀과’라고 한다(豆蔻多矣, 白豆蔻出南蕃, 草豆蔻出邕州溪峒, 而諸郡山間亦有豆蔻花, 最可愛. 其葉叢生如姜葉. 其開花, 抽一幹, 有擇包之, 擇去, 有花一穗, 蕊數十綴之, 悉如指面. 其色淡紅, 如蓮花之未敷, 又如葡萄之下垂. 范石湖嘗作詩, 有「貫珠垂寶絡, 翦彩倒鸞枝」之句. 南人取花漬以梅汁, 日乾之, 香味芳美, 極有風致. 余初見之, 意草蔻, 而味辛激. 人亦取其子爲蜜果).”라고 하였다.

○1956년 중간본에서 풍승균은 다음과 같이 자신의 주석을 보충했다. 위에서 언급한 백두구의 학명은 자바에서 나는 품종이다. 지금은 암모눔 케푸라가(Amomum kĕpulaga)로 통칭한다. 캄보디아에서 나는 것의 학명은 암모눔 크레르반(Amomum krervanh)이고 토착민들은 ‘크라완(krawan)’이라 하는데 섬라(暹羅)와 같다.

白豆蔻出眞臘·闍婆等番, 惟眞臘最多, 樹如絲瓜, 實如葡萄, 蔓衍山谷, 春花夏實, 聽民從便採取.

2) 범성대(范成大)의 「홍두구화(紅荳蔻花)」란 시의 제 2연이다. ‘탁(擇)’자는 제 2구에서 ‘탁(籜)’자로 되어 있다.

31. 후추 胡椒

후추[胡椒][1]는 자바[闍婆]의 수카다나[蘇吉丹], 투반[打板], 파수루안[白花園], 바탕[麻東], 수라바야[戎牙路]에서 나는데, 순다[新拖][2]의 것을 상품으로 치고 투반[打板]의 것이 다음 간다.

1 역주: 초(椒)는 잔토실론(Zanthoxylon)의 통칭이다. 중국에는 10여 종이 있는데, 후추[胡椒]는 피터 니구룸(Piper nigrum)으로 『후한서』, 권118, 「천축전(天竺傳)」에 처음으로 보이는 것 같다. 『위서(魏書)』, 권102와 『수서』, 권83, 「파사전(波斯傳)」에도 기록되어 있다. 아마도 파사(波斯)의 상인들이 인도로부터 후추를 사와 중국에 왔기 때문에 파사를 산지로 잘못 안 것이다. 중국의 문헌에는 모두 '필발(蓽撥)'로 기록되어 있는데 이는 피퍼 롱굼(Piper longum)으로 아마도 산스크리트어 피팔리(pippali)의 음역일 것이다.

○『유양잡조』, 권18에 "후추는 마가타국에서 나며 '매리지(昧履支, morica)'라고 부른다. 싹은 넝쿨로 자라고 매우 부드럽고 약하다. 잎은 길이가 1촌 반쯤 되고 가는 가지는 잎과 나란하다. 가지 위에 열매가 달리는데 둘씩 마주보고 있다. 잎은 새벽에 열리고 저녁에는 닫히는데, 닫히면 그 열매를 잎 속에 싸게 된다. 모양은 '한초(漢椒: *촉초蜀椒를 말함)'와 비슷하나 매우 맵다. 6월에 채취하는데, 요즘 사람들은 아랍 요리나 육식에 모두 사용한다(胡椒, 出摩伽陀國, 呼爲昧履支. 其苗蔓生, 極柔弱. 葉長寸半, 有細條與葉齊, 條上結子, 兩兩相對. 其葉晨開暮合, 合則裹其子於葉中. 形似漢椒, 至辛辣. 六月採, 今人作胡盤肉食皆用之)."라고 했고, 같은 권에 "필발은 마가타국에서 나는데 '필발리'라고 하고 불림국(拂林國)에서는 아리가타라고 한다. 묘목의 길이는 3~4척이고 줄기는 젓가락처럼 가늘다. 잎은 집채(蕺菜)의 잎과 같다. 열매는 오디와 비슷하고 8월에 채취한다(蓽

撥, 出摩伽陀國, 呼爲蓽撥梨, 拂林國呼爲阿梨訶咃. 苗長三四尺, 莖細如箸. 葉似蕺葉. 子似桑椹, 八月採).”라고 했다.

○『당본초(唐本草)』에 “후추는 서융에서 나는데, 형태는 서리자[Rhamnus japonicus, 갈매나무]와 같고, 음식을 조리할 때 사용하며 맛은 매우 맵다(胡椒生西戎, 形如鼠李子, 調食用之, 味甚辛辣).”라고 하였다.

○1956년 중간본에서 풍승균은 “매리지(昧履支)를 영역본에서는 ‘마리챠(maricha)’고 했다.”라고 부연 설명을 했다.

2 자바[闍婆], 수카다나[蘇吉丹], 순다[新拖]는 본서에 별도의 조목이 있다. 두반[打板], 파수루안[白花園], 바탕[麻東], 수라바야[戎牙路]는 모두 소길단 조목에서 보인다.

후추는 촌락 사이 바깥들에서 자란다. 또한 경계에는 【빠짐】 중국의 포도 같은 것이 있는데, 토착민들은 대나무로 시렁을 만든다. 【빠짐】 개화하고 4월에 열매를 맺는다[3]. 꽃은 봉미(鳳尾)와 같고, 그 색은 푸르고 자줏빛이 난다. 5월에 채취하여 햇볕에 말려 창고에 보관해 두었다가 다음 해에 꺼내 소달구지로 실어가 교역한다. 이 열매는 태양에는 견디지 못하지만 비에는 잘 견뎌, 가뭄에는 수확하는 것이 적고 장마철에는 거두어 들이는 것이 평소보다 배가 된다. 【혹 말라바르[南毗無離拔] 나라에는 아주 많아서, 번국의 상인들은 자바에서 파는데 말라바르[無離拔]에서 온 것이라고 한다.】[4]

3 현존하는 판본에 본 조목은 모두 빠진 문장이 있다. 앞에서 빠진 문장 중에는 “蔓生如” 3자가 있었던 것 같고, 뒤의 빠진 문장으로는 “引之, 正月” 4자로 추측된다.

4 무리발(無離拔)은 분명 말라바르(Malabar)의 음역일 것이다. 본서에는 ‘마리말(麻哩抹)’, ‘마라발(麻囉拔)’로 되어 있고, 『영외대답』에도 ‘마리발(麻離拔)’로 되어 있다. 야쿠트(Yaqut al-Hamawi)의 『나라사전(Kitāb mu'jam al-buldān)』은 본서보다 1년 전인 1224년에 완성되었는데, 이 말라바르 연안을 후추 지역이라고 하였다. 아마도 당시 그곳은 후추가 나는 곳으로 유명했을 것이다. 『영애승람』, 코치(Kochi, Cochin, 柯枝) 조목에 “땅에서 나는 다른 것은 없고 오직 후

추만 나는데, 사람들 대부분이 텃밭을 만들어 후추 심는 것을 업으로 삼는다. 매년 후추가 익으면, 그곳에서 수확한 후추를 수매하는 대호(大戶)가 있어 창고에 가득 쌓아 두었다가 여러 곳의 번국 상인들이 와서 사가기를 기다린다(土無他產, 只出胡椒, 人多置園圃種椒爲業. 每年椒熟, 本處自有收椒大戶收買, 置倉盛貯, 待各處番商來買).” 라고 하였고, 또 고리(古里, Calicut) 조목에 “후추는 산마을에 사는 사람들이 텃밭을 만들어 많이 심는다. 10월 사이에 후추가 익으면 따서 햇볕에 말린 다음 판다. 원래 수확한 후추를 수매하는 대호(大戶)가 있어 상관의 창고에 거두어 저장한다. 살 사람이 있으면 판매하는데, 관(官)과 함께 팔며, 계산하는 것에 따라 세금은 관에 납부한다(胡椒山鄉住人置園多種. 到十月間, 椒熟采摘曬幹而賣, 自有收椒大戶來收, 上官庫收貯. 若有買者, 官與發買, 見數計算稅錢納官).”라고 하였다.

○남해에서 후추가 난다고 하는 것은 『영외대답』에서 처음으로 보이는 것 같다. 크라우퍼드(Crawfurd), 『인도양 군도의 역사(History of the Indian Archipelago)』, 3책 358쪽에는 후추의 산지들을 열거하고 있는데, 대니(大泥, Patani), 정가로(丁家盧, Triganu), 길란단(吉蘭丹, Kelantan)과 수마트라 연안을 들었다.

胡椒出闍婆之蘇吉丹·打板·白花園·麻東·戎牙路, 以新拖者爲上, 打板者次之. 胡椒生於郊野村落間, 亦有界【闕】中國之葡萄, 土人以竹木爲棚, 【闕】開花, 四月結實. 花如鳳尾, 其色青紫, 五月收採, 曬乾藏之倉廩, 次歲方發出, 以牛車運載博易. 其實不禁日而耐雨, 旱則所入者寡, 潦則所入倍常. 【或曰南毗無離拔國至多, 番商之販於闍婆, 來自無離拔也.】

32. 필징가 蓽澄茄

필징가(蓽澄茄)[1] 나무는 등나무 같은 넝쿨로 퍼져 자라는데, 봄에 개화하고 여름에 열매를 맺고 견우자(牽牛子)[2]와 비슷하다. 꽃은 희고 열매는 검은데 햇볕에 말려 포대에 넣는다. 자바[闍婆]의 수카다나[蘇吉丹]에서 난다.

1 필징가(蓽澄茄)[1)]는 일명 '비릉가자(毗陵茄子)'라고 하는데, 『본초강목』, 권32, 필징가(畢澄茄) 조목에 보인다. 바로 피퍼 추베바(Piper cubeba)이다. 『본초습유(本草拾遺)』에 "필징가는 불서국[Srivijaya]에서 나는데, 형태는 오동 열매와 만형 열매와 비슷하나 약간 크다(畢澄茄生佛誓國, 狀似梧桐子及蔓荊子而微大)."라고 했으며, 『해약본초(海藥本草)』에 "후추는 남해의 여러 나라에서 나는데, 음지로 향하는 것이 '징가'이고, 양지로 향하는 것이 후추이다. 진(晉)나라 고미의 『광주지』에 이르기를 '징가는 여러 해국에서 나는데, 바로 어린 후추이다. 파랄 때 채취하는데, 꽃이 달린 부분은 거칠고 열매가 달린 꼭지는 둥글다.'"라고 하였다(胡椒生南海諸國, 向陰者爲澄茄, 向陽者爲胡椒. 按顧微廣州志云, 澄茄生諸海國, 乃嫩胡椒也. 青時就樹采摘, 柄粗而蒂圓).

2 견우자(牽牛子: 나팔꽃씨)는 바로 이포모이아 헤데라치아(Ipomoea hederacea)이다.

蓽澄茄樹藤蔓衍, 春花夏實, 類牽牛子, 花白而實黑, 曬乾入包, 出闍婆之蘇吉丹.

1) 필징가(蓽澄茄): '자바후추'로 알려져 있으며, 열매(큐베브)를 향과 약재로 사용한다.

『삼재도회』, 초목 권3.

33. 아위 阿魏

아위(阿魏)[1]는 대식(大食) 마크란[木俱蘭國][2]에서 난다. 이 나무는 크지는 않지만 수지가 많아 흘러넘친다. 토착민들은 가지를 끈으로 묶고, 그 끝을 잘라 죽통으로 받으면, 수지가 그 속에 가득해진다. 겨울철에는 죽통을 깨고 수지를 얻어 가죽포대에 담는다.

1 아위(阿魏)는 바로 아사포에티다(asafoetida)로 각종 식물의 수지와 기름을 섞어 만드는 것으로, 그 중에는 수지가 절반을 차지한다. 그 수지는 페룰라(ferula), 노르텍스(northex), 알리아치아(Alliacea), 포에티다(foetida), 페르시카(persica), 스코르도스마(scordosma) 같은 각종 산형(繖形) 식물들에서 채취한다. 그러므로 그 학명은 페룰라 포에티다, 레그(Ferula foetida, Reg.) 또는 페룰라 스코르도스마, 벤트 앤 트림(Ferula scordosma, Bent. & Trim.)이다. 대부분 파사(波斯)와 인근 지역에서 나는데 인도사람 대부분이 이것으로 향료를 만들어 밥, 나물반찬과 같이 먹고, 약으로는 흥분제와 진경(鎭痙)제로 사용한다. 중세의 페르시아어로 안구자드(anguzad)라고 하는데, 『유양잡조』, 권18에는 '아우절(阿虞截)'로 되어 있고, 산스크리트어로는 힌구(hingu)라고 하는데, 『대당서역기, 권12에는 '흥구(興瞿)'로, 『당본초(唐本草)』에는 '훈거(薰渠)', 『유양잡조』, 권18에는 '형우(形虞)'로 되어 있다. 이란어로는 '안구(angu)', '앙와(angwa)'라고 하는데, 『열반경(涅槃經)』의 '앙궤(央匱)', 『수서』, 권83 「조국전(漕國傳, Jaguda)」의 아위(阿魏)는 아마도 이 음을 따른 것 같다. 『본초강목』, 권34 아위 조목에서는 『음선정요(飮膳正要)』를 인용하여 몽골사람들은 이것을 '합석니(哈昔泥)'라고 한다고 하였다. 생각하건대 페르시아어 또한 아위를 '카스니(kasni)', '키스니(kisni)', '구스니(gusni)'라고 하는데 바로 이 합석니에 대응하는 음일 것이다. 『대당서역

기』, 권12에 조구타국(漕矩吒國, Jaguda) 수도는 '학실나(鶴悉那, Gasna)'라고 했고, 『유양잡조』, 권18의 가도나국(伽闍那國, Gasna)은 모두 합석니(哈昔泥)의 옛 음역으로 모두 사물로 지명을 삼은 것이다. 자세한 것은 라우퍼(B. Laufer), 『중국과 이란(Sino-Iranica)』, 353~362쪽을 참고하시오.

○『당본초(唐本草)』에 "아위는 서번과 곤륜에서 자라는데, 싹, 잎, 뿌리, 줄기는 백지[Angelica anomala]와 유사하다. 뿌리를 찧어 즙을 햇볕에 졸여 병(餠)으로 만든 것이 상품이고, 뿌리를 잘라 햇볕에 말린 것이 그다음이다. 냄새가 심한 성질을 가졌지만 냄새를 막을 수 있으니 기이한 산물이다. 『바라문』에 이르기를, '훈거는 바로 아위인데, 뿌리 즙을 취해 아교처럼 햇볕에 말린 것, 뿌리를 잘라 햇볕에 말린 것 모두 냄새가 심하여, 서쪽 나라 사람들은 다른 사람이 먹지 못하게 저주하면서 항상 식용한다.'고 한다. 악취를 제거하여 서쪽 사람들이 이것을 중시한다. 세간에서 후추를 중시하고, 파인(巴人)들이 부번을 중시하는 것과 마찬가지이다(阿魏生西番及崑崙. 苗葉根莖酷似白芷, 擣根汁日煎作餠者爲上, 截根穿暴乾者爲次. 體性極臭而能止臭, 亦爲奇物也. 又婆羅門云, 薰渠即是阿魏, 取根汁暴之如膠, 或截根日乾並極臭, 西國持咒人禁食之, 常食用之. 云去臭氣戎人重此, 猶俗中貴胡椒, 巴人重負蠜也)."라고 하였다.

○『유양잡조』, 권18에 "아위는 가도나국에서 나는데 바로 북천축이다. 가도나에서는 '형우'라고 한다. 또한 파사국에서도 나는데, 파사국에서는 '아우절'이라고 한다. 나무는 8~9장(丈)이고 목피의 색은 푸르고 누렇다. 3월에 잎이 나는데 잎은 서이(鼠耳)[1]와 비슷하고 꽃과 열매가 없다. 가지를 자르면 엿 같은 즙이 나오고 오래되면 견고하게 응고되는데 이것을 '아위'라고 한다. 불림국의 승려 만(彎)이 말한 것과 같다. 마가타국 승려 제바(提婆)는 그 즙을 쌀과 콩가루에 섞어서 아위를 만든다고 했다(阿魏, 出伽闍那國, 即北天竺也.

1) 서이(鼠耳): 서국초(鼠麴草)로, 불아초, 모자초, 괴쑥, 솜쑥 등의 이칭이 있다. 국화과의 한 두해살이풀 떡쑥(Gnaphalium affine D. Don)이다.

伽闍那呼爲形虞. 亦出波斯國, 波斯國呼爲阿虞截. 樹長八九丈, 皮色青黃. 三月生葉, 葉似鼠耳, 無花實. 斷其枝, 汁出如飴, 久乃堅凝, 名阿魏. 拂林國僧彎所說同. 摩伽陀國僧提婆言, 取其汁如米豆屑合成阿魏).”라고 하였다.

○『해약본초(海藥本草)』에는 『광지(廣志)』를 인용하여 “곤륜국에서 자라는데, 나무의 진액이다. 복숭아나무 진액 같은 것으로, 그 색은 검어 이길 것이 없지만 상태가 황색을 띠는 것이 좋다. 운남 장하에도 있는데, 배로 온 것에 비하여 맛은 서로 비슷하지만 황색이 없을 뿐이다(生崑崙國. 是木津液, 如桃膠狀. 其色黑者不堪, 其狀黃散者爲上. 雲南長河中亦有, 如舶上來者滋味相似一般, 只無黃色).”라고 하였다.

○『본초강목』, 권34 아위 조목에 “아위에는 초, 목 2종이 있다. 풀은 서역에서 나고 햇볕에 말릴 수도 있고 졸일 수도 있는데, 소공(蘇恭)[2]이 말한 것이 이것이다. 나무는 남해 여러 나라에서 자라 그 수지를 채취한다고 하는데, 이순과 소송이 말한 것이 이것이다. 『일통지』에는 이 2종이 실려 있는데, 화주, 사록, 해아국(海牙國)[3]에서 나는 것은 키가 1척쯤 되고 뿌리와 둥치는 독립되어 있고, 가지와 잎은 덮개 같으며, 냄새가 사람을 엄습하지만 살았을 때 즙을 채취해 졸여 고(膏)를 만드는데 이것을 ‘아위’라고 한다. 슈리비자야[三佛齊]와 섬라국[태국]에서 나는 것은 나무가 그다지 높지는 않지만 토착민들이 나무속에 죽통을 넣어 그 속에 수지가 가득 차도록 하는데, 겨울에 죽통을 깨고 취한다. 혹 이르기를 그 수지가 매우 독하여 사람이 감히 가까이 갈 수가 없어 채취할 때마다 나무 아래에 양을 매어 놓고 멀리서 쏘면 수지가 양에 닿아 양이 죽으면 아위를 만든다고 한다. 이로부터 볼 때 2종이 있었음이 분명하다(阿魏有草

2) 소공(蘇恭, 599~674): 원래 소경(蘇敬)인데, 송 태조 조광윤(趙匡胤, 927~976) 집안사람의 이름을 피해 바꾼 이름이다.

3) 해아국(海牙國): 현재 우즈베키스탄 타슈켄트의 서쪽으로 80킬로미터 지점, 시르다리아강 북쪽에 위치한다. 해아(海牙)는 아마도 고대 투르크어 캬이(Qay) 또는 캬이야(Qaiya)로 보인다. 『Dictionary of the Ben Cao Gang Mu, Volume 2』, 124쪽.

木二種. 草者出西域, 可晒可煎, 蘇恭所説是也. 木者出南番, 取其脂汁, 李珣蘓頌陳承所説是也. 一統志所載有此二種, 云出火州及沙鹿海牙國者, 草高尺許, 根株獨立, 枝葉如蓋, 臭氣逼人, 生取汁熬作膏, 名阿魏. 出三佛齊及暹羅國者, 樹不甚高, 土人納竹筒於樹内, 脂滿其中, 冬月破筒取之. 或云其脂最毒, 人不敢近. 每采時以羊繫於樹下, 自遠射之. 脂之毒着羊, 羊斃即爲阿魏. 觀此, 則其有二種明矣).”라고 하였다.

○1956년 중간본에서는 학실라에 대해 “학실나(鶴悉那, Gasna)는 오늘날의 가즈니(Ghazni)이다.”라고 설명을 추가했다.

2 목구란(木俱蘭)은 바로 마크란(Maklan)으로 옛날의 제드로시아(Gedrosia)이다. 옛날 파사비문에는 마카(Makā)로 되어 있다. 자세한 것은 본서 대식 조목의 주9를 참고하시오.

이 수지는 가장 독하여 사람들이 감히 가까이하지 않고, 아위를 채취할 때는 나무 아래 양을 매어두고 멀리서 화살을 쏘면 수지의 독이 양에게 묻어 양은 죽고, 양이 썩은 것으로 아위를 만든다고 한다. 어떤 것이 맞는지 몰라 일단은 두 가지 모두 여기에 남겨둔다.

阿魏出大食木俱蘭國. 其樹不甚高大, 脂多流溢, 土人以繩束其梢, 去其尾, 納以竹筒, 脂滿其中. 冬月破筒取脂, 以皮袋收之. 或曰其脂最毒, 人不敢近, 每採阿魏時, 繫羊於樹下, 自遠射之, 脂之毒着於羊, 羊斃, 卽以羊之腐爲阿魏. 未知熟是, 姑兩存之.

34. 노회 蘆薈

노회(蘆薈)[1]는 대식(大食)과 도파르[奴發國]에서 나는데 풀에 속한다. 그 형태는 후미(鱟尾)[1)]와 비슷하고 토착민들은 채취하여 옥기(玉器)로 찧고 갈아, 볶아서 고(膏)로 만들어 가죽 포대에 넣어 두는데, '노회'라고 한다.

1 노회(蘆薈)는 바로 알로에 불가리스(Aloe vulgaris)와 기타 종류들을 지칭하여 말하는 것이다. 『해약본초(海藥本草)』에 "노회는 파사국에서 나는데 형태는 검은 엿 같고 수지이다(盧會生波斯國, 狀似黑餳, 乃樹脂也)."라고 했고, 『도경본초(圖經本草)』에 "지금은 단지 광주에서 오는 것이 있는데, 이 나무는 산야에서 자라고 수지가 떨어져서 형성된 것으로 때에 관계없이 채취한다(今惟廣州有來者, 其木生山野中, 滴脂淚而成, 采之不拘時月)."라고 하였다. 『본초강목』, 권34에서는 『명일통지(明一統志)』를 인용하여 "자바[爪哇], 슈리비자야[三佛齊] 등 여러 나라에서 나는 것은 풀에 속하는 것으로, 형태는 후미(鱟尾)와 같고 옥기로 찧어서 고(膏)를 만든다(爪哇三佛齊諸國所出者, 乃草屬, 狀如鱟尾, 采之以玉器搗成膏)."라고 하였다. 이 『일통지(一統志)』의 내용이 『제번지』를 따른 것인지는 알 수 없지만, 대식(大食)과 노발(奴發, Dhofar, Zufar)을 자바[爪哇]와 슈리비자야[三佛齊]로 바꾸었을 따름이다. 본서 중리(中理) 조목에서 소코트라[中理國]에서는 노회(蘆薈)가 난다고 했는데, 소코트라(Socotra) 섬이 알로에 페리(Aloe perryi)를 생산하는 지역이므로, 소코트라의 노회는 아마도 이 종을 지칭하는 것 같다. 『해약본초(海藥

1) 후미(鱟尾): 후(鱟, Tachypleus tridentatus Leach, 투구게)의 꼬리 부분을 말한다. 약재로 쓰는 것은 꼬리가 아니라 몸통, 즉 '후육(鱟肉)', '후어(鱟魚)'로 살충에 효과가 있는 것으로 알려져 있다.

本草)』에서 언급한 검은 엿 모양의 노회는 알로에 아비씨니카(Aloe abyssinica)의 수지로 보인다.

○역주에서 노회라고 하는 것은 페르시아어 알와(alwā)의 음역이라고 하는데 이 설은 잘못인 것 같다. 『본초강목』, 권34 노회 조목에 그 다른 이름들을 기록하고 있는데, 『본초습유(本草拾遺)』에서는 '눌회(訥會)'로 되어 있고, 『개보본초(開寶本草)』에서는 '노회(奴會)'라고 되어 있으며 이름과 뜻은 알려지지 않았다고 했으므로, 중국 문헌에 언급되지 않은 '노회(蘆薈)'라는 이름이 페르시아어에서 나오지 않았음을 족히 입증할 수 있다. 생각하건대 페르시아어 이름은 아랍어의 알루아(alua)에서 나왔고 아랍어 이름은 그리스어 알로에(aloe)에서 나왔다. 노회는 이미 아프리카 또는 아라비아 연안에서 생산되어 당나라 시기에 중국으로 수입되면서 인도의 남해로부터 옮겨 다니며 팔아 왔을 것이다. 인도에서 상용하는 명칭에는 '알리아(alia)', '일바(ilva)', '에이리야(eiliya)', '엘리오(elio)', '얄바(yalva)' 등의 이름이 있었고 말레이어로는 '알리바(aliva)'라고 하는데 분명 모두 그리스어와 아랍어를 따른 알루아(alua), 알와(alwā)로부터 와전되어 형성된 것들이다. 『해약본초』의 파사국은 아마도 중남해의 파사국으로 보인다. 그리고 노회(蘆薈), 눌회(訥會), 노회(奴會), 심지어 본 조목의 도파르[奴發]에 이르기까지 모두 이런 명칭들을 생략하여 음역한 것이다. 도파르[奴發國]는 본서 대식(大食) 조목에 보인다. 역주에서는 주파르(Zufar)라고 고증했지만 반드시 맞는다고는 할 수 없다. 자세한 것은 베르톨드 라우퍼(Laufer), 『중국과 이란(Sino-Iranica)』, 480~481쪽을 참고하시오.

○풍승균은 1956년 중간본에서 다음과 같은 설명을 추가했다. 이 속(屬)에는 170품종이 있는데 그 중에서 대부분이 아프리카에 분포하고 있다. 아프리카에서 남양(南洋)으로 전해져 광범위하게 재배된 1종이 있는데 바로 알로에 베라(Aloe Vera)이다. 말레이어로는 리다 부아자(lidah buaja)라 하고 뜻은 '악어의 혀'란 뜻이다. 또한 알와트(alwat)라고도 하는데 이는 파사(波斯)의 명칭에서 나온 것이다.

> 蘆薈出大食奴發國, 草屬也. 其狀如鱟尾, 土人採而以玉器搗研之, 熬而成膏, 置諸皮袋中, 名曰蘆薈.

35. 산호수 珊瑚樹

산호수(珊瑚樹)[1]는 대식(大食), 비야야(毗喏耶)[2] 나라에서 난다. 나무는 바다의 아주 깊은 곳에서 자라는데, 처음에는 흰색이다가 점점 긴 싹이 껍질에서 터져 나오고 일 년쯤 지나면 색은 황색으로 변한다. 가지들은 점차 교차하고 키는 3~4척(尺)에 이르고, 큰 것은 둘레가 1척이다.

1 산호(珊瑚)는 처음으로 『삼국지』, 권30에 인용된 『위략(魏略)』, 「서융전(西戎傳)」과 『후한서』, 권118에 보이는데[1)], 모두 대진국(大秦國)에서 난다고 하였다. 『당본초(唐本草)』에 "산호는 남해에서 나고, 또 파사국과 사자국에서 온다(珊瑚生南海, 又從波斯國及師子國來)."라고 하였고, 『도경본초(圖經本草)』에서는 "오늘날 광주에도 있다. 해저에서 자라며, 나뭇가지 모양이고, 붉은 옥처럼 밝고 윤기가 난다. 그 중에는 구멍이 있는 것이 많고 구멍이 없는 것도 있다. 가지가 많은 것은 더욱 얻기 어려우며 무시로 채취한다. 삼가 생각하건대 「해중경」[2)]에는 '산호를 채취할 때, 우선 철망을 물 밑에 잠기게 해 두면 산호가 뚫고 자란다. 한 해에 키는 2~3척 자라고, 가지는 있으나 잎이 없다. 그물을 꺼내면 그물 속에서 부서지므로 완

1) 서한(西漢)의 사마상여(司馬相如, 기원전179~기원전117)의 「상림부(上林賦)」에는 "매괴, 벽림, 산호가 무더기로 자라네(玫瑰碧琳, 珊瑚叢生)."라고 하였으므로, 이 작품이 중국에서 '산호'를 기록한 가장 빠른 자료가 될 것이다.

2) 「해중경(海中經)」: 『산해경(山海經)』의 「해내경(海內經)」을 말하는 것 같지만, 오늘날 판본에는 보이지 않는다. 다만 『태평어람(太平御覽)』, 권807, 산호(珊瑚) 조목에서 『산해경(山海經)』이란 서명 아래 인용하고 있다.

전한 것을 얻기는 어렵다.'고 하였다. 오늘날 채취하는 것도 과연 그런지는 모르겠다. 한나라 적취지(積翠池)[3]에는 산호가 있었는데, 키가 1장 3척이고 두 뿌리에 세 가지가 있었고, 위에는 460여 잔가지가 있었다. 이것은 월남왕 조타가 헌상한 것으로, 밤에도 빛이 났다고 한다. 진(晉)나라 석숭(石崇)[4]의 집에도 6~7척짜리 산호가 있었다고 하는데 지금도 이렇게 큰 것은 듣지 못했다(今廣州亦有. 云生海底, 作枝柯狀. 明潤如紅玉, 中多有孔, 亦有無孔者, 枝柯多者更難得, 采無時. 謹按海中經云, 取珊瑚先作鐵網沉水底, 珊瑚貫中, 而生歲高三二尺, 有枝無葉, 因絞網出之, 皆摧折在網中, 故難得完好者, 不知今之取者果爾否. 漢積翠池中有珊瑚, 高一丈三尺, 二本三柯, 上有四百六十條. 云是南越王趙佗所獻, 夜有光景. 晉石崇家有珊瑚, 高六七尺, 今並不聞有此高大者)."라고 하였다. 『본초연의(本草衍義)』, 권5에 "산호에는 붉은 기름 색을 띠는 것이 있는데 섬세한 세로 문양이 아름답다. 연단 같은 색을 띤 것은 세로 문양이 없는 하품이다. 약에 쓰는 것은 붉은 기름 색을 띠는 것이다. 파사국의 바다에는 산

---

3) 적취지(積翠池): 한나라 상림원(上林苑)에 있는 열 개의 연못 중의 하나로, 적초지(積草池)를 말한다. 『유양잡조』, 권10에서는 이곳의 산호수(珊瑚樹)를 다음과 같이 기술하고 있다. "한나라 때 적초지(積草池)안에 산호가 있었다. 높이는 한 길하고 두 자이고, 뿌리 하나에 줄기가 셋이며, 위로 솟은 가지가 462개였다. 이는 남월왕(南越王) 조타(趙佗)가 바친 것으로 '봉화수(烽火樹)'라 불렸다. 밤이면 빛을 내어 항상 불길이 타오르는 듯한 모습이었다." 정환국 옮김, 『역주 유양잡조』, 228쪽.

4) 석숭(石崇, 249~300): 자는 계륜(季倫)으로 석포(石苞)의 아들이다. 오(吳)나라를 정벌한 공으로 안양향후(安陽鄉侯)에 봉해졌고, 진혜제(晉惠帝) 원강(元康, 291~299) 초에 형주자사(荊州刺史)로 나가 해상 무역과 부정한 방법으로 돈을 많이 모았다. 하양(河陽) 금곡(金谷)에 별장을 두고 극도의 부귀영화를 누렸다. 당시 무제의 외숙부였던 왕개(王愷)와 재부를 다투었던 산호수 이야기는 석숭의 부를 상징적으로 보여준다.

호섬이 있는데, 바닷사람들이 큰 배를 타고 철망을 물 바닥에 던져 넣어 채취한다. 경석(磬石)[5]위에서 자라는 산호는 버섯처럼 희다. 첫 해는 노랗고 다음 해는 붉게 변하고 가지들이 서로 교차하며 키는 3~4척이 된다. 사람들이 잠수하여 쇠로 그 뿌리를 뽑고 그물을 배위로 묶고 매어 끌어 올린다. 시기를 놓쳐 채취하지 않으면 썩고 좀이 슨다(珊瑚有紅油色者, 細縱文可愛. 有如鉛丹色者, 無縱文, 爲下品. 入藥用紅油色者. 波斯國海中有珊瑚洲, 海人乘大舶, 墮鐵網水底取之. 珊瑚所生磐石上, 白如菌, 一歲而黃, 二歲變赤, 枝幹交錯, 高三四尺. 人没水以鐵發其根, 繫網舶上, 絞而出之. 失時不取則腐蠹).”라고 하였다.

2 비야야(毗喏耶)는 본서 대식 조목에 보인다. 역주에는 아프리카 북부라고 고증했다. 본서 묵가렵(默伽獵) 조목에 “바닷물의 깊이는 20장(丈)이고 산호수가 난다.”라고 하였으므로 이를 증명할 수 있지만, 본서 물시리(勿厮離), 삼서(三嶼) 조목, 그리고 뒤에 나오는 포리로(蒲哩嚕) 조목에서 모두 산호가 난다고 하였다.

토착민들은 다섯 갈래의 닻을 줄에 매어 오연(烏鉛)을 사용하여 가라앉도록 바다에 던진다. 산호수의 뿌리를 뽑아 줄을 배에 매어 기중기로 들어 올리면 한 가지는 얻겠지만 언제나 건져 올릴 수 있는 것은 아니다. 표면은 매끄러운 것으로 덮여 있으나 바람을 맞게 되면 말라 딱딱해지고 변하여 윤기 없는 홍색이 된다. 가장 큰 것을 귀하게 여기고, 때를 놓쳐 들어 올리지 않으면 좀이 슬어 썩게 된다.

珊瑚樹1出大食毗喏耶國. 樹生於海之至深處, 初生色白, 漸漸長苗拆甲, 歷一歲許, 色間變黃, 支格交錯, 高極三四尺, 大者圍尺. 土人以絲繩繫五爪鐵錨兒, 用烏鉛爲墜, 抛擲海中, 發其根, 以索繫於舟上, 絞車搭起, 不能常有, 驀得一枝, 肌理敷膩, 見風則乾硬, 變爲乾紅色. 以最高者爲貴, 若失時不舉, 則致蠹敗.

5) 경석(磬石): ‘경(磬)’이란 악기를 만드는 데 적합한 돌로 다양한 모습을 취하고 있다. 바다 밑의 기암괴석들을 표현한 것으로 보인다.

36. 유리 琉璃

유리(琉璃)[1]는 대식(大食) 등 여러 나라에서 난다. 화톳불에 녹이는 방법은 중국과 동일하다. 그 방법은 납, 초(硝: 질산칼륨), 석고를 불에 녹여 만들고, 대식은 남해의 붕사(硼砂)를 사용하기 때문에 더욱 윤기가 나지만 강하지는 않다. 추위와 더위에 잘 견디고 물을 오래 담아두어도 망가지지 않기 때문에 중국의 것보다 귀중하게 여긴다.

1 유리(琉璃)는 '유리(瑠璃)', '유리(流離)', '벽유리(璧流離)', '폐유리(吠瑠璃)'라고도 하는데, 모두 산스크리트어 바이두리아(vaiduya), 또는 벨루리아(veluriya)의 음역들로 보인다. 옛 의미는 '청색의 보석'이란 뜻이고 나중에 유색의 '파리(玻璃)'라는 명칭을 가지게 되었다. 『전한서』, 권96, 「계빈전(罽賓[1)]傳, Kashmir)」, 벽유리(璧流離) 주석에 "맹강이 이르기를 '유리는 옥처럼 푸르다.'고 하였고, 안사고는 『위략』을 인용하여 대진국에서는 적, 백, 황, 흑, 청, 녹, 표(縹), 감(紺), 홍, 자 10종이 나는데, 맹강이 유리는 청색이라고 했지만 널리 유통되는 것은 아니다. 이는 모두 자연의 산물로 윤택과 광채가 여러 옥보다 뛰어나지만 그 색은 항구적이지는 않다. 세간에서 쓰는 것은 모두 석즙(石汁)을 녹여 여러 약들을 넣고 부어 만든 것이다. 특히 텅 비고 약하며 곧지 못해, 실로 진물(眞物)은 아니라고 하였다(孟康曰, 流離青色如玉. 師古曰, 魏略云大秦國出赤白黑黄青綠縹紺紅紫十種. 流離孟言青色, 不博通也. 此蓋自然之物, 采澤光潤踰於衆

1) 히어트와 록힐은 아위(阿魏) 조목 주석에서, 계빈(罽賓)을 카불로 보았는데, 완전히 잘못된 것이다. 한나라 시기에는 카슈미르를 지칭했고, 7세기 중반부터는 아프가니스탄 카피사(Kâpîssâ)를 가리켰다.

玉, 其色不恒. 今俗所用, 皆銷冶石汁加以衆藥灌而爲之, 尤虛脆不貞, 實非眞物).”라고 하였다.

○『위서(魏書)』, 권102, 「대월지전」에 “세조 때에 이 나라 상인이 도읍에 팔러 와서 이르기를 ‘돌을 녹여 오색의 유리를 만듭니다.’고 하였다. 이에 광산에서 채석하여 도읍에서 녹여 만들었는데, 광택이 서방에서 온 것보다 아름다웠다. 이에 명을 내려 임시 궁전을 만들고 1백여 명을 들어오게 하니 광채가 빛나 보는 사람들이 그것을 보고 놀라지 않는 자가 없었고 신이 만든 것이라고 했다. 이로부터 중국유리가 흔해져 더 이상 진귀하게 여기지 않았다(世祖時, 其國人商販京師, 自云能鑄石爲五色琉璃. 於是採礦山中, 於京師鑄之, 既成, 光澤乃美於西方來者. 乃詔爲行殿, 容百餘人, 光色映徹, 觀者見之, 莫不驚駭以爲神明所作. 自此中國瑠璃遂賤, 人不復珍之).”라고 하였다.

○『본초습유(本草拾遺)』에서는 『남주이물지(南州異物志)』를 인용하여. “유리는 원래 돌인데, 자연히 타서 된 것으로 그릇을 만들 수 있다. 돌을 얻지 못하면 이는 불가하다. 불경에서 말하는 칠보라는 것[이하 금은 두 글자가 빠짐]은 유리, 차거, 마뇌, 파려, 진주라는 것이다(琉璃本質是石, 以自然灰治之, 可爲器. 石不得, 此則不可. 釋佛經所謂七寶者, 琉璃車渠馬腦玻璃眞珠是也).”라고 하였다.

○투명한 것을 산스크리트어로 ‘스파티카(Sphatika)’라고 하는데, 음역하여 ‘파리(頗梨)’, ‘새파지가(塞頗胝迦)’, ‘솔파치가(窣坡致迦)’라고 하는데 이것이 바로 오늘날 ‘파리(玻璃)’ 또는 ‘파려(玻瓈)’이다. 본서의 백달(白達), 길자니(吉慈尼), 노미(蘆眉) 등의 조목에는 연화유리(碾花琉璃)[2]가 있는데 이것은 불투명한 파리(玻璃)의 일종이다. 본서 세란(細蘭) 조목에는 파려(玻瓈)가 있고, 주련(注輦) 조목에는 파리(玻璃)가 있는데 이는 투명한 것을 가리킨다.

琉璃出大食諸國. 燒煉熔之法與中國同. 其法用鉛硝石膏燒成, 大食則添入南鵬砂, 故滋潤不烈, 最耐寒暑, 宿水不壞, 以此貴重於中國.

2) 연화유리(碾花琉璃): 유리제품에 꽃문양을 갈거나 새겨 넣은 것을 말하는 것으로 보인다. 불투명한 것을 ‘파리(玻璃)’라고 하는데, 화산석의 일종이다.

37. 묘아정 猫兒睛

묘아정(猫兒睛)[1]은 모양이 엄지손가락 크기 정도의 작은 돌이다. 고양이의 눈동자처럼 밝고 깨끗하며 투명하여 붙여진 이름이다. 말라바르[南毗]에서 나는데 나라에는 '담수강(淡水江)'이라는 강이 있는데, 여러 물줄기가 주전자처럼 모여든다. 깊은 산의 부서진 돌들이 폭우 때문에 떠내려 와 모두 이곳으로 흘러들면, 관청에서 작은 배를 타고 걸러 채취한다. 그 중에 둥글고 밝은 것이 묘아정이다. 혹 그 땅을 비추는 별이 있는데, 빼어난 기운이 응집하여 만들어진 것이라고 한다.

1 역주: 실론 섬사람들은 묘아정(猫兒睛)[1)]을 섬의 특산이라 여기며 자못 큰소리치지만, 실은 남인도 퀼론(Quilon, 故臨), 코치(Kochi, Cochin, 柯枝)[2)] 등지에도 나는 것이 있다. 그 품질이 세란에서 나는 것만큼 우수하다. 본서 세란 조목에는 이 섬에서 묘아정이 난다고 했으나 본 조목의 문장은 모두 남비(南毗) 조목을 따르고 있다. ○자세한 것은 남비(南毗) 조목의 주4를 참고하시오.

---

1) 묘아정(猫兒睛): 표면에 고양이 눈동자에 보이는 수직의 섬광 같은 빛이 있기 때문에 '묘정석(貓睛石)', '묘안석(貓眼石)', '묘아안(貓兒眼)'이라고도 한다. 명나라 시기 장일규(蔣一葵)의 『장안객화(長安客話)』, 「묘정석(貓睛石)」을 보면 "묘정석은 세란국에서 나는데 빛과 색이 눈동자 같고 좋은 것은 동자가 수시로 변화하며, 큰 것은 손가락 지문 있는 마디 크기인데, 천금의 값어치가 나가며 돈으로 값을 매길 수 없다(貓睛石出細蘭國, 光色一如睛, 佳者瞳子隨時變換, 大如指面, 值千金如錢無價)."라고 하였다.

2) 코치: 인도 남부 케랄라(Kerala) 주의 항구도시이다.

猫兒睛狀如母指大, 卽小石也, 瑩潔明透如猫兒睛, 故名. 出南毗國, 國有江曰淡水江, 諸流匯匯, 深山碎石, 爲暴雨溯流, 悉萃於此, 官以小舸漉取, 其圓瑩者卽猫兒睛也. 或曰有星照其地, 秀氣鐘結而成.

38. 진주 眞珠

진주(眞珠)[1]는 대식국(大食國)의 바다 섬에서 나고 또 실론[西難], 말라바르[南毗] 두 나라[2]에도 나며 광서(廣西) 호북(湖北)[3]에도 있지만 대식과 남비의 맑고 깨끗한 것만 못하다.

1 역주: 산스크리트어로 주(珠)는 '마니(摩尼, mani)'라고 하고, 투르크어로는 '잔추(janchou)'라고 하는데 진주(眞珠)의 음역일 수 있다. 옛 돌궐비문에는 잔추-우구즈(janchu-uguz)가 있는데, 중국인들은 '진주하(眞珠河)'라고 한다.(『신당서』, 권221하 「석국전(石國傳)」에 따르면, 서남쪽에 약살수(藥殺水)가 있는데 중국에 흘러들면서 '진주하(眞珠河)'라고 한다고 하였다.)

○『도경본초(圖經本草)』에 "오늘날 염주에서 나고, 북해에도 있다. 주모(珠牡)에서 나므로 또한 '주모(珠母)'라고 한다. 조개류이다. 생각하건대 『영표록이』에 이르기를, '염주 주변 바다 가운데 섬이 있는데, 그 섬에는 '주지'라는 연못이 있다. 매년 자사가 직접 진주 캐는 사람이 못에 들어가 오래된 조개를 채취하여 갈라 진주를 얻어 공물을 충당하는 것을 감독한다. 못은 비록 해상에 사람들은 그 바닥은 바다와 통하는 것 같다고 한다. 못 물은 담수이나 깊이를 헤아릴 수 없다. 토착민들은 작은 조개의 살을 포로 만들어 먹는다. 또한 쌀 같은 작은 진주를 종종 얻는다. 이 못의 크고 작은 조개에는 모두 구슬이 들어있다. 그러나 요즘 주모를 채취하는 사람들은 그것을 바닷가에서 얻었다고 하니, 반드시 이 못에 있는 것은 아니다. 북해의 진주조개 종류는 조금 다른데, 사람들이 그 살을 얻는 것이다. 혹 구슬이 나오기도 하는데 그다지 광채가 나지도 않고, 또 항상 있는 것도 아니며 약에 넣을 수도 없다. 또한 조개 중에는 일종의 강요(키조개)같은 것의 배에 구슬이 들어 있는데 모두 남해에서

나는 것의 기이함에는 미치지 못하지만, 많다.'고 하였다(今出廉州, 北海亦有之. 生於珠牡, 亦曰珠母, 蚌類也. 按嶺表録異云, 廉州邊海中有洲島, 島上有大池, 謂之珠池. 每歲刺史親監珠户入池採老蚌, 剖取珠以充貢. 池雖在海上, 而人疑其底與海通. 池水乃淡, 此不可測也. 土人採小蚌肉作脯食, 亦往往得細珠如米, 乃知此池之蚌大小皆有珠也. 而今之取珠牡者云得之海旁, 不必是池中也. 其北海珠蚌種類小別, 人取其肉, 或有得珠者不甚光瑩, 亦不常有, 不堪入藥. 又蚌中一種似江珧者, 腹亦有珠, 皆不及南海者奇而且多)."라고 하였다.

○『영외대답』, 권6에 "합포는 진주가 나는 땅으로 '단망지'라는 곳이 있는데, 바다 가운데 외딴 섬, 해안에서 수십 리 떨어진 곳에 수심이 10장 되는 못이 있다. 사는 사람들이 잠수하여 조개를 잡아 갈라 진주를 얻는다. 조개를 잡을 때 긴 줄로 대바구니를 매어 손으로 잡고 잠수한다. 바구니에 조개를 주워 담고, 줄을 흔들어 뱃사람으로 하여금 당겨 올리게 하면 잠수한 사람이 곧 떠올라 배를 탄다. 불행하게 악어를 만나면 한 줄기 피가 수면으로 뜨는데, 뱃사람은 그가 이미 잡혀 먹은 것으로 알고 통곡한다. 또한 악어를 보면 급히 부상하는데 팔과 어깨를 잘린 사람도 있다. 바다 악어는 자사(刺紗)[1]보다 못하며 '어호'라 부르며 토착민들이 매우 싫어한다(合浦產珠之地, 名曰斷望地, 在海中孤島下, 去岸數十里, 池深不十丈. 蜑人沒而得蚌, 剖而得珠. 取蚌, 以長繩繫竹籃, 攜之以沒. 既拾蚌於籃, 則振繩令舟人汲取之, 沒者亟浮就舟. 不幸遇惡魚, 一縷之血浮於水面, 舟人慟哭, 知其已葬魚腹也. 亦有望惡魚而急浮, 至傷股斷臂者. 海中惡魚, 莫如刺紗, 謂之魚虎, 蜑所甚忌也)."라고 하였다.

2 서난(西難)은 분명 실론[細蘭]의 다른 음역일 것이다. 본서에서는 세란과 라무리[藍無里]가 하나의 조목으로 합쳐져 있다. 캄파르[監篦]는 삼불제(三佛齊) 조목에 보인다. 본서에 기록된 진주 산지로는 자바, 촐라[注輦], 오만[甕蠻], 키시[記施], 민도로[麻逸] 등지가 있다.

---

1) 자사(刺紗): '자사(刺鯊)'라고도 쓰는데, 식인 상어로, Carcharodon carcharias라는 학명을 가진다.

○이드리시(Muhammad al-Idrisi)의 『루지에로의 책(Tabula Rogeriana)』[2] 1책 375쪽에 "페르시아만에는 진주를 채취하는 곳이 3백 개

---

2) 이드리시: 본명은 아부 아브드알라 무함마드 이븐 무함마드 이븐 아브드알라 이븐 이드리시 알샤리프 알이드리시(Abu Abd Allah Muhammad al-Idrisi al-Qurtubi al-Hasani al-Sabti, 1100~1165), 흔히 알샤리프 알이드리시(Al Idrisi)로 알려진 인물이다. 1100년에 아프리카의 북단 세우타(Ceuta)라는 곳에서 태어나 지금 스페인의 코르도바(Córdoba, 당시 문화와 학문의 중심지)에서 공부를 하고, 1130년대까지 소아시아, 프랑스, 잉글랜드, 모로코, 그리고 알안달루스(Al-Andalus, 이베리아 반도의 중세 무슬림 국가)의 여러 지역을 두루 여행하다가 1138년경 시칠리아에 도착했다. 이때 시칠리아를 통치하던 노르만 왕조의 루지에로 2세(Roger II, 1095~1154)의 초청을 받았다. 루지에로는 이드리시에게 세계 전역에 대해 상세히 조사할 것을 요청하였다. 이드리시는 과거와 현재의 지리학을 모두 통합하기 위해 프톨레마이오스와 오로시우스(Orosius)의 지식을 끌어오고, 여기에 궁정 학자들의 지리 지식을 더한 다음, 왕이 파견한 여행자들이 사람 사는 세계 곳곳에서 가져온 새로운 정보를 더하여, 순은의 커다란 원반(140킬로그램, 직경 2미터)에 일곱 개의 기후대를 새기고, 땅과 지역, 해안선과 내륙, 만과 바다, 수로와 강, 사람이 사는 곳과 살지 않는 곳, 그리고 지역 간의 거리를 입증된 측정법에 따라 새겼으며, 알려진 항구도 새겼다. 지도가 완성되자 루지에로는 "책을 만들어, 설명하고 여기에 빠진 땅과 나라의 상황을 보충하라."라고 주문하여, 이드리시와 그의 학자들은 루지에로가 죽기 몇 주 전에 방대한 지리학 개론을 완성했다. 아랍어로 쓰고, 1154년 1월4~15일에 완성한 이 책에는 "세계를 여행하려는 사람을 위한 유희의 책(Kitāb nuzhat al-mushtāq fī ikhtirāq al-āfāq)"이라는 이름이 붙여졌는데, 루지에로와 이드리시의 사이가 워낙 가깝다 보니 간단히 루지에로의 책으로도 알려져 있다.(오길순, 「이드리시 세계지도의 모사와 분석」, 『한국고지도연구』 7(2), 78~78쪽의 내용을 참고).

가 있는데, 채취하는 사람들은 아왈(Awal) 섬에 산다. 이 섬의 도읍은 '바레인(Bahrein)'이라고 한다."라고 하였다. 여기 바레인은 『원사』, 「서북지부록(西北地附錄)」에는 '팔합랄인(八哈剌因)'으로 되어 있다. 자세한 것은 『마르코 폴로 여행기』 하책, 679~680쪽[3]과 『영애승람』 석란(錫蘭) 조목을 참고하시오.

3 호북(湖北)은 아마도 '합포(合浦)'의 오기일 것이다. 『송사』, 권89에 따르면, 염주(廉州)는 광남서로(廣南西路)에 속하고, 합포는 염주의 첫 번째 읍(邑)이다. 본 조목에서 인용한 『도경본초(圖經本草)』에 염주에서 난다고 하였고, 『영외대답』에서도 합포에서 난다고 했으므로, 광서호북(廣西湖北)은 '광서합포(廣西合浦)'의 잘못임을 알 수 있다.

진주를 채취할 때마다 3~40척의 배에 수십 명이 탄다. 진주를 채취하는 사람은 마(麻)로 만든 끈으로 몸을 묶고 황랍(黃蠟)으로 귀와 코를 막고 약 2~30여 장(丈)을 입수하는데, 선상에 매어둔 줄이 흔들리면 끌어 올린다. 미리 털옷을 데워두면 아주 따뜻한데, 물에서 나오자마자 급히 덮어준다. 그렇지 않으면 추위에 떨며 죽게 된다. 혹 큰 물고기, 상어, 거북, 여러 바다 괴물을 만나거나, 등지느러미에 닿게 되면 종종 배가 터지고 사지를 잘린다. 사람들은 피 한 줄기가 수면에 떠오르면 이미 물고기에게 먹혔음을 알게 된다. 일찍이 진주를 채취하는 사람이 있었는데, 줄을 흔들어 끌어 당겼으나 올라오지 않아, 힘을 다해 들어 올리자 다리가 이미 악어에 잘려 있었다. 채취한 것을 '주모(珠母)'라고 하는데, 번국에는 감시하는 관리가 있어 채취한 것에 따라 이름을 적고, 땅을 파서 구덩이를 만들어 구덩이에 몇 달을 넣어두면 주모의 각(殼)이 썩고 깨끗한 진주를 얻을 수 있는데,

---

3) 『동방견문록』(김호동 역주), 174장(443쪽), 마아바르(Maabar)라는 곳을 기술하는 대목에서 진주 잡이를 설명하고 있다. "조그만 거룻배에 탄 사람들, 즉 상인들이 고용한 사람들이 거룻배에서 내려 물속으로 들어가는데, 4보나 5보 정도 혹은 12보까지 잠수해서 참을만할 때까지 물속에 머무른다. 그들은 바다 바닥에서 흔히 굴이라고 부르는 조개를 찾아내는데, 이 굴 안에는 크고 작은 각종 진주가 있다. 굴은 이 조개들의 살 속에 있다."라고 하였다.

채취한 사람과 동일하게 나눈다.

진주는 대체로 둥글고 밝고 깨끗한 것을 상품으로 친다. 둥근 것은 쟁반 위에 하루 종일 놓아두어도 멈추지 않는다. 번국의 상인들은 대부분 칼집이나 속옷, 우산 손잡이 안에 넣어 법규상의 세금을 피한다.

眞珠出大食國之海島上, 又出西難·監篦二國, 廣西湖北亦有之, 但不若大食·監篦之明淨耳. 每採珠, 用船三四十隻, 船數十人. 其採珠人以麻繩繫身, 以黃蠟塞耳鼻, 入水約二三十餘丈, 繩纏於船上, 繩搖動則引而上. 先煮毳衲極熱, 出水則急覆之, 不然寒慄致死. 或遇大魚蛟鼉諸海恠, 鬐鬣所觸, 往往潰腹拆支, 人見血一縷浮水面, 則知已葬魚腹. 嘗有採珠者繩動, 而引之不上, 衆極力舉之, 足已爲蛟鼉所斷矣. 所採者曰珠母, 番有官監視, 隨其所採, 籍其名掘地爲坎, 置諸坎中月餘, 珠母殼腐, 取珠淘淨, 與採珠者均之. 珠大率以圓潔明淨者爲上. 圓者置諸盤中終日不停, 番商多置夾襦內及傘柄中, 規免抽解.

39. 차거 硨磲

차거(硨磲)[1]는 통킹[交趾]에서 나는데, 모양은 큰 방합조개 같다. 바다 근처의 사람들이 그 각(殼)을 갈고 다듬어 그 모양 그대로 하엽배(荷葉杯)[1)]를 만든다. 흰 옥돌처럼 문양이 있고 빛나며 깨끗한데, 가장 큰 것은 그 밑바닥을 쪼아서 잔으로 만든다. 두께가 3촌(寸)짜리가 있다. 선별되지 않은 자잘한 것은 노리개 같은 여

1) 하엽배(荷葉杯): 연잎 중심에 오목하게 들어간 부분 구멍을 내고 술을 부은 다음 줄기 대롱을 통해 술을 빨아 마시는 것을 말한다. 왕당(王讜)의 『당어림(唐語林)』, 권3, 「아량(雅量)」에 이종민(李宗閔)은 "술을 좋아하여 더운 달이면 연못으로 가서 연으로 잔을 만들고 술을 가득 부은 다음, 입 가까이에 딱 매어 두고는 젓가락으로 찔러서 마셨는데, 다 마시지 않으면 일어나지 않았다(喜飮酒, 暑月臨池, 以荷爲杯, 滿酌酒, 密繫持近口, 以筯刺之而飮, 不盡再擧)."라고 하였다. 또 『유양잡조』, 권7에서는 "역성(歷城) 북쪽에는 사군림(使君林)이 있는데, 위(魏)나라 정시(正始, 504~507) 연간에 정공각(鄭公慤)이 삼복(三伏) 때에는 매번 손님들과 관리들을 데리고 이곳에서 더위를 피했다. 커다란 연잎을 벼루 틀 위에 놓고 술 2승(升)을 가득 붓고 비녀로 잎을 찔러 연줄기와 통하게 하면 굽이진 줄기에는 코끼리 코처럼 둥근 버섯 모양이 되었다. 그것을 서로에게 전하며 흡입했는데 '벽통(碧筩)'이라 했다. 역성의 사람들이 이를 따라하고선 이르길, '술맛에 연향이 섞여, 향기롭고 얼음보다 시원하다'고 하였다(歷城北有使君林, 魏正始中, 鄭公慤三伏之際, 每率賓僚避暑于此, 取大蓮葉置硯格上, 盛酒二升, 以簪刺葉, 令與柄通, 屈莖上, 輪菌如象鼻, 傳吸之, 名爲碧筩. 歷下效之, 言酒味雜蓮氣, 香冷勝於冰)."라고 하였다.

러 완구들을 만든다. 불경에서는 이것을 지고의 보배로 여겼으나[2)]지금은 해산물 일 따름으로 옛날의 차거인지는 모르겠다.

1 차거(硨磲)는 원문에는 '차거(車渠)'로 되어 있다. 『상서대전(尙書大傳)』에 "큰 조개는 수레바퀴의 그물 같다(大貝如車渠)."라고 하였다. 산스크리트어로는 '무사르갈바(musārgalva)'로 청백색의 보석을 의미한다. 『해약본초(海藥本草)』에 "차거는 옥돌의 종류라고 한다. 서쪽 나라에서 나는데 모양은 방합조개 같고, 문양이 있다. 서역의 칠보 중의 하나이다.(車渠云是玉石之類, 生西國, 形如蚌蛤, 有文理. 西域七寶, 此其一也.)"라고 하였다. 『계해우형지』에서 "차거는 큰 방합 조개와 같은데, 바닷가 사람들이 그 각(殼)을 갈아서 여러 완구를 만든다(硨磲似大蚌, 海人磨治其殼, 爲諸玩物)."라고 하였다. 『몽계필담(夢溪筆談)』(권22)에, "큰 것은 키와 같고 등에는 다슬기 각처럼 줄 문양이 있어, 그릇으로 만드는데, 백옥처럼 정밀하다(大者如箕, 背有渠壟如蚶殼, 故以爲器, 緻如白玉)."라고 하였다. 『영외대답』, 권7에 "남해에는 차거라는 방합 조개에 속하는 것이 있는데, 모양은 큰 다슬기 같고, 3척 정도 자라며 1척 이하까지만 자라는 것도 있다. 큰 것만을 귀하게 여기는데, 큰 것은 융기한 곳이 중심까지 수 촌(寸)이다. 그 두꺼운 것을 자르고 갈아 잔으로 만드는데 매우 커서 병이라고 해도 괜찮을 정도이다. 작은 것은 노리개, 꽃송이 같은 것으로 만들 수 있다. 1척에 미치지 못하는 것은 그 모양 그대로 갈아서 잔으로 만드는데 '염렴'이라고 하지만 그렇게 중시를 받는 것은 아니다. 불경에서 말하는 차거는 옥으로 남해에서 나는 것인데, 그 이름을 몰래 취한 것이 아니겠는가.(南海有蚌屬曰硨磲, 形如大蚶, 盈三尺許, 亦有盈一尺以下者. 惟其大之爲貴, 大則隆起之處,

2) 『묘법연화경(妙法蓮華經)』, 「보문품(普門品)」에 "금, 은, 유리, 차거, 마노, 산호, 호박, 진주 같은 보물을 찾아 대해로 들어간다(爲求金·銀·琉璃·硨磲·碼碯·珊瑚·琥珀·眞珠等寶, 入於大海)."라고 하였는데, 여기의 차거는 바로 트리다크나(Tridacna)의 껍질로, 칠보(七寶) 중의 하나로 여겼다.

心厚數寸. 切磋其厚, 可以爲杯, 甚大, 雖以爲甁可也. 其小者猶可以爲環佩·花朶之屬. 其不盈尺者, 如其形而琢磨之以爲杯, 名曰潋灩, 則無足尚矣. 佛書所謂硨磲者, 玉也, 南海所產, 得非竊取其名耶.)"라고 하였다.

○역주: 차거(硨磲)는 중국말이 아니라 음역어로 보인다. 회흘(回紇)어 '체쿠(tscheku)', 즉 나선의 큰 조개로 보석과 마찬가지로 진귀하게 여긴다.

○차거(車渠)라는 말은 일찍이 『상서대전』에서 보이므로 회흘(回紇)어는 중국어에서 나온 것으로 보인다.

硨磲出交趾國, 狀似大蚌, 沿海人磨治其殼, 因其形爲荷葉杯. 膚理瑩潔如珂玉, 其最大者琢其根柢爲杯. 有厚三寸者. 脱落碎瑣, 猶爲環珮諸玩物. 按佛書以此爲至寶, 今乃海錯耳, 未審是古硨磲否.

40. 상아 象牙

상아(象牙)[1]는 대식(大食)의 여러 나라와 캄보디아[眞臘], 참파[占城] 두 나라에서 나는데, 대식의 것이 상품이고 진랍, 점성의 것은 하품이다. 대식의 여러 나라들 중에서 미르바트[麻囉抹][2]에 가장 많다.

1 『도경본초(圖經本草)』에 "『이아(爾雅)』에 이르기를 '남방의 아름다운 것에는 양산(梁山)의 서상이 있다.'고 하였다. 지금은 대부분 통킹[交趾], 조주, 순주 등에서 난다. 그곳 사람들은 잡아서 그 고기를 즐겨 먹는다.……세간에 형만의 산중에도 야생 코끼리가 있다고 하나 초월의 코끼리는 모두 청흑색이고, 서방의 불림, 대식 등의 나라의 것들만이 대부분 흰 코끼리이다. 번작의 『운남기(雲南記)』[1)]에 모두 그 사실을 언급하고 있다(爾雅云, 南方之美者有梁山之犀象焉. 今多出交趾潮循諸州. 彼人捕得, 爭食其肉.……世傳荊蠻山中亦有野象, 然楚粵之象皆青黑, 惟西方拂林大食諸國乃多白象. 樊綽雲南記皆言其事)."라고 하였다. 『진랍풍토기』에 "상아는 산간벽촌의 인가에 있는데, 코끼리 한 마리를 잡으면 두 개의 어금니가 있다. 옛날 전하는 바에 따르면 매년 한 번씩 어금니를 간다고 하는데 그런 것은 아니다. 그 어금니는 쳐서 죽인 것이 상품이고, 스스로 죽어 수시로 사람이 얻은 것은 다음으로 치며, 산중에서 죽어 수년이 된 것은 하품이다(象牙則山僻人家有之, 每一象死, 方有二牙. 舊傳謂每歲一換牙者, 非

1) 번작(樊綽): 안남경략사(安南經略使, 교지交趾에 주둔) 채습(蔡襲)의 막료로 활동하면서 남조(南詔)에 대응하기 위해 채습의 명을 받아 남조에 대한 정보와 자료를 모아 지은 책이 바로 『만서(蠻書)』이다. 주로 원자(袁滋)의 『운남기(雲南記)』의 형식을 취했기 때문에 『운남기』 『운남지(雲南志)』 『남이지(南夷志)』 등으로도 불린다.

也. 其牙以摽而殺之者上也, 自死而隨時爲人所取者次之, 死于山中多年者斯爲下矣).”라고 하였다. 본서의 대식(大食) 조목을 참고하시오.

○『영외대답』, 권9에 “교지(交阯)의 산중에는 석실(石室)이 있는데, 한 길로만 들어갈 수 있고, 주변은 모두 석벽이다. 교지 사람들은 먼저 안에 사료를 놓고 길들인 암컷 코끼리를 몰아 넣는다. 이어 길에 사탕수수를 깔아서 야생 코끼리를 유인하는데, 와서 사탕수수를 먹기를 기다렸다가 길들인 암컷 코끼리를 풀어주면 야생 코끼리 무리 속으로 들어가 꾀어 돌아온다. 들어오면 큰 돌로 그 입구를 막는다. 야생 코끼리가 배고픔이 심해지면 사람들이 석벽을 따라서 길들인 암컷을 먹이면, 야생 코끼리가 암컷이 먹이를 얻는 것을 본다. 처음에는 두려워하지만 결국 익숙해져 먹이를 찾는다. 더 친해지면 사람들이 채찍으로 때려 조금만 길들이면 타고 제어할 수 있다. 무릇 코끼리를 제어할 때는 반드시 갈고리를 사용한다. 교지사람들이 코끼리를 길들일 때 똑바로 그 목에 타서 손은 쇠갈고리를 잡고 머리에 갈고리를 건다. 코끼리를 왼쪽으로 가게 하려면 머리 오른쪽을 갈고리로 걸고, 오른쪽으로 가게 하려면 왼쪽에 걸고, 물러나게 하려면 이마에 걸고, 앞으로 가게 하려면 갈고리를 걸지 않는다. 코끼리를 무릎 꿇고 엎드리게 하려면 갈고리로 반듯하게 머리를 누르는데 반복하여 한다. 고통스러워 울부짖으면 사람이 울음소리를 보고 코끼리가 잘 호응하는 것으로 여긴다. 사람들은 코끼리들이 무리로 줄지어 나란히 가는 것을 보지만, 갈고리로 전후좌우를 조정하는 것은 알지 못한다. 무릇 코끼리의 성향은, 형태가 비록 크지만 고통을 견디지 못하므로 몇 마디의 갈고리로 길들일 수 있다. 오래되면 될수록 사람의 뜻을 이해하고, 코끼리를 타는 사람이 오는 것을 보면 머리를 낮추고 엎드렸다가 사람이 그 목에 오르면 일어나서 간다. 코끼리는 머리를 숙일 수 없고 목을 돌릴 수도 없으며 입은 턱에 숨겨져 있고 땅과 많이 떨어져 있어 먹을 때에는 코를 사용한다. 코끝은 깊고 크며, 열고 닫을 수 있고 그 안에는 작은 고기도 끼워 넣을 수 있으며 겨자씨라도 주을 수 있다. 매번 코로 먹이를 취할 때마다 조갑(爪甲)은 쳐서 더러운 것을 제거한 이후 코를 말아 입에 넣는다. 물을 먹을 때도 코로 빨아들여 말아서 입에 넣는다.

촌락의 작은 민가에 새 술[2]이 익으면 야생 코끼리가 냄새를 맡고 와서 코로 벽을 부수고 들어와 마셔버리니 사람들의 큰 걱정거리이다. 코끼리 다리는 기둥 같으며 발가락은 없고 발톱만 있다. 높은 산을 오르고 가파른 비탈을 내려오며, 깊은 물을 건널 때 그 모양은 큰 종기 같지만 매우 민첩하다. 교지 사람들이 부르고 몰 때는 능히 그들과 말을 할 수 있는 것 같다. 코끼리를 바치는 일은 한 마리라도 길들여지지 않으면 얼마 되지 않아 병사한다. 며칠을 신음하다가 죽을 때는 머리를 남쪽으로 하고 죽는데, 능히 머리를 고향언덕으로 맞추는 것이 이와 같으니 역시 비범한 짐승이다. 흠주(欽州) 경내에도 있다. 코끼리가 가는 데에는 반드시 익숙한 길이 있어, 사람들은 길가 나무에 칼날이 있는 틀을 설치하고 아래로 땅에 닿게 하면 코끼리가 가다가 그 틀에 닿으면 틀의 칼날이 아래에서 그 몸을 치는데 급소에 맞아야 죽는다. 죽을 때 어금니를 돌로 쳐서 분질러 버리는데, 어금니가 몸에서 위험한 것임을 알기 때문이다. 급소가 아니라면 칼날이 꽂힌 채로 가다가 살이 헤져 칼날이 떨어지면 그만이다. 급소가 아니라면 코를 베어도 죽는다. 매일 코를 사용하므로 그것을 베면 치료하여 봉합할 수 없어 죽음에 이르게 할 수 있기 때문이다. 또한 함정을 파서 죽이는 방법도 있는데, 잘 다니는 길에서 1장(丈) 남짓 떨어진 옆에 경사지게 땅을 파서 함정을 만들고 예전처럼 길로 만들어 놓으면 코끼리가 의심치 않고 가다가 함정에 떨어진다. 세간에 전하는 바에 따르면, 코끼리는 땅의 허실을 능히 먼저 안다고 하는데 그렇지 않다. 다만 다니는 길에 빈 땅이 없었을 뿐이다. 코끼리 눈은 가늘고 불을 무서워한다. 코끼리 무리가 있는 곳은 농작물에 가장 저해가 되므로 사람들이 갑자기 제어할 수 없어 긴 대나무에 불을 매달아 쫓으면 물러난다. 코끼리가 사람을 해칠 수 있다. 코끼리 떼는 비록 많지만 두려워할 만한 것이 아니다. 다만 두려운 것은 코끼리가 한 마리일 때이다. 무리에 밭아

2) 원문에는 '추(篘)'자로 되어있다. 이것은 술찌끼를 거르는 대나무 바구니를 말하는데, 여기서는 새로 담은 술이란 뜻으로 사용된 것 같다.

들여지지 않았으므로 혼자 다녀 두려움이 없다. 사람을 만나면 마음대로 독성을 부리는데 사람을 코로 말아 던져 죽이고 발로 사람을 차서 코로 피부에서 나온 인혈을 빨아 먹는다. 사람들이 코끼리 한 마리를 잡으면 여러 사람이 그 고기를 배불리 먹는다. 다만 코살이 가장 맛있는데, 살짝 구워 술찌끼 언덕에 넣어 두고 조금 익히면 음식물 중에서 제일 맛있는 것이 된다. 코끼리 가죽은 갑옷을 만들 수 있는데 매우 견고하다. 사람들은 그 가죽을 끈 모양으로 잘라 두무질하고 말려 지팡이를 만들기도 하는데 아주 견고하고 우수하다고 한다(交阯山中有石室, 唯一路可入, 周圍皆石壁, 交人先置芻豆於中, 驅一雌馴象入焉. 乃布甘蔗於道以誘野象, 俟來食蔗, 則縱馴雌入野象群, 誘之以歸. 既入, 因以巨石窒其門. 野象饑甚, 人乃緣石壁飼馴雌, 野象見雌得飼, 始雖畏之, 終亦狎而求之. 益狎, 人乃鞭之以箠, 少馴則乘而制之. 凡制象, 必以鉤. 交人之馴象也, 正跨其頸, 手執鐵鉤, 以鉤其頭. 欲象左, 鉤頭右；欲右, 鉤左. 欲卻, 鉤額. 欲前, 不鉤. 欲象跪伏, 以鉤正案其腦, 復重案之. 痛而號鳴, 人見其號也, 遂以爲象能聲喏焉. 人見其群立而行列齊也, 不知其有鉤以前卻左右之也. 蓋象之爲獸也, 形雖大而不勝痛, 故人得以數寸之鉤馴之. 久久亦解人意, 見乘象者來, 低頭跪膝, 人登其頸, 則奮而起行. 象頭不可俯, 頸不可回, 口隱於頤, 去地猶遠, 其飲食運動, 一以鼻爲用. 鼻端深大, 可以開閉, 其中又有小肉夾, 雖芥子亦可拾也. 每以鼻取食, 即就爪甲擊去泥垢而後, 捲以入口. 其飲水亦以鼻吸而卷納諸口. 村落小民新芻熟, 野象逐香而來, 以鼻破壁而入飲, 人之大患也. 象足如柱, 無指而有爪甲, 登高山, 下峻阪, 渡深水, 其形擁腫, 而乃捷甚. 交人呼而驅之, 似能與之言者. 貢象之役, 一象不甚馴, 未幾病死. 呻吟數日, 將死, 回首指南而斃, 其能正邱首如此, 是亦非凡獸也. 欽州境內亦有之. 象行必有熟路, 人於路傍木上施機刃, 下屬于地, 象行觸機, 機刃下擊其身, 苟中其要害, 必死. 將死, 以牙觸石折之, 知牙之爲身災也. 苟非要害, 則負刃而行, 肉潰刃脫乃已. 非其要害, 而傷其鼻者亦死. 蓋其日用無非鼻, 傷之則瘡不可合, 能致死也. 亦有設陷阱殺之者, 去熟路丈餘側, 斜攻土以爲阱, 使路如舊而象行不疑, 乃墮阱中. 世傳象能先知地之虛實, 非也. 第所經行, 必無虛土耳. 象目細, 畏火. 象群所在, 最害禾稼, 人倉卒不能制, 以長竹繫火逐之, 乃退. 象能害

人, 群象雖多不足畏, 惟可畏者, 獨象也. 不容於群, 故獨行無畏, 遇人必肆其毒, 以鼻卷人擲殺, 則以足蹴人, 血透肌而以鼻吸飲人血. 人殺一象, 衆飽其肉, 惟鼻肉最美, 爛而納諸糟邱, 片腐之, 食物之一雋也. 象皮可以爲甲, 堅甚. 人或條截其皮, 硾直而乾之, 治以爲杖, 至堅善云).”라고 하였다.

2 본서 상권에 대식(大食), 하권의 몰약(沒藥), 목향(木香) 등의 조목의 마라말(麻囉抹)과 여기의 마라말(麻囉抹), 그리고 남비(南毗) 조목의 마리말(麻哩抹)은 모두 말라바르[麻囉拔]의 오기일 것이다. 상아가 나는 곳은 대략 베르베라[弼琶囉國], 잔지바르[層拔] 등의 나라에 가장 많다. 마라발(麻囉拔, Malabar)은 상품을 집적하는 곳일 것이다. 『영외대답』, 권3에 “대식국(大食國) 사람들이 올 때는 작은 배로 운반하여 남쪽으로 퀼론[故臨]에 도착하여 큰 배로 바꾸어 타고 동쪽으로 가서 슈리비자야 나라에 이른다.”라고 하였다. 이 고림은 바로 말라바르[麻囉拔]의 경내에 있다.

○마수디(Masudi)의 『금주원(金珠原), The Meadows of Gold』, 제 3책, 8쪽에 “잔기(Zangi)사람들은 상아를 채취하기 위해 많은 코끼리를 죽인다. 상아를 운반하여 오만(Oman)에 이르고 다시 여기서부터 배에 실어 인도와 중국에 이른다. 이 때문에 이슬람 나라들에 이르는 것이 매우 적다.”라고 하였다.

코끼리는 깊은 산 골짜기에 사는데 이따금 들판에 나와 다닌다. 사람들은 감히 근접하지 못하고, 사냥꾼들이 강한 활로 독약을 묻혀 쏘면 코끼리가 화살을 맞고 달아나지만 1~2리도 못가서 약이 퍼져 죽는다. 사냥꾼은 사체를 찾아 그 어금니를 얻어 땅속에 묻어 두는데 쌓아 둔 것이 10여 개에 이르면 운반하여 대식에 이르러, 배에 싣고 슈리비자야와 이루딘감[日囉亭][3]에 가서 교역한다. 큰 것은 50~100근까지 나간다. 끝이 곧고 색이 희며 문양이 주서(籒書) 같은 것이 대식에서 나는 것이다.

3 일라정(日囉亭)은 본서 삼불제(三佛齊) 조목 주12에 보인다. 역주에서는 제리니(Gerini)설에 따라, 수마트라섬, 오늘날 잠비(Jambi) 서남쪽에 있는 제라탕(Jelatang)에 해당한다고 했으나, 잘못된 것이다.

진랍, 점성에서 나는 것은 어금니가 작고 색은 붉으며 10~2, 30근에 불과하다. 또한 어금니의 뾰족한 끝은 다만 향을 넣는 통으로 만들 수 있을 뿐이다. 혹 상매(象媒)가 유인한다고 하는데 아마도 이것이 바로 길들여진 코끼리일 것이다.

象牙出大食諸國及眞臘·占城二國, 以大食者爲上, 眞臘·占城者爲下. 大食諸國惟麻囉抹最多. 象生於深山窮谷中, 時出野外蹂踐, 人莫敢近, 獵者用神勁弓, 以藥箭射之, 象負箭而遁, 未及一二里許, 藥發卽斃, 獵者隨斃取其牙埋諸土中, 積至十餘株, 方搬至大食, 以舟運載與三佛齊·日囉亭交易. 大者重五十斤至百斤. 其株端直, 其色潔白, 其紋細籀者, 大食出也. 眞臘·占城所產, 株小色紅, 重不過十數斤至二三十斤. 又有牙尖, 止可作小香疊用. 或曰象媒誘致, 恐此乃馴象也.

41. 서각 犀角

서(犀)[1]는 모양이 황소 같은데, 뿔이 하나뿐이다. 가죽이 검고 털은 드물며 혀는 알밤 껍질 같으며, 성질은 사납고, 나는 듯이 달린다. 오로지 대나무나 나무의 가시를 먹으며 사람들이 감히 접근하지 못한다. 사냥꾼들은 단단한 화살로 멀리서 쏴서 그 뿔을 취하는데 그것을 '생각(生角)'이라고 하고, 저절로 죽은 것의 뿔을 일러 '도산각(倒山角)'이라고 한다. 뿔의 문양이 포말 같고 흰 색이 많으며 검은 색이 적은 것이 상품이다.

1 『영표록이(嶺表錄異)』에 "영표에서 나는 서우는 대략 소와 비슷하나 돼지 머리이고 다리는 코끼리 굽과 비슷하게 3개의 발톱이 있다. 머리에는 두 개의 뿔이 있는데, 하나는 이마에 있고 '시서'라고 하며, 하나는 코 위에 비교적 작게 있는데, '호모서'라고 한다. 코 위에 있는 것은 모두 막히고 묶여 있으며 화점이 작고 기이한 문양이 많다. 암컷 역시 2개의 뿔이 있는데, 모두 모서(毛犀)로 좁쌀 문양이 있어 허리띠로 만들 수 있다. 수많은 무소 중에서 우연히 통(通)이 있는 것은 화점의 크기가 기이하고 고정된 것이 없다. 꽃이 한쪽에만 치우쳐 있고 공기구멍이 있는 것이 있고, 정수리 꽃이 크고 뿌리 부분의 꽃은 작은 것이 있는데 '도삽통'이라 한다. 이 두 종도 오색이 일정하지 않다. 통이 흑백으로 분명하며 화점이 다르고 기이한 것은, 매기는 값이 수만으로 희세의 보물이다. 또한 타라서가 있는데 코뿔소 중에 가장 큰 것으로 한 개의 무게가 7~8근이 나간다. 이것이 '고서'라고 한다. 이마에는 심화(心花)가 있는데, 대부분 콩을 뿌려놓은 것 같고 반점의 색이 진한 것은 과(胯)[1)]를 만들 수 있고, 반점이 산만하고 옅은 것은 잔 받침이나 그릇 등을 만든다(嶺表所

1) 과(胯): 대구(帶鉤)의 '과(銙)'를 말하는 것으로 보인다.

產犀牛, 大約似牛, 而豬頭, 腳似象蹄, 有三甲. 首有二角, 一在額上爲兕犀, 一在鼻上較小爲胡帽犀. 鼻上者, 皆窘束而花點少, 多有奇文. 牯犀亦有二角, 皆爲毛犀, 俱有粟文, 堪爲腰帶. 千百犀中或遇有通者, 花點大小奇異, 固無常定. 有偏花路通, 有頂花大而根花小者, 謂之倒插通. 此二種亦五色無常矣. 若通白黑分明, 花點差奇, 則價計巨萬, 乃希世之寶也. 又有墮羅犀, 犀中最大, 一株有重七八斤者, 云是牯犀. 額上有心花, 多是撒豆, 斑色深者堪爲胯, 其斑散而淺, 即製爲杯盤器皿之類)." 라고 하였다. 여기서 말하는 타라서(墮羅犀)는 타화라국(墮和羅國)에서 나는 무소를 가리키는 것으로 보인다. 타화라(墮和羅)는『신당서』, 권222하에서 보이고.『대당서역기』, 권10에서는 타라발저(墮羅鉢底, Dvaravati)로 되어있다. 오늘날 섬라(暹羅, 태국) 남부이다.

○『도경본초(圖經本草)』에 "서각은 오늘날 남해에서 나는 것이 상품이고 검촉(黔蜀)에서 나는 것이 그다음이다. 돼지 머리, 큰 배, 짧은 다리를 가지고 있다. 다리는 코끼리와 비슷하며 3개의 굽이 있고 검은 색이다. 혀에는 가시가 있어 가시 달린 것을 즐겨 먹는다. 가죽에는 한 구멍에 털이 3개씩 자라는데, 돼지와 같으며, 뿔은 1~3개까지 있다.『이아』에 이르기를 '시(兕)는 소와 비슷하고, 무소는 돼지와 비슷하다.'고 하였다. 곽박의 주에 '시(兕)는 1각이고 청색이며, 1천 근이 나간다. 서(犀)는 물소와 비슷하고, 3개의 뿔이 있는데, 하나는 정수리에, 하나는 이마에, 하나는 코에 있다. 코에 있는 것은 먹을 수 있는 뿔로, 노각(奴角)이라고도 하는데 작으면서 둥글지 않다.'고 하였다. 또한 뿔이 하나 있는 것도 있다.……당나라 의사 오사고(吳士皐)는 '바닷사람들이 무소를 잡을 때는 돼지나 양의 우리에 까는 나무처럼, 먼저 산길에 썩은 나무를 많이 꽂아 놓으면, 무소가 앞다리를 곧게 하고 나무에 기대 쉬는데, 썩은 나무가 갑자기 부러지면, 쓰러져 한참동안 일어날 수 없기 때문에 그때 때려잡는다.'고 하였고, 또 이르기를 '무소는 매년 뿔을 하나씩 떨어뜨리는데, 반드시 산속에 묻는다. 바닷사람이 몰래 나무 뿔로 바꾸어 놓으면, 그 다음에도 그곳을 떠나지 않는다. 만약 곧바로 가져가 버리면 나중에는 다른 곳에 감추어 찾을 수 없다.'고 하였다(犀角今以南海者爲上, 黔蜀者次之. 犀似水牛, 豬首, 大腹, 卑脚. 脚似象, 有三

蹄, 黑色. 舌上有刺, 好食棘刺. 皮上每一孔生三毛, 如豕, 有一角二角三角者. 爾雅云, 兕似牛, 犀似豕. 郭璞注云, 兕一角色青, 重千斤, 犀似水牛, 三角, 一在頂上, 一在額上, 一在鼻上, 鼻上者食角也, 又名奴角, 小而不擶. 亦有一角者.……唐醫䀚士臯言, 海人取犀, 先於山路多植朽木, 如豬羊棧, 其犀前脚直, 常依木而息, 爛木忽折, 倒仆久不能起, 因格殺之. 又云, 犀每歲一退角, 必自埋于山中, 海人潛作木角易之, 再三不離其處, 若直取之, 則後藏于別處, 不可尋矣).”라고 하였다. 자세한 것은 『본초강목』, 권51 서(犀) 조목을 참고하시오.

○본서 교지(交阯), 참파[占城], 탐브라링가[單馬令], 랑카수카[凌牙斯加], 자바, 인도[天竺], 필파라(弼琶囉) 등의 조목에서 모두 무소가 있다고 기록하고 있다. 그러나 필파라의 서각은 무게가 10여 근 나간다고 했다.

○마수디(Masudi)의 『금주원(金珠原), The Meadows of Gold』, 제 1편, 385쪽에서는 당시 중국과 인도의 라흐마(Rahma) 나라는 서각 무역이 매우 번성했다고 하였다. 여기의 라흐마는 면전(緬甸, 미얀마) 서남부, 옛날 백고국(白古國)을 가리킨다. 본서 포감(蒲甘) 조목의 주1을 참고하시오.

犀狀如黃牛, 只有一角, 皮黑毛稀, 舌如栗殼, 其性鷙悍, 其走如飛, 專食竹木等刺, 人不敢近. 獵人以硬箭自遠射之, 遂取其角, 謂之生角. 或有自斃者, 謂之倒山角. 角之紋如泡, 以白多黑少者爲上.

『삼재도회』, 조수 권3.

42. 올눌제 膃肭臍

올눌제(膃肭臍)[1]는 대식(大食), 칼하트[伽力吉國][2]에서 난다. 모양은 활(猾)[1)]과 같고 다리 높이는 개와 같으며 색깔은 붉거나 검고 나는 듯이 빨리 달린다. 사냥꾼들은 그물을 바닷가에 펴서 잡아, 그 신장을 떼어내 기름으로 담가두는데, 이것을 '올눌제'라 한다. 번국 중에서 보르네오[渤泥]에 가장 많다.

1 올눌(膃訥)에 관해서는 설이 다양한데, 『설문해자(說文解字)』에는 '골날(骨豽)'로, 『당운(唐韻)』에는 '골날(骨貀)'로 되어 있다. 『본초습유(本草拾遺)』에 "골눌(骨肭)이란 짐승은 서번의 돌궐국에서 나는데, 호인들은 '아자발타니'라고 부른다. 그 모습은 여우와 비슷하나 크고, 꼬리는 길며, 배꼽은 사향과 비슷하고 황적색이며 썩은 뼈 같다(骨肭獸生西番突厥國, 胡人呼爲阿慈勃他你. 其狀似狐而大, 長尾, 臍似麝香, 黃赤色, 如爛骨)."라고 하였고, 『약성본초(藥性本草)』에 "올눌제는 신라국 바다 개의 바깥 신장이다. 연합하여 잡는다(膃肭臍是新羅國海內狗外腎也, 連而取之)."라고 하였으며, 『해약본초(海藥本草)』에 "생각하건대 『임해지』에 이르기를, '동해의 수중에서 난다. 모양은 사슴과 같고 머리는 개와 비슷하며 꼬리는 길다. 매일 수면으로 부상하는데, 곤륜 사람들이 활로 쏴 잡아, 그 바깥 신장을 떼어 음지에 백일 말리면 맛이 달고 향이 좋다.'고 하였다(按臨海志云, 出東海水中. 狀若鹿形, 頭似狗, 長尾. 每日出即浮在水面, 崑崙家以弓矢射之, 取其外腎, 陰乾百日, 味甘香美也)."라고 하였다. 『도경본초(圖經本草)』에 "오늘날 동해 옆에도 있다. 옛날에는 여우처럼 꼬리가 길다고 하였다. 오늘날 창주가 그린 것은 바로 어류로 돼지 머리

1) 활(猾): 『산해경』에 나오는 동물로, 사람 같은 생김새에 온몸이 돼지 털로 덮여 있고 동굴 속에 살면서 겨울잠을 잔다고 하였다.

에 두 다리가 있다. 그 배꼽은 붉은 자주색이며 위에는 자줏빛 반점이 있는데 완전히 비슷한 것은 아니다. 의사들이 많이 사용한다. 『이어도』에 '그 배꼽을 시험할 때, 동짓달 매서운 바람이 불 때, 그것을 물속에 담가놓아 얼지 않으면 진짜이다'고 하였다(今東海旁亦有之. 舊說似狐長尾. 今滄州所圖, 乃是魚類, 而豕首兩足. 其臍紅紫色, 上有紫斑點, 全不相類. 醫家多用之. 異魚圖云, 試其臍, 於臘月衝風處置盂水浸之, 不凍者爲眞也)."라고 하였다. 『포자론(炮炙論)』에 "올눌제에는 가짜가 많다. 바다짐승 중에 수오룡이 있는데, 바닷사람들이 그 신장을 취해 올눌제로 충당하는데 이것은 절로 구별이 된다. 진짜에는 대칭을 이루는 것이 있는데, 이중의 얇은 피가 환핵을 싸고 있고, 그 피에는 육황모가 있고, 한 구멍에 3가닥이 있다. 용기에 넣어 여러 해를 두어도 새것처럼 촉촉하고, 혹 자고 있는 개의 머리에 얹어 놓으면 개가 깜짝 놀라 미친 듯이 달아나는 것이 진짜로 친다(膃肭臍多僞者. 海中有獸號曰水烏龍, 海人取其腎, 以充膃肭臍, 其物自別. 眞者有一對, 則兩重薄皮裹丸核, 其皮上自有肉黄毛, 一穴三莖. 收之器中, 年年濕潤如新, 或置睡犬頭上, 其犬忽驚跳若狂者爲眞也)."라고 하였다.

○『본초연의(本草衍義)』에 "오늘날 등주와 내주(萊州)에서 나는데, 그 모양은 개도 아니고 짐승도 아니며 또한 물고기도 아니다. 다만 앞다리는 짐승이나 꼬리는 물고기다. 몸에는 짧고 조밀하며 연한 청백색 털이 있는데, 털에는 진한 청흑의 점이 있고 오래되면 엷어지고, 배와 옆구리 아래는 완전히 흰색이다. 가죽은 소가죽처럼 두껍고 부드러워, 많은 변방의 장수들이 취해 안장의 깔개로 삼는다. 배꼽은 배의 냉증과 쇠약한 비장, 지친 신장을 다스리는 데 매우 효과가 있어 다른 처방을 기다릴 필요가 없다. 여우처럼 꼬리가 길다는 설은 오늘날 사람들 대부분이 알지 못한다(今出登萊州, 其狀非狗非獸, 亦非魚也. 但前脚似獸, 而尾即魚. 身有短密淡青白毛, 毛上有深青黑點, 久則亦淡, 腹脇下全白色. 皮厚韌如牛皮, 邊將多取以飾鞍韉. 其臍治腹臍積冷衰脾腎勞, 極有功, 不待別試也. 似狐長尾之說, 今人多不識之)."라고 하였다. 『본초강목』, 권51 올눌수(膃肭獸) 조목을 참고하시오.

○역주: 여러 설을 종합해 볼 때, 올눌(膃訥)이 가리키는 것으로 셋이 있는데, 하나는 향리(香狸, civet)로 아랍인들이 '아자발타니(阿慈勃他你)'라고 하는 것인데, 알자바드(al-zabād)의 음역으로 추정된다. 아랍어로 '향리(香狸, 인도사향고양이)'를 부르는 명칭이다. 두 번째는 '해리(海狸, beaver)'로 동투르크어로 담비속을 '쿠나(kuna)'라고 하고, 러시아어로는 '쿠니차(kunitsa)'라고 한다. 틀림없이 골날(骨貀) 또는 골날(骨豽)에 대응하는 음일 것이다. 중국어로는 초속(貂屬)으로 개괄하는데 모두 '해리(海狸)'를 지칭한다. 세 번째는 '해구(海狗, seal)', 바로 『포자론(炮炙論)』의 '수오룡(水烏龍)'이다.

2 가력길(伽力吉)은 오늘날 칼하트(Kalhat)로 본서 대식 조목에서 고증하였다.

○역주: 향리(香狸)는 소말리아 연안에 있는 제이라(Zeila) 항구의 중요한 상품이다. 이곳이 바로 본서에서 언급한 베르베라[弼琶囉國]이다.

膃肭臍出大食伽力吉國. 其形如猾, 脚高如犬, 其色或紅或黑, 其走如飛, 獵者張網於海濱捕之, 取其腎而漬以油, 名膃肭臍. 番惟渤泥最多.

43. 취모 翠毛

취모(翠毛)[1]는 캄보디아[眞臘]에 가장 많은데, 깊은 산속 못에서 나며 물가에 둥지를 튼다. 영역 밖에 한 마리가 있으면 반드시 나가 죽기로 싸운다. 사람들은 이런 기미를 이용하여, 매개로 기른 새를 왼손에 들고 가면 둥지에 있던 새가 보고 손으로 날아와 치고 싸우는데 사람이 있는 줄도 모른다. 오른손으로 곧바로 그물을 펴 덮으면 벗어날 수 없다. 옹주(邕州), 우강(右江)[1)]에도 일종의 비취가 나는데, 그 뒷면 털은 모두 솜털이다. 가난한 사람이나 사치스러운 사람들 대부분이 꼬아 베로 짜는데, 모직물 같다. 매년 관청에서 엄격하게 금지하지만 부자들은 입는 것을 그만두지 않으므로, 번국의 상인들이 법을 어기고서라도 파는데 대부분 상하의 모두에 넣어 간다.

1 취모(翠毛)는 비취(翡翠)새의 깃털(kingfishers' feathers)이다. 본 조목은 거의 모두 『영외대답』, 권9 비취 조목을 그대로 따르고 있다. 원문은 다음과 같다. "비취는 깊고 넓은 산속 못에서 나는데 물가에 둥지를 튼다. 한 계곡의 물에는 한 쌍의 암수만 사는데, 밖에 한 마리가 더 있으면 반드시 영역을 다투며 죽을 때까지 싸운다. 사람들이 이러한 기미를 이용하여, 한 마리 중매하는 새를 길러 왼손에 들고 못으로 가면, 비취새가 보고 손으로 날아와 치며 싸우는데 사람이 있는 줄도 모른다. 이내 오른손의 그물로 덮어 잡으면 벗어날 수 없다. 옹주, 우강(右江)에서는 일등의 비취를 생산하는데, 그 뒷면 털은 모두 가는 털이기 때문에 가난한 사람이나 사치스러운 사람들이 그것을 사용하여 꼬아 직물을 짠다(翡翠, 產于深廣山澤間, 穴巢

1) 우강(右江): 운남성에서 발원하여 광서성으로 흘러 주강(珠江)과 합류하는 강인지, 광서장족자치구의 백색시(百色市)에 속한 우강구(右江區) 일대인지 명확하지 않지만 광서임에는 틀림없다.

于水次. 一壑之水, 止一雌雄, 外有一焉, 必爭界而死鬥. 人乃用其機, 養一媒, 擎諸左手, 以行澤中, 翡翠見之, 就手格鬥, 不復知有人也. 乃以右手取羅掩之, 無能脫者. 邕州右江產一等翡翠, 其背毛悉是翠茸, 窮侈者用以撚織)."라고 하였다.

○『본초습유(本草拾遺)』 어구(魚狗) 조목에 "이것이 취조인데 땅에 구멍을 파서 둥지를 짓고, 큰 것은 '취조'라고 하고 작은 것은 '어구'라고 한다. 푸른색은 비취색과 유사하여 그 꼬리는 장식을 만들 수 있다. 또한 반점이 있고 흰 것도 있는데, 모두 물위에서 물고기를 잡을 수 있다(此即翠鳥也. 穴土爲窠. 大者名翠鳥, 小者名魚狗. 青色似翠, 其尾可爲飾. 亦有斑白者, 俱能水上取魚)."라고 하였다. 『본초강목』 어구(魚狗) 조목을 참고하시오. 『진랍풍토기』에 "비취는 얻기가 좀 어렵다. 대개 숲에 못이 있고, 못에 물고기가 있으면 비취새가 숲에서 날아와 물고기를 잡는다. 번국 사람들은 나뭇잎으로 몸을 가리고 물가에 앉아 있다가 새장 속의 암컷으로 유인하고, 손에는 작은 그물을 들고 새가 오기를 기다려 잡는다. 하루에 3~5마리를 잡고 종일토록 한 마리도 못 잡는 경우도 있다(翡翠其得也頗難, 蓋叢林中有池, 池中有魚, 翡翠自林中飛出, 求魚番人以樹葉蔽身, 而坐水濱, 籠一雌以誘之, 手持小網, 伺其來則罩, 有一日獲三五隻, 有終日全不得者)."[2]라고 하였다.

翠毛眞臘最多, 產於深山澤間, 巢於水次, 一壑之水止一雌雄, 外有一焉, 必出而死鬭, 人用其機, 飼媒擎諸左手以行, 巢中者見之, 就手格鬭, 不復知有人也, 右手卽以羅掩之, 無能脫者. 邕州右江亦產一種翡翠, 其背毛悉是翠茸. 窮侈者多以撚織, 如毛段然. 比年官雖厲禁, 貴人家服用不廢, 故番商冒法販鬻, 多寘布襦袴中.

2) 초판에서는 본 주(注)의 마지막에 언급되어 있지만, 1956년 중판본에서 교정한 것에 따라 옮겼다.

44. 앵무 鸚䳇

앵무(鸚䳇)[1]는 참파[占城]에서 나며 다섯 가지 색이 있다. 당태종(唐太宗) 때에 참파[環王]가 헌상한 것이 이것이다[2]. 「전(傳)」에 따르면 추위를 하소연할 수 있다고 하여 명을 내려 돌려보냈다고 한다. 환왕국(環王國)은 점성이다.

1 『본초강목』, 권49 앵무(鸚鴞) 조목에 "앵무에는 여러 종이 있다. 녹앵무는 농촉(隴蜀)[1)]에서 나지만 전남(滇南, 운남성), 교주 광주 근해에는 더욱 많다. 까마귀나 까치만큼 크고, 수백 마리가 무리지어 난다. 남방 사람들은 그것으로 젓갈을 만들어 먹는다. 홍앵무는 자줏빛의 적색이고 크기는 역시 녹앵무와 같다. 백앵무는 서양, 남해 여러 나라에서 나는데 어미 닭만큼 크다. 오색앵무는 해외의 여러 나라에서 나는데 녹앵무보다 크고 백앵무보다 작으며 성질은 더욱 지혜롭고 영리하다. 모두 붉은 부리에 갈고리 같은 입, 긴 꼬리에 붉은 다리, 노란 눈동자와 깊숙한 눈을 가지고 있고, 위아래의 눈꺼풀은 모두 깜박일 수 있고 혀는 갓난아기 같다. 다리는 앞뒤로 각각 두 개씩으로 뭇 새들과 다르다. 성질은 추위를 싫어하는데, 추우면 말라리아처럼 떨다가 죽는데, 여감자(餘甘子)[2)]를 먹여서 풀 수 있다(鸚鴞有數種. 綠鸚鴞出隴蜀, 而滇南·交廣近海諸地尤多, 大如烏鵲, 數百群飛. 南人以爲鮓食. 紅鸚鴞紫赤色, 大亦如之. 白鸚鴞出西洋·南番, 大如母雞. 五色鸚鴞出海外諸國, 大於綠而小於白者, 性尤慧利. 俱丹味鉤吻, 長尾赤足, 金睛深目, 上下目瞼皆能眨動, 舌如嬰兒. 其趾前

1) 농촉(隴蜀): 감숙성 동부지역과 사천성 중서부지역을 말한다.
2) 여감자(餘甘子): Phyllanthus emblica라는 학명을 가진 인디언 구스베리(Indian gooseberry), 또는 암라(amla)로 불리는데, 세계에서 가장 비타민 C가 풍부한 열매로 알려져 있다.

後各二, 異於衆鳥. 其性畏寒, 即發顫如瘴而死, 飼以餘甘子可解).”라고 하였다.

○역주: 『광동신어(廣東新語)』, 권20에 앵무(鸚鵡)의 별종을 ‘팔가(哵哥)’ 또는 ‘팔팔(哵哵)’이라고 하는데, 모두 아랍어 바바가(babaga)의 음역이다.

2 『신당서』, 권222하, 「환왕전(環王傳, Champa)」에 따르면, 정관(貞觀, 627~649) 연간에 왕 두려(頭黎, Kandarpadharma)가 “또 오색앵무, 백앵무를 헌상했는데, 자주 추위를 호소하여 명을 내려 돌려보냈다.”라고 하였다.

흠주(欽州)에는 백앵무(白鸚鵡), 홍앵무(紅鸚鵡)가 있는데 작은 거위처럼 크고 깃털에는 가루가 있으며 나비 같은 날개가 있는 것을 ‘백앵무’라 하고, 그 색이 완전히 붉고 꼬리는 까마귀나 솔개의 꼬리 같은 것을 ‘홍앵무’라 한다[3].

3 본 조목도 『영외대답』, 권9에서 나왔다. 그 원문은 다음과 같다. “참파[占城]에서는 오색앵무가 나는데, 당태종 때에 참파[環王]가 헌상한 것이 이것이다. 「전(傳)」에 따르면 추위를 호소하여 명을 내려 돌려보냈다고 한다. 환왕국은 바로 점성이다. 내가 흠주에 있을 때 섭(聶)의 수령에게서 백앵무와 홍앵무를 본 적이 있다. 백앵무는 작은 거위처럼 크고 깃털에는 가루가 있으며 나비의 날개 같다. 홍앵무는 그 색이 완전히 붉으며, 꼬리는 까마귀와 솔개의 꼬리 같은데 모두 말을 할 수 없고 표시만 할 따름이다. 흠주의 부자들에게는 ‘앵가’가 있는데 자못 지혜롭고 쉽게 배워 주민들이 더 이상 좋아하지 않는다. 다만 흠주에 사는 복건 사람들은 이따금 앵무에게 시가를 가르치는데 정말 민지방의 소리를 낸다. 이 새는 남방의 여러 주에서 야생 새들처럼 무리지어 난다. 그물을 펼쳐 무리를 덮쳐잡는다. 잘게 저며 젓갈을 담는데, 생물이 이렇게 불행할 수 있는가.(占城產五色鸚鵡, 唐太宗時, 環王所獻是也. 案傳謂能訴寒, 有詔還之. 環王國即占城也. 余在欽, 嘗于聶守見白鸚鵡·紅鸚鵡. 白鸚鵡大如小鵝, 羽毛有粉, 如蝴蝶翅. 紅鸚鵡其色正紅, 尾如烏鳶之尾, 然皆不能言, 徒有其表爾. 欽州富有鸚哥, 頗慧易教, 士人不復雅好, 唯福建人在欽者, 時或教

之歌詩, 乃眞成閩音. 此禽南州群飛如野鳥, 擧網掩群, 臠以爲鮓, 物之不幸如此.)"라고 하였다.

鸚鵡產占城, 有五色. 唐太宗時環王所獻是也. 案傳謂能訴寒, 有詔還之. 環王國卽占城也. 欽州有白鸚鵡·紅鸚鵡, 大如小鵝, 羽毛有粉, 如蝴蝶翅, 謂之白鸚鵡. 其色正紅, 尾如烏鳶之尾, 謂之紅鸚鵡.

45. 용연 龍涎

용연(龍涎)[1]. 대식국(大食國)의 서해(西海)에는 '용'이 많은데 돌을 베고 한 숨 자면 침 거품이 물에 뜨고, 쌓이면 단단하게 될 수 있어 교인(鮫人)들이 이것을 채취하여 지고의 보배로 여긴다. 막 채취한 것은 하얀 색이고 조금 오래되면 자줏빛이 되고 아주 오래되면 검게 변한다[2].

1 용연향(龍涎香)은 영어로는 '암버그리아(ambergria)'라고 하는데, 아랍어 안바르(anbar)에서 나왔을 것이다. 본서 필파라(弼琶囉) 조목 주1에 『유양잡조』를 인용하고 있는데, '아말향(阿末香)'이 있고, 『영애승람』 조법아(祖法兒, Zufar) 조목에 '엄팔아향(俺八兒香)'이 보이는데 모두 안바르(anbar)의 옛 음역이다. 역주에서는 『서사기(西使記)』[1)]의 '살팔아(撒八兒, shahbari)'을 인용하고 용연향의 별칭이라고 하였다. 본서의 중리(中理) 조목에 "이 용연이 나오는 곳을 모르고 갑자기 덩어리가 되어 나타나는데, 3~5근 혹은 10근이나 된다. 해안가로 떠밀려 와 토착민들이 다투어 나누어 가지고, 배들은 바다로 나가 찾아 건져낸다(其龍涎不知所出, 忽見成塊, 或三五斤, 或十斤, 飄泊岸下, 土人競分之, 或船在海中驀見探得)."라고 하였는데, 이로써 옛날 용연의 대부분이 아프리카 동쪽 해안에서 나오는 것임을 알 수 있다. 『도이지략』에는 용연서(龍涎嶼) 조목이 있는데, 용연이 나기 때문에 얻은 이름이라고 했다. 옛 고증에 따르면 오늘

---

1) 『서사기(西使記)』: 원나라 유욱(劉郁, 생몰미상)이 중통(中統) 4년(1263)에 완성한 1권의 책이다. 몽케 칸의 사신인 상덕(常德)이 서정(西征)을 떠나 있는 훌레구를 찾아가는 여정을 기술하고, 훌레구가 원정에서 정벌하거나 훌레구에게 항복한 나라들에 관해 기술한 책이다.

날 수마트라섬의 서북쪽 모퉁이인 푸로 브라스(Pulo Bras) 섬에 해당한다. 왕대연(汪大淵)[2]의 기록에는 "연(涎)의 색은 오향(烏香)보다 검기도 하고 부석(浮石)과 비슷하기도 하다. 전문에 의하면 약간 비린 향이 있다고 하지만 다른 향들과 섞으면 맛이 더욱 맑고 멀리 간다. 비록 가람목, 매화, 뇌, 단, 사, 치자화, 침, 속, 목, 장미수 등의 향일지라도 반드시 이것이 있어야 피운다. 이곳에는 이전에 사람이 살지 않았고 간혹 다른 번국의 사람들이 완전히 나무로만 깎은 배에 사람들을 태워 보내 줍게 했다. 옮겨 다니며 다른 나라에 팔고 거래는 금은 같은 것들로 했다(涎之色, 或黑於烏香, 或類於浮石. 聞之微有腥氣, 然用之合諸香則味尤清遠. 雖茄藍木梅花腦檀麝杋子花沉速木薔薇水衆香, 必待此以發之. 此地前代無人居之, 間有他番之人用完木鑿舟, 駕使以拾之. 轉鬻於他國, 貨用金銀之屬博之)."라고 하였다.

○『본초강목』, 권43 용연(龍涎) 조목에 이르기를 "용연은 약으로는 드물게 사용하고 다만 향에 넣을 뿐이다. 뇌와 사를 수용할 수 있어 수십 년이 되어도 흩어지지 않는다고 한다. 또 그것을 태우면 푸른 연기가 공중으로 떠오른다고 한다. 서남쪽 바다에서 난다. 이것은 봄에 용들이 토해내는 침 거품이 바다에 뜬 것으로 번국의 사람들이 채취하여 팔았는데, 한 냥에 1천 전이었다고 하고, 또 큰 물고기 뱃속을 갈라서 얻는 것도 있다고 한다. 그 모양은 처음에는 지교 같고, 황백색이며 말리면 덩어리가 되고 누렇고 검은 색이 되는데 마치 온갖 약을 졸여서 매끄럽게 조리한 것 같다. 오래되면 자줏빛이

---

2) 왕대연(汪大淵, 1311~1350): 자는 환장(煥章), 원나라 시기의 상인으로 강서성 남창(南昌) 출신이다. 원 명종(明宗) 지순(至順) 원년(1330)과 원통(元統) 5년(1337), 두 차례에 걸쳐 천주(泉州)를 떠나 서양의 여러 나라를 항해하여 서방 사람들에게는 동방의 마르코 폴로라 불렸다. 지정(至正) 9년(1349)에 자신이 직접 보고 들은 경험을 토대로 『도이지략』을 완성하여 동서양 문화교류사에 큰 족적을 남겼다. 쉽게 접할 수 있는 책으로는 소계경이 교정하고 주를 단 『도이지략교석』(중화서국, 1981)을 들 수 있다.

도는 검은 색으로 오령지(五靈脂)[3]처럼 광택이 난다. 그 모양은 부석처럼 날릴 듯 가벼우며 비리며 누린내가 난다(龍涎方藥鮮用, 惟入諸香. 云能收腦麝數十年不散. 又言焚之則翠烟浮空. 出西南海洋中. 云是春間羣龍所吐涎沫浮出, 番人採得貨之, 每兩千錢. 亦大有魚腹中剖得者. 其狀初若脂膠, 黃白色, 乾則成塊, 黃黑色, 如百藥煎而膩理, 久則紫黑, 如五靈脂而光澤. 其體輕飄似浮石而腥臊)."라고 하였다.

○풍승균은 1956년 중간본에서 다음과 같이 추가 설명을 했다. 이 향을 만드는 고래는 피세터 마크로세파루스(Physeter macrocephalus)이다. 아체(Aceh) 부근과 말레이시아 동부의 여러 해안, 대식(大食)의 남부 연안에 이 고래가 있다. 말레이어로는 암바르(ambar)라 하는데 대식어에 보인다.

2 『영외대답』, 권7 용연 조목에 의하면, 여기 아래 "이어서 번우[광주]에 와서 처음으로 그것을 보게 되었는데(因至番禺嘗見之)"라는 7자가 더 있다. 그 나머지 문장들은 모두 동일하다.

향초도 아니고 누린내 나는 풀도 아니며, 부석(浮石)과 비슷하고 가볍다. 사람들은 용연에 기이한 냄새가 있다고 하고, 어떤 사람은 용연의 향이 비리고 여러 향을 발산할 수 있다고 하는데, 모두 그렇지 않다. 용연은 향기를 피워도 원래 아무런 손익(損益)이 없고 단지 연기를 모을 수 있을 뿐이다. 다른 향과 잘 섞어서 진짜 용연으로 사르면, 한 가닥의 푸른 연기가 공중에 떠서 흩어지지 않고 맺힌다. 앉은 사람이 가위로 잘라 연기 가닥을 나눌 수 있다. 이것이 그러한 이유는 신기루(蜃氣樓)의 남은 힘 때문이다.

龍涎, 大食西海多龍, 枕石一睡, 涎沫浮水, 積而能堅, 鮫人採之以爲至寶. 新者色白, 稍久則紫, 甚久則黑, 不薰不蕕, 似浮石而輕也. 人云龍涎有異香, 或云龍涎氣腥, 能發衆香, 皆非也. 龍涎放香, 本無損益, 但能聚煙耳, 和香而用眞龍涎焚之, 一縷翠煙浮空結而不散, 座客可用一剪分煙縷, 此其所以然者, 蜃氣樓臺之餘烈也.

---

3) 오령지(五靈脂): 날다람쥐(하늘다람쥐)의 말린 분변으로, 어혈을 풀어주고 진통의 효과가 있다고 한다.

46. 대모 瑇瑁

대모(瑇瑁)[1]는 그 생김새가 거북이나 자라와 비슷하고, 등껍질은 13조각이며 흑백의 반점 문양이 사이에 교차되어 있다. 등껍질의 아래 가장자리 부분은 톱니처럼 빠지고 갉혀있으며, 발이 없고 네 개의 갈기가 있는데 앞의 것은 길고 뒤의 것은 짧고, 갈기로 물을 치면서 간다. 갈기와 머리 반점의 문양은 갑(甲) 같고, 햇수가 오래된 갑은 두껍고 흑백이 분명하다. 어린 것은 갑이 얇고 꽃문양이 모호하다. 세상에 전해지기를 채찍질을 당해 피가 나서 반점이 되었다고 하는데 헛소리이다. 어부들은 가을 달밤에 골라 잡으며 고기 또한 먹을 수 있다. 보르네오[渤泥], 삼서(三嶼), 포리로(蒲哩嚕)[2], 자바[闍婆] 등의 나라에서 난다.

1 『본초습유(本草拾遺)』에 "대모는 영남의 바닷가 산간에서 나는데, 큰 것은 부채 같고 귀갑과 비슷하며 가운데 문양이 있다(瑇瑁生嶺南海畔山水間, 大如扇, 似龜甲, 中有文)."라고 하였다. 『영표록이(嶺表錄異)』에 이르기를 "대모의 형상은 거북과 비슷한데 다만 등껍질에 붉은 점이 있을 뿐이다(玳瑁形狀似龜, 惟腹背甲有紅點)."라고 하였다. 『도경본초(圖經本草)』에 "오늘날 광남에는 모두 거북류가 있는데, 큰 것은 쟁반만 하고 그 배와 등껍질에는 모두 붉은 점과 반점 문양이 있다. 약에 넣을 때는 반드시 살아있는 것을 써야 영험이 있다. 무릇 음식에 독이 있을 경우 반드시 저절로 요동을 치지만 죽은 것은 신험을 볼 수 없다. 요즘 사람들은 대부분 여러 거북 껍데기로 그릇을 만드는데 모두 죽여서 얻은 것이다. 또한 삶기거나 두드려 맞기 때문에 산 것은 참으로 얻기 어렵다(今廣南皆有龜類也, 大者如盤, 其腹背甲皆有紅點斑文. 入藥須用生者乃靈. 凡遇飲食有毒, 則必自搖動, 死者則不能神矣. 今人多用雜龜筒作器皿, 皆殺取之. 又經煮拍, 故生者殊難得)."라고 하였다. 『계해우형지』에 "모양은 거북이나 자라 같으며, 등껍질은 13조각이고 흑백의 반점 문양이

서로 교차하고 있으며 비늘이 어긋나게 등 전체를 형성하고 있다. 등껍질의 아래 가장자리는 톱니처럼 빠지고 갉혀 있고, 다리가 없이 네 개의 갈기가 있다. 앞의 두 갈기는 길고, 모양은 젓는 노 같으며, 뒤의 두 갈기는 매우 짧고 그 위에는 모두 인갑(鱗甲)이 있다. 네 갈기로 물을 치며 다닌다. 바닷가 사람들은 작은 물고기를 주어 소금물에 기르는데, 세간에 전하는 바에 따르면, 갑자년 경신일에는 갑자기 먹지 않는다고 한다. 이를 '대모재일'이라 하는데, 이 설은 매우 근거 없이 떠도는 말이다(形似龜黿輩, 背甲十三片, 黑白斑文相錯, 鱗差以成一背. 其邊裙闌闕嚙如鋸齒, 無足而有四鬣, 前兩鬣長. 狀如檝, 後兩鬣極短, 其上皆有鱗甲, 以四鬣櫂水而行. 海人養以鹽水, 飼以小鱗, 俗傳甲子庚申日輒不食, 謂之蝳蝐齋日, 其說甚俚)."라고 하였다.

○『영외대답』, 권10, 벽대모(鼊玳瑁) 조목에 "흠주의 바다에는 '벽'이라는 개속(介屬)이 있는데, 큰 것은 수레바퀴 같고, 껍질 안에는 대모처럼 얇은 뼈가 13조각 있다. 요즘 사람들이 비도(篦刀)의 통으로 만들어 쓰는 것이 이것이다. 대모의 등갑도 13개의 조각으로 원래부터 반점 문양을 이룬 것인데, 세간에는 채찍을 맞고 피가 나서 반점이 되었다고 하는데 이 말은 거짓이다(欽海有介屬曰鼊, 大如車輪, 皮裏有薄骨十三片如玳瑁. 今人用以爲篦刀筒子者是也. 玳瑁背甲亦十三片, 自然成斑紋. 世言鞭血成斑, 斯言妄矣)."라고 하였다. 본서 필파라(弼琶囉) 조목에서는 "대모는 지극히 가치가 있어 다른 나라 사람들이 모두 이곳에 와서 매매를 한다(瑇瑁至厚, 他國悉就販焉)."라고 하였다.

○풍승균은 1956년 중간본에서 다음과 같이 주석을 보완하고 있다. 대모(瑇瑁)의 학명은 에레트모첼리스 임브리카타(Eretmochelys imbricata)로 열대지역에 많이 있지만 수량이 많지 않다. 주요 시장으로 셀레베스 해(Celebes Sea, 西里伯)의 마카사르(Makassar, 望加錫), 다음은 보르네오[渤泥], 수마트라 섬이다. 자바[闍婆]에서 중국으로 들여온 대모는 바로 이 세 곳에서 온 것이다. 자세한 것은 크라우퍼드(Crawfurd), 『인도양 군도의 역사(History of the Indian Archipelago)』(3책)을 참고하시오.

2 포리로(蒲哩嚕)는 본서 삼서(三嶼) 조목에 보인다. 원문에는 '리(哩)'자가 '묵(嘿)'자로 되어 있어 바로 잡았다.

瑇瑁形似龜黿, 背甲十三片, 黑白斑紋間錯, 邊襴缺齧如鋸, 無足而有四鬛, 前長後短, 以鬛掉水而行. 鬛與首斑文如甲, 老者甲厚而黑白分明, 少者甲薄而花字模糊, 世傳鞭血成斑, 妄也. 漁者以秋間月夜採捕, 肉亦可喫. 出渤泥·三嶼·蒲哩嚕·闍婆諸國.

47. 황랍 黃蠟

황랍(黃蠟)[1]은 삼서(三嶼), 민도로[麻逸], 캄보디아[眞臘], 슈리비자야[三佛齊] 등의 나라에서 난다. 벌은 깊은 산곡에서 살며 오래된 나무나, 파초 나무, 또는 암굴에 집을 짓는다. 중국의 벌과 비교해보면 조금 크고 검다. 번국의 사람들은 가죽으로 몸을 덮고, 먼저 고약한 풀로 연기를 피워 벌들을 쫓아내어 날아 흩어지면, 벌집을 채취하는데, 꿀을 제거한 그 찌꺼기가 바로 밀랍이다. 거푸집으로 도(碙)[1)]를 만드는데, 회분, 염석을 섞기도 한다. 삼불제에서 나는 것을 상품으로 여기고 진랍의 것은 다음으로 친다. 삼서, 마일, 포리로(蒲哩嚕)[2]의 것은 하품이다.

1 『진랍풍토기』에 "황랍은 촌락의 썩은 나무에서 나는데, 그 중 한 종은 개미 같은 가는 허리의 벌이 있는데, 번국 사람들이 이를 채취하여 얻은 것이다. 한 배에는 2~3천 덩어리를 실을 수 있고, 큰 덩어리는 30~40근 나가고 작은 것은 18~9근을 밑돈다(黃臘出於村落朽樹間, 其一種細腰蜂如螻蟻者, 番人取而得之. 每一船可收二三千塊, 每塊大者三四十斤, 小者亦不下十八九斤)."라고 하였다. 『본초강목』, 권39, 밀랍(蜜蠟) 조목에 "랍(蠟)은 바로 벌집이다. 꿀을 채취하고 불에 녹여 물속에 넣고 응고되기를 기다려 얻는 것으로 색은 누렇기 때문에 민간에서는 '황랍'이라 한다. 끓여 녹인 다음 하얗게 만든 것을 '백랍'이다. 막 채취해서 희고 오래되어 누런 것은 아니다. 오늘날 벌레로 백랍을 만드는 것과는 다르다(蠟乃蜜脾底也. 取蜜後煉過, 濾入水中, 候凝取之, 色黃者俗名黃蠟, 煎煉極淨色白者爲白蠟, 非新則白而久則黃也. 與今時所用蟲造白蠟不同)."라고 하였다.
○역주: 황랍(黃蠟)이 나는 곳은 본 조목에서 언급한 이외에도, 본

1) 도(碙): 『제번지』 여기에만 보이는 글자로, 의미는 아직 밝혀지지 않았다. 아마도 '도(陶)'자의 잘못된 표기로 생각한다.

서에만 통킹[交趾], 탐브라링가[單馬令], 보르네오[渤泥國], 타이완[流求], 해남(海南) 등지가 있다. 해남에서 나는 것이 가장 열등하다. ○풍승균은 1956년 중간본에서 다음과 같이 부연설명을 했다. 황랍의 학명은 아피스 도르사타(Apis dorsata)이다. 야생에서 나는 것은 한 벌통마다 어떤 때는 꿀 27킬로그램 남짓을 비축한다.

2 포리로(蒲哩嚕)는 본서 삼서(三嶼) 조목에 보인다. 원문에는 '리(哩)'자가 '묵(嘿)'자로 되어 있어 바로 잡았다.

黃蠟出三嶼·麻逸·眞臘·三佛齊等國. 蜂生於深山窮谷中, 或窠老樹, 或窠芭蕉樹, 或窠巖穴, 較諸中國之蜂差大而黑. 番民以皮鞔軀, 先用惡草作煙, 迫逐羣蜂飛散, 隨取其窠, 擠去蜜, 其滓卽蠟也. 鎔範成磚, 或雜灰粉鹽石. 以三佛齊者爲上, 眞臘次之, 三嶼·麻逸·蒲哩嚕爲下.

X. 해남 海南

해남(海南)[1]은 한나라 때 주애(朱崖), 담이(儋耳)이다. 무제(武帝)는 남월(南粤)을 평정하고 칙사를 보내 서문(徐聞)【오늘날 뇌주(雷州) 서문현】에서 바다를 건너 땅을 공략하게 하여, 주애, 담이 두 군(郡)을 설치했다. 소제(昭帝)는 담이를 살펴보고 주애군으로 합병해 버렸다. 원제(元帝)는 가연지(賈捐之)[1)]의 의론에 따라서 주애를 포기했다. 양(梁)나라와 수(隋)나라에 이르러 다시 설치했다. 당(唐) 정관(貞觀) 원년(627)에 애(崖), 담(儋), 진(振)의 세 주(州)로 나누고 영남도(嶺南道)에 예속시켰다. 5년(631)에 애주의 경산(瓊山)을 나누어 군을 설치하고, 만안현(萬安縣)을 주로 승격시켰는데, 지금의 만안군(萬安軍)이다. 담주와 진주(振州)는 지금의 길양군(吉陽軍), 창화군(昌化軍)이다. 정원(貞元) 5년(789)에 경(瓊)을 독부(督府)로 삼았는데 지금도 그것을 따르고 있다. 서문(徐聞)에는 체각장(遞角場)[2)]이

1) 가연지(賈捐之, ?~기원전 43년): 자는 군방(君房)으로 가의(賈誼)의 증손자이다. 『전한서』, 권64하, 「가연지전」에 따르면, 초원(初元) 3년(기원전 46년) 한원제가 가연지의 건의를 받아들여 주애군을 폐지하는데 그 이유를 다음과 같이 설명하고 있다. "구구하게 바다의 한 가운데에 위치하며, 운무 때문에 기후가 습하고, 독초와 벌레, 뱀 등 수토(水土)의 해가 많으며, 사람들은 포로로 잡히지 않고 전사들은 저절로 죽어간다(顓顓獨居一海之中, 霧露氣濕, 多毒草蟲蛇水土之害, 人未見虜, 戰士自死)."라고 하였다.

2) 체각장(遞角場): 『태평환우기(太平寰宇記)』, 권169에 보인다. 서문현(徐聞縣)은 북송 개보(開寶) 5년(972)에 폐지되었고 남송 건도(乾道) 7년(1172)에 다시 설치되었다. 남송 왕상지(王象之)의 지리서인 『여지기승(輿地紀勝)』, 권118년 건도 6년(1171) 지주(知州)가 서문현의 재설치를 간청하여, "예각장을 현치로 삼았다(仍將隷角場作縣治)."라고 하였다. 여기의 예각장이 바로 체각장으로 보인다.

있는데 경(瓊)과 대치하고 있고 서로 360여 리 떨어져 있어, 순풍이면 반나절에 건널 수 있다. 중류(中流)는 삼합류(三合溜)[3)]라고 하는데, 이곳을 건너면 바람과 파도가 없어져 뱃사람들이 손을 들어 서로 축하한다. 길양(吉陽)에 이르면, 바로 바다의 끝으로 더 이상 육로가 없다. 밖에는 오리(烏里), 소밀(蘇密), 길랑(吉浪)이라는 섬이 있고, 남쪽으로는 참파[占城]와 마주하고 있으며 서쪽으로는 캄보디아가 멀리 보이고 동쪽은 천리장사(千里長沙)와 만리석상(萬里石牀)[4)]인데, 아득하

양무천은 해구(海口)시 정북쪽, 서문 현성(縣城) 동남쪽의 뇌주(雷州) 반도 남단의 해변이라고 추정했다(『영외대답교주』, 45쪽).

3) 삼합류(三合溜): 『영외대답』에는 '삼합류(三合流)'로 되어 있다. 그 조목은 다음과 같이 설명하고 있다. "해남의 사군(四郡)의 서남쪽 대해를 교지양(交阯洋: 베트남 중부의 동쪽 바다)이라고 한다. 가운데에는 삼합류(三合流)가 있는데, 파도가 솟구쳐 세 갈래로 나뉜다. 하나는 남쪽으로 흘러 여러 번국들의 바다로 열린다. 하나는 북으로 흘러 광동, 복건, 강절(江浙)의 바다가 된다. 하나는 동쪽으로 끝없는 곳으로 흘러들어 가는데, 소위 동대양해(東大洋海)이다. 남쪽으로 왕래하는 선박들은 반드시 삼류(三流)의 가운데에 들어가게 되는데, 바람을 만나면 건널 수 있다. 위험에 빠졌을 때 바람이 없으면 배는 나오지 못하고 삼류의 가운데에서 와해되어 버린다." 『해어(海語)』 하권에는 '분수(分水)'로 되어 있는데, 그 설명에 따르면, "분수는 참파[占城], 외라해(外羅海: 베트남 중부의 꽝동군도 동쪽) 가운데 있다. 모래섬이 은은하며 비단을 이어놓은 듯 평탄한 것이 몇 백 리가 되는지 모른다. 큰 파도가 쳐 여느 바다와는 다르다. 마안산(馬鞍山)을 거쳐 구항(舊港)에 이르는데, 동쪽으로 흘러들어 여러 번국으로 가는 길이 되고, 서쪽으로 흘러들어 주애(珠崖), 담이(儋耳)로 가는 길이 된다."라고 하였다. 이를 종합해 볼 때, 파라셀 군도의 '드래곤 홀(Dragon Hole)'을 기술하고 있는 것으로 보인다.

4) 만리석상(萬里石牀): 만리석당(萬里石塘)으로 보는 것이 맞을 것이다. 만리석당 이외의 이칭들을 보면, 『무비지·항해도(航海圖)』에는 '만리석당서(萬里石塘嶼)'라 하였고 『해사여록(海槎餘錄)』, 『해국문견록(海國聞見錄)』에는 모두 '천리석당(千里石塘)'으로 되

여 끝이 없으며, 하늘과 바다가 같은 색이라 선박의 왕래는 지남침만을 법칙으로 삼는데, 주야로 지켜보는 것을 성실히 해야 한다. 조금의 오차에 생사가 달려있다. 네 군(郡)에는 모두 11개의 현이 있고 모두 광서서로에 예속되어 있다. 여모산(黎母山)[5]으로 둘러 쌓여있고 여(黎)의 토착민이 그곳에 살고 있는데, 생여(生黎), 숙여(熟黎)의 구분이 있다. 땅에는 거친 밭이 많고 심은 메벼는 먹기에 부족하여 서(藷, 참마), 우(芋, 토란)를 쌀에 섞어 죽을 끓여 배불리 먹고 옛 습속에는 무역을 생업으로 삼았다. 토산으로는 침향(沉香), 봉래향(蓬莱香), 자고반향(鷓鴣斑香), 잔향(棧香), 생향(生香), 정향(丁香), 빈랑, 야자, 길패(吉貝), 저마(苧麻), 저

어 있다. 그로엔벨트(W. P. Groeneveldt)는 『원사』, 「사필전(史弼傳)」의 '칠주양(七洲洋)'이 오늘날 파라셀 군도(Paracel Islands)의 바다를 가리킨다고 했다(『말레이 반도와 말라카에 관한 주석(Notes on the Malay Archipelago and Malacca)』, 25쪽). 히어트와 록힐, 후지타 토요하치 모두 동의하고 있다. 소계경은 조금 다른 견해를 보이고 있는데, 칠주양(七洲洋)은 해남도 동남쪽의 바다를 가리키고 만리석당(萬里石塘)을 마주하고 있는 것이 파라셀 제도라고 하였다(『도이지략교석』, 320쪽). 『해어(海語)』에 "만리석당(萬里石塘)은 '오저(烏瀦)', '독저(獨瀦)'라는 두 바다의 동쪽에 있다."라고 하였는데, 오저는 오저문(烏瀦門)에서 이름을 얻은 것으로 광동(廣東) 중산현(中山縣) 남쪽의 바다이고, 독저는 독저산(獨瀦山) 때문에 이름 붙인 것이며(왕상지(王象之)의 『여지기승(輿地紀勝)』에는 '獨州山'으로 되어 있음), 해남도 동남쪽의 바다이므로 넓은 의미로는 칠주양(七洲洋)인 셈이다.

5) 여모산(黎母山): 바로 오지산(五指山)을 가리킨다. 『환우통지(寰宇通志)』, 권106의 여모산 조목에 "또한 오지산이라고도 하는데, 매우 높고 커서 경(瓊), 애(崖), 담(儋), 만(萬)의 사이에 우뚝 서서 사주(四州)에서 다 보인다. ……전하는 바에 따르면, 무여성(婺女星)이 항시 이곳에 내려와 여무산(黎婺山)이라고도 하는데, 방언으로 와전되어 여모산이 되었다."라고 하였다. 주봉은 1867미터로 해남도에서 가장 높은 봉우리이다. 봉우리 사방이 벽처럼 서있는 모양이 마치 다섯 손가락 같다고 하여 붙여진 이름이라는 설도 있다.

피(楮皮), 적백등(赤白藤), 화만(花縵), 여막(黎幙), 청계목(青桂木), 화리목(花梨木), 해매지(海梅脂), 경지채(瓊枝菜), 해칠(海漆), 필발(蓽撥), 고량강(高良薑), 어표(魚鰾), 황랍(黃蠟), 석해(石蟹) 등이 있고, 산물의 대부분은 여동(黎峒)에서 난다. 백성들은 소금, 쇠, 물고기, 쌀로 두루 돌아다니며 상인들과 교역한다. 천주(泉州)의 배는 술, 쌀, 밀가루, 사견(紗絹), 칠기, 자기 등으로 거래한다. 연말 혹은 정월에 배를 띄워 5~6월 사이 돌아간다. 신선한 빈랑을 서둘러 실어 가려면 4월에도 온다.

1 해남(海南)은 한나라 이래로 판도에 예속되어 의당 여러 번국에는 들지 않았다. 아마도 해남의 토산물이 여러 번국의 것들과 동일했고, 『영외대답』의 예를 답습하여 연결하여 언급한 것이 아니겠는가. 다만 『영외대답』에서는 여(黎)의 만(蠻)을 기록했고 여기서는 모든 군현(郡縣)을 기술한 것이 부합하지 않을 뿐이다. 역주에서는 이 조목을 상권 마지막에 붙였는데 더욱 잘못된 것이다.

海南, 漢朱崖·儋耳也. 武帝平南粤, 遣使自徐聞【今雷州徐聞縣】. 渡海略地, 置朱崖·儋耳二郡. 昭帝省儋耳併爲朱崖郡. 元帝從賈捐之議, 罷朱崖. 至梁·隋復置. 唐貞觀元年, 析爲崖·儋·振三州, 隸嶺南道. 五年分崖之瓊山置郡, 陞萬安縣爲州, 今萬安軍是也, 儋·振則今之吉陽·昌化軍是也. 貞元五年以瓊爲督府, 今因之. 徐聞有遞角場, 與瓊對峙, 相去約三百六十餘里, 順風半日可濟, 中流號三合溜, 涉此無風濤, 則舟人擧手相賀. 至吉陽, 迺海之極, 亡復陸塗. 外有洲曰烏里·曰蘇密·曰吉浪, 南對占城, 西望眞臘, 東則千里長沙·萬里石牀[6], 渺茫無際, 天水一色, 舟船來往, 惟以指南針爲則, 晝夜守視唯謹, 毫釐之差, 生死繫焉. 四郡凡十一縣, 悉隸廣西西路, 環拱黎母山, 黎獠蟠踞其中, 有生黎·熟黎之別. 地多荒田, 所種秔稌, 不足於食, 乃以藷【時諸切】芋雜米作粥糜以取飽, 故俗以貿香爲業. 土産沉香·蓬萊香·鷓鴣斑香·箋香·生香·丁香·檳榔·椰子·吉貝·苧麻·楮皮·赤白藤·花縵·黎幙·青桂木·花梨木·海梅脂·瓊枝菜·海漆·蓽撥·高良薑·魚鰾·黃蠟·石蟹之屬, 其貨多出於黎峒. 省民以鹽·鐵·魚·米轉博, 與商賈貿易. 泉船以酒·米·麪粉·紗絹·漆器·瓷器等爲貨, 歲杪或正月發舟, 五六月間回舶. 若載鮮檳榔擹先, 則四月至.

6) 남송 왕상지(王象之)의 『여지기승(輿地紀勝)』, 권27에서 인용한 『경관지(瓊管志)』, 『송회요(宋會要)』, 「번이(蕃夷)4」의 진리부(眞里富) 조목, 『원사』, 「사필전(史弼傳)」, 『사이관고(四夷館考)』 섬라관(暹羅館) 조목, 『해어(海語)』, 『동서양고』, 『해록(海錄)』 등에 '만리석당(萬里石塘)'이라 했고, 『영외대답』, 삼합류(三合流) 조목에서도 '석당(石塘)'이라 했으므로, 여기의 '상(牀)'자는 '당(塘)'자로 고쳐야 할 것으로 보인다.

X. 해남 海南

X-1) 경주(瓊州)

경주(瓊州)는 여모산(黎母山) 동북쪽에 있고 군의 행정소는 옛 애주(崖州)이다. 정화(政和, 1111~1118) 연간에 절도사가 있는 진영으로 승격했고, 정해군(定海軍)으로 편액을 걸었다. 바닷가에 가깝고 산이 적으며, 가을에 장맛비가 내리고 봄에는 가물다. 여름에는 그렇게 덥지는 않고, 겨울도 심하게 춥지는 않다. 폭풍이 많이 부는데, 항상 5~6월에 일어난다. 무지개 같은 둥근 테가 생기는데, 이것을 '구모(颶母)'라고 한다. 『수서』에 따르면, "인성은 가볍고 사나우며, 상투를 하고 가는 갈포옷을 입는다. 나무를 깎아 수결을 만들고, 농사일에 힘쓰고 순박하며 촌스럽고, 아버지와 아들은 생업을 달리한다. 포악하고 교활한 사람들은 함께 청동을 녹여 큰 북을 만드는데, 만들어지자마자 관아에 걸고 북을 울려 동족들을 부르면 구름처럼 이른다. 사람들이 마음으로 따르고 복종하는 사람을 '도노인(都老人)'이라 한다. 명주로 만든 띠를 착용하고, 흙으로 도끼를 만들며, 표주박을 그릇으로 쓴다. 누룩이 없어 안석류(安石榴)의 꽃으로 발효시켜 술을 만든다."라고 하였다. 지금의 상의는 중국과 다를 것이 없고, 남자 하의에만 무늬 없는 천을 사용하고, 여자는 치마를 입는다. 길패(吉貝)를 짜서 생활하며, 흙으로 만든 도끼는 오늘날까지 사용한다. 표주박 속에 물을 담아두고, 술은 참마와 식량을 사용하여 변색되었다. 비록 부유한 사람은 없을지라도 근검과 절약을 중시하는 풍속 때문에 의지할 데 없는 사람이 없고, 흉년에도 구걸하는 사람을 볼 수 없다. 정진공(丁晉公)[7] 이 일찍이 주의 사호(司戶)로 폄적되어 사람들에게 책을 읽고 글 쓰는 것을 가르

7) 정진공(丁晉公): 정위(丁謂, 966~1037)로, 자는 위지(謂之, 이후에 공언公言으로 바꿈)이고, 소주(蘇州) 장주현(長州縣) 사람이다. 참지정사(參知政事), 추밀사(樞密使), 동부서문하평장사(同中書門下平章事)를 지냈으나 나쁜 짓을 많이 하여 애주(崖州: 해남)의 사호(司戶)참군으로 폄적되었다. 사호란 관직은 호구나 재물을 관리하는 관리이다.

쳤다. 경력(慶曆, 1041~1048) 연간에 제후 송관지(宋貫之)[8]가 군(郡)에 학교를 만들었고, 가정(嘉定) 경오년(庚午年, 1210)에 제후 조여하(趙汝厦)가 새로 짓고, 소동파(蘇東坡)와 호담암(胡澹庵)[9]을 강당의 동쪽과 서쪽에 배향하여 그 편액을 '명도(明道)'라 하였다. 해구(海口)에는 한나라 두 복파(伏波) 장군의 묘가 있는데, 노박덕(路博德)[10]과 마원(馬援)[11]의 사당이다. 바다를 건너려는 자들은 반드시 여기에서 기도하고 배교(杯珓)[12]의 길함을 얻고 난 뒤에야 건널 엄두를 낸다. 5개의

---

8) 송관지(宋貫之): 『명일통지(明一統志)』와 정덕(正德)의 『경대지(瓊臺志)』에는 모두 '송수지(宋守之)'로 되어 있다.

9) 담암(澹庵): 호전(胡銓, 1102~1180)의 호. 자는 방형(邦衡)으로 고종 때에는 추밀원편수관을 지냈으나 진회(秦檜)의 미움을 받아 폄적되었다가 마침내 소흥(紹興) 14년(1148)에 길양군(吉陽軍)에 유배되었다. 이후 진회가 죽은 뒤에 복관(復官)되었다. 저서에는 『담암집(澹庵集)』 100권이 있었으나 산실되고 몇 편의 사(詞)만 전하고 있다.

10) 노박덕(路博德): 전한(前漢) 원정(元鼎) 6년(기원전 111) 복파장군(伏波將軍)에 제수되어 남월을 정벌하고 이듬해 해남(海南)을 공략하여 주애(珠崖)와 담이(儋耳) 2군(郡)을 설치하는 데 공을 세웠다.

11) 마원(馬援, 기원전 14~기원후 49): 후한(後漢) 광무제(光武帝) 때 촉(蜀)을 공략하여 복파장군(伏波將軍)이 되었고 통킹[交趾]을 치는 데 공을 세워 신식후(新息侯)가 되었고, '마복파(馬伏波)'라는 시호를 얻었다.

12) 배교(杯珓): 거꾸로 '교배(珓环)'라고도 한다. 점을 치는 도구로 대나무나 나무로 한 면은 볼록하게 한 면은 평평하게 만드는데 마치 대합 조개껍질 같이 생겼다. 소주(蘇州)와 항주(杭州) 사람들은 이를 '독교(篤珓)'라 부른다. 섭몽득(葉夢得)의 『석림연어(石林燕語)』, 권1에 "태조황제가 미천했을 때, 일찍이 술에 취해 남경의 고신묘에 들어갔는데, 향을 올리는 상에 대나무로 만든 배교가 있어 그것을 가지고 자기의 명위를 점치려 했다. 민간에서는 하나는 엎어지고 하나는 위를 보는 것이 성교라 했다. 소교에서 위로 절도사까

읍(邑)이 속해 있는데, 경산(瓊山), 징매(澄邁), 임고(臨高), 문창(文昌), 낙회(樂會)가 있고, 모두 시장과 장삿배가 있다. 선박에는 세 등급의 구분이 있는데, 상등은 '박(舶)'이고, 중등은 '포두(包頭)'이고 하등은 '단박(蜑舶)'이라 한다.[13] 배들이 오면 진(津)의 무역과 세수를 관장하는 사람이 주(州)에 보고하면, 파견된 관리가 상품들의 수량을 계산하고, 운영하는 책이 있어 세금을 매기는데, 이 주의 관리와 군사들이 이들을 존경하며 돕는다. 서쪽으로 236리를 가면 창화(昌化) 군치(郡治)에 이른다.

瓊州在黎母山之東北, 郡治卽古崖州也. 政和間陞爲節鎭, 以靖海軍爲額. 瀕海少山, 秋霖春旱, 夏不極熱, 冬不甚寒, 多颶風, 常以五六月發, 有暈如虹者, 謂之颶母. 按隋志謂人性輕悍, 椎髻卉裳, 刻木爲符, 力穡朴野, 父子別業. 豪黠共鑄銅爲大皷, 初成懸於庭, 鳴皷以招同類, 至者如雲, 羣情趨服者, 號爲都老人. 着紬緶, 以土爲釜, 瓠瓟爲器, 無麯蘗, 以安石榴花醖釀爲酒. 今之上衣無異中土, 惟下裳男子用布縵, 女子用裙. 以紡吉貝爲生, 土釜至今用之. 瓠瓢間以鄭水, 酒用薯糧以變色. 雖無富民, 而俗尙儉約, 故無惸獨, 凶年不見匄者. 丁晉公嘗貶爲州司戶, 教民讀書著文. 慶曆間, 宋侯貫之創郡庠, 嘉定庚午, 趙侯汝厦新之, 祠東坡蘇公·澹庵胡公於講堂之東西偏, 扁其堂日明道. 海口有漢兩伏波廟, 路博德·馬援祠也, 過海者必禱於是, 得杯珓之吉而後敢濟. 屬邑五, 瓊山·澄邁·臨高·文昌·樂會, 皆有市舶, 於舶舟之中分三等, 上等爲舶, 中等爲包頭, 下等名蜑舶, 至則津務申州, 差官打量丈尺, 有經册以格稅錢, 本州官吏兵卒仰此以贍. 西二百三十六里, 抵昌化軍治.

지, 하나하나 던졌으나 모두 상응하지 않았다. 갑자기 '이들을 제외하면 천자가 되겠는가?'라고 하며 던지자 성교를 얻었다(太祖皇帝微時, 嘗被酒入南京高辛廟, 香案有竹桮筊, 因取以占已之名位, 俗以一俯一仰爲聖筊. 自小校而上至節度使, 一一擲之, 皆不應. 忽曰, 過是則爲天子乎, 一擲而得聖筊)."라고 한 예를 볼 수 있다.

13) 포두(包頭): 배의 지붕을 풀로 얹은 정크 모양의 배를 말하는 것 같다. 단박(蜑舶)은 단(疍)족이 물고기를 잡을 때 타는 배를 말한다.

X. 해남 海南

X-2) 창화(昌化)

창화는 여모산(黎母山)의 서북쪽에 있는데 바로 옛 담주(儋州)이다. 속해 있는 작은 성은 높이가 1장(丈) 4척이고 주위는 220보이다. 옛 기록에 따르면 담이부인(儋耳夫人)이 귀공(鬼工)을 부려 삼태기와 삽을 이바지하여 하룻저녁에 이루었다고 한다[14]. 혹자는 토착민들이 귀가 어깨까지 닿을 정도로 길어 '담이(儋耳)'라는 호칭이 있다고 한다. 지금의 창화에는 큰 귀를 가진 아이들이 없다. 아마도 여(黎)의 풍속이 부처를 모시므로 큰 귀걸이를 달았는데, 낮게 어깨까지 드리워져 그런 것일 것이다. 땅에는 장기(瘴氣)나 장마의 우환이 없고, 기후는 중국과 달라 뭇 꽃들이 일찍 피고, 봄이 되었을 때는 이미 진다. 유독 연꽃은 4~5월부터 피기 시작

---

14) 『정덕경대지(正德瓊臺志)』, 권26에 "영제묘는 주치의 남쪽에 있는데 초국부인을 제사 지낸다. 부인이 양(梁)나라 때 담이에 귀화한 사람이 1천여 동을 이루었는데, 죽은 뒤에도 담이에 성을 옮긴 공이 있어 당송 이래로 주의 사람들이 사당을 지어 제사를 지닌다(寧濟廟在州治南, 祀譙國夫人, 夫人在梁時, 儋耳歸附者千餘洞, 及沒後於儋又有移城之功, 故唐宋來, 州人廟祀之)."라고 하였고, 또 권41에서는 "담이성은 옛날 고마 도남 물가에 있었는데, 한나라 누선장군 양복(楊僕)이 축성한 것이다. 바닷가이기 때문에 수해의 걱정이 있었는데, 어느 날 저녁 풍우가 번갈아 쳤다. 문득 한 부인이 귀공(鬼工)을 부려 삼태기와 삽을 들게 하였다. 다만 쌓는 소리만 들었을 뿐인데, 새벽이 되어 성이 지금 있는 곳으로 옮겨졌다. 이 부인이 아마도 성경부인 승 씨일 것이다(儋耳城舊在高麻都湳灘浦, 漢樓船將軍楊僕所築. 瀕海每患水, 一夕, 風雨交作, 忽一婦人驅鬼工持畚鍤, 惟聞築作聲, 至旦而城移今所矣. 一婦蓋誠敬夫人冼氏)." 라고 하였는데, 이것이 바로 담이부인이 성을 옮긴 이야기이다. 소흥(紹興, 1131~1162) 연간에 현응부인(顯應夫人)에 봉해졌다.

하여 동짓달까지 이르러 매화, 국화와 서로 이어진다. 풍속은 순박하고 검약하여 부인들은 비단 옷을 끌지 않고 화장하지 않으며, 혼인과 상제(喪祭)는 모두 법도에 맞는 예를 따르고 굶주리거나 추위를 걱정하는 사람이 없다. 학교는 동남쪽 모퉁이에 있었는데, 나중에 서쪽으로 옮겼고, 소흥(紹興, 1132~1162) 연간에 성의 동쪽으로 다시 옮기고 참지정사(參知政事) 이광(李光)[15] 공이 기문을 썼다. 주에서 15리 떨어진 곳은 '단장(蜑場)'이라 하는데, 충간(忠簡) 조정(趙鼎)[16] 공이 길양(吉陽)에 유배되었을 때 이곳을 지난 적이 있는데 더위와 가뭄이 극성을 부려 우물과 샘이 고달되었지만, 우물을 판 지 수 척도 되지 않아 샘물이 나와 지금까지도 마르지 않았다고 하여 '상천(相泉)'이라고 한다. 또 백마정(白馬井)이 있는데 샘물 맛이 감미로워 상선들이 돌아갈 때는 물을 길어 일용한다. 영제묘(靈濟廟)는 진안문(鎭安門) 안에 있는데 바로 담이부인의 사당이다. 소흥 연간에 현응부인(顯應夫人)으로 봉해졌다. 바다 밖 여동(黎峒)에는 대부분 도적질이 발생했지만, 유독 담주(儋州) 만은 온전했는데 부인의 힘이었다. 성의 서쪽으로 50리, 바다 섬과 대해 사이에는 석봉(石峯)이 있는데 형상이 사자와 비슷하여 민간에서는 '사자신(獅子神)'이라 부른다. 이는 이정후묘(貞利侯廟)로 상선들이 여기에서 바람을 기도한다. 3개의 속읍(屬邑)이 있는데, 의륜(宜倫), 창화(昌化), 감은(感恩)이다. 남쪽으로 340리 가면 길양군(吉陽軍) 경계에 이른다.

---

15) 이광(李光, 1078~1159): 자는 태발(泰發)이고 호는 전물노인(轉物老人)이다. 진회(秦檜)와 맞지 않아 지소흥부(知紹興府)로 나갔다가 소흥(紹興) 14년(1144)에 경주(瓊州)로 옮겼고, 20년(1150)에는 창화군(昌化軍)으로 옮겼다. 『송사』, 권363에 전기가 전한다.

16) 조정(趙鼎, 1085~1147): 자는 원진(元鎭), 득전거사(得全居士)로 자호했다. 소흥(紹興) 5년(1135)에 재상까지 올랐으나 금나라와 항전을 주장하다 진회에게 무함을 당해 천주(泉州), 조주(潮州), 남해 길양군(吉陽軍)으로 폄적되어 창화(昌化)에서 죽었다. 『득전집(得全集)』이 전해진다.

昌化在黎母山之西北, 卽古儋州也, 子城高一丈四尺, 周廻二百二十步, 舊經以爲儋耳夫人驅鬼工, 供畚鍤, 一夕而就. 或謂土人耳長至肩, 故有儋耳之號. 今昌化卽無大耳兒, 蓋黎俗慕佛, 以大鐶墜耳, 俾下垂至肩故也. 地無烟瘴水潦之患, 氣候與中州異, 羣花皆早發, 至春時已盡, 獨荷花自四五月開至窮臘, 與梅菊相接. 俗尙淳朴儉約, 婦人不曳羅綺, 不施粉黛, 婚姻喪祭皆循典禮, 無饑寒之民. 學在東南隅, 後遷于西, 紹興間復遷于城東, 參政李公光爲之記. 去州十五里, 地名蜑場, 忠簡趙公鼎謫吉陽, 嘗過斯地, 盛暑苦旱, 井泉枯竭, 鑿井不數尺得泉, 至今不涸, 號曰「相泉」. 又有白馬井, 泉味甘美, 商舶回日, 汲載以供日用. 靈濟廟在鎭安門內, 卽儋耳夫人祠也. 紹興間封顯應夫人. 海外黎峒多竊發, 惟儋獨全, 夫人之力也. 城西五十餘里, 一石峯在海洲巨浸之間, 形類獅子, 俗呼獅子神, 實貞利侯廟, 商舶祈風于是. 屬邑三, 曰宜倫·曰昌化·曰感恩. 南三百四十里抵吉陽軍界.

X. 해남 海南

X-3) 길양군(吉陽軍)

길양군은 여모산(黎母山)의 서남쪽에 있고 군치(郡治)는 길양현(吉陽縣) 터에 있다. 경주(瓊州)의 관리들은 육로로도 통할 수 있지만, 생려(生黎)의 골짜기를 사이에 두고 있어 다시 바다를 건넌 뒤에 이르는데, 바로 호담암(胡澹庵)이 "다시 고래 파도의 위험을 건넌다"라고 하는 것이 이것이다. 군치의 남쪽에는 해구역(海口驛)이 있어 상인들은 배를 그 아래 댄다. 앞에는 작은 정자가 있는데 배를 맞이하고 전송하는 장소이다. 땅은 매우 협소하여 주민이 드물고, 기후는 고르지 않으며 봄에는 언제나 혹독한 가뭄이 있고 여름이 되어서 비가 내린다. 농사에는 거름도 주지 않고 김도 매지 않으며, 나무꾼, 목동, 어부, 사냥꾼이 여(黎)의 토착민과 섞여 산다. 나가는 사람은 반드시 활과 화살을 지닌다. 부인들은 양잠을 하지 않고 오로지 길패(吉貝), 화피(花被), 만포(縵布), 여막(黎幕)을 짜고, 남자들은 경영을 좋아하지 않아 집에는 비축해둔 것이 없다. 풍속에는 귀신을 숭상하고 의약(醫藥)을 쓰지 않아 병이 들면 희생을 잡아 북과 악기를 치며 제사를 지내는데, 이것을 '작복(作福)'이라 한다. 사람들이 대문에 이르는 것을 금기시하고, 상제(喪祭)에는 음악을 쓴다. 땅에는 높은 언덕과 가파른 산이 많고, 봉우리들이 우뚝 치솟아 있어 군의 선비들 사이에는 능히 자립하는 사람이 있다. 학교는 군성(郡城)의 동북쪽에 있다. 성에서 13리 떨어진 곳에는 바위가 있는데, 손바닥처럼 평평하여, 갈고 쪼아 만들 수 있는 것이 아니다. 둘레는 수 장(丈)이고 10명이 앉을 수 있다. 숲은 무성하고 빽빽하며, 계곡 물은 달고 시원한데, 주후(周侯)가 띠를 엮어 그 위에 정자를 창건하고 편액을 '청상(清賞)'이라 했다. 숙려(熟黎)의 골짜기와 촌락은 아주 드문데, 성에서 5~7리 떨어져 있으며 밖은 생려(生黎)가 사는 곳이어서 몇 백의 골짜기에 불과하지만 이따금 침탈과 소요의 피해가 있다. 주후(周侯)는 숙려의 동장들로 하여금 인일(寅日)과 유일(酉日) 이틀에 걸쳐 임시 시장을 열고, 모두 어깨에 메거나 등에 지고, 혹은 배를 타고 와서 주민들과 거래하도록 타이르자, 여(黎) 사람들이 화목하고 기뻐하며 주민들이 편히 쉬게 되었다. 길양(吉陽)과 영원(寧遠) 두 현을 거느리며, 정화(政和, 1111~1118) 연간에는 합쳐 영

원으로 한 현이 되었다. 동쪽으로 120리 가면, 만안군(萬安軍) 경계에 이른다.

吉陽軍在黎母山之西南, 郡治州吉陽縣基也. 瓊管雖有陸路可通, 然隔越生黎必峒, 再涉海而後至, 胡澹庵謂再涉鯨波險是也. 郡治之南有海口驛, 商人艤舟其下, 前有小亭, 爲迎送之所, 地狹民稀, 氣候不正, 春常苦旱, 涉夏方雨. 耕種不糞不耘, 樵牧漁獵與黎獠錯雜. 出人必持弓矢. 婦人不事蠶桑, 惟織吉貝·花被·縵布·黎幕, 男子不喜營運, 家無宿儲. 俗尚鬼, 不事醫藥, 病則宰牲牷, 動鼓樂以祀, 謂之作福. 禁人造門, 喪祭亦皆用樂. 地多崇岡峻嶺, 峯巒秀拔, 故郡之士人間有能自立者. 學在郡城之東北. 去城十三里有石, 面平如掌, 非磨琢之工所能爲, 周圍數丈, 可坐十客. 林木茂密, 澗水甘冽, 周侯創結茅亭其上, 扁曰清賞. 熟黎峒落稀少, 距城五七里許, 外卽生黎所居, 不啻數百峒, 時有侵擾之害. 周侯遣熟黎峒首諭之, 約定寅·酉二日爲虛市, 率皆肩擔背負, 或乘桴而來, 與民貿易, 黎人和悅, 民獲安息. 領吉陽·寧遠二縣, 政和間併爲寧遠一縣. 東一百二十里抵萬安軍界.

X. 해남 海南

X-4) 만안군(萬安軍)

만안군은 여모산(黎母山) 동남쪽에 있다. 당나라 정관(貞觀) 5년(631)에 만안주(萬安州)를 설치하고 3개현을 다스리게 했는데, 만안(萬安), 부운(富雲), 박료(博遼)이다. 천보(天寶) 초에 주를 군으로 바꾸었다. 지덕(至德) 2년(757)에 다시 만전(萬全)이 되었고, 건원(乾元, 758~760) 초에 다시 주가 되었다. 송나라 시기 부운, 박료 두 현을 줄이고 다시 만안현(萬安縣)을 '만녕(萬寧)'이라 했다. 희녕(熙寧) 6년(1073)에 다시 군(軍)이 되었고, 만녕을 잘라 능수(陵水)를 만들었는데 오늘날 만녕과 능수이다. 주민은 여(黎), 단(蜑)이 섞여 거주한다. 그 풍속은 순박하여 법을 두려워하며 도둑질을 좋아하지 않아 소와 양을 들판에 방목해도 감히 가져가려 하지 않는다. 거처는 대부분 띠와 대나무 집이고 기와집은 매우 적다. 여인들은 길패(吉貝) 짜는 것을 업으로 삼고 자수를 일삼지 않는다. 병이 들어도 약을 먹지 않고 무당과 귀신을 믿고 숭상하여 희생을 잡아 제사를 지내 복과 보호를 빈다. 황후신(黃侯申)이 처음으로 약국을 열어 사람들이 조금씩 약을 먹는 이점을 알게 되었다. 성의 동쪽에는 배주인 도강묘(都綱廟)가 있는데, 사람들이 공경하고 신봉하여 복을 빌면 곧바로 응답한다고 하여 선박들이 왕래할 때는 제사를 지낸 뒤에 간다. 세 군의 선비 자제들은 당해 과거에서 모두 경주(瓊州) 관청 시험에 붙었다.

萬安軍在黎母山之東南. 唐貞觀五年置萬安州, 領縣三, 曰萬安·富雲·博遼. 天寶初更州爲郡. 至德二載更爲萬全. 乾元初復爲州. 皇朝省富雲·博遼二縣, 更萬安縣曰萬寧. 熙寧六年更爲軍, 析萬寧爲陵水, 今萬寧·陵水是也. 民與黎蜑雜居. 其俗質野而畏法, 不喜爲盜, 牛羊被野, 無敢冒認. 居多茅竹, 瓦屋絕少. 婦媪以織貝爲業, 不事文刺繡. 病不服藥, 信尚巫鬼, 殺牲而祭, 以祈福佑. 黃侯申首創藥局, 人稍知服藥之利. 城東有舶主都綱廟, 人敬信, 禱卜立應, 舶舟往來, 祭而後行. 三郡士子, 當歲大比, 皆附試于瓊管.

X. 해남 海南

X-5) 여(黎)

여(黎)는 해남 사군(四郡)에 있는 섬의 만(蠻)들이다. 섬에는 여모산(黎母山)이 있다. 상서로운 빛이 밤에 나타나 사군을 두루 비추었는데, 『진서』의 별자리에 따르면, 무녀(婺女)의 분야에 속하여 여우무녀성(黎牛婺女星)이 내려와 드러난 것이라고 하여 '여무(黎婺)'라고 했는데 음이 와전되어 '여모(黎母)'가 되었다. 여러 만(蠻)들이 둘러 사는 곳에는 산이 준험하고 항상 안개와 운무 속에 있어 여(黎)의 사람들은 그들을 잘 알지 못한다. 가을에 기상이 청량할 때, 푸른 꼭대기가 반은 허공에 떠서 꽂혀 있는 것처럼 보인다. 산에는 샘물이 솟구쳐 흘러 물줄기는 다섯으로 나뉘는데, 하나는 창화(昌化)로, 하나는 길양(吉陽)으로, 하나는 만안(萬安)으로, 하나는 경주(瓊州)로 들어가고 한 줄기는 큰 시내를 이룬다. 여울은 36개이며 장료촌(長寮村)에 이르는데 징매현(澄邁縣)에 속한다. 한 줄기는 작은 시내를 이루어 24개의 여울은 24개로 주운촌(硃運村)에 이르는데 낙회현(樂會縣)에 속한다. 두 물줄기가 합류하여 삼합수(三合水)가 되고 경산현(瓊山縣)에 속한다. 성지(省地)에서 멀리 떨어져 있는 자들은 생려(生黎)이고, 가까운 자들은 숙려(熟黎)로 사군주(四軍州) 가까운 곳에 예속되어 있다. 여(黎)의 골짜기 부락은 날로 증가하여 몇 천인지 알 수가 없다. 모두 통할되거나 예속됨이 없어, 골짜기마다 자체적으로 추장을 세우며, 왕(王), 부(符), 장(張), 이(李) 등 몇 개의 성씨뿐이어서 같은 성끼리 결혼한다. 성민(省民) 중에 죄를 지은 자들은 대부분 도망쳐 그들에게 귀화한다. 이들은 상투를 하고 맨발로 다니며, 은, 동, 주석으로 만든 비녀를 꽂고 여인들은 구리 귀걸이를 더해 귀가 어깨까지 늘어진다. 여자가 비녀 꽂을 나이에 이르면, 곧바로 뺨에 문신을 하여 가는 꽃문양을 넣는데 이것을 '수면(繡面)'이라 한다. 여자가 문신을 하면 친척과 손님들이 모여 축하를 하고, 여종을 얻으면 얼굴에 새기지 않는다. 여인들은 방직에 힘쓰는데, 중국에서 무늬 있는 비단을 얻으면, 그것을 풀어 색실을 얻은 다음, 목면을 넣어 뜨개질하여 단막(單幕)을 만들고, 또한 목면과 길패를 짜서 베를 만든다. 신에게 제사를 지낼 때는 소, 개, 닭, 돼지로 하나 대부분 온갖 희생을 다 쓴다. 소금, 철, 해산물이 없어, 침향(沉香), 만포

(緝布), 목면, 마피(麻皮) 등으로 성지(省地)에 가서 교역한다. 돈이 있어도 쓸 곳이 없기 때문이다. 집은 대나무로 시렁을 만들고 아래는 먹이는 가축을 살게 하고 사람은 그 위에 거처한다. 남자들은 항상 긴 자루가 있는 칼, 긴 활을 휴대하며, 칼과 활은 가까운 곳에 가더라도 놓지 않는다. 원수를 죽이는 것을 좋아하는데 그것을 '착요(捉拗)'라고 한다. 그 친척이 다른 사람에게 살해되면 나중에 원수의 가족과 그 골짜기에 사는 사람들에게 나타나, 곧바로 사로잡아 형틀에 채운다. 형틀은 여지(荔支) 나무를 사용하는데 길이는 6척쯤 되고 형태는 방망이 같다. 소, 술, 은, 그릇을 내면 풀어주는데 그것을 '속명(贖命)'이라고 한다. 혼인을 의논할 때는 화살을 분질러 약속의 징표로 삼고, 모여 북을 치고 가무를 한다. 사람이 죽으면 반드시 소를 잡아 제사를 지낸다. 토산으로 침수(沈水), 봉래(蓬萊) 같은 여러 향들이 있는데, 『향보(香譜)』에서 제일이라고 했다. 산에는 모두 빈랑, 야자수(椰子樹), 작은 말, 취우(翠羽), 황랍(黃蠟) 등이 만연해 있다. 민(閩)의 상인들이 바람과 파도를 당해 가져온 화물이 침몰되고, 많은 사람들이 여(黎) 땅에 와서 그것들을 심었기 때문이다. 돌아가는 관리와 성민(省民)들은 촌락과 골짜기를 경유할 때는, 반드시 그들의 집에서 쉬어야 믿을 수 있고 안전을 확보할 수 있다. 숙려(熟黎)의 밖은 해남 사주(四州)의 군진(軍鎭)이고 그 네 모퉁이 땅은 사방 천리이고 길은 고리처럼 이어져 있어, 그곳을 지나려면 한 달이 아니면 다 다닐 수 없다. 마복파(馬伏波)가 남해를 평정하고 도기 굽는 사람에게 명하여 항아리를 만들었는데, 큰 것에는 물 수 섬을 채웠고, 작은 것에는 5말을 채우고 2~3말을 채운 것도 있었다. 깊은 골짜기의 투항한 사람들을 불러 임의로 선택하게 하여 그것을 주고 그것으로써 소굴의 험함과 평탄함을 측정하고자 했다. 여(黎) 사람들이 2~3말의 작은 것을 취하는 것에 그치자, 그들을 꾸짖으며 "올 때 모두 깎아지른 절벽으로 나무를 타고 내려왔기 때문에 큰 것을 취하지 않는 것인가. 가지고 돌아갈 수 없을까 두려운가?"라고 하였다. 이로써 그 골짜기 소굴이 깊고 험준하여 들어갈 수 없음을 알았다. 사군(四郡)의 사람들은 대부분 여(黎) 씨 성을 가지고 있으니 아마도 그 후예들일 것이다. 그러나 오늘날 여(黎) 사람들은 대부분 성이 왕 씨이다. 순희(淳熙) 원년(1174)에 오지산(五指山)[17] 생려(生黎)의 동장은 왕중기(王仲期)로 부

17) 오지산(五指山): 바로 여모산(黎母山)으로 현의 남쪽 사하(思河)의 생려(生黎) 골짜기에 있는데, 다섯 봉우리가 손가락처럼 서있기 때문에 붙여진 이름이다.

근 80개 골짜기를 거느렸고 장정 1820명이 귀화했다. 왕중기는 여러 골짜기의 수장인 왕중문(王仲文) 등 81인과 함께 경주(瓊州) 관청에 정식으로 참석하여, 현응묘(顯應廟)에 가서 돌을 갈고 피를 마시며, 잘못을 고쳐 더 이상 약탈하지 않겠다고 맹세하여, 음식을 내려주고 귀화하게 했다. 경주(瓊州) 수령은 그들의 모습과 의구(衣裘)를 그려 경략사(經略司)에게 올렸는데, 상투가 드러난 자는 내려준 비단으로 상투 뿌리를 묶었고 혹자는 채색 비단으로 상투를 싸맸으며 혹자는 작은 꽃으로 만든 갓을 썼고 모두 두 개의 은비녀를 했다. 또한 홑겹으로 짠 꽃문양 치마를 입은 자도 있었다. 다만 왕중기는 푸른 색 두건에, 붉은 색 면 도포를 입고 허리띠를 차고 있었다. 스스로 이르기를 자신의 조부가 선화(宣和, 1119~1125) 연간에 땅을 바치고 관청을 도와 면 도포를 하사받았다고 했다.

黎, 海南四郡島上蠻也. 島有黎母山, 因祥光夜見·旁照四郡, 按晉書分野屬婺女分, 謂黎牛婺女星降現, 故名黎婺, 音訛爲黎母. 諸蠻環處, 其山峻極, 常在霧靄中, 黎人自鮮識之. 秋朗氣清時, 見翠尖浮插半空. 山有水泉湧流, 派而爲五, 一入昌化, 一入吉陽, 一入萬安, 一入瓊州, 一流爲大溪, 有灘三十六, 至長寮村, 屬澄邁縣. 一流爲小溪, 有灘二十四, 至硃運村, 屬樂會縣. 二水合流爲三合水, 屬瓊山縣. 去省地遠者爲生黎, 近者爲熟黎, 各以所邇隸於四軍州. 黎之峒落日以繁滋, 不知其幾千百也, 咸無統屬, 峒自爲雄長, 止於王·符·張·李數姓. 同姓爲婚. 省民之負罪者多逋逃歸之. 其人推髻跣足, 插銀銅錫釵, 婦人加銅環, 耳墜垂肩, 女及笄卽黥頰爲細花紋, 謂之繡面, 女旣黥, 集親客相賀慶, 惟婢獲則不繡面. 女工紡織, 得中土綺綵, 拆取色絲, 加木棉, 挑織爲單幕. 又純織木棉吉貝爲布. 祭神以牛犬雞彘, 多至百牲. 無鹽鐵魚蝦, 以沉香·縵布·木棉·麻皮等, 就省地博易. 得錢無所用也. 屋宇以竹爲棚, 下居牧畜, 人處其上. 男子常帶長靶刀·長弰, 刀弓跬步不離. 喜讐殺, 謂之捉拗. 其親爲人所殺, 後見仇家人及其峒中種類, 卽擒取而械之, 械用荔枝木, 長六尺許, 其狀如碓, 要牛酒銀缾乃釋, 謂之贖命. 議婚姻折箭爲質, 聚會椎鼓舞歌. 死必殺牛以祭. 土產沉水·蓬萊諸香, 爲香譜第一. 漫山悉檳榔·椰子樹, 小馬·翠羽·黃蠟之屬. 閩商值風飄蕩, 貲貨陷沒, 多入黎地耕種之. 歸官吏及省民經由村峒, 必舍其家, 恃以爲安. 熟黎之外, 海南四州軍鎭, 其四隅地方千里, 路如連環, 欲歷其地, 非一月不可遍. 馬伏波之平海南也, 命陶者作缶器, 大者盛水數石, 小者盛五斗至二三斗者, 招到深峒歸降人, 卽以遺之, 任意選擇, 以測其巢穴之險夷. 黎人止取二三斗之小者, 詰之云, 來時皆懸崖, 緣木而下, 不取大者, 恐將歸不得. 以是知其峒穴深而險峻不可入. 四郡之人多黎姓, 葢其裔族. 而今黎人乃多姓王. 淳熙元年, 五指山生黎洞首王仲期, 率其傍八十洞, 丁口千八百二十歸化. 仲期與諸洞首王仲文等八十一人詣瓊管公參, 就顯應廟研石歃血約誓改過, 不復抄掠, 犒賜遣歸. 瓊守圖其形狀衣裘上經略司, 髻露者以降帛約髻根, 或以彩帛包髻, 或戴小花笠, 皆簪二銀篦, 亦有着短織花裙者, 惟王仲期青巾紅錦袍束帶. 自云祖父宣和中嘗納土補官, 賜錦袍云.

X. 해남 海南

X-6) 물화(物貨)

물화(物貨)[2]는 해남의 토산으로 여러 번국에 모두 있지만 다만 우열이 있을 뿐이다. 전향(箋香), 침향(沉香) 등의 향은 맛이 맑고 오래가며, 여러 번국의 좋은 것보다 훨씬 뛰어났다. 비록 참파[占城], 캄보디아의 것일지라도 그다음 간다. 황랍(黃蠟)은 슈리비자야[三佛齊]에 훨씬 미치지 못하고, 삼서(三嶼)와 비교해 보아도 열등하다. 나머지 물화는 대부분 여러 번국과 같다. 다만 빈랑, 길패가 유독 많아 천주(泉州)의 상인들이 흥판(興販)하며 대체로 이것들을 높이 친다.

2 물화(物貨)는 여러 판본에 모두 별도의 표목(標目)으로 되어있지만 원래는 한 개의 조목이다. 아마도 필사하는 과정에서 잘못된 것일 것이다. 여기서는 해남 조목 뒤에 붙여 놓는다.

物貨, 海南土産, 諸番皆有之, 顧有優劣耳. 箋·沉等香, 味淸且長, 敻出諸番之右, 雖占城·眞臘亦居其次. 黃蠟則迥不及三佛齊, 較之三嶼, 抑又劣焉. 其餘物貨多與諸番同, 惟檳榔·吉貝獨盛, 泉商興販, 大率仰此.

조여괄의 『제번지』에 관하여[1)]

*

『제번지(諸蕃志)』는 남송말 조여괄(趙汝适, 1170~1231, 자 伯可)이 1224~1225년 복건제거시박(福建提擧市舶)과 천주시박(泉州市舶)을 겸직하면서, 당시 천주에서 이루어진 교역의 대상국들에 관한 정보와 산물에 대하여 역사적 자료를 출발점으로 삼고, 천주에 온 해외 상인들의 입을 통해 탐문한 것들을 기록한 책이다. 상하권으로 이루어진 이 책은 57개의 바다 밖의 나라들과 47개 항목의 이국 산물들을 기록하고 있는데, 송나라 말기의 바다를 통한 교역루트, 소위 "바다실크로드"를 재구성해볼 수 있는 중요한 저술로 평가된다[2)].

---

1) 이글은 다음과 같은 자료를 토대로 작성했다.
楊博文校釋, 『諸蕃志校釋)』, 중화서국, 1996.
桑原騭藏著，楊鍊譯：《唐宋貿易港研究》（臺北：臺灣商務印書館，1963）
杨进, 「《诸蕃志》解读」, 『回族研究』, 65기(2007), 15-20.
莫艳梅, 「《诸蕃志》: 中西文化交流与海上丝绸之路的志书」, 『中國地方誌』, 5기(2017), 52-59.
李仲均,「赵汝适与《諸蕃志》」, 『海交史研究』, 2기(1990), 38-43.
吴维棠, 「赵汝适的生平及其《诸蕃志》」, 『浙江学刊』94기(1995), 121-123.

2) 『사고전서간명목록(四庫全書簡明目錄)』, 권7, 「지리류(地理類)」: "『제번지(諸蕃志)』 2권. 송나라 조여괄(趙汝适)이 지은 책으로 원본은 일실된 지 오래되어 이제 『영락대전(永樂大典)』에서 베껴냈다. 아마도 조여괄이 제거복건시박(提擧福建市舶)으로 있을 때 지는 것으로, 언급한 것들이 모두 해외의 여러 나라로, 『송사』 외국전과 서로 출입이 있다. 다만 정사는 사적(事蹟)이 상세하고 이

『사고전서총목제요』에는 조여괄의 생평에 대해 전혀 근거할 바가 없다고 했지만, 1983년 발굴된 조여괄의 묘지명과 『송사』 권231의 「종실세계표」을 종합해보면 다음과 같은 세계(世系)와 관직생활을 정리할 수 있다.

조경(趙炅, 939~997)-송태조(宋太祖)

↓

조원빈(趙元份, 969~1005)

↓

조윤양(趙允讓, 995~1059)

↓

조종치(趙宗治), 조윤양의 23 아들중 17번째

↓

조중홀(趙仲忽)-기왕(岐王)

↓

조사열(趙士說)-안강군왕(安康郡王)

↓

조불유(趙不柔)-승의랑(承議郎), 통판조주(通判潮州)

↓

조선대(趙善待, 1128~1188) 강음(江陰) 현령, 길주(吉州) 통판

↓

조여괄(趙汝适, 1170~1231)

책은 풍토 물산이 상세하니, 정사(正史)와 잡기(雜記)로 각기 체재가 있을 뿐이다."

『직재서록해제(直齋書錄解題)』, 권8, 「지리류(地理類)」: "『제번지(諸蕃志)』 2권. 복건제거시박(福建提擧市舶) 조여괄이 여러 번국과 그 물산들을 기록한 것이다."

서기	연호	나이	주요 행적
1170	乾道	1	3월 24일 천태(天台)에서 출생.
1190	紹熙 원년	21	관리의 자식으로 벼슬길에 올라 장사랑(將仕郎)에 제수됨.
1191	소희 2년	22	임안부(臨安府) 여항현(餘杭縣) 주부.
1196	慶元 2년	27	진사급제.
1200	경원 6년	31	담주(潭州, 장사) 상담(湘潭) 현승에 제수됨.
1205	開禧 원년	36	소흥부(紹興府) 관찰판관.
1209	嘉靖 2년	40	무주(婺州, 금화) 무의(武義)현 지현(知縣).
1213	가정 6년	44	행재소의 점검섬군(點檢贍軍), 격상주고소(激賞酒庫所)의 주관문자(主管文字)로 충당됨.
1215	가정 8년	46	만기가 되어 승의랑(承議郎)으로 승진.
1216	가정 9년	47	조봉랑(朝奉郎), 임안부 통판(通判).
1218	가정 11년	49	모친 위국부인(衛國夫人) 계씨(季氏)의 상을 당함.
1221	가정 14년	52	상복을 벗고 다시 출사하여 조산랑(朝散郎)에 오름.
1222	가정 15년	53	조청랑(朝請郎)으로 전임.
1223	가정 16년	54	지남검주(知南劍州, 오늘날 복건 남평).
1224	가정 17년	55	조봉대부(朝奉大夫)로 승진, 8월 이종(理宗)이 즉위하여 조산대부(朝散大夫)로 승진했고, 9월 복건로(福建路) 시박제거(市舶提擧)에 제수됨.
1225	寶慶 원년	56	천주(泉州) 시박(市舶)을 겸했고, 11월에는 천주에서 지남외종정사(知南外宗正事)를 겸했다.
1227	보경 3년	58	지길안주(吉安州)에 제수되었으나 부임하지 않고, 지요주(饒州)를 지냄.
1228	紹定 원년	59	2월 조청대부(朝請大夫)로 전임.
1230	소정 3년	61	3월 주관화주운대관(主管華州雲臺觀)을 지냄.
1231	소정 4년	62	조의대부(朝議大夫)로 승진했고, 2월 주관관고원(主管官告院)을 지냈으나 7월 병에 걸려 사임하고 고향 임해(臨海)로 귀향하여 12월 22일 죽음.

표1 (이 연표는 원섭(袁燮)의 『혈재집(絜齋集)』, 권17, 「朝請大夫贈宣奉大夫趙公墓誌銘」; 徐三見의 「浙江臨海市發現宋代趙汝适墓志」, 『文物』(1987) 제 10; 楊博文 校釋, 『제번지교석』 서문을 참고하여 작성함.)

현재 전해지고 있는 『제번지』의 판본은 모두 『영락대전(永樂大典)』본에서 나온 것이다. 각본(刻本)으로는 2종이 전하는데, 하나는 건륭(乾隆) 47년(1782)에 이조원(李調元, 1734~1803)이 간행한 『함해(函海)』본이고, 다른 하나는 가경(嘉慶) 10년(1805) 장해붕(張海鵬, 1755~1816)이 간행한 『학진토원(學津討原)』본이다. 함해본은 가경 5년(1800) 이조원이 성도(成都)로 피난하는 과정에서 판본에 잔결(殘缺)이 생겼고 자신도 오래지 않아 죽었다. 이후 도광(道光) 5년(1825)에 그의 아들인 이조기(李朝夔)가 보완하여 간행한 것을 말한다. 학진토원본은 비교적 늦은 편이지만, 이 함해본을 여러 곳에서 교정하고 있다. 한편 근세에 문전각서장(文殿閣書莊)에서 간행한 "국학문고(國學文庫) 38종"본은 이조기의 도광 중간본을 인쇄한 것으로 자세한 교감을 하지 않아, 건륭(乾隆)의 원각본보다 10여 자의 와탈이 있다.

이 책에 들어있는 원주(原註)는 조여괄과 이조원의 것이 섞여 있어 분간하기 어려운 경우가 많다. 처음 관심을 보인 학자는 1912년 독일 출신 한학자인 프리드리치 히어트(Friedrich Hirth, 1845~1927)와 미국 외교관이었던 록힐(W. W. Rockhill, 1854~1914)로, 자세한 주석을 달아 번역했지만, 판본을 비교하여 교감하지는 못했다. 1937년 프랑스에서 폴 펠리오(Paul Pelliot, 1878~1945) 지도 아래 수학했던 풍승균(馮承鈞, 1887~1946)이 판본들을 비교하고, 두우(杜佑)의 『통전(通典)』, 주거비(周去非)의 『영외대답(嶺外代答)』, 마단림(馬端臨)의 『문헌통고(文獻通考)』, 『송사(宋史)』 등으로 보완하여 교감한 책이 바로 『제번지교주』이다. 이 교주서는 1940년 대만상무인서관에서 출판되었고, 다시 중화서국(1956)에서 권말에 이후 수정사항을 추가하여 간행되었다. 이후 50년간 조여괄의 책은 이렇다 할 주목을 받지 못했다. 2000년이 되어서야 양박문(楊博文)이 『제번지교석(諸蕃志校釋)』이란 서명으로 중화서국에서 다소 진일보한 성과를 출간했고, 같은 해 홍콩에서는 한진화(韓振華)가 히어트와 록힐의 역주서를 완역하고 보충 주석을 달아 『제번지주보(諸蕃志注補)』를 출간하면서 『제번지』의 가치를 재평가하는 노력들이 이루어졌다.

1983년 임해현(臨海縣)에서 발견된 조여괄의 비문에 따르면, 가정 17년(1224) 9월에 "제거복건로시박(提擧福建路市舶)"에 제수되었다고 하였다. 먼저 '제거(提擧)'란 송나라 때 만들어진 관직으로 특정한 사무를 전문적으로 주관하는 직책을 말한다. 행정구역인 '복건로(福建路)'는 옹희(雍熙) 2년(985)에 양절서남로(兩浙西南路)를 개칭한 것으로, 남송 시기에는 건녕부(建寧府), 복주(福州), 천주(泉州), 남검주(南劍州), 정주(汀州), 장주(漳州), 소무군(邵武軍), 흥화군(興化軍)이 속해 있었다. 마지막으로 '시박(市舶)'이란 교역하기 위해 중국의 항구로 오는 외국의 배를 말하는 것으로, '호시박(互市舶)'이라고도 한다. 위의 관직명을 풀어 설명하자면 복건로에 오는 외래 선박들을 관리하는 벼슬이라는 의미이다. 바로 복건로시박사(福建路市舶使)란 말이다. 그런데, 이듬해(1225)를 보면 "겸권천주(兼權泉州)"라고 하였는데, 천주 시박사의 일을 겸하여 임시로 맡았다는 말이다. 그렇다면 당시 천주는 복건로에서 속하지 않았거나 아니면 천주의 교역량이 많아 별도로 관리되었다는 말이 된다. 그렇지만 소흥(紹興) 2년(1132)에 복건제거시박사(福建提擧市舶司)를 없앴다는 기록을 확인할 수 있을 뿐이다.(『송사』, 중화서국, 499쪽)

진강현(晉江縣)의 천주란 명칭은 예종 경운(景雲) 2년(711)에 시작되었다. 천주(泉州)는 원우(元祐) 2년(1087)에 개항했지만, 남송 말기에 이르면서 광주(廣州)를 초월하는 세계적인 항구가 되었다. 천주는 항주(杭州)와 명주(明州)를 지나 조선, 일본에 이를 수 있는데, 이는 광주에서는 불가능한 것이고, 남송 때에는 임안(臨安, 항주)에 도읍했기 때문에, 최대의 소비시장이었던 항주와의 접근성이 광주보다 훨씬 뛰어났다. 송나라 말기와 원나라 초 천주의 번성은 동서양 서적에서 쉽게 찾아볼 수 있다. 이는 당대(唐代) 대외무역의 발전을 이어간 것으로, 개보(開寶) 4년(971)에 영남을 평정했고, 3월에는 광주에 시박사를 설치했다. 또 「천주로 부임해 가는 이 사또를 전송하며(送李使君赴泉州)」란 오언율시에 "구름 산에는 베트남으로 가는 길이 있고, 시정(市井)에는 십주(十洲)의 사람들 있네(雲山百越路, 市井十洲人)."[3]란 시구로 보아 천주 또한 대외 무역의 중심항구로서의 두각을 드러내기 시작한 것으로 짐작할 수 있다. 이러한 번성은 송대(宋代)로 이어지며 "옹희 4년(987) 내시 8인으로 하여금 칙서(勅書)와 금백(金帛)을 가지고 가서 사방에 반포하게 하자 각기 남해의 여러 번국에게 가서 초치(招致)하여 진봉(進奉)하게 하였다. 향약, 무소, 상아, 진주, 용뇌를 널리 사들였다."라는 기록들을 찾

3) 이 시는 「送泉州李使君之任」라는 제목으로도 알려져 있는데, 『전당시』에 따르면, 장순지(張循之, 무후시대)와 포하(包何, 748년 진사)의 시집에 모두 실려 있어 누가 원작자인지 판단하기 어렵다.

아 볼 수 있다. 이러한 송대(宋代) 천주의 번성은 광주를 뛰어넘을 정도였다. 왕상지(王象之, 1163~1230)는 『여지기승(輿地紀勝)』, 권130, 「천주(泉州)·시(詩)」에 『청원집(清源集)』을 인용하고 있는데, 작자인 이병(李邴)은 송초 집정중추(執政中樞)를 지내고 소흥 연간에 천주로 은퇴하여 살면서 그 번성한 모습을 "송백의 그림자 속에는 삼주(三州)로 가는 길이요, 창해의 소리 속에는 만국의 상인들이네(蒼官影里三州路, 漲海聲中萬國商)."라고 국제무역항으로서의 천주를 묘사했다.

송나라 말기, 오자목(吳自牧)의 『몽양록(夢粱錄)』, 권12, 「강해선함(江海船艦)」 조목에 따르면, 천주는 대외 무역의 출발점으로 기록되어 있다. "절강(浙江)은 강을 통해 바다로 나가는 뱃길이고 바다의 상선처럼 크기가 같지 않지만, 큰 것은 5천료(料)로 5~6백 명을 실을 수 있다.……만약 배를 타고 외국에 매매하러 가려면 천주(泉州)에서 대양으로 나갈 수 있다.(浙江乃通江渡海之津道, 且如海商之艦, 大小不等, 大者五千料, 可載五六百人.……若欲船泛外國買賣, 則自泉州便可出洋.)"라는 기록이 보이고 또 "장사꾼들이 대주, 온주, 천주, 복주에 이르러서만 매매한다면 칠주(七洲)나 곤륜(昆侖) 등과 같은 큰 바다를 지나지 않지만, 그 대양으로 나가려면 천주에서 대서문(岱嶼門)에 이르러 곧바로 대양으로 나가 바다를 건너야 외국으로 갈 수 있다(若商賈止到臺·溫·泉·福買賣, 未嘗過七洲·昆侖等大洋. 若有出洋, 即從泉州港口至岱嶼門, 便可放洋過海, 泛往外國也)."라고 한 것을 보면 남송 말 천주는 광주를 뛰어넘는 세계적인 무역항으로서의 면모를 갖추고 있었던 것으로 보인다. 마르코 폴로는 천주(차이톤)의 번성함을 다음과 같이 기술했다.

> 이 도시에는 값비싼 보석과 크고 좋은 진주를 비롯하여 비싸고 멋진 물건들을 잔뜩 싣고 인도에서 오는 배들이 정박하는 항구가 있다. 만지의 상인들은 이 항구에서 주변의 모든 지역으로 간다. 수많은 상품과 보석이 항구로 들어오고 나가는 모습은 보기에도 놀라운 정도인데, 그것들은 이 항구도시에서 반지 지방 전역으로 퍼져나간다. 여러분께 말해두지만, 기독교도들이 지방으로 팔려나갈 후추를 실은 배가 한 척 알렉산드리아나 다른 항구에 들어간다면 이 차이톤 항구에는 그런 것이 100척이나 들어온다. 이곳은 세계에서 상품이 가장 많이 들어오는 두 개의 항구 가운데 하나라는 사실을 여러분은 알아야 할 것이다."[4]

**

조여괄은 『제번지』를 왜 썼을까? 표면적인 동기라면 무엇보다도 조정에서 해외 무역을 관리할 때 참고자료를 제공할 목적일 것이다. 확실히 남송조정의 재정은 시박사(市舶司)의 수입에 상당부분 의존했기 때문에 이들의 역할과 활동에 주목했다. 사료에 따르면 "시박의 이득이 가장 두텁다. 합당하게 조치하려면 온갖 방책을 다 동원해야 한다. 어찌 민간에서 취하는 것이 좋지 않겠는가. 짐이 이에 마음을 두는 것은 민력(民力)을 조금이라도 넓힐 수 있기를 바라서이다(市舶之利最厚, 若措置合宜, 所得動以百萬計. 豈不勝取之於民. 朕所以留意於此, 庶幾可以少寬民力)."[5]라고 했고, "시박의 이득은 사뭇 국용(國用)에 도움이 된다. 마땅히 옛 법에 따라서 멀리 있는 사람들을 불러와 화회(貨賄)를 많이 유통시키도록 하라(市舶之利, 頗助國用, 宜循舊法, 以招徠遠人, 阜通貨賄)."[6]라고 했다. 모두 남송 고종 조구(趙構)가 인식하고 있었던 시박사(市舶司)의 중요성이다. 건무(建武) 2년(1129)에서 소흥(紹興) 4년(1134)에 이르기까지 천주시박의 세수는 98만 민(緡)에 달했고, 소흥 32년(1162)에 천주와 광주의 두 시박의 세입은 200만 민에 이르러 남송 재정의 20%를 시박에서 나오는 수익으로 충당했다. 따라서 체계적인 관리를 위해서는 이러한 실질적인 자료가 필요했던 것이다.

하지만 다른 측면에서 접근해보면, 소흥(紹興) 6년(1136), "지천주 연남부(連南夫)가 주청하여 말하기를, '시박을 관리하는 수장들은 선주들을 초유(招諭)하여 물화에 세금을 징수하며, 그 값이 5만~10만 관에 이르는 자는 관직으로 차등 있게 보상해 주시기 바랍니다'고 하였다. 대식의 번객(蕃客) 나신(囉辛)이 유향 3만 민(緡)어치를 팔아 [시박] 수장 채경방(蔡景芳)은 장삿배와 화물을 끌어 들여 98만 민(緡)의 수입을 거두어 특별히 승신랑(承信郎)으로 보임되었다. 민광(閩廣)의 해박(海舶)을 관리하는 감관(監官)은 유향 판매세를 거두었는데, 그 금액이 매년 1백만 냥에 달하여 승진했다. 또 상인들을 불러들이고 번국에 들어가 흥판(興販)하고 돌아와 일이 끝난 뒤에도 이에 의거하여 상을 내린다. 그러나 바다 상인들은

4) 김호동 역주, 『동방견문록』, 사계절, 406쪽.

5) 『송회요집고(宋會要輯稿)』, 관직(官職) 44의 20, 중화서국, 1957, 3373쪽.

6) 앞의 책, 관직 44의 24, 3375쪽.

번국에 들어가 흥판하는 것을 초유(招諭)로 여기고 요행을 바라는 사람들이 매우 많았다."[7] 여기에서 우리가 알 수 있는 것은 수익이 많은 시박의 관리들은 승진을 하거나 관직을 받았기 때문에 필사적으로 수익을 높이려 노력했을 것이란 점이다. 또한 여기의 흥판(興販)이란 많은 물품들을 사고파는 것을 말하는 것으로 독점이 가능한 방법으로 투기의 풍조를 조장하기도 했음을 보여주고 있다. 한편으로 이러한 속사정은 왜 조여괄이 『제번지』를 썼는지를 말해 주는 실질적인 동기였을 것으로 보인다.

조여괄 이전 중국인으로서 '서역'이나 '서양'을 기록한 책은 법현(法顯)의 『불국기(佛國記)』와 현장(玄奘)의 『대당서역기(大唐西域記)』가 남아있다. 이들은 직접 인도를 왕래한 여행기 형식을 띠고 있다는 점에서 그 가치는 두말할 여지가 없다. 하지만 이들의 초점은 이미 종교적 순례에 맞추어져 있었으므로 눈과 귀는 불교에 기울어져 있었다. 또한 현장의 기록은 육로에 국한되어 있고, 법현은 귀로에서 해로를 따라 돌아오지만, 그가 기록한 '서양'의 모습은 그 분량이 매우 소략함을 벗어나지 못했다. 한편 송나라 이전의 '서역'이나 '서양'에 관한 기술들은 유서(類書)와 정사의 「외국전」을 통해 살펴볼 수도 있을 것이다. 하지만 송 이전의 유서는 한정되어 전하고, 내용 역시도 정사와 문학작품들을 발췌해 모아 놓은 수준을 벗어나지 못하고 있다. 정사의 「외국전」은 조공책봉 관계에 있는 나라들에 집중되어 있고, 역사적, 정치적 사건들을 중화중심주의적 시각에서 접근하고 있어 이국들의 전체적인 면모를 파악하는 데 어려움이 많은 것은 부인할 수 없다.

남송 시대로 접어들면서 이미 육로로의 통상은 이민족에게 통제되어 대외무역은 해로에 의지할 수밖에 없었다. 북방의 변경은 요(遼), 서하(西夏), 거란(契丹), 금(金) 등의 진출로 지방의 세수는 크게 감소했고, 육로를 통한 무역로는 차단되었

7) 『송사』, 권185, 「식화(食貨)하7」, 중화서국, 4537~8쪽. 知泉州連南夫奏請, 諸市舶綱首能招誘舶舟·抽解物貨·累價及五萬貫十萬貫者, 補官有差. 大食蕃客囉辛販乳香直三十萬緡, 綱首蔡景芳招誘舶貨, 收息錢九十八萬緡, 各補承信郎. 閩·廣舶務監官抽買乳香, 每及一百萬兩, 轉一官. 又招商入蕃興販, 舟還在罷任後, 亦依此推賞. 然海商入蕃, 以興販為招誘, 僥倖者甚眾.

다. 반면 그에 따른 군비의 부담은 증가되었기 때문에 범조우(范祖禹)는 “국가의 근본은 동남에 의지하고 있다”고 하면서 시박사의 필요성이 크게 대두되었다. 국가의 재정은 이미 해박(海舶)에 크게 의존하고 있었다. 따라서 남송은 남해로 눈을 돌릴 수밖에 없었고 그에 대한 절실한 정보부족을 느꼈을 것이다. 정사의 기록은 전통적 관례를 따랐지만, ‘서양’의 국가들에 대한 기록이 많아졌다. 또한 ‘서양’을 기록한 잡지(雜志)들이 나타나기 시작했다. 그 중 오늘날 남아 전하는 것으로는 범성대(范成大)의 『계해우형지(桂海虞衡志)』와 주거비(周去非)의 『영외대답(嶺外代答)』을 들어야 할 것이다. 전자는 광남서로(廣南西路)의 풍토를 기술한 것으로, ‘서양’의 나라들이 언급되고는 있지만, 해외의 나라에 대한 기술은 하나의 항목으로는 다루어지지 않았다.

주거비의 『영외대답』은 조여괄이 상당부분 근거로 삼고 있기 때문에, 별도의 설명이 필요할 것 같다. 『영외대답(嶺外代答)』은 『제번지(諸蕃志)』가 가장 많이 인용하고 있는 자료 중의 하나로, 남송(南宋) 주거비(周去非, 1134/5~1189)가 지은 잡기(雜記) 10권이다. 순희(淳熙) 연간에 계림(桂林) 통판(通判)을 지낼 때, 일에 따라 견문 4백여 조목을 기록했다가, 돌아온 이후 남송의 범성대(范成大, 1126~1193)의 『계해우형지(桂海虞衡志)』를 참조하여 만든 책이다. 영남(嶺南: 광서와 광동 일대)의 일을 묻는 사람들에게 답하기 위해 만들어졌기 때문에 붙여진 서명이라고 한다. 원본은 오래전에 유실되었고, 현재 판본은 『영락대전』에서 편집한 것이다. 지리(地理), 변수(邊帥), 외국(外國), 풍토(風土), 법제(法制), 재계(財計), 기용(器用), 복용(服用), 식용(食用), 향(香), 악기(樂器), 보화(寶貨), 금석(金石), 화본(花本), 금수(禽獸), 충어(蟲魚), 고적(古迹), 만속(蠻俗), 지이(志異) 등 20개 문(門, 하나는 이름이 없음)으로 구성되어 있고 아래에는 294조목으로 나뉘어 있다. 남해의 여러 나라와 대진(大秦), 목란피국(木蘭皮國)과 같은 먼 서역에 관련된 것도 있어, 범성대의 『계해우형지』와 조여괄의 『제번지(諸蕃志)』의 특장점을 두루 갖추고 있다고 할 수 있다. 따라서 『영외대답』은 『제번지』의 선도적 저술로, 이를 통해 『계해우형지』에서 『영외대답』으로 『제번지』로 이어지는 맥을 확인할 수 있다. 이들은 공통적으로 자료수집에 있어 전적으로 탐문에 의존하고 있다는 점이다. 차이점은 1178년에 완성된 주거비의 『영외대답』은 계림(桂林) 통판을 지내면서 광서의 지리, 인문, 물산들을 중심으로 당시 교역했던 외국들을 기술했다면, 그보다 47년 이후(1225)에 지은 조여괄의 『제번지』는 주거비의 기술에 상당부분 의존하고 있지만 전적으로 외국에 초점이 맞추어진 순수한 이역지(異域志)의 성격을 띤다는 것이다. 이들의 선구적 자취는 결국 원나라 왕대연(汪大淵, 1311~?)으로 하여금 천주(泉州)를 떠나 해외를 두 차례나 탐방할 수 있게 하였고, 1349년 『도이지략(島夷誌略)』을 완성하는 밑거름이 되었다. 124년만에 조여괄의 57개국은 왕대연이 직접 탐방한 99개의 나라로 늘어났다. 이러한 인문지리학의 성과는 마침내 정화의 대항해를 잉태했던 것이다.

***

『제번지』의 상권은 해외 57개국을 다루고 있다. 목차를 보면 천주(泉州)를 중심으로 가까운 순서대로 배열된 것 같지만, 위치를 찾아가보면 거리를 기준으로 안배된 것은 아니고 대륙별로 기록된 것도 아니다. 그래도 조여괄이 거리 순서대로 배열하려 의도했지만, 탐문에만 의존하다 보니 정확한 거리를 파악하지 못했던 것으로 보인다. 또한 지중해 연안의 나라들, 예를 들어, 시칠리아, 로마, 무라비트, 모로코 같은 나라들, 더 나아가 서유럽의 드자불사 같은 나라들은 직접 천주에 이르러 교역한 것이 아니라, 인도, 슈리비자야 등과 교역하는 아랍의 상선들을 통해 간접적으로 교역이 이루어진 것으로 이해해야 할 것이다. 인도 북부의 말와 분지, 이라크 모술, 아프가니스탄 가즈니, 마다가스카르 일대로 추정되는 곤륜층기국(崑崙層期國) 같은 경우도 마찬가지이다.

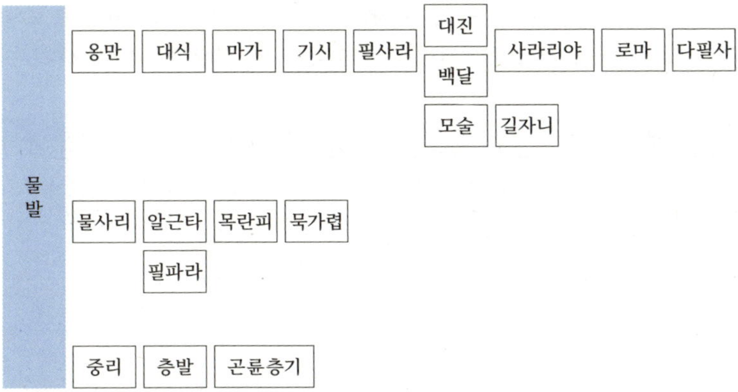

이상 57개국 중에서 가장 기술이 자세한 나라들로는, 베트남 통킹, 베트남 참파, 캄보디아, 수마트라의 슈리비자야, 스리랑카 실론, 자바, 자바의 수카다나, 인도의 말라바르와 퀼론, 인도의 촐라, 동로마의 대진국, 인도, 압바스 왕조의 대식국, 이집트, 인도네시아 보르네오, 고려, 왜국 등을 들 수 있는데, 오늘날 베트남, 수마트라, 자바, 보르네오, 인도, 대진, 대식, 이집트 등이 남송말 주요 무역 대상국이었음을 알 수 있다. 기술한 방식을 보면, 먼저 나라의 위치와 가는 방법 및 일정을 서술했고, 이어 나라의 도읍과 왕궁, 왕의 생활방식, 민간인들의 음식과 복식, 종교와 풍습, 유명하고 기이한 이야기, 나라의 산물과 나라들과의 교역품들을 기술하여 대상국과의 교역 가능성을 염두에 두고 있다. 말하자면 이전에 없었던 경제적 관점에 초점을 맞추어 설명하고 있다. 이는 무역실무에 있어 전문성과 실용성을 갖추기 위한 목적이었음을 잘 보여주는 기술방식이다.

1973년 여름 천주만 후저(後渚) 항구 서남쪽 수심 2미터 바다에서 남송말로 추정되는 목조선을 발굴되었다. 발굴당시에는 길이 24.2미터에 폭은 9.15미터였고, 복원 뒤에는 34/11미터로 드러났다. 침몰된 시기는 대략 남송 단종 경염(景炎) 2년(1277)으로 추정되고 있다. 복선(福船)의 특장을 갖춘 이 배의 선창에는 향료, 당송의 동전과 자기제품들이 실려 있었다. 대부분이 향료로 4천 7백여 근에 달했고, 강진향(降眞香), 단향(檀香), 침향(沉香), 용연향(龍涎香), 호초(胡椒) 등으로 밝혀졌다. 이는 이 배가 해양 교역을 담당했던 무역선으로, 주로 향료를 교역하는 배였음을 말해주고 있으며, 천주가 바다실크로드의 출발점이었음을 잘 보

여주는 것으로 알려져 있다. 바로 이 당시 향료 무역에서 실제 거래되던 향료와 물품들에 관한 기본정보를 정리해둔 것이 바로 조여괄의 『제번지』 하권이다.

분류	개수	종류
향료	25	뇌자/유향/몰약/혈갈/금안향/독누향/소합향유/안식향/치자화/장미수/침향/전향/속잠향/황숙향/생향/단향/정향/육두구/강진향/사향목/목향/호초/필징가/아위/용연
과일	4	바라밀/빈랑/야자/몰석자
목재	2	오만목/야심담
약재	4	백두구/노회/올눌제/황랍
섬유	1	길패
염료	1	소목
조류	1	앵무
보석장식류	9	산호수/유리/묘아정/진주/차거/상아/서각/취모/대모

여기에서 '향료'란 사르는 것, 패용하는 것, 약재로 들어가는 것을 모두를 포괄하는 분류이다. 주로 약재로 쓰이는 것은 별도로 나누어 놓았다. 따라서 항목에 약간의 출입은 있을 수 있다. 위의 표는 총 47개 항목으로 구성되어 있는데, 향료로 주로 쓰이는 것이 24종으로 절반을 차지하고 있다. 이는 조여괄이 천주 시박을 관리할 때, 향료가 가장 중요한 교역 물품이었음을 여실히 보여주는 것이고, 앞서 언급한 천주에서 발굴된 침몰선이 바로 이러한 향료 무역선이었음을 입증하는 대목이다. 또한 이 배가 중국의 선박이라면, 출토된 상품들로 보건대, 해외에서 흥판(興販)을 하고 귀항하다가 침몰한 것으로 추정할 수 있다.

한편으로 하권에서 기술된 항목들은 모두 해외에서 나는 산물들로 말하자면 수입품들이다. 상권에서는 주거비(周去非)의 『영외대답』에 상당히 의존하는 모습을 보였지만, 하권의 내용은 향료에 특화된 독보적인 서술을 자랑하고 있다. 『영외대답』, 7권에서는 침수향(沈水香), 봉래향(蓬萊香), 자고반향(鷓鴣斑香), 전향(箋

香), 중향(衆香), 영릉향(零陵香), 번치자(蕃梔子) 등 7종이 항목화되어 기술되고 있지만, 조여괄은 향료만 24종으로 매우 자세한 설명을 보여주고 있을 뿐만 아니라, 이러한 수입 향료에 대응하는 비단, 자기, 철제품 등의 중국 물품을 언급하고 있어 명실상부한 교역사의 면모를 갖추고 있다. 조여괄 이전의 향료관련 저술로는 홍추(洪芻, 1094년 급제)의 『향보(香譜)』와 조금 뒤 섭정규(葉廷珪, 1115년 진사)의 『남번향록(南蕃香錄)』이 대표적인데, 홍추의 책은 『백천학해(百川學海)』본으로 전해지고 있고, 섭정규의 책은 이미 일실되고 진경(陳敬)의 『향보(香譜)』(일명 『陳氏香譜』)에 인용되어 산견되고 있다. 동일한 향료에 대한 서술을 비교해보면, 조여괄의 설명이 얼마나 자세하고 독보적인 정보를 제공하고 있는지 충분히 알 수 있다. 이러한 조여괄의 기록은, 특히 수입향료에 관하여, 이시진(李時珍)의 『본초강목』에서 인용될 정도로 그의 설명은 상당한 인정을 받았다. 한편 향료 이외의 수입 물품들은 주로 보석장식류가 주를 이루고 있는데, 이는 당시 세수확보에 상당한 역할을 했음을 짐작할 수 있고, 한편으로는 남송말 황실과 귀족들의 사치 풍조를 여실히 대변하고 있다고 해도 과언이 아닐 것이다.

이러한 수입품들의 대부분은 '서양' 즉 인도와 아랍세계의 산물과 중국 남해 말하자면 '동남아' 왕국들의 산물로 대별할 수 있다. 이에 대응하여 중국은 주력 수출품인 비단, 도자기, 철제품으로 이들과 교역했다. 인도 아랍세계와 동남아 세계 그리고 중국은 삼불제(三佛齊, 슈리비자야)에 집결되었고, 동서양 각국의 수요에 따라 교역되었다. 요컨대 "중국⇔삼불제⇔대식"이라는 13세기 바다실크로드의 진면목을 조여괄의 『제번지』 하권은 드러내고 있는 것이다. 따라서 본서의 내면을 전체적으로 보고 싶다면, 먼저 『제번지』에 대한 기존의 선입견으로부터 벗어나야 할 것이다.

마지막으로 하권의 끝에는 해남(海南) 즉 오늘날 해남도를 기술하고 있는데, 경주(瓊州), 창화(昌化), 길양(吉陽), 만안(萬安) 등 4주(州)로 나누어 설명하고, 여기에 사는 여(黎)라는 토착민에 대하여 기술한 다음 이곳에서 나는 산물을 별도로 서술하고 있다. 책의 형식적인 측면에서 말하자면 상권에 수록되어야 할 것이다. 그래서 히어트와 록힐은 해남을 상권에 넣어 역주했다. 조여괄의 원본이 일실되어 왜 이 항목이 하권에 들어왔는지는 명쾌한 답을 내놓을 수 없다. 아마도 해남을 상권에 넣게 되면 별도의 왕국임을 인정하는 것이 되므로, 해남은 역시 중국 관할임을 드러내려는 의도가 있는 것은 아닌지 모르겠다.

조여괄의 『제번지』는 집필의도야 어찌되었든 정사(正史)에서 찾아 볼 수 없는 연안무역의 세수와 관련된 실질적인 정보를 제공했다는 점에는 논란의 여지가 없다. 천주를 중심으로 방위, 자연환경, 항로와 일정을 구체적으로 기술함으로써 왕대연 『도이지략』의 토대가 되었고, 나아가 정화의 대항해에 중요한 자료가 되었다. 또한 바다실크로드 상에 있는 나라들에 관하여 교역에 필요한, 경제적 가치와 교역 가능성에 중점을 두고 풍토, 나라 정세뿐만 아니라 당시 박상(舶商: 중국 상선)과 번상(蕃商: 외국 상선)들에게 실용적 자료를 제공했다.

한 걸음 더 들어가 조여괄은 13세기 바다실크로드에서 교역되는 대부분의 상품들을 전문적으로 다루었다. 산지, 성질, 제조방법, 용도, 명칭 등을 상술함으로서 이시진의 『본초강목』에 상당한 참고자료를 제공했다. 이러한 상품 교역에 있어 중심을 차지하고 있는 나라는 대식과 삼불제이다. 따라서 조여괄의 『제번지』는 특히 삼불제의 역사를 연구하는데 있어 매우 중요한 1차 자료가 된다. 이에 대해 풍승균 선생은 "삼불제(三佛齊) 조목을 통해 실리불서국(室利佛逝國)의 역사를 충분히 보완할 수 있다는 점은 『대당서역기(大唐西域記)』를 통해 인도사를 보완할 수 있는 것과 그 성과는 같을 것이다."라고 평가했다. 북송 개보(開寶) 연간에 광주, 천주, 명주에 시박사가 설치된 이후로 조여괄이 제거복건로시박이 되기까지 250여 년 동안 수많은 시박관리들이 있었지만 연관된 기록을 남긴 사람은 없었다. 조여괄은 인문지리학과 경제학을 융합하여 소위 "국가와 백성을 이롭게 하는" 이전에 볼 수 없었던 하나의 무역경제사를 쓴 셈이다.

****

2015년부터 중국-스리랑카는 600년 전 바다에 침몰했을 수도 있는 무역선들을 찾아 나섰다고 한다. 그야말로 황당(荒唐)한 소식 같지만, 중국의 이러한 노력은 단순히 보물을 찾는 데 있지 않을 것이다. 여기 조여괄이 그랬던 것처럼 자국을 중심으로 바다실크로드를 그리고 싶은 것이 아니겠는가. 중국이 이렇게 바다와 육지에 문화의 이정표를 수놓고 있을 때, 삼면이 바다인 우리는 아직도 '동남아(유럽인들의 관점이 담긴 명칭)' 유람에만 탐닉하고 있는 것은 아닌지 자문하게 된다.

2014년 경상북도는 해양수산부, 한국해양대와 공동으로 해상제국 신라의 바다 실크로드를 재조명하고 한반도 해양국가 선포를 위한 '해양실크로드 탐험대'를 파견했는데, 이 탐험대의 주요 항로를 보면, 경주, 중국 광저우, 베트남 다낭, 인도네시아 자카르타, 말레이시아 말라카, 인도 캘커타와 뭄바이, 스리랑카 콜롬보, 오만 무스카트, 이란 반다르아바스, 이스파한이다. 바다로 경주에서 이스탄불까지, 혜초의 흔적을 찾아서 가겠다는 야심찬 시도였다. 바로 이때 중국은 타지키스탄, 키르기스탄 3국과 공동으로 '실크로드'를 유네스코 문화유산으로 등재 승인을 받았다. 이 점에서 '때 늦은 탄식'이 깊어진다. 그래도 다행스러운 것은 동북아역사재단에서 중국정사에 보이는 외국전들을 역주하여 서비스하고 있으므로 향후 더 멋진 프로젝트가 제시될 것이기 때문이다. 보이지 않는 '혜초'를 찾는 가장 좋은 방법은 혜초의 주변을 살피는 일일 것이다.

우리는 대한민국을 중심으로 세계를 연결할 수는 없을까. 이를 통해 우리는 보다 깊은 우리 문화의 세계사적 의미를 들여다 볼 수 있지 않을까. 대한민국에서 서남의 바다로 나아가 아프리카대륙까지 '바다실크로드'를 놓아보면, 중국을 통해 세계를 본 것으로만 알아왔던 우리가 어디에 위치하고 있는지 알 수 있지 않을까. 우리나라에 어찌 육로의 실크로드만 있었으랴! 육로만을 고집해보면 중국이란 '그물'을 벗어나기 힘들다. 바닷길을 이어보면 우리 문화의 폭넓은 이해를 모색할 수 있지 않을까. 왜 우리나라에서는 이러한 류의 책들이 번역되지 않았을까 하는 물음을 던져야 할 때이다.

전문성과 대중성이라는 두 갈래 길에서 우왕좌왕하느라 허비한 시간들이 눈에 선하다. 이어서 이 8백 년 전의 이야기를 다시 꺼내는 이유가 무엇인지 생각하느라 놓았다들었다를 반복했다. 그럴 때마다 개빈 멘지스(Gavin Menzies)의 웹사이트를 찾았다. 멘지스가 『1421: The Year China Discovered America』란 책을 2002년에 출간했으므로 이제 20년이 다 되어 간다. 우리나라에서도 그의 책은 두 권이나 번역출판되었다. 게다가 그의 책들은 정화(鄭和)항해 600주년과 맞물리면서 중국학계에서도 큰 주목을 받았다[8]. 정화함대가 이탈리아 베니스에도 가

8) 『정화의 항해와 세계 문명(郑和远航与世界文明)』(정화항해 600주년 기념논문집), 북경대학출판사, 2005.

서 르네상스에 불을 지폈으며, 아메리카 대륙도 최초로 발견했다고 한다. 당연히 중국의 학자들 중에도 이에 동조하는 사람들이 늘어가고 있다. 하지만 우리 학계는 그의 연구들을 논픽션 소설쯤으로 생각해서인지 아무런 대응이 없다. 그의 웹사이트는 아직도 활발하게 운영되어가고 있는데 말이다. 정화 이전, 이국(異國)에 관한 서적은 조여괄의 『제번지』와 왕대연(汪大淵)의 『도이지략』이다. 이 두 책을 읽어보면, 멘지스의 연구는 출발부터 잘못되었음을 쉽게 알 수 있다. 이에 나는 서양보다 1세기나 뒤늦게 조여괄의 책을 역주하게 되었다.

이 책을 역주하고 보니, 눈앞이 캄캄해졌다. 누가 이 책을 간행해 줄 것인가? 수저와 나누어 먹을 그릇도 없이 밥만 해 놓은 꼴이었다. 이리저리 기웃거려 보다가, 해 놓은 밥만 식혀버렸다. 무료하게 전전하던 끝에 다행히도 영남대학교 출판부에서 반가운 소식이 왔다. 출간만 해 주어도 고마울 형편이었다. 아마도 이 대학과의 적지 않은 인연이 작용했을 것이다. 다시 한 번 감사한 마음을 표해야겠다. 이러저러한 산고를 겪으며 원고를 다시 보니 아쉬운 점이 적지 않다. 우선 내 지식의 모자람을 채워준 세계의 모든 선후배 학자들에게 감사함을 표하지 않을 수 없다. 또 그만큼 독자들의 지적을 고대한다.

2019년 5월 메토도스 인문과학연구소에서 역자 씀.

부록 I 지명·국명

지명·국명	영문표기	현위치	다른 표기	쪽
가력길(伽力吉)	Kalhat	오만	加剌哈	432
감비국(監篦國)	Kampar	수마트라동쪽	監毗/甘杯/甘畢/乾伯	100
감파일(甘琶逸)	Cambay Coimbatore?	인도 구제랏 인도 타밀나두	坎巴夷替	130
고라국(古邏國)	Kedah	말레이시아	哥羅/哥羅富沙羅/箇羅/哥羅/古羅/吉囉/吉陀/吉囉	149
고림(故臨)	Quilon	인도 콜람	小唄喃/俱藍/小葛蘭	132
곤륜국(崑崙國)	Maluku	인도네시아	堀倫	110
교지국(交趾國)	Tongking	베트남	交阯/交址	35
기시국(記施國)	Kish	이라크	怯失	210
길란단(吉蘭丹)	Kelantan	말레이시아	急蘭丹/咭嚾丹	95
길자니국(吉慈尼國)	Ghazni,	아프가니스탄	伽闍郝國/吉甕尼/哥疾寧	216
나물단산(郝勿丹山)	Nagapatam	인도동남부	那勿丹山	149
남니화라국(南尼華囉國)	Veraval	인도	華羅	151
남무리(藍無里)	Lamuri	인도네시아 수마트라	喃噬哩/南浡里/南渤利/南巫里	102
노미국(蘆眉國)	Roma,	이탈리아 로마		224
노발(奴發)	Dhofar/Ẓufār	오만	祖法兒/佐法兒/左法兒	181
능아문(凌牙門)	Lingga	인도네시아 링가해협		75
능아사가(凌牙斯加)	Langkasuka	말레이시아	狼牙修/棱伽修/狼牙修/郞迦戍/龍牙犀角	89
다필사국(茶弼沙國)	Djabulsa,	아랍의 서쪽		255
단마령(單馬令)	Lakon, Tambralinga,	태국 니코시탐마랏	丹馬令/丹眉流	85

지명·국명	영문표기	현위치	다른 표기	쪽
단융무라 (丹戎武囉)	Tanjonpura	수마트라 북부	丹重布囉/單重布囉/丹重	123
대진국(大秦國)	Baghdad	이라크	白達	157
사바국(闍婆國)	Java,	인도네시아 자바	耶婆提/四縛/諸薄	108
돈손국(頓遜國)	Tung Song	미얀마 동남 테나세림; 태국 니콘시탐마랏	典遜/典孫/頓孫	373
동치(東峙)	Tangerang/ Dunkek	인도네시아 자바 반텐주		122
등아농(登牙儂)	Trengganu	말레이시사 트렝가누	丁家盧/丁機宜	79
마가(麻嘉)	Mekka,	사우디아라비아 홍해 동북		191
마동(麻東)	Batang	인도네시아 자바 자와등와	貓冬/麻冬	121
마라발국 (麻囉拔國)	Malabar	인도 케랄라주	無離拔/麻哩抹/麻囉抹/ 無離拔	217
마라화(麻囉華)	Malwa	인도북부	摩臘婆/南羅羅/摩囉尾	139
마일(麻逸)	Mindoro	필리핀	摩逸/磨葉	270
만단(萬丹)	Banten	인도네시아 자바 반텐 주	萬瀾	361
만랄가(滿剌加)	Malakka	말레이시아 남부	蠻剌加	77
맥저납(驀底納)	Madinah	사우디아라비아		166
물시리국 (勿厮離國)	Mosul	이라크 북부	勿斯离/麻呵斯離/毛夕里/ 麻呵斯離	221
목골도속 (木骨都束)	Mogadoxo	소말리아 모가디슈		200
목구란(木俱蘭)	Makran/ Maklan	이란 차바하르		181
목란피국 (木蘭皮國)	Maghreb	아프리카 북부		227
물노고(勿奴孤)	Moluccas/ Maluku	인도네시아 말루쿠 주	文魯古/文老古/馬路古/ 萬老高山/美洛居/米六合/ 米洛居/馬路/萬老膏/ 味六合/莫路加/萬老高	122

지명·국명	영문표기	현위치	다른 표기	쪽
물발국(勿拔國)	Mirbat/ Merbat	오만 남부 살라라		203
미로골국 (眉路骨國)	Balkh	아프가니스탄 발흐		224
밀서리(蜜徐籬)	Misr/Cairo	이집트	勿斯里/密乞兒/米西兒/密昔兒/米昔兒	233
발니국(渤泥國)	Borneo	인도네시아 보르네오섬	勃泥/浡泥/文萊	111
발답(拔沓)	Battak/Batak	인도네시아 수마트라 북부	花面/那孤兒	81
발라야(撥羅耶)	Allahabad	인도 서북부 알라하바드	鉢羅耶伽	144
백달국(白達國)	Baghdad	이라크	縛達/報達/巴黑塔惕/八哈塔/八吉打	212
백화원(白花園)	Pasuruan? Pekalongan?	인도네시아 자바섬 서부	白花園/白花灣	122
복랄와(卜剌哇)	Baraawe/ Brava/Brawa	소말리아 바라웨	不剌哇	200
불라안(佛羅安)		말레이반도 중부	佛來安/佛囉安	92
불리랄(弗利剌)	Euphrates	이라크		214
빈동룡국 (賓瞳龍國)	Panduranga	인도 중부 텔랑가나 주	奔陀浪/賓同龍/賓陀羅/賓頭狼/賓童龍/民多朗	55
빈솔(賓窣)	Barus	수마트라 우타라 주	婆律/班卒/班卒兒	301
사가리야국 (斯加里野國)	Sicily,	이탈리아		258
사록해아 (沙鹿海牙)	Shahrokia	타지키스탄		221
사리(娑里)	Coromandel	인도	珠利邪/鎖里/瑣里	149
사화공국 (沙華公國)	Zamboanga	필리핀 삼보앙가	蘇華公/須華公	247
삼불제국 (三佛齊國)	Srivijaya	수마트라 동부 팔렘방	室利弗逝/尸利佛逝/舊港-巴林馮/浡淋邦	74
세란(細蘭)	Ceylon	스리랑카	師子國/私訶疊/私訶條/僧伽羅/僧訶羅/僧加剌/悉蘭/西蘭/楞伽/寶渚/西難	103

지명·국명	영문표기	현위치	다른 표기	쪽
시갈(施曷)	Shehr/Esher/ Shihr	예멘 하드라마 우트	設國	181
신타국(新拖國)	Sunda	인도네시아 자바 서부	孫他/順塔	98
아리야(啞哩喏)	Alwaye/Aluva	인도 케랄라 주		131
아사포한 (啞四包閑)	Isfahan	이란		181
안타만국 (晏陀蠻國)	Andaman	인도 안다만 니코바르 제도		240
알근타국(遏根 陀國)	Alexandria	이집트	達曷水/達遏水	237
암문(啽門)	Amboyna	인도네시아 암본 섬		353
여인국(女人國)	Makassar일대	인도네시아 술라웨시슬라탄 주		249
오라라리 (嗷囉囉哩)	Cannanore/ Kannur	인도 서남부		130
오랄국(烏剌國)	Ubullah	이라크		214
오론(午論)	Gorong	인도네시아 말루쿠 주	牛論/巫崙/故論/午崙	111
옹만국(甕蠻國)	Oman	오만	甕篙	209
왜국(倭國)	Japan	일본	倭奴	289
일라정(日羅亭)	Yirudingam	말레이반도 남부		81
잠매(潛邁)	Khmer	캄보디아	吉蔑	81
저물(底勿)	Timor	인도네시아 티모르 섬	底門/古里地悶/古里地門	263
점국(苫國)	Damascus	시리아		162
점성국(占城國)	Chăm Pa Champa,	베트남	摩訶瞻波/占波/占婆/占 不勞/占八/蘸八/林邑/環 王/遲悶/池悶	50
중리국(中理國)	Socotra	예멘		205
진랍국(眞臘國)	Kamboja	캄보디아	甘孛智/澉浦只/甘破蔗/ 柬埔寨	57

지명·국명	영문표기	현위치	다른 표기	쪽
천축국(天竺國)	India	인도	身毒/賢豆	165
층발국(層拔國)	Zangibar	탄자니아	僧祇/層檀/層搖羅/層期	195
타강(打綱)	Semarang/ Samarang	인도네시아 자와틍와	打工/打網	123
타반지(陁盤地)	Damietta	이집트 나일 삼각주		228
파사국(波斯國)	Pasè	미얀마 메르구이 군도		253
포감국(蒲甘國)	Myanmar Pagan	미얀마 파간	普幹/補幹/蒲干/普澣	62
포리로(蒲哩嚕)	Polillo	필리핀 폴릴로	蒲哩咾/蒲哩喚	275
포화라(蒲花羅)	Bukhara	우즈베키스탄 부하라	捕喝/布豁/蒲華/不花剌/卜花兒	182
풍아라(馮牙囉)	Mangaluru	인도 서해		130
필리사(弼離沙)	Bharoch	인도 구자랏	拔祿羯呫婆	130
필사라국(弼斯囉國)	Basra	이라크 남부	末羅國	214
필파라국(弼琶囉國)	Berbera	소말리아	撥拔力	199
하리(下里)	Hili/Calicut	인도 북부		130
호다랄(胡茶辣)	Guzerat	인도	瞿折羅	136

부록 II 산물

	산물	산출국	이칭과 종류	쪽
1	뇌자(腦子)	보르네오[渤泥國]/ 빈솔국(賓窣國)	매화뇌(梅花腦)/금각뇌(金脚腦)/미뇌(米腦)/창뇌(蒼腦)	301
2	유향(乳香)	대식의 말라바르[麻囉拔]/ 아시시르[施曷]/ 도파르[奴發]	훈육향(薰陸香)/간향(揀香)/적유(滴乳)/병유(缾乳)/병향(缾香)/대향(袋香)/유탑(乳榻)/수습흑탑(水濕黑榻)/작삭(斫削)/전말(纏末)	307
3	몰약(沒藥)	대식 미르바트[勿拔國]		312
4	혈갈(血碣)	대식	강진향(降眞香)/가혈갈(假血碣)	315
5	금안향(金顔香)	캄보디아[眞臘]/대식		319
6	독누향(篤耨香)	캄보디아[眞臘]	백독누(白篤耨)/흑독누(黑篤耨)/독누표(篤耨瓢)	321
7	소합향유(蘇合香油)	대식		324
8	안식향(安息香)	슈리비자야[三佛齊國]		326
9	치자화(梔子花)	대식 이스파한[啞巴閑]/ 나시미(囉施美)	담포(薝蔔)	329
10	장미수(薔薇水)	대식		331
11	침향(沉香)	캄보디아[眞臘]/ 참파[占城]/ 슈리비자야[三佛齊]/ 자바[闍婆]	서각침(西角沉)/연구침(燕口沉)/부자침(附子沉)/사침(梭沉)/횡격침(橫隔沉)/생결침(生結沉)/숙침(熟沉)/번침(番沉)/약침(藥沉)/봉래침(蓬萊沉)	334
12	전향(箋香)			345
13	속잠향(速暫香)	캄보디아[眞臘]/ 참파[占城]	생속(生速)/숙속(熟速)/잠향(暫香)	348
14	황숙향(黃熟香)	캄보디아[眞臘]......	황숙통(黃熟桶)/협전황숙(夾箋黃熟)	349

	산물	산출국	이칭과 종류	쪽
15	생향(生香)	참파[占城]/캄보디아[眞臘]/해남(海南)......	잠향(暫香)/속향(速香)/전향(箋香)	350
16	단향(檀香)	자바의 타강(打綱)/티모르[底勿];슈리비자야[三佛齊]	황단(黃檀)/자단(紫檀)/사단(沙檀)/점성향(點星香)/파루향(破漏香)	352
17	정향(丁香)	대식(大食)/자바[闍婆]......	정향모(丁香母)/계설향(鷄舌香)	356
18	육두구(肉荳蔻)	황마주(黃麻駐)/고롱[牛崙]......	두구화(豆蔻花)	360
19	강진향(降眞香)	슈리비자야[三佛齊]/자바[闍婆]/파항[蓬豊]/광서(廣西)	자등향(紫藤香)	362
20	사향목(麝香木)	참파[占城]/캄보디아[眞臘]		364
21	파라밀(波羅蜜)	수카다나[蘇吉丹]/광주(廣州)/남해묘(南海廟)		366
22	빈랑(檳榔)	해남 4주(州)/통킹[交趾]/민도로[麻逸]......	연빈랑(軟檳榔)/미빈랑(米檳榔)/염빈랑(鹽檳榔)/계심빈랑(鷄心檳榔)/대복자(大腹子)	368
23	야자(椰子)	참파[占城]/등류미(登流眉)/슈리비자야[三佛齊]/해남		371
24	몰석자(沒石子)	대식/모술[勿厮離]	사몰률(沙沒律)/마차(麻茶)/몰자석(沒子石)	375
25	오만목(烏樠木)	판두랑가[賓瞳龍]		377
26	소목(蘇木)	캄보디아[眞臘]	와목(窊木)	379
27	길패(吉貝)	자바[闍婆]/구제랏[胡茶辣]/촐라[注輦]/대식/보르네오[渤泥國].....	두라면(兜羅綿)/번포(番布)/목면(木綿)길포(吉布)	381
28	야심담(椰心簟)	슈리비자야[三佛齊]/탄중푸라[丹戎武囉]/삼서(三嶼)/포릴로[蒲哩嚕]	야심초(椰心草)/화담(花簟)	387
29	목향(木香)	대식(大食)/미르바트[麻囉抹]/아시시르[施曷]/도파르[奴發]		389
30	백두구(白豆蔻)	캄보디아[眞臘]/자바[闍婆]		392

	산물	산출국	이칭과 종류	쪽
31	호초(胡椒)	순다[新拖]/자바[闍婆]의 수카다나[蘇吉丹]/투반[打板]/파수루안[白花園]/바탕[麻東]/수라바야[戎牙路]		394
32	필징가(蓽澄茄)	자바[闍婆]의 수카다나[蘇吉丹]		397
33	아위(阿魏)	대식(大食) 마크란[木俱蘭國]		399
34	노회(蘆薈)	대식(大食)/도파르[奴發國]		403
35	산호수(珊瑚樹)	대식(大食)/비야야(毗喏耶)		405
36	유리(琉璃)	대식......		408
37	묘아정(猫兒睛)	말라바르[南毗]		410
38	진주(眞珠)	대식(大食)/실론[細蘭]/말라바르[南毗]		412
39	차거(硨磲)	통킹[交趾]		417
40	상아(象牙)	대식(大食)의 여러 나라;캄보디아[眞臘]/참파[占城]		420
41	서각(犀角)	통킹[交趾]/참파[占城]/탐브라링가[單馬令]/랑카수카[淩牙斯加]/자바[闍婆]/인도[天竺]/필파라(弼琶囉)......	생각(生角); 도산각(倒山角)	426
42	올눌제(膃肭臍)	대식의 여러 나라/칼하트[伽力吉國]/보르네오[渤泥]		430
43	취모(翠毛)	캄보디아[眞臘]		433
44	앵무(鸚鵡)	참파[占城]	백앵무(白鸚鵡)/ 홍앵무(紅鸚鵡)/ 오색앵무(五色鸚鵡)	435
45	용연(龍涎)	대식		438
46	대모(瑇瑁)	보르네오[渤泥]/삼서(三嶼)/포리로(蒲哩嚕)/자바[闍婆]		441
47	황랍(黃蠟)	삼서(三嶼)/민도로[麻逸]/캄보디아[眞臘]/슈리비자야[三佛齊]/포리로(蒲哩嚕)		444

찾아보기

ㄱ

ㄴ

ㄷ

ㄹ

ㅁ

ㅂ

ㅅ

ㅇ

ㅈ

ㅊ

ㅋ

저자소개

지은이

조여괄(趙汝适, 1170~1231)

송태종 조경(趙炅, 939~997)의 8대손으로 자는 백가(伯可)이다. 황실의 후손으로 벼슬길에 올라, 1196년 진사에 급제하고 판관, 통판 등을 거쳐, 1224년 9월 복건로(福建路) 시박제거(市舶提擧)에 제수되었고, 이듬해는 천주(泉州) 시박(市舶)을 지냈다. 이후 지방관 등으로 전전하다가 1231년 2월 마지막 관직으로 주관관고원(主管官告院)을 지내고, 병으로 낙향하여 62세의 나이로 생을 마감했다. 『제번지』 2권을 남겼다.

풍승균(馮承鈞, 1887~1946)

호북성 한구(漢口)출신으로 자는 자형(子衡)이다. 일찍이 벨기에에 유학하였고, 이후 프랑스 파리 소르본느 대학에서 1911년 학사학위를 받았다. 그 해 펠리오(P. Pelliot)가 콜레주 드 프랑스(Collège de France)에 교수로 부임하여, 풍승균은 바로 펠리오의 지도를 받았다. 이후 북경대학교, 북경사범대학교 역사과에서 교수로 재직했다. 대표적 학술서로는 『영애승람교주(瀛涯勝覽校注)』, 『성사승람교주(星槎勝覽校注)』, 『중국남양교통사(中国南洋交通史)』 등이 있고, 역서로는 『마르코 폴로 여행기(馬可波羅遊記)』, 『무라지아 도손의 몽골역사(多桑蒙古史)』, 『송운기행전주(宋雲行記箋注)』, 『15세기초 중국인의 위대한 행해(十五世紀初年中國人的偉大航海上旅行)』 등이 있다.

옮긴이

박세욱(朴世旭, 1965~)

프랑스 파리 E.P.H.E. IV(소르본느)에서 둔황 문학과 예술로 박사학위(2001)를 받고, 귀국하여 동서양 문화교류를 중심으로 연구하고 소개하는 일에 전념하고 있는 "학자"이다. 역서로는 『고문진보후집』(공역), 『돈황 이야기』(공역), 『조자건집』(공역), 『실크로드』, 『중국의 시와 그림 그리고 정치』(공역) 등이 있다.